DIE BEDEUTUNG DER SAKRAMENTE
IN LUTHERS SERMONEN
VON 1519

STUDIES IN THE HISTORY OF CHRISTIAN THOUGHT

EDITED BY

HEIKO A. OBERMAN, Tübingen

IN COOPERATION WITH

HENRY CHADWICK, Cambridge
JAROSLAV PELIKAN, New Haven, Conn.
BRIAN TIERNEY, Ithaca, N.Y.
E. DAVID WILLIS, Princeton, N.J.

VOLUME XXVII

URSULA STOCK

DIE BEDEUTUNG DER SAKRAMENTE
IN LUTHERS SERMONEN
VON 1519

LEIDEN
E. J. BRILL
1982

DIE BEDEUTUNG DER SAKRAMENTE IN LUTHERS SERMONEN VON 1519

VON

URSULA STOCK

LEIDEN

E. J. BRILL

1982

Gedruckt mit einem Druckkostenzuschuß der Vereinigten Evangelisch-Lutherischen Kirche Deutschlands und der Evangelischen Landeskirche Württembergs.

230.41
L977Ysto

82102938

Stock, Ursula — Die Bedeutung der Sakramente in
Luthers Sermonen von 1519 / von Ursula Stock. —
Leiden: Brill. — (Studies in the history of Christian
thought; vol. 27)

UDC 265

ISBN 90 04 06536 9

Copyright 1982 by E. J. Brill, Leiden, The Netherlands

*All rights reserved. No part of this book may be reproduced or
translated in any form, by print, photoprint, microfilm, microfiche
or any other means without written permission from the publisher*

PRINTED IN THE NETHERLANDS

INHALT

VORWORT

Daß aus langjährigen Übersetzungsversuchen nun dieses Buch entstanden ist, gibt mir Anlaß zu viel Dank. Das Thema der Sakramentssermone selbst erwies sich als Chance, auf den Grundlagen des theologischen Studiums in Tübingen und Zürich aufbauend allmählich auch praktische Fragen, die sich aus Eindrücken der ersten Berufsjahre im Vikariat, in der religionspädagogischen Mitarbeit an der Pädagogischen Hochschule Osnabrück und im Religionspädagogischen Institut der Landeskirche Hannover in Loccum ergeben hatten, in die Auslegung einzubeziehen. Dabei wurden mit Blick auf die Mitarbeiter und Freunde in Luthers Umgebung zugleich praktische Haltungen der an Entstehung und Lektüre der Sermone Beteiligten Gegenstand des Interesses. Eine große Gemeinsamkeit und Aufgeschlossenheit, das Suchen des ,,wahren Guten'', Überlastung durch Werke und Forderungen, Ermutigung und ein biblischer Zufluchtsort in den christlichen Sakramenten (,,Die Hungrigen füllet er mit Gütern''!) — das schafft Erleichterung und vielleicht bessere Orientierungsmöglichkeiten in der Frage nach dem für uns heute Möglichen, Konzentration auf persönlich einzubringende Beiträge, in einer Menschheit, die heute anders miteinander lebt als früher und zu fragen beginnt, was wir aus den Erfahrungen der Geschichte lernen.

Für wissenschaftliche Ermutigung und Zusammenarbeit bin ich besonders Herrn Professor Oberman und den Mitgliedern des Instituts für Spätmittelalter und Reformation in Tübingen dankbar. Die Arbeit, begonnen bei Herrn Professor Ebeling in Zürich und vom Studium her auf einen langen hermeneutischen Weg gebracht, konnte nach den praktischen Jahren hier zuendegeführt und 1979 der evangelisch-theologischen Fakultät Tübingen als Dissertation vorgelegt werden.

Für finanzielle Unterstützung während der Zürcher Zeit danke ich der Martha Selve-Gerdsen-Stiftung Zürich und der Studienstiftung des deutschen Volkes. Eine private Geldgeberin und meine Eltern halfen mir später, die Arbeit wieder aufzunehmen, und begleiteten sie mit viel Anteilnahme.

Eine besondere Freude ist es mir, daß die überarbeitete Form des Buches nun in den ,,Studies in the history of Christian thought'' erscheinen kann. Herrn Professor Oberman und dem Verlag Brill gilt mein Dank hierfür. Einen Druckkostenzuschuß gewährten die Vereinigte Evangelisch-Lutherische Kirche Deutschlands und die Evangelische Landeskirche Württembergs. Ihnen allen sei herzlich gedankt.

Tübingen, im Februar 1982   Ursula Stock

ABKÜRZUNGEN

AKG	Arbeiten zur Kirchengeschichte
ARG	Archiv für Reformationsgeschichte
BHTh	Beiträge zur historischen Theologie
BJRL	The Bulletin of the John Rylands Library
Bo A	Luthers Werke in Auswahl. Hrsg. O. CLEMEN (Bonn 1912 ff)
CChr	Corpus Christianorum (SL = Series Latina)
Dz	DENZINGER, Enchiridion symbolorum, definitionum et declarationum etc.
EA	Erlanger Ausgabe der Werke Martin Luthers
EvTh	Evangelische Theologie
FGLP	Forschungen zur Geschichte und Lehre des Protestantismus
FKDG	Forschungen zur Kirchen- und Dogmengeschichte
HThR	The Harvard Theological Review
Kn	Johann von Staupitzens sämmtliche Werke. Hrsg. J. F. K. KNAAKE
LJB	Luther-Jahrbuch
QFRG	Quellen und Forschungen zur Reformationsgeschichte
RGG³	Die Religion in Geschichte und Gegenwart, 3. Aufl.
RHE	Revue d'Histoire Ecclésiastique
SDGSTh	Studien zur Dogmengeschichte und systematischen Theologie
SMRT	Studies in Medieval and Reformation Thought
SVRG	Schriften des Vereins für Reformationsgeschichte
ThBl	Theologische Blätter
ThLZ	Theologische Literaturzeitung
TRE	Theologische Realenzyklopädie
Vg	Vulgata
WA	Weimarer Ausgabe der Werke Martin Luthers, Abteilung Schriften
WA Br	Weimarer Ausgabe, Abteilung Briefe
WestfZ	Westfälische Zeitschrift
ZdZ	Zwischen den Zeiten
ZKG	Zeitschrift für Kirchengeschichte
ZThK	Zeitschrift für Theologie und Kirche

Hinzugefügte Angaben von Bibelstellen in angeführten Lutherschriften und Schriften Johanns v. Staupitz und sonstige Einfügungen d. Vf. sind durch [   ] gekennzeichnet.

KAPITEL I

HAUPTPROBLEME DER FORSCHUNG

Luthers Sakramentssermone von 1519, so lauten Eindruck und Zugeständnis in einer langen und bewegten Geschichte der Interpretationen allgemein, lassen in hohem Grade den Charakter des Originalen und Ausdruckskräftigen erkennen. Dennoch, überblickt man, wie provisorisch auch immer, die Reihen unterschiedlicher Versuche, diese Gruppe früher Sakramentsschriften Luthers in ein Gesamtbild der reformatorischen Theologie und der sich auf den Wormser Reichstag zu bewegenden Ereignisse einzuordnen, so erscheint diese Geschichte der Interpretationen im Ganzen eher höchst mühselig. Erst am Ende einer konfessionell betonten Interpretation nach dem 1. Weltkrieg zeigen sich neue Glanzlichter; auch sie jedoch nicht ohne große Probleme, Schwächen und Überzeichnungen, wie sich einer erneut um Textstudium und Realität bemühten internationalen Forschungsarbeit nach dem 2. Weltkrieg zeigt.

Diese ,,verheißungsvolle Mühseligkeit'' der Interpretation, so lautet unser Eindruck, hängt mit dem Charakter der Sakramentssermone von 1519 aufs engste zusammen, wie sich an den hiermit angedeuteten drei Stadien der Forschungsgeschichte aufzeigen läßt. Je mehr konfessionelle Vergangenheitsorientierung, Interesse an Geschlossenheit und auch im Formalen vollständiger Ausprägung eines Lehrganzen, um so größer die Schwierigkeit, diesen nur wenige Formeln und Formelhaftes enthaltenden, dafür aus großer Erfahrungsnähe formulierenden Lutherschriften gerecht zu werden. Für die lutherische Sicht scheint ihre Verbindlichkeit unter den maßgeblichen Schriften und Stadien reformatorischer Lehrentfaltung Luthers, verglichen mit den Schriften des Jahres 1520, problematisch wegen ihrer anscheinend ,,nur geistlichen'', augustinischen, ins Allegorisch-Hermeneutische verfließenden Sakramentsaussagen, verglichen mit der späteren Betonung von Einsetzungsworten und Realpräsenz beim Abendmahl. Sind diese Schriften nicht doch noch mystisch, katholisch, augustinisch, spätmittelalterlich? Oder, wenn man ihnen Eigenständigkeit sowohl gegenüber den früheren als auch den späteren Schriften Luthers zugesteht, stellen sie dann nicht eher einen frühen, vielleicht sogar einen gemeinreformatorischen, in der späteren reformierten und täuferischen Sakramentslehre nachwirkenden Typus der Sakramentslehre des frühen Luther dar, einen Typus jedoch, in dem die eigentlich reformatori-

sche Wort- und Sakramentsanschauung Luthers noch *nicht* anzutreffen
oder nur in bestimmten Anfängen, als ,,Tendenz'' zu weitergehender
Entfaltung, zu erschließen ist? Dieses Urteil über die Sakramentssermone
des Jahres 1519 wurde in Zeiten der konfessionellen Auseinandersetzung,
wie unten näher darzustellen sein wird, von seiten einer alten Zürcher
Tradition reformierter Theologie *zugunsten* dieser frühen Schriften Luthers
angeführt, damit gegen den späteren Luther und seine Unbeständigkeit,
sein Abweichen von dieser *noch* gemeinsamen Linie der Anfangszeit. Für
heutige lutherische Theologen und an der Erforschung der Genese der
genuin reformatorischen Theologie Luthers interessierte Historiker wie E.
BIZER[1] und O. BAYER[2] gilt in ihrer Textanalyse immer noch annähernd
dasselbe Urteil über diese frühen Lutherschriften und ihre Stellung in der
Geschichte der reformatorischen Theologie; die Wertung ist jedoch in dieser Darstellung umgekehrt: es gelang Luther in diesen Schriften *noch nicht*,
seine andernorts bereits formulierten neuartigen theologischen Einsichten, über Anfänge hinaus, konsequent zur Ausführung kommen zu lassen. Im besonderen sein Versuch der Formulierung einer neuen, vom
Wort bestimmten reformatorischen Sakramentsanschauung im Abendmahlssermon ist als gescheitert anzusehen.

     Als Streitobjekt zwischen den Konfessionen, für reformierte Aufklärer
und sogar für spätere Spiritualisten noch tragbar, gerade deswegen als
Quellen genuin lutherischer Sakramentslehre auf der anderen, der lutherischen Seite eher in Zweifel gezogen, konnten die Sermone im Zeitalter des
Konfessionalismus, so wird man aus dem Abstand heraus sagen müssen,
ihre eigene Aussage nur schwer entfalten. Anders, so scheint es, wenn sie
im Zeichen eines starken Bedürfnisses nach kirchlicher und theologischer
Neurorientierung gelesen und befragt werden. Auf besonders überraschende Weise geschah dies in der frühen dialektischen Theologie in einer
(historisch auf der dogmengeschichtlichen Darstellung R. SEEBERGS und
seiner differenzierten positiven Würdigung des Anliegens Luthers in
seiner Abendmahlslehre bis in die Spätzeit fußenden) Interpretation Karl
BARTHS[3]: ein Vorstoß, der aus aktueller Gegenwart heraus höchst wage-

---

[1] Ernst BIZER, Die Entdeckung des Sakraments durch Luther. EvTh 17 (1957), 64-90.
Ders., Fides ex auditu. Eine Untersuchung über die Entdeckung der Gerechtigkeit Gottes
durch Martin Luther. Neukirchen (1958) 1966³.

[2] Oswald BAYER, Promissio. Geschichte der reformatorischen Wende in Luthers Theologie. FKDG 27. Göttingen 1971. Ders., Die reformatorische Wende in Luthers Theologie.
ZThK 66 (1969), 115-150.

[3] Karl BARTH, Ansatz und Absicht in Luthers Abendmahlslehre. ZdZ 1 (1923), H. 4,
17-51. Ders., Die Lehre von den Sakramenten. ZdZ 7 (1929), 427-460. — Zu R. SEEBERGS
Darstellung des Abendmahlssermons von 1519 s. u. Anm. 41. Zu seiner positiven Würdi-

mutig in das Textverständnis eindrang und konfessionelle und nationale Traditionsprägungen hinter sich ließ, um das genuine Anliegen der reformatorischen Wort- und Glaube-Theologie schon in der frühen Abendmahlsschrift Luthers von 1519 herauszuarbeiten. Aus dem eigenen Verhältnis zur Sache heraus richtet BARTH dann, im Sinne seiner reformierten Tradition der Sakramentslehre, bereits an diese erste Äußerung Luthers, in der seinem Verständnis nach Ansatz und Absicht des Späteren schon ganz enthalten sind, die reformierte Anfrage, das ,,Ja! Aber...'' betreffs der Realpräsenz. Daß BARTH hier unabhängig vom in der Sache bestehenden Dissensus im Textverständnis klarer sieht als relativierend und z.T. reduzierend das ,,Noch'' oder ,,Noch nicht'' betonende Interpretationen, wird unten in der Darstellung der Position entschiedener Lutheraner wie E. SOMMERLATH und anderer deutlich werden, die herausarbeiten, daß Luther immer die Realpräsenz gelehrte habe[4]. Auch hinsichtlich des Verhältnisses von Glaube und Ethik im sozialen Engagement des Abendmahlssermons, einem Anstoß für manche, allzu ,,konstruktiv'' d.h. theoretisch von einem Lehrganzen her den Text auf seine Orthodoxie abfragenden Interpreten, sah BARTH in diesem theologisch intuitiv gewagten Versuch von 1923 kein Problem, vielmehr ein Anzeichen der vom Wort der Verkündigung durch den Geist Gottes selbst gesetzten Gegenwart und ereignishaft frei gewählten Zeit und Stunde.

Inzwischen lagen in den Aufsätzen Karl HOLLS zur Lutherinterpretation verschiedene wichtige Hinweise zur sozialgeschichtlichen Bedeutung des Abendmahlssermons von 1519 und zu Luthers Kirchenverständnis unter dem Aspekt des Gemeinschaftsgedankens vor[5]. Auf der

---

gung der späten Abendmahlsschriften Luthers, im Unterschied zu A. v. HARNACKS These vom Rückfall des späten Luther in die scholastische Betrachtung der Gnadenmittel, s. Lehrbuch der Dogmengeschichte IV, 1. Leipzig (1917) 1933[4], 475. Adolf v. HARNACK, Lehrbuch der Dogmengeschichte III. Tübingen (1890) 1910[4] stellt S. 892 A. 1 der von ihm bedauerten positiven Bezugnahme Luthers auf die Scholastik Occams in der späten Schrift Vom Abendmahl Christi, Bekenntnis (1528), die seiner Meinung nach deutlich macht, ,,wie sich der evangelische Heilsglaube für Luther in Folge seiner Abendmahlslehre in 'Stücke' auflöste, obgleich er sich Mühe gab, diese Consequenz zu vermeiden'', als Gegenbeispiel aus der Frühzeit, der Zeit der Aufrichtung des evangelischen Heilsglaubens, den Abendmahlssermon von 1519 gegenüber: ,,Wie anders noch in der Schrift vom Jahre 1519: 'Etlich uben ihre Kunst und Subtilkeit, trachten wo das Brod bleibt ... es ist gnug, daß du wissest, es sei ein gottlich Zeichen, da Christus Fleisch und Blut warhaftig innen ist; wie und wo, laß ihm befohlen sein' '' (EA 27, 38f = WA 2, 749f = Bo A 1, 204, 9-15).

[4] s.u. S. 13f.

[5] Karl HOLL, Der Neubau der Sittlichkeit. 1919. in: Luther. Ges. Aufsätze zur Kirchengeschichte I. Tübingen (1921) 1932[6], 155-287. Die Entstehung von Luthers Kirchenbegriff. 1915. ib., 288-325. Die Kulturbedeutung der Reformation. 1911. ib. 468-543. Zum Abendmahlssermon 1519 besonders S. 276f, 321f, 509.

Grundlage HOLLS vor allem aufbauend, veröffentlichte Paul ALTHAUS gegen Ende der 20er Jahre kurz vor Beginn der nationalsozialistischen Herrschaft in Deutschland eine textlich besonders dem Abendmahlssermon Luthers von 1519 gewidmete Studie über Luthers Verständnis der Communio sanctorum[6]. Zu beidem, Grundlage und Folgerung, ist aus historischem Abstand ein schwerwiegender kritischer Einwand nicht zu verschweigen: HOLL stellte theologisch und ethisch den Gedanken der als Liebesgemeinschaft verstandenen Gottesgemeinschaft und einen von hieraus bestimmten Gedanken der persönlichen Erfahrung der Gottesgemeinschaft des Einzelnen in den Mittelpunkt; er ging dabei aber nicht vom eigentlichen Thema der Sermone, der Sakramentslehre, aus und ließ damit auch nicht den von ihm dargestellten Gottesgedanken Luthers mit den Sermonen von 1519 am im Sakrament gegebenen Versprechen Gottes institutionell und praktisch seinen historischen Festpunkt haben, so daß *von hieraus* Erfahrung sich strukturiert, wie es bei Luther geschieht (in wachsendem Maß auch in kritischer historischer Freilegung der Institutionengeschichte dieses und der anderen Sakramente). Hierdurch entstand in HOLLS Darstellung der sittlich begründeten Gottesgemeinschaft und des göttlichen Liebeswillens im Blick auf die menschliche Gemeinschaft ein Überschuß an historisch nicht oder noch nicht strukturierter sittlicher Programmatik rein innerlicher Art. Vor dem Hintergrund der Situation, des als nationale Katastrophe verstandenen Ausgangs des ersten Weltkriegs, wurde so das Erbe Luthers in dieser Interpretation verstanden als Neubesinnung auf einen spezifisch in der eigenen Geschichte anzutreffenden, sittlich und zugleich theologisch begründeten Gottes- und Gemeinschaftsgedanken. Daß dieser Sicht die bei Luther mit dem Bezug zum Sakrament gegebene Außen-Orientierung fehlte, kann erst jetzt im Rückblick leichter gesehen werden. Hierin liegt u.E. zugleich eine weitere hilfreiche Erklärung für den im Inneren Deutschlands, im Wirkungsbereich dieses ,,sittlichen Gottesgedankens'' unter dem Eindruck von dessen ,,Strenge'', um nicht zu sagen Absolutheit, herrschenden Überdruck, der nicht genügend nach außen abgeleitet werden konnte, so wie es bei Luther im Sakrament geschieht, dort als befreiende Entlastung und als Begleitung des täglichen Geschehens durch eine Art ständigen, innerlich und äußerlich geführten, mündlichen Glaubensgesprächs.

Der 1929 vorgelegte Versuch von Paul ALTHAUS galt ebenfalls dem Gemeinschaftsgedanken Luthers im Abendmahlssermon von 1519 und

---

[6] Paul ALTHAUS, Communio Sanctorum. Die Gemeinde im lutherischen Kirchengedanken. FGLP 1,1. München 1929. s. auch ders., Communio sanctorum. Zeitwende 1928, 289ff.

einer, so glaubte ALTHAUS im Sinne der Arbeiten HOLLs folgern zu müssen, hierdurch anti-eudämonistisch[7] und anti-individualistisch akzentuierten, in beidem vom römischen Katholizismus unterschiedenen Ekklesiologie. Auch seine Fragestellung ging also nicht wie die traditionell-lutherische von der Sakramentenlehre und einem hiermit verbundenen Kirchenbegriff aus, sondern von einer mehr ethisch und zwar im Sinne des sittlich-religiösen Gemeinschaftsgedankens akzentuierten Ekklesiologie. Unter den übrigen Lutherschriften schien gerade der Abendmahlssermon von 1519 die einmalig hierfür geeignete historische Grundlage zu sein, da der Gemeinschaftsgedanke auch in Luthers eigenen späteren Schriften und danach in der Tradition der lutherischen Konfessionskirchen nirgends wieder so entfaltet wurde. Die Abgründe der Zeit des aufsteigenden Gedankens der nationalsozialistischen ,,Volksgemeinschaft'', in die diese Interpretation fiel, wurden erst dem späteren Blick offenbar. Sie erreichte weder in historischer Deutung des Abendmahlssermons im sozialen Kontext seiner Zeit (hierauf ging HOLLs Bemühen), noch im kritischen Verhältnis zur eigenen Gegenwart (wie in BARTHs Durchstoß durch die Traditionen beider Konfessionskirchen in seiner frühen Arbeit von 1923) die Sehschärfe der beiden vorangegangenen Interpretationen. Ihre Problematik bestand aufs höchste im Abblenden-Können empirisch-wachsamer Realitätskritik, zugunsten einer allein auf das Grundsätzliche gerichteten christlich-ethischen Normorientierung am ,,Gedanken'' der als Desiderat für die Gegenwart verstandenen (und damit auch gegenüber der in den historischen Analysen HOLLs erarbeiteten Realität zum überzeitlichen Ideal veränderten ,,Gemeinschaft'' und des Dienstes des Einzelnen in einer solchen Gemeinschaft. — Das Verhalten des Pastors v. BODELSCHWINGH, der sich schützend vor die ihm Anvertrauten in den Betheler Anstalten stellte und sie vor dem Zugriff der ,,Volksgemeinschaft'' d.h. der Schergen des Hitler-Staates rettete, und das Bemühen z.B. Dietrich BONHOEFFERS um ökumenische, außerdeutsche Kontakte trotz eines ,,Heimtückegesetzes'' und anderer strengster Verbote, damit das Wissen von der Lage der Ge-

---

[7] Zur Kritik Augustins wegen des von ihm in die Betrachtung des Sittlichen eingeführten Eudämonismus s. HOLL, Luther, 178, 165. Zur Auseinandersetzung mit KANT: 180, A. 2. Zu den Kategorien der Pflichtenlehre (in Abgrenzung von Tugend- und Güterlehre) und des Sollens: 179f; Folgen für das Verhältnis zu sich selbst: 230, unter dem Gesichtspunkt des Dienstes am Nächsten. Andererseits die im Gebrauch aller dieser Kategorien für HOLLs Lutherverständnis bestimmende Tendenz: ,,Das Ergreifen der Wirklichkeit ist das Erlösende''. Luther, 235. — ALTHAUS übernimmt die Augustinkritik HOLLs, bringt, freilich erst im späteren Teil seiner Interpretation von Luthers Gemeinschaftsgedanken in Communio sanctorum, 81ff, vom Schöpfungsgedanken und der Liebe zur Schöpfung Gottes her bestimmte Modifikationen dieser Ethik des Sollens und des Kreuzes zur Geltung.

fährdeten im Ausland nicht verlorenging[8], beleuchten praktisch die auch im Sinne Luthers nach dem Abendmahlssermon 1519 aus dem Sakramentsgebrauch nach dem Willen Christi folgende Brüderlichkeit. Nach dem Ende des 2. Weltkriegs und ökumenisch-brüderlicher Versöhnung der Christen wurde auch die internationale und dazu in neuem Maß interkonfessionelle communio in der Reformationsforschung wiederhergestellt.

Eine neue Phase der in der zweiten Hälfte der 60er Jahre einsetzenden Beschäftigung der Forschung mit den Sakramentssermonen Luthers von 1519, darunter wieder besonders mit dem Abendmahlssermon, steht im Zeichen des interkonfessionellen Gesprächs seit dem II. Vatikanum[9] und, nicht ohne Beziehung hierzu, einer neuen Gesprächsverbindung zwischen der deutschen, in den 50er Jahren vor allem am Studium der 1. Psalmenvorlesung Luthers und der Hermeneutik des frühen Luther interessierten Forschung (G. EBELING) und einem lebendigen Interesse der kirchengeschichtlichen Forschung in den Vereinigten Staaten an den vielfältigen Beziehungen zwischen Frömmigkeit und Theologie des Spätmittelalters und der Reformation, besonders ihrer frühen Stadien und Impulse, darüberhinaus an einem größeren Kontext wissenschaftlicher, sozialer und kultureller Erscheinungen des Renaissancezeitalters als begleitenden, z.T. scharf kontrastierenden Hintergrundes für das Verständnis auch der reformatorischen Entwicklungen[10]. Die Themen der frühen Wittenberger Theologie bis zur Leipziger Disputation, passive experientia-Theologie der Schriftauslegung, genuin augustinische antipelagianische sola gratia-Theologie der Gnaden- und Rechtfertigungslehre, die Bedeutung des Lehrers Staupitz, bald auch antimonarchistische und antiromanistische Betonung, daß Christus das alleinige Haupt der Kirche sei; frühreformatorische Thesen aus Wittenberg und ihre Wirkungen nicht nur in Heidelberg 1518, sondern z.B. auch in Nürnberg, Erfurt, Leipzig, Ingolstadt und Basel bis schließlich nach Rom hin und von dort zu der für die frühe reformatorische Sakramentslehre und ihr sola fide verborum Christi acce-

---

[8] Eberhard BETHGE, Dietrich BONHOEFFER. Eine Biographie. München (1967) 1970[3], 316, 419ff, 443-454, 718-728.

[9] Joseph LORTZ, Sakramentales Denken beim jungen Luther. LJb 36 (1969), 9-40 s.u. S. 19-21.

[10] Zur frühen Theologie Luthers vgl. z.B. Heiko A. OBERMAN, Simul gemitus et raptus: Luther und die Mystik. In: Kirche, Mystik, Heiligung und das Natürliche bei Luther. Vorträge des Dritten Intern. Kongresses für Lutherforschung 1966. I. ASHEIM (Hrsg.), Göttingen 1967, 20-59. James S. PREUS, From shadow to promise. Old Testament Interpretation from Augustine to the Young Luther. Cambridge Mass. 1969. Jared WICKS, Man yearning for grace. Luther's early spiritual teaching. Veröffentlichungen des Instituts für europäische Geschichte Mainz 56. Wiesbaden 1969. Zur frühen Wittenberger Theologie s. weiter Anm. 11. Neue Forschungen zum Renaissancezeitalter s.u. Anm. 64.

dere entscheidend werdenden Konfrontation mit Cajetan in Augsburg[11]: dieser historische Hintergrund für die Entstehung der Sakramentsschriften des Jahres 1519 in teils dichter Verbindung zu den Ergebnissen des Ablaßstreits zeichnet sich dank der Aufnahme und Weiterführung einer breiten, vor allem in den WA-Briefbänden dokumentierten Forschungstradition deutlicher als je vorher ab.

Der Interpretation der auf den Ablaßstreit folgenden und in ihrer Entstehung doch nicht nur als Nachwirkung, sondern als Antwort, die zugleich selber Herausforderung ist, im Kontext einer neuen Situation des Jahres 1519 zu verstehenden Sakramentssermone Luthers näherte sich die historisch und hermeneutisch orientierte Forschung zunächst jedoch nur mit Ausblicken und Hinweisen, die, so H. BORNKAMM und W. JETTER, nach der Phase der Sakramentslehre Luthers in den frühen Vorlesungen positiv das Vorliegen eines neuen, am Zeichenbegriff orientierten Sakramentsverständnisses in diesen Sermonen des Jahres 1519 mit der älteren historischen Forschung konstatieren[12]. Die in der vorangegangenen Phase der 20er Jahre aufgetretenen Intentionen wie auch Probleme eines theologisch oder zeitgeschichtlich begründeten Gegenwartsbezuges wurden dabei anscheinend nicht berührt, ebenso schien die sozialgeschichtliche und zugleich sozialethische Fragestellung HOLLS zugunsten der biblischen und hermeneutisch-theologischen ausgeklammert. Der überraschende gegen

---

[11] Vgl. Heiko A. OBERMAN, Wittenbergs Zweifrontenkrieg gegen Prierias und Eck. Hintergrund und Entscheidungen des Jahres 1518. ZKG 80 (1969), 331-358. Ders., ,,Tuus sum, salvum me fac''. Augustinréveil zwischen Renaissance und Reformation. In: Scientia Augustiniana. Festschrift für A. ZUMKELLER zum 60. Geburtstag, hrsg. von Cornelius P. MAYER und Willigis ECKERMANN. Würzburg 1975, 349-394. Gerhard HENNIG, Cajetan und Luther. Ein historischer Beitrag zur Begegnung von Thomismus und Reformation. Arbeiten zur Theologie II, 7. Stuttgart 1966. s. auch die u. Kap. II, Anm. 17 genannten Arbeiten von Kurt Viktor SELGE zur Leipziger Disputation. Zur Charakterisierung der frühen reformatorischen Theologie Luthers im Ganzen: Leif GRANE, Modus loquendi theologicus. Luthers Kampf um die Erneuerung der Theologie (1515-1518). Leiden 1975. Acta theologica Danica 12. Den Quellen um die Zeit des Augsburger Gesprächs gilt auch das Interesse der in Anm. 1 und 2 genannten Studien von Ernst BIZER und Oswald BAYER. Genaueres zum historischen Ort der Sakramentssermone von 1519 und ihrer Vorgeschichte in der Wittenberger Theologie s.u. Kapitel II.

[12] Zu den in Luthers Frühtheologie unter diesem Aspekt begegnenden spezifisch biblischen Komponenten des ,,Zeichen''-Verständnisses vgl. Heinrich BORNKAMM, Luther und das Alte Testament. Tübingen 1948, 152-158. B. sieht hier die eigentliche Absicht der Sakramentslehre Luthers. Die spätere luth. Theologie lenkt demgegenüber wieder zu einem mehr formalen ,,Gnadenmittel''-Verständnis zurück. BORNKAMM, ib. 158, A. 2 und 3. — Eine besonders materialreiche Darstellung zum Verständnis der alt- und neutestamentlichen Sakramente in der frühen Theologie Luthers gibt W. JETTER, Die Taufe beim jungen Luther. Eine Untersuchung über das Werden der reformatorischen Sakraments- und Taufanschauung. BHTh 18. Tübingen 1954.

Ende der 50er Jahre folgende Angriff E. Bizers[13] nicht nur auf die aus dieser Richtung vorgelegte Lutherinterpretation, sondern, unter der wiederaufgenommenen Frage nach dem sog. reformatorischen Durchbruch, auf die frühe, ja, sogar die frühreformatorische Theologie Luthers selbst bis zum kritischen Klärungsprozeß 1518-1520, stellte demgegenüber mit einem Schlage auch die Sakramentssermone von 1519 unter anderen Lutherschriften dieses Zeitraums wieder in den Mittelpunkt des Interesses und verlangte gleichzeitig durch die vor allem bei O. Bayer deutlich geübte Sachkritik am Abendmahlssermon Luthers[14] auch eine erneute Stellungnahme zum Aspekt Glaube und Liebe, Sakramentslehre und Sozialethik in diesem Sermon, eine Frage, die schon in der älteren konfessionellen Einordnungsdebatte mit ihren Fragezeichen gegenüber dem Sermon und in der nachfolgenden Würdigung Barths eine Rolle gespielt hatte[15]. Ist die Situation des Glaubens, der sich dem Wort der Verheißung verdankt, so sehr systematisch reinlich getrennt zu denken vom Engagement der Liebe, ist nicht die äußerste Konkretion der Liebe gerade eine Frage des Glaubens, das heißt eine Situation, in der Glaube zu bewähren ist, gegen die Anfechtung des Unglaubens? Die Chance einer Interpretation, zum Verständnis dieser eigenartigen Lutherschriften zu gelangen, dürfte dann einzig in einem tieferen Hineinfragen in ihre praktische, zugleich auch Luthers historische Wort-Anfechtungssituation des Jahres 1519 gegeben sein. Daß dies in den aus dem Beginn der 70er Jahre stammenden deutschen Beiträgen[16], wie schon in der älteren konfessionellen Literatur zu Luthers Abendmahlsschriften, viel zu wenig geschieht, zugunsten übergreifender systematisch-theologischer Fragestellungen, die weitgehend durch die Tradition bestimmt sind, stellt einen Nachteil der in dieser Gruppe von Beiträgen geführten Diskussion dar. Reformatorische Rechtfertigungslehre und, mit der Frage der Schriftbegründung der neuen Sakramentslehre Luthers, das ,,Schriftprinzip'' stehen im Mittelpunkt, besonders bei H. Hilgenfeld verbunden mit der Frage nach katholisch-scholastischen Resten in Luthers Sakramentslehre von 1519[17].

---

[13] s.o. Anm. 1.

[14] s.o. Anm. 2. Promissio, 226ff, 347. Näheres s.u. Kap. III, 4, S. 306ff und Kap. IV, 4e S. 357f.

[15] s.o. S. 3.

[16] Oswald Bayer, s.o. Anm. 2. Hartmut Hilgenfeld, Mittelalterlich-traditionelle Elemente in Luthers Abendmahlsschriften. SDGSTh 29. Zürich 1971. Karl-Heinz zur Mühlen, Nos extra nos. Luthers Theologie zwischen Mystik und Scholastik. BHTh 46. Tübingen 1972. Zu den Sermonen von 1519 besonders S. 230f. — s. auch ders., Zur Rezeption der Augustinischen Sakramentsformel 'Accedit verbum ad elementum et fit sacramentum' in der Theologie Luthers. ZThK 70 (1973), 50-76.

[17] s.u. Kap. III, 4 und IV, 4f, S. 58ff.

Vor allem durch die dialektische Theologie war gegenüber HOLLS Deutung der Rechtfertigungslehre Luthers unter der Kategorie des Sollens zu Luthers Römerbriefauslegung der Aspekt der aliena iustitia Christi, durch die der Sünder außerhalb seiner selbst gerechtfertigt wird, und damit des Indikativs von Verurteilung und Freispruch im Rechtfertigungsurteil über den als Sünder angesprochenen und den Zuspruch der iustitia Christi erfahrenden Menschen herausgearbeitet worden, mit ideologiekritischer Wirkung gegenüber den biblisch-historisch besonders im alttestamentlichen Kult und einem ihm zugehörigen Selbstverständnis anschaulich gewordenen opera legis und traditiones hominum[18]. Am Leitfaden der Formel des ,,Extra nos'' zeigt K.-H. zur MÜHLEN in einer ebenfalls Frühzeit und Spätzeit Luthers übergreifenden Untersuchung auf, wie von hieraus der Blick für die Bedeutung der Sakramente als hilfreiche Zeichen der Externität des Wortes für den angefochtenen Glauben in der Zeit nach 1517 sich neu öffnet[19]. Durch das Gegenüber des späteren Luther und seiner antischwärmerischen Betonung der Prävalenz des verbum externum vor dem verbum internum geraten jedoch die Sermone von 1519, obgleich sie positiv im Gefolge der ,,Entdeckung des Sakraments'' stehen oder diese Entdeckung selber dokumentieren, in das Zwielicht einer ,,noch eigentümlichen Ambivalenz''; die für Luther später entscheidende Frage der Vorordnung des verbum externum als der alleinigen Verstehensbedingung des verbum internum sei hier, in Gestalt der an Augustin anschließenden These Luthers, daß die Wirksamkeit der Sakramente am Glauben hänge, ,,noch in der Schwebe''[20].

Doch besteht für die Frühschriften vor 1520 die Möglichkeit eines spiritualistischen Mißverständnisses? Die ausführliche Darlegung von deren theologischen Hauptmomenten im Folgenden muß die Antwort begrün

---

[18] Zur Auseinandersetzung mit HOLL vgl. W. LINK, Das Ringen Luthers um die Freiheit der Theologie von der Philosophie. München (1940) 1955², 25ff, 147f. Die Kategorie des Indikativs verwendet R. BULTMANN, Theologie des Neuen Testaments. Tübingen 1953, 329: Indikativ des Gerechtfertigtseins, aus dem der Imperativ des Wandelns nach dem Geist folge. (Die Theologie des Paulus, § 38). s. auch Anders NYGREN, Eros und Agape. Gestaltwandlungen der christlichen Liebe. Teil II. Gütersloh (1937) 1954², 573 im Rahmen einer Darstellung der christlichen Liebe, die N. nach Luthers Sicht als ,,spontan im Gegensatz zu jeder Gesetzlichkeit'' charakterisiert: ,,Der Imperativ des Gesetzes wird gegen den Indikativ des Evangeliums eingetauscht''. Auf diesem Hintergrund ist auch die o. Anm. 12 angeführte Untersuchung von W. JETTER, Die Taufe beim jungen Luther. 1954, zu lesen.

[19] Zum ,,extra nos'' als der ,,Grundformel einer theologischen Grammatik'' und der Bedeutung der Sakramente für Luther etwa seit 1518 als hilfreiche Zeichen der Externität des Wortes für den angefochtenen Glauben s. K.-H. zur MÜHLEN, Nos extra nos, 274 und ZThK 70 (1973), 61f.

[20] Nos extra nos, 230, 231 zu Luthers Vaterunser-Auslegung 1519 (4. Bitte) und zu den Sakramentssermonen desselben Jahres.

den, die hier schon vorweg formuliert werden soll: sieht der Interpret beim Versuch einer Deutung und historischen Einordnung dieser Schriften nicht nur auf die kurz zusammengefaßten formelhaften Definitionen dessen, was ein Sakrament ist, oder auf die von Luther hier mehr beschreibend gegebenen Charakterisierungen, sondern faßt er die Einübung des Verstehens, das praktisch seelsorgerliche, punktweise vorgehende Durchsprechen und Durcharbeiten von Zweifelsfragen und Unsicherheit, die bedingt sind durch entgegenstehende bisherige Lehre und Praxis der Sakramente, m.a.W. faßt er die *Durchführung* des neuen Sakramentsverständnisses in diesen Sermonen mit ins Auge, so kann ein spiritualistisches Mißverständnis nicht aufkommen. Im Gegenteil: Die Warnung und Negierung eines perfektionistischen Mißverständnisses der Reue und Beichte, das den Menschen seinen eigenen Werken und seiner inneren Sicherheit oder Unsicherheit bezüglich dieser Werke ausliefern würde, bildet in immer neuen Anläufen den Inhalt und zentralen Skopus dieser Schriften. Allein auf die gewissen Worte Christi sich zu stützen, dazu die Androhung schwerster Strafe bei Unglaube, der Gott zum Lügner macht in seinem im Sakrament geschehenen Verbündnis: dies ist das durchgängige lehrhaft und praktisch durchgeführte Thema der Sakramentssermone.

Ein neuer Versuch einer Interpretation der Sakramentssermone Luthers von 1519 in ihrem historischen Kontext hätte somit darzustellen, wie Luther in diesen Schriften aus der Sicht der täglichen Erfahrung des Glaubenden und im Kampf um deren rechte Abgrenzung auf die Sakramente eingeht und in ihnen die Hilfe des externen Wortes zum Bestehen dieser täglichen Erfahrung dem Leser vor Augen führt. Hierzu gehört einerseits die Unterscheidung zwischen rechtem Gebrauch und mißbräuchlichem Gebrauch: das Gebot der ursprünglichen Einsetzung Christi z.B. im Bußsakrament schließt alle Selbstherrlichkeit der menschlich-kirchlichen Amtsträger aus. Zweitens: für den Weg des einzelnen Glaubenden in dieser Zeit ist ihm in seiner täglichen Erfahrung durch die Sakramente eine hilfreiche Begleitung gegeben in Gestalt der *externen* Beziehung zum sich als wahr *erweisenden* Verheißungswort Gottes. Hierdurch gewinnt in diesen Sakramentsschriften Luthers im Gegensatz zu einer allein auf normative Prizipien gerichteten ethischen Betrachtung die tägliche Erfahrung gerade hinsichtlich ihrer biblisch erweiterten und vertieften Realitätsaspekte und die sie begleitende Wort-Glaube-Beziehung klare Umrisse[21] und einen nicht abstrakten, sondern eher als rhythmisch

---

[21] Historisch u.a. mit Blick auf Luthers Verständnis der Natur des Menschen und der Welt stellt K. E. Løgstrup von hieraus mit Berufung auf die Deutungskraft der natürlichen

zu bezeichnenden, lebendig-sprachlichen Ausdruck. Die sozialreformeri-schen Vorschläge Luthers, hier ist an die Interpretation HOLLS wieder anzuschließen, ordnen sich diesem Erfahrungsaspekt ein, sofern sie unter dem biblischen ,,Leib''-Gedanken vom Sakrament her bestimmte in der natürlich-weltlichen Erfahrung gegebene Strukturierungen sichtbar wer-den lassen, als hilfreiche Alternative der Erfahrung selbst gegenüber dem unter sozialem Horizontverlust leidenden Mißbrauch der Sakramente in distanzlos-sakramentalistischer Werkfrömmigkeit.

Ein u. E. in dieser Weise vorwiegend unter dem praktischen Aspekt der Erfahrung in Beziehung zum theologischen Aspekt der in den Sakramen-ten gegebenen Wortzusage Gottes in der Forschung noch nicht vorliegen-der Versuch einer historischen Erschließung der Sakramentssermone Luthers von 1519 müßte zugleich die wichtigsten Fragen, Ergebnisse und umstritten gebliebenen Aspekte aufzunehmen versuchen, die das Bild die-ser Lutherschriften in der Forschung mit Einschluß der konfessionellen Lehrauseinandersetzung des 16., sowie des 19. und beginnenden 20. Jahrhunderts bis heute bestimmen. Unter sachlichem Gesichtspunkt, nicht in chronologischer Folge dargestellt, handelt es sich dabei u.E. um folgende Fragestellungen, die hier abgekürzt in Thesenform wiedergege-ben werden:

1) Die an Zwingli anschließende Zürcher Theologie urteilt unter den Sakramentsschriften Luthers über die frühen Sermone des Jahres 1519 eher positiv. Das mag zurückgehen auf die Zeit ihrer raschen Verbreitung durch Einzeldrucke in mittel- und oberdeutschen Verlagen, sowie früher Sammlungen, unter denen besonders die bei Cratander in Basel erschie-nene Sammlung deutscher Schriften Luthers ,,Martini Luthers mancher-ley büchlin und tractetlin etc''[22], Ausgabe vom Mai und Oktober 1520, hervorzuheben ist. Ein Zeugnis der gemeinsamen Ausgangszeit mag man

---

Sprache eine ,,ontologische Ethik'' als selbständigen ethischen Ansatz den Typen einer z.B. bei Aristoteles und Thomas, sowie in der modernen Bedürfnispsychologie und Linguistik begegnenden ,,teleologischen Ethik'' und der bei KANT und KIERKEGAARD in unterschiedli-cher Ausprägung begegnenden ,,deontologischen Ethik'', die am Gedanken der Pflicht oder des Augenblicks der Entscheidung orientiert ist, gegenüber. Im Unterschied zur letzteren gehört zur ontologischen Ethik ,,eine Auseinandersetzung auf breiter Front über alle Fragen des menschlichen Daseins, der Natur und des Universums'' mit dem Positivismus. Diese Fragen dürfen nicht in einer theologischen Engführung ,,dem Positivisten in den Rachen geworfen'' werden. K. E. LØGSTRUP, Ethik und Ontologie. ZThK 57 (1960), 357-391. s. auch den Versuch einer rein humanen Darstellung der Ethik, wie sie der religiösen Verkün-digung Jesu von Nazareth zugrundeliegt, in K. E. LØGSTRUP, Die ethische Forderung. Tü-bingen 1959.

[22] Vgl. die Einleitungen der WA zu den Sermonen WA 2, 710-712. 724-726. 739-741 und H. VOLZ, Art. ,,Lutherausgaben'' RGG³ IV, Sp. 521.

auch später in diesen praktischen Schriften der Frühphase gesehen haben. Eine theologische Nähe zu Luthers Taufverständnis im Sermon von 1519 ist für Kreise des Zürcher Täufertums nachweisbar, jedoch mit bestimmten charakteristischen Abweichungen[23]. Eine lat. Übersetzung des Abendmahlssermons erschien 1524 bei Thomas Wolf in Basel unter dem nur hier begegnenden Titel ,,De sacramento eucharistiae contio dignissima. item: De fraternitatibus aut sodalitiis, quatenus et quomodo iis utendum''[24]. Ein hier zu erwähnendes ausdrückliches Zeugnis für ein solches positives Urteil über den Abendmahlssermon findet sich in der Chronik Hospinians, 1598[25]. Unter dem Eindruck des konfessionellen Streits und des Scheiterns der Konkordienbemühungen wird hier der Verlauf des Streits so dargestellt, daß Luther unter seinen verschiedenen Meinungen über das Abendmahl, in denen er mit sich selbst nicht übereinstimme, in dieser Schrift eine Auffassung vertreten habe, die friedliche Stimmung zeige. Im Unterschied zu der erst im Streit mit Karlstadt verkehrten, vom eigenen ursprünglichen Standpunkt abweichenden Auffassung von der Realpräsenz des Leibes Christi und leiblicher Nießung habe Luther hier den Empfang des Sakraments im Glauben als geistige Nießung und eine Gemeinschaft des Leibes Christi als geistige Frucht dieser Nießung, als consociatio, unio et incorporatio, nicht als reale und äußerliche Verteilung des Leibes Christi unter dem Brot gelehrt. Das Lob der ,,friedlichen Stimmung'' des Sermons ist im Zeichen einer möglichen Annäherung der Wittenberger und Züricher Standpunkte gegeben, deren Scheitern mit der inconstantia et varietas sententiarum auf seiten Luthers in Verbindung zu sehen ist. Der eigene Standpunkt in der Abendmahlsfrage wird dahin formuliert, daß es sich bei der Gegenwart Christi, seines Leibes und Blutes, nicht um eine Gegenwart σωματική et corporalis, sondern ἐνεργητική et effectuosa im Glauben handele. Ein systematisch-theologisches Eingehen auf die konfessionellen Abendmahlsauseinandersetzungen im Einzelnen oder deren inzwischen erfolgte Aufarbeitung würde den Rahmen und die Kompetenz dieser Untersuchung überschreiten[26]; die hier angeführten mehr oder weniger zufällig in den Blick getretenen Einzelstimmen dienen

---

[23] Vgl. Martin BRECHT, Herkunft und Eigenart der Taufanschauung der Zürcher Täufer, ARG 64 (1973), 147-165. Christof WINDHORST, Täuferisches Taufverständnis. Balthasar Hubmaiers Lehre zwischen traditioneller und reformatorischer Theologie. SMRT 16. Leiden 1976, 235-241.

[24] WA 2, 741.

[25] Vgl. Walther KÖHLER, Zwingli und Luther. Ihr Streit über das Abendmahl nach seinen politischen und religiösen Beziehungen. Bd I. QFRG 6. Leipzig 1924, 8-10.

[26] Zum gegenwärtigen Problemstand s. Theologische Realenzyklopädie I, 106ff Art. Abendmahl III, 3-V (1976).

in unserem Zusammenhang nur dazu, wichtige Auslegungsfragen zu Luthers Sakramentssermonen von 1519 zu beleuchten.

2) a) Von seiten der lutherischen Theologie wird der mit solcher „Zustimmung" zum Abendmahlssermon 1519 verbundene Vorwurf der inconstantia Lutheri mit Blick auf den ganzen Luther dahin beantwortet, daß Luther immer die Realpräsenz gelehrt habe, wenn auch von ihm selbst zugegeben unter einer in seine Frühzeit fallenden Anfechtung, der er jedoch nicht stattgegeben habe[27]. So werde die Realpräsenz auch an verschiedenen Stellen dieses Sermons zumindest erwähnt[28]. Welche Bedeutung freilich dieser Tatsache beizumessen ist und wie es sich sachlich und im entwicklungsgeschichtlichen Verlauf der Entfaltung von Luthers Abendmahlslehre mit deren „Konstruktion"[29], innerer Geschlossenheit und einleuchtender Verbindung der verschiedenen zum Teil aus der Tradition übernommenen Einzelglieder verhält, ist eine Frage für sich, die verschieden beantwortet wird. Mit Blick auf den Abendmahlssermon 1519 sehen sich auch lutherische Interpreten, abgesehen von der unbezweifelbaren Tatsache, daß Luther auch hier die Realpräsenz vorträgt, genötigt, das Bestimmtsein der Abendmahlsauffassung des Sermons durch eine sog. Signum-Theorie im Unterschied zu der später im Zeichen der stärker betonten Realpräsenz sich in Luthers Gnadenmittellehre durchsetzenden Vehikel-Theorie (Fr. GRAEBKE)[30] zu konstatieren. Das „Zeichen" ist jedoch, wie allgemein, von reformierter Seite auch für Zwinglis Zeichenbegriff betont wird, in Luthers Sprachgebrauch nie nur „leeres Zeichen"[31]. Es dient, wie besonders E. SOMMERLATH zu unserem Sermon herausgearbeitet hat, der glaubensstärkenden persönlichen Heilsvergewisserung. Über solchen im Vergleich zur späteren als „massiv-realistisch"[32] empfundenen Abendmahlslehre Luthers evtl. als „nur psychologisch" abzuwertenden seelsorgerlichen Effekt hinaus lehrt unser Sermon, wie ebenfalls SOMMERLATH gegenüber GRAEBKE herausarbeitete, zugleich eine Zeichenauffassung mehr im Sinne der zweiten Theorie einer den ganzen Menschen betreffenden, jetzt schon anhebenden realen Verwandlung.

---

[27] Vgl. die Darstellung dieses Punktes im Anschluß an WA 15, 394, 12 bei Hans GRASS, Die Abendmahlslehre bei Luther und Calvin. Eine kritische Untersuchung. Gütersloh (1940) 1954², 7-9.

[28] WA 2, 749, 7ff; 751, 1; 752, 4; 749, 35-750,3 (nach H. GRASS, Abendmahlslehre, 9-15); H. HILGENFELD, Mittelalterlich-traditionnelle Elemente, 298ff.

[29] Vgl. Friedrich GRAEBKE, Die Konstruktion der Abendmahlslehre Luthers in ihrer Entwicklung dargestellt. Eine dogmengeschichtliche Studie. Leipzig 1908, 16-29.

[30] Die Konstruktion der Abendmahlslehre Luthers, 52, 56, 58ff.

[31] Für Zwinglis Sakramentsverständnis vgl. W. KÖHLER, 10f. BARTH, ZdZ 7 (1929), 442.

[32] Der Ausdruck „massiv-realistisch" bei GRAEBKE, 106.

Beide Auffassungen des ,,Zeichens'' lassen sich nicht auf Früh- und Spätzeit der Sakramentslehre Luthers verteilen, sondern finden sich nebeneinander bereits in unserem Sermon[33]. Das vom Gesichtspunkt der ,,Kon-
struktion'' aus scheinbar unverbundene Nebeneinander dieser Zeichenauffassung in doppeltem Sinne und der Realpräsenz gibt der Deutung dieser Frühtheologie Luthers freilich Probleme auf: ihr Charakteristikum ist
formale Unausgeglichenheit und Unabgeschlossenheit (GRAEBKE, SOM-
MERLATH)[34]; die These von einer Randstellung der Realpräsenz und deren
allmählichem Vorrücken ins Zentrum, nachdem zuerst die Einsetzungsworte in Luthers Schriften des Jahres 1520 gegenüber dem Sermon von
1519 eine neue ausschlaggebende Bedeutung erlangt haben, in den Sakramentsschriften gegen Karlstadt, Zwingli und Ökolampad, hat sich im
Anschluß an die Arbeit von H. GRASS[35] als äußere Antwort auf das von
GRAEBKE in Verbindung mit unserem Sermon aufgeworfene Konstruk-
tionsproblem, wie es scheint, weithin durchgesetzt[36].

b) Die systematisch-theologische Einheitlichkeit der Abendmahls- und
Sakramentslehre Luthers und ihres Gegensatzes zu Karlstadt und den
Schweizer Theologen auch in anderen Lehrstücken nachzuweisen, stellt
der Sache nach gleichfalls eine Antwort der lutherischen Theologie auf
den Vorwurf der varietas et inconstantia sententiarum bei Luther dar, so
wie auf die auch bei GRAEBKE unter dem Eindruck HARNACKS angedeutete
Tendenz, sich in der Beurteilung dieser dargestellten Entwicklung
Luthers zur ,,massiv-realistischen'' Spätzeit hin auf die ,,rein historische''
Beschreibung zurückzuziehen[37] und von der als scholastisches Erbstück
angesehenen Realpräsenz für sich genommen nicht zuviel abhängig zu
machen[38]; in diesem Sinne etwa auch v. LOEWENICH betreffs einer
Elemententheorie[39]. Die Bedenken unter dem Druck des reformierten

---

[33] Ernst SOMMERLATH, Der Sinn des Abendmahls nach Luthers Gedanken über das
Abendmahl 1527-1529. Leipzig 1930, 113ff, 106.

[34] Anders BARTH, ZdZ 1 (1923), 38f, A. 123 zu GRAEBKES ,,Konstruktion''.

[35] s.o. Anm. 27 und H. GRASS, Art. ,,Abendmahl'' II, RGG³ I, Sp. 30.

[36] s.u. Anm. 38.

[37] GRAEBKE, 103, 106.

[38] GRAEBKE sieht einen Nachteil darin, daß in der Reformation selbst wie in der Tradition
die Realpräsenz als die eigentliche Abendmahlsfrage vorrangig erörtert wurde, und will
demgegenüber in seiner Darstellung die ,,ganze Abendmahlslehre'', d.h. ihrem geschichtlichen Verlauf nach unter Ausscheidung aller Spezialfragen der Realpräsenz, besonders das
Verhältnis von signum und res, dazu effectus als das formale Schema, nach dem die einzelnen Stücke des Abendmahls in Beziehung zueinander gesetzt werden, zugrundelegen.
GRAEBKE, Konstruktion 4f. Dieser erweiterte Rahmen der ,,Konstruktion'' bleibt bei GRASS
und ebenfalls bei HILGENFELD leitend für den Versuch einer zugleich sachlogischen und
entwicklungsgeschichtlichen Darstellung.

[39] Walther v. LOEWENICH, Vom Abendmahl Christi. Eine historisch-systematische Un-

Vorwurfs gegen den späten Luther als den unversöhnlichen Streittheologen lassen auch für v. LOEWENICH, will man doch an der Einheit der Theologie Luthers festhalten, neben der Schrift De captivitate babylonica als der für die Frühzeit repräsentativen Sakramentstheologie für die Spätzeit eher die von Polemik unbelasteteren Katechismen Luthers als Verhandlungsgrundlage geeignet erscheinen[40]. Wenigstens im Ton, wenn auch nicht auf Kosten der Wahrheit der Lehre, bemüht man sich, der anderen Seite entgegenzukommen. Das Urteil über den Abendmahlssermon von 1519 bleibt auf lutherischer Seite wegen der in ihm vertretenen Zeichenauffassung eher zurückhaltend, weil man bei aller Bewunderung für die Originalität dieses frühen Entwurfs (R. SEEBERG)[41] den historisch genui-

---

tersuchung zum Abendmahlsproblem der Gegenwart. Berlin 1938. Furche-Studien 18,39.86f: Luther habe sich in seiner Abendmahlslehre von der scholastischen Substanzmetaphysik nicht freimachen können. Demgegenüber müsse die Exegese des Neuen Testaments ihr Wächteramt über die Dogmatik wahrnehmen. Zum Abendmahlssermon 1519: 52-54.

[40] Vom Abendmahl Christi, 105f.

[41] Reinhold SEEBERG, Lehrbuch der Dogmengeschichte IV,1. 1933⁴, 399: ,,Statt diese Darstellung als Erstlingsversuch geringzuschätzen, wird man urteilen müssen, daß Luther kaum irgendwo dem genuinen Sinn des Abendmahls so nahe gekommen ist wie in dieser Schrift, wenn auch die Darstellung formal einen unfertigen Eindruck hinterläßt''. SEEBERG sieht diese erste Gestalt der Abendmahlslehre durch augustinische Mystik bestimmt. Ihr charakteristisches Moment ist das *Sehen.* In seiner späteren Entwicklung schreitet Luther fort zu einer Gestalt der Abendmahlslehre unter dem Gesichtspunkt des *Hörens,* der Einsetzungsworte und des Glaubens an die in ihnen angebotene Sündenvergebung; in der Bestreitung der Abendmahlsauffassung des 'significat' schließlich tritt die dritte Empfangsform, das *Essen* im Abendmahl, in den Vordergrund. (339-402). — Anhand dieses genetischen Aufrisses lassen sich die bei GRAEBKE bis HILGENFELD dargestellten formalen Mängel des Sermons von 1519 zusammenfassen: er enthält einen ,,Reichtum der res'', sofern aus allen Phasen Stücke in losem Nebeneinander als Gabe des Abendmahls genannt werden: das Zeichen und die Bedeutung des Zeichens im augustinisch-mystischen Sinne der Gemeinschaft der Liebe, Hilfe im Unglück, Trost im Leid und Todesnot, d.h. nicht nur, wie es für die zweite Phase seit 1520 charakteristisch erscheint, Glaube an die Sündenvergebung im Wort; hierauf wies besonders ALTHAUS hin. Dieses letztere Moment ist jedoch *auch* als Gabe des Abendmahls genannt, ebenso wie das dem genetisch-,,konstruktiven'' Aufriß nach in der dritten Phase im Mittelpunkt stehende Moment der Realpräsenz. Dem ,,konstruktiven'' Denker muß dieser Reichtum nach dem Maßstab der späteren Abendmahlslehre Bedenken erregen; so besonders eindrücklich in O. BAYERS Auseinandersetzung mit diesem Sermon, das Verhältnis von Glaube und Liebe betreffend. Hier trat jedoch schon BARTH 1923 der GRAEBKEschen ,,Konstruktion'' entgegen: Man darf die beiden ,,Früchte'' nicht voneinander trennen, die Sündenvergebung durch Gottes Barmherzigkeit von der Gemeinschaft mit Christus, die Moral, Verpflichtung, Beziehung zum Menschen nicht von der Rechtfertigung, denn sie sei nichts anderes als die durchlaufende Neuordnung des Verhältnisses zu Gott durch die Rechtfertigung. ,,Es hat keine grundsätzliche Bedeutung, wenn Luther *innerhalb* dieses Ganzen bald mehr die eine Seite, die Sündenvergebung, bald mehr die andre, die ethische Seite betont. Er hat sowohl in früheren Schriften das erstere, wie in späteren Schriften das zweite getan''. ZdZ 1 (1923), H. 4, 38. — Was der konfessionell-lutherischen Interpretation meist als Mangel erscheint, die hinsichtlich des sola fide scheinbar unpräzise Vielfalt der res und

nen Luther eher in den Spätschriften findet, mag er einem aus Gründen
einer mehr aufgeklärten Einstellung und des Konfessionsfriedens auch
unbequem sein.

c) Es entspricht diesem besonders hinsichtlich der Polemik etwas ver-
haltenen Problemstand der Jahrhundertwende, wenn in der historischen
Lutherdarstellung bei J. Koestlin die Sermone des sonst so kampferfüll-
ten Jahres 1519 als Zeugnisse des inneren Friedens, zu dem Luther mitten
im Kampf finden konnte, unter Anführung des uneingeschränkten Lobes
des Erasmus für die den Sermonen nahestehende Trostschrift Luthers für
den Kurfürsten, die Luther geschrieben haben müsse, ,,bevor es mit der
Hitze des Streites so weit gekommen'', gewürdigt werden[42]. Doch mag
man fragen, ob eine u.U. auch aus Gründen des in der eigenen Gegenwart politisch Erwünschten erfolgende Interpretation unter dem Gesichtspunkt der ,,Friedlichkeit'', mit der auch Erasmus einverstanden ist, die
Aussage dieser Schriften im Kern trifft[43].

Die Gegendarstellung gegen das bei Lavater und Hospinian gezeichne-
te Bild des Streites, aus Anlaß von Unionstendenzen am Berliner Hof
1707/08 gegeben durch den um das historische Bild der Reformation in
ihren Originaldokumenten bemühten lutherischen Theologen V. E.
Löscher, spielt den Angriff ins Lager der reformierten Theologie zurück:
nicht bei Luther, sondern bei Zwingli, der vor seiner Begegnung mit Ho-
nius auf der Seite Luthers gestanden habe, liege die inconstantia und die

---

das logisch scheinbar unverbundene Nebeneinander der Stücke einschließlich der Realpräsenz, wird einer späteren katholischen Interpretation gerade zum Zeichen der Tiefe der sakramentalen Frömmigkeit, die Luther hier erreichte, s.u. S. 19-21.

[42] Julius Koestlin, Martin Luther. Sein Leben und seine Schriften. Bd I, 5. Aufl. neube-
arbeitet von G. Kawerau. Berlin 1903, 281-287 zu den Sermonen von der Bereitung zum
Sterben, zu den drei Sakramenten und, vorangehend, zur Tessaradecas. Das Urteil des
Erasmus s. S. 281. Auf die Sakramentssermone folgt der Auftrag des Kurfürsten an Luther
zur Ausarbeitung von Postillenauslegungen der kirchlichen Evangelien und Episteln: ,,Zu
heiligen friedlichen Studien wollte ihn hiermit sein Fürst von den unruhvollen, bissigen
Streitschriften wegrufen'' (287). Das nächste Kapitel lautet ,,Neue und alte Gegner und
Streitpunkte 1520'', vorangig die Darstellung der Streitschriften im Gefolge der Leipziger
Disputation. Die Bemerkung des Erasmus zur Tessaradecas nimmt K. auf: von der Raserei
des Streites zeige sich allerdings keine Spur, obgleich Luther diese Schrift im Jahr solcher
Kämpfe verfaßte; wir sehen aber, wie Luther auch bei solcher Raserei doch innerlich sich zu
fassen wußte. (281).

[43] Auch Carl Stange, Studien zur Theologie Luthers. 1928, 349f suchte die eigentlichen
Absichten der Sakramentslehre Luthers mehr in den wissenschaftlichen und seelsorgerlichen
als in den polemischen Schriften bzw. Aspekten, so auch in den Sermonen von 1519. Ob mit
der Quintessenz ,,daß wir mit unserm Willen den Weg zum Tode und damit zur Unter-
ordnung unter den Willen Gottes gehen'' (ib. 434) aus der kämpferischen Bundes- und
Glaubenstheologie des Taufsermons nicht eher eine Untertanentheologie geworden ist?

Schuld an der schädlichen Heftigkeit des Streites[44]. Man mag zu dem Schluß kommen, daß sowohl die moralische Kategorie der constantia oder inconstantia als auch der äußere Druck, der konfessionelle Auseinandersetzungen möglichst niederhält, wenig geeignete Vorzeichen zu einer wirklichen Austragung sachlich-theologischer Gegensätze sind. — Karl Barths Wiederaufnahme der Auseinandersetzung mit Ansatz und Absicht von Luthers Abendmahlslehre 1923 vorwiegend nach diesem Sermon kann bis in den leidenschaftlichen Stil des ,,Ja! — Aber ...'' in vieler Hinsicht als Zeichen einer neuen Ära der theologischen Sachauseinandersetzung anhand dieses Textes genommen werden[45]. In der auch äußerlich vom Druck befreiten Situation konnte das Verhältnis von Polemik und praktischer Sakramentstheologie in diesen Schriften Luthers in Zukunft wieder unbefangener erörtert werden, historisch unter Hinzuziehung der Frage nach dem Verhältnis Zwinglis zu Erasmus, wie es von W. Köhler herausgearbeitet worden war, sowie des Verhältnisses Luthers zum erasmischen Humanismus als Hintergrund zum Verständnis mancher Berührungspunkte zwischen den später getrennten reformatorischen Gruppierungen in der Entstehungszeit dieser Frühschriften Luthers zur Sakramentslehre, dazu einiger schon jetzt bestehender Unterschiede im Gebrauch der scheinbar gleichen Begriffe, wie die lutherische Auslegung zum Zeichenverständnis des Abendmahlssermons sie bereits herausgearbeitet hatte[46].

3) Unter dem Eindruck der hier sich abzeichnenden Möglichkeit, zwischen dem von Luther als exegetische Willkür empfundenen ,,Zeichen''-Verständnis der sog. Signifikatisten und seinem eigenen den Sprachgebrauch dieser Sermone bestimmenden Reden vom ,,Zeichen des Sakraments'' eindeutiger zu unterscheiden, liegt die Frage nahe, ob die in lutherischen Darstellungen der Sakramentslehre Luthers immer noch anzutreffende Tendenz zum schlechten Gewissen gegenüber diesen theologischen Jugendsünden einer in den Augen des späteren Luther u.U. des Spiritualismus verdächtigen, am Zeichen orientierten Sakramentslehre nicht die Folge eines Mißverständnisses sei, das zwar bis ins Reformationsjahrhundert selbst in Gestalt der reformierten Schätzung des Abendmahlssermons sich zurückverfolgen läßt, das aber um so mehr endlich einer unbefangeneren Sicht weichen sollte. Besonders pointiert wurde die These von einer in den Sermonen des Jahres 1519 anzutreffenden ,,Bedeutungstheologie'', die formal Zwinglianismus darstelle, in der Sache ein

---

[44] W. Köhler, Luther und Zwingli, 12f.

[45] ZdZ 1 (1923), H. 4, 51.

[46] s.o. S. 13 und S. 7 Anm. 12; W. Köhler, Luther und Zwingli, 4-7, 49-57.

tieferes Verständnis etwa Bullingerscher Sakramentsauffassung enthalte, 1957 wieder aufgenommen von E. BIZER[47]. Luthers Deutung sei zwar unvergleichlich viel tiefer als die Zwinglis und Bullingers, und seine Tendenz gehe über den Wortlaut schon hinaus, sei aber, am Wortlaut des Gesagten gemessen, noch eine illegitime Tendenz. Luthers spätere Erbitterung gegen Zwingli sei u.a. dann zu verstehen, wenn er selbst diese ,,Bedeutungstheologie'' einmal vertreten und mühsam überwunden habe[48]. Soll man auf lutherischer Seite, nachdem man sich mit den Reformierten der Massivität und polemischen Schroffheit des späten Luther wegen ein wenig genierte, nun vor dem späten Luther selber und mit ihm wegen einer angeblich ,,spiritualistisch'' gefährdeten Frühphase seiner eigenen Sakramentslehre sich ein schlechtes Gewissen machen lassen, angeblich durch ihn selbst[49]? Demgegenüber ist, neben der immer noch wahrscheinlicheren Möglichkeit eines Mißverständnisses der Kategorien Zeichen und Bedeutung in Luthers spezifischem Sprachgebrauch, geltend zu machen, daß Sakramentslehre nach dem Zeugnis der Sermone und jeder späteren Phase der Theologie Luthers die Gewissen befreit. Die deutliche Erwähnung der Realpräsenz spricht zudem gegen die Formulierung von einer ,,vom Wortlaut des Gesagten aus illegitimen Tendenz''. Hier dürfte eher reformiertes Abgrenzungsbedürfnis gegen ein auch in der Sicht BARTHS bei Luther vorliegendes Zu-weit-Gehen, das alsbald das reformierte ,,Aber'' auf den Plan ruft, auf BIZERS Sicht des in diesen Sermonen noch nicht ,,weiter'' gehenden frühen Luther zurückwirken. Die Konstellation der Forschung, in deren Zusammenhang BIZER diese kritische Befragung der Sakramentssermone von 1519 durchführte — ihm folgte die noch sehr viel eingehendere Untersuchung O. BAYERS — betraf jedoch zentral nicht das reformiert-lutherische Verhältnis, sondern unter dem Stichwort des Durchbruchs der reformatorischen Erkenntnis in Luthers Theologie die Frage einer deutlichen Abgrenzung der reformatorischen von einer noch vor-reformatorischen, dem Spätmittelalter zuzurechnenden Phase seiner eigenen frühen Theologie. Es geht um die Unterscheidung der reformatorischen Sakramentslehre Luthers von ihrer ,,noch augustinischen'' Frühform. In diesem Sinne urteilten auch GRAEBKE und v. LOEWENICH über die Sakramentssermone, wenn auch die Formulierung GRAEBKES von der

---

[47] s.o. Anm. 1.

[48] EvTh 17 (1957), 80f.

[49] Das Taufverständnis betreffend zeige sich in Luthers eigenen Schriften dieses Zeitraums bis 1520 eine solche rückblickende ,,Selbstkorrektur'' in der Abweisung eines rein allegorischen Verständnisses von mors und resurrectio in diesem Sakrament im Taufkapitel von De captivitate babylonica WA 6, 534, 10f. 35-39: so die These O. BAYERS, Promissio, 269, 268, Anm. 108.

katholisch-mystischen Luft, die in diesem Sermon noch wehe, gegenüber dem Sermon vom Neuen Testament von 1520, in dem der Leser in die evangelische Sphäre versetzt sei, ,,aus der Sphäre des Mysteriums in die des klaren 'Wortes' ''[50], in dieser Zuspitzung eher einen Grenzfall der Interpretation auf protestantischer Seite darstellt. Man braucht dem jedoch nur die 1969 von J. LORTZ unter dem Aspekt ,,Sakramentales Denken beim jungen Luther'' gegebene Interpretation hinzuzufügen, nach der Luther in seiner Frühzeit ,,eine gereinigte und vertiefte katholische Sakramentsauffassung'' bezeugte, ,,die er in seiner Frühzeit in einer Weise so füllte, daß sie in der katholischen Kirche zu deren Nutzen dauernd ihren legitimen Platz hätte haben können''[51], um die Bedeutung der Frage bis heute zu sehen. LORTZ bezieht dieses Urteil auf die Äußerungen über die communio sanctorum vor allem im Abendmahlssermon von 1519 und in anderen Zusammenhängen bis 1524, deren Tiefe der sakramentalen Frömmigkeit vom späteren Luther nur selten wieder erreicht wurde. Unter ,,sakramental'' versteht LORTZ eine ontisch-objektive Wirkweise der Sakramente, nach der Gott ,,hebet von stund an dich neu zu machen''[52], und bezieht sich dabei auf Stellen der Sakramentssermone, die schon bei GRAEBKE und SOMMERLATH als Zeugnis für eine ,,Zeichentheorie im zweiten Sinne'' der sog. Instrumenten- oder Vehikeltheorie vom wirksamen Zeichen angeführt worden waren[53]. Zu Luthers Verurteilung eines Objektivismus, der Verdinglichung und des Verdienstdenkens im Umgang mit den Sakramenten, die er aus seelsorgerlichem Eifer grimmig verwarf, und zu seiner Betonung des Glaubens (mit Augustin) stehe dies nicht im Gegensatz, denn die Wirkung des Glaubens und die Wirkung des Sakraments seien innig miteinander verwandt, wenn nicht identisch, wenn nach Luthers Worten aus dem opus operatum ein opus operantis, ein brauchlich Werk im Glauben werden müsse[54]. Die Sicht dieses Beitrages unterscheidet sich hiermit erheblich von der früher von LORTZ vorgetragenen Auffassung[55], die in ähnlicher Weise 1968 von J. WICKS[56] wieder aufgenommen wurde, wonach die Spiritualität der Theologie des frühen Luther, besonders seine Gottesanschauung des deus semper praesto mit ihren geistlichen reform- und erneuerungskräftigen Thesen zur Bußtheologie, für Christen aller Konfessionen eine dauernde Bereiche-

---

[50] GRAEBKE, Konstruktion, 29.
[51] LORTZ, LJb 36 (1969), 11, s.o. Anm. 9.
[52] LJb 36 (1969), 17f.
[53] s.o. S. 00.
[54] LJb 36 (1969), 17, 19.
[55] Joseph LORTZ, Die Reformation in Deutschland. Bd I (1939) 1948³, 217f, 229f.
[56] Jared WICKS, Man yearning for grace, s.o. Anm. 10.

rung darstellen könne[57]; Luthers spätere ausschließliche Betonung der Glaubensgewißheit seit 1518, deretwegen es zur Konfrontation mit Cajetan kam, stelle jedoch demgegenüber eine Verengung dar[58], durch die die katholische Kirche schließlich zur Abgrenzung genötigt wurde. In diesem Sinne sprach LORTZ 1939 mit Beziehung auf das Cajetangespräch von einer Infragestellung nicht nur der hierarchischen Machtverfassung oder eines bestimmten Kirchenverständnisses, dem Luther die Schrift oder eine andere Auffassung der Kirche entgegenstellte; dies alles sei noch nicht das Zentrale. Luther habe vielmehr durch seinen Subjektivismus, seine individualistische, singulär personelle Einstellung, sein Denken und Empfinden nur aus dem persönlichen Gewissen heraus die sakramentale Objektivität, das eigentliche Mysterium, die lebende, objektiv seiende Gemeinschaft der Kirche in Frage gestellt zugunsten einer exklusiven Betonung des persönlichen Glaubens[59]. Der Wandel von dieser Äußerung bis zu der lobenden Anerkennung der Spiritualität Luthers in den 60er Jahren ist vor allem auf die Erkenntnis der exegetischen Fundierung dieser Theologie des frühen Luther unter dem Eindruck der Studien EBELINGS und anderer zur 1. Psalmenvorlesung und den übrigen frühen Vorlesungen, Disputationen und Predigten Luthers, zu seiner Hermeneutik und deren spezifischen Komponenten biblisch-christologisch-geistlicher Textmeditation zurückzuführen; anstelle des Subjektivismusarguments bleiben für WICKS jedoch bestimmte Züge von Individualismus in dieser Frühtheologie Luthers sichtbar[60], die das spätere Hervortreten der particula exclusiva in der nach wie vor trennenden Auffassung der Sakramente erklären könnten. LORTZ geht jedoch 1969 noch über diese Kritik hinaus in seinem Lob des Abendmahlssermons. Er betont dabei den Charakter einer pastoralen, wortreichen Sprache Luthers in diesen Texten, der ein Mangel an Konzision und Einheitlichkeit der Formulierung eigne, eine Eigenart, die neben der Gewalt und Tiefe, sowie der präzis zupackenden Genauigkeit, ja Monumentalität seiner Gedanken zu berücksichtigen sei, mehr, als dies bisher in der Forschung geschehe[61]. Das abschließende Urteil lautet: ,,Es kann wohl kein Zweifel mehr daran bestehen, daß Luther das Wesentliche des katholischen Sakramentsbegriffs beibehalten hat (was ja nicht bedeutet, daß er die sakramentale Denkart des Sakramentssermons aus dem

---

[57] Man yearning for grace, 277-280.
[58] Man yearning for grace, 271, 429: ,,hat nicht Luthers neuer Glaubensbegriff dieses großartige Gefüge durch eine Schwerpunktverlagerung radikal verändert und verengt?''
[59] Die Reformation in Deutschland I, 229ff.
[60] Man yearning for grace, 273-277, 429f.
[61] LJb 36 (1969), 9.

Jahre 1519 ungeschwächt durchgehalten hätte). Man könnte diesem
Schluß nur entgehen, wenn man eine pelagianisierende Schulmeinung als
die katholische Lehre ansprechen würde; konkret gesagt, wenn die katholische Lehre dem äußeren sakramentalen Zeichen für sich allein in unzu-
lässiger Weise eine unmittelbare Wirkung auf den Empfangenden zu-
schriebe. Diese Gefahr hat Luther radikal eliminiert. Bei ihm ist es stets ...
Gott, der das Sakrament, die Gnade und ihre Zuwendung wirkt, und immer ist der rechtfertigende, der Sündenvergebung sichere Glaube die Voraussetzung für die Realisierung des Sakraments und seines heilbringen-
den Empfangs. Da die katholische Doktrin diese entscheidende Rolle des
Glaubens nicht schmälern will, was im Widerspruch zum Neuen Testament stände, ergibt sich, daß Luther insoweit katholisch lehrte"[62]. So
stellt die kirchentrennende Folge der Reformation für die Theologie also
nur noch ein Problem von Schulmeinungen dar? Auch in einem zweiten
Sinn kommt LORTZ, mit Blick auf die Bibel und im Zusammenhang von
deren Würdigung im II. Vatikanum, dem entgegen, was bisher als ein
Spezifikum der Theologie der Reformation und deren ,,Theologie des
Wortes" verstanden wurde: der Ausweitung des Sakramentsbegriffs auf
den sakramentalen Charakter des Wortes, den Luther sehr stark empfunden und zum Ausdruck gebracht habe, ohne das Sakrament im herkömmlichen Sinn zu leugnen. Auch dies sei katholische Lehre, in vielen Gebeten
ausgedrückt, am eindringlichsten in der Bitte der Messe: ,,Per evangelica
dicta, deleantur nostra delicta". Eben dieser Ausweitung des Sakramentsbegriffs habe das Vaticanum II sich angeschlossen mit seiner Formulierung von der ,,mensa tam verbi Dei quam Corporis Christi", von der die
Kirche das Brot des Lebens nehme und den Gläubigen austeile[63]. Ist somit
die Hermeneutik und das Wort- und Sakramentsverständnis der ,,Evan-
gelischen Evangelienauslegung" G. EBELINGS, die von W. JETTER dargestellte spezifische Worttheologie der frühen Sakramentslehre Luthers
sowie deren gegenkritische protestantische Überprüfung bei E. BIZER und
O. BAYER kein Anlaß mehr zur Kirchentrennung?

Die Gegenmöglichkeit, die sich dann ergäbe, wenn historische Textin-
terpretation nicht mehr oder nicht mehr ausschließlich dem Interesse
kirchlicher oder konfessioneller Gruppenidentität zu dienen hätte und zu
dienen brauchte, bestände in der Frage, mit der wir nun an die Sakramentssermone Luthers selbst herangehen möchten und die der ursprünglichen Absicht dieser Schriften und der von LORTZ u.E. zutreffend be-

---

[62] LJb 36 (1969), 38.
[63] LJb 36 (1969), 39 zur Constitutio de Divina Revelatione, 18. Nov. 1965.

schriebenen Eigenart ihrer Sprache entspricht: wie dienen diese Schriften der Identität des einzelnen Menschen in seinem Glauben und seiner Lebensorientierung? In diesem Zusammenhang werden die hier zu erörternden Fragen der Forschung zu Luthers Verhältnis zum Katholizismus, zur spätmittelalterlichen Frömmigkeit, besonders zur Mystik der deutschen Theologie, Taulers und, an erster Stelle zu nennen, zu seinem väterlichen und brüderlichen Seelsorger und Freund Johann v. Staupitz in der Interpretation der Sakramentssermone selbst wieder aufgenommen werden[64].

---

[64] Stellvertretend für die hier befolgte Blickrichtung seien nur genannt die Deutung der Theologie Staupitzens in H. A. OBERMANS Beitrag zur ZUMKELLER-Festschrift 1975 ,,Tuus sum, salvum me fac'', s.o. Anm. 11, und die von W. J. BOUWSMA in seinem Beitrag zur KRISTELLER-Festschrift 1975 ausgearbeitete Fragestellung: Stoizismus und Augustinianismus im Denken der Renaissance als ,,die beiden Gesichter des Humanismus''. William J. BOUWSMA, The two faces of humanism. Stoicism and Augustinianism in Renaissance Thought. In: Itinerarium Italicum. The profile of the Italian Renaissance in the mirror of its European transformations. Dedicated to Paul Oskar KRISTELLER on the occasion of his 70th birthday. Ed. H. A. OBERMAN with Th. A. BRADY. SMRT 14. Leiden 1975, 3-60.

KAPITEL II

DER HISTORISCHE ORT DER
SAKRAMENTSSERMONE VON 1519

Bei dem Versuch einer Darstellung der Sakramentssermone Luthers vom Ende *des* Jahres, das ihn, Luther, durch die Konfrontation mit Eck in Leipzig in *außergewöhnliche* Dimensionen der Auseinandersetzung trieb[1], erscheint eine Gestalt in der Wittenberger Umgebung Luthers unter den Freunden, die ihn von Anfang an dort begleiteten, besonders geeignet, die für das alltägliche Denken *gewohntere* Sicht der Ereignisse und bewegenden Entwicklungen dieser Zeit eines neu aufsteigenden Lebensgefühls zu Wort kommen zu lassen. Den Außergewöhnliches Empfindenden und in seinen paradoxen Thesen Bekennenden begleitend, läßt diese andere Gestalt eines zu seiner Zeit selber von Begeisterung erfüllten Wittenberger Studienmeisters uns den Weg mitverfolgen, den eine ,,Generation'' von humanistischem Neugründungsidealismus der Leucorea erfüllter Lehrer und Studenten in Wittenberg zunächst gemeinsam ging, mit einem ersten Höhepunkt unter dem glanzvollen Rektorat des Weltmannes Christoph Scheurl. Eben dieser sie verbindende Anfang und gemeinsame Weg aber schleuderte im Jahr 1519 nach dem Empfinden dieses Älteren, wie eine *fremdartige* und Risse in das gewohnte Bild der Dinge reißende *ungeheuerliche* Geburt[2] Luthers Thesen gegen Papst und Konzilsgewalt hervor und brachte für die scheinbar so harmonisch diesen Kollegen der biblischen Professur Begleitenden eine *Entscheidung* für oder gegen sein Verständnis der biblischen Wahrheit mit sich.

Otto Beckmann, selber einst mitreißender Redner in Festversammlun-

---

[1] Vgl. dafür L.s eigene Zeugnisse: Deus rapit, pellit, nedum ducit me; non sum compos mei, volo esse quietus, et rapior in medios tumultus. WA Br 1, 344, 8f v. 20. Febr. 1519 an Staupitz. Vgl. auch Br 1, 351, 3-7 v. 24. (?) Februar 1519 an Spalatin: Obsecro te, mi Spalatine, noli nimio timere nec humanis cogitationibus totum cor caedere. Scis, quod nisi Christus me et mea ageret, iamdiu prima disputatione indulgentiarum, deinde vulgari sermone, tandem Resolutionibus et Responsione mea ad Silvestrum, novissime Actis meis me perdideram, maxime profectione Augustana.

[2] Alitur nescio quid monstri, sed Christus faxit, ne apud nos nascatur. Alia via pergendum est. Otto Beckmann an Spalatin, 24. Februar 1519. in: Th. KOLDE (Hrsg.), Analecta Lutherana. Briefe und Actenstücke zur Geschichte Luthers. Zugleich ein Supplement zu den bisherigen Sammlungen seines Briefwechsels. 1883, 6f. Vgl. Val. Ernst LÖSCHER, Vollständige Reformationsacta und Documenta oder umständliche Vorstellung des Evangelischen Reformationswerks. Tom. III. Leipzig 1729, 90f.

gen der jungen Universität[3], vermochte der Bahn dieses neu hervorgeschleuderten Gestirns nicht länger als zwei Jahre über dieses Jahr der
Leipziger Disputation hinaus sich anzuschließen. Seine Gestalt und *sein*
Verständnis der Reform- und Bildungsintentionen der Zeit gibt uns daher
Gelegenheit, die Frage nach Zielen und ,,Gesichtern''[4] des Humanismus
im frühen 16. Jahrhundert in zwei ausgeprägten Profilierungen aus der
Wittenberger Universität uns vor Augen zu führen; wichtiger noch für
unsere den Sakramentssermonen Luthers gewidmete Betrachtung scheint
aber dies, daß diese beiden voneinander so verschiedenen Generationen,
Charaktere und Konzeptionen gegen Ende des Jahres 1519 im Empfinden
Luthers noch verbunden waren. Das zeigt die den Sermonen beigegebene
Widmungsvorrede, in der L. gegenüber der Herzogin Margarethe von
Braunschweig-Lüneburg seiner ,,guten Freunde, Väter und Herren''
gedenkt, die ihn zu diesem Aufmerksamkeits- und Dankeserweis für die
Empfängerin angeregt haben[5]. Daran schließen sich einige Fragen an:

1) Gehört die ,,väterliche'' Freundschaft einer älteren Wittenberger
Kollegengeneration 1519 also mit zum Fluidum einer aus Freundschaft
gebildeten ,,Nestwärme'' der Wittenberger Universitätstheologie, in der
u.a. auch die erstaunlichen Schriften dieses kreativen Späthalbjahres
1519[6] ,,geboren'' wurden? Nicht nur zur Freunde, sondern teils auch
zum Schrecken der Geburtshelfer über das, was da ,,zur Welt kam''[7], um
mit Beckmann zu sprechen, so daß jemand von Charakter, Traditionsprägung und Selbstverständnis B.s vor dem eigenen Schützling und Setzling
die Flucht ergriff?

---

[3] Vgl. die beiden im Jahre 1510 gehaltenen Universitätsreden: Oratio Othonis Beckman
Vartbergii artium ac philosophiae doctoris in laudem philosophiae ac humaniorum litterarum ad patres conscriptos et pubem famigeratissimae Academiae Wittenbergensis habita.
Anno 1510. Wittenberg bei Grunenberg. — Oratio Magistri Othonis Beckman Uuartbergii
ad patres conscriptos et pubem Academiae Uuittenbergensis in laudes sanctissimae Parthenices Catharine tocius rei litterarie dee Tutelaris. Habita 24. Novembris Anno 1510. Wittenberg bei Grunenberg (1510) 1515[2]. — Zu Leben und Werk O. Beckmanns vgl. vor allem
Nikolaus MÜLLER, Die Wittenberger Bewegung 1521 und 1522. ARG 6-8 (1908-11). Leipzig 1911[2], 224-237. In Auseinandersetzung mit der Sicht MÜLLERs Klemens HONSELMANN,
Otto Beckmann und sein Sammelband von Reformationsschriften. Westf Zeitschrift 114
(1964), 243-268; ders., Otto Beckmanns Vermittlungsversuch beim Reichstag zu Augsburg
1530. In: Reformata Reformanda. Festg. für H. JEDIN zum 17. Juni 1965, hrsg. von E.
ISERLOH und K. REPGEN. Bd 1. Münster 1965, 428-444.
[4] Vgl. William J. BOUWSMA, The Two Faces of Humanism. Itinerarium Italicum, 3-60.
[5] WA 2, 713, 8f = Bo A 1, 174, 41f. — Daß es sich um O. Beckmann handelt, erwähnt
L. ausdrücklich an Spalatin, Br 1, 539, 24f am 16. Oktober (?) 1519.
[6] So beurteilt H. BÖHMER die Zeit nach der Leipziger Disputation. s. H. BÖHMER, Der
junge Luther, mit einem Nachwort von H. BORNKAMM. Leipzig (1925) 1951[4], 244f. Dort
auch die Formulierung ,,Neues gebären'', vgl. Br. 1, 359, 24: Paulum ad Galatas parturio.
[7] s. Anm. 2.

2) Blicken wir so in einen Klärungs- und Reifungsprozeß innerhalb
dieser von Dynamik erfüllten, an Begabungen reichen und mit allen Kräften arbeitenden Fakultät[8] hinein, einen Vorgang, der auch zu starken
inneren Spannungen und schließlichem freiwillig-unfreiwilligem Aus-
scheiden und -geschiedenwerden früher bestimmender Konzeptionen
führte? Welche Elemente innerhalb ,,humanistischer" Vorhaben erweisen in diesem Prozeß Fähigkeit zur Begegnung mit einer durch L.s wieder
freigelegtes Wahrheitsverständnis der Bibel neuen Situation?

3) Worauf beruht es, daß Beckmann einerseits zunächst mitgehen
konnte und dann doch später sich distanzierte und sich für einen anderen
Weg entschied? Spielen hier auch persönliche und ,,geistige Altersunter-
schiede" eine Rolle?[9]

4) Worauf beruhte der Zusammenhalt ,,jugendlicher" Begeisterung
für humanistische Studien in den Anfängen der Wittenberger Universität,
und warum hielt sich der gemeinsame Impuls in der durch L.s Stellungnahmen gegen Papst und kirchliche Traditionsautorität fortgeschrittenen
Situation nicht durch? Handelt es sich hier um Geschichte und Krisen
einer ,,Freundschaft", wie sie diese Zeit liebte, im Falle Beckmanns der
Verbundenheit eines Älteren mit Jüngeren, bedingt durch unterschiedliche Bereitschaft, auf Konflikte einzugehen?

5) Welchen Anteil haben, umgekehrt betrachtet, die geistigen Quellen,
fontes, an denen sich der Einzelne orientiert, an dieser ,,Jugendlichkeit"
oder sich in sich selbst zurückwendenden Abgeschlossenheit eines geistigen Profils? Ist der Christusglaube ,,jünger" als die foecunda vetustas[10],
und hat die letztere unbedingt ,,väterliche" oder gar patriarchalische Züge? Das Erstere wird man nicht so einfach bejahen wollen, im Gedanken
an die Blütezeit Wittenbergs unter Christoph Scheurl und die Festigkeit

---

[8] Vgl. Chr. Scheurl an L. und O. Beckmann vom 9. Mai 1519, Br 1, 385, 33f über die
Wittenberger Universität als 'officina', in die Freunde aus Nürnberg mit guten Hoffnungen
einen Verwandten zum Studium senden wollen. — Derselbe Ausdruck für L.s Werkstatt als
Schriftsteller auch Br 1, 116, 24 f vom 3.11.1517 in Scheurls Bitte, L. möge etwas Christliches für Hieronymus Ebner schreiben: ...scripseris aliquod ex officina tua religiosa catholica
christiana, quod ad animarum salutem pertineat.

[9] Vgl. L.s Eindruck von seinem Besuch bei Trutfetter auf dem Rückweg von der Heidelberger Disputation: Luther an Spalatin v. 18. Mai 1518, Br 1, 174, 43: tanta res est in
opinionibus malis Inveterasse. — Dazu L. an Spalatin vom 20. Juli 1519, Br 1, 431, 1-5,
Beilage 2 unter den Gründen, ,,warumb ich die gantzen uniuersitetenn, unnd nit alleyn die
facultet Theologie erwelet hab: Zcum ersten, Das von gottes gnadenn durch merhunge vill
gutter bucher die Jungen leut ettwa geschickt seyn mehr dann die alten, alleyn ynn yhren
buchern gewandelt".

[10] Vgl. den Beitrag H. A. Obermans in Itinerarium Italicum, IX-XXVIII, unter dem Pi-
co della Mirandola entlehnten Motto 'Quoscunque tulit foecunda vetustas".

der Freundschaft zwischen Scheurl und Beckmann. Dennoch lautet die Frage im Blick auf *Luthers*, durch Gehorsam gegen die ihn ,,herausreißende'' und vorantreibende Wahrheit gekennzeichnetes Situationsverständnis: ist es gerade dieses ,,passive'' Moment seines Eintretens für die Wahrheit der Schrift, das ihn im Gegensatz zum Denken in festgefügten Lebensgestalten in menschlichwarmer Freundschaft mit Anderen verbunden sein läßt und ihn dennoch in neue Situationen führt?

6) Und inwiefern verband sich dieses Denken in der Frühzeit der Wittenberger Universitätstheologie doch gerne mit humanistischem Zukunfts- und Bildungselan?

Die Begegnung und Verbindung beider geistigen Bewegungen in der spezifischen freundschaftswarmen Atmosphäre zwischen Wittenberg und Nürnberg[11] als Hintergrund der Sakramentssermone L.s von 1519 gibt so Gelegenheit und Anlaß, die uns vorliegenden Lutherschriften, genährt und mitgetragen von soviel Unterstützung und Interesse der Freunde, zu befragen, ob und wie sie zu den an dieser Gemeinsamkeit und Gemeinschaft[12] Beteiligten sprechen und durch welche vermutlich aus Luthers Bibelverständnis sich ergebenden Momente sie sich von diesem Hintergrund abheben und in die Geschichte der spezifisch reformatorischen Theologie hineingehören.

Um den Fächer der persönlich verschieden getönten Freundschafts- und (im Falle Ecks) späterer Gegnerschaftsbeziehungen, die durch Person und Arbeit Luthers einen gemeinsamen Mittelpunkt haben, vor uns zu sehen, stellen wir zunächst in diesem Kapitel anhand des 1519 geführten Briefwechsels dar, wie sich das Genus der praktischen Schriften Luthers in dieser Zeit zwischen ihm und den Lesern (Rezipienten) weiterentwickelt[13], zwischen Eck als ausgeschiedenem ,,Freund'', der durch

---

[11] Vgl. die Äußerung Scheurls an Beckmann vom 30.9.1517, Briefbuch II 142, 26f über Beckmann: ...qui amicorum caput est sine controversia et columna etiam ...Quid enim dulcius in hac vita contingere potest, quam vel coram frui amico dulcissimo, qualis semper fuit Otto? — Ähnlich Briefbuch I 64, 96 vom Oktober 1512: apud Vittenbergenses amicos sine controversia primum semper locum obtinuisti. — Eine Einladung zum gemeinsamen Essen im Augustinerkloster für Spalatin, Scheurl, Beckmann WA Br 1, 103, 6f v. Ende August 1517 mit atmosphärischem Schluß: Sed ut vinum quoque nobis impetres, vide, quia de castro ad monasterium, non de monasterio ad castrum scis tete venturum.

[12] Vgl. Scheurl an L. über die Augustiniana professio Luthers und den Kreis um Staupitz in Nürnberg als Begründung für seine Bitte um Freundschaft mit Luther: Br 1, 84, 3ff vom 2.1.1517 und darin seinen Bericht über die Anteilnahme an den Wittenberger Freunden: praeter Martinum, Othonem et Ambstorff parum desideravimus (ib. 9). — Über sich selbst als 'architriclinus' der amicitia Augustinensium WA Br 1, 116, 14f vom 3.11.1517.

[13] Aus einer Vorgeschichte in der Wittenberger Universitätstheologie seit 1516ff. Die Herausgabe der deutschen Theologie Ende 1516 darf als richtungweisendes Bekenntnis verstanden werden. Vgl. L. an Staupitz vom 31. März 1518, Br 1, 160, 8-11: Ego sane secutus

sein Auftreten gegen L. in Leipzig die Alternativen präzisieren hilft, Spalatin, Scheurl, Beckmann und Anderen und durch sie vermittelt, einem größeren Leserkreis. Die Betrachtung der Sakramentssermone selber auf diesem Hintergrund folgt im anschließenden dritten Kapitel der Arbeit.

Als These und Vorblick auf die Geschichte dieser verschiedenen Freundschaften mag L.s aus dem Beginn der Freundschaft mit Scheurl stammendes kreuzestheologisches Motto dienen: ,,Non enim ad gloriam, sed ad periculum tuum cedet tibi mea amicitia, si modo verum est proverbium: 'Amicorum omnia sunt communia' ... *Deus enim aut solus aut nullus vult esse amicus*''[14].

1) Die leidenschaftlich-freundschaftliche Identifikation mit dem Anderen bedeutet Leidensbereitschaft in den Erfahrungen der Wahrheit: zur Identifikation gehört die (ebenso leidenschaftliche) Desidentifikation gegenüber jedem anderen Anspruch als dem der Wahrheit.

2) Gegen (oder nur scheinbar gegen?) Luther, mit dem um Freundschaft werbenden Scheurl formuliert, bleibt jedoch wahr: Die Leidenschaftlichkeit der Wahl offenbart den Menschen[15].

---

theologiam Tauleri et eius libelli, quem tu nuper dedisti imprimendum Aurifabro nostro Christanno, doceo, ne homines in aliud quicquam confidant quam in solum Jhesum Christum, non in orationes et merita vel opera sua. — Dazu Br 1, 79, 58-64 vom 14. Dezember 1516 an Spalatin: si te delectat puram, solidam, antiquae simillimam theologiam legere in germanica lingua effusam, Sermones Taulerii Johannis praedicatoriae professionis tibi comparare potes. Cuius totius velut Epitomen ecce hic tibi mitto. Neque enim ego vel in latina vel nostra lingua theologiam vidi salubriorem et cum Evangelio consonantiorem. Gusta ergo et vide, quam suavis est dominus, ubi prius gustaris et videris, quam amarum est, quicquid nos sumus. Vgl. L.s Vorreden zur 1. und 2. Ausgabe der deutschen Theologie WA 1, 152f; 375ff.

[14] WA Br 1, 86, 11-13.30f vom 27.1.1517 (Hv.: d. Vf.).

[15] Zur näheren Interpretation des an Scheurl gerichteten Briefes vom 27.1.1517, der die unterschiedlichen Profile der Wittenberger Theologie Luthers und des um ihn sich bildenden Kreises und der von einer anderen Art des Humanismus geprägten Nürnberger Erwartungen bereits 1517 artikuliert, s.u. Abschnitt 3. An dieser Stelle sei nur Folgendes vorläufig zur Diskussion gestellt: Spontanem Empfinden menschlicher Empörung über das schroffe Zurückweisen eines um Freundschaft bittenden etwas älteren Kollegen, der in großer menschlicher Aufgeschlossenheit auf L. zugeht, sollten zwei Überlegungen folgen. 1) L. geht es um eine Freundschaft, die fundiert ist durch ein aus ihr nicht ausgeklammertes, sondern in bevorzugter Weise in sie einbezogenes Verhältnis zur Wahrheit und der mit ihr verbundenen Wertorientierung; daß darin gerade der Erwartung des geistig interessierten humanistischen Freundes entsprochen wird, den Anderen in seinem 'animus' kennenzulernen, darf man annehmen. Vgl. im genannten Brief die von L. nachträglich hinzugefügte Begründung seiner Gegenüberlegungen: Non haec scribo, mi optime Christophore, quod animum tuum integrum et benevolum contemnere velim, sed quod meo quoque animo timendum sit. Tu officium pii et christiani hominis praestas, qui nullum omnino contemnere debet nisi tantum se ipsum; sed oportet et me niti, ut tui similis sim christianus (si solida futura sit amicitia), id est, contemptor mei. (Br 1, 87, 40-45). 2) Diese Wertorientierung und dieser animus Luthers ist geprägt durch die bisherige wissenschaftlich-theologische Arbeit und die mit

Wir werden das Folgende im Sinne dieses 'solus'-Gedankens Luthers unter dem Gesichtspunkt darstellen, wie das allen Freunden gemeinsame In-den-Mittelpunkt-Stellen einer Christus-Theologie[16] sich in dieser Zeit durch die Leipziger Auseinandersetzung mit Eck für Luther und für die diese Zuspitzung seiner Einsichten miterlebenden Freunde in den einzelnen mündlichen und schriftlichen Gesprächsbeziehungen artikuliert.

ihr verbundenen geistigen Erfahrungen. Was sich in der von dort bekannten 'sola'-Formel hier selbst als Konsequenz im persönlichen freundschaftlichen Umgang offenbart, ist auch innerhalb dieses Briefes verbunden mit und zu erschließen unter der Frage nach einem bestimmten Christus-Verständnis, das L. auch bei seinem Partner voraussetzt; die biblischen Linien dieses Christusverständnisses sind bei ihm in spezifischer Weise geprägt: die hier in Frage kommenden Text- und Erfahrungsbezüge möchte er in diese Freundschaft mit hineinbringen und sie gleich zu Anfang dem Partner vor Augen stellen, als den für ihn gültigen Wahrheits- und Wirklichkeitsbezug. Vgl. die biblischen Anklänge an Ps 40, 2 Vg; Mt 25, 40; Lk 16, 15 und, gleich im Anfang des folgenden Zitats, Z. 46f (in WA Br 1 nicht verifiziert) Mt 5,47: Neque enim ille christianus est, qui hominem propter eruditionem, virtutem, sanctitatem, famam suspicit (hoc enim et ethnici atque nugaces poetae faciunt, sicut et nostro saeculo nomina sua vocant), sed qui inopem, pauperem, stultum, peccatorem et miserum diligit, sicut psalmus dicit: 'Beatus, qui intelligit' (non super doctum, eruditum, sanctum, firmatum, sed) 'super egenum et pauperem', et cetera. Denique Christus sibi factum confitetur, quicquid impensum fuerit minims suis, cum posset dicere: maximis et sublimibus suis; quia quod altum est apud homines, abominabile est apud Deum. Ad quam abominationem, obsecro te per Christum dominum nostrum, ne me adigas et cogas, si velis esse amicus. Br 1, 87, 45-55. — So liegt trotz des scheinbaren Vorbehalts in dieser Antwort L.s ein Eingehen auf die Freundschaftsbitte des Partners, indem der Angeredete ganz aus sich herausgeht und *seine* Art der Welterfahrung und geistigen Erfahrung dem Anderen offenbart. Mag das auch wie eine Zumutung klingen, es antwortet der Erwartung einer Partnerbeziehung, im Sinne des von L. angeführten 'amicorum omnia sunt communia' (Br 1, 86, 13: vgl. Erasmus, Adagia 3, 5, 71 (744)). Wieweit die vom Humanismus, besonders vom Eindruck des Erasmus geprägten Freunde L.s bereit und fähig waren, das Element einer letzten biblisch zugespitzten Kritik auch der ,,natürlichen'' menschlichen Erwartung aufzunehmen, wieweit Scheurl durch diese Kritik im Rahmen *seines* Denkens und *seiner* Erwartungen überrascht oder gar verletzt war oder ob sie im Gegenteil seine Verehrung für L. womöglich noch steigerte, hängt u.a. mit der Frage nach seinem Verhältnis zu den *Schriften* Luthers zusammen. Worin bestand der Hunger nach dieser Art von Theologie, der sich in Scheurls Schilderungen der Nürnberger immer wieder zeigt? Dazu s.u. Abschnitt 3. Die Geschichte der gebrochenen Freundschaft mit Eck mag hier im Folgenden zunächst als Gegenbild aufschlußreich sein.

[16] Für Scheurl und Luther vgl. L.s Antwort auf die Freundschaftswerbung Scheurls am 27.1.1517, Br 1, 86, 16f: Sed scio Christum sapis, et dices: non te, sed Christum in te admiror. ib. 87, 56f: Quod si omnino Christum in me putaris laudandum esse, exprime et nomen eius, et non meum. — Daß diese Denkweise durch Staupitz vermittelt war oder zumindest im Kreis der Freunde und ähnlich Denkenden mit ihm und seinem Wirken als Christusprediger verbunden wurde, zeigen eine Fülle weiterer Formulierungen L.s über Staupitz; Scheurls über Staupitz, Wenzeslaus Link und Ebner in Nürnberg; und, als Fernwirkung, selbst des Erasmus in Löwen über den dortigen Augustinerprediger Br 1, 115, 2-116, 15; 126, 8-15; 413, 50-414, 3. — Für L. und Staupitz selber in ihrem persönlichen Austausch vgl. Br 1, 514, 51-53 vom 3.10.1519, L. an Staupitz: Obsecro te, Dominum laudes in me etiam peccatore; vitam odi pessimam, mortem horreo, et fide vacuus sum, aliis donis plenus, quae scit Christus quam non desiderem, nisi ei serviam. — s. auch u. Anm. 151, 167, 213.

1) JOHANN ECK UND DIE NACHWIRKUNGEN DER LEIPZIGER DISPUTATION

Die Bedeutung der Leipziger Disputation auf lange Sicht für die Entstehung zweier künftig voneinander getrennter Konfessionskirchen, theologiegeschichtlich meist betrachtet unter dem Gesichtspunkt des Verhältnisses von Schrift und Tradition, ist auch in neueren Untersuchungen betont worden[17]. Die von Eck unterstützte Fortsetzung des nach dem Frankfurter Reichstag wieder aufgenommenen römischen Prozesses gegen L. mag als Beleg diese Zukunftsauswirkung andeuten[18].

Auf kürzere Sicht, im nächsten Umkreis der Ereignisse und der von ihnen Betroffenen muß auf dem Weg dahin und bevor sich solche Fernwirkungen andeuten, zugleich eine mehr lokale Betrachtung der Gruppierungen und theologischen Frontstellungen fortgesetzt werden, die Karl BAUERS Frage nach dem Spezifischen der ,,Wittenberger Universitätstheologie'' gleichsam in die Nachbarschaft erweitert[19]. Die Vertreter der Wittenberger Theologie standen in Leipzig zunächst Johann Eck sehr bewußt als ,,Wittenbergenses'' gegenüber[20]. Bereits während der Dispu-

---

[17] Vgl. zum Folgenden: Ernst KÄHLER, Beobachtungen zum Problem von Schrift und Tradition in der Leipziger Disputation von 1519. In: Hören und Handeln, Festschrift für Ernst WOLF zum 60. Geburtstag, hrsg. von Helmut GOLLWITZER und Hellmut TRAUB. München 1962, 214-229. — H. A. OBERMAN, Wittenbergs Zweifrontenkrieg gegen Prierias und Eck: Hintergrund und Entscheidungen des Jahres 1518. ZKG 80 (1969), 331-358, bes. 333f, 357f (mit seinen Thesen vom 31.10.1517 tritt L. zum erstenmal als Reformator der *Kirche* in Erscheinung); vgl. in dieser Richtung schon Karl BAUER, Die Wittenberger Universitätstheologie und die Anfänge der deutschen Reformation. Tübingen 1928, 98ff, 111; Kurt Victor SELGE, Der Weg zur Leipziger Disputation zwischen Luther und Eck im Jahr 1519. In: Bleibendes im Wandel der Kirchengeschichte. Kirchenhistorische Studien, hrsg. von Bernd MOELLER und Gerhard RUHBACH. Tübingen 1973, 169-210, bes. 210 (im Blick auf ein in Leipzig sich abzeichnendes neues Kirchenbewußtsein und Eck als einen der Väter und Mitbaumeister der römisch-katholischen Konfessionskirche); ders., Die Leipziger Disputation zwischen Luther und Eck. ZKG 86 (1975), 26-40, bes. 40 (die *große* historische Linie und die Auswirkungen in der unmittelbar folgenden Reformationsgeschichte der sächsischen Territorien).

[18] Vgl. Irmgard Höss, Georg Spalatin. Weimar 1956, 155; Wilhelm BORTH, Die Luthersache (Causa Lutheri) 1517-1524. Die Anfänge der Reformation als Frage von Politik und Recht. Lübeck-Hamburg 1970, 69-71 (Roms erneute Initiative in der Luthersache nach der Kaiserwahl; Ecks Unternehmungen im Anschluß an das Kölner und Löwener Urteil); Theodor WIEDEMANN, Dr. Johann ECK. Regensburg 1865, 150 (Ecks Romreise am 18. Januar 1520 bei strenger Winterkälte, über Salzburg nach Rom).

[19] Der bei K. V. SELGE (1975), s. Anm. 17, genannte Aspekt bezieht sich auf die lokalen Auswirkungen in der Kirchenpolitik der beiden sächs. Landesherren.

[20] Vgl. WA 2, 392, 7-10 in dem den Resolutiones Lutherianae super Propositiones suis Lipsiae disputatis vorangestellten brieflichen Bericht an Spalatin vom 15. August 1519: Nam deus novit, quod totam istam conclusionum cohortem multo acrius et validius nostri Vuittenbergenses duobus annis oppugnaverunt et ita examinaverunt, ut ossa earum numerare licuerit, quas Eccius vix in facie cutis leviter perstrinxit ...; ib. 395, 18-20: Sed et nos

tationstage und besonders in den später erscheinenden Stellungnahmen
erwies es sich jedoch, daß auch Eck nicht allein stand, sondern daß der
schon früher empfundene Gegensatz zwischen Leipzig und Wittenberg,
hervortretend vor allem in der wesentlich freundlicheren Bemühung der
Gastgeberstadt um Eck[21] und im späteren Gutachten der theologischen
Fakultät Leipzig[22] sich in diesen Tagen und Wochen nach dem Eindruck
L.s und seiner Umgebung bestätigt und zu einem bestimmten Bild der Eigenart Leipzigs und seiner Theologie verfestigt hatte: ,,Lipsia lipsiscit''[23].

Vuittenbergae sciebamus, scholasticos doctores, si cum tenebris suis (id est lumine naturae
secundum Eccium) Aristotele negentur, posse convenire cum Ecclesiasticis. — Auf Ecks Seite vgl. Otto Seitz (Hrsg.), Der authentische Text der Leipziger Disputation (1519). Berlin
1903, 242, 7-12: Deinde cum dixissem, nullum ecclesiasticum vel scholasticum dedisse hunc
sensum: quod in omni bono opere iusti peccarent, nisi scholasticos Wittenbergenses, indig-
natus D.D. minas adiecit, quae quia sunt contra publicum salvum conductum, refero ad do-
minos et etiam me exprimo, me significasse per illos scholasticos Wittenbergenses doctorem
Andream Bodenstein de Carolostadio et patrem Martinum Luther. — Zur Charakterisierung der gemeinsamen theologischen Arbeit eines ,,Wittenberger Kreises'' im Anschluß an
K. Bauer und H. A. Oberman, Wittenbergs Zweifrontenkrieg, ZKG 80 (1969), 334 und
357, A. 85 (zu Luthers Wortbildung ,,Wittenbergescere'' Br 12, 14, 6-9 vom 4.10.1518) vgl.
im Blick auf Karlstadt und Luther auch Ulrich Bubenheimer, Consonantia Theologiae et
iurisprudentiae. Andreas Bodenstein von Karlstadt als Theologe und Jurist zwischen Scholastik und Reformation. Ius ecclesiasticum 24. Tübingen 1977, 159.

[21] WA Br 1, 423, 106-110 in L.s erstem inoffiziellem Bericht an Spalatin vom 20. Juli
1519: Lipsenses sane nos neque salutarunt neque visitarunt ac velut hostes invisissimos
habuerunt; illum comitabantur, adherebant, convivabantur, invitabant, denique Tunica
donarunt & Schamlottum addiderunt, cum ipso spaciatum equitarunt, breviter: quicquid
cogitare potuerunt, in nostram iniuriam tentaverunt. Zur Schilderung des Verlaufs der
Disputation vgl. J. K. Seidemann, Die Leipziger Disputation im Jahre 1519. Dresden und
Leipzig 1843.

[22] WA Br 1, 438f (Beilage 1 zu Nr. 191). Das Zeugnis der Leipziger theologischen Fakultät für Eck ist datiert vom 25. Juli 1519.

[23] Br 1, 597, 41. Es ist hier jedoch auf Differenzierungen zu achten: WA 2, 392, 17-36,
erwähnt L. nur bestimmte Einzelne, die 'inveterata iam diu invidia' (21) für Eck gegen die
Wittenberger nicht auf gute Weise unterstützend sich eingemischt hätten (pro Eccio contra
nos machinari non bonas machinas) und denkt dabei wohl vor allem an Hieronymus Emsers
Wirken während der Leipziger Tage, vgl. Seidemann, Leipziger Disputation, 42f, 46 A. 1,
und ihm Nahestehende. Einige candidissimi et rectorum studiorum optimi assertores (23) in
der Universität, sowie den Rat und die Bürger der Stadt und vor allem Herzog Georg will er
vom Geist jener anderen Gruppe ausdrücklich unterscheiden. Vgl. noch die Schluß-
bemerkung (33-36): Nihil ergo optime huic universitati me debere confiteor quam omnem
honorem et omne officium: dumtaxat invidiam quorundam (ut sunt res mortalium ex nulla
parte integrae) fateor mihi satis displicuisse. — Der vorangegangene inoffizielle Bericht
drückt die Empfindungen L.s vor allem gegenüber den Moderatoren der Disputation, die
mit Hilfe der Geschäftsordnung z.T. Eck unterstützten, noch etwas weniger verarbeitet aus:
Br 1, 424, 137-142: Sic enim & in disputatione egerunt, ut Eccius, licet opponens esset, ulti-
mum tamen verbum haberet, quod ego non possem dissolvere... Summa summarum: Invidiam aliquando novi, Sed nullam inverecundiorem et Impudentiorem. ib. 145-152: Et quia
disputatione ista Eccius & Lipsenses gloriam suam, non veritatem quaesiverunt, nihil mirum, si male inceperit & peius finierit. Nam cum speranda fuisset concordia inter Wittenber-

Daß dieser Gegensatz theologisch-wissenschaftlicher Art ist und zugleich emotional bestimmt, gehört zu den charakteristischen Stimmungsmerkmalen in der zweiten Jahreshälfte 1519 und zu Beginn des nächsten Jahres 1520. Das theologisch Notwendige in Wahrheit und Bestimmtheit zu unterscheiden vom Übermaß eines etwa gekränkten oder für die Sache gekränkten und sich herausgefordert fühlenden Temperaments — darin bestand L.s eigene Aufgabe[24] und die schützende Funktion der Umgebung L.s, der er jedoch vor allem zu Beginn des Jahres 1520 mehr als je zuvor zumutete[25]. Die größere öffentliche Szenerie der Leipziger Tage gewährt neben diesem sich verschärfenden Gegensatz und seinen nicht nur komplizierenden, sondern für das Verständnis der Sache auch sehr hilfreichen emotionalen Komponenten noch einen weiteren Vorteil: die Berichte von Zuhörern, die wie z.B. der Leipziger Poetiklehrer Petrus Mosellanus relativ neu in diese Fragen hineingezogen wurden[26] und um die Bildung eines eigenen Urteils sich bemühen mußten, geben durch ihre Schilderung der Personen und ihres Stils im wissenschaftlichen und persönlichen Umgang dem Leser und späteren Betrachter ebenso Gelegenheit, seine Ansätze zu einer ,,anfänglicheren'', die konfessionellen Bilder in gewissem Sinne hinterfragenden Bemühung um Verstehen an ihnen zu überprüfen. Der historischen Reihenfolge gemäß und um den Eindruck zu vermeiden, daß es

genses et Lipsenses, hac Invidia fecerunt, timeo, ut discordia & displicentia primum videatur nata. Hic enim fructus est gloriae humanae. Ego, qui freno quidem impetum meum, non possum tamen omnem displicentiam evomere, quia carnem habeo, & plus nimio fuit impudens invidia & maligna iniquitas in re tam sacra & divina. — Die hier wirkende Gruppe wird kurz vorher als 'Theologistae' bezeichnet (135). — Im auf die Disputation folgenden Briefwechsel mit Johann Lang bezüglich der in Leipzig neu entstehenden Streitschriften vgl. Br 1, 506, 9-13 vom 3. September 1519: Una Lipsia edidit meros Herodotos, criticos, Aristarchos... Quae semper muta fuit, unam ob disputationem latrantior facta est Scyllis multis. Adeo misera invidia anxiatur, si tumultu victoriam contra nos statuere possit. Veritas vincet. Br 1, 540, 13-17 vom 16. Oktober 1519 über Emser und Rubius in ihren neuen Veröffentlichungen und anschließend: Ita res fervet, et furit Satan adversus verbum Dei, et nihil proficiet...; nec sic satura Lipsiae invidia est. Dominus autem vivit, et ego vivo, in quo tu quoque vive et vale... Am Jahresende findet sich schließlich die Bemerkung: Lipsia lipsiscit, sicut mos eius est. sum occupatissimus ... Br 1, 597, 41 vom 18. Dezember 1519. Auf die Schrift Emsers will L. erst zusammen mit der zu erwartenden Schutzschrift Ecks für E. antworten (ib. 28-31).

[24] s. in der vorigen Anm. aus Br 1, 424 die Zeilen 149-152: Ego, qui freno quidem impetum meum ... in re tam sacra et divina.

[25] Vgl. L.s Bezugnahme auf die Erregung Spalatins anläßlich der von ihm gegen die Warnung des kurfürstlichen Hofes veröffentlichten Antwort auf den Stolper Zettel, WA Br 2, 43, 1ff von Mitte Februar 1520; I. Höss, Spalatin, 172.

[26] Über frühere Begegnungen M.s mit den Wittenberger Theologen und seine Bewerbungen um den neu zu schaffenden Lehrstuhl für Griechisch 1516 und, gleichzeitig mit Melanchthon, 1517 s. I. Höss, Spalatin, 87, 112-115. Sein Wunsch, den Ort zu wechseln, hing anscheinend mit der dem Humanismus abgeneigten Atmosphäre Leipzigs zusammen.

sich bei diesen humanistischen Stimmen der letzten Gruppe um neutrale, uninteressierte und daher ,,objektive'' Beobachter handele, beginnen wir mit den Zeugnissen des engeren Kreises der Kontrahenten und nehmen die des weiteren Kreises zur Prüfung und Erweiterung des verstehenden Urteils hinzu.

a) Im Unterschied zu der von Eck z.B. in seinem Frühwerk über die Prädestination befolgten Methode, die im allgemeinen als akademisch fair angesehen wird, zuerst die Meinung des Gegners im Streit gegensätzlicher Standpunkte ausführlich und gerecht darzustellen und sich nachher, erst hier die Karten ganz auf den Tisch legend, um so gründlicher von ihr abzusetzen[27], gehen wir gleich zu Anfang assertorisch von einem Punkt in der Geschichte der Nachwirkungen Leipzig aus, der das persönliche Empfinden *Luthers* und zugleich seine Sicht der theologischen Bedeutung seines Kontrahenten Eck in sehr tiefen Zusammenhängen andeutet.

Ecks herablassendes Urteil über den Wittenberger ,,Grammatiker'' Melanchthon, von dessen Fähigkeiten in der griechischen und lateinischen Sprache E. anerkennend sprach, den er aber in der Theologie für nicht kompetent hielt und gegenüber dem er in seinem persönlichen Ant-

---

[27] Vgl. zum Folgenden die im Nov. 1514 bei Miller in Augsburg erschienene Ausgabe des 'Chrysopassus'; dazu Joseph GREVING, Johann Eck als junger Gelehrter. Münster 1906. Zu der von Eck als ,,sokratisch'' oder ,,akademisch'' bezeichneten Methode, Vertreter beider Seiten, im Falle Ecks, zweier opiniones über die Praedestination getrennt nacheinander zu Worte kommen zu lassen und dabei die vom Vortragenden selbst bevorzugte Meinung an den Schluß zu stellen, vgl. GREVING, Johann Eck, 71 A. 2 und 72. Eck beruft sich an der betr. Stelle im 'Chrysopassus' auf *Cicero*, Academicorum priorum lib. II cap. 20 § 66: Chrys L j^r (Eck an Erhard Truchseß): Videbis autem omnino me in Achademiam concessisse et non iam Aristotelis aut Zenonis, sed Socratis discipulum animo haerere et nihil affirmare. Cum enim nodiosior esset materia et anceps, malui suspensum tenere iudicium, quam temere quicquam definire, quod tantis patribus esset adversum. Conlegi tamen in utramque sententiam robustiora doctorum dicta, illud Lucretii imitatus 'Floriferis ut apes in saltibus omnia libant. Omnia nos itidem decerpsimus aurea dicta'. Quod si omnino, quid sentiam, exigas, non tibi repugno; nam etsi nihil decernam ut Δογματίστης, tamen ut opinator (sic se appellat Cicero) id opinor et probo, quod ultimo positum leges, Varronis secutus morem et veterum: quem et glossemata iuris tui frequenter observant, id scilicet extremo collocantes, quod maxime probant. Vgl. dazu Chrys IV,13 (Anrede an die Leser): Habetis ... ni fallar diligentissime illius ancipitis et altissimae praedestinationis materiae disputata in utramque partem validissima. Ita enim placuit Ciceronis instituto, utramque sententiam perpetua explicare oratione, quo facilius id a quoque probaretur, quod cuique maxime probabile videretur. Constante ergo ex utraque parte instructa acie exercitu, tuae erit libertatis selectio, ad quem deficere malueris. (Peroratio huius articuli). Vgl. GREVING, Johann Eck, 70 A. 2. — In der Theologie sei diese consuetudo Socratica bezeugt bei Hieronymus; s. Ecks Brief an Martin Maier, Chrys Z iij^v: In quo quidem opere (ut vides) laborioso Socraticorum secutus sum consuetudinem, qui, divo Hieronymo teste, quid ex utraque parte dici posset, exposuerunt, ut sic veritas fieret magis perspicua. Vgl. Hieron., Dialogus adv. Pelagianos, Prologus I. c. II 694 B; GREVING, Johann Eck, 72 A. 1.

wortschreiben, auf die Disputation rückblickend[28], *Luthers* ingenium und
eruditio in der Theologie rühmte, ist der Punkt in L.s offiziell über Spalatin an den Kurfürsten gerichtetem brieflichen Disputationsbericht, den er
bis zum Schluß aufsparte; vielleicht weil seine persönlichen Empfindungen nach allen vorangegangenen Kontroversen einschließlich des Ketze-
reivorwurfs hier an der ,,wittenbergischsten'' Stelle von allen berührt waren? Seine Antwort hebt zunächst sachlich die fachlichen Kenntnisse M.s
in der Schriftauslegung, ja selbst in der von Eck befolgten scholastischen
Theologie — jenseits kurzsichtiger Bewertung akademischer Grade und
Titel — hervor[29]. Tiefer berührt ihn aber das andere Moment, daß M.
aus Ecks Mund Lobsprüche über ihn, Luther selbst, hören mußte. Hierauf geht er nach einem Exkurs über den — nun zum koalitionsinternen
Zankapfel zwischen Eck und den Leipzigern gewordenen — Siegesruhm
noch einmal abschließend ein. Nicht mehr, wie man erwartet, polemisch,
sondern mit einem bewegenden Zeugnis aus der täglichen Zusammenarbeit zwischen M. und ihm selbst in Wittenberg[30]. Bei dieser Gelegenheit
fällt nach allem bunten und spannungsvollen Festsaalgewoge der Disputation, ihres Ärgers, ihrer formalen Regeln und ihres Ruhmes plötzlich, in
letzter Minute gleichsam, ein ganz anderes Licht auf das, was eine solche
Disputation in der Sprache und Sicht der Wittenberger Theologie bedeuten und nicht bedeuten kann, ja, wie, in welcher Sprache sich Freundschaft, eine Freundschaft von durch die Theologie Verbundenen, ausdrücken kann[31]. Hier wird nach aller Polemik auch Eck einen Augenblick
lang einbezogen in jene ,,andere'' Sprache des Wittenberger Arbeitszim-
mers; eine Sprache, die in den Kategorien ,,Lob'' und ,,Tadel'' in dem

---

[28] Excusatio Eckii ad ea, quae falso sibi Philippus Melanchthon, grammaticus Wittenbergensis super theologica disputatione Lipsica adscripsit. Vgl. WA 2, 402, A. 1 zu Luthers
Bezugnahme auf diese Schrift Ecks, im angeführten offiziellen Bericht an Spalatin WA 2,
402, 3-34.

[29] ib. 3-8: Vidisse te credo Eccii excusationem adversus Philippum nostrum, satis dignam
Ecciano genio, in qua homini etiam in sacris literis terque quaterque omnibus Ecciis doctio-
ri, denique et sordidae illius Eccianae Theologiae non ignaro opprobrat pro magno vitio
Grammaticam professionem. Tam recto sunt iudicio Magistri illi nostri Eximii, ut erudition-
nem metiantur secundum qualificationes suas et inanes titulos.

[30] ib. 21-28: Sed redeo ad Philippum, quem tantum abest ut ullus Eccius mihi reddere
possit invidiosum, ut in omni mea professione nihil ducam antiquius Philippi calculo, cuius
unius iudicium et autoritas mihi stant pro multis milibus sordidorum Ecciorum, Neque me
pudet, etsi Magistrum artium, philosophiae et Theologiae et omnibus pene Eccii titulis in-
signem, si huius mihi grammatistae dissenserit ingenium, meo sensu cedere, quod et saepius
feci et quottidie facio ob divinum donum, quod deus in hoc fictile vasculum (Eccio quidem
contemptibile) larga benedictione infudit.

[31] ib. 28f: Philippum non laudo, creatura est dei et nihil, sed opus dei mei in ipso veneror,
Nec Eccium vitupero...

bunten weltlichen oder ,,heidnischen''[32] Sinne gar nicht findet, was sie ausdrücken möchte. Discordia zu säen, indem man nichtigen Ruhm wie eine bedrohliche Aufgeblasenheit[33] herantreibt gegen die miteinander Verbundenen und sie so bedrängt in ihrem Verbundensein, das ruft den ganzen Menschen hervor, in seiner tiefsten leidenschaftlichen Abwehr dagegen zu protestieren[34]. Mit diesem ,,fermentum'' habe E. fast die ganze Disputation beeinflußt, so klagt L.[35]. In diesem Ausdruck, der L. an anderen Stellen auch als Bezeichnung für den Anhang Ecks dient[36], sind zugleich L.s Empfindungen gegenüber ,,Leipzig'' und ,,den Leipzigern'' als im Wesentlichen auf der Seite Ecks stehend, umschrieben. — Die vollständige und schließlich wechselseitige Absage der Freundschaft zwischen den kaum zwei Jahre miteinander in Beziehung Stehenden ist, im Licht dieser Briefäußerung betrachtet, die Folge des 1517 an Scheurl geschriebenen ,,Deus enim aut solus aut nullus vult esse amicus''. Auf Ecks Seite steht dem ebenbürtig die Frage gegenüber, im Gedanken an die von Scheurl vermittelte Humanistenfreundschaft zwischen L. und ihm selbst: ,,Sed creditne (sc. Scheurlinus) posse me esse amicum ei, qui extra ecclesiae unitatem contendit, cum b. Hieronymus omni studio affirmet se

---

[32] Vgl. dazu den oben Anm. 14 und 15 angeführten Brief L.s an Scheurl Br 1,87, 45-53 und u. Anm. 85 (Heinrich Stromer).

[33] ib. 30-33: ... sed crassas istas seminandae discordiae et invididiae concitandae vafricias toto corde detestor abominorque, quas neque frequentiores neque maligniores usquam vidi quam in Eccio, quibus et pene totius nostrae disputationis farraginem fermentavit. — Vgl. im polemischen Sprachgebrauch Luthers in dieser Zeit die Redewendung von den ,,Eckischen Blasen'', vielleicht hier ein nur zufälliger Anklang, aber das dem Alten Adam Bedrohliche in dem, der gelobt wird, zum Ausdruck bringend. s. WA 2, 388.

[34] s. vorige Anm. (toto corde).

[35] s. Anm. 33.

[36] Vgl. WA 2, 392, 24: die von ihm geschätzten 'assertores rectorum studiorum' unter den Leipziger Professoren seien 'hoc ipso tamen nomine alterius illius fermenti hominibus velut sudes in oculis et offendiculum a latere'. ib. 396, 22: (Eccius) vel more suo vel iussu fermenti sui ... und 397, 19-21 (Eck zum Konstanzer Konzil): Hic totus immoratus anhelabat, quo poterat odiosius movere invidiam, quia aliud non habuit, quo suo fermento palparet blandius. Zu derselben Frage 399, 27-31: ... ut sic stet concordia cum Niceno et Aphricano Concilio et Constantiensi. Quod autem haec non vidit Eccius et sua farina, deinde et haereticae pravitatis inquisitores, in causa videtur esse, quos omnes hii promptiores ad contumeliam haeretici opprobrii sunt quam tantos deceat populorum magistros ...; 400, 25: Eccius meus Eccianaque factio...; 400f: etiam Illustrissimum Principem et patronum nostrum (quem suae factioni stupidissimae similem somniat) corrumpere molitus est ...; 401f: Haec, inquam, mihi interim satis sunt evenisse ex hac disputatione, quae ideo recitavi, ut iactantiam gloriosam Eccianae haeresis aliquantulum iuvarem. Vgl. in der deutschen Antwort L.s und Karlstadts auf Ecks Brief vom 22. Juli 1519, Br 1, 468, 117: (betreffs L.s Aussage, mit Berufung auf die Juristen: man soll mehr glauben einem Menschen, der Schrift für sich hat, dann dem Papst und ganzen Concilio ohn Schrift): Hieraus schließen nun die lieben-Freund, Doktor Eck und die Leipziger, ein rund Urteil, sagen, ich hab alle Lehrer verleugnet.

egisse, ut hostes ecclesiae et eius hostes fierent?''[37] Wie problematisch die
Versicherung seiner dennoch unbeirrten Liebe zu dem Menschen L. im
Gegensatz zu seinen Irrtümern, die er hasse[38], für L. klang, zeigen die
häufigen Vorwürfe L.s zu Ecks simulatio[39]. L.s Frage scheint darin nicht
die zu sein, welcher Art die Liebe ist, mit der die Kirche noch den Ketzer
liebt, den sie verbrennt; daß E. als Freund seine eigentlichen Empfindungen nicht früher *gesagt* habe, darauf geht seine Kritik und sein Schmerz[40].
Versuchen wir, in der Vorgeschichte, in der persönlichen Art Ecks und
vor allem in der Geschichte seiner Bildung und seiner Studien, unter Umständen eine Erklärung für E.s Verhalten in dieser Freundschaft zu finden.

b) Im Folgenden sind, im Vorblick auf das III. Kapitel dieser Arbeit,
zwei Aufgaben im Auge zu behalten: einmal die, nun auch den Kontrahenten L.s von seiner stärksten Seite darzustellen, sofern es in dieser kurzen Untersuchung möglich ist; und zweitens, für das spätere Erfahrungs-
urteil L.s bezüglich des genus, in dem auch seine eigenen Sermone
geschrieben sind, als eines ,,genus scriptionis, quod Christum sapit'' und

---

[37] WA Br 1, 322, 89-92, Beilage (Ecks Brief an den Abt Kaspar von Wessobrunn vom 14.
März 1519).

[38] Hominem amo, errores cum Augustino odio (92).

[39] Br 1, 340, 4-7 L. an Eck nach der Veröffentlichung der Thesen E.s für die Leipziger
Disputation: Doleo ego, mi Ecci, inveniri tandem simulatam tuam in me amicitiam tam
manifestis argumentis. Gloriam Dei, veritatem, animarum salutem, fidei incrementum te
iactas quaerere, et de indulgentiis, remissionibus veritatis, fidei, salutis et gloriae Dei,
doces. — WA 2, 392, 3-5 (L. an Spalatin, 15. August 1519): ... ut intelligere possis, disputationem illam fuisse perditionem temporis, non inquisitionem veritatis, deinde Eccium Eccia-
nosque simulare in gloria aliud et aliud sentire in conscientia. Br 1, 548, 14-17 an Spalatin,
1. Nov. 1519 (nach der Veröffentlichung von Ecks Expurgatio): Mirum, quam homo saevit,
mendaciis quoque refertus, tum in quo mihi aptissime & oportune venit. simulationem suam
retexit imprudens, quo solo nomine, ceteris tacitis, eum apprehendi coacturus, ut magis
prodat se & Lipsenses suos. — Br 1, 551, 11-13, L. an Spalatin, 7. Nov. 1519: Mitto Eccii in-
saniam cum brevi Epistola mea responsoria, plura daturus, cum totus prodierit impiissima
sua simulatione hypocrita. — In der Vorgeschichte der Disputation vgl. dazu in L.s Brief an
Karlstadt, 4. oder 5. Februar (?) 1519, Br 1, 317f: Quanquam mallem, ut monstrum, quod
iam diu in me alis et quod te male habet, aliquando pareres et nauseas, quibus stomachus
tuus periclitatur, tandem evomeres in publicum minisque illis tuis basilicis et gloriosis per
omnia finem imponeres. — s. auch die folgende Anm.

[40] Zum persönlichen Verhältnis L.s und E.s vgl. vor allem die erste Klage L.s nach dem
Bekanntwerden der Obelisci, WA Br 1, 157, 10-158, 17: Scripsit nuper adversus meas Propositiones Obeliscos aliquot insignis veraeque ingeniosae eruditionis et eruditi ingenii homo,
et, quod magis urit, antea mihi magna recenterque contracta amicitia coniunctus, Iohannes
Eccius ille, theologiae doctor, procancellarius Ingolstadiensis studii, canonicus Aistetensis,
nunc denique Augustensis aedis concionator, vir iam celebris, etiam libris invulgatus; et nisi
cogitationes Satanae scirem, mirarer, quo furore ille amicitias recentissimas et iucundissimas solveret, nihil monens, neque scribens, neque valedicens.

eines genus, das ,,den Sophisten das allerverhaßteste'' sei[41], nach Anhalts-
punkten in der Vorgeschichte zu suchen. Daß er bei diesem Urteil vor allem an Eck denkt, den er und seine Umgebung seiner vorwiegend scholastischen Bildung und Argumentationsweise wegen häufig 'sophista'
nennen[42], darf kaum bezweifelt werden.

Das Rätsel der Persönlichkeit E.s, in den vielfachen Bildern der Zeitgenossen, die in seiner Frühzeit vor allem positiver Art sind[43], später auch
ebenso heftig ein Abgestoßensein von seinem Eindruck bekunden[44],
scheint zu liegen im Widerspruch zwischen einer Fülle von Naturgaben,
in der Frühzeit des jungen Dozenten als Hoffnung der süddeutsch-
bayrischen Welt hervorblühend, mit großem Fleiß von ihm und seinen
Lehrern gepflegt und in einer gewissen kindlichen Naivität noch vom
großen Ketzerbestreiter vorgeführt, und einer überstarken Identifikation
mit großen Autoritäten, die ihm in *seinem* Bereich von Universitätsstudi-
um und kirchlicher Umwelt begegnet waren. Das teils Heterogene solcher

[41] WA Br 1, 568, 16-18 L. an Spalatin, 7. Dezember 1519: Tessaradecada meam nondum scio an edam, praesertim latine, cum id genus scriptionis, quod Christum sapit, sophistis sit odiosissimum.

[42] WA Br 1, 366, 15f, L. an Eck, 5. April 1519: Vale et aliquando e sophista theologus efficere. — Während der Leipziger Disputation: Seitz 70,30f: ... velit (sc. dominus doctor
egregius) dicta patrum allegare secundum conscientiam, ne pro theologis videamur esse sophistae. Vgl. noch Seitz 78, 12f (bezüglich des Häresievorwurfs gegenüber den Griechen
und gegenüber L. als einem Böhmen): ad sophistas relego, indigniora sunt, quam ut in gravi
et theologica disputatione memorentur, nedum obiiciantur. WA 2, 159, 31f (betreffs der
nichtrömischen Kirchen): Sed quid mirum, quod sophistae eiusmodi historias ignorent,
quando suas propositiones cathegoricas non intelligunt? — Für die Umgebung L.s vgl.
Adelmann an Pirkheimer, 23. August 1519: sophista nunc apud nos est (zit. bei Seidemann,
Leipziger Disp., 70 A. 1). — Für die Zurückweisung dieses Vorwurfs von der Seite Ecks s.
das Zeugnis der Leipziger Fakultät vom 25. Juli 1519, Br 1, 438, 30-32: ... suas vero sententias eximia scripturarum peritia fretum confirmasse, non levibus sophistarum tendiculis
nixum aut vanis verborum fumis instructum egisse ... [sc. attestamur].

[43] Vgl. die dem Chrysopassus beigegebenen Briefe und Lobgedichte des Hieronymus von
Croaria, Chrys aj[V], des Urban Rieger, C iiij[V], Kaspar Schatzger, Z iiij[r], und das Epigramm
des Heinrich Bebel auf der letzten Seite des Werkes, daraus vor allem die Zeilen:
Est mihi vir rarus, simul admirabilis unus
Cuius ob ingenium Suevia tota nitet.
Ille Theologiae musas coniunxit amoenas
Doctus mellifluo cum Cicerone loqui.
Ille Mathematicus, vel quem polyhistora dicas
Si titulos omnes enumerare velis. Zur Würdigung der humanistischen Sprache Ecks s. J.
Greving, Johann Eck, 103f. Zu E.s Eindruck auf L. vor dem Bruch der Freundschaft s.o.
Anm. 40 am Schluß: WA Br 1, 157 f. Weitere Zeugnisse bei Wiedemann, Dr. Johann Eck,
27 A. 95.

[44] Vgl. die bei Wiedemann, 34 A. 13 und 35 A. 15, sowie 497 A. 3 angeführten kritischen
Äußerungen Adelmanns gegenüber Pirkheimer. Eck wird hier bezeichnet als monstrum,
garrulus sophista.

,,Größen'' — der Kölner Lehrer, mit denen er seit seinem Studium in Köln sich verbunden fühlt[45], und Reuchlins, den er noch nach dem 1520 in Rom gegen ihn ergangenen Urteil in seinem Haus in Ingolstadt beherbergt[46] — scheint von ihm nicht als zu einer letzten Stellungnahme nötigend empfunden worden zu sein. In seinem Frühwerk 'Chrysopassus praedestinationis' (1514) ist ihm (mit Lucrez) die Farbigkeit eines Blumenstraußes ,,Goldener Worte'' der doctores ecclesiae passender Vergleich für die Vielfalt überlieferter, teils gegensätzlicher Ansichten über die Prädestination[47]. Die Darstellung, das eigene Urteil am Ende eines das Pro und Contra beleuchtenden Weges nicht verbergend, jedoch der Absicht nach eher zurückhaltend, hat nicht den Charakter eines decretum, sondern will ,,sokratisch''[48] Meinungen durchleuchtend zergliedern und dem Hörer so ein Bild beider ,,Schlachtreihen'' von Argumenten vor Augen führen; welcher er sich anschließen möchte, kann er selber aus dem Dargestellten folgern[49]. Die Dramatik von Seeschlachten oder Angriffskämpfen des römischen Heeres liefert das Bildmaterial z.B. der Lobrede des bewunderungsvoll zuschauenden Freundes Schatzgeyr[50] und findet sich auch in methodisch-didaktischen Überlegungen des Werkes selbst[51]. Allzu große Extreme kann es jedoch in dieser buntfarbigen Bilderbuchwelt der älteren und jüngeren doctores ecclesiae nicht geben: mit der Theorie

---

[45] WIEDEMANN, Dr. Johann Eck, 15-17.

[46] WIEDEMANN, Dr. Johann Eck, 23. GREVING, Johann Eck, 102.

[47] s. den in Anm. 27 angeführten Brief Ecks an Erhard Truchseß, Chrys Lj[r].

[48] s. die in Anm. 27 angeführten Stellen aus dem 'Chrysopassus'.

[49] s. in Anm. 27 aus Chrys IV 13: tuae erit libertatis selectio, ad quem deficere malueris.

[50] Eck wird in diesem Brief beschrieben als 'ab unguiculis in litteratoria palestra exercitatus bellator', armatus miles, primicerius legionum, der 'autoritate canonica doctoralique, necnon naturali intelligentiae lumine' die Kämpfenden antreibt, schließlich als campiductor, dessen Amt es sei, iaculo incantos ferire, ignavos obiurgare, inertes reiicere, deiectos erigere, feroces comprimere, ac devictos armis nudare. Chrys III Centuria 6. Vgl. GREVING, Johann Eck, 103 A. 5. — In diese Richtung weist auch die Beschreibung, die Mosellan nach der Leipziger Disputation von E.s Erscheinung gibt: ... certe quemvis lanium aut Carem militem citius quam Theologum possis agnoscere. LÖSCHER III, 248.

[51] s. die in Anm. 27 angeführte Stelle Chrys IV 13 (Peroratio) und die übrigen dort genannten Stellen, dazu GREVING, Johann Eck, 103 A. 5. — Für das Jahr 1519 vgl. noch den auf die Thesen Ecks für Leipzig antwortenden Brief L.s an Karlstadt vom 4. oder 5. Februar (?) 1519, Br 1, 317, 58-65: Interim esto vir fortis et accingere gladio tuo super femur tuum potentissime. Postquam enim pro pace tua mediator ingratus fui, placebo fortasse concertator. Non quod vincere proposuerim, sed quod post victorias tuas Pannonicas, Longobardicas, Baioaricas (modo tibi credamus) occasio tibi fiam obtinendi nominis, quo et Saxonicus et Misnicus triumphator ac, si voles, semper Augustus saluteris in aeternum ac sic gloriam αἰὲν ἀναιδείην ἐπιειμένε adeptus quiescas iuxta magistri tui sententiam: Habitibus existentibus in materia, cessat motus.

vom notwendig überspitzten Widerspruch gegen die Häresie[52] richtet der Moderator E. die ,,schiefwachsenden'' Bäumchen[53] etwa zu einseitig gewordener Lehre de gratia et libero arbitrio wieder gerade, nach allen Seiten, so auch zwischen via antiqua und via moderna nach Möglichkeit das Gute aufnehmend und übertriebene Zuspitzungen vermeidend[54]. Für womöglich zu kühne eigene Meinungen und tadelnde Urteile gegenüber so großen Autoritäten in der Geschichte der kirchlichen Lehre entschuldigt sich der Autor mit seinem jugendlichen Alter, zeigt sich zu besserer lehrung gern bereit und hofft im Ganzen gerade so das Wohlgefallen der Älteren, an dem ihm alles gelegen ist, zu gewinnen. Eine große Bereitschaft zu hingebender Unterwerfung des Verstandes erleichtert ihm, die Tiefen des sensus einer Autorität zu erfassen und, so muß man ergänzen, sie mit dem Ganzen des Stoffes, wie er es vor Augen hat, zu vermitteln. Dieses 'captivare intellectum' empfiehlt er, auf die Erfahrung des eigenen Studiums rückblickend, auch seinen Hörern und Lesern[55].

1519, gegenüber L. und seiner theologischen Richtung, ist es, nachdem die Lehrer des eigenen Studiums zurückgetreten sind und E. selber sich aufgerufen fühlt, die unitas ecclesiae in der Lehre gegen die gefährliche häretische singularitas Luthers zu verteidigen[56], die Autorität der sedes

---

[52] GREVING, Johann Eck, 91 A. 2. Chrys III 92: Divus Augustinus ... veluti et caeteri doctores sancti, ut haereses passim insurgentes comprimerent et iam radicatas extirparent, quasi ad alterum extremum videntur declinare et ita abundanter exprimunt, plus dicentes et minus volentes intelligi.

[53] GREVING, Johann Eck, 91 A. 3: nach Chrys III 92 ein von Faber Stapulensis entlehntes Beispiel.

[54] GREVING, Johann Eck, 101: ,,Eck war ... damals in der Theologie ebenso wie in der Philosophie ein Synkretist''.

[55] Chrys I 7: Libenter credere et captivare intellectum suum, maxime dum videt prudentiores se et exercitatos in tali scientia concorditer aliquid astruere. Ita nos instruxit Esaias propheta: Nisi credideritis, non intelligetis... Istud documentum in omni scientia, in omni opinione perdiscenda est maxime fructuosum...Cuiusque ergo doctoris sententia facile addiscitur dum verum dixisse creditur. Expertus loquor, totum intellectum saepe doctoribus obtuli, ut sensa eorum profunda eruere possem.

[56] Zu dem gegen L. gerichteten Vorwurf der singularitas durch Eck s. Br 1, 343, 17-21, Eck an L., 19. Februar 1519 mit der Aufforderung, auch L. möge sich in Leipzig der Disputation stellen; da er es sei, als dessen Vorkämpfer Karlstadt auftrete und der die nach Ecks Meinung falschen irrtümlichen dogmata über Deutschland ausstreue: Sed quam vellem, ut hunc animum deponeres et sedi Apostolicae te per omnia oboedientem praestares, audires Leonem X., vicarium Christi, non quaereres singularitatem, sed condescenderes communi Doctorum sententiae, certus, quod Christus ecclesiam suam iam CCCC. annis non permisisset in istis (uti tu divinaris) erroribus. Luthers Antwort hierauf im Vorwort zu Disputatio et excusatio F. Martini Luther adversus criminationes D. Johannis Eccii 1519, WA 2, 159, 28-31: Deo gratia, quod unus saltem Eccius reliquus est, qui Catholice sapiat, singularissimus ille singularitatis persecutor, caeteris omnibus per virus Boemiae perditis. — Das im Vorwurf der singularitas enthaltene Moment des Hochmuts, der sich selbst verabsolutiert,

apostolica und der von ihr einzusetzenden Gutachter et aliorum prudentium et bonorum virorum[57], unter anderem auch der Leipziger Räte und Moderatoren der Disputation. Diese sprichwörtliche 'Ecciana modestia', E. eigenes Verhaltensziel, das u.a. auch seine Fähigkeit bedingt, sich dem gegnerischen Standpunkt Karlstadts in der Disputation anzupassen, wird auch im nachträglichen Zeugnis der Leipziger theologischen Fakultät lobend hervorgehoben, zugleich mit der Willfährigkeit und freundlichen

---

findet sich umgekehrt auch in Luthers Kritik der anmaßenden Selbstbezeichnung des römischen Bischofs als 'universalis episcopus', ein blasphemiae nomen (WA 2, 232, 23f in der Resolutio Lutheriana super propositione XIII. de potestate papae. 1519). Dort heißt es mit Berufung auf das Chalcedonense und Gregor I., die dem römischen Bischof einen Ehrenprimat zugedacht haben: ...sed nullus eorum unquam hoc singularitatis vocabulum assumpsit nec uti consensit, ne, dum privatum aliquid daretur uni, honore debito privarentur sacerdotes universi. ...Idem in sequenti epistola ad Constantiam (sc. Gregorius) eundem Ioannem Lucifero comparat dicens: quia illum videlicet imitatur, qui spretis sociali gaudio angelorum legionibus ad culmen conatus est singularitatis erumpere. (26-35). — Im Sprachgebrauch Ecks ist der Ausdruck bezogen auf eine anmaßende Einstellung gegenüber der Allgemeinheit in Fragen der kirchlichen Lehre. Vgl. Seitz 124, 30-125, 1 zur Auslegung des 'Pasce oves' Joh 21,17: at ego non singularitati studens, quae est mater errorum, s. patrum secutus sententiam et s. matris ecclesiae accepi verbum 'Pasce', quod eum pastorem ibi constituerit et primatum dederit universalis ecclesiae. Ita Gregorius, ita Chrysostomus intellexerunt, ita Ambrosius Lucae ulti. heri per me non allegatus. — Benachbarte Begriffe zur Bezeichnung derselben Einstellung sind 'pertinax et cervicosus'. Vgl. Seitz 171, 14-20 in der Frage des 'augeri charitatem in purgatorio': Quod ait, se sua probare non posse, reputo verissimum, contra alii sua probant, quamvis pertinax et cervicosus etiam demonstrationibus non acquiescat... Quare cum communi concludo sententia, et in purgatorio gratiam non augeri, et eas certas esse de salute. — In der Schriftauslegung wurde Arius zum Häretiker durch ein hartnäckiges Hängen an der litera gegen den Geist der Auslegung der Kirche, Seitz 135, 10-22, s. auch 122, 4-8 und 159, 22-29, sowie 170, 12-15. Vgl. noch 76, 3f: stultorum et qui singularitati student infinitus est numerus. — Zur Kritik Ecks an der Gnadenlehre des 'allein stehenden' Gregor v. Rimini im 'Chrysopassus' III, 79 (...Gregorius Ariminensis valens ille doctor more suo hic sit singularis ...) vgl. H. A. Oberman, Wittenbergs Zweifrontenkrieg, 354 A. 76 und ders., ,,Tuus sum, salvum me fac''. Scientia Augustiniana, 358f: ,,So wird ... Gregor v. Rimini... zum Dissonanten im scholastischen Chor gestempelt''. — Nach der Leipziger Disputation s. Ecks bedauernde Bemerkung an den Kurfürsten Friedrich, Br 1, 460, 16-18: ,,Aber des D. Martinus halb, mit dem ich ein Mitleiden hab, daß sein schon ingenium in solch singularitates kommen ist und auf sollich Materii sich geben hat...'' (Eck an Kurf. Friedrich, 22. Juli 1519) Dazu auf Luthers Seite s. die oben angeführte Antwort in Disputatio et excusatio etc. WA 2, 159, 28-31.

[57] Seitz 138f, Eck abschließend zur Primatsfrage: Nolo tamen inniti propriae prudentiae, paratus captivare intellectum meum in his et quibuscunque aliis iudicio iudicum ordinandorum sedis apostolicae et aliorum prudentium et bonorum virorum. Vgl. Ecks Protestatio zu Beginn der Disputation, Seitz 15, 2-5: Paratus corrigi et emendari a sede apostolica et ab his, quorum iudicio hanc nostram disceptationem iuxta conventionem heri factam sumus subiecturi. — Vgl. im 'Chrysopassus' I 87f (C iij[r]): Et in hiis omnibus subiicio me sanctae matri ecclesiae, et eius praesuli maximo. Clarissimis item viris, patribus et praeceptoribus meis sub quibus litteratoriae militiae stipendia merui... ac omnium aliorum probatorum virorum juditio quorum interest errantes ex visceribus charitatis corrigere et ad viam veritatis reducere. s. auch Anm. 55 zum 'captivare intellectum'.

Bereitschaft des in so harter Disputation so Großes leistenden Gastes, sich
an die Statuten zu halten und auf alle Anordnungen seiner Herren oder
der Kampfrichter in Leipzig einzugehen[58]. Von den Wittenberger Diskus-
sionspartnern wird diese modestia, da sie verbunden werden kann mit
dem in ihren Augen anmaßenden Anspruch, stets im Namen ,,*der*
Kirche''[59] oder ,,aller Lehrer der Kirche''[60], sachlich im Namen des römischen Primatsanspruches aufzutreten und demgegenüber seinen Gegner Luther der häretischen singularitas anzuklagen, aufs heftigste ange-
griffen und als 'molestia' empfunden[61]. Das bei E. gelegentlich sich fin-

---

[58] Zur 'modestia' als vor allem von einem jungen akademischen Lehrer erstrebter Tugend s. Chrys II 58 nach Darlegung der beiden opiniones und E.s Entscheidung für die
zweite: cum omni humilitate et modestia, qua decet, subjiciens me omnibus ... (vgl.
Greving, Johann Eck, 71 A. 1); dazu ib., einleitend: Haec ergo cum omni humilitate et modestia sint dicta pro illa opinione celebri et solemni ... (zur opinio I). Vgl. Chrys VI 23 über
das Verhältnis zu den Älteren: omnia cum humilitate et reverentia, sicut decet iuvenem exhibere (nach der Widerlegung einer obiectio fortis); vgl. Greving, Johann Eck, 66 A. 1. So
auch im Index des Werkes über seine an den betr. Stellen dargelegte Einstellung: Autoris
modestia et saepe protestatur... (Chrys Aa j[V]; vgl. Greving, Johann Eck, 22 A. 1). — Diese
modestia ist gleichzeitig die dem Theologen angemessene Haltung. Chrys V 100: Unde hu-
militer et cum magna modestia, quae theologum decet, Gregorius Ariminensis dicit: ... —
Vgl. dazu im Zeugnis der Leipziger theol. Fakultät für Eck die anerkennende Bemerkung:
...attestamur...Ioannem Eckium ...virili modestia in omni actu apparuisse ad omnia dominorum vota morigerum. Br 1,438f (Beilage 1). — Eck verwendet dieses Prädikat auch während der Disputation im Sinne einer personifizierenden Selbstbezeichnung, vgl. Seitz 40,
20: absit procul ab ecciana modestia huiusmodi arrogans iactantia, quoniam nec omnes intelligo, nec hos, in quibus versor, solus scio, paratus semper ab eruditioribus doceri. — Im
Zusammenhang der für den Primat angeführten Bibelstellen und der Debatte über ihre Auslegung: Unde circa illam conclusionem, si aliquando acerbius et durius quicquam locutus
sum contra reverendum patrem, nolim arbitremini in personam suam dictum, sed causa ipsa, quae vertitur, tam praegnans et necessaria mihi videbatur, ut verba aliquando acriora
essent utenda. In reliquis conclusionibus Eccianam semper experiemini modestiam. Seitz
138, 16-21. — Kritische Äußerungen der Wittenberger Seite dazu s. Anm. 61.
[59] Br 1, 295, 10-296, 19 in Luthers Brief an Eck vom 7. Januar 1519 betr. der Berufung
L.s auf Tauler, s.u. S. 44 Anm. 77.
[60] Vgl. Seitz 112, 24-31: für das Verständnis des Primats Petri als ius divinum nach Mt
16, 18 habe er, Eck, angeführt s. patres, sanctos summos pontifices et martyres, consensum
conciliorum et omnium universitatum. Quare ex iure divino probatum est, esse primatum
in ecclesia, nisi quod reverendus pater intelligentiam suam praeponit intellectui tot s. patrum, summorum pontificum et sacri concilii, cum laudabile Constantiense concilium talem
articulum inter pestilentes errores Johannis Huss damnaverit. — 122, 4-6: Aliud vero est de
potestate regiminis et administrationis, ubi concors est s. patrum sententia, sacrum concilium contra Johannem Huss, ad ipsum Petrum huiusmodi primatum pertinuisse. 142, 22-24
zu derselben Unterscheidung, gegen L.s Bestreitung des primatus regiminis: quem concors
s. patrum sententia et concilii Constantiensis Petro tribuit.
[61] Seitz 165, 19-22: Ad solutiones auctoritatum dixit, a me contemptos esse Augustinum,
Hieronymum, Ambrosium, Bernhardum, Gregorium, Isidorum cum glossa ordinaria. Hoc
pro modestia, imo molestia Ecciana dixit, nimis cupidus movendae invidiae. — In den Resolutiones Lutherianae super propositionibus suis Lipsiae disputatis. 1519 concl III (zu L.s
Auffassung, peccatorum recordationem ante amorem iustitiae nemini esse salutarem sed no-

dende bloße Geltendmachen einer kirchlichen Praxis als Zeichen für eine hierin sich bekundende Wahrheit[62], die trotz einer Reihe kirchengeschichtlicher Kenntnisse der frühen Zeit, auf die L. sich beruft, nicht gezogene Konsequenz, von der Universalität der Stellung des Papstes dann absehen zu müssen, ebenso die in der Exegese des paulinischen Anliegens gegenüber den Spaltungen in Korinth nicht gesehene kritische Zuspitzung gegenüber jedem Herrschaft beanspruchenden Autoritätsanspruch[63], dies alles hängt vermutlich mit dem in der Frühzeit hervortretenden ,,synkretistischen'' Verständnis der kirchlichen Lehre als einer vielfarbigen Totalität zusammen[64]. Ein Hinüberwechseln von der Aussage einer Schriftstelle in der Auslegung Augustins oder Cyprians zur sonstigen Meinung dieses Autors in dogmatischen Fragen oder sogar zu E.s eigenen Ansichten —

xiam): Quam doctrinam Ecciana molestia non haereticam quidem nominavit, sed Evangelio et sanctis patribus contrariam asseruit. Ideo magnifico titulo suis propositionibus praefixo 'contra novam doctrinam' (eadem modestia) se disputaturum ebuccinavit. WA 2, 421, 32-35. Vgl. noch die L.s leidenschaftliche Gegenwehr ankündigende Stelle in der Disputatio et excusatio F. Martini Luther adversus criminationes D. Iohannis Eccii, WA 2, 160, 8-19: Sufficit mihi, quod Sedes Apostolica neque vult neque potest quicquam contra Christum, Nec in hac re timebo Papam seu nomen Papae, multo minus pappos et puppas istas. Unum ego specto, ne nominis mei Christiani spolium cedat in doctrinae Christi purissimae dispendium. Nam hic nolo ullus meam expectet patientiam, Nolo Eccius querat nec sub nigra nec sub alba cuculla modestiam. Maledicta sit impiae illius clementiae gloria, qua Achab dimittit Benadad, hostem Israel. Hic enim vellem non modo esse potentissimus mordendo (quod Eccio dolet) sed invictus quoque devorando... Terreant alium per adulationes et consecrationes suas: Martinus sacerdotes et consecratores Sedis Apostolicae contemnit. — Zu Ecks Ruhm wegen des Gutachtens der Leipziger Fakultät s. Adelmann an Pirkheimer, 23. August 1519 (zit. bei SEIDEMANN, Leipziger Disp., 70 A. 1): quo latius sua, ut ipse de se iactat, modestia, sed potius molestia, pateat.

[62] Außer der Anm. 56 angeführten Briefäußerung Ecks betreffs der 400 jährigen Gültigkeit des Primats (Br 1, 343, 20f) vgl. E.s Berufung auf die Praxis und Grundlagen der juristischen Fakultät, SEITZ 92, 4-8: Subterfugium suum non accipio, quod negat constitutionem illam esse Anacleti, nam sic omnium conciliorum et summorum pontificum decreta nisi sigillata eluderentur, et sic tota facultas iuridica falsitatis insimulatur, quasi falsis fundamentis sit innixa in lectionibus, decisionibus, iudiciis et similibus. — Vgl. in Ecks Verantwortungsschreiben an Kurfürst Friedrich vom 8. Nov. 1519 die Überlegung E.s Br 1, 496, 646-652: E. Ch. G. Doctores haben lang disputiert und geschrieben, der frei Will tu nichts zu einem guten Werk, es sei gänzlich von Gott, und der frei Will empfachs allein, habeat se pure passive et receptive, tantum capax; also daß D. Ludder an einem Ort schreibt: es tue mehr guter Werk ein Frummer, so er schlaft, dann so er wacht. Das hat mich fur ein Ketzerei angesehen der Manicheier. Dann warum müssen dann die Münich gen Mettin aufstehn? — E. KÄHLER spricht deshalb in dem Anm. 17 angeführten Aufsatz S. 228 von einem ,,ekklesiastischen Positivismus Ecks''. In L.s Argumenten sei demgegenüber eine kritische Handhabung der Historie bestimmend.

[63] s. die in den Anm. 17 genannten Arbeiten KÄHLERS und SELGES gegebenen Überblicke über die Primatsdebatte, vor allem die Auseinandersetzung über das Verständnis von 1 Kor 3,5 und die Frage nach der Notwendigkeit eines monarchischen caput in der Kirche, SEITZ 131, 12-20, dazu vgl. SELGE, ZKG 86 (1975), 39.

[64] s.o. Anm. 27 und S. 38 Anm. 54.

z.B. über die Notwendigkeit eines princeps in der zentralen Verwaltung einer Provinz gegenüber Chaos und dissensiones[65] — entspricht diesem Bild eines ,,Lehrgebäudes'', mit einem eigenartig statischen, bildhaften Raumgefühl. Doch lassen wir schon an dieser Stelle der Stimme eines der beobachtenden Zeitgenossen das Wort.

Petrus Mosellanus, im Ganzen eher von L.s Anliegen und Auftreten überzeugt, hebt in der Darstellung von E.s ingenium[66] dennoch die große Naturbegabung hervor, vor allem seine insignis memoria. Die eindrucksvolle Quantität der angeführten Stellen berührt jedoch nach dem Urteil M.s teilweise nicht das zur Frage Stehende[67]. M. kommt daher zu dem Eindruck, daß Eck trotz seiner großen Begabung doch die Gabe raschen und unmittelbaren Verstehens und Schärfe des Urteils fehle[68]. Damit ist nicht ,,Verschmitztheit'' (vafrities) gemeint oder ,,Schlauheit'' (calliditas), die M. bei E. sehr stark ausgeprägt findet, in einem von ihm als ,,parasitär'' empfundenen Sinne, im Gegensatz zur Absicht des Sokrates, auf dessen Methode sich E. beruft, die Wahrheit auf diese Weise forschend an den Tag zu bringen[69]. Was ist es demgegenüber, was er bei E. vermißt? Lassen wir die Frage einstweilen offen. An rezeptiver Begabung kann es E. jedenfalls nicht fehlen. Desgleichen scheint der Eindruck von großem ,,Effekt'', wie immer man sich dazu urteilend stellen mag, mit der Weise seines Vortrags verbunden zu sein, wenn auch vielleicht mehr in einem naturhaften Sinne (clamor, gestus und insignis memoria). Welche Deutung solche ,,Natur'' findet, wird immer auch eine Frage an die Theologie und an die Situation der beteiligten — und von der *Person* dieses Redenden und von seinem Handeln betroffenen — Menschen sein.

---

[65] SEITZ 131, 15-20: Sed nescio, quo ingenio reverendus pater arbitretur propterea Paulum negasse primatum, ut tolleretur schisma. Forte non fuit in provincia, quae caruit principe, fuisset enim contrarium expertus, quot dissensiones, contentiones et dissidia emergunt, ubi non est princeps et caput, inter causas diiudicans et cognoscens. Vgl. 110, 17f (ne tota Christi ecclesia esset unum confusum chaos Anaxagoricum).

[66] Vgl. zum Folgenden SEIDEMANN, Leipziger Disputation, 50f und den Brief des Petrus Mosellanus an Julius v. Pflug, 6.12.1519, abgedruckt LÖSCHER III, 248: Quod ad ingenium attinet, memoria pollet insigni, quae si in parem incidisset intellectum, jam omnibus numeris Naturae opus fuisset absolutum.

[67] ...dum disputat tot argumenta, tot scripturae testimonia, tot autorum dicta, citra ullum omnino delectum congerit, interim non advertens, quam pleraque sint frigida, quam suis locis recte intellecta, ad praesens nihil faciant... LÖSCHER III, 248.

[68] Deest homini intelligendi promta vis, deest judicandi acumen, sine quo caeterae dotes omnes frustra contingunt (LÖSCHER III, 248).

[69] Nonnunquam vero et adversarii sententiam aliis verbis conceptam pro sua amplectens, absurdam suam in adversarium, mirabili calliditate detorquet, ut quemvis Socratem vincere videri posset. Nisi quod ille τὸ εἰρωνεύεσθαι professus, nihil decernebat: hic peripateticam sciendi fiduciam professus τὴν παρασιτικήν exprimit. En tibi bona fide Apellem, si non quam fuit ille, artificem, sedulum tamen et industrium. (LÖSCHER III, 248f).

Die Wittenberger Theologen sahen in ,,Schrei und Bärden'' einen Teil des nach ihrem Urteil insgesamt ,,gloriosen'' Verhaltens Ecks[70] und empfanden dieses Verhalten als in tiefem Gegensatz stehend zu ihrem Verständnis *dieser* Themen einer ,,stillen, im Geheimnis aufs allertiefste verborgenen Theologie''[71].

Dies als Zeichen eines sowohl unableitbaren als nicht mehr weiter befragbaren Gegensatzes zu nehmen, hindert uns jedoch glücklicherweise zunächst das Faktum der zwischen 1517 und 1519 bestehenden, von L. als angenehm beschriebenen Freundschaft, verbunden mit dem Austausch von Schriften; Aufgeschlossenheit und Interesse für das 'ingenium' eines Anderen, wo immer es sich zeigt, und am Verbundensein mit den wichtigen und bedeutenden Menschen einer Zeit sind humanistisch Interessierten gemeinsam; so mag Scheurls Initiative,[72] zwischen Ingolstadt und Wittenberg Austausch anzuregen, begründet sein, und die vielfach sich findenden anerkennenden Bemerkungen L.s an Scheurl über Ecks gelehrte Bildung[73] bestätigen es. Zwei einschränkende Gesichtspunkte mögen hier jedoch erwähnt werden: einmal scheint auch hier die Vielzahl von E. geschlossener Freundschaften dieser Art[74] für eine wirklich in ihnen gesuchte und gefundene Gemeinschaft problematisch, und zum anderen

---

[70] WA 2, 392, 11-13: ... nisi quod multo fortius clamavit una hora quam nos integris duobus annis ac gestibus immaniter fastuosis et gloriosis etiam seipsum clamatorem superare velle visus est.

[71] In der Fortsetzung derselben Stelle WA 2, 392, 13-16: His enim moribus, sane quietis et tranquillis, pacificam illam et in silentio ac mysterio profundissime quietissime latentem theologiam quaesivit hucusque Ecciana modestia. L. fügt noch hinzu: Ita me deus amet, fateri cogor, nos esse victos clamore et gestu, hoc est Ecciana modestia: sic enim ipse vocat. ib. 15f.

[72] Eck läßt dies erkennen in der Formulierung seines Briefes an Kaspar von Wessobrunn vom 14. März 1519, s.o. S. 35 Anm. 37f. Die vorangehenden Zeilen lauten: Amicitiam tamen in se meam Lutterus causatur simulatam. Fateor: amicitiam ob litteras et studium cum eo inii nec viso (ut cum doctis facere soleo), sed tantopere a communi amico, doctissimo Christophoro Scheurlino, iureconsulto integerrimo, commendato. Sed creditne posse me esse amico ei, qui extra ecclesiae unitatem contendit...? Br 1, 321, 86-322, 90.

[73] Br 1, 157, 10-158, 17, L. an Egranus, 24. März 1518, s.o. Anm. 40. Vgl. L. an Scheurl, 11.9.1517, Br 1, 106, 37f: Scheurl möge Eck die Wittenberger Thesen contra scholasticam theologiam zusenden, Eccio nostro, eruditissimo et ingeniosissimo viro. s. den Überblick über die Geschichte der Freundschaft zwischen Eck und dem Wittenberger Kreis bei H. A. Oberman, Wittenbergs Zweifrontenkrieg, 342 A. 29 und K. V. Selge, Der Weg zur Leipziger Disputation, 172ff.

[74] Vgl. das eine Gewohnheit andeutende 'ut cum doctis facere soleo' in Ecks eigener Darstellung des Beginns der Freundschaft, s. Anm. 72. Dazu Wiedemann, Dr. Johann Eck, 27 über die im Jahre 1508 geschlossenen Freundschaften mit Tilmann, Wimpheling, Beatus Rhenanus und 11 weiteren humanistisch Gebildeten seiner süddeutschen Umgebung, dazu E.s Äußerung über diese Freundschaften Replica c.1: admiratione dignum est, juvenem, alienigenam, pauperem, familiaritatem et amicitiam tot spectabilium virorum obtinuisse.

zeigt noch seine bedauernde Bemerkung an Friedrich den Weisen darüber, daß das schöne ingenium L.s ,,in solch singularitates geraten''[75], daß durch seine starke Bindung an die von der stärksten kirchlichen Macht verbürgte communis sententia die persönliche Dimension und das tiefere Verständnis für sie gleichsam überlagert blieb durch die starke Autoritätsbindung[76].

Seine von L. schon vor der Leipziger Disputation als anmaßend empfundene Bemerkung gegenüber L.s Bezugnahme auf Tauler in den Resolutiones zu den Ablaßthesen: den von L. hier in so hervorragendem Sinne als Zeugen einer soliden, aufrichtig-ernsten Theologie genannten doctor ,,kenne die Kirche nicht''[77], entspricht dem bisher gewonnenen Eindruck. Sie drückt u.U. zunächst nur aus, daß E. mit Schriften Taulers bisher keine Berührung hatte; sein eigenes Studium mystischer Autoren galt vor allem den Schriften des Dionysius Areopagita[78]. L. hört aus der Art ihrer Formulierung jedoch wohl mit Recht heraus, daß E. in seiner Haltung und Identifikation mit ,,*der* Kirche'' sich den Zugang zu Anderem, das über seinen bisherigen Erfahrungsbereich hinausging, gerade verschloß. Hier fordert er, in seiner Antwort auf diese Usurpation von ,,Kirche'' durch Eck und die darin sich bekundende Verachtung für andere, seiner scholastischen Bildung nicht zugängliche Erfahrungsbereiche leidenschaftlich erregt[79], seinen Gegner aufs äußerste zum Kampf heraus. Seine unbedachte Kritik an Tauler, den er bisher gar nicht kenne, als einem 'somniator', so feuert L. nun seinerseits den Gegner an, möge E. auf so feste Füße stellen, daß L. sich gezwungen sehe, seine Meinung zu ändern. Zur Herstellung eines solchen stärksten Bollwerks für seinen Sturmangriff möge er seine gesamte scholastische Interpretationsgabe und alle Nerven seines ingeniums anspannen und einsetzen, denn das verstehe

---

[75] s.o. Anm. 56, vorletztes Zitat.

[76] s. Anm. 72 und o. S. 35, Anm. 38. Zur Gegenüberstellung mit Luther vgl. besonders die o. Anm. 61 angeführte Antwort L.s in der Disputatio et excusatio F. Martini Luther etc. WA 2, 160, 8-19.

[77] Br 1, 295, 10-14, L. an Eck, 7.1.1519: Miraris enim, quod unum Taulerum, nescio (inquis) quem, praetulerim Thomae, Bonaventurae, Alexandro etc., ridiculumque tibi videtur, quod, cum tot ego reiecerim viros, unum hunc mecum expostulem recipi a vobis eumque ecclesiae ignotum. Verum rogo, antequam eum somniatorem definias, digneris perlegere...

[78] Vgl. WIEDEMANN, Dr. Johann Eck, 495f zu Ecks Bearbeitung und Abdruck des griechischen und lateinischen Textes der Schrift 'De mystica Theologia' lib 1, erschienen in Augsburg 1519 bei Johann Miller. Eine der drei lateinischen Übersetzungen ist die des Marsilio Ficino. Anregungen zum Studium mystischer Autoren erhielt Eck durch seinen Lehrer G. Reisch, s. WIEDEMANN, 496; GREVING, Johann Eck, 101.

[79] Br 1, 296, 3f: Tu autem ecclesia es, omnia tibi nota sunt. Vides neque soleas inconsiderate praesumere et iudicare.

er ja: nicht mehr verlange L. von ihm als dies, worin seine höchsten Fähigkeiten liegen. Er solle sie einsetzen, um den einen oder anderen der Sermone Taulers zu lesen und sich um ein würdiges und angemessenes Verständnis zu bemühen. Nicht das andere verlange er, das E. überfordern würde, nämlich alle seine Scholastiker und jeden einzelnen von ihnen in den Schmelztiegel zu werfen und *einen* Sermon nach der Art der Sermone Taulers selber zu schreiben[80]. Hier wird aus der Sicht Luthers die theologische Art Ecks und in L.s Sinne zugleich der scholastischen Theologie, mit ihrem Gegenstand umzugehen, besonders deutlich. Ihre Grenzen liegen in einem lediglich im Logischen bleibenden Verhältnis zum Gegenstand. Mangelnde Tiefe theologischer Bemühung und Erfahrung ist es auch, die er Eck in seinem Umgang mit den Leipziger Themen jener ,,stillen Theologie'', mit denen sich die Wittenberger Theologen jahrelang beschäftigt haben, zum Vorwurf macht[81]. Die im Gegensatz zu dieser Theologie stehende theologistria des freien Willens, die durch ihre falschen Impulse sein Gewissen bis in die Gegenwart leiden läßt[82], sei in dieser Disputation gefallen. Darin sieht L. das entscheidende Ergebnis von Leipzig. Bedeutet das auch, daß für die Form des theologischen Redens das bloß im Sekundären bleibende, logisch-zergliedernde Definieren des Gegenstandes gefallen ist und das auf Erfahrung gegründete Reden im Sinne der Sermone Taulers an seine Stelle tritt? In den Sakramentssermonen L.s vom Ende des Jahres 1519 sehen wir L. in diesem Sinne und in dieser für die ,,Schulen'' unbekannten Tradition theologischer Arbeit am Werk. — Es bleibt noch zu erwähnen, daß Eck auf diese leidenschaftliche Kampfesforderung L.s, er möge den Beweis zu seiner Behauptung, Tauler sei ein Träumer, noch liefern, nicht einging. Sein Antwortbrief vom 19. 2. 1519 legt L. lediglich nahe, doch seine Gesinnung abzulegen, mit der er seine nach E.s Urteil falschen dogmata über Deutschland als Samen ausstreue, sich in allem dem Hl. Stuhl gehorsam zu zeigen und vom

---

[80] Br 1, 296, 29-36: Et ne exigam, quae ultra tuas vires sint, non opto, ut tu conflatis omnibus et singulis tuis scolasticis unum componas sermonem similem uni illius; non hoc exigo, certus, quod impossibilia tibi sunt. Sed hoc solum insulto: adhibe omnes nervos ingenii tui cum omni copia eruditionis tuae scolasticae, et totam...(?) si unum aut alterum sermonem eius intelligere digne possis. Postea credemus tibi illum esse somniatorem, te vero unum vigilatorem aut certe apertis oculis dormitantem.

[81] Vgl. WA 2, 392, 7-16, s.o. Anm. 20 (erstes Zitat), Anm. 70 und 71.

[82] Kurz vor der zuletzt angeführten Stelle am Schluß des Berichts an Spalatin vom 15. August 1519, WA 2, 401, 20f: Interim mihi sufficit, quod carnifex illa conscientiarum Theologistria, cui totum debeo, quod mea conscientia patitur, cecidit in hac disputatione. ...(Nach einer Aufzählung scholastischer Lehrsätze und termini technici, u.a. über das 'facere quod in se est'): At nunc hii omnes errores sub Ecciano praesidio et triumphabundis signis satis strenue ceciderunt... (29-31).

Thron seiner singularitas herunterzusteigen in die Versammlung der allgemeinen Kirchenlehre, in der Gewißheit, daß Christus seine Kirche nicht 400 Jahre in solchen Irrtümern gelassen hätte[83]. So unproblematisch stellen sich die Dinge für E. dar. Vorzug der modestia?

c) Stellen wir abschließend noch zwei Leipziger Zeugnisse betreffs der modestia *Luthers* einander gegenüber. Hieronymus Emser vermißte an L.s Auftreten sogar während L.s Predigt Zeichen der ,,Andacht oder geistlichen Gebärde'' und fand nur ,,lauter drotzen und bochen, also das ich wol mit warheyt sprechen mag, das ich keyn so vormessen prediger mein leben lang ye gehort hab''[84]. Heinrich Stromer, dem Leipziger Arzt und Humanisten, war im Gegensatz dazu gerade aufgefallen, ,,mit welcher theologischen Bescheidenheit sein Wissen über die Heilige Schrift von Martin vermittelt wurde... Nichts als nur, was solide und hilfreich zum Heil war, stellte er in den Mittelpunkt; alles Heidnische ließ er fern, allein in der ruhigen Würde des Evangeliums und den Schriften der Apostel fand er Genüge. Viele schmähten ihn, aus beschämender Unwissenheit oder Bosheit; er war das unschuldigste Schaf unter Wölfen; aber je mehr sie ihm zusetzten, um so größer und heiliger erwies sich seine Schriftkenntnis (eruditio)''[85]. — Das Verhalten ist in dieser zweiten Darstellung gesehen als ganz auf die eruditio, die Sache, die Schrift, bezogen. Die bewußte Beschränkung darauf, das Abstandnehmen von ,,Heidnischem'', zeigt auch beim Betrachter eine bestimmte Art und ein Interesse daran, spezifisch Christliches, Biblisches, der Theologie Eigenes, abzugrenzen; ,,modestia theologica'' ist also Bezeichnung des Verhaltens unter einem vergleichenden und historisch verstehenden Gesichtspunkt. In dem Urteil Emsers wird im Unterschied dazu über den Maßstab des Urteils nicht reflektiert. E. scheint nichts anderes zu kennen und kennen zu wollen als Gewöhnung und Herkommen *seines* kirchlichen Erfahrungsbereiches. — Daß L. auch die Erwartungen ihm Wohlgesinnter an das Verhalten eines Theologen z.T. überschritt, zeigt schließlich die Beschreibung Mosellans. Nachdem auch er gegenüber den Angriffen der

---

[83] Br 1, 343, 14-21 s.o. Anm. 56, erstes Zitat.

[84] SEIDEMANN, Leipziger Disputation, 64 A. 1.

[85] Br 1, 423, 114 erwähnt Luther die Einladung bei Dr. Auerbach (Heinrich Stromer) in den Tagen der Disputation. s. dazu in Br 1, 426f A. 34 den Bericht Heinrich Stromers an Spalatin, 19.7.1519: Mirum dictu, quanta modestia theologica eruditio sancta manabat ab Martino. Vir, mihi crede, dignus est immortalitatis. Nihil nisi quod solidum salutiferumque fuit, in medium attulit, ethnica omnia omittens, sola evangelica maiestate et apostolorum scriptis contentus. Plures aut inscitia dedecorosa aut malitia infecti eum calumniati sunt; fuit ipse innocentissima ovis inter lupos; at quo ei fuerunt infestiores, eo eruditio eius fuit maior sanctiorque.

Gegner die innere Sicherheit und von L.s Anblick ausgehende Fröhlichkeit hervorgehoben hat, folgt die Bemerkung, daß L. nach dem Urteil fast
aller in der Kritik ein wenig zu sehr ohne Rücksichten (impudens) und ein
wenig bissiger sei, als es der Sicherheit eines Erneuerers der Religion zu-
träglich sei und einem Theologen wohl anstehe. Er fügt seine Beobachtung hinzu, daß dies wohl eine Eigenart aller ,,Spätlernenden'' sei[86]. Daß
die Grenze für das von einem Theologen wünschbare Verhalten, die er
besser nicht überschreiten sollte, hier mitbestimmt ist durch die bei Erasmus sich findende Sicht von der friedlichen Aufgabe eines Theologen und
Gelehrten, zeichnet sich im Hintergrund des Leipziger Geschehens ab[87].
Bei Emser liegt die Grenze mehr im kirchlich Gebotenen. Heinrich Stromer nimmt auch hierin weder Wohlverhalten noch Opportunität noch
sittlich-moralischen Schmuck, sondern *allein* die evangelica maiestas und
die Schriften der Apostel zum Maßstab, im Sinne der L. zum Beispiel im
Römerbrief geläufigen Unterscheidung: non moraliter, sed theologice.

Den Eindruck klar umrissener Identität im Physiognomischen vermittelt auch die (vielleicht ein wenig idealisierende?) Beschreibung des Erasmus Alber: ,,ein klein, klar, tapfer Gesicht und Falkenaugen hatte er, und
war von Gliedmaßen eine schöne Person''[88].

Anknüpfend an verschiedene in den Berichten erwähnte Einzelzüge,
zuletzt an die Bemerkung Mosellans über L. als ὀψιμαθής scheint die Formulierung berechtigt, L. zeige sich mehr als ein biblisch geprägter und
historisch klarsichtig urteilender, durch eigene Sacherfahrung bestimmter
Theologe, der in äußerster Zuspitzung seine noch oder schon im reifen
Alter gefundenen Einsichten vertritt und so eine in warmer Güte und zugleich in leidenschaftlicher Polemik ausstrahlende Präzision seiner Erscheinung und seines Wesens gefunden hat. Bei Eck liegen demgegenüber
nach der Beschreibung Mosellans die Züge eines Theologen im Kampf
mit denen eines römischen Legionärs[89]. Auch in seiner Bildung und im
geistigen Verhalten zeigen sich eher die Züge des früh, aber trotz der Viel-
seitigkeit seiner reichen Gaben doch etwas einseitig Entwickelten[90], der
mit dem Zorn des eifrigen, ,,hierarchisch'' orientierten Musterschülers

---

[86] LÖSCHER III, 248: Sed, quod ei vitio dant plerique omnes, in reprehendendo impudentior paulo, et mordacior, quam vel tutum sit τῷ τὰ θεῖα καινοτομῶντι, vel decorum homini
theologo. Quod vitium haud scio, an non cum omnibus ὀψιμαθέσι habeat commune.

[87] Vgl. den Brief des Erasmus vom 14. April 1519 und seine Bedeutung für die Sache
Luthers. I. Höss, Spalatin, 161f; Br 1, 404, 4-6 A. 1. Zu anderen Äußerungen des Erasmus
s.u. Anm. 213.

[88] zitiert bei SEIDEMANN, Leipziger Disputation, 54 A. 1.

[89] s.o. S. 37-42, Anm. 50, 66-69.

[90] Zum frühen Bildungsgang Ecks s.u. Anm. 94.

auftreten kann, der im Ganzen etwas Schulbezogenes bewahrt und persönlich seine Erfüllung mehr im Quantitativen gesucht hat als in der Tiefe
persönlicher Erfahrung. Der Vorwurf, er verstehe nichts von der Hl.
Schrift, wurde von ihm selbst und im Leipziger Gutachten mit guten
Gründen zurückgewiesen[91]. Dennoch ist es, trotz hebräischer und griechi-
scher Sprachstudien, die mit dem Interesse der communis sententia
betrachtete Schrift. Der ,,römische'' Zug seiner Erscheinung drückt in
seiner Wirkung auf Andere zugleich die Gefahr der Nivellierung im
Reich erfahrbarer persönlicher und historischer Wahrheit aus[92].

2) LUTHERS STILLE ARBEIT IN WITTENBERG. SPALATIN UND DER KURFÜRSTLICHE HOF

So reizvoll es ist, Johann Eck zu betrachten als den Exponenten einer
süddeutsch-bayrischen Kulturwelt[93], als frühes Wunderkind mit aller Liebe und gelehrten Bildung seines priesterlichen Verwandten und Lehrers
in Rottenburg gebildet, nach einem Lehrplan, der neben der Bibel auffal-
lend viele antik-römische Autoren, lateinische Schulgrammatik und sogar
schon kirchenrechtliche Werke enthielt[94], und so mit einem von ihm selbst
in großer Energie fortgesetzten und nach vielen Seiten ausgebauten Studi-

---

[91] WIEDEMANN, 23f über die Sprachstudien E.s im Griechischen und Hebräischen. Zum
Leipziger Gutachten s.o. Anm. 42.

[92] s.o. S. 37f.

[93] s.o. Anm. 43 (das Zeugnis Heinrich Bebels) und WIEDEMANN, Dr. Johann Eck, 3.
Johann Eck war der Sohn eines Bauern, Amtmann des Dorfes Eck an der Günz im Landge-
richt Ottobeuren. Das Dorf stand unter der Herrschaft des Kosters Ottobeuren. Seine frühe
Erziehung und Bildung verdankte er jedoch vor anderen seinem Oheim Martin Maier in
Rottenburg. Vgl. Schutzred, fol 44[b]: Hab vil von meinem vetter M. Martin Maier von Eck
in mein kündtlichen Tagen gelernt. Bibel hab ich mit meinem vetter M. Martin vast ausge-
lesen, er ich 6 jar bin alt worden. (WIEDEMANN, Dr. Johann Eck, 4 A. 3).

[94] Vgl. Replica c. 1 (WIEDEMANN, Dr. Johann Eck, 4 A. 3): Incipiens enim a parvis, in-
terpretatus est mihi Catonem, idioma latinum Pauli Niavis, Aesopum, comediam Aretini,
Elegiam aldae, Seneca de virtutibus, Epistolas Gasparini, Josephinum Gersonis, prologum
Bibliae, Boethium de disciplina, Senecam ad Lucilium, Terentium totum, Vergilis primos
sex Aeneados, Boethium de consolatione philosophiae: exercuit me in quinque tractatibus
dialectices Hispani: post cibum sumptum legi eo auscultante libros Legales et historiales
veteris testamenti, quatuor Evangelia et actus apostolorum: Legi quatuor novissima, de animabus exutis, partem sermonum Augustini ad haeremitas, Augustinum de Ancona de potestate ecclesiastica, modum legendi jura: quatuor titulos tertii libri decretalium cum glossis et
Panormitani Regulas juris secundum ordinem Alphabeti didici memoriter: praeter ista cu-
ravit, ut in scholis audirem Bucolica Vergilii, Theodulum, sextum tractatum Hispani. Domi
cooperatoris divinorum interpraetabantur Evangelia de tempore et sanctis, Tulium de amicitia, Basilium de studiis humanitatis, Homerum de bello Troiano. Legi item privatim totam historiam Lumbardicam, fortalicium fidei pro magna parte, cum plurimis scholasticis,
et Germanicis libris tunc usitatis: nondum enim erat saeculum illud, in quo elegantiores
literae florebant. — Zur Erklärung der angeführten Werke s. WIEDEMANN, 4 A. 3.

um in den Kampf geschickt, wie zum ritterlichen Turnier begierig und be-
stens gerüstet[95], so notwendig, reizvoll, aber zugleich schwierig ist es, die
Begegnung des Jahres 1519 nun auch von seiten der Wittenberger Theologie in den ihr angemessenen Kategorien darzustellen. Die Gegenüberstellung „heidnischer" Züge, die vom Biblischen, Christlichen, Theologischen sich unterscheiden[96], dürfte eine Richtung andeuten, in der die
Anliegen und die sie begründenden Erfahrungen Luthers und der Menschen seiner näheren Umgebung zugänglich werden. Im Zusammenhang
dieses II. Kapitels kann dieser Gesichtspunkt jedoch nur so festgehalten
werden, daß er sich mit der historischen Frage verbindet: wie, in welcher
Sprache und in welchem Verhalten wurden die *Ereignisse* dieser zweiten
Jahreshälfte 1519 *gedeutet* und *bestanden*? Daß der Mensch Geschöpf Gottes
und ein Nichts sei, diese Bemerkung Luthers über seine Zusammenarbeit
mit Melanchthon und über sein ingenium[97] könnte der Betrachter der im
Folgenden dargestellten Wechselwirkung von geschichtlichen Ereignissen
und einer unglaublich angespannten, auf verschiedenen, in ihrer Unterschiedlichkeit einander ergänzenden ingenia und Schultern ruhenden
Verantwortung und Zusammenarbeit darin erfüllt sehen, daß in solchen
„Stunden" und in solcher, Geschichte wirkender und folgenreicher
Zusammenarbeit der einzelne Mensch, der sein Äußerstes gab, gleichsam
aufgehoben ist in der Kette verantwortlichen Handelns. Unter dem Eindruck der unmittelbaren Erfahrungen, in deren Zusammenhang die
Bemerkung Luthers hineingehört, drückt sie jedoch zunächst etwas wie
eine Erschütterung und Nichtselbstverständlichkeit dessen aus, daß in
zeitlich-gebrechliches Leben so große Gaben zur Freude des Anderen
gelegt wurden.

Wenden wir uns nun Spalatin zu. Für ihn, dessen Aufgaben Erziehung,
Geschichtsschreibung und Diplomatie[98] und dessen Lebenselement die

---

[95] s.o. Anm. 50 und 51, von Luthers Seite E. gegenüber die kriegerischen Vergleiche in
der Auseinandersetzung über Tauler Br 1, 296, 37 (machinari), 32f (adhibe omnes nervos
ingenii tui cum omni copia eruditionis tuae scolasticae...), s.o. Anm. 80. Vgl. auch die bei
SEIDEMANN, Leipziger Disputation, 53 A. 2 angeführten Äußerungen L.s über Eck: ain alter
geübter logicus; als der alte Hilteprand, ain alter Disputator.

[96] s.o. im Anm. 15 unter 2) angeführten Brief L.s an Scheurl Br 1, 87, 46f; im Bericht
über die Leipziger Disputation WA 2, 402, 21-34, s.o. Anm. 29-33 und den Bericht
Heinrich Stromers, Anm. 85.

[97] s.o. Anm. 30f.

[98] Spalatin, Georg Burckhardt aus Spalt bei Nürnberg, war seit Herbst 1508 als Erzieher
des Herzogs Johann Friedrich am kurfürstlichen Hof tätig. Zu den Aufgaben und der Art, in
der er sie wahrnahm, vgl. besonders die feinsinnige Anmerkung des Freundes aus der Zeit
in Georgenthal und Gotha, Urban, das lateinische Wort für Schule — ludus — bedeute zugleich Muße und Spiel (I. Höss, Spalatin, 45), und den Ausruf Mutians anläßlich eines Besuches am Hof: „Er wird von beiden Herzögen geschätzt, und doch weint und lamentiert

alltägliche und die kunstvolle lateinische und deutsche Sprache[99] und die
in Briefen sich mitteilende Freundschaft von besonderer Intensität[100]
waren, könnte die Antwort auf das ingenium und die Frage nach seiner
Deutung so lauten, daß der Mensch in jeder Hinsicht nichts für sich selbst
(und daher, gegenüber dem heidnischen Aspekt des Ruhmes, nichts für
sich selbst Anzustaunendes), sondern in oft schwerer Verantwortung der
Anderen Diener und von Gott Berufener und in seiner eigenen Freudebe-
dürftigkeit von Anderen Getragener sei. Spalatins Wahlspruch seit der
Freundschaft mit Mutian lautete: Amicorum omnia sunt communia[101].

a) Von dem Gesichtspunkt seiner beruflichen Verantwortung als Geheimsekretär des Kurfürsten ist hier zuerst zu reden, da L.s unmittelbare
äußere Sicherheit während dieser ganzen Zeit vom klugen Verhalten des
von Spalatin in der Luthersache beratenen sächsischen Kurfürsten
abhing. Rasches und den verschiedenen gegen L. gerichteten Initiativen
— die zweite Jahreshälfte 1519 stand noch im Zeichen der sog.
Miltitziade — durch weiterblickende Gegeninitiativen antwortendes

---

er. O elendes Menschlein!'' I. Höss, Spalatin, 46. Seit 1510 beschäftigte ihn der Kurfürst
mit historischen Studien zum Zweck der Abfassung einer sächsischen Chronik und Anna-
len. Hierdurch kam er in den folgenden Jahren mit Konrad Peutinger in Augsburg und dem
Hofhistoriographen der Wittelsbacher, Aventin, in Verbindung und förderte seine Studien
während verschiedener Aufenthalte in Wittenberg, besonders im Zusammenhang mit dem
ihm obliegenden Ausbau der Bibliothek. 1516 trat er in den Kanzleidienst des Kurfürsten
ein. In Sachen der auswärtigen Politik hatte er nur eine Übersetzerfunktion, gewann dadurch jedoch Einblick in die wichtigsten Dokumente und fertigte sich auch für seine Zeitge-
schichtsschreibung Übersetzungen an. Sein eigentliches Referat wurden Universitätsangelegenheiten, das Allerheiligenstift eingeschlossen, und kirchliche Angelegenheiten. 1508 zum
Priester geweiht, übernahm er seit 1517 auch ein Priesteramt am Hof des Kurfürsten; 1518
wurden ihm umfassende Beichtvollmachten durch den Papst übertragen. Vgl. I. Höss,
Spalatin, 83-91.

[99] Eine besondere Kunstfertigkeit im Reimeschmieden in deutscher und lateinischer
Sprache wird bei I. Höss, Spalatin, 9 zurückgeführt auf den poetischen Unterricht, den Sp.
an der Sankt-Sebaldus-Schule in Nürnberg genoß. Nach dem Urteil Mutians wurde in
Nürnberg das beste Deutsch gesprochen; die sprachliche Begabung Spalatins rühmte er mit
den Worten: Urbis Noricae lingua inter nationes Germanicas elegantissima habetur. Latina
vero in omnia studiorum genere pernecessaria est. Uterque utitur Spalatinus iucunde scien-
terque. GILLERT Nr. 3, vgl. I. Höss, Spalatin, 8.

[100] ,,Spalatin war in diesem Sinne (sc. im Hinblick auf das große Freundschaftsbedürfnis)
ein echter Humanist; er suchte Freundschaft und Anlehnung an geistig überlegene Menschen, und zu seinen wesentlichsten Charaktermerkmalen gehörte es, daß er unendlich
freundschaftsfähig war ... Spalatin brauchte seinem ganzen Wesen nach aber auch für sich
selbst wahre Freunde, Menschen, denen er sich rückhaltlos anvertrauen konnte''. I. Höss,
Spalatin, 19.

[101] Vgl. das von I. Höss vorangestellte Motto für die Darstellung Spalatins: Platonis ut
nosti verbum est: ,,amicorum omnia esse communia''. Georg Spalatin an Veit Warbeck,
24. September 1524. — s.o. Anm. 15 zu WA Br 1, 86, 13, wo auch Luther das 'proverbium'
anführt.

Handeln und wirksame Absprachen waren in dieser Situation entscheidend[102].

So hatte Kurfürst Friedrich in dilatorischer Behandlung der Angelegenheit Luthers auf Sp.s Rat die an L. vermittelte Aufforderung, sich sofort zur Verantwortung seiner ketzerischen Thesen nach Trier zu begeben, in ihren verschiedenen Stadien beantwortet durch seinen Hinweis auf den Frankfurter Reichstag und sein dortiges Zusammentreffen mit Richard von Trier, dann mit der dort getroffenen Vereinbarung, L. solle durch diesen von ihm selbst vorgeschlagenen bischöflichen Gutachter und Richter während des nächsten Reichstages verhört werden. Da Kurfürst Friedrich auf diesem ersten Reichstag nach der Kaiserwahl ebenfalls selbst anwesend sein würde, konnte L. bei diesem Anlaß unter den Augen seines Landesherrn keine Gefahr drohen. ,,Einen besseren Schutz für den Freund hätte er [sc. Spalatin] sich gar nicht ausdenken können''[103]. Gleichzeitig hatte Friedrich in Frankfurt durchgesetzt, daß in die Wahlkapitulation König Karls ein Passus aufgenommen wurde, nach dem in Zukunft niemand, er sei hohen oder niederen Standes, ohne vorausgegangene Untersuchung in die Acht oder Aberacht getan werden sollte[104]. Als Miltitz am 8. Dezember 1519 brieflich, wie schon im Oktober d.J., seinen Antrag betreffs Trier noch einmal wiederholte, antwortete der Hof mit dem Hinweis auf die inzwischen in Frankfurt getroffene Vereinbarung und Ansetzung des Verhörs auf den nächsten Reichstag[105]. Des Weiteren

---

[102] Vgl. zum Folgenden I. Höss, Spalatin, 124-186; W. BORTH, Luthersache, 53-71. Eine Deutung der Haltung des Kurfürsten findet sich bei H. BORNKAMM, Kurfürst Friedrich der Weise (1463-1525). ARG 64 (1973), 79-85.

[103] I. Höss, Spalatin, 155; W. BORTH, Luther-Sache, 64.

[104] I. Höss, Spalatin, 155 A. 92 führt als Quelle an: Karl ZEUMER, Quellensammlung zur Geschichte der deutschen Reichsverfassung in Mittelalter und Neuzeit. Leipzig 1904, Nr. 154, 251ff.

[105] W. BORTH, Luther-Sache, 68 interpretiert das Vorgehen Miltitzens von der Absicht her, dem ,,papstfreien'' Verhör auf dem Reichstag zuvorzukommen; dieses Verhör beruhte nicht mehr auf kurialer Delegation, sondern auf einem selbständigen Beschluß der Kurfürsten (von Trier und Kursachsen). Der Reichstag stellte einen Garanten für den ,,Weg der Billigkeit'' dar; vgl. den Brief Friedrichs d. Weisen an den Erzbischof von Trier vom 21.10.1519: ,,E. L. wellen Ir (= sich) den armen monch, in dem, so er fug hat, zum besten lassen befohlen sein. Denn er ist willig und urbetig, so ein Reichstag vorgenommen wird, unserer Abrede nachzukommen, und sich in aller Billigkeit, in dem so er irrig befunden, weisen zu lassen''. CYPRIAN-TENTZEL. II, 151f; s. W. BORTH, Luther-Sache, 64 A. 58. — H. BORNKAMM, s. Anm. 102 und u. Anm. 107, arbeitet demgegenüber mehr eine Linie der Zurückhaltung Friedrichs als weltlichen Herrschers heraus. Mit dem aktiven Wahrnehmen des Rechtsstandpunkts, der in Friedrichs eigene Verantwortung fiel, läßt sich dies jedoch vereinbaren. Vgl. den bei BORTH, Luther-Sache, 65 angeführten Brief des Kurfürsten an Cajetan vom 8. Juni 1519: '... ut in rebus omnibus honestis et licitis erga Pontificam Sanctitatem et Ecclesiam Catholicam oboedientem agamus' (CYPRIAN-TENTZEL. II, 109-111). Die ausführlich den Gang der Ereignisse zusamt der nicht vorhersehbaren Faktoren (Tod Maximi-

wurde die Haltung des Kurfürsten dahin umschrieben, er habe mit der Sache L.s nichts zu tun und sich ihrer weitgehend entäußern wollen; Luther stehe für sich allein; zu einer Drohung gegen das Land mit geistlichen Zensuren oder dem Interdikt gebe es also keinen Grund; der Kurfürst sei stets bereit, ein gehorsamer Sohn päpstlicher Heiligkeit zu sein[106]. Mit der Betonung der Eigenverantwortlichkeit L.s werden hier die sachlichen Linien erkennbar, die der Politik des Kurfürsten zugrundeliegen. Jenseits der bloß taktischen Überlegungen kann man in ihnen die Bescheidenheit Friedrichs und seine innere Überzeugung ausgedrückt sehen, daß er als weltlicher Herrscher religiöse Fragen nicht zu entscheiden habe[107]. Auch im politischen Bereich war Zurückhaltung gegenüber Bündnissen und Machtkonstellationen, die zugleich überhaupt eine Verstrickung in Machtinteressen Anderer bedeutet hätten, ein Zug der Weisheit des Kurfürsten nach L.s Eindruck[108]. In der Frühzeit der Auseinandersetzung handelte es sich dabei jedoch vermutlich eher um ein persönliches Sich-Vorantasten und einen mit Spalatins Rat schrittweise gefundenen Weg mit manchmal von einem Augenblick zum anderen wechselnden

---

lians, Kaiserwahl, Einsicht Spalatins in alle geheimen Dokumente der Wahlsache und aktive Beratung des Kurfürsten in der Luthersache) nachzeichnende Darstellung bei I. Höss, die mit dem Ausdruck „vorsichtiges Lavieren" bei gleichzeitiger Betonung der Eigenverantwortlichkeit L.s (166) die jeweils neue Berücksichtigung der Lage und zugleich eine „sachliche" Linie der Politik Friedrichs herausarbeitet, dürfte den Vorgängen am ehesten gerecht werden. Das rechtliche Argument, bezogen auf den Stand der sich fortentwickelnden Luther-Sache, tritt auch hierin stark hervor, s.u. bei Anm. 111.

[106] I. Höss, Spalatin, 165f in Anführung des Gutachtens der kurfürstlichen Räte und der Instruktion für Spalatin und Rudlauf zur Beantwortung des Miltitzschen Briefes vom 8. Dezember (CYPRIAN-TENTZEL I, 411ff; II, 142ff). — Die rechtliche Argumentation Friedrichs kommt vor allem in der Wendung zum Ausdruck, „causa pendente", d.h. mit Bezug auf die vor dem Erzbischof anhängige Sache L.s, könne man billigerweise in Rom nicht wieder den Prozeß gegen L. eröffnen, „zumal doctor Martinus lare bei vil gelarten für christlich geacht" werde. Im übrigen sei er bereit, „Bepstlicher Heiligkeit zu eren und gefallen, in billigen sachen als der gehorsame son zu leben". Der Papst solle ihm seinen Willen kundtun, und er wolle dann „was in dem ziemlich, helfen verfügen". Friedrichs Briefe an Miltitz vom 11.12.1519 und an Herzog Georg vom 29.12.1519, CYPRIAN-TENTZEL II, 142ff und GEß I, 112f; vgl. W. BORTH, 70f A. 14.

[107] H. BORNKAMM, Kurfürst Friedrich der Weise, 81: „Was nach außen hin als eine meisterliche Kunst, sich totzustellen, oder als bloße Ratlosigkeit erschien, war in Wirklichkeit eine tiefe, sich immer mehr verfestigende Einsicht in die Grenzen seines obrigkeitlichen Amtes gegenüber den Fragen des Glaubens. Auf eine ganz einfache, individuelle Weise vollzog er in sich selbst die Entflechtung der mittelalterlichen Verwirrung von geistlicher und weltlicher Gewalt ... Er hielt sich aus innerer Überzeugung und aus persönlicher Bescheidenheit an die Maxime, daß er als weltlicher Herrscher religiöse Fragen nicht zu entscheiden habe".

[108] In diesem Sinne gedenkt L. einer Maxime des Kurfürsten in seiner Auslegung des Propheten Jesaja (Druckbearbeitung 1534) zu Jes 8, 11f. WA 25, 118, 25-31.

Lagebeurteilungen[109] als um eine schon im Sinne der späteren Zwei-Reiche-Lehre ausgebaute ,,Maxime''[110].

Schon das für L.s Situation am Beginn des Jahres 1519 äußerst wichtige Antwortschreiben des Kurfürsten auf das Auslieferungsverlangen Cajetans unterstreicht die Linie der kursächsischen Politik, den rechtlichen Stand der Angelegenheit L.s in dem betreffenden Zeitpunkt genau, genauer als die gegnerische Seite, zu umschreiben und dabei, im Blick auf die Sache, die Verantwortungsbereitschaft L.s zu betonen: Friedrich lehnt es ab, L. nach Rom zu senden oder des Landes zu verweisen, da er der Ketzerei ja noch nicht überführt sei; eine Vertreibung seines Professors würde seiner Universität Wittenberg zum Schaden gereichen. L. sei bereit, sich vor dem Urteil dazu auszuwählender Universitäten oder vor einem bischöflichen Gericht an einem sicheren Ort zu verantworten[111]. Es

---

[109] Zu WA Br 1, 260, 5f — Erwähnung des Briefes, durch den Spalatin L. von der schon beschlossenen Abreise zurückgehalten habe — vgl. I. Höss, Spalatin 141; BORNKAMM, Kurfürst Friedrich der Weise, 82; O. CLEMEN, WA Br 1, 261 A. 1 sieht dagegen die Initiative zur Abreise als von L. ausgegangen an, nicht durch einen ersten Brief des Kurfürsten bedingt, der durch einen zweiten folgenden wieder aufgehoben wurde. s. auch Anm. 110.

[110] s.o. Anm. 107 (H. BORNKAMM). Das zeitbezogene Moment in den Beschlüssen des Kurfürsten kommt im Ganzen auch in der Darstellung B.s sehr deutlich zum Ausdruck: ,,Worin bestand seine Weisheit? Er wußte oft nicht, was er tun sollte; aber er wußte immer, was er nicht tun durfte. Daraus entsprang einerseits eine gewissenhafte Bedächtigkeit, die den Kräften der Zeit ihren Spielraum ließ, anderseits eine Entschlossenheit, sie gegen Eingriffe von außen zu schützen. Die Verbindung von beiden hat in einer weltgeschichtlichen Stunde dem sehr menschlichen und wenig herrscherlichen Fürsten einen historischen Rang gegeben, wie ihn viele, weit bedeutendere nicht gehabt haben''. (84f). Vgl. auch zum Antwortbrief Friedrichs auf das Auslieferungsverlangen Cajetans Ende des Jahres 1518: ,,Es dauerte dann noch mehrere Wochen, bis Friedrich das nach seiner Gewohnheit zehn- oder zwanzigmal geänderte Absageschreiben an die Kurie absandte''. (82).

[111] Vgl. I. Höss, Spalatin, 142: ,,ein diplomatisches Meisterstück''. Der Text des Schreibens: WA Br 1, 250f. Vgl. besonders Z. 11f die Bitte an Cajetan, nicht 'quamvis nondum cognita causa et sufficienter discussa, ut Martinus refert, coacturam (sc. vestram pietatem persuaseramus) ad revocationem et palinodiam'. (Nach dem Hinweis auf die vielen eruditi in den kurf. Landen und unter den Universitätsstudenten und ihr Urteil:) '... verum hactenus et in hodiernum diem constanter et irrefragabiliter certiores fieri non potuimus Martini eruditionem impiam et non Christianam, sed haereticam esse' (Z. 14-16). Die Gegner L.s handelten in eigenem Nutzen, und ihr Vorwurf gegen L. sei noch nicht bewiesen (suo tamen proposito contra Martinum nondum probato, Z. 18f). Wenn der Kurfürst 'constanti fundamento et ratione' erkannt hätte, L.s Lehre sei impia et instabilis, hätte er darüber selbst eine Erklärung abgegeben mit der Hilfe Gottes, ohne daß er hätte gemahnt werden müssen (dei omnipotentis auxilio et gratia ipsimet ita nos doceremus, ut nulla indigeremus exhortatione atque admonitione. (Z. 19-22). Darin sehe er die Aufgabe eines christlichen Fürsten, und dazu sei er aufs Äußerste bereit und wünsche, 'deo adiutore et honori et conscientiae suae consulere' (24f). Daher hoffe er in jeder Hinsicht, es werde nicht eintreten, daß bei diesem Stand der Dinge (cum hoc rerum statu) man uns droht, daß die römische Kurie in dieser Sache fortfahren und Cajetan zusehen werde, ,,oder daß von uns verlangt wird, Martinus nach Rom zu senden oder ihn aus unseren Landen auszuweisen, und wenn (das Letztere), dann

kennzeichnet die Wichtigkeit der Stellung Spalatins am kurfürstlichen Hof und auch sein Verhältnis zu diesem Auftrag, daß er mit der Übersetzung dieses von ihm selbst verfaßten Dokuments die Reihe seiner 'Annales Reformationis' eröffnet. Die Geschichte, an der er, in dieser Stellung

---

nur unter der Voraussetzung, daß Martinus der Häresie überführt wäre (Quapropter modis omnibus speravimus non futurum, ut cum hoc rerum statu hac afficeremur comminatione Rhomanam curiam id causae prosecuturam et reverentiam vestram manus lavisse, Vel ut a nobis postularetur, ut Martinum Rhomam mitteremus sive ex nostris regionibus expelleremus, idque non ob aliam causam quam quod Martinus haereseos convictus sit. Z. 25-30). ,,Eine Ausweisung würde nämlich unserer Universität zum Schaden gereichen, die, wie bis zum heutigen Tag bekanntlich feststeht, christlich ist und viele gute Lehrer und Studierende hat'' (Z. 30-32). L.s in diesem Sinne auf Cajetans Schreiben antwortender Brief sei beigelegt. ,,Da nun Martinus sich bereit erklärt, das Urteil bestimmter Universitäten zu hören und zu einer Disputation an einem sicheren Ort und cognita causa gehorsam sein Ohr öffnen werde, daß er belehrt und zur Wahrheit geführt werde, so halten wir dafür, er habe ein Recht zu einem solchen Verfahren (arbitramur merito admittendum) oder man müsse ihm zum mindesten in seinen Schriften Irrtümer nachweisen, — darum bitten auch wir —, deretwegen er trotzdem als Häretiker zu gelten habe; solange er noch nicht auf diese Weise überführt sei, sei er auch nicht mündlich oder schriftlich als Häretiker zu bezeichnen, damit wir auch wissen, was wir als Wahrheit in unserem Handeln befolgen sollen (neque ita nondum convictum pro haeretico reputandum et scribendum, ut nos quoque habeamus, quod sequamur et faciamus. Z. 39-41) — Denn wir möchten uns nicht gerne in Irrtümer hineinziehen lassen, noch möchten wir erfunden werden als ungehorsam durch den Heiligen Stuhl'' (Z. 41-43). — (Ein Schreiben unserer Universität zu dieser Frage fügen wir bei). — Die ruhige Würde dieses Schreibens und der in ihm zum Ausdruck kommende Rechtsstandpunkt im Sinne von Ehre, Ansehen und Wahrhaftigkeit der öffentlichen Sprache, von der Wohl und schwerer Schaden des Betroffenen und mit ihm des Kurfürsten, der Universität und des Landes abhängt, die Sicherheit und Klarheit, in der überall der status rerum (26) artikuliert wird, nach genauer Prüfung des von der anderen Seite empfangenen Schreibens (Vestrae charitatis literas ... quas undecunque cum toto ipsarum argumento percepimus atque intelleximus (Z. 1.5f), sprechen eine eindeutig in der Wahrheit selbst gegründete Sprache. Das muß gegenüber aller Betonung von Taktik, Zögern und Lavieren (letzteres bei I. Höss, Spalatin, 166 zu den Dokumenten der Miltitz-Korrespondenz) gesagt werden. Echtes Nichtwissen, Ratbedürftigkeit immer von neuem in den wechselnden Situationen stehen nicht im Widerspruch dazu. Der Kurfürst bedurfte der Zusammenarbeit mit seinen Räten. Vgl. die verschiedenen Stadien der Beratung, die in den bei W. BORTH, Luthersache, 70 Anm. 14 genannten Dokumenten erkennbar werden. — Er selbst besaß aber ein äußerst klares Urteil und war von einem Eindruck, der in Luthers Brief an Spalatin vom 15. August, mit Entsetzen über Ecks Herangehen auch an diesen Fürsten, nach der Disputation beschrieben wird: ,,... quasi negassem S. patrum simul omnium sententias, mihi soli arrogarim scripturae intelligentiam, Concilia negarim, haereticos defenderim: his enim mendaciis homo ille purus et sanctus Theologus tam sacrum et venerabile caput ausus est tentare et me coram optimo principe tam egregie commendare. Quid ad alios, putas, scribit et loquitur, (sine scilicet pacti violatione), qui ad nostrum patronum ista scribit? Aut quid apud aemulos meos verum dicit, qui ad talem, tam prudentem, tam formidabilis iudicii principem mentiri nihil pudet? WA 2, 401, 3-9. — 'violatio pacti' (Z. 7) bezieht sich auf die vereinbarte Nichtveröffentlichung der Protokolle, u.U. weitergehend auslegbar als allgemeines Schweigegebot vor dem Urteil der Gutachter; L.s Auseinandersetzung mit Ecks Brief an den Kurfürsten vom 22. Juli steht unter diesem Zeichen einer Klärung der für ihn entstandenen Situation.

als Geheimsekretär des Kurfürsten seit 1516 tätig, nun in der Luthersache so entscheidend mitzuwirken hatte, nahm in seinen Studien immer den ersten Platz ein[112].

Die Betonung der Eigenverantwortlichkeit L.s in dieser äußerlich zeitweise aufs Höchste bedrohten Situation schon seit Ende des Jahres 1518 findet auf L.s Seite ihren Ausdruck darin, daß er mit den biblischen Passionstexten die 'Stunde' des Leidens und des Zeugnisses für die Wahrheit gekommen sieht[113]. Im selben Augenblick findet in dieser biblischen Deutung der Situation jedoch sein eigenes Bewußtsein Ausdruck, daß die Wahrheit, die er als Ausleger der Schrift bezeugt, sich gerade in der Stunde des Leidens als auch von seiner eigenen Person unabhängig erweisen wird: Darin bekundet sich, ganz im Einverständnis mit der Haltung des Kurfürsten, die Absage an jeglichen Gedanken menschlicher Machteinmischung[114]. In dieser äußersten Sachbezogenheit seiner Schriftaus-

---

[112] Vgl. I. Höss, Spalatin, 142 und 51, s.o. Anm. 98.

[113] Vgl. zum Folgenden WA Br 1, 351f, L. an Spalatin, 24 (?) Februar 1519; die unmittelbaren Situationsaussagen Z. 23: 'hanc horam ab initio spectavi' und 352, 32 'Aliquando certe moriendum est' sind jedoch gerade hier nicht vom Zusammenhang abzulösen, in dem L. diese 'hora' auf sein Amt als Theologe und Schriftausleger bezieht: Non potest Scripturae et ecclesiae veritas tractari, mi Spalatine, nisi haec belua offendatur. Non ergo speres me quietum ac salvum futurum, nisi velis et me penitus theologiam intermittere. Sine ergo amicos me insanire. Res ista finem non accipiet (si ex Deo est), nisi, sicut Christum discipuli et noti sui, ita et me derelinquant omnes amici mei, et sola sit veritas, quae salvet se dextera sua, non mea, non tua, non ullius hominis, et hanc horam ab initio spectavi (17-23). Vgl. den Rückblick auf die verschiedenen Schriften des Ablaßstreits bis zum Augsburger Verhör: Scis, quod nisi Christus me et mea ageret, iamdiu prima disputatione indulgentiarum, deinde vulgari sermone, tandem Resolutionibus et Responsione mea ad Silvestrum, novissime Actis meis me perdideram, maxime profectione Augustana. Quis enim mortalium horum singulum non timebat aut sperabat mihi excidium allaturum? (4-9). — Vgl. noch Br 1, 359, 30f, L. an Spalatin, 13. März 1519: ...adeo misere corrumpitur & crucifigitur Christus (idest veritas) ab eo in decretis (über den Papst als Antichrist) mit den Äußerungen über seine eigene Situation vom Jahresende: Br 1, 572, 12f im Anschluß an Miltitz' Brief vom 8. Dezember (L. an Spalatin, Mitte Dezember 1519): prope opto, in manus istorum impiorum venire, quo furias aliquando satiarent, nisi verbo dei timerem & pusillo populo dei. — Dazu L. an Spalatin, 25. Dezember 1519, Br 1, 600, 16-20: Hac hora mihi philippus refert Sacerdotes Misnenses adeo cum Emsero in me insanire, ut sine peccato esse eum censeant, qui me interfecerit, quod Boemos audiant de me gloriari tanquam suo patrono. En tempora homicidarum Christo obsequia praestantium! — Vgl. noch L.s Beschreibung der Art, in der er selber dies alles erlebt und erfährt, im Brief an Staupitz vom 20. Februar 1519, nach dessen Empfang der Acta Augustana. Br 1, 344, 7-9: Credo ad te pervenisse Acta mea, id est, iram et indignationem Romanam; Deus rapit, pellit, nedum ducit me; non sum compos mei, volo esse quietus, et rapior in medios tumultus.

[114] Vgl. in der Anm. 113 zuerst angeführten Briefstelle Br 1, 351f die Zeilen 21-23: ... ita et me derelinquant omnes amici mei, et sola sit veritas, quae salvet se dextera sua, non mea, non tua, non ullius hominis ... Hier findet sich eine Bezugnahme auf Act 5,39 ('si ex Deo est'; vgl. die Bedeutung dieser Stelle für den Kurfürsten, s. H. BORNKAMM, Kurfürst Friedrich, 82), in johanneischer Zuspitzung auf die 'hora', in der sich die Wahrheit offenbart.

legung liegt für L. die Notwendigkeit seiner Romkritik als Kritik an der Verwüstung der Schrift und der Kirche; daß er gerade darin nur seinem theologischen Amt als Bibelausleger getreu handelt, mag die Argumentation Friedrichs mit beeindruckt haben. Der Brief an Spalatin vom 24. Februar 1519 läßt zugleich erkennen, wie solcher „Standort in der Schrift" persönlich-menschlicher Furcht abgerungen werden mußte[115]. L. weiß, daß Christus ihn und seine Sache führt[116]. Für den von allen gewünschten

---

[115] Obsecro te, mi Spalatine, noli nimio timere nec humanis cogitationibus totum cor caedere. Scis, quod nisi Christus me et mea ageret, iamdiu prima disputatione... me perdideram... (An der angeführten Briefstelle, Br 1, 351, 3-7).

[116] Außer der in Anm. 115 genannten Stelle s. besonders die deutliche Aussage L.s gegenüber Staupitz im Widmungsschreiben zu den Resolutiones de indulgentiarum virtute, 30. Mai 1518, WA 1, 526, 38-527, 7 = Bo A 1, 18, 26-34: Rogo itaque, has meas ineptias suscipias, et ... ad optimum Pontificem... transmittas..., non quod te mihi coniungi periculo velim, meo solius periculo haec egisse volo. Christus viderit, suane sint an mea, quae dixi, sine cuius nutu nec Summi Pontificis sermo est in lingua eius, nec cor regis in manu sua, Hunc enim exspecto iudicem e Romana sede pronunciantem. Caeterum minacibus illis meis amicis nihil habeo quod respondeam, nisi illud Reuchlinianum: Qui pauper est, nihil timet, nihil potest perdere. Vgl. zum Letzteren L. an Reuchlin, 14. Dezember 1518, Br 1, 268, 14f: Vivit vero Christus, et ego perdere nihil possum, quia nihil habeo. — Am 20. Februar 1519, nach Erscheinen des Eckschen Plakatdrucks mit den Thesen für die Leipziger Disputation, schreibt L. an Staupitz: Eccius meus homo subdolus me denuo in novas res trahit, ut hic vides; adeo curat Dominus, ne sim otiosus. Sed male cedet haec disputatio, Christo volente, iuribus et usibus Romanis, in quos baculos nititur Eccius. (vgl. Jes 36, 6; Ez 29, 6 zu 'baculus') — Im Anfang des Briefes, mit Bezug auf die Staupitz vermutlich zu Gesicht gekommenen Acta Augustana: Credo ad te pervenisse Acta mea, id est, iram et indignationem Romanam; Deus rapit, pellit, nedum ducit me; non sum compos mei, volo esse quietus, et rapior in medios tumultus. Br 1, 344, 7-9.26-29. — Vgl. auch L. an Pirkheimer, 20. Februar 1519, Br 1, 348, 16f: Trahit me Dominus, et non invitus sequor. — L. an Johann Lang, 13. April 1519, Br 1, 368, 5-7 anläßlich der Doktorpromotion Langs: Salutem. Gaudeo et gratulor, R.P., te quoque unum eorum esse, in quibus operetur crux Christi; esto vir fortis, sic itur, imo vehitur ad astra. (Ovid. Metam. 9, 272; 15, 846). — In der durch neue Streitschriften bedrängten Zeit nach der Leipziger Disputation L. ebenfalls an Johann Lang, 16.10.1519: Dominus autem vivit, et ego vivo, in quo tu quoque vive et vale, et ora pro veritate (Br 1, 540, 17f, s.o. Anm. 23, vorletztes Zitat, zu den polemischen Schriften Ecks, Emsers und den Hebammendiensten der Leipziger). — Auch im Briefwechsel zwischen Erasmus und L. aus diesem Jahr begegnen Aussagen dieser Art, vgl. Erasmus an L., 30. Mai 1519 aus Löwen, Br 1, 412f über Anfeindungen, denen er seit dem Erscheinen der neuen Ausgabe der Schriften L.s ausgesetzt ist: Existimabant sibi datam ansam, qua et bonas literas opprimerent, quas capitaliter oderunt, velut offecturas maiestati theologicae, quam multo pluris faciunt quam Christum ... Ib. 413f über den Prior des Augustinerklosters in Antwerpen: Is omnium paene solus Christum praedicat... Vgl. noch den Schlußgruß des Erasmus, ib. 414, 53f: Dominus Ihesus tibi suum spiritum indies uberius impartiat ad ipsius gloriam et publicam utilitatem. (Zu Unterscheidungen in L.s und Erasmus' Christusverständnis s.u. Abschnitt 3 und o. Anm. 15 in der ersten freundschaftlichen Begegnung zwischen L. und Scheurl 1517, dazu Anm. 16.) — Den besonderen Ton im Sprachgebrauch L.s zeigen die Zeilen an Staupitz aus dem Brief vom 3. Oktober 1519, Br 1, 514. Dort heißt es nach Mitteilung aller wichtigen Nachrichten, u.a.: der Bischof von Brandenburg habe gesagt, er wolle nicht ruhen, bis er Martin dem Feuer übergeben habe; über den Brief des Erasmus mit Nachrichten über die kritischen Urteile in Holland gegenüber Eck (Adeo pugnat Christus cum vana gloria...

Frieden bedeutet dies, daß dieser Friede nicht auf Kosten der Wahrheit der Schriftauslegung zu erhoffen ist[117]. Die Beauftragung L.s durch den Kurfürsten in den Monaten nach der Leipziger Disputation, als Predigthilfe für Priester und Mönche Auslegungen der Sonntagsepisteln und Evangelien zu schreiben[118], sollte deshalb nicht als eine Beschwichtigung oder ein ,,Wegrufen von den unruhvollen, bissigen Streitschriften zu heiligen friedlichen Studien'' beschrieben werden[119], da eine solche ,,päda-

---

Z. 41f), in Z. 49-53: Verum haec de aliis. De me quid vis? Nimis me derelinquis. Ego super te, sicut ablactatus super matre sua, tristissimus hac die fui. Obsecro te, Dominum laudes in me etiam peccatore; vitam odi pessimam, mortem horreo, et fide vacuus sum, aliis donis plenus, quae scit Christus quam non desiderem, nisi ei serviam.

[117] Daß auch L. selber diesen Wunsch hatte, zeigt z.B. die Bemerkung WA 2, 183, 16-18 in der Einleitung zur Resolutio Lutheriana super propositione sua XIII etc. 1519, in der sich L. gegenüber den Lesern wegen seines manchmal abrupten Stils in dieser Zeit entschuldigt; er habe jedoch niemals auf ewigen Ruhm seines Namens gehofft: sed sicut vi in publicum tractus sum, ita cogito semper, quam possim citius redire in meum angulum, salvo Christiano meo nomine. Habere enim puto Theatrum meum suam horam. Post me alius sequetur, si dominus volet: ego tempori meo satisfecerim. Videor et multis paulo durior in adversarios et velut modestiae theologicae oblitus...; L. sieht jedoch den Grund darin, daß die Gegner ihn in diese Sache hineingezogen und ihm soviel kostbare Zeit gestohlen haben (23). Ähnlich an Staupitz in dem Anm. 116 zu Anfang angeführten Brief an Staupitz vom 30. Mai 1518: Haec est causa, Reverende Pater, quod ego nunc infoeliciter in publicum prodeo, qui semper anguli amator fui. WA 1, 526, 33f = Bo A 1, 18, 21f. Für Spalatin s. den in Anm. 113 angeführten Brief L.s vom 24. (?) Februar 1519, Br 1, 351, 17-20: Non potest Scripturae et ecclesiae veritas tractari... — Vgl. für das vorangehende Jahr 1518 die Beschreibung der Studienatmosphäre in Wittenberg gegenüber dem furor der Gegner in L.s Brief an Staupitz vom 1. September 1518, Br 1, 194, 20-26: Horum (sc. adulatorum Romanorum) enim studium est, ut video, ne regnum veritatis, id est Christi, sit regnum veritatis, dum uno furore id satagunt, ne veritas in regno suo proprio audiatur et tractetur. Ego me partem huius regni fieri cupio, si non veraci vita, certe tamen veraci lingua et corde, utcunque emendata saltem vere confitente. Et ego experior, populum suspirare vocem pastoris sui Christi, et miro studio in sacras literas fervere etiam adolescentes... Dieser Blick auf die Studien der Universität und ihren christlichen Ruf, zugleich ihr wissenschaftliches Ansehen, bildet auch den Bezug für die Argumentation Spalatins im Schreiben des Hofes an Cajetan vom Jahresende 1518, s.o. Anm. 111 (Br 1, 250f).

[118] Vgl. Br 1, 538f, L. an Spalatin, 16. Oktober (?) 1519, dazu L. an Spalatin, 20. November 1519, Br 1, 556, 5-9 und an Sp., 29.11.1519, 563, 4f (ob die beiden letztgenannten Stellen sich auf diese Arbeit beziehen, ist zwischen ENDERS und WA umstritten; da andere Hinweise fehlen in den Briefen des Jahresendes, spricht mehr für die Auffassung, die ENDERS vertritt, es handele sich um dieselbe Aufgabe. s. auch KÖSTLIN, folgende Anm.).

[119] So J. KÖSTLIN, Martin Luther I, 287 und 763: ,,Zu heiligen friedlichen Studien wollte ihn hiermit sein Fürst von den unruhvollen, bissigen Streitschriften wegrufen''. Ähnlich H. BÖHMER, Der junge Luther, 243 (beide ohne Angabe der Quelle für diese Deutung). Daß dem Kurfürsten wie auch L. selbst, am Fortgang der Studien alles gelegen war und er durch die Polemiken zuviel von seiner kostbaren Zeit verlor, betonen jedoch auch andere Dokumente dieser Zeit, s.o. Anm. 117. Vgl. auch die Vorrede des Otho Germanus zu L.s Galaterkommentar 1519, WA 2, 444, 27-30: Hoc sane constat, hominem de christiano nomine bene meritum a seria et frugifera scripturae tractatione, non sine frequentis auditorii iactura, in nescio quae deliramenta quorundam Trossulorum factione esse detrusum... — Zur in-

gogische" Einstellung und ein solches Über-den-Dingen-Stehen mit der dargestellten bescheidenen Haltung des Kurfürsten in diesen Fragen schwer vereinbar wäre. Ein sachliches christliches Interesse bei ihm selbst und eine Bedürftigkeit bei Anderen auf diesem Gebiet wäre Motiv genug, vergleichbar seiner intensiven Förderung der Studien seiner Universität.

b) Trotz der Exponiertheit und Leidensbereitschaft L.s ist in der Stimmung des Briefwechsels der Freunde vom Ende des Jahres 1519 nicht ein heroischer Ton beherrschend, sondern ein höchst angespanntes, (leidend) „intensives" Zeitgefühl, zugleich eine Fülle konkreter Anliegen der Umgebung[120]. Sich selber bezeichnet L. in all seinen Geschäften immer

haltlichen Zusammengehörigkeit der Schriftauslegung und der Abgrenzung von Rom als 'vastatrix scripturae et ecclesiae', s. jedoch das Vorangehende (Anm. 117; Br 1, 351, 15-17, vor der angeführten Stelle, lautet: Multa ego premo et causa Principis et Universitatis nostrae cohibeo, quae (si alibi essem) evomerem in vastatricem Scripturae et ecclesiae, Romam, melius Babylonem. Non potest Scripturae et ecclesiae veritas tractari, mi Spalatine,...) — Zum Friedensproblem s.u. Abschnitte 3) und 4). Wahrheit und ungestörte Fortsetzung der Arbeit, verbunden mit entschiedener Zurückweisung nicht oder noch nicht als begründet ausgewiesener Vorwürfe und Verleumdungen unter dem Rechtsgesichtspunkt sind u.E. für die bisher dargestellte Haltung des kurfürstlichen Hofes kennzeichnend. s.o. Anm. 111. — Die in Anm. 113, vorletztes Zitat, angeführte Klage L.s über die Emsers Vorwurf böhmischer Ketzerei folgende Verfolgung durch die Meißner Priester, als reale Gefahr für Leib und Leben, zeigt, wie begründet und notwendig der Rechtsschutz des Landesherrn war. In diesem geschützten Raum soll die Sache weiter gefördert werden. So dürfte, gegenüber H. Bornkamms etwas zu starker Betonung der Zurückhaltung Friedrichs, im Wahrnehmen der Kompetenz *beider* in derselben Angelegenheit, aber in unterschiedlichem Amt und gegenseitigem Aufeinanderangewiesensein, der Akzent zu setzen sein, vgl. Anm. 102, 105, 107 über die „Grenzen seines (sc. des Kurfürsten) obrigkeitlichen Amtes gegenüber den Fragen des Glaubens". (H. Bornkamm, Kurfürst Friedrich, 81). Der Schutz des Namens und der Ehre L.s, der Universität und des Landes, auch seiner selbst war in höchstem Maß Rechtsobliegenheit des obrigkeitlichen Amtes. Vgl. Br 1, 250, 22-25: Noster enim animus, nostra voluntas, nostra mens in hoc tota est, ut ad Christiani principis officium sit paratissima et qui deo adiutore et honori et conscientiae suae consulere cupiat. — Vgl. auch in L.s Bericht an Spalatin vom 15. August über die Bedeutung der Anwesenheit Herzog Georgs bei der Leipziger Disputation, WA 2, 392, 28-33: ... Illustrissimus Princeps dux Georgius, qui vere principali clementia et munificentia nihil omisit, quod ad felicissimum huius disputationis fructum facere possit, si talis fuisset, ut pura veritas, posthabita gloria, quaereretur, denique et sua splendidissima presentia id negocii dignatus est mirifice illustrare, omnia cavens et monens ut modeste et quaerendae veritatis studio agerentur. — Bornkamm betont jedoch abschließend ebenfalls das Doppelte in Friedrichs Haltung, „eine gewissenhafte Bedächtigkeit, die den Kräften der Zeit ihren Spielraum ließ, andererseits seine Entschlossenheit, sie gegen Eingriffe von außen zu schützen" (Kurfürst Friedrich der Weise, 84).

[120] Dies Letztere ist auch der Zusammenhang, in dem sich die von I. Höss, Spalatin, 158 auf die theologischen Entdeckungen L.s und sein Bedürfnis nach einem Menschen, dem er vertrauen konnte, bezogene Anrede an den Freund findet: unus tu mihi es littus et, ut Homerice dicam, θῖν ἁλὸς ἀτρυγέτοιο (Ilias 1, 316; 11, 621). Ideo, quicquid mare istud meum mihi affert spumarum & fecium, in te uno collido. L. macht sich hier zum Fürsprecher für einen Bewerber um eine vakante Priesterstelle in Belzig und bittet Sp. um seine Hilfe, wie in

wieder als occupatissimus, gelegentlich auch: occupatissimus, simul tentationibus obrutissimus[121]. Er selber möchte sich halten an die Trostgründe, die er in der Tessaradecas consolatoria auf Bitten Spalatins für den nach der Rückkehr vom Frankfurter Reichstag erkrankten Kurfürsten formuliert hat[122]. Die Schrift, redigiert und ins Deutsche übersetzt von Spalatin, bezeugt so auch zwischen Wittenberg, Altenburg und, im Hintergrund, Torgau, persönliche Anteilnahme, früher von Spalatin ausgedrückt in seinem Wahlspruch: 'Amicorum omnia sunt communia'[123]. L. nimmt hier und für die vom Kurfürsten gewünschte Perikopenauslegung gerne die größere literarische Übung und Formulierungsgabe des Freundes zur Hilfe[124].

---

sovielem Anderen. (L. an Spalatin, 20. Januar 1519, Br 1, 310, 7-9). Dennoch klingt hier umfassender das Zeitgefühl und die Bedeutung der Freundschaft mit Spalatin in dieser Zeit an; mit I. Höss, Spalatin, 158.

[121] Vgl. WA Br 1, 359, 21-28, L. an Spalatin, 13. März 1519: orationem dominicam non possum latinam facere, tot occupatus operibus. Singulis diebus vesperi pronuncio pueris & rudibus praecepta & orationem dominicam, tum praedico, iam & Paulum ad Galatas parturio, praeter orationes ceremoniales & lectiones prorsus non est tempus mihi satis, nedum superfluum. habeo sermonem in mente de meditatione passionis Christi. Sed nescio, an tantum superfuturum sit ocii, ut in literas referam. Dabo tamen operam. Verso & decreta pontificum pro mea disputatione. — Vgl. die Schilderung vom Ende des Jahres 1519, L. an Spalatin, 18. Dezember 1519, Br 1, 594, 8-19: Verum quod de enarrandis Euangeliis & Epistolis xlmalibus tantopere urges, nescio, si queam praestare. Multa sunt, et ego oneratissimus. putasne? psalterium exigit integrum virum, totum eundem Concio in populum per Euangelium & Genesim laborans, Tercio totum ipsae preculae & instituti mei cultus, Quarto totum hoc enarrandi munus, Ut taceam Epistolarum Scribendarum, Deinde negociorum alienorum occupationem, inter quae & congressus familiarum, quem paene comessationem nomino, plurimum mihi temporis pessime furatur. Certe homo sum & unus. Accingor operi, Sed si id, quod tu praescribis, perficiendum est, caetera omnia omittenda sunt. Atque utinam huic uni liceret quieto mihi intendere! magnam mihi hanc felicitatem esse ducerem. tantum abest, ut Invitus hoc agam. — L. an Spalatin, 31. Dezember 1519, Br 1, 604, 18f: Tu interim vale. sum occupatissimus, simul tentationibus obrutissimus. (Vorher hat L. Spalatin zwei Bittschriften weitergereicht).

[122] L. an Spalatin, 22. September 1519, Br 1, 509, 18-22. Nach Eingehen auf die Bitte des Briefüberbringers, eines Bäckers, um Zulassung zum Handwerk in Wittenberg: Sed heus, quod pene praeterieram, Exemplar Tessaradecados, postquam suam servitutem servivit, revideam. Nam & ipse me his nugis solari cogito, nec semper sunt in promptu, quae ibi congessi, Etiam hac ratione, quod meditatione sui locupletiores evadent mihi.

[123] s.o. Anm. 101 und Anm. 15.

[124] L. an Spalatin, 29.11.1519, Br 1, 564, 18-20 (Nach der Mitteilung einer Wittenberger Stadt-story von der urbanitas des Pförtners, der den Grafen von Isenburg nicht einlassen wollte): Vale et ora pro me. Nam Titulum Tessaradecadis meae non mea refert qualem formaris, modo nihil arrogantiae sapiat, cum res ipsa mihi videatur viliuscula. — Vgl. zur Arbeit an der Postille (s.o. Anm. 118) L.s Bitte um Spalatins Mitarbeit am 20. November 1519 Br 1, 556, 5-7: Mitto unius dominicae opus tibi in Exemplum, Mi Spalatine, qui poteris pro tua in humanis literis maiore peritia aptius & felicius locos in reliquis signare ex mea farragine.

Ein biblischer Aspekt in den Aufgaben und Einsatzmöglichkeiten der täglichen Verantwortung ist für L. in seinen häufigen freundschaftlichen Bitten an Spalatin und in seinen Antworten auf die Fragen des Freundes die besondere Berufung, die ihm mit seinem ,,Ort'', seiner Stellung am kurfürstlichen Hof zuteil geworden ist[125]. Spalatin, seit 1508 Priester und 1517/18 mit Vollmachten als Beichtvater des Kurfürsten ausgestattet[126], aber im Priesterberuf noch nicht sehr erfahren, bat L. öfter um Mitteilung seiner Ansicht über zeremonielle Einzelfragen (Fürbitten in der Messe, Stundengebet) und über die vita eines Priesters[127]. L. ermutigt ihn, in der Frage der Fürbitten, seinem Geist (animus) Freiheit zu lassen, und ermahnt ihn mit Gal 5, 1, nicht durch übergenaues Hängen an von Menschen gemachten Vorschriften den 'Geist der Freiheit' aufs neue in Fesseln zu schlagen[128]. Seinerseits nennt er ihm die Hilfeleistung in bestimm-

[125] Vgl. WA Br 1, 555, L. an Spalatin, 19. November 1519; nachdem L. Spalatin das Gesuch der Witwe Landmann in einer Erbschaftsangelegenheit (s.u. Anm. 129) dringend empfohlen hat, schließt er Z. 16-18: Tu opus fac debitae Charitatis. pertinent enim & haec ad rationem sacerdotaliter vivendi in loco, quo tu es. — Vgl. in derselben Sache am 25. Dezember Br 1, 600, 11-13: Expectaveramus te huc venturum, ut inter caetera & viduae istius clamorem, quo fatigat me, tecum communicarem. Timeo, vox oppressae in celum ascendat. — Ebenso am 31. Dezember 1519, Br 1, 604, s. Anm. 129. — Zum ,,Ort'' Spalatins s. besonders Br 1, 595, 37-40, L. an Spalatin, 18. Dezember 1519 (nach einer Antwort auf Fragen Sp.s zum Priesterberuf s.u. Anm. 130 und 139) Maximum autem est, ut consyderes, in quem locum vocatus sis. Hoc est: in Aulam, sicut Hester, vocatus es, ubi populis servias (ubi potes), qui ex hac Aula reguntur. hoc ut est omnium difficillimum & periculosissimum, ita non dubites esse summum & primum ... — Dazu im Brief vom 31. Dezember 1519, Br 1, 604, 13-15 (in Sachen der Bittschrift des Rates der Stadt Kemberg): Deo & voluntati eius scias te servire propriissima religione, quicquid tu ipse in hoc feceris & per principem fieri obtinueris.

[126] s.o. Anm. 98.

[127] Vgl. Br 1, 311, 9-11, L. an Spalatin, 24.1.1519: Quod autem petis τύπον aliquem Memoriae (ut vocant) faciendae in Missa, Obsecro, non te istae minutiae rerum perturbent (Forts. s. Anm. 128). Zur vita sacerdotalis s. Br 1, 394, 16-18, L. an Spalatin, 16. Mai 1519: Caeterum de sacerdotali, quod petis, vita describenda, cum a me petis, qui tam copiose habeas Apostolum ad Titum et Timotheum disserentem in hanc rem? (Zur in WA Br 1, 396-398 beigefügten Ratio vivendi sacerdotum s.u. Anm. 130.) L. nimmt auch Br 1, 555, 17f (s.o. Anm. 125, erstes Zitat) Bezug auf Sp.s Frage: pertinent enim & haec ad rationem sacerdotaliter vivendi in loco, quo tu es. Zu den horae canonicae und anderen Vorschriften s. Br 1, 595, 41f, u. Anm. 130 und 139. — Wie sehr die Fragen Spalatins mit der überlieferten ,,Theologie des Gottesdienstes'' verbunden und vom Hintergrund der scholastischen Gnadenlehre her zu verstehen sind, daher auch L.s besondere theol. Wachsamkeit hervorrufen, zeigt seine Briefäußerung vom 15. Februar 1518, Br 1, 142, 12-18 an Spalatin: Quod autem petis de praeparationibus ad gratiam, quid videlicet homo oraturus vel sacrificaturus vel alia bona opera facturus agere debeat, quo suum opus facere possit opus Dei, si tibi non responderem, vel non essem christianus vel fratris seu proximi salutem non optarem. Tibi dico, quod illa est unica superbia et vitium pessimum, quod homo sua opera facere divina vel Dei conatur, quia se caput et principium bonorum operum constitueret.

[128] In Fortsetzung der Anm. 127 zuerst angeführten Stelle 311, 10-15: Obsecro, non te istae minutiae rerum perturbent. Ora, pro quibus tibi dominus inspiraverit, & animum

ten dringenden Angelegenheiten wie z.B. in Sachen der Bittschrift des
Rates der Stadt Kemberg betreffs auf der Stadt lastender Abgaben und,
wiederholt, das Anliegen der Witwe Landmann in einer erbrechtlichen
Auseinandersetzung mit den Domherren des Allerheiligenstifts als seinen
allerpersönlichsten Gottesdienst[129]. Sein Amt am Hof ist schwer und gefährlich wie das Esthers, aber er kann darin auf persönlichste Weise den
Anderen dienen[130]. Hier zeigt sich, mit dem Bild des Hofes im

---

tuum liberum in hiis habeto. Non est res ista tanta, ut necesse sit decretis & traditionibus
spiritum libertatis denuo vincire. Sufficit moles iam abunde nimis multum valde dominan-
tium traditionum.

[129] Zum Ersten (s. Anm. 125 am Schluß) hebt L. die Not der Bewohner der Stadt und, als
besonders verschlimmernd, hervor, daß Priester und Bruderschaften von diesen gottlosen
Abgaben unterhalten werden (604, 10-15): Miserrime enim populus exugitur illic usura ista
pessima, pessimoque peccandi exemplo magis in dies augetur. Nam & sacerdotia & officia
cultus divini tum fraternitates quasdam sacrilegis his censibus & impiis rapinis aluntur, quae
minime omnium oportuit. Von daher enthält die Fortsetzung mit dem persönlichen auch einen besonderen christlichen Akzent: Deo & voluntati eius scias te servire propriissima religione, quicquid tu ipse in hoc feceris & per principem fieri obtinueris. Zum kritischen
religio-Verständnis L.s 1519 vgl. Operationes in Psalmos zu Ps 5,6 'odisti omnes, qui ope-
rantur iniquitatem' die Ausführungen WA 5, 135, 13-136, 36 gegen die religio inoboedien-
tiae. — Hier tritt hinzu die Bruderliebe als sozialer Bezug: vgl. z.B. die Kultkritik Amos 2,
6-8; 5, 11 und 1 Kor 11, 17-34 s.u. Kapitel III, 4. — Die Bitte der Witwe Landmann in
ihrem Rechtshilfegesuch gegen die Domherren — sie hatte ihnen ihr Haus testamentarisch
vermacht, wollte die Schenkung aber um der dringenden Unterstützung ihrer Schwestern
willen widerrufen — stellt L. ebenfalls in den Farben des Evangeliums dar: Br 1, 555, 13-17
(19. November 1519): Pius est eius casus & iuxta Euangelium mihi reddenda videretur. Domini autem non credunt ei... Tu opus fac debitae Charitatis (s.o. Anm. 125 zu Anfang); Br
1, 570, 12-18: Si tibi quippiam constat de causa viduae,... rogo me reddas certiorem. periculum est, ne ego incidam aut magis involvar odio dominorum Canonicorum. Iam quattuor
exemplis testamentorum (ut vocant) valde oppugnant patientiam meam aperte sollicitudi-
nem temporalium, ne dicam avaritiam, charitati praeferentes, nec sine scandalo, quod mihi
pro meo (ut scis) officio non est ferendum in perpetuum. — Br 1, 600, 11-14 (25. Dezember
1519) vgl. Anm. 125, zweite Briefstelle. Biblischer Bezug ist hier außer der bittenden Witwe
und dem Richter (Lk 18, 3-5) Ecclesiasticus 35, 19: Timeo, vox oppressae in coelum ascendat. Queritur enim sese pene mendicatum cogi. (Z. 13f). Br 1, 604, 15-17 (31. Dezember
1519): L. hat das Haus der Witwe selber besichtigt und seinen Wert gesehen, an dem das
Interesse der Domherren hängt. — Im gleichen Brief vorangehend die Bemerkung über den
allerpersönlichsten Gottesdienst Sp.s in seiner Hilfe für den Rat von Kemberg, s.o.

[130] s. Anm. 125, vorletztes und letztes Zitat, Anm. 129, am Anfang. Auch für Spalatin als
Priester liegt in *diesem* Verständnis seines Gottesdienstes ein kritischer Zug gegen die traditionelle Gottesdiensttheologie, von der er, wie im Spiegel der Antworten L.s zu schließen ist,
sich beeindruckt zeigt, s.o. Anm. 127 — Aus der Ratio vivendi sacerdotum WA Br 1, 397,
41-45: Itaque si te vocaverit Deus (si necessitas est servire, consulere, colloqui proximo vel
pro salute vel alia necessitate et ad id fueris quaesitus), nulla prorsus lex aut regula cuiuscunque institui tui te retineat; charitati omnis lex debet cedere, etiam orandi et sacrificandi.
Ubi vero non vocaris, nulli te ingeras ... Vgl. dazu den schon mehrfach angeführten Brief an
Spalatin vom 18. Dezember 1519 s. Anm. 125, Br 1, 595, 37-42: Maximum autem est, ut
consyderes, in quem locum vocatus sis. Hoc est: in Aulam, sicut Hester, vocatus es, ubi po-

Hintergrund[131], noch einmal etwas von den möglichen ,,Schrecken'' der Macht und zugleich von ihrem christlichen und menschlichen Gebrauch im Dienst der Liebe, zugleich besondere Chance eines einmaligen persönlichen Gottesdienstes für den, der in dieser Stellung lebt. — Eine andere wichtige Frage, in der Spalatin L.s Rat braucht, ist die vom Kurfürsten gewünschte Einrichtung einer Stiftung zum Gedächtnis des Leidens Christi; L. nennt als Kriterium geistlicher Übungen aus diesem Anlaß — gegenüber dem Vertrauen auf die Zeremonien und auf die Länge der hier geisttötend ,,geopferten'' Zeit — die Intensität kurzer Andachtszeiten in der Woche als Anregung des Geistes[132]. Die beste Seite der neuen problematischen Einrichtung ist die Möglichkeit, hierdurch Theologiestudenten finanziell im Studium der Bibel unterstützen zu können[133].

Die auf Bitten Spalatins verfaßte Sterbeschrift für den kurfürstlichen Rat Markus Schart und ihre zu L.s Bedauern allzu langsame Entstehung über die spannungsvollen und mit anderen Pflichten überladenen Sommer- und Frühherbstwochen des Jahres 1519 zeigt für L. selbst, wie sehr er in all seinen Ämtern ausgefüllt und dazu persönlich beschlagnahmt vom ,,Treiberstecken'' des Freundes sich beanspruchen läßt und wieder freizukommen versucht[134]. Damit fällt auch ein Licht auf die Art seiner praktischen Schriften und ihren ,,christlichen'' Charakter[135].

---

pulis servias (ubi potes), qui ex hac Aula reguntur. hoc ut est omnium difficillimum & periculosissimum, ita non dubites esse summum et primum, Sed incomparabiliter praestantius omnibus tuis sive horis canonicis sive quibuscunque, quae tibi ullus praescribere possit, officiis.

[131] Zum Bild des Hofes s.o. Anm. 111 am Schluß (über den Kurfürsten) und Anm. 119 am Schluß (über Herzog Georg).

[132] Br 1, 503, 30-38, L. an Spalatin, 18. August 1519, daraus besonders 31-34: ceremoniarum iam plus nimio satis fit in Ecclesia, ita ut prope omnia in superstitionem abeant seria Christianae pietatis, sicut est proclive in operum externas facies fidere ac interim secure spiritualia omittere... und 37f: ...cum Euangelium praesentissimam pietatem in fraternam dilectionem ac mutuam benevolentiam posuerit. Im nächsten Brief Genaueres dazu: Br 1, 504, 7-505, 29. Vgl. besonders 8-12: ...nihil mihi adeo molestum est, quam quod videam ceremonias istas reddere solere mire duros, aridos, difficiles & plane ineptos in omnem rem & affectus spiritualis vigorem. freti enim, quod multum verborum emurmurarint & horas occuparint, eunt securi, raro compuncti, rarius fervidi, rarissime sui cognoscentes...; 504f: Nihil enim aeque metuendum est in cerimoniis statuendis quam ne (ut Apostolus monet) spiritus extinguatur, Meliusque erit, ut interpolatis horis pauca singulis agant, quam si uno tenore omnia absolvant. hic enim tediosi, illic alacres erunt, quantum sinit diabolus. — Biblischer Bezug: 1 Thess 5,19.

[133] ib. 504, 12-16.

[134] Erste Erwähnung der Bitte Spalatins für Markus Schart (Scharto nostro de morte obeunda) am 8. Mai 1519, Br 1, 381, 17-20; L. empfiehlt einstweilen Staupitz' Schrift De imitanda morte Christi. Nach verschiedenen Bezugnahmen in der Zwischenzeit sendet er den versprochenen Sermon zusammen mit dem Brief vom 15. Oktober 1519 an Spalatin Br

c) Durch seine auf die praktisch noch in Geltung stehenden Frömmigkeits- und Gottesdienstformen der kirchlichen Praxis blickenden Rückfragen an Luther, seinen theologischen Lehrer im Verständnis des biblischen Evangeliums[136], ist Sp. gegen Ende des Jahres 1519 auch Zeuge und Zuhörer der in L.s eigenen Arbeit sich weiterentwickelnden neuen Theologie der Sakramente. Seine persönlichen Fragen nach dem Berufs- bild des Priesterstandes, denen L. meist eine Warnung vor den geisttöten- den Folgen des Vertrauens auf Ceremonien entgegenstellt und zum Evan- gelium und zur Liebe Mut macht[137], münden hier ein und finden ein, wie L. annimmt, seinen Freund und Briefpartner überraschendes Gegenüber in der neuen Sakramentstheologie, die als Leitgesichtspunkt für das, was überhaupt als ein ,,Sakrament'' gelten darf, nur noch die in der Bibel ausdrücklich gegebene göttliche Verheißung bestehen läßt[138]. Der prie- sterliche ordo kann nach diesen neuen, mit Melanchthon in intensivem Gespräch erarbeiteten Gesichtspunkten nicht mehr als ein Sakrament gel- ten. Sp.s und auch L.s Beruf des Priesters, dessen Inhalt das Dienen mit dem Wort und dem Sakrament ist, unterscheide sich von den Berufen der Laien nur durch die von der römischen Kurie diesem Stand gemachten Auflagen, schreibt L. an Spalatin[139]. In der daran anschließenden Gegen- überstellung wird noch einmal deutlich, wie L.s Rat in allen Einzelfragen

---

1, 537, 3-9, vgl. 8f: Scripsi totum pene hunc diem, ut exonerarem me sceptro exactionis tue. — Vgl. Jes 9,4.

[135] Das jede Selbstherrlichkeit des Autors ausschließende Bild Jes 9,4 zeigt das Aufgehen im Liebesdienst, den L. hiermit Schart und Spalatin erweist. Gleichzeitig erläutert er Sp. den Gesichtspunkt, daß er den Sermon für die Laien geschrieben habe (Ieiunus est enim, sensum Scripturae magis quam verba retinens), 5f. Dazu s.u. Kap. III, 1) S. 87f.

[136] Vgl. I. Höss, Spalatin, 97-101, 167-171.

[137] s. den vorangegangenen Punkt b).

[138] Vgl. Br 1, 594, 19-595, 25, L. an Spalatin, 18. Dezember 1519: De aliis sacramentis non est, quod tu vel ullus hominum ex me speret aut expectet ullum sermonem, donec doce- ar, quo loco queam illa probare. Non enim ullum mihi reliquum est sacramentum, quod sacramentum non sit, nisi ubi expressa detur promissio divina, que fidem exerceat, cum sine verbo promittentis & fide suscipientis nihil possit nobis esse cum Deo negotii. Quae autem de sacramentis illis septem fabulati illi sunt, alio tempore audies. — Vor dieser Äußerung liegt, im Brief (c. 16. Oktober?) 1519 an Spalatin, ohne näheres Eingehen auf die inzwischen entstandenen Sermone von den Sakramenten der Buße, der Taufe und des Abendmahls, eine Erklärung L.s, woher die Widmung an die Herzogin Margarethe von Braunschweig- Lüneburg stamme, Br 1, 539, 23-25. Dazu s.u. Abschnitt 4).

[139] ib. 595, 28-37, besonders 32ff: Et satis miramur, unde ordo nomen sacramenti invene- rit. Mira haec tibi nonne? Sed praesens plura una cum Philippo, quoniam has res et saepe et acute tractavimus. proinde officium tuum a communibus laicorum officiis nihil differet, ex- ceptis oneribus, Quae Romana Curia sine delectu omnibus sacerdotibus imposuit. — Zu 'si- ne delectu' vgl. die im Abschnitt b) angeführten Stellen zu den Lasten und den verhärtenden und einschläfernden Wirkungen der Ceremonien, im Gegensatz zum 'fervere' und zur ala- critas des Geistes, s. Anm. 132, am Ende.

darauf gerichtet ist, dem Freund nicht die allgemeinen Vorschriften, sondern gerade die besonderen Umstände und die persönlichen Erfahrungen und Handlungsmöglichkeiten seines Ortes, an den er gerufen ist, großzumachen[140]. Geschichte und ihre Einmaligkeit, zusammen mit ihrer biblisch verstandenen Bedeutung für den Glauben des Einzelnen ist so zwischen Luther und Spalatin Erfahrung und bestimmendes Thema in diesen Monaten, in der verantwortungsvollen politischen Tätigkeit des Geheimsekretärs und der auf die Bibel bezogenen, das Geschehen kritisch begleitenden und unter dem Aspekt der Verheißung in die Zukunft blickenden Arbeit des Theologen.

3) DIE TREUEN LESER UND FREUNDE IN NÜRNBERG. CHRISTOPH SCHEURL

Christoph Scheurl[141], Jurist und Ratskonsulent der Stadt Nürnberg, Freund Luthers und anderer Mitglieder der Wittenberger Universität und

---

[140] Maximum autem est, ut consyderes ... s.o. Anm. 125 und 130, besonders Z. 40-42: ita non dubites esse summum et primum, Sed incomparabiliter praestantius omnibus tuis sive horis canonicis sive quibuscunque, quae tibi ullus praescribere possit, officiis. Hierin liegt, gegenüber dem 'sine delectu' der geschilderten Lasten, auch ein Mutmachen und eine Freude an der *schweren* Verantwortung, die L. geschildert hat. Das 'summum et primum et praestantius' spricht so die mit der Erfahrung der einmaligen persönlichen Situation verbundenen Gefühle an. In ihr sich als dahin Berufener bestätigt zu hören und sich dessen zu freuen, gehört gewiß auch zum 'service Deo propriissima religione' — s.o. Anm. 125 am Schluß.

[141] Vgl. zum Folgenden Wilhelm GRAF, Doktor Christoph Scheurl von Nürnberg. Leipzig 1930, so wie die ältere, in mancher Hinsicht materialreichere Darstellung des Lebens und Wirkens Christoph Scheurls bei Franz Freiherrn von SODEN, Beiträge zur Geschichte der Reformation und der Sitten jener Zeit mit besonderem Hinblick auf Christoph Scheurl II. Nürnberg 1855. Eine sehr instruktive Bibliographie der Werke Christoph Scheurls mit beigegebenem kurzem Lebensabriß bei Maria GROSSMANN, Bibliographie der Werke Christoph Scheurls. Archiv für Geschichte des Buchwesens 70 (1969), 658-670. Das Urteil M. GROSSMANNS, die Wittenberger Periode Scheurls sei als die produktivste zu bezeichnen, während an den Nürnberger Berufsjahren seine schöpferische Begabung im Alltag erlahmt sei (Bibliographie, 658), ist jedoch mehr am Humanisten Scheurl und seinen Veröffentlichungen orientiert, während die Begegnung mit Staupitz in der Nürnberger Zeit und die brieflichen Mitteilungen über Neuerscheinungen aller Art, dem Briefwechsel der Jahre von 1517 bis etwa 1520 nach zu urteilen, Sch. auf einem Höhepunkt seiner kommunikativen Begabung zeigen, s.u. S. 68f. — Scheurls Übersetzung der Prädestinationsschrift Staupitzens, s.u. Anm. 149, ist zugänglich bei J. F. K. KNAAKE, Johann von Staupitzens sämtliche Werke. Erster Band: Deutsche Schriften. Potsdam 1867, 136-183. Innerhalb der Staupitz gewidmeten Literatur vgl. die Bezugnahme auf diese Arbeit Scheurls bei H. A. OBERMAN, ,,Tuus sum, salvum me fac''. Scientia Augustiniana, 365ff; allgemein zum Verhältnis zwischen Scheurl und Staupitz: Theodor KOLDE, Die deutsche Augustiner-Congregation und Johann von Staupitz. Gotha 1879, 231, 253f, 270-328. — Der Bruderschaftsbrief des Johann von Staupitz für Christoph Scheurl den Älteren und seine Familie ist mitgeteilt durch Th. KOLDE und abgedruckt in ZKG 6 (1884), 296-298. Zum ganzen Leben Scheurls s. Christoph SCHEURLS Briefbuch, hrsg. von Franz Freiherrn von SODEN und J. K. F. KNAAKE Bd. I. Potsdam 1867. Bd. II 1872.

Spalatins, befindet sich zwar in den letzten Monaten des Jahres 1519, dem Zeitraum, dem unser Interesse gilt, auf einer mehrere Monate beanspruchenden Gesandtschaftsreise an den spanischen Hof Karls V. in Barcelona[142]. Dennoch ist er durch seine Vorgeschichte so sehr zu den Förderern und Mitautoren des genus der seit 1517 entstehenden Erbauungsschriften Luthers zu zählen, daß seines Anteils hier gedacht werden muß. Wir haben in diesem Zusammenhang vor allem nach den Anfängen und nach der Art der zu Beginn des Jahres 1517 von Scheurl zu Luther geknüpften Beziehungen zu fragen. Ist schon hier der Grund dafür zu finden, daß es für Scheurl, den Freund vieler literarisch Tätiger in dieser Zeit, darunter des Wittenberger Freundeskreises Martin Luthers *und* dessen späteren Kontrahenten, Johann Ecks, im Gefolge der Auseinandersetzung zwischen diesen beiden ,,Polen'', Ecks und der Wittenberger Theologen, im Lauf des Jahres 1519 zu einer so höchst spannungsvollen Situation kam[143]? Es beleuchtet die Rolle Scheurls in Nürnberg zwischen

---

[142] W. GRAF, Doktor Christoph Scheurl, 73f; v. SODEN, Christoph Scheurl II, 91-118. s. dazu den von Scheurl an O. Beckmann brieflich gegebenen Bericht vom 27.3.1520, Briefb II 213, 100-112.

[143] s. W. GRAF, Scheurl, 85-89. Aus dem Anfang der Freundschaft zwischen Scheurl und Eck vgl. besonders Sch.s Bericht an Trutfetter über seinen Besuch in Ingolstadt im Hause Ecks, Briefb I 112, 167f vom 10.12.1516: Commovit me aliquando celebris Eckii fama Ingolstadium declinandi: adii hominem qui me nondum facie sed nomine quoque agnitum humaniter excepit, benigne ad hospitium prosecutus est, super coenam tam familiariter interlocutus est ... quod ego mox adactus sum sententiam meam mutare (sc. betreffs der in Sch.s Umgebung verbreiteten und von ihm geteilten Entrüstung über Ecks Thesen in der Zinsfrage). Zu den persönlichen Motiven der Freundschaft vgl. Briefb II 123, 11f an Eck, 1.4.1517: Arbitror ... summum deum tot ac tantas in te congessisse dotes, ut inde plerique celebres reddi potuissent, quae singulae ad te amandum me invitant: inter ceteras autem laudo et perplacet quod Caesarianus es et Maxime Emilii castra sincera fide sequeris. Sum tibi in nulla virtute conferendus, sed hoc habeo tecum commune, et morum similitudo facile amicitiam gignere assolet. — Aus der Zeit der Spannungen zwischen Eck und Wittenberg vgl. die das persönliche Vertrauen in Eck offenbarenden Briefe vom 5.4.1518, Briefb II 162, 45 und vom 14.5.1518, Briefb II 165, 47f: Ego illa tamquam ex alta arce olim praevidi, scripsi etsi iniussus pro officio meo ad Wittenburgenses quibus familiaritas nostra notissima est ... (Zur Weitergabe der Briefe Spalatins und Luthers im Vertrauen zu Ecks prudentia und integritas:) Age vero, quam inique agerem, quam dignus essem omni reprehensione, si me conciliatore (quod deus avertat) inter vos amicos meos orientur iniuriae, simultates et quae his sunt peiora. — Dazu, wie früher gegenüber Ecks Angriff auf Erasmus, die offene Kritik und in diesem Fall nicht nur mit einem Referat über die Stimmen der Freunde, sondern auch selbständig theologisch argumentierende Auseinandersetzung mit Ecks Polemik gegen Luther, Brieb II 192, 82-84, vom 18.2.1519; Sch. bekennt sich hier, mit der Wittenberger Theologie, in Abgrenzung von den Scholastikern, zu den Kirchenvätern und zum schriftgemäßen Verständnis des Paulus. Dabei ist er sich der Schwierigkeit, zwischen solche Gegensätze geraten zu sein, bewußt, s. Briefb II 197, 87 (10.4.1519) an Eck: durum quidem est tam pugnantia sentientibus placere: ego ipse mihi conscius sum inviolatae fidei. Ähnlich an O. Beckmann Briefb II 198, 87f (19.4.1519) und an Melanchthon am 11. Mai 1519, Briefb II 202, 92f. Dort führt Sch. u.a. zu Ecks Entschuldigung an: Iniuria ex affectu metitur, non voluit publice laedere: ... magna ingenia magnis quoque vitiis contaminata.

Wittenberg und Ingolstadt, daß Eck auf seiner Heimreise von der Leipziger Disputation an der im August 1519 stattfindenden Hochzeit Scheurls teilnahm[144] und daß, wegen dieser Beziehungen zu Eck, Scheurl bei seiner Rückkehr aus Spanien im März 1520 in Gestalt des „Eccius dedolatus" eine auch ihn selbst hart treffende Kritik erwartete.

In der Anfang 1517 aufgenommenen Beziehung Scheurls zu Luther handelte es sich keineswegs um eine nur lose geknüpfte „Allerweltsfreundschaft"[145], sondern um eine von beiden Seiten sehr intensive Verbindung, in deren Mittelpunkt die Predigten und geistlichen Schriften Staupitzens und später auch Luthers stehen[146]. In der Sicht Luthers und der Wittenberger gehören zu diesem „genus theologicissimum" bestimmter Autoren und ihrer soliden, wahrhaftigen Theologie[147] außer Staupitz besonders Tauler in seinen Predigten und die in zwei Ausgaben veröffentlichte Deutsche Theologie[148]. Scheurl tritt in den Gesichtskreis dieser Wittenberg und Staupitz verbindenden Theologie ein mit seinem dem Brief vom 2. Januar 1517 beigegebenen Anfangspräsent: dem äußerste Lebendigkeit in Nürnberg bekundenden Zeugnis der Predigttätigkeit Staupitzens, den von Staupitz „auf emsig Anregen guter Freund eilend in Latein geschriebenen und von Doktor Christoph Scheurl von Punkten zu Punkten getreues Fleißes gedeutschten" Predigten über die „endliche Vollziehung ewiger Fürsehung"[149]. Mit dieser Schrift und den begleitenden Briefen schlägt nicht nur etwas wie eine Welle von Hochstimmung und Begeisterung aus dem Nürnberger Staupitzkreis nach Wittenberg herüber, sondern die Gabe stellt auch einen gehaltvollen theologischen Bei-

---

[144] W. GRAF, Doktor Christoph Scheurl, 73, 86f.

[145] Scheurl war, wie Eck, s.o. Anm. 74, gerne „mit vielen hervorragenden Männern" befreundet. Briefb II 165,47; W. GRAF, Scheurl, 77; zu O. Beckmann s.u. Anm. 192.

[146] Zu den Schriften L.s, die in Nürnberg nicht zuletzt durch Scheurl als Vermittler Verbreitung finden, s.u. Anm. 153 und 155.

[147] Vgl. L.s Äußerung über die Predigten Taulers WA 1,557, 30. Theologiae solidae et syncerae..., dazu o.S. 44 die hierher gehörige Briefstelle WA Br 1, 295f (7.1.1519 an Eck). Aus früherer Zeit vgl. Br 1, 79, 58-60 (14.12.1516 an Spalatin) s.o. Anm. 13. Der Ausdruck 'Adam theologicissimus' und 'homo theologicissimus' findet sich mit Blick auf das Fragment der deutschen Theologie und die Predigten Taulers im Brief an Spalatin vom 6. Mai 1517 WA Br 1, 96, 8f und 22f. In demselben Brief sendet L. auch Spalatin auf dessen Bitte die Prädestinationsschrift Staupitzens zu und antwortet auf die Frage nach der Sterbeschrift St.s. Ebenso hatte Sp. um die 7 Bußpsalmen L.s gebeten (ib. 13-19).

[148] Die zweite Ausgabe der deutschen Theologie nennt L. im Brief an Staupitz, 31. März 1518, Br 1, 160, 8f als auf eine Anregung Staupitzens hin erfolgt. Vgl. OBERMAN, Scientia augustiniana, 382 A. 127.

[149] Vgl. den Abdruck dieser Übersetzung bei KNAAKE, Johann v. Staupitz I, 136ff (s.o. Anm. 141), daraus die Schlußnotiz des Übersetzers Scheurl.

trag dar[150], in beiden Sprachen über die darauf brennenden ersten Hörer in Nürnberg hinaus einem weiteren Kreis zugänglich gemacht. Daß die deutsche Fassung Scheurls dank seiner Mühe die weitaus glänzendere sei, hebt Luther Spalatin gegenüber anerkennend hervor[151].

b) Daran anschließend, unter dem Eindruck der Nürnberger Wirkung der seit 1517 neu entstehenden Schriften Luthers, die im Augustiner-freundeskreis aufmerksam, mit großer Anteilnahme gelesen und bespro-

---

[150] Zum besonderen Akzent der Scheurlschen Übersetzung im Verhältnis zum lat. Text an bestimmten wichtigen Stellen vgl. OBERMAN, Scientia augustiniana, 366 und 368.

[151] s. den Anm. 147 angeführten Brief L.s an Spalatin vom 6.5.1517, ib. 96, 3-5: Mitto, sicut vis, optime Magister, opusculum de praedestinatione latinum. quod si et vulgare volueris, mittam, opera enim Scheurliniana vernaculum habetur multo phaleratius quam est latinum. Vgl. L.s Dank an Scheurl und die Bitte um erneute Zusendung der Staupitzschrift für andere Interessierte Br 1, 106, 28-35 (11. Sept. 1517). — Über den Hunger nach der Prädestinationsschrift in Nürnberg selbst vgl. Scheurl an Staupitz, 22.1.1517, Briefb II 117, 4f: Tam tibi devotus, tam te exspectat avide hic populus quam vix dici potest. Prout quisque praestat ingenio, prout quaeque matura sapit, ita de te praedicat, ac si tu is sis qui salvum faciet populum Israhel. Publicae devotionis argumentum fuit quod tractatus executionis tantopere efflagitatus, ne dicam importune exspectatus est: priusquam publicaretur, implevit fama eius totam ferme urbem. Latinus imprimitur; interea accipe traductionem nostram. — Vgl. den Brief vom selben Tag an Caspar Güttel Briefb II 118,6: Nec dubito audisse te, quanto populi assensu apud nos concionatus sit humanissimus vir doctor Staupitz. Testantur hoc lucubrationes suae: multo tempore nullum opus tam ardenter ne dicam importune exspectavit sibi edi populus iste. Omnis aetas, omnis sexus hunc colit, adorat; optimates huic amicos esse honorem ducunt: ut quisque eminet ita cupit de sua paternitate mereri bene. — In Scheurls Berichten an Luther stehen vor allem die Zusammenkünfte der sodalitas Staupiciana (dieser Ausdruck Briefb II 159, 42, 7.1.1518 an Staupitz) im Mittelpunkt, vgl. nach dem ersten Brief an L. mit der Selbstvorstellung Scheurls WA Br 1,84f (2.1.1517) auch Scheurls Bericht über die Predigten W. Links und sich selbst als 'architriclinus' der gemeinsamen Mahlzeiten mit Staupitz und Link (bezüglich des letzteren): Digniorem consessu apud nos nemo habet; hi etiam plerumque secum coenitant, se ipsos invitant, nobis architriclinis, qui amicitiarum Augustinensium nunquam fui infidelis conciliator. Br 1, 116, 12-15 (3.11.1517). Vorausgegangen ist auch hier ein Hinweis auf das Hören der Predigten Links; ein Punkt, den Luther in seiner Antwort besonders hervorhebt: Gaudeo et gratias ago Domino Jhesu, quod tui Nurmbergenses, imprimis optimates, R. Vicarium, deinde felicem (ut scribis) eius aemulum, Wenceslaum nostrum, adeo colunt adeoque observant, neque hoc ipsum faciunt ullo intuitu carnis aut respectu personarum, ut solet vulgus gregarium, sed casto amore scientiae salutaris et studio verbi gratiae. Confirmet, oro, hoc opus suum Dominus, quod incepit, atque perficiat usque in finem. WA Br 1, 126, 8-15 (11.12.1517). — Anzeichen einer Art von Staupitzkult im Rahmen der ganzen stark emotionalen Betroffenheit der Nürnberger Bevölkerung finden sich Briefb II 160, 43 (An Caspar Güttel 8.1.1518): Ebner et Nuzel toti sibi dediti sunt, sua apud nos memoria frequens et quae praedicavit auditores in corde conferunt sedulo. Alii lubentius mori cupiunt, alii de salute minus diffidunt, plerique gemmas et potum ab illo denominarunt: omnia d. Staupitz resonant. Quottidie iubeor illum salutare... — Außer den Schriften über die Prädestination und die Nachfolge des willigen Sterbens Christi (vgl. WA Br 1, 96, 5-7; 381, 17-20) wird auch die 1518 erschienene Schrift, aus Münchener Predigten entstanden, ,,Von der Lieb Gottes'' in Wittenberg geschätzt, vgl. die Bitte L.s um Nachdruck dieser Schrift (an Scheurl, 5.3.1518, Br 1, 152, 30f).

chen werden — Einzelne nennen dabei die Stellen, die sie besonders angesprochen haben, auswendig[152] — ist Scheurl, wie vorher für die Predigten
Staupitzens, Zeuge und getreuer Berichterstatter nach Wittenberg; durch
seine Vermittlung gelangen auch Anregungen, Dank und Bitten um fernere Übersetzung dieser oder jener Lutherschrift nach Wittenberg[153], ein

---

[152] Vgl. außer den in Anm 151 genannten Stellen über die Zusammenkünfte der sodalitas
mit Gesprächen über Luther (schon Br 1, 84, 8f 2.1.1517) besonders Briefb II 176, 60f (2.
Nov. 1518 an Ulrich von Dinstedt, Otto Beckmann und Georg Spalatin): Omnis ferme super coenam sermo de uno Martino: hunc celebrant, adorant, propugnant, omnia pro illo
subire parati, officinam recitant, ut quisque sententiam memoratu dignam meminerit in
medium affert, applauditur; omnes non possum ulla oratione assequi quam Martini sint stu-
diosissimi, quam illius libellos exosculentur, omnes quam charos habeant, quam avide pelle-
gant; horum tamen antesignanus est noster Ebner, totus quantus est Martinianus... Am
Schluß dieses Briefes wird L. sogar als princeps der Staupitz-sodalitas (am Anfang des
Schreibens der Ausdruck 'coena Augustiniana') bezeichnet: Interea bene valete, quos
reverenter salutat clarissima ista sodalitas seseque principi suo Martino admodum cupit
commendarier, cui omnia fausta et prospera precatur, quem deus servet ecclesiae suae spon-
sae incolumem.

[153] Sch. erscheint hier als Mittler nicht nur für die Versendung der Ablaßthesen L.s (zu
diesem in der reformationsgeschichtlichen Forschung häufig erörterten Vorgang vgl. WA Br
1, 151f, L. an Scheurl 5. März 1518, und die dort Anm. 3 genannten Bezugnahmen auf die
von C. Nützel übersetzten 95 Thesen in Scheurls Briefen von Anfang Januar 1518, dazu
Scheurl an Trutfetter Briefb II 157, 41, 5.1.1518: Arbitror legisse te... conclusiones Martini
Luderi indulgentias interpretantes), sondern von Anfang an, seit Staupitz zu L.s Unwillen
die Sieben Bußpsalmen L.s in Nürnberg verbreitete (vgl. WA Br 1, 93, 5-94, 12 L. an
Scheurl, 6. Mai 1517), an den geistlichen Erbauungsschriften L.s zugleich im Namen seiner
Nürnberger Freunde aufs höchste interessiert. Vgl. die mehrfach geäußerte Bitte an L.,
Hier. Ebner eine Schrift dieser Art zu widmen: Auctoritate tua facies rem dignam et nobis
longe gratissimam, si ad hunc, conjugem Helenam, consobrinam meam, aut etiam communem filiolum et cognominem Iheronymum, scripseris aliquid ex officina tua religiosa catholica christiana, quod ad animarum salutem pertineat, cuius plane sunt sientissimi. Br. 1,
116, 21-26, 3.11.1517. — Ebners Kenntnis von Lutherschriften bezeugt der vorangegangene Brief vom 30.9.1517: super coenam saepe de te audit, loquitur, decalogum, disputationes
et reliquas vigilias Luderinas in manibus habet, legit, miratur. Una tecum praeter Christum
et rempublicam nihil quaerit. Nedum communi praefecto, sed et mihi facies rem plane omnium gratissimam et certe te minime indignam, si ad hunc perscripseris aliquod christiani,
ut soles, vel publice vel privatim... Br 1, 107, 14-19. Der Ausdruck 'vigiliae' findet sich bei
Sch. mit Beziehung auf literarische Veröffentlichungen verschiedenster Art, in denen ein
Autor (u.U. erstmalig) einen persönlichen Beitrag zu die Zeitgenossen interessierenden Fragen gibt. Vgl. Briefb II 133, 19 und I 90, 137. Zu den Interessengebieten Ebners vgl. noch
Br 1, 275, 112-114, 19. oder 20. Dezember 1518: si nos amas, scribe aliquid Ebnero, hunc
mensem urbis praefecto, privatim de statu tuo vel etiam de discutiendo bello, administranda
re, gerendo magistratu. Es folgt eine Bitte Sch.s um Zusendung des versprochenen 'sermo
de Passione Domini' (nach WA Br 1,278 A. 48 wohl identisch mit einem der 'Duo sermones
de passione Christi' oder dem Stück 'Quomodo Christi passio sit consideranda' vgl. WA 1,
335). — Für das Interesse und die warme persönliche Anteilnahme anderer Nürnberger,
darunter Albrecht Dürers, an den ins Deutsche übersetzten Schriften L.s vgl. besonders
Scheurls Zeugnis an Nicolaus von Amsdorff, 10.4.1519, Briefb II 196, 86; mit Dank für dessen Übersetzung der Vaterunserauslegung L.s und weiteren Anregungen: Egregiam navasti
operam qui parvo libello ex Martini doctrina nos orare docuisti: eum peto ad me mitti quin-

besonders für die Wirkungsgeschichte der deutschen Schriften wichtiger Vorgang. Wie schon vorher unter den Predigten Staupitzens ist hier die Bevölkerung Nürnbergs aus allen Schichten für Luther gewonnen und interessiert, wie Scheurls Berichte im Ton einer Mischung von freundschaftlicher Mitfreude am Erfolg seiner Autoren und „Marktbericht" bekunden. Die Kaufmannsstadt Nürnberg, eine Zentrale für Handel und Austausch von Nachrichten und Druckschriften aus dem damaligen Europa[154], ist in dieser Zeit der frühen reformatorischen Entwicklung noch vor dem Wormser Reichstag auch Mittelstelle für eine im ganzen Umkreis erwachte hungrige Nachfrage ganzer Gemeinden und privater Einzelner nach Luthers Schriften[155], eine Nachfrage, die vom zur Verfügung stehenden Angebot gar nicht so rasch, wie es nötig wäre, befriedigt werden kann.

c) Scheurls persönliches Verhältnis zu den Wittenbergern, zu Luther und zu seinem älteren Freund aus der Wittenberger Zeit, Otto Beckmann[156], enthält zugleich noch andere „Schichten" und hebt sich von den bisher dargestellten Funktionen des Übersetzers, Vermittlers von Bitten und des mehr indirekten Zeugen reformatorischer Wirkung der Schriften Luthers eigentümlich ab. War er hier Beauftragter und bereitwilliger Diener eines auch die unteren Schichten einbeziehenden hungrigen Interesses an geistlichen, christlichen Schriften in deutscher Sprache und wagte er sich in diesem Dienst selber in die Übersetzung des so hungrig Begehrten, so finden wir ihn demgegenüber zu Beginn desselben Jahres 1519 in einem an Luther und O. Beckmann gemeinsam gerichteten Brief[157] in einer sehr andersartigen Situation anläßlich eines gesellschaftli-

---

tuplicatum. Martinus ipse magnum sibi conciliat favorem populi ex Theutonicis scriptionibus, in quibus tu etiam excellis et ornatius scribis quam multi solent doctorum. Unde de repub. Christiana optime mereberis, si praecepta et sermones eleganter traduxeris: inprimis petit Albertus meus Durer interpretari sibi sermonem de poenitentia ... Legimus multa Martiniana quae amicissimis plus probantur quam sermo de coniugio, utpote casta, modesta, pudica, gravia, seria, qualia theologum decent. Tu me homini commenda ea commendatione quae maxima est.

[154] Vgl. Briefb I 64, 96: 'in hoc Europae emporio'; I, 60, 88 an Trutfetter, 12. Mai 1512: Vides quo in statu sit prope universa Europa: quid futurum sit, perscribam ad te (sum enim in emporio rerum novarum)...; I 61, 90: 'in hoc virorum emporio'. Vgl. W. GRAF, Scheurl, 68 A. 115.

[155] Vgl. Briefb II 200, 88f, 1. Mai 1519 an einen Ungenannten, wahrscheinlich Melanchthon: Ipse acturus eram gratias nostro Lutherio de explanatione Dominicae orationis... (Sch. habe es von Pfeffinger erhalten, an C. Nützel weitergegeben) Quod genus multa ad me mittuntur, sed parum sufficiunt: instruendae nempe pleraeque civitates, ut domesticos taceam, et his nundinis Franckfordinis in pretio habita maximo officina Argentoraca.

[156] s.u. S. 78-86.

[157] WA Br 1, 384f, 9. Mai 1519.

chen Ereignisses im Leben der die Nürnberger Oberschicht bildenden Familien, zu denen Scheurl von der Seite seiner Mutter und durch persönliche Bekanntschaft mit Einzelnen selbst gehört, darunter besonders Hieronymus Ebner, derzeit Losunger der Stadt[158], an dessen Freundschaft Scheurl in ganz besonderer Weise gelegen ist. Daß L. für Ebner oder für seine Familienangehörigen etwas schreibe, nach Art seiner geistlichen und christlichen Schriften[159], ist Scheurl ein seit 1517 immer wieder geäußerter Herzenswunsch. Wir betreten hier jedoch das Feld der sehr unterschiedlichen Erwartungen und Zwecke, die mit der Widmung solcher Schriften verbunden werden konnten. Scheurl hatte seit der Zeit seines Studiums in Italien verschiedentlich eigene Beiträge auf diesem Gebiet vorgelegt, nicht immer glücklicher Art: der letzte Versuch, nach einer frühen Lobrede auf Deutschland, insbesondere Sachsen und Nürnberg[160], verschiedenen humanistischen Reden aus der Zeit des Wittenberger Rektorats und Lehramts[161] und einer der geistlichen Erbauung des Lesers gewidmeten

---

[158] s. die Anm. 153 angeführten Bitten Sch.s um eine Schrift für Ebner. Über dessen Herkunft und Leben in Nürnberg s. die von Scheurl in seinem Brief vom 30.9.1517 erwähnte 'Vita Anthonii Kressen' Br 1, 107, 19f, dazu u. Anm. 163. Über die Verfassung der Stadt Nürnberg und die einzelnen Ämter, u.a. des Losungers, hatte Sch. in einer Staupitz gewidmeten Epistel im Jahre 1516 auf dessen Bitte eine Beschreibung gegeben. s. ,,Ein epistel oder zugesandte schrift zweier hochgelarten eherwirdigen herrn, einer der heiligen schrift und provintial des ordens sant Augustins, der ander beder rechten doctorn: von polliceischer ordnung und gutem regiment der loblichen stat Nurmberg, gethailt in sechs und zwanzig capitel''. abgedruckt in: Die Chroniken der fränkischen Städte, Nürnberg, Bd 5, hrsg. von W. Hegel. Leipzig 1874 (insgesamt Bd. 11 der Reihe: Die Chroniken der deutschen Städte vom 14. bis ins 16. Jahrhundert), Anhang S. 785-804, dazu das vom Hrsg. beigefügte Ratsverzeichnis und Ämterbüchlein, in dem Hieronymus Ebner an verschiedenen Stellen genannt ist. s. M. Grossmann, Bibliographie, 664, Nr. 40.

[159] s.o. Anm. 153, dazu vom Anfang des Jahres 1519 Br 1, 288, 22-25 (1.1.1519): Martinum adeo carum habet (sc. Ebner), ut tuam fortunam communem existimet, ut gratissima mittant, quicunque tua mittant. Expectamus igitur annotationes Paulinas, Romanas adulationes, saltim privatum munus, atque etiam literas tuas.

[160] Libellus de laudibus Germaniae et Ducum Saxoniae editus a Christophoro Scheurlo Nurembergensi. Bologna 1506 bei Benedictus Hector. s. M. Grossmann, Bibliographie, 661,Nr. 19.20. Zu dieser Rede vgl. Briefb I 9, 15 (28.2.1506) an Georg Fütterer: Qui si tibi probatur, gaudeo, tametsi magis gauderem, si apud vos universos patres conscr. tantum mihi favoris ac benivolentiae reportaret, quantum apud scholasticos Germanos, commilitones meos, odii contraxit atque malivolentiae [wegen der Verherrlichung Nürnbergs] ... Verum quantum gratiae apud vos habiturus sit nescio; illud scio quod de iucundissima patria et vobis singulis bene merendi nullam occasionem praetermittam. Sch. widmete die Rede später Friedrich dem Weisen, im Vorblick auf seine neue Tätigkeit in Wittenberg. Vgl. W. Graf, Scheurl, 26.30.

[161] Unter den Wittenberger Reden fand vor allem die Promotionsrede für Ulrich von Dinstädt das Wohlgefallen Friedrichs des Weisen, gedruckt 1509: Oratio doctoris Scheurli attingens litterarum praestantiam necnon laudem Ecclesiae Collegiatae Vittenburgensis. Leipzig 1509 bei Martin Landsberg. s. M. Grossmann, Bibliogr., 662, Nr. 24. Sie enthält neben Gedanken über die Bedeutung der Geschichtsschreibung und dem Lob des Witten-

Ausgabe einer Sammlung von Briefen des Propstes von St. Lorenz, Sixtus Tucher, und der Caritas Pirkheimer[162], eine Rede zum Gedächtnis des verstorbenen, mit Hieronymus Ebner befreundeten Antonius Kressen, Nachfolger S. Tuchers im Amt des Praepositus an St. Lorenz, die mit einer Schilderung von dessen vorbildlichem und untadeligem Lebenswandel auch die Frage nach dem angemessenen Verhältnis persönlicher Verdienste und der Verleihung eines öffentlichen Amtes im Blick auf den Nachfolger K.s berührte[163], hatte den Tadel des Nürnberger Rates und ein Verbot der Verbreitung dieser Schrift hervorgerufen[164]. Die Zweischneidigkeit solches zum Teil sicher übertriebenen Lobes im öffentlichen Dienst stehender Personen, andere vielleicht durch das Lob des Betreffenden in den Schatten stellend und nicht ohne Beziehung zu Macht und Einfluß des Angeredeten, wird an dieser Stelle deutlich offenbar. — Luther hatte in seiner Antwort auf die Bitten Scheurls mehrfach geäußert, er finde in seinen Schriften nichts Geeignetes und sei wegen seiner inscitia und inelo-

---

berger Allerheiligenstifts (Fürsorge für die Wissenschaften!) im Widmungsbrief ein Lob der Kunst Cranachs. Vgl. W. GRAF, Scheurl, 41f. — Daß Scheurl sich gern zum Beschützer und Befürworter geistlicher Interessen machte, zeigt der 1511 erschienene Libellus de sacerdotum et rerum ecclesiasticarum praestantia apertissimis exemplis et historiis tam Christianis quam Ethnicis abunde demonstrans deo dicatis bonis sub interminatione futuri et praesentis iudicii laicis abstinendum fore atque parcendum. Clericos autem etiam malos honorandos et cum eorum bonis divino ac humano iure ab omnibus exactionibus et muneribus ita immunes esse ut eis aut rei ecclesiasticae iniuriantes anathema sint et plerumque mala morte pereant. Quod et inscribi placuit Sacerdotum defensorium. Leipzig bei Wolfgang Stöckel 1511. s. M. GROSSMANN, Bibliographie, 662, Nr. 27.28-35.

[162] Viertzig sendbriefe aus dem Latein in das Teutsch gezogen durch etlich gelert gotsforchtig und gaistlich personen zueinander geschrieben und mit vil hailsamen Christenlichen leren vermengt: den lesenden zŭ sonder frucht unnd rayzung inprŭnstiger andacht dienlich. SI VIS INGREDI VITAM SERVA MANDATA. Circumseptae sunt his Epistolis authoritates sanctorum patrum: necnon Philosophorum oratorum atque poetarum moralia dicta circiter Septingenta quae catholico lectori si modo aliquid habet aut pietatis aut religionis voluptati atque utilitati facile esse possunt. Nürnberg 1515 bei Friedrich Peypus. s. M. GROSSMANN, Bibliographie, 664, Nr. 38. Der letzte der hier gedruckten Briefe stammt von Scheurl selber und enthält wichtige Hinweise zu den Sch. bewegenden Themen des Verhältnisses des Christen zu den heidnischen Dichtern (Bezug auf Hieronymus), des Lebens der Konventsmitglieder als zu den die Oberschicht der Stadt bildenden Familien gehörig und selbst ein wichtiges Glied der Stadtgemeinschaft, ,,pollicey'', bildend, s.u. S. 75, Anm. 173.

[163] Vita Reverendi patris Domini Anthonii Kressen I.U.D. et praepositi Sancti Laurentii Nurenbergensis per Christophorum Scheurl Iuris utriusque Doctorem condita. Nürnberg 1515 bei Friedrich Peypus. s. M. GROSSMANN, Bibliographie, 664, Nr. 39. s.o. Anm. 158. Die von W. GRAF, Scheurl, 58f für die mögliche Ursache der Kritik gehaltene Stelle ,,Gebt die Wirden dem man und nit den man den wirden...'' findet sich am Schluß der Rede.

[164] Scheurl äußert sich darüber an Erhard Truchseß, 1.9.1515 Briefb. I 93, 142, hält dieses Verständnis seiner Absicht in der Schrift aber für eine interpretatio in peius. Er habe alles recta et simplici intentione geschrieben, nur die virtus einzelner gelehrter Bürger hervorheben wollen. Vgl. W. GRAF, Scheurl, 58f.

quentia nicht imstande, mit einer dieses Empfängers würdigen Gabe zu antworten[165]. In seiner ersten Stellungnahme zu der Bitte Scheurls um Freundschaft mit ihm, Luther, stellt er dazu einer auf fama, virtus, gloria bei den Menschen gerichteten Erwartung an eine Freundschaft die *Gefahr* als die Dimension dessen gegenüber, der Gott und der Wahrheit allein dienen will und in der Liebe Christi mit den Geringsten, nicht mit den Größten und Erleuchtetsten, zusammengehört[166]. Einen Christen loben heißt Christus in ihm loben, und das geschieht im Gegensatz zum Lob der ethnici atque nugaces poetae nicht anders als so, daß dabei der Name Christi als dessen, der sich des Elenden und Armen annimmt, gerühmt wird[167]. Unter solchen noch mehrfach wiederholten Abgrenzungen wan-

---

[165] Vgl. WA Br 1, 126, 19-35, an Scheurl, 11.12.1517: ...nimium de me confidis atque praesumis. Non deest quidem mihi votum et studium ... Tu quidem egregiam geris opinionem de studiis meis, sed ego abiectissimam... (L. habe zu verschiedenen Malen nach einer Gabe für E. gesucht) Et ecce in universa supellectile mea... quicquid occurrebat, sordebat et indignissimum apparebat, quod tali ac tanto viro a me tantillulo dedicaretur. Non solum enim me prohibebat insignis inscitia, qua nihil mihi scire videbar, sed et altera, scilicet ineloquentia, qua non possem ea, si qua etiam dignissima scirem, digne proferre... Itaque te rogo, ut veniam mihi concedas vel meritissimo, atque deinceps tibi a laudibus mei temperes. Vgl. die Bitte an Dürer WA Br 1, 152, 26-29, 5. März 1518: Verum id abs te et ab eo peto, ut iniquissimam opinionem mei ponatis nec maiora de me sentiatis, quam ego praestare possum; possum vero et sum nihil penitissime, quotidieque magis nihil fio. Zum Gesichtspunkt der 'ineloquentia' ist wichtig L.s im Zusammenhang mit der gegen sein Gefühl erfolgten Verbreitung der Sieben Bußpsalmen geäußertes Bild des Nürnberger Leserkreises und seiner „lateinisch" geprägten Erwartung, Br 1, 93, 5-94, 12, 6. Mai 1517: ... doleo, meas ineptias per R. patrem apud vos divulgari. Non enim Nurinbergensibus, id est, delicatissimis et emunctissimis animabus, sed rudibus, ut nosti, Saxonibus, quuibus nulla verbositate satis mandi et praemandi potest eruditio christiana, editae sunt. Sed nec, si quam maxime vellem, aliquid possem efficere, quod Latinis auribus tolerabile fieret, quanto minus nunc, cum dedita opera vulgi tarditati servire statuissem. Igitur te obsecro, ut e virorum eruditorum conspectu eas submoveas, quantum potes. Daß L. sich hierin, was gerade im Gegenteil das Interesse an deutschen Schriften und Übersetzungen betraf, geirrt hat, zeigt die weitere Entwicklung, s.o. Anm. 153 und 155. Dennoch beleuchtet seine Antwort ein spezifisches, zumindest für Scheurl selbst bestehendes Problem mit dem Gesichtspunkt des 'digne proferre' und 'indignissimum', s.u. S. 74 bei Anm. 170 zu Br 1, 385, 35-39. Zur 'dignitas' s. auch o. Anm. 163 und 164.

[166] s.o. Anm. 15 im zweiten Punkt: zu Br 1, 87, 45-55, 27.1.1517. Zur „Gefahr" s.o. S. 27: Nolo te fieri amicum meum, non enim ad gloriam, sed ad periculum tuum cedet tibi mea amicitia, si modo verum est proverbium: 'Amicorum omnia communia' ...Tantum enim recedit favor Dei, quantum accedit favor hominum. Deus enim aut solus aut nullus vult esse amicus. Br 1, 86, 11-13. 29-31.

[167] ib. 87, 56-60: Quod si omnino Christum in me putaris laudandum esse, exprime et nomen eius, et non meum. Ut quid res Christi nomine meo polluitur, imo suo fraudatur? Si de rebus nemo disserit nisi propriis earum nominibus, cur res Christi sine nomine Christi praedicamus? Vgl. dazu im Vorangegangenen die Bezugnahme auf Staupitz' Formulierung 'Christum in te praedico': Sed scio Christum sapis, et dices: non te, sed Christum in te admiror. Hic ego: quomodo Christus iustitia vera esse poterit in peccatis et insipientia? Imo id ipsum est summum arrogantiae, praesumere de te, quod Christi habitaculum sis, nec nisi

dern die Schriften Luthers in dem sich entwickelnden lebhaften Austausch nach Nürnberg und die Dankesschreiben und Bitten zurück zu den Absendern. Es bleiben daneben noch Anlässe, an denen die alte Art der Bitten und Erwartungen Scheurls sich aufs neue bekundet. Zu ihnen gehört der im Frühsommer 1519 im Nürnberger Freundeskreis Hieronymus Ebners gefeierte Klostereintritt einer Tochter Ebners zusammen mit einer Tochter des mit der Familie befreundeten Kaspar Nützel in das angesehene und traditionsreiche, mit dem Leben der Stadt nah verbundene Klarakloster[168]. Wie auch immer die Einschätzung und fromme, zugleich praktische Auffassung eines solchen Ereignisses im Denken der Nürnber-

---

Apostolico ordini facile permittenda ista gloriatio... quanquam ipse quoque idem R. pater non sine timore et periculo meo me undique iactat et dicit: Christum in te praedico, et credere cogor. Sed dura ista fides. Ea enim est infelicitas huius miserrimae vitae, ut laudatores et amici, quo fuerint plures et coniunctiores, eo sint nocentiores... ib. 86, 16-26. Zum Lob der ethnici atque nugaces poetae ib. 87, 45-47. L. dürfte hier die Problematik der Lobreden und mancher Freundschaften Scheurls genau getroffen haben, s.o. Anm. 160. 163. 164. Wichtig erscheint dazu die Frage, wieweit hier auch eine Abgrenzung von Staupitz's Gnadenverständnis, das jedenfalls in seiner Wirkung auf Scheurl nicht frei vom Verdienstgedanken war, vorliegt. Vgl. die Formulierung Scheurls über den Gewinn des freundschaftlichen Umgangs mit Staupitz: non modo honesti cives, sed et optimates et certe, qui reipublicae prima gubernacula tenent, pulchrum duxere, sese illius familiaritati insinuare, quin honorem reputarunt, se ipsos exhibere hospites et non invitatos cum Doctore Staupitz coenare; qui id conciliarunt, gratiam consecuti sunt et consecutam auxere... Br 1, 84, 17-21. Oder liegt hier eine charakteristische Scheurlsche „Übersetzung" in ihm selbst geläufige Vorstellungen vor? In Luthers Antwortbriefen steht diesem Gedanken die häufige Hervorhebung von 'abiectissima opinio' und 'quotidie magis nihil fio' gegenüber, s. Anm. 165.

[168] Die Geschichte dieser Klostergründung stellt Sch. ausführlich dar Br 1, 384, 3-21, 9. Mai 1519. Daß in der Vorgeschichte dieses Klosters auch Mitglieder der Familie Ebner gewirkt haben, die seitdem als Heilige verehrt werden, mag Scheurls Verhältnis andächtiger pietas gegenüber der ganzen Familie E. verdeutlichen. — Eine besondere Freundschaft verband ihn, den Neffen Sixt Tuchers, mit der Äbtissin Caritas Pirkheimer, vgl. die Veröffentlichung des Tucherbriefwechsels s. Anm. 162 und schon im Jahre 1506(?) oder 1507 die Veröffentlichung eines Briefes an Caritas Pirkheimer, s. M. GROSSMANN, Bibliographie, 660, Nr. 9. 11. — Als wichtiges Mitglied der Familie Scheurls im dortigen Kloster ragt vor allem Apollonia Tucher, die Schwester der Mutter Scheurls hervor, die während der sorgenvollen und um den heimatlichen „langen Atem" bangenden Studienjahre Scheurls in Bologna seine Fürsprecherin bei der Mutter war. Vgl. W. GRAF, Scheurl, 20 nach Briefb I 56, 82, 28.10.1511. Sch. erzählt dort Trutfetter über seine Tante Apollonia Tucher im Klarakloster, ihre Frömmigkeit und ihre Liebe zu ihrem Neffen: Ingemiscente aliquando matre, quod propter me pauper sit facta, quod ipsa propter libros meos egeat, illa se obiicit fideiussorem, in bonam spem erigit, dicit exultare se ubi de me cogitat, quin praedicat et auguratur futurum ex me aliquid magnum, unde etiam diu noctuque pro me orat. — Über die Freuden Scheurls bei den Klosterbesuchen in seiner Kindheit vgl. v. SODEN, Beiträge, 370: ,,'Dw hast mein Jugent vill unnd offt mit lecküchlein woll erfreyd, unnd Ich machet einmal mein liebe muter lachent, das ich sy flinderling nenne, dann sy waren genug thynne pletzlein gegen meyner lieben Mumen, deiner schwester seligen Zw S. Catharina die etwas sterckher unnd basleibiger waren, Doch schmeckhten die von S. Clara auch woll' ''.

ger Konventsmitglieder und ihrer Verwandten gewesen sein mag[169], für Scheurl wird dieser Anlaß zur willkommenen Gelegenheit, mit einer humanistischen Lobrede als Festgeschenk den Gastgebern aufzuwarten, und zugleich zur großen Sorge, wie dies angemessen geschehen könne. Seine Wahl fällt in diesem Zusammenhang auf Otto Beckmann, der allem Anschein nach die besten Fähigkeiten besitzt, eine Rede der gewünschten Art, ,,Latine, circumspecte, ingeniose, artificialiter'' aufzusetzen[170]. An dieser Stelle fühlt Sch. sich den Ansprüchen dieses sonst so umgänglichen, geistig aufgeschlossenen, großzügigen genus hominum nur schwer gewachsen[171]. Die Sprache, in der er seine Bitte formuliert, enthält, wie häufig im Zusammenhang mit das Leben Nürnbergs, seine ,,Vaterstadt'', patria, betreffenden Anlässen, mit der Wendung, dieses genus hominum sei ,,für die res publica geboren'', einen Anklang an das römische Leitbild, das so oft durch die Widmungen und Kommentierungen aus der literarischen Werkstatt Scheurls hindurchblickt: Cicero und sein Verhältnis zur römischen res publica[172]. Seine in früheren Jahren geäußerte Sicht der Bedeutung des Klosters als eines wichtigen Gliedes dieser ,,Pollicey'', mit der Aufgabe, für das Regiment dieser Stadt zu beten, wofür die Stadt

---

[169] Zur Aufnahme in das Kloster mußte der Rat seine Genehmigung geben, s. v. SODEN, Beiträge, 34. Nach einer Mitteilung des Rats von 1514 durften nur Bürgerinnen und Bürgerskinder aufgenommen werden und keine Fremden, deren Eintritt die Privilegien der Stadt nicht erlaubten. Der Eintritt der Töchter Ebners und Nützels, zusammen mit der Übergabe des zur Bestreitung des Lebensunterhalts des Konvents durch die Stadt üblichen Zehnten, zeigt ebenfalls die enge Verbindung des Klosters mit der öffentlichen Verwaltung der Stadt. Scheurls persönliche Sicht dieses Verhältnisses mag dennoch durch seinen eine Vorliebe für antike religiöse Institutionen zeigenden Humanismus mitbestimmt sein, s.u. Anm. 173 und, zum Vergleich, die Inhaltsangabe seiner Schrift De sacerdotum et rerum ecclesiasticarum praestantia, s.o. Anm. 161.

[170] Br 1, 385, 37 des genannten Briefes an L. und O. Beckmann, 9. Mai 1519.

[171] ib. 37-39: Scis, quid me angit: tam aegre consulitur hoc hominum genus, in reliquis tractabilissimus, ingeniosus, magnanimus, prodigus, reipublicae natus.

[172] Allein unter den Autoritätszitaten in Scheurls Ausgabe der Tucherbriefe ist Cicero an 16 Stellen vertreten, sowie im Nachwort Sch.s an Lazarus Spengler die von Sch. häufig mit Berufung auf Cicero angeführte Maxime 'nihil minus hominis hucusque visum esse quam non respondere in amore ei a qui provocere'. s.u. Anm. 179. Daß auch in seiner Anredeform für die Mitglieder des Nürnberger Rats, 'patres conscripti' s. z.B. o. Anm. 160 im Brief an G. Fütterer, und in seinem formelhaften Gebrauch der Hinzufügung 'opt. max.' in Beziehung auf 'Deus' oder 'Christus' ciceronianischer Sprachgebrauch mitwirkt, entspricht humanistischem Stil. Vgl. die spätere Kritik dieses Stils bei Erasmus im 'Ciceronianus' vgl. J. HUIZINGA, Erasmus. Basel 1936, 206. — Zur Beschreibung Ebners vgl. die Wendung in der Anm. 153 angeführten Briefstelle Br 1, 107, 14-19: Una tecum praeter Christum et rempublicam nihil quaerit, und im Blick auf Luther: tuam fortunam communem existimet s. Anm. 159, Br 1, 288, 22-25. Dazu die Maxime Scheurls an O. Beckmann, Briefb I 104, 157, 26.3.1516: ego arbitror bonum virum oportere publica privatis anteponere (gegen die Nürnberger, die wegen ihrer Handelsinteressen in Frankreich 'satis frigide' über Maximilians Kriegszug gegen Frankreich denken).

ihrerseits auch schuldig ist, den Konvent zu erhalten, zeigt ebenfalls das Nachwirken antiker Vorstellungen über den Zusammenhang von Gebet und guten Werken dafür bestimmter Stände und dem so in Beziehung zur Gottheit stehenden Leben der in Gesetzen und Ämtern verfaßten Bürgergemeinde[173].

Das Lebensproblem Scheurls scheint dies zu sein, daß er, von früheren Erfahrungen seiner Familiengeschichte geprägt, im manchmal schweren und angsterfüllten Ringen während seines Studiums und der ersten Berufsjahre in Situationen wie der hier geschilderten sich herausgefordert fühlte, viel Kraft und Energie einzusetzen, um seine ,,Verdienste zu mehren''[174] und so schließlich die für ihn von der Seite seiner Mutter her

---

[173] Tucherbriefe Ep. XL, p. 61 a: Ewer lobwirdige versammung ist nit das wenigst gelid oder partikel dieser weitberümpten pollicey. Wann kein regiment mag an embsige fúrpit frořmer menschen aufenthalten werden. — (Deshalb lasse auch die Stadt die Mitglieder des Konvents keinen Mangel leiden).

[174] s.o. Anm. 160 im Brief an G. Fütterer: de iucundissima patria et vobis singulis bene merendi nullam occasionem praetermittam. Im vorangehenden Satz der Ausdruck 'gratia': Verum quantum gratiae apud vos habiturus sit nescio... — Ein Anklang an die Terminologie der Prädestinations- und Gnadenlehre findet sich auch in Scheurls frühem Brief an den Nürnberger Rat. Briefb I 3, 3f vom 26.9.1505 aus Bologna, in dem er sich für die empfangene Unterstützung seiner Studien durch ein Geldstipendium bedankt. Die finanzielle Not des Vaters war mitbedingt durch dessen Auseinandersetzung mit dem Nürnberger Rat, in deren Folge es sogar zur Verurteilung zu einer Haftstrafe kam. s. W. GRAF, Scheurl, 6, 55, Anm. 5. Hierauf spielt Sch. an in der folgenden Bitte: Unum tamen supplicibus precibus vos singulos oro atque per meam in patriam fidem ac benivolentiam obsecro, ut illi quidquid ignorantia seu temeritate in vos peccavit, condonetis atque in pristinam gratiam recipiatis, quod ego bona fide polliceor, quidquid ille omisit, me studiis meis restiturum. Si tamen pro humanitate vestra intuitu meae erga vos observantiae ac nostrae inopiae aliquam honestam conditionem illi offerre dignaremini, fortasse ipse fide, prudentia, experientia multorum opinionem superaret, ego vero cum omni posteritate nostra darem operam, ne collati vos beneficii poeniteret... Valete, patres conscripti, et me in numerum fidelium servitorum ac civium vestrorum ut adscribere velitis, etiam atque etiam rogo... Zum Dank verspricht Sch. eine Geschichte der Stadt Nürnberg zu schreiben: qui liber, si non erit cultus, disertus, ornatus, erit tamen laudum vestrarum praeco et apud posteritatem buccinator. — Im Dienst der Stadt Nürnberg trat er hervor mit Reden anläßlich des Besuchs des Kardinals Ippolito d'Este, und z.B. auch bei der Begrüßung Cajetans am 25. Februar 1519. Kritisch zu dieser ,,geschmacklosen Lobrede'' W. GRAF, Scheurl, 56f. Auch Scheurls Gesandtschaftsreise nach Spanien — vgl. zu seiner Rede vor Karl V. das Lobgedicht des Eoban Hessus: 'Orator coram Caesare fortis eras' (v. SODEN, Beiträge, 113 Z. 60) — wurde nicht von allen beteiligten Zeugen gleich positiv wie von ihm selbst beurteilt; ihm wurde u.a. vorgeworfen, daß er sich durch die Liebenswürdigkeit der Höflinge habe täuschen lassen; W. GRAF, Scheurl, 74. — Die Kritik im 'Eccius dedolatus' nannte ihn 'utriusque iuris dolorem... Gloriosum illum, insulsum, supinum, arrogantem' und spielte auch auf die von Sch. so wichtig genommene Familienzugehörigkeit an: 'cuius pater, cuius mater nostin'?' s. W. GRAF, Scheurl, 87 A. 60. — Der Verdienstgedanke findet sich auch in Verbindung mit dem Anlaß des Klostereintritts der Tochter Ebners in Sch.s Brief an O. Beckmann vom 1. Mai 1519, Briefb II 199, 88: Habes occasionem amplissimam de patre, de matre, filiis Jeronimo et Katherina litteris et munere chartaceo bene merendi...

verbürgte und ihm durch seine fleißigen und ernsthaften Bemühungen im Studium zustehende Anerkennung der führenden Glieder seiner Heimatstadt und damit die ersehnte Lebensstellung zu erringen. Der Selbstverständlichkeit seines Lebens in der Stadt schadete dies unter Umständen eher[175]. Seine christliche Beanspruchung im Dienst der Staupitzfreunde und Nürnberger Predigthörer sowie der Lutherleser zeigt ihn dagegen in äußerst glücklicher Entfaltung seiner ganz besonderen sprachlichen und geselligen Begabung: von den Mitgliedern der sodalitas gewählt als Marschalk, architriclinus, Sekretär des abwesenden Staupitz[176], war ihm gleichnishaft die Rolle zugewachsen, die er sich mit dem Bild seines Schutzheiligen Christophorus für sein Leben wünschte: ,,im Dienst des höchsten Herren'' zu stehen[177]. Verstand er, der in der Gegenwart der

---

[175] s. die Anm. 174 wiedergegebenen kritischen Äußerungen.

[176] s.o. Anm. 151 zu Br 1, 116, 12-15 und Anm. 152 zu Briefb II 176, 60f. 'Architriclinus' wird an der zweiten Stelle wiedergegeben mit 'Marschalk': hi...me architriclinum vel ut ipsorum vocabulo utar marsalcum decernunt, qui compransores convocem, instruam, supputem, exigam. Briefb II 186, 78 nennt sich Sch. Staupitz gegenüber 'cancellarius tuus' (23.12.1518), da es zu seinen Aufgaben gehörte, mit dem abwesenden St. brieflich Verbindung zu halten. — Zu den von Sch. hervorgehobenen Zügen der humanitas und affabilitas Staupitzens (vgl. Br 1, 84, 17) gehörte bei diesen Mahlzeiten besonders die hilaritas, wie die häufig angeführte Maxime ,,bei Tisch und ehrbaren Personen angenehm und fröhlich'' und andere Zeugnisse aus den von Lazarus Spengler aufgezeichneten Tischgesprächen St.s. zeigen. Vgl. W. GRAF, Scheurl, 65 A. 71; KNAAKE, Staupitz I, 42-49. Nach der Leipziger Disputation hebt Mosellan ähnlich in der Darstellung Luthers hervor: In congressibus festivus, jucundus, alacris et securus ubique, semper laeta facie florens... LÖSCHER III, 247f s.o. Anm. 86 vor der dort angeführten Stelle, vgl. auch das Zeugnis der Leipziger Fakultät für Eck:... in arenam laeto animo et hilari vultu descendisse... WA Br 1, 438, 26. — Die Anspielung auf das 'Traurige' in der Erscheinung Scheurls (s. Anm. 174) im 'Eccius dedolatus' gehört vermutlich in denselben Zusammenhang. Gewiß darf man sie nach allem auch damit in Verbindung sehen, daß die Frage der ,,Würdigkeit'' ihn bei Anlässen wie dem genannten Klostereintritt der Ebnertochter in einer Weise beschäftigte oder zu Leistungen verlockte, die nicht im Verhältnis zum Anlaß standen.

[177] Aus Anlaß des Angebots Friedrichs des Weisen (1505) erwähnt Sch. gegenüber S. Tucher am 26.9.1505 seinen Wunsch, in den kaiserlichen Dienst zu treten. Briefb I 4, 7: ...tametsi decreverim Maximiliano operas meas locare inhaerendo vestigiis cognominis mei divi Christoferi, qui primum dominum sibi quaerebat; vgl. W. GRAF, Scheurl, 32 A. 137. — Hierher gehört auch die Art Sch.s, vom Kaiser als 'terrenus deus' zu sprechen, vgl. Briefb I 13, 20 an S. Tucher, 5.6.1506 und II 146, 32 an Johann Doltz, 31.10.1517, sowie in der Schilderung seiner Rede vor Karl V. an O. Beckmann, Briefb II 213, 101, 27. März 1520: mox ut animadverti divinos radios, Augusti oculus, ita benigne in me defixos ... confirmavi me ipsum et peroravi constantissime... Auch hier heißt es im Folgenden: recognovi et salutavi carolum meae reipublicae unicum, verum, naturalem et legitimum principem praestitique fidelem oboedientiam, atque illam suo terreno deo unice commendavi, haud cunctanter fassus ab illo post deum immortalem pendere omnes nostras fortunas, vitam, salutem, commoda... Daß dieselbe Bezeichnung der Verehrung eines Menschen, auf Luther angewandt (vgl. über Ebner Br 1, 385, 32: praecipue Martinum diligit, ut terrenum deum colit, adorat), mit dessen anfänglicher und stets wiederholter Abgrenzung von solcher 'iniquissima opinio' — s.o. Anm. 165 und 166 — aufs engste zusammenhängt, darf man vermuten.

Gnaden- und Prädestinationspredigt Staupitzens in Nürnberg etwas wie
die Zeichen einer messianischen Heilszeit empfand[178], was ihm hier zuge-
traut wurde? Luthers Freundschaftsbrief von 1517 enthielt zugleich die
Einladung, sich mehr als bisher nicht nur mit dem antik-humanistischen,
sondern mit dem biblischen Verständnis des Menschen und menschlicher
Dinge, der Freundschaft und des Reiches Christi im Verhältnis zur Welt
zu beschäftigen, und das bedeutete für den nach theologischer Wahrheit
Ringenden auch: sich der Frage des Gegensatzes von antik-heidnischem
und biblisch-christlichem Bildungs- und Wahrheitsverständnis zu stellen,
worum sich z.B. der früher mehr humanistisch gelehrte Spalatin seit 1516
als exegetisch-theologischer Schüler Luthers und der Wittenberger und als
Brief- und Gesprächspartner Luthers bemühte[179]. Und enthielt nicht die

---

Die Exklusivität in der Freundschaft: 'Deus enim aut solus aut nullus vult esse amicus'
Br 1, 86, 30f — zu diesem Problem s.o. Anm. 15 — in Luthers Sinne wird von hier aus
verständlich.

[178] s.o. Anm. 151 zu Briefb II 117, 5 (zweites Zitat): ...ac si tu is sis qui salvum faciet populum Israhel, zusammen mit der Bekenntnisaussage (assertio) der Nürnberger Br 1, 84,
14-16: publice asserunt huius simile antea non audisse; omitto, quod alii Pauli discipulum,
immo linguam, alii euangelii praeconem et verum theologum cognominant.

[179] s.o. S. 63, besonders im Zusammenhang mit der zwischen Spalatin und Luther erörterten Römerbriefauslegung des Erasmus, vgl. Br 1, 70f (19.10.1516); I. Höss, Spalatin, 97-
99. Scheurl schließt sich in seiner Ausgabe der Tucherbriefe, ep. 40, 55-63 vor allem dem im
Konvent des Klosters geschätzten Hieronymus an, führt daneben u.a. auch Augustin
an. —Das von L. gegen die hieronymianische Auslegung der 'iustitia legis' geltend gemachte Argument 'Non enim, ut Aristoteles putat, iusta agendo iusti efficimur, nisi simulatorie,
sed iusti (ut sic dixerim) fiendo et essendo operamur iusta. Prius necesse est personam esse
mutatam, deinde opera'. (Br 1, 70, 29-31) trifft der Sache nach auch Sch.s Freundschafts-
verständnis, der stets darauf sah, durch den Umgang mit anderen ,,besser zu werden''.
Briefb II 115, 2: qui semper in deliciis habui bonis viris coniungi, unde melior reddi possem
(an Eck, 14.1.1517). Vgl. Briefb I 44, 62f vom 8.10.1510 an Trutfetter: non dubitavi, quin
sanctissimi tui mores praestantiorem me redderent ... Nos omnes debemus tibi, qui es recte
vivendi et norma et exemplar, cuius integerrima conversatio nos recte vivere docuit, cuius
doctrina nonnisi meliores reddi poteramus atque nunquam accedebamus, quin abiremus
doctiores. Vgl. W. GRAF, Scheurl, 46 A. 64 und 68 A. 104. Die Unterscheidung zwischen einer Wahrheit und iustitia der 'persona' vor den opera oder der vita hat in Scheurls Denken,
wie es scheint, nicht Eingang gefunden. Vgl. zu dieser Frage die Gegenüberstellung augusti-
nischer und stoischer Anthropologie bei William J. BOUWSMA, The two faces of humanism
(s.o. Kap. I Anm. 64), p. 39; der Aspekt der 'hypocrisis', aus der Rechtfertigungslehre bekannt, ist dort ebenfalls auch auf die Freundschaft bezogen. Nach Melanchthons Anthropologie ,,'the heart and its affections must be the highest and most powerful part of man'. Thus
he saw that the consequence of control over the affections (if such control were truly possible)
would be not rationality but insincerity, the presentation not of a higher and rational self to
the world but of an inauthentic self [zu Loci communes, 28f]. We may find in this psycholo-
gical discussion, therefore, a shrewd contribution to Renaissance concern, another reflection
of social disruption, with the problems of friendship and hypocrisy''. Scheurls Ringen um
,,Verdienste'' in einer sozial verunsicherten Situation scheint die Aktualität dieser Fragestellung unter den Gesichtspunkten der ,,Authentizität'' oder ,,hypocrisis'' zu verdeutlichen. — In der Zeit seines begeisterten Augustinertums im Staupitzkreis überträgt Sch.

durch Scheurl selbst an Luther übermittelte Bitte, für Ebner etwas über
das Heil der Seelen oder auch über Krieg, Verwaltung und Ratsgeschäfte
zu schreiben[180], die Breite des ganzen Lebens im Verhältnis zum Glauben? Wir haben also Grund, des in Spanien abwesenden Scheurl und seiner Probleme, während er seine große Rede vor dem ,,terrenus Deus'',
dem zum Kaiser gewählten König Karl, hielt, im nächsten Kapitel, das
der Darstellung der Sakramentssermone Luthers, also eines Teils der so
heiß begehrten Erbauungsschriften in deutscher Sprache, gewidmet ist, zu
gedenken.

4) Ein väterlicher Freund Luthers in Wittenberg und seine Besorgnisse für die Zukunft. Otto Beckmann

Im Unterschied zu Scheurl, dessen Name in der Reformationsgeschichte bekannter geworden ist und der durch seine Vermittlungen nach vielen
Seiten hin den Erbauungsschriften Luthers die Wege bereiten half, blieb
derjenige unter den Freunden L.s als Person im Hintergrund, auf dessen
Bitten L. der ihm bis dahin unbekannten Fürstin Margarete von
Braunschweig-Lüneburg seine in den letzten Wochen und Monaten des
Jahres 1519 entstandenen Sermone von den Sakramenten widmete[181]. L.
nennt seinen Namen nicht in der den Sermonen beigegebenen Widmungsvorrede, erwähnt nur, daß die Bitte, der er mit dieser Zuschrift antwortete, aus dem Kreis seiner ,,guten Freund, Väter und Herrn'' an ihn
herangetragen worden sei[182]. Im Mittelpunkt steht an dieser Stelle, wie im
Brief an Scheurl 1517 bekenntnishaft hervorgehoben, auch im Gedanken
an diese Empfängerin statt menschlicher Namen der Name Christi[183], was

---

auch seine an eine Ciceronianische Wendung anklingende Maxime auf die Zugehörigkeit zur familia Augustinensium: vgl. an Spalatin, 21.10.1511 Briefb I 55, 80: 'Habeo gratias
quod tibi cum Cicerone tuo nihil minus hominis videtur quam non respondere in amore ei a
quo provocere' mit der Wendung 'qui turpe ducis in amore vinci, humanitate superari' an
L. am 1.4.1517 Br 1, 91, 5f in der Freundschaftswerbung für Eck, gleichlautend an Carl-
stadt, Briefb II 125,13 (1.4.1517) und ähnlich an Trutfetter, Briefb I 112, 168 (10.12.1516).
Am 30.9.1517 schreibt Sch. mit derselben Wendung an Luther: Quod amice ad me scribis
et silentium tuum excusas... certe bene facis, quippe quod multis constat, Augustinianus
sum turpissimum ducens in amore vinci. Br 1, 107, 2-5.

[180] s.o. Anm. 153.
[181] Vgl. WA Br 1,539, 23-25 L. an Spalatin, [c. 16. Oktober?] 1519: Miraberis, qua forte
sermones meos ducisse dedicarim. Miror & ego, quam nec viderim. Sed Ottoni nostro
magnis votis expugnatus sum illi feminae sic praedicatae gratificari. Die Widmung selbst
findet sich in dem zusammen mit den Sermonen abgedruckten Brief L.s an M. von
Braunschweig-Lüneburg, WA 2, 713 = Bo A 1, 174f.
[182] WA 2, 713, 8f.
[183] WA 2, 713, 15-17: die weil ichs gewißlich dafur acht, das unßer aller meyster, Christus, bey E. F. G. mir gar lang und weyt zu vor kommen sey. Vgl. zum ,,Namen Christi''
Br 1, 87, 56-60, s.o. Anm. 167.

zur Folge hat, daß die Bemühungen eines Verfassers geistlicher Schriften durch diesen Blick auf den ,,Lehrer von oben'' an die zweite Stelle rücken, wenn nicht als ganz überflüssig erscheinen. Der Gedanke an die Bibel, der Fürstin Andacht zur heiligen Schrift, ist dann nach L.s Bericht zum Anlaß geworden, unter dem Namen der Fürstin die folgenden Sermone von den Sakramenten ausgehen zu lassen. In diesem Ausdruck ,,Ausgehen lassen'' liegt, in Verbindung mit dem himmlischen Haupt der Christenheit, gewiß auch etwas wie ein missionarischer Aspekt des ,,Dienstes'', zu dem sich L. schuldig weiß, persönlich gegenüber der Fürstin und darüberhinaus den nach solchen Schriften verlangenden ,,betrübten und geängsteten Gewissen''[184] — Im folgenden Brief an Spalatin gibt L. als Grund für die selbst Spalatin, mit dem in diesen Dingen wohl häufigste Verbindung besteht, überraschende, also vermutlich spontan erfolgte Widmung an die ihm bis dahin unbekannte Herzogin an, er sei durch einen großen Ansturm der Bitten von seiten Otto Beckmanns ,,erobert'' worden, dieser so gepriesenen Frau seinen Dienst zu erweisen, seine Gabe darzubringen[185].

Im Hintergrund dieses Hinweises auf die ,,Huldigungsgabe'' zeigen sich auf Grund des Briefwechsels dieser Jahre, vor allem zwischen Wittenberg und Scheurl in Nürnberg, nun ziemlich deutlich die Umrisse der Gestalt des erwähnten Freundes Otto Beckmann, der zu den Älteren im Wittenberger Kollegenkreis L.s gehört[186]. Auch aus seiner Arbeit und literarischen ,,Werkstatt'', wie in Scheurls 'officina', kennen wir die Art solcher ,,Darbringungen'' des Lobes in Form des Epigramms oder der kunstvoll geformten lateinischen Rede[187]. Im Blick auf B. bietet sich dabei weniger das Bild der ,,Werkstatt'', Druckerpresse, oder der schreibenden Hand,

---

[184] WA 2, 713, 21 = Bo A 1, 175, 11f.

[185] s.o. Anm. 181: 'expugnatus'.

[186] Zu B.s Leben und Schriften vgl. vor allem den B. gewidmeten Abschnitt in Nikolaus MÜLLERS Darstellung, Die Wittenberger Bewegung 1521 und 1522, 224-237. In Auseinandersetzung mit der kritischen Beurteilung B.s durch MÜLLER in neuerer Zeit s. vor allem Klemens HONSELMANN, s.o. Anm. 3. Auf der Darstellung von N. MÜLLER basierend, auch Walter FRIEDENSBURG, Geschichte der Universität Wittenberg, Halle a.S. 1917, 71-73, 109, 120. In anderen Beiträgen zum Wittenberger Humanismus, z.B. bei H. JUNGHANS, Der Einfluß des Humanismus auf Luthers Entwicklung bis 1518. LJB 37 (1970), 37-101, wird B. merkwürdigerweise nicht erwähnt. Vgl. demgegenüber die im vorigen Abschnitt genannte Scheurl-Biographie von W. GRAF, s. Anm. 141. Unter den Werken B.s ist außer zwei bei N. MÜLLER, 233f aufgeführten Universitätsreden um 1510, s.o. Anm. 3, für die Zeit bis Ende 1519 von Interesse ein bei KOLDE, Analecta Lutherana, 6f abgedruckter Brief B.s an Spalatin vom 24.2.1519; vgl. LÖSCHER III, 90f. s.o. Anm. 2.

[187] Vgl. die o. Anm. 170 erwähnte Bitte Scheurls an Beckmann um eine Rede, 'latine, circumspecte, ingeniose, artificialiter' WA Br 1, 385, 37 sowie die o. Anm. 3 genannten Reden Beckmanns.

der ,,Handarbeit'', zum Vergleich an als vielmehr, wie in Scheurls Bericht über Staupitz' Predigten in Nürnberg, die lebendige Stimme, Sprache oder ,,Zunge'' selbst[188]. Die Wirkung Beckmanns im Freundeskreis lag, wie briefliche Mitteilungen und ein bestimmtes in der Forschung überliefertes Bild seiner Persönlichkeit und Umgangsweise zeigen, besonders im Ansprechenden seiner persönlichen Gegenwart selber[189]. Er gehört mit Amsdorf, Spalatin und Melanchthon zu den z.T. aus geselligem Anlaß wie beim Besuch Scheurls in Wittenberg Ende August 1517[190] erwähnten Gliedern der sodalitas[191], die die Wittenberger Freunde — im lebhaften wechselseitigen Gegenüber zu den Nürnbergern — bildeten. Das Bild des ,,liebenswürdigen Allerweltsfreundes'' Beckmann ist bei N. Müller ins Negative gewendet, bezeichnet jedoch zunächst dieselbe Seite der Persönlichkeit B.s[192]. — Ihrer Interpretation dient es vor allem, seinem Beruf als Lehrer der Grammatik[193] und seiner von Leitgedanken des Humanismus bestimmten Auffassung des ,,Redners'' oder des ,,Dichters'' ein wenig nachzugehen.

B. gehört zu den älteren, vom italienischen Humanismus durch die Vermittlung Agricolas, im Falle Beckmanns: über Hegius in Deventer, Hermann von dem Busche in Leipzig, Rudolf Langen in Münster[194], bestimmten Gelehrten, die das humanistische Ideal in den drei Berufsnamen des orator, poeta, philosophus überlieferten[195]. Daneben bezeugen seine Reden ebenfalls stark das ,,germanische'' Interesse des Conrad Celtis an den Urkunden, besser: Stimmen deutscher Literatur und Geschichts-

---

[188] Vgl. Br 1, 84, 15f s.o. Anm. 178.

[189] s. die oben Anm. 11 genannten Stellen aus dem Briefwechsel Scheurls mit O. Beckmann; vgl. N. Müller, Wittenberger Bewegung, 235: B.s Liebenswürdigkeit im Verkehr, sein Sinn für Freundschaften u.dgl.

[190] Vgl. Br 1, 103, 3-8 L. an Spalatin, s.o. Anm. 11 am Schluß.

[191] s. L. an Scheurl, 6. Mai 1517, Br 1, 94, 30f: Salutat te Amsdorffius et omnis amica sodalitas. Salutamus vicissim per te omnes salutari meritos. Vgl. die von Scheurl Br 1, 385, 40-42 (9.5.1519) namentlich genannten Mitglieder der Nürnberger sodalitas.

[192] N. Müller, Wittenberger Bewegung, 236: ,,Denn die Reformation verlangte mehr als halbe Menschen und liebenswürdige Allerweltsfreunde''. Gegen dieses Bild wendet sich vor allem K. Honselmann in den Anm. 3 genannten Beiträgen.

[193] N. Müller, Wittenberger Bewegung, 226, gegenüber der Annahme, B. habe den Lehrstuhl für Rhetorik innegehabt. Die Vorlesungen dieses Faches wurden zu seiner Zeit von B. Vach wahrgenommen.

[194] Vgl. W. Friedensburg, 69f; Paul Joachimsen, Der Humanismus und die Entwicklung des deutschen Geistes. Gesammelte Aufsätze. Aalen 1970, 325-386, besonders 342ff.

[195] Vgl. das Widmungsgedicht des Richard Sbrulius in der Anm. 3 genannten Universitätsrede B.s 'in laudem philosophiae ac humaniorum litterarum' 1510: 'Philosophus fias: rhetor: sanctusque poeta/Haec tria mortalem nomina quemque beant'. P. Joachimsen, Humanismus, 342f, beschreibt diese Ideale im Anschluß an ihre Übertragung durch Enea Silvio auf die deutschen Verhältnisse. Zum Inhaltlichen s.u.

schreibung der Vergangenheit und Gegenwart[196]. Zu den von B. in seinen Universitätsreden von 1510, vor allem in der ersten Rede, sehr hervorgehobenen Kennzeichen des poeta gehört es, daß er vates, Künder göttlicher Geheimnisse ist: 'Nil mortale sacri vatis ab ore venit'[197]. Neben diesen Zügen des singenden, vom Göttlichen ergriffenen Dichters, Rhapsoden, enthält das Bild des Redners, orator, ganz besonders das humanistische Verständnis des Menschen: durch göttliche Gabe unterscheiden sich die Menschen von den tierischen Lebewesen nicht so sehr durch intellectus und ratio als durch das Miteinandersprechen und das Ausdrücken der Empfindungen[198]. In diesem Zusammenhang mag eine von W. FRIEDENSBURG gegebene Beschreibung des nach Art der Vaganten umherziehenden Hermann von dem Busche, des Lehrers O. Beckmanns, der ,,weniger durch seine Schriften als durch seine Person, sein lebendiges Wort'' wirkte[199], auch ein wenig dem Verständnis B.s und seiner Beliebtheit im Wittenberger Freundeskreis dienen. Ein Idealbild, geeignet, zarten Empfindungen Ausdruck zu geben, zeichnet in großer Liebenswürdigkeit seine Lobrede zum Namenstag der hl. Katharina, der Schutzheiligen der Universität Wittenberg, gehalten am 24. November 1510 in der Allerheiligenstiftskirche[200]. Das Lob der divina eloquentia, die im Lobpreis Christi durch dulcedo und suavitas die heidnischen Philosophen besiegt und innerlich überwindet, indem sie ihre Herzen gewinnt, bildet

---

[196] P. JOACHIMSEN, Humanismus, 348f.

[197] Aus einem von B. im Teil II der Rede angeführten Epigramm des Hermann von dem Busche, fol b ij^r; ein anderes lautet: 'Non humana canunt divini carmina vates/Insidet aethereus pectora nostra deus'. — B. geht hier auch auf den platonischen 'furor divinus' ein, verbunden mit der Auslegung des Marsilio Ficino: es handelt sich um einen 'raptus animae', durch den die Seele aus dem Versunkensein in den 'Schlaf des Leibes' aufgeweckt und an ihren himmlischen Ursprung erinnert wird: quia cum semel rapta fuerit mens ipsa quam animam dicimus, superat omnia et a nulla rerum inferiorum superari potest. Exuscitat eam dicit Plato hoc est a somno corporis ad vigiliam mentis ex oblivione lethea (qua ligatur cum corpori immergitur secundum Platonem) ad divinarum et supernarum rerum reminiscentiam revocat... Videbant enim vates furore quodam agitari quo rapti quaedam et dicere et facere reliquis hominibus qui nihil divinitatis haberent impossibilia. — fol b^v. — Rosvith von Gandersheim war in ihrer Zeit 'vates omnium longe praestantissima', 'et graecae et latinae linguae egregie docta' — Unter den vates des Altertums, die zugleich die ersten Theologen sind, ragte Orpheus hervor. Vgl. P. JOACHIMSEN, 347.

[198] Quid per deos pulchrius admirabiliusque in nobis esse potest quam ut quo uno beluis praestamus eo etiam hominibus antecellamus. Hoc enim praestamus (inquit Cicero) vel maxime feris quod colloquamur inter nos et exprimere sensata possumus ob quam rem quis hoc iure miretur summeque in eo laborandum esse arbitror ut quo uno homines maxime bestiis praestent in hoc hominibus ipsis antecellant arte et usu qui omnium magistrorum praecepta superat. fol b.

[199] Geschichte der Universität Wittenberg, 69.

[200] s.o. Anm. 3.

den Inhalt dieser Rede[201]. Unter den Freunden war Scheurl derjenige, mit dem B. Gefühle solcher Art am meisten teilte, in einer brüderlichen Verbundenheit und starken gegenseitigen Identifikation, vor allem von Scheurls Seite[202].

Kritisch ist gefragt worden, wie weit B. bereit war, für die humanistischen Ideale auch in mutigem, opfervollem Einsatz zu kämpfen[203]. Doch ging es in der Auffassung B.s überhaupt um etwas, für das es zu ,,kämpfen'' galt? Die Lobrede, die er vertritt, geschieht im geschützten Innenraum des ,,Musentempels'', in dem nun Christus besungen und die christliche Weisheit studiert wird[204]. Es ist B.s Auffassung, daß die Für-

---

[201] Oratio in laudes sanctissimae Parthenices Catharinae, B[r]: 'O eloquentiam divinam O oratricem vehementissimam O persuadendi suavitatem incomparabilem quae tocius orbis Sapientum animas Christo lucrata est. Vos oratores qui orationis splendorem verborumque phaleras amatis sit vobis exemplo diva nostra...'. Nach diesem Exkurs kehrt B. zur Erzählung der Legende zurück. Vgl. vor allem die Abschiedsszene, in der Katharina nach einem Dankgebet, Worten voller dulcedo und suavitas an Christus, dem Henker befiehlt, seines Amtes zu walten. Doch das ist nicht das Ende des Lobes: lingua rescisis nervis Jesum & sponsum et salvatorem sonabat. B iij[r]. Zu ihrer Aufnahme in den Himmel bemerkt B.: Et haec perfecta sapiencia est profecto ut unde orti simus et ex quo fonte venerimus recognoscamus et facile omnem vitiorum sordem vitabimus... Ad hoc enim animus coniunctus est corpori ut virtutibus scienciisque locupletissimus et philosophia sancta purgatus post corpus extinctum in beatorum insulas absque ullo incommodo proficiscatur et summa in beatitudine vivat. B iij[v].

[202] Außer den o. Anm. 11 genannten Stellen vgl. Briefb I 64, 100, Ende Oktober 1512 im Zusammenhang mit einer Einladung B.s in Scheurls Elternhaus: qui te semper ut fratrem dilexi, amavi, colui, semper amabo, colam, diligam. I 65, 102: Utcunque igitur mea tibi erunt communia pro mutua et fraterna nostra benivolentia. Über O. Beckmann an Melanchthon, II 173, 54, 23.10.1518: quicum seria et omnia communia habeo. In den Nürnberger Briefen Scheurls an B. in Wittenberg werden von Sch. besonders häufig die Gottesdienste der Allerheiligenstiftskirche erwähnt, s. I 65, 100; II 173, 54, und u. Kap. III, Anm. 428, an denen Sch. gerne mit den Wittenbergern teilnehmen möchte. Ein zweites häufiger berührtes Thema ist die Gesundheit B.s, im Zusammenhang mit dessen Liebe zum Wein: II 180, 68, 17.12.1518: Adhuc opto te vivere continentem et abstemium ac sobrium: temulentiam non reprehendo, quam nullam audio, scio tamen apud Lutherum in quodam praeceptorio argui, quod nullum peccatum faciunt, donec evomuerint. Curae mihi est et valetudo et universus status tuus: propterea nihil te moveant scripta fraterna. — In diesem Brief geht Sch. zugleich auf Gedanken B.s an Rückkehr in seine Heimat Westfalen ein, die 1523 erfolgte. — Vgl. I 69, 107, Anfang Februar 1513: Quod ad me attinet quoniam tantum in me confidis omnem meam fortunam tibi communem dedico ... semper ad morum gravitatem et vitae sanctimoniam me imbuisti, educasti, docuisti, oblata occasione pulcherrimam gratiam tibi polliceor relaturum. — Vgl. noch den nach Jahren der Trennung die Freundschaft bis ins Alter bestätigenden Brief vom 23.12.1536. Sch. fühlte sich mit B. auch durch seine Religion verbunden: Ego dei benignitate cum Ottone meo perseverabo usque ad extremum halitum in catholicae ecclesiae unitate sumque in eo statu, ut susque deque faciam Luteranorum omnium favores et odia. II 253, 178.

[203] N. MÜLLER, Wittenberger Bewegung, 235f.

[204] Vgl. das Schlußepigramm (Eulogium) auf die Hl. Katharina in der Anm. 3 und 201 beschriebenen Rede 'in laudes santissimae Parthenices Catharinae' 1510. Die septem artes

sorge für Philosophie, Wissenschaft und humaniora Sache der Fürsten sei[205]. Die häufige Erwähnung fürstlicher Mäzene in seinen Reden und Widmungen beleuchtet das Anliegen dieser Gattung der Lobreden: sie sollen dazu dienen, daß der geschützte Raum für die Sache, die sie in ihrem Inhalt darstellen, erhalten bleibt und weiter ausgebaut wird. Die Vermutung liegt nahe, daß auch der von B. Luther so mächtig und mit solcher Dringlichkeit vorgetragene Wunsch, er möge der dem Studium der Schrift sich widmenden Herzoginwitwe Margarete von Braunschweig-Lüneburg eine Schrift zusenden, auf diese Weise entstanden ist. Der besondere Förderer und spätere geistliche Dienstherr B.s, Bischof Erich von Paderborn und Osnabrück, entstammte dem verzweigten Geschlecht der Herzöge von Braunschweig, genauer, der Linie der Herzöge von Braunschweig-Grubenhagen[206]; auf diese Weise könnte es zu einer Bekanntschaft B.s auch mit dieser Patronin gekommen sein.

---

liberales erscheinen hier als Gaben der 'Schutzgöttin' Katharina. Die Studierenden werden aufgefordert, in diesem Heiligtum mit heiligem Feuer Weihrauch zu streuen und das Opfer darzubringen. Hierher gehört auch Scheurls Rede von Wittenberg als dem besonders erwählten Sitz der Heiligen und der Musen. Briefb II 173, 54 (23.10.1518).

[205] In der Anm. 3 und 195 erwähnten Universitätsrede heißt es fol biij^{V}f, mit einem Ovidzitat:. 'Cura ducum fuerunt olim regumque poetae'. Vgl. P. JOACHIMSEN, Humanismus, 343: ,,die deutschen Universitäten sind Fürstenuniversitäten''.

[206] Vgl. den Überblick über die Linien der Herzöge von Braunschweig-Lüneburg, zurückgeführt bis auf Otto I., 1235 von Kaiser Friedrich II. bestätigt, bei Wilhelm Karl Prinz v. ISENBURG, Stammtafeln zur Geschichte der Europäischen Staaten Bd I, berichtigter und ergänzter Abdruck der 2. verbesserten Auflage von 1953, hrsg. von Frank Baron FREYTAG von LORINGHOVEN. 1956, Stammtafeln 67-71. Sein Sohn Albrecht d. Gr. erhält das Herzogtum Braunschweig, dessen Bruder Johann I. das Herzogtum Lüneburg. Die Linie Johanns stirbt 1388 aus. Albrechts Sohn Heinrich I. erhält Grubenhagen. Einer seiner Nachkommen ist Erich, 1478-1532, Bischof von Paderborn und Osnabrück. — Friedrich II. von Kalenberg (gest. 1495, Herzog zu Kalenberg 1482) gehört zu den Nachfahren Albrechts II., der die Gebiete Braunschweig-Lüneburg (außer Grubenhagen) erhielt; das Herzogtum wurde später in die Herrschaften Braunschweig und Lüneburg geteilt. Auch die Braunschweiger Linie teilt noch einmal die Herrschaft in die Gebiete Kalenberg und Wolfenbüttel auf, beide Herrschaften werden aber unter Wilhelm I. wieder vereinigt. Die beiden Söhne Wilhelms I., Friedrich II. zu Kalenberg und Wilhelm II. zu Wolfenbüttel (gest. 1503) standen miteinander in einem unglücklichen Verhältnis. Friedrich war 1477 in geldernsche Dienste getreten, hatte jedoch infolge einer Kopfwunde und der dadurch verursachten Geistesschwäche in die Heimat zurückkehren müssen. Im Zusammenhang mit den Erbregelungen kam es 1483 zum Kampf zwischen den Brüdern anläßlich der Hildesheimer Fehde zwischen dem Bischof von Hildesheim und den Bürgern der Stadt, die sich an Friedrich um Hilfe wandten. Wilhelm hatte mit dem Bischof ein Bündnis geschlossen. 1485 überfiel Wilhelm den Kalenberg und bemächtigte sich seines Bruders. Unter dem Vorwand von F.s Geistesschwäche wurde dieser von Wilhelm und seinen Söhnen bis an sein Lebensende 1495 gefangen gehalten. Der Gemahlin Friedrichs in 2. Ehe (1483), Margarete, Tochter des Grafen Konrad von Riedberg (oder: Rittberg), wurde in anschließenden Verhandlungen zwischen beiden Parteien das Schloß Seesen übereignet und ihr ein Auskommen gesichert (1486); später wurden unter dem Sohn Wilhelms, Heinrich d. Älteren, aus demselben Anlaß Verhandlungen ge-

Es beleuchtet B.s Stellung zu Luther, daß er, wie ein schon im Februar dieses Jahres 1519 an Spalatin geschriebener Brief bezeugt[207], unruhig wurde in demselben Maß, wie er spürte, daß die kritisch nach vorn ins Freie der Schriftauslegung sich wagenden Predigten Luthers, die auch gegenüber Privilegien und Priesterstand der verfaßten Kirche Fragen stellten bis hin zur potestas des Summus Pontifex, die von B. gesuchte Stille im Schutz der bestehenden Autoritätsverhältnisse in Kirche und mit der Kirche verbundener Universität und Gesellschaft bedrohen könnten. So wendet er sich an Spalatin, der mit der Fürsorge für die Universitätsangelegenheiten und das Ansehen der Universität betraut ist, und teilt ihm seine Sorge mit[208]. Dabei fällt zugleich ein Licht auf sein Verständnis der Reform kirchlicher Dinge, wenn auch nur in der negativen Abgrenzung: ,,Durch unsere Einfälle kann die Kirche nicht reformiert werden, wenn denn eine Reform nötig geworden ist''[209]. B. spricht, darin Eck vergleichbar, dem Theologen L. also die Vollmacht und Fähigkeit, vielleicht auch die Kompetenz ab, Entscheidendes durch seine Beiträge aufzuzeigen[210]: 'commenta nostra' sind Einfälle, bloße Meinungskundgabe oder gar Lügen. An anderer Stelle spricht er noch geringschätziger von 'latratus nostri', gegenüber der Macht des Papstes, die dadurch nicht abgetragen oder vermindert werden könne[211]. Das auf die biblische Schriftauslegung

---

führt, die Burg Königslutter freizubekommen als Abfindung für Margarete, die Gattin Herzog Friedrichs (1491); ein weiteresmal werden die Verpflichtungen der Familie Wilhelms gegenüber der Herzogin in den Erbverhandlungen 1495 und 1503 geregelt, in der vereinbarten Weise. Vgl. O. v. HEINEMANN, Geschichte von Braunschweig und Hannover. Bd 2. Gotha 1886, 206ff; Die Chroniken der niedersächsischen Städte 35,1: Braunschweig. Bd 3, Teil 1, Stuttgart und Gotha 1928, 81; W. K. v. ISENBURG, Stammtafeln, 70.

[207] s.o. Anm. 2 und Anm. 186, am Schluß. In diesem Brief heißt es: Quantum ad nostrum Eleuterium attinet, nescio, quod possim polliceri. Scripsi tibi antehac, nostrates, excepto uno, vel altero, improbanda probare, ut Martiniani videantur, quamquam cum Martino minime consentiant, quantum videlicet attinet ad Potestatem summi Pontificis, quae nec convelli, nec minui potest nostris latratibus. — B.s Sorge bezieht sich insbesondere darauf, daß das in dieser Zeit ohnehin durch eigene Schuld bedrohte Ansehen der Praelati beim Volk durch solche Kritik, wie L. sie neulich in einer Predigt über die Schlüsselgewalt des Papstes frei geäußert habe, noch mehr geschädigt werde. ,,Du tätest gut daran, wenn Du Amsdorff schreiben würdest, er möge Martin ermahnen, nicht ohne Grund vor dem Volk über den Papst und andere Prälaten so herausfordernd zu sprechen. Die Zeit geht mit irgend einem Ungeheuer schwanger, aber Christus gebe, daß es nicht bei uns zur Welt kommt'' (Alitur nescio quid monstri, sed Christus faxit, ne apud nos nascatur).

[208] ,,Das schreibe ich Dir im Vertrauen, weil ich weiß, daß die Angelegenheiten und das Ansehen der Universität Deiner Obhut anvertraut sind''. ib.

[209] Alia via pergendum est. Commentis equidem nostris non potest reformari Ecclesia, si reformanda venit. ib.

[210] Vgl. o. Anm. 56 zu Ecks Vorwurf der 'singularitas' gegenüber L.

[211] s.o. Anm. 207. — Zu B.s humanistischem Verständnis der an die 'auctoritas' Anderer sich anlehnenden Rede s. in der Anm. 3 und 195 erwähnten 'Oratio in laudem

gegründete Verständnis des Wortes als Bekenntnisses zur Wahrheit, entscheidend gegenüber dem Bestehenden auch in seinen scheinbar höchsten Instanzen, sieht B. jedenfalls an dieser Stelle nicht. Reformatorisches Wort und B.s eigenes Wortverständnis scheinen hier auseinanderzutreten. War die humanistische Lobrede doch nur eine Verklärung und verklärende Überhöhung der ,,fest gegründeten'' bestehenden Verhältnisse? Gegenüber B.s Ausdeutung der Redensart vom ,,Ungeheuerlichen'', das sich noch hinter bestimmten Anfängen und Erscheinungen verbirgt, dem Stoßgebet zum heiligen St. Florian gleichend, ,,Christus gebe, daß es nicht bei uns zur Welt kommt''[212], muß außerdem gefragt werden: ist B. überhaupt bereit, auf Fragen, entscheidende Fragen der Zeit, einzugehen und *Verantwortung* zu übernehmen, Verantwortung in einer Dimension, die von Leben und Geschichte *entscheidender* Wahrheit weiß und, von ihr betroffen, für sie einzutreten bereit ist? in Luthers Sprache: ,,in Dienst genommen'' von Christus[213]. Dabei liegt gerade hier nichts so nahe wie die

philosophiae...' die einleitende Anrede an die von B. für die Widmung erwählten Förderer der Wissenschaften: Quo fit principes undecumque ornatissimi virique integerrimi ut hoc nostrum inventum quoque... nihil ponderis nihil roboris nihil demum immortalitatis eruditionisque habiturum ducam: Nisi vestra auctoritas (quae tanta existimatur ut nullius hominis verbis factisque vel augeri vel minui possit) etiam accesserit.

[212] s.o. Anm. 207. Zu der Redensart 'monstrum alere' vgl. Erasmus, Adagia 2, 5, 98: 'monstrum alitur, ubi quid reculti vitii latere significamus'. Vgl. WA Br 1, 317f, 4. oder 5. Februar (?) 1519, L. an Eck: monstrum, quod iam diu in me alis et quod te male habet, aliquando pareres...; dazu Br 1, 209, 23f; 300, 21. Die Wendung kann demnach bedeuten: etwas im Hinterhalt haben; sie kann auch einen verdrängten und endlich nach außen drängenden Konflikt bezeichnen, abweichende Meinung, die Anlaß zur Auseinandersetzung wird, oder im Falle Ecks, horrende Behauptungen über L.s angebliche Häresie.

[213] s.o. Anm. 115 und 116. Sich demgegenüber in skeptische Überlegungen über die Zuverlässigkeit der Fürsten in der Durchführung einer Reform, bei eigener Nichtkompetenz, zurückzuziehen, wie Erasmus es in seinem Brief an Johann Lang vom 17. Oktober 1518, ALLEN 872, p. 408 tut; vgl. auch den Brief an Lang vom 30. Mai 1519 (ALLEN 983, p. 609) und die vorsichtigen Warnungen an L.: ne quid arroganter aut factiose loquamur faciamusve; sic arbitror gratum esse spiritui Christi. Interea servandus animus, ne vel ira, vel odio, vel gloria corrumpatur Br 1, 413, 44-46, 30. Mai 1519; in diese Richtung weisen auch die Überlegungen Scheurls, bessere Zeit abzuwarten, vgl. Br 1, 275, 92-94; eine solche Haltung kommt für L. damit gar nicht in Betracht. Auch die Betrachtungen und die Liebe Scheurls zu den schönen Gottesdiensten der Allerheiligenstiftskirche — ohne den Bezug auf das für Christus und die Wahrheit eintretende Predigtwort — sowie der Gang zum Astrologen in entscheidenden, die Verantwortung hervorrufenden Lebenssituationen, s.u. Kap. III, 3, Anm. 239, zeigen ein Bleiben unter dem verschlossenen Himmel der auf ästhetische Weise 'antikisierten' Welt an. s.o. Anm. 202 und 204. — Dabei hatte Scheurl als Mitarbeiter der Staupitzübersetzung, s.o. Anm. 150f, Anteil an dessen Ringen um neue biblische Auslegung in entscheidenden ,,Schaltstellen'', auch für das gesamte Lebensverständnis und Weltverhältnis entscheidend. Vgl. H. A. OBERMAN, Scientia augustiniana, 393: ,,Der verschlossene wortlose Himmel des unerreichbaren und nicht zu berechnenden Gottes — Eccles 9, 1 — gegenüber der vertrauensvollen Nähe zu Gott, ja, dem 'frechen' Anspruch des Menschen — Ps 119, 94 — markieren das Spannungsfeld, aus dem heraus Staupitz' Theologie Form und Format zugewachsen sind''.

Frage, ob sich nicht in L.s Zeugnissen über die ,,Passivität'' seines Geführtseins durch die Wahrheit, durch Christus, auch die Beschreibungen
des humanistischen 'vates', in freilich paradoxer Weise, erfüllen[214].

So gehören, nicht zuletzt durch die Mitwirkung all dieser Freunde und
Anreger, wie auch der Gegner, die Sakramentssermone Luthers von 1519
in die Zeit zwischen der Leipziger Disputation und dem Wormser Reichstag als der Zeit, in der die Annäherung Luthers an die beiden Richtungen
des Humanismus, die in Erasmus und Hutten einander begegnet waren,
ihnen Höhepunkt erreichte und die eine gegenseitige Annäherung war[215].

---

[214] Vgl. besonders in dem Anm. 116 erwähnten Brief L.s an Staupitz vom 20. Februar
1519 Br 1, 344, 7-9: ...Deus rapit, pellit, nedum ducit me... Der 'raptus' hat hier freilich anderen Charakter als in dem in der Rede Beckmanns, s. Anm. 197, bezeugten neuplatonischen Verständnis des 'furor platonicus' nach Marsilio Ficino. Er führt nicht aus der Welt
hinaus nach oben, sondern hinein in Leiden und Unruhe in der Welt um der Wahrheit willen. — Zum Ertragen und Durchstehen von Unruhe und Auseinandersetzung war B. nicht
oder sehr wenig bereit; unter den Eindrücken der Wittenberger Unruhen, nachdem er selbst
während der Weihnachtsmesse 1521 von einem als Priester verkleideten Studenten verhöhnt
worden war, verließ er Wittenberg. Vgl. N. MÜLLER, Wittenberger Bewegung, 230f. Zu
Nachrichten über sein späteres Verhalten in Münster vgl. MÜLLER, 232; HONSELMANN,
Westf Zeitschrift 114 (1964) 255.

[215] P. JOACHIMSEN, Humanismus, 375: ,,Die Annäherung Luthers an die beiden Richtungen des Humanismus, die romantische und die aufklärerische, hat bekanntlich in der
Zeit zwischen der Leipziger Disputation und dem Wormser Reichstag ihren Höhepunkt
erreicht, und sie ist gegenseitig gewesen''. Ein schönes Zeugnis solcher Zeitdeutung sind die
Briefe des Crotus Rubianus aus Bologna an Luther. Br 1, 541-544, 16. Oktober 1519, und
Br 1, 545f, 31. Oktober (?) 1519.

KAPITEL III

THEOLOGISCHE HAUPTMOMENTE DER SAKRAMENTSSERMONE LUTHERS VON 1519 UND DES SERMONS VON DER BEREITUNG ZUM STERBEN

1) Sterben und Geburt. Die Bedeutung der Sakramente in der Situation des Sterbenden

a) Die im Oktober 1519 von L. fertiggestellte Schrift für den kurfürstlichen Rat Markus Schart[1], eine Anleitung, sich für das Sterben zu rüsten[2], zeigt bereits in der Art ihrer Entstehung einige der Kennzeichen, die sich in L.s Erbauungsschriften seit 1516/17 und in seinem Austausch darüber mit den Freunden und anderen Interessierten abzeichneten. Es handelt sich um die Gruppe der zum Gebrauch der Laien bestimmten Schriften in deutscher Sprache; L. sieht sich in seinen Bemühungen auf diesem Gebiet nicht allein, sondern knüpft immer wieder an bestimmte Vorgänger an. Neben Tauler und der ,,deutschen Theologie'' gehört zu ihnen Staupitz mit seinen Schriften ,,Von der Nachfolgung des willigen Sterbens Christi'', ,,Von der endlichen Vollziehung ewiger Fürsehung'' und ,,Von der Lieb Gottes''[3]. So empfiehlt L. auch aus diesem Anlaß Spalatin zu-

---

[1] s.o. S. 62. Über Markus Schart vgl. N. Müller. Wittenberger Bewegung, 404. Schart stand im Dienst des Sebastian und Fritz von Jessen, der Söhne Friedrichs d. Weisen und der Anna Weller von Molsdorf; vgl. I. Höss, Spalatin, 70. Mit Sebastian, dem Älteren von beiden, war Spalatin 1514 nach Wittenberg entsandt worden, um seine Studien zu betreuen. Zu den Sp. Anvertrauten gehörte unter anderen Söhnen adeliger Familien, z.T. Edelknaben am Hofe Friedrichs d.W., auch Johannes von Hirschfeld, vgl. N. Müller, Wittenberger Bewegung, 388f. — Schart wird 1518 erwähnt unter den Edelleuten am Hofe des Kurfürsten an der Spitze der sog. Einrösser, ein weiteresmal 1522 unter den Hofbeamten, die am Neujahrstag 1522 in Eilenburg von dem ehemaligen Augustinermönch Gabriel Zwilling das Abendmahl in beiden Gestalten empfingen. Er gehörte zum Kreis der Freunde Luthers, bedachte L. wiederholt mit Geldgeschenken; vgl. N. Müller, Wittenberger Bewegung, 171, 404. Ein in Wolfenbüttel erhaltenes Exemplar des Urdrucks der Schrift L.s für M. Schart trägt die eigenhändige Widmung von Luthers Hand 'Er Marxeñ Scharttenñ meyneñ lieben freund'. WA 2, 683. Der Wittenberger Urdruck, bei Grunenberg 1519, ist abgedruckt WA 2, 685-697 = Bo A 1, 161-173.

[2] WA Br 1, 381, 17f (8. Mai 1519) L. an Spalatin: Scharto nostro de morte obeunda non inutilis foret Vernaculus ille Staupitii libellus de imitanda morte Christi...

[3] Die wichtigsten Erwähnungen der genannten Erbauungsschriften seien hier der Übersicht wegen noch einmal aufgeführt: Br 1, 79, 58-64, 14.12.1516 an Spalatin: Empfehlung Taulers und der deutschen Theologie (s.o. Kap. II, Anm. 13). WA 1, 152f; 375ff: L.s Vor-

nächst Staupitz's Schrift zur Vorbereitung auf das Sterben, in der St. mit seiner großen Gabe auf diesem Gebiet die Sache besser behandelt habe, als L. selber es zu tun hoffen könne[4]. Seine schließliche Ausführung der Bitte Spalatins, etwa ein halbes Jahr später nach von ihm sehr bedauerten Verzögerungen, sieht er als einen längst geschuldeten Liebesdienst, mit dessen Erfüllung er sich nun vom Treiberstecken des Freundes freigemacht hat[5]. Es kommt hinzu ein schon früher für L. charakteristischer Zug in seiner Auffassung von Schriften für Laien und seinem Bemühen, auch in der Schreibweise besonders auf das Fassungsvermögen der Ungeübten einzugehen; man muß für sie mehr ,,schon vorgekaut'', wie L. es früher beschrieb, die in der Schrift gegebene ,,Speise'' vermitteln, mehr den Sinn, d.h. den Erfahrungsgehalt (sensus) umschreibend wiedergeben, unter Umständen zwei- oder dreimal vertiefend und in der Wiederholung entfaltend, als Schriftstellen nur im Wortlaut anführen[6].

---

reden zu den beiden Ausgaben der deutschen Theologie. Br 1, 96, 3-25 an Spalatin, 6. Mai 1517: Zusendung und Erwähnung der Staupitzschriften 'de praedestinatione', lateinisch und deutsch, und 'De Arte moriendi'; der deutschen Theologie; in diesem Zusammenhang Bezugnahme auf die von Spalatin erbetenen Sieben Bußpsalmen L.s; Empfehlung der Taulerpredigten (s.o. Kap. II, Anm. 147). Br 1, 93, 4-94, 12, 6. Mai 1517, an Scheurl: Dank für die Staupitzschriften und Bedauern über die Verbreitung der Sieben Bußpsalmen L.s durch Staupitz in Nürnberg (s.o. Kap. II, Anm. 165). Br 1, 160, 8-16, 31.3.1518 an Staupitz: L. sieht sich in der Nachfolge der Theologie Taulers und der deutschen Theologie mit seiner Predigt vom Vertrauen allein auf Christus, nicht auf orationes, merita, opera; vor den Scholastikern gebe er der Bibel und den Kirchenvätern den Vorzug, zum Anstoß für viele (s.o. Kap. II, Anm. 13). WA 1, 557, 25-32: Bezugnahme auf die Predigten Taulers, des 'in scholis theologorum' unbekannten Lehrers, in deutscher Sprache. Br 1, 295, 10-296, 36, 7. Januar 1519 an Eck: auf diese Stelle sich beziehende Kontroverse mit Eck (s.o. Kap. II, Anm. 77, 79f). Br 1, 152, 30f, 5.3.1518 an Scheurl: Bitte um Nachdruck der von L. sehr hochgeschätzten Schrift Staupitzens ,,Von der Lieb Gottes'' in Nürnberg (s.o. Kap. II, Anm. 151).

[4] Br 1, 381, 17-20, 8. Mai 1519, an Spalatin (s.o. Anm. 2): In quo & melius (pro dote sua) rem tractavit quam sperem a me tractari posse, donec ociosior fiam (19f).

[5] Br 1, 394, 15 (16. Mai 1519): ...si possum servire. Br 1, 407, 10f (24. Mai 1519): Scharto dic, modico ferat tarditatem Martini plusquam ter occupatissimi. Br 1, 537, 8f (c. 15. Oktober 1519) anläßlich der Übersendung des fertiggestellten Sermons: Scripsi totum pene hunc diem, ut exonerarem me sceptro exactionis tuae. (s.o. Kap. II, Anm. 134f).

[6] Über den fertiggestellten Sermon heißt es Br 1, 537, 5 f: Ieiunus est enim, sensum Scripturae magis quam verba retinens. Quod ideo feci, quia Laicis eum profuturum volui. Vgl. in der Bezugnahme auf die Verbreitung der Sieben Bußpsalmen in Nürnberg Br 1, 93, 6-8 (s.o. Anm. 3 und Kap. II, Anm. 165): Non enim Nurinbergensibus, id est, delicatissimis et emunctissimis animabus, sed rudibus, ut nosti, Saxonibus, quibus nulla verbositate satis mandi et praemandi potest eruditio christiana, editae sunt. Dazu Br 1, 96, 14-19, 6. Mai 1517, an Spalatin (s.o. Anm. 3): Sunt enim non pro delicatis ingeniis, Sed pro rudissimis, quales patior multos, editi. ideo enim sunt tam inermes et sine testimoniis scripturae. Deinde verbosissime, Et (quod ipse miror) nondum satis verbose explanati, adeo res ista est hominibus ignota vel potius ipsi eorum incapaces. Igitur non est animae tuae cibum bis aut ter praemansum comedere, qualis iste est. Zur Redensart 'cibum bis aut ter praemansum comedere' vgl. Erasmus, Adagia 2, 10, 33 (p. 613).

Ergibt sich dabei in diesem Zusammenhang 1517 — zu L.s eigener
Verwunderung — eine große Breite, ja Formlosigkeit des über die Ufer
tretenden Wortflusses, um die so sehr unbekannte Sache bekannt zu
machen, einen Eindruck von ihr zu vermitteln, so zeigt sich demgegenüber hier das Bemühen, vor der Fülle der ihm selbst trotz der Eile, in der
er schreiben mußte, zuwachsenden Gedanken dennoch eine dem Zweck
angemessene und darum in gewisser Hinsicht ,,trockene'' oder be-
schränkte, knappe Schreibweise einzuhalten (ieiunus est enim, sensum
Scripturae magis quam verba retinens). Hierin kommt einerseits beidemale die Betroffenheit zum Ausdruck, in der L. von ihm zur Sache aufge-
henden Gedanken wie von ,,Widerfahrnissen'' spricht (nec sic quaecum-
que occurrebant acceptarim); andererseits, so ist zu vermuten, gewinnt das
Schriftargument, in der Sache verdeutlicht, entscheidende Bedeutung[7]. L.
hat diesen Sermon vorwiegend an einem einzigen Tag geschrieben, nicht
wie die Tessaradecas über eine längere Zeit hin ihn ,,wachsen lassen''
können, um dem Druck jenes ,,Szepters'' endlich zu entfliehen[8].

---

[7] Zu Beginn der Anm. 6 angeführten Briefstelle Br 1, 537, 3-6: Ecce Sermonem de morte
festinatum quidem, Sed auctum inter festinandum plusquam ipse sperabam, quanquam nec
sic quaecunque occurebant acceptarim. Ieiunus est enim... — Vgl. hierzu in beiden genannten Hinsichten die parallele Bemerkung L.s über seinen eigenen Gebrauch der für Friedrich
d. Weisen verfaßten 'Tessaradecas consolatoria' Br 1, 509, 19-22, 22.9.1519, an Spalatin:
Exemplar Tessaradecados, postquam suam servitutem servivit, revideam. Nam & ipse me
his nugis solari cogito, nec semper sunt in promptu, quae ibi congessi, Etiam hac ratione,
quod meditatione sui locupletiores evadent mihi. — Auch hier bezeichnet L. das genus dieser Schrift als ,,höchst anspruchslos'', weswegen der Titel lauten könne, wie er wolle, nur
dürfe er nicht anmaßend im Ton sein (modo nihil arrogantiae sapiat, cum res ipsa mihi videatur viliuscula. Br 1, 564, 18-20, 29. November 1519 an Spalatin). Die in der meditatio sich
einstellende Bereicherung ist ihm also an sich erwünscht, wie auch das 'plusquam ipse sperabam' Br 1, 537, 4 bezeugt. In der Schrift für den Gebrauch der Laien kommt es dennoch
auf Kürze an ('sensum Scripturae magis quam verba retinens' ist dann vermutlich zu umschreiben als 'Würze' oder 'Durchschlagskraft'). — Als Parallele in gewisser Hinsicht, was
die Anforderungen an Eindeutigkeit und Beschränkung auf das eindeutig Klare in der Form
einer Veröffentlichung für Jedermann betrifft, vgl. L.s bedauernde Bemerkungen über die
Veröffentlichung seiner — hierfür nicht geeigneten — Ablaßthesen, Br 1, 152, 11-15, 5.
März 1518, an Scheurl (s.o. Kap. II, Anm. 153): non quod veritatem non faveam cognitam
fieri vulgo, imo id unice quaerebam, sed quod ille modus non est idoneus, quo vulgus eru-
diatur. Sunt enim nonnulla mihi ipsi dubia, longeque aliter et certius quaedam asseruissem
vel omisissem, si id futurum sperassem.

[8] Eine Bekräftigung des über den ,,Liebesdienst'' für Markus Schart Gesagten (s.o. S.
62, Anm. 135) und Ergänzung dessen, was L. mit Spalatin auszutauschen pflegt (s.o.
S. 60f, Anm. 129), finden wir in der Mitteilung L.s an Spalatin über die Art, wie er das von
Schart empfangene Honorar von zehn Gulden verwandt habe. Br 1, 548, 3-11, 1. November
1519. Schon am selben Tage seines neuen Reichtums wurde er wieder arm, bestimmten
Notleidenden in der Umgebung zugute, deren Lage ihn zwang, das Empfangene weiterzugeben: piget me in populo Christi adeo nihil esse reliquum charitatis, ut qui habent ne XX
quidem florenos alter alteri succurrat. Ego mihi ideo datos illos florenos arbitror, quod per

b) Um das Verhältnis L.s zu der von ihm so hochgeschätzten Schrift Staupitzens ,,Von der Nachfolgung des willigen Sterbens Christi''[9] vor Augen zu haben, wenn wir anschließend L.s Sermon zu diesem Anlaß

---

me illis serviri voluerit Dominus, nec sufficit tamen. Wenn Sp. es für richtig halte, werde L. auch noch die Milde des Kurfürsten für die Armut angehen. Br 1, 548, 6-11. — Sollte sich die Bemerkung in einem drei Tage später an die Fürstin Margarete von Anhalt-Dessau geschriebenen Brief L.s, in dem er anstelle eines von ihr erwarteten Besuches durch einen Boten ihr eine Gabe von Schriften überbringen läßt, auf unseren Sermon beziehen (so Clemen, WA Br 1, 550, A. 4 zu S. 549, Z. 12f: ,,unnd mit bringen diß sermones''; als zweiten den Sermon vom Sakrament der Buße?), so würde dadurch beleuchtet, in welche äußerst gefahrvolle Umgebung dieser Gruß gelangte (über die Fürstin von Anhalt-Dessau, gleichfalls durch ihre Frömmigkeit mystisch-augustinischer Richtung bekannt, vgl. WA Br 1, 550, A. 1). Sein Wind wolle nicht von Leipzig oder Merseburg blasen, und so werde er Verständnis dafür haben, wenn der Fürstin seines bösen Namens wegen ein Besuch in der nächsten Zeit nicht angenehm sei. So L. zum Schluß des Schreibens, Br 1, 550, 18-21, 4. November 1519. — L. erhielt bald darauf eine Einladung der Fürstin, hat aber Bedenken, ihr zu folgen, seiner Sicherheit wegen. Über die Situation inzwischen, im Zeichen der Nachwirkungen der Leipziger Disputation, vgl. L. am Weihnachtstag, 25.12.1519, im selben Brief an Spalatin: Invitatus sum a principe Domina de Dessen — Sed nescio an illic tuto liceat concedere. Sane & ipsa periculum excepit... Br 1, 600, 14-20. s.o. S. 00 Anm. 113. — Die mit Polemik beladene Situation der letzten Jahreswochen kommt in L.s Brief an die Fürstin von Dessau auch in einer Bemerkung L.s über die Entstehung seiner Schriften in dieser Zeit zum Ausdruck: Seine theologische Arbeit geschieht nicht in Frieden und Zeit als ruhiges Ausgeben seiner ,,Materie'', sondern sie wird ihm herausgezwungen, er hält an sich, soviel er kann. So hat er für die Fürstin ,,nichts Besseres'' als diese Schriften. Br 1, 549, 13-550, 16. Die Beschreibung des unter Zeitdruck rasch geschriebenen Sermons von der Bereitung zum Sterben, zwischen anderen Aufgaben des Autors, Martini plusquam ter occupatissimi, würde hiermit übereinstimmen (s.o. Anm. 5), sowie, ins Freundliche gewendet, das 'sceptrum exactionis' Spalatins. — Spiegeln sich diese Umstände auch im Inhalt der Schrift wieder? s.u. S. 109. — Zu L.s persönlicher Sicht der Gefahr des Sterbens und der 'sola veritas, quae salvet se dextera sua, non mea, non tua' s.o. Kap. II Anm. 113. — Vom Hintergrund dieser Wochen wird schließlich die Bemerkung an Spalatin, 7. Dezember 1519, Br 1, 568, 16-18, verständlich: L. habe noch Bedenken, die Tessaradecas zu veröffentlichen, besonders lateinisch, 'cum id genus scriptionis, quod Christum sapit, sophistis sit odiosissimum'. Gegenüber dem Inhalt dieser doch von so vielen erbetenen, ja, hungrig ersehnten Schriften — s.o. Abschnitt 3) des II. Kapitels — eine eigentlich nicht erwartete Bemerkung.

[9] Außer der Empfehlung an unserer Stelle vgl. die Erwähnung der Schrift im Brief an Spalatin, 6. Mai 1517, Br 1, 96, 3-7 (s.o. Anm. 3). Vgl. die Einleitung zum Abdruck dieser Schrift in der Ausgabe von J. K. F. KNAAKE, Johann v. Staupitzens sämtliche Werke. I, 50-88. In der z.T. o. Kap. II, Anm. 141 genannten Literatur zu Staupitzens Leben und Schriften ist zu vergleichen Th. KOLDE, Augustinerkongregation, 275-280; Ernst WOLF, Staupitz und Luther. Ein Beitrag zur Theologie des Johannes von Staupitz und deren Bedeutung für Luthers theologischen Werdegang. QFRG IX. Leipzig 1927, 102, 109f, 114-116. Im Vergleich mit Luthers Sermon Von der Bereitung zum Sterben wird die ,,Nachfolgung'' erwähnt 207-211, bes. 208f A. 4; zu Staupitzens Hilfe für Luther in seinen Erwählungsängsten: 216-22. H. A. OBERMAN, Scientia Augustiniana, 373-380. David Curtis STEINMETZ, Misericordia Dei. The theology of Johannes von Staupitz in its late medieval setting. SMRT 4. Leiden 1968, 168-171. Zu der Zugehörigkeit der ,,Nachfolgung'' Staupitzens zur Literaturgattung der Ars moriendi vgl. Helmut APPEL, Anfechtung und Trost im Spätmittelalter und bei Luther. SVRG 156. Leipzig 1938, 96-100.

betrachten, sei zunächst ein kurzer Eindruck von der Art vermittelt, in der Staupitz „mit der ihm eigenen Gabe" (pro dote sua) in dieser Schrift für Menschen, die sich auf den Tod vorbereiten wollen, das Sterben gedeutet hat.

Zwei charakteristische Züge, sind zu beobachten in dieser Schrift, die als Sterbeschrift, zur Gattung der 'Ars moriendi' gehörig[10], bestimmte Formelemente dieser Gattung[11], mit Staupitz's eigenem theologischem Akzent versehen, aufnimmt: 1. die ausschließliche Hinordnung aller Einzelelemente auf den Anblick des am Kreuz sterbenden Christus, dessen Eindruck dem Menschen sowohl für seine grundsätzliche Frage nach dem Tod als auch für die Not der letzten Stunden die entscheidende Hilfe bringt[12]. 2. Für beides orientiert sich St. an biblischen Texten, im grundsätzlichen Teil vor allem an den paulinischen Aussagen in Röm 5-8, verbunden mit Gen 1-3, über das Todesverhängnis in Adam und die Überwindung des Todes in Christus; im praktischen Teil stellt er den hilfreichen Anblick des Leidens und Sterbens Christi dar nach der Leidensgeschichte der vier Evangelien.

1) Die Gattung der 'Ars moriendi' entspringt vor allem der Frage des Menschen, wie er dem jähen, unseligen Tod entgehen könne[13]. Auf diese Frage antworten in den Formstücken der Ars moriendi zunächst allgemeine Überlegungen über die verschiedenen Bedeutungen des Redens vom 'Tode', über die Ungewißheit und den Entscheidungscharakter der Todesstunde und die rechte Vorbereitung auf sie schon in gesunden Tagen. Solche Vorbereitung geschieht in einem Leben der Weltabwendung,

---

[10] Außer der in Anm. 9 genannten Schrift H. APPELS sind, wenn auch im Blick auf die Sterbeschriften Luthers, im Verhältnis zur Gattung der Ars moriendi noch zu vergleichen Friedrich GERKE, Die satanische Anfechtung in der Ars moriendi und bei Luther. ThBl 11 (1932), 321-331 und ders., Anfechtung und Sakrament in Martin Luthers Sermon vom Sterben. ThBl 13 (1934), 193-204. Dazu lag mir vor ein Referat, masch., von Albrecht ENDRISS, Nachfolgung des willigen Sterbens Christi. Interpretation des Staupitztraktates von 1515 und Versuch einer Einordnung im frömmigkeitsgeschichtlichen Kontext. Kolloquium des Sonderforschungsbereichs Spätmittelalter und Reformation Tübingen, 31. Mai bis 2. Juni 1975.

[11] Vgl. H. APPEL, Anfechtung und Trost, 102-104, zusammenfassend, über die Formstücke der Sterbeschriften. Zu Staupitz: 96-100.

[12] Nachfolgung c. 6, Kn 62. s.u. S. 94. Vgl. H. APPEL, Anfechtung und Trost, 96, über den „Grundgedanken" der Staupitzschrift. A. ENDRISS, Nachfolgung, 23. s.u. Anm. 17.

[13] Vgl. H. APPEL, Anfechtung und Trost, 104, zu „Von der Nachfolgung", c. 14, Kn 87 im Anschluß an die Sieben Psalmworte des hl. Bernhard, „der mit andacht und hochstem fleyß pflag tzu bitten, das yn got vor dem iehen tode behueten wolde". Bei Luther WA 2, 687, 4 f gehört es zu dem die Todesanfechtung vergrößernden Bemühen des Teufels, den Menschen damit zu erschrecken: „dan do soll er woll alle die schrecklichen, gehlingen, böße todt fürhalten, die eyn mensch yhe gesehen, gehört odder geleßen hatt". s. auch u. Anm. 24.

des Gehorsams gegen Gott und Kirche, in Übung der Tugend unter Mithilfe von Altarsakrament und kirchlich approbiertem Ablaß[14].

In der Schrift St.s wird auf die Frage nach Wesen und Herkunft des Todes mit Gen 2,17 und Röm 5,12 die Antwort gegeben, Gott habe den Tod nicht gemacht und er freue sich nicht am Verlieren der Lebendigen (Sap 1,13 f), sondern der Tod sei durch den Ungehorsam des Menschen in die Welt gekommen. Nach St.s Darstellung in c.1 war 'stetes Leben' des Menschen niemals Eigenschaft der Natur, sondern Gottes besondere Gabe, die im 'Rechtsein' im Unterschied zum (bloßen) 'Sein' besteht. Mit dem Verlust des 'Rechtseins' kam der Tod über den Menschen (c.1, Kn 52). Aus dem Sterben der von Gott verlassenen Seele im Ungehorsam (Gen 2,17) folgt, daß ihr nichts zum Leben vereinigt werden kann. Vom leiblichen Sterben spricht Gen 3,19; vom 'ganzen Tod', in dem die von Gott verlassene Seele ihren Leib verläßt, dem Tod der Sünder, spricht Ps 33,22 (Vg) als vom schlimmsten aller zeitlichen Tode. Vom 'anderen', ewigen Tod spricht Mt 25,46 (c. 2, Kn 54).

Aus dem Ungehorsam Adams folgen alle weiteren Übel, alles, was mit dem Gegensatz von Geist und Fleisch zu tun hat (Gal 5,17). Dazu gehört das Sterben*müssen* und die Bitterkeit des Todes (c.3, Kn 55f)[15], dazu, daß das Gute, das Lernen, dem Menschen schwer fällt, während ihm das Böse und das Vergessen leicht fällt. Auch Furcht und Strafe und die Folgen der 'fließenden Liebe', die Leichtfertigkeit, Üppigkeit und Sünde bringt, sind mit dem anderen angeerbten Schaden (c.3, Kn 54) Zeugen unseres verdammten, elenden, zeitlichen Lebens oder mehr langen Sterbens, die das Leben zu einer Niederlage, einem Fall und Tod machen (c.3, Kn 57). Demgegenüber erscheint das Bleiben der von Gott geschiedenen Seele beim Leib als ein sehr kleiner Trost, wenn der Mensch nicht ein '*rechtes*' Wesen behält, denn nicht Sein, sondern Rechtsein ist des Menschen wahres Wesen. So ist Adams Erbteil nichts als Sünde, Armut, zeitlicher und ewiger Tod: ,,sal ymant leben, ist nodt, er sey einer andern geburt, von andern eldern, von den er leben, seligkeit und recht sein gewinne und ererbe'' (c.3, Kn 57).

Die Überwindung dieses Todes ist entsprechend nicht nur eine Überwindung des zeitlichen Sterbens, sondern des Todes der Seele, des Ungehorsams. Zu einem *ganzen* Leben eines Menschen müssen Gott, Seele und

---

[14] H. APPEL, Anfechtung und Trost, 102.

[15] c. 3, Kn 56: ,,Vom dritten anfalh das ist mussen sterben, spricht Augustinus, ein schwer mussen, das nymandt wil und yderman dulden muß, dem nymandt entfliehen mag, und doch nymandt gerne hat. O todt, o sterben, wie gar erschrockenlich ist dein gedechtnis, ich schweig dein last. Dich haben geflohen die sterckesten uff erden''...

Leib vereint sein, damit der Mensch nicht nur sei, sondern recht sei (c.4, Kn 58). Der durch Ungehorsam entstandene Tod der Seele wird überwunden und getötet durch Gehorsam; ist dies geschehen, so kann kein Tod dem Menschen ewig sein, wenn der Tod der Seele in ihm gestorben ist. Stirbt dieser böse Tod, so ,,muß das gute Leben geboren werden'', da kein Tod ohne neues Leben geschieht. Dieses gute Leben fließt nur aus Gott, nicht aus dem Willen des Fleisches oder des Mannes (Joh 1, 13). Ist diese Geburt eine Geburt zum Leben, so muß sie von dem Vater kommen, der immer gerecht bleibt und alle Gerechtigkeit in sich hat. Dazu gehört es, daß Gott mit seiner Seele, mit seinem Leib *unzertrennlich* vereinigt sei (nun spricht St. in den letzten Bestimmungen schon von Christus, dem deus incarnatus); daß er auch die Armut erfahren habe und mit den Armen Mitleid haben könne (2 Kor 8, 9; Hebr 4, 15; 5, 8) und dem himmlischen Vater mit Gehorsam wiederbringe, was ihm im Ungehorsam entzogen wurde. ,,Der vater ist Christus unnßer frommer got, in welchem got, sele unnd leybe ßo hoch voreint, das sie ein person sein, voller gnaden und warheit'' (c.4, Kn 58).

In diesem Vater Christus *ist alles gut*, aus seiner vollkommenen Fülle nehmen alle Menschen, was sie an Gutem sind, vermögen oder wirken (c.4, Kn 58). In seinem Leiden stirbt die Trübseligkeit, in seinem Sterben stirbt der Tod. In diesem einigen Vater sind alle lebendig gemacht, die in Adam gestorben waren, in seinem Gehorsam sind viele gerecht gemacht worden (Röm 5, 12-19). Er ist das Lamm Gottes, das die Sünde der Welt hinwegnimmt (Joh 1,29), das Licht der Blinden, der Brunn des Lebens, das lebendigmachende Brot, die Tür zum Schafstall, Hirte und Weide der Schafe, unser Gott, unser Herr, unser Erlöser und Seligmacher, unser Vater, Mutter, Bruder und Schwester (Mt 12, 50 parr). Er ist allein der Bräutigam, der Ehemann jeder Seele, die sich selbst ihm willig zueigengibt, daß sie Frucht zum ewigen Leben bringe. Er gab den Menschen die Gewalt, Gottes Kinder zu werden (Joh 1, 12), in seinem Blut zu leben, in seiner Stärke zu kämpfen, in seinen Kräften zu bestehen, wenn die Seele ,,sich selb im gantz resignirt gelassen, und ubergebe'' (c.4, Kn 59), denn wer sich selbst lebt, der stirbt Christus, wer sich selber stirbt, der lebt Christus. Nicht in allen, die Christus bekennen, ist der angeborene Tod gestorben, sondern nur in denen, die in sich selbst gestorben, in Christus leben, in ihrer eigenen Gerechtigkeit verzagen, auf Christus hoffen, allein der Gnade, keiner Pflicht warten, (c.4, Kn 59), die Gott in allen Dingen, sich selbst in nichts suchen. Ihre völlige Verbindung mit Christus drückt die letzte Beschreibung aus, die St. von diesen in Christus, dem Vater, Neugeborenen gibt: ,,O got wie gar selige menschen sein die, die mit Jesu

ein fleisch, ein bein, ein bluet, ein marg, und das allerhochste ein geist
sein, nicht mag erlichers gedacht werden, nichts nutzlichers gesucht,
nichts fruchtparlicher, nichts brechtlicher gefunden, und selicklicher
behalten'' (c.4, Kn 59).

Den in Christus Neugeborenen müssen alle Dinge zum Besten dienen
(Röm 8, 28). Als 'angeerbter Nutz' ist ihnen mitgegeben, daß derselbe
Tod, der früher ihr 'angeerbter Schaden' war, nun zu ihrem Besten dient,
ein Instrument zum Leben geworden ist. Sterben, der Sünde Sold, ist nun
Bewahrung vor Schuld, durch die Strafe (c.5, Kn 60)[16]. St. unterscheidet
nun dreierlei Geschicklichkeit der Menschen zum Tode: die einen wollen
überhaupt nicht von ihm hören, dulden nicht, daß man von ihm spreche,
lieben das Leben höher als das rechte Leben; sie müssen den Tod haben,
ewig. Andere lieben Gott und das rechte Leben mehr, lassen aber das Leben ungern, tun alles, um es zu erhalten, und sehen im Tod eine schwere
Bürde. Sie werden selig wegen ihres Gehorsams, müssen aber noch ins
Feuer, weil sie zu sehr am Zeitlichen hängen. Die Dritten sind Menschen,
die ihr zeitliches Leben Christus in ihrem Herzen allein zugeeignet haben.
Das sind die weichen, herzlichen Seelen, an denen Gott sein Wohlgefallen
hat. Sie empfangen die Leiden als Boten, die sie zu Christus führen. So
kann St. sagen: Nichts ist reicher als ein Christenmensch, ob er auch
nichts hätte als den Tod (c.5, Kn 61).

2) Für den zweiten Teil der Schrift, die insgesamt unter der Frage
steht, wie man lernen könne, *wohl* zu sterben und das ewige Leben zu erlangen, bekennt sich St. dazu, daß er solches Sterben nur von Christus lernen wolle: ,,Wer do wil der lerne von sant Peter sterben ader von andern
heilgen, ader aber sehe, wie die frommen yr leben schliessen, Ich wils von
Christo lernen und nymandts anders, Er ist mir von got ein vorpildt geben, nach dem sal ich wircken, leyden und sterben, Er ist die schlange am
holtze, in welcher anblick die gifft des todes stirbt, Er ist allein der, dem alle menschen folgen kunnen...'' (c.6, Kn 62). St. nimmt hier eines der
Stücke auf, die sich unter den Hilfen zur Überwindung der Anfechtung
auch in der Tradition finden[17], und macht es zum beherrschenden
'Anblick' des ganzen praktischen Teils wie seiner Schrift überhaupt.

---

[16] Vgl. die Erwähnung dieses Gedankens in Luthers Taufsermon, WA 2, 734, 19f § 16:
,,Alßo gnedig ist got und mechtig, das die sund, die den tod bracht hat, wirt mit yhrem eygen werck (dem tod) widder vortriben''.

[17] Vgl. H. APPEL, Anfechtung und Trost, 103: ,,Ein besonderes Formstück bildet auch
ein Abschnitt über die Nachahmung des Sterbens Christi, zuweilen in fünf, zuweilen in acht
Einzelpunkte gefaßt... Daneben begleiten das Vorbild Christi als Anfechtungstrost und die
Versenkung in das Leiden Christi als Mittel zur Anfechtungsüberwindung weithin die
Sterbebücher so gut wie das allgemeine Trostschrifttum. Bei Staupitz wird die Nachahmung
des Sterbens Christi Grundgedanke der ganzen Sterbekunst''.

3) Als weiteres Formelement der Ars moriendi finden sich, in diesem zweiten praktischen Teil eingeordnet in die Betrachtung der biblischen Passionsgeschichte, die Hauptanfechtungen des Sterbenden[18] (bei St. sind es neun). Sie werden in c.7 entfaltet in einer Auslegung der Lästerungsworte der am Kreuz Vorübergehenden, Mt 27, 39-43 parr. Es handelt sich um Anfechtungen, die dem Frommen auch schon zu seinen Lebzeiten begegnen, im Sterben jedoch besonders verdichtet. Dazu gehört als dritte Anfechtung die Christus begegnende Meinung: Bist du unschuldig, so leidest du unbillig; eine im Buch Hiob beschriebene Anfechtung (c.7, Kn 64). Die achte Anfechtung ist die vorwitzige Frage nach der ewigen Gnadenwahl Gottes (c.7, Kn 66).

4) Diesen Anfechtungen antworten in c. 8-14 die Sieben Worte Jesu am Kreuz. Innerhalb dieses Abschnitts finden sich in c. 10 und 11 die traditionellen Stücke vom Besuch und Beistand, den die Lebenden, die Verwandten, Freunde und Seelsorger, bei St. ist es jeder Christenmensch, dem Nächsten in seiner Todesnot geben sollen[19]. Hier stehen sie mit dem Text Joh 19,25 unter dem Vorzeichen, daß es für den lebenden Menschen selber nötig ist, unter das Kreuz des Erlösers zu gehen (c.10, Kn 73), und daß man den sterbenden Menschen von Christi Tod sprechen und sie dorthin weisen soll, mit ermutigenden Worten (Röm 8,18. 38f).

5) Aus diesem Anlaß spricht der nächste Abschnitt c.11 vom freundlichen Segen des Sterbenden, nach Joh 19,26 f. Der Abschied von den nächsten Angehörigen, so empfand St. wohl, ist in den traditionellen Hilfen für die Sterbestunde oft karg behandelt gegenüber dem Auftrag des Priesters als des geistlichen Sterbehelfers[20]. In seiner Auslegung des Wortes Jesu an Maria und Johannes ist im Gegensatz dazu dieser Abschied

---

[18] H. APPEL, Anfechtung und Trost, 103 erwähnt als Formstück der Holzschnitt-Sterbekunst die Beschreibung der fünf Hauptanfechtungen der Sterbestunde: Glaubenszweifel, Gerichtsangst, Ungeduld im Leiden, Hochmut und weltliche Sorge, denen jeweils die gute Eingebung, der himmlische Trost des Schutzengels gegenübergestellt ist.

[19] Vgl. H. APPEL, Anfechtung und Trost, 103: Den Abschluß der bei Gerson sich findenden Formstücke „bilden die Anweisungen zur Sterbehilfe (Observationes), die lehren, wie man Kranken in den letzten Stunden helfen, sie trösten und durch die Anfechtungen hindurchleiten kann, richten sich also an den, der das wichtige Amt des Sterbehelfers bei andern zu üben hat, und rufen zur Ausübung dieses christlichen Amtes auf in Vorlesen, Vorbeten, Fragen, im Ablenken von weltlicher Sorge bis hin zur Fernhaltung von Frau und Kindern aus dem Sterbezimmer, im stellvertretenden Gebet und im Vorhalten von Kruzifix und Heiligenbildern".

[20] s. Anm. 19. Im Anschluß an die dargestellten Sterbehilfen: „... in all und jedem Beistand besonders geistlicher Art für den, den die Schwachheit und Bedrängnis des Sterbens immer mehr an eignem Wollen, Sprechen, Denken und Beten hindert, damit seine Seele Gott zugewendet sei und bleibe und er im Vertrauen auf Ihn und auf den Tod Christi sterbe". H. APPEL, Anfechtung und Trost, 103.

sehr menschlich zum Ausdruck gebracht: ,,Hastu ein muter ... hastu ein
weip ... die ein eingeborne lieb tzu dir haben, die nicht hinlegen mogen,
auch nicht sollen, unnd du bist ein mensch, ein sun, ein elicher man, wie
wolde dir getzimmen, so ferrenn es deine krefft vormochten ane urlaub
hin tzu scheiden'' (c.11, Kn 76). Dieser Abschnitt enthält, weitergehend,
zusammen mit dem Kapitel über Christus, den incarnatus Deus und Vater der in ihm Neugeborenen (c.4, Kn 57-59) das Tiefste, das St. in seinem Verständnis wahrer Menschheit und Menschlichkeit weiterzugeben
hat. Die Anrede ,,Weib'' an Maria, die doch seine Mutter war, ist nicht
unfreundlich, wie manche Ausleger meinten, sondern ,,als die liebe tzum
weibe ubertrifft dy liebe tzu vater und mutter, wo sie anderst gantz, war
und guet ist, also ist vil freundlicher gesprochen weip dan muter, nichts
mynner ist es beides, dy einige gebererin gotes Maria nach dem buchstaben, die das allerliebste weip, die allerliebste mutter gottes ist, Dere hat
er entpfohlen ein ytzlichen, der sein lieber iunger ist ...'' (c.11, Kn 77).

So geschieht es auch dem Menschen, der sich Christus ganz ,,gelassen
hat und übergibt'' (c.4, Kn 59): ,,Folgendt hore des glaubens beschlus in
disen wortten, wer handelt mit gotte, das ers weip sey, der hath ein
gewißen sun, wer ßo handelth das er der iunger sey, der hath eine gewisse
mutter, Unnd ist nicht moglich, das der mensche in Christo gelassen,
gantz von allen menschen bleib vorlassen, Ein weip muß der mensche
werden, der fruchte des ewygenn lebens will geberen'' (c.11, Kn 78). —
Diesem Gedanken geht St. weiter nach, indem er Überlegungen der
kirchlichen Lehrer zu der Frage anführt, ob eine Frau mehr als leidentlich
an der Zeugung eines Kindes beteiligt sei oder nicht. Was das Weib natürlich vermöge oder nicht vermöge, fechte ihn wenig an, in der neuen
Menschwerdung sei es aber eine wichtige Frage, ob das Weib Christi, die
Kirche, zu der gnädiglichen neuen Menschwerdung etwas Eigenes wirke.
In dieser Empfängnis des göttlichen Wortes, in dem sie selber neu empfangen, neu geboren werde, verhalte sie sich allein leidentlich, ,,wolle sie
anders new entpfaen und entpfangen sein''. (c.11, Kn 78). In dieser Geburt verliert der Mensch, was er vorher war. So ging es Maria und Johannes: ,,Nymandt wirdt etzwas auß disem letzten beuelh, er hab dan vorlorn
das er gewesen ist. Maria was ein muter des sterblichen Jesu, vorlor die
mutter, und den sun, unnd wardt ein mutter des gantzen unsterblichen
Jesu mit allen seinen gliden... Joannes vorlor sich und fandt das weip,
fandt sie sein mutter, fandt sich das glid Christi, fandt Jesum sein bruder,
fandt die selickeit sein eygenthum, fandt got seinen einigen vater, ... vorlore seine neygung, fandt gottes treibung, vorlore gottes gesichte, fandt
gottes geschmack, vorlore erforschung, fandt erfarung, ... vorlore alle

krefft und wirckung, fand sich got leidendt..." (c.11, Kn 79f). Das Abschiedswort Jesu, ,,diß hertzlichste wordt, dises holtselige gesegnen'', gehört nicht nur Maria und Johannes, sondern allen, die unter dem Kreuz in Liebe gewesen sind und die mit andächtiger Betrachtung bei dem sterbenden Christus stehen und mit ihm sterben[21] (c.11, Kn 80).

6) Breit ausgestaltet ist die Auslegung des Wortes 'Mich dürstet' zu einer Folge von fünfzehn Graden des Durstes und Gebeten, die diesem Verlangen Ausdruck geben. Auch in der Tradition finden sich häufig Gebete an Gottvater, Christus und Maria, an alle Heiligen und Engel[22]. Darun-

---

[21] Zur Berührung mit mystischer Sprache anderer Schriften aus der L. bekannten und von ihm theologisch hoch gewürdigten Gruppe vgl. die ,,Theologia Deutsch'', hrsg. von Hermann MANDEL. Leipzig 1908, c. 12b, S. 30, 2-5 nach Anführung Taulers: ,,Und darumb solt man altzeit mit fleis war nemen der werck gottis und seiner heissunge, treibung und vermanung und nicht der werck heyßung oder vormanunge des menschen''. Zu ,,vorlore erforschung, fandt erfarung'' vgl. c. 39, MANDEL 78, 17-25: ,,Sich also ist es auch umb got und das got zu gehört. Das ein mensch vil bekennet von got und was gottes eigen ist, und meinet, er wiß und bekenne auch, was got ist: hat er nit liebe, ßo wirt er nit gotlich oder vergottet. Ist aber war lieb da mit, ßo muß sich der mensch an got halten und lassen alles, das nit got ist oder got nit zu gehört... Und diße liebe vereyniget den menschen mit got, daz er nymer mer da von gescheiden wirt''. Die für diese Schrift charakteristische Gegenüberstellung lautet ,,Sich Annehmen'', ,,etwas sein wollen'', ,,etwas zu eigen haben'' (darin bestand der Ungehorsam Adams und der Fall des Teufels) und ,,Gott ehren'' (c. 4, Mandel 12, 9-11; c. 3, Mandel 11, 2-9). Die Besserung von diesem Fall geschieht nicht im Tun, sondern im Leiden: ,,Und yn dißer widerpringung und pesserung kan ich oder mag oder soll nichtz nit dar zu thun, sunder eynn ploß lautter leiden, alßo das got allein thu und wurck unnd ich leide yhn und seyn werck und seinen willen''. (c. 3, Mandel 12, 1-4). Fällt dieses ,,Annehmen'' weg, so geschieht die Liebe zu dem Edelsten und Besten, weil es das Edelste und Beste ist: ,,Und ßo sich des bekentnus die creatur ye mynder annympt, ßo es ye volkomner wirt. Alßo ist es auch umb den willen und die liebe und begerunge und was des ist. Wan ßo man sich dißer mynder annympt, ßo sie edler und lauterer und gotlicher werdent; und ßo man sich yr ye meher annympt, ßo sie ye grober und vermengter und unvolkomner werden...'' (c. 5, Mandel 13, 15-14, 4) ,,Sunder was yn der warheit das edliste und das peste ist, das solt das liebste sein und nit anders denn umb das, das es das pest und das edlist ist. Hernach mocht eyn mensch seyn leben richten von aussen und von ynnen. Von außen: wan unter den creaturen ist eyns pesser denn das ander, darnach das das ewig gut ynn eym mer ader mynder scheinet und wurcket den yn dez andern. Yn welchem nu das ewig gutt aller meyst scheinet und leucht und wurcket und bekant und gemeinet wirt, das ist auch das peste unter den creaturen... Szo nu der mensch die creatur handelt und damit umbget und dißen unterscheidt bekennet, ßo soll ym die pest creatur die liebst sein unde sol sich zu der halten und sich vereynigen, und allermeyst mit den, die man gott tzu eygent, das sie got tzu gehörent oder gottis sind''. (c. 6, Mandel 15, 2-16). Vgl. c. 55, Mandel 101, 13-21: ,,Was ist aber das, das gottes ist und im zu gehort? Ich sprich: Es ist alles das, das man von recht unnd mit warheit gut heisset und nennen mag. Sich, wenn man sich also yn den creaturen zu dem pesten heltet, das man bekennen mag, und bey beleibet und nit hinter sich get, der kumpt aber zu eim pessern und aber zu eim noch pessernn also lang, das der mensch bekennet und schmecket, das das ewig, ein, volkumen on maß und on zal, uber alles geschaffen gut ist''. s. auch u. S. 99 bei Anm. 27 und 28.

[22] H. APPEL, Anfechtung und Trost, 102.

·ter findet sich die Bitte um Gleichförmigkeit des Willens mit Gottes Willen
(4. Stufe); die Bitte um fröhlichen Anblick der verklärten Menschheit
Christi (13. Stufe): in diesem Durst verlischt alle Furcht des Todes. Die
14. Stufe richtet sich auf Sterben ohne längeren Verzug; in diesem Durst
ist die Liebe stärker als der Tod (c.13, Kn 85 und c.12, Kn 81: Hohesld
8,6). Der 15. Grad ist die Bitte um ewige Ruhe: ,,O hoch begerter, lang
gesuchter, tewer erkauffter, nicht gnug erkanter, nicht gnug geliebter,
nicht gnug gelobter got, erhore mein gebeth, gib das mich furhin ane
deinem erkentnis nichts voryrre, an deiner lieb nichts vorhindere, ann
deinem lob nichts tzurstrawe, laß mich dich sehen, als du bist, lieben als
du gut bist, loben als du werdt bist''. In diesem Durst verschwindet die
Hölle, erlischt das Fegefeuer, vergeht das Leiden, stirbt der Tod (c.13,
Kn 85).

7) Das 14. Kapitel bringt die ebenfalls zu den Formstücken der Ars moriendi gehörenden Fragen[23] oder Wahrzeichen, ob ein Mensch sich genug
zum Tod geschickt habe, in der Gestalt von sieben Psalmversen (bei St.
sind es mit dem letzten Kreuzeswort Jesu, Ps 30,6 (Vg) nach Lk 23,46,
neun). Es sind, wie St. bemerkt, keine in sich wirkkräftigen Formeln, sondern sie vermitteln eine Form der Seele, neben der der Tod keinen Platz
mehr findet[24]. Sie wenden den Menschen von sich selbst, von seiner Sünden Klage, zu Gottes Lob wie das dritte der hier angeführten Worte Ps
141,6 (Vg): 'Zu dir hab ich geruffen, mein herr, unnd gesprochen, du bist
meine hoffnung, du bist mein portion in der erde der lebendigen'[25]. —

---

[23] H. Appel., Anfechtung und Trost, 102.

[24] Vgl. H. Appel., Anfechtung und Trost, 99. Die Stelle in c. 14, Kn 87 lautet betreffs der
Sieben Psalmgebete Bernhards: ,,Nue salt du mit nichte dofur halten, das der heilig man, so
hochgelert, eincherley vortrawen in die wort gesetzet, der wol gewust hat, das er den word-
ten nicht mehr krafft geben solde, dann yne die heylige geschrifft, erfarung, und vornunfft
tzu lest, Er begerethe aber die wordt tzu horen, und den sin, dorinnen die geschicklickeit des
gemuets vorstanden, tzu erlern, dan es ist geblich eine form der sele, bey und mit der des
selbigenn iehen todt kein stadt hat, und sein sunderlich, die des menschen gelassenheit und
hoffnung tzu got aussprechen''.

[25] Diese Hinwendung des Blickes ,,von der eignen Not weg zu Gottes Güte und Treue, zu
Lob, Dank und Anbetung für ihn, der uns hält und trägt und Freude schenkt'', findet sich
also nicht erst bei Luther in seinen Trostschriften von 1519, sondern mit diesem Klang endet
schon die Sterbeschrift Staupitzens in den letzten Abschnitten. Anders H. Appel, Anfechtung und Trost, 124, zu WA 2, 697, 31-37, dem letzten Abschnitt in Luthers Sermon. In gewisser Weise läßt sich schon von Staupitzens Sterbeschrift unter dem Bild des am Kreuz
sterbenden Christus sagen, was A. abschließend für Luthers Sermon hervorhebt, daß eine
,,neue theologische Mitte'' ,,auch da, wo sachlich übernommen wird, zu einer neuen Ordnung und Ausrichtung des alten Trostes führt, und auch die 'Stimmung' der Trostspendung
entscheidend verändert''. Anfechtung und Trost, 124. So versteht D. C. Steinmetz, Misericordia Dei, 183 (s.o. Anm. 9), im Anschluß an Augustins Confessiones die ganze Theologie
Staupitzens als eine confessio laudis: ,,The whole theology of Staupitz is a confession of the

Nach diesem allen befiehlt sich der Sterbende in Gottes Hände mit Ps 30,6 (Vg). Auch hier spricht die Anrede an den im Kreuz angeschauten Christus deutlich mit: ,,vater in deine hende beuele ich meinen, ia mehr deinen geist ... dein eigen bilde, dein gleichnis, dorumb du dein bluet vorgossen hast, in deine hende dorauß nymandt tzucken ader rauben kan, in deine starcke hende tzu beschutzen, in deine milde hende, tzu belonen, dann dein bin ich, mach mich selig. Amen'' (c.15, Kn 88). Mit dem persönlichen Wahlspruch St.s, der sich auch am Ende der Widmungsvorrede findet[26], schließt so die Schrift mit dem völligen Sich-Übergeben an den menschgewordenen Gott.

Die Art der in dieser Schrift zum Ausdruck kommenden 'Mystik' darf man in Anknüpfung an das Stichwort aus c.11 über Johannes: ,,...vorlore erforschung, fandt erfarung''[27] wohl so wiedergeben, daß für St. in der neuen Geburt durch die unio mit Christus, dem menschgewordenen Gott, in der Beschreibung der Gelassenheit und des Sich-selber-Sterbens, gerade die irdischen Erfahrungsmöglichkeiten des Menschen befreit und, gleichnishaft im Blick auf den Himmel, nicht der 'böse Tod', aber das Sterben des Todes in Christus als etwas dem Leben dienendes, in Anschauung und Trostwort zugänglich gemacht worden ist und so nicht nur zur Sprache, sondern zur Erfahrung gebracht, als Möglichkeit in Liebe und Lob ansprechbar gemacht und im Verlieren der Eigenherrlichkeit des Menschen gewonnen ist[28]. Ein für das Leben des Menschen heilsamer Vorgang, nicht nur heilsam, sondern im Tiefsten erfreulich.

c) Betrachten wir nun Luthers eigenen Sermon ,,Von der Bereitung zum Sterben''[29].

---

fidelity of God, who seeks out men when they do not seek Him and who preserves them from falling when they despair of their own ability to remain faithful. It is the same theme which is celebrated by Augustine in his Confessions and enunciated with a new force in the theology of the young Luther. New elements have entered the story as it is told by Staupitz, ...some original with him. But the theme itself is unchanged. Staupitz praises the fidelity of God who seeks out men in their miseria and brings the elect back to fellowship with God who is their true origo et finis''. — Gehört es zu den ,,neuen Elementen'', daß die story, die ,,Geschichte vom Verlieren und Finden (s.o. S. 97 mit Anm. 21)'' in der Sprache der deutschen Mystik erzählt wird? s.u. bei Anm. 27 und 28.

[26] Kn 52: ,,Jesus Dein bin ich, mach mich selig''.

[27] c. 11, Kn 80. s.o. S. 97 und Anm. 21.

[28] Vgl. die in Anm. 21 angeführten Stellen der deutschen Theologie über ,,Sich Annehmen'' und ,,Leiden'' (c. 3, Mandel 12, 1-4).

[29] WA 2, 685-697 = Bo A 1, 161-173. Vgl. zum Folgenden die in Anm. 9 genannten Abschnitte bei E. Wolf, Staupitz und Luther; H. Appel, Anfechtung und Trost, 121-124, 125-135, sowie die in Anm. 10 angeführten Aufsätze von Fr. Gerke. Dazu Oswald Bayer, Promissio, 211f, 226f.

1) Der Ankündigung L.s gemäß, es handele sich in diesem Sermon um eine ,,trockene'', knapp dargestellte Sache[30], fällt in den einleitenden Abschnitten das Fehlen längerer Ausführungen allgemeiner Art über das Wesen des Todes, die 'drei Tode' usw. auf: der Tod ist ein Abschied von dieser Welt und all ihren Händeln. Das bedeutet (§1) ordentliches Verschaffen, Disponieren, über das zeitliche Gut, daß nach dem Tod des Betreffenden kein Streit oder Zweifel über den letzten Willen entsteht. Zum anderen (§2) muß auch geistlich Abschied genommen werden in gegenseitiger freundlicher, lauterer Vergebung um Gottes willen, für alle Beleidigungen. Dann wendet sich der Weg des Sterbens zu Gott und führt den Menschen (§3)[31]. — So sachlich und unverblümt fährt L. nun fort mit einer Beschreibung des Vorgangs, der auf den Menschen wartet: nun gilt es, durch die enge Pforte auszugehen und einzugehen zum Leben, den schmalen Steig zu nehmen, fröhlich, trotz der Ängste, die diese Pforte umlagern[32]. L. bedient sich hier, wie Staupitz, gleich im Anfang des Bildes der 'Geburt', um den Vorgang des Sterbens zu deuten, jedoch nicht im paulinisch-geistlichen Sinn der 'neuen Geburt' in Christus, sondern mit Joh 16,21f des Bildworts, das den leiblichen Vorgang der Geburt beschreibt; es dient zur Deutung des leiblichen Vorgangs des Sterbens als Ausgehen aus der engen Pforte des Muttermundes und der Geburtswege, unter viel Angst wegen der Engigkeit, in das Weite, in die Welt, das zeitliche Leben: nun ist es aber das ewige Leben, die ewige Freude, in die der Mensch eingehen und in der er die Angst des Sterbens vergessen wird. Wie der Vorgang des Sterbens, so ist auch der Vorgang der Geburt wirklichkeitsnah, als leiblicher Vorgang mit Ängsten, Engigkeit und anschließendem Vergessen des angstvollen Durchbruchs in der Freude über den neu zur Welt geborenen Menschen beschrieben (Joh 16,21). Die Situation der Geburt als ,,Ursituation'' wird so hilfreich zum Verstehen

---

[30] Br 1, 537, 5f, s.o. S. 88.

[31] WA 2, 685, 20-22 = Bo A 1, 162, 3-5: Zum Dritten, Wan ßo yderman urlaub auff erden geben, Soll man sich dan alleyn zu gott richten, da der weg des sterbens sich auch hin keret und unß furet.

[32] WA 2, 685, 22-686, 3 = Bo A 1, 162, 5-17: Und hie hebt an die enge pforte, der schmale steyg zum leben, des muß sich eyn yglicher frölich erwegen, dann er ist woll fast enge, er ist aber nit langk, und geht hie zu, gleych wie ein kind auß der cleynen wonung seyner mutter leyb mit gefar und engsten geboren wirt yn dißenn weyten hymmell und erden, das ist auff diße welt. Alßo geht der mensch durch die enge pforten des todts auß dißem leben, und wie woll der hymell und die welt, da wir itzt yn leben, groß und weyt angesehen wirt, Szo ist es doch alles gegen dem zukunfftigem hymel vill enger und kleyner, dan der mutter leyb gegenn dißem hymell ist, darumb heyst der lieben heyligen sterben eyn new gepurt, und yhre fest nennet man zu latein Natale, eyn tag yhrer gepurt. Aber der enge gangk des todts macht, das unß diß leben weyt und yhenes enge dunckt.

der anderen, deren Ausgang freilich „geglaubt" werden muß, deren Bedeutung aber doch an der leiblichen Geburt eines Kindes „gelernt" werden kann, im Sinne des Bildwortes Jesu über die Traurigkeit des Abschie-
des und die Freude des Wiederfindens[33]. Verheißung künftiger Freude im
Vergessen der überstandenen Angst ist es also, was dem Menschen hilft,
sich „fröhlich" auf den Weg zu machen und sich der — nicht mehr verdrängten, sondern verstandenen — Angst „zu erwegen"[34]. Trocken und
scheinbar phänomenologisch, und doch auch im Verständnis des irdischen Vorgangs der Geburt ganz vom biblischen Bildwort geführt, spricht
L. vom Ereignis und Vorgang des Sterbens als der Geburt zum Leben.
Nichts 'Mystisches' ist damit ausgesagt, und doch sind Erfahrung und
Glaube wechselseitig aufeinander bezogen in dieser Beschreibung. So
werden die real genug begründeten Gefühle der Angst (wegen der Engigkeit) nicht mehr verdrängt, und die Freude kann beginnen, zu sprechen.

2) Die nun folgenden Stücke sind im Besonderen auf ihr Verhältnis zu
Elementen des Staupitzsermons und der Tradition der Ars moriendi zu
befragen. Zum Bisherigen ließe sich sagen, daß es als „Mehr hinein in die
Erfahrung" und Anschauung der irdisch-leiblichen Vorgänge des Lebens
und zugleich auf Jesu Wort bezogen, durchaus der theologischen Ausrichtung des Staupitzsermons entspricht und sie weiterführt im Sinne des
sensus litteralis von 'Sterben' und 'Geburt'.

Dabei kann L. nun im Folgenden die von St., wie es scheint, zurückge-
stellten kirchlichen Sakramente (Beichte und Absolution, Abendmahl als
Sterbehilfe, letzte Ölung)[35] in neuer Frische und Aussagekraft
(wieder)aufnehmen. Der Hinweis auf das Altarsakrament und die
Bußübung gehört auch in der Tradition der Sterbeschriften unter die Auf-

---

[33] Drumb muß man das glauben unnd an der leyplichen gepurt eyns kinds lernen, als
Christus sagt: Eyn weyb, wan es gepirt, ßo leydet es angst, wan sie aber geneßen ist, ßo
gedenckt sie der angst nymmer, die weyll eyn mensch geporn ist von yhr yn die welt. WA 2,
686, 3-6 = Bo A 1, 162, 17-20.

[34] ...alßo ym sterben auch muß man sich der angst erwegen und wissen, das darnach eyn
großer raum und freud seyn wirt. 2, 686, 6-8 = Bo A 1, 162, 20-22. „sich erwegen" findet
sich nach Jacob und Wilhelm GRIMM, Deutsches Wörterbuch III. Leipzig 1862, 1049f u.a.
in zahlreichen Belegen bei Luther in doppelter Bedeutung a) positiv: sich zu etwas
entschließen, sich eines Dinges unterfangen, gewarten, getrauen, auch sich erdreisten,
erkühnen und b) privativ: auf etwas verzichten, daran verzweifeln, ihm entsagen.

[35] WA 2, 686, 19-21 = Bo A 1, 162, 34-36: „Soll man yhe zu sehen mit allem ernst und
vleyß, das man die heyligen sacrament groß acht, sie yn ehren habe, sich frey und frölich
drauff vorlasse..." Aufgezählt werden § 4, WA 2, 686, 10-13 = Bo A 1, 162, 24-27: lautere
Beichte, vor allem der größten Stücke und derer, die dem Beichtenden im Gedächtnis sind;
Abendmahl und Ölung; § 15, WA 2, 692, 24f = Bo A 1, 168, 36f: Beichte, Absolution,
Salbung und Ölung.

zählung der Hilfsmittel zur Vorbereitung des Sterbens[36]. Deren Zurücktreten bei St. kann am besten verstanden werden von seinem in c.6 zum Ausdruck gebrachten Bemühen her, alles, was durch einen Christenmenschen zur Ehre Gottes geschieht, nach dem Bild Christi zu 'bilden'[37]. Alle Heilmittel, so auch die Psalmgebete in c.14, haben ihre heilende Wirkung von diesem 'Widerbild' der 'Schlange am Holze'. Die Betrachtung des Sterbens der Heiligen und Frommen stellt St. jedem frei, er selber entscheidet sich für Christi Bild alleine und gestaltet seine gesamte Ars moriendi unter diesem einen Bild, wie die Überschrift sagt: ,,Von der Nachfolgung des willigen Sterbens Christi''. Die Sterbehilfe der kirchlichen Seelsorger, die mit den Verwandten und anderen Christenmenschen, die dem Sterbenden nahestehen, in c.10 angeredet werden, soll nach dem Willen Christi wie die Hilfe jedes Christen für seinen Nächsten der Stärkung von dessen Glauben dienen und zur Bewahrung vor Kleinmütigkeit und Verzweiflung helfen[38]. Tritt nun bei Luther dieses menschliche Moment der ,,Seelsorge Christi'' wieder zugunsten sog. ,,objektiver'' Momente kirchlich-institutioneller Sterbehilfe in den Sakramenten zurück? Auf den ersten Blick, jedoch nur sehr äußerlich betrachtet, könnte es so scheinen[39]. Wie bereits die ersten Abschnitte des Sermons zeigten, handelt

---

[36] H. APPEL, Anfechtung und Trost, 102. s.o. S. 92 bei Anm. 14.

[37] s.o. S. 94 bei Anm. 17. In der angeführten Stelle c. 6, Kn 62 heißt es zu Anfang: ,,Den iuden wardt vorbotten das sie nichts am Tabernackel tzu gots ere machen solten, dann wie es yne uff dem berge vorgetzeyget were, das gschach in der figur, vil weniger mag gotte gefallens tragen in den dingen, die von Christenlewten yme tzu ere geschehen unnd sein nicht gebildet nach Christo, den er uns uff dem berge Calvarie getzeiget hat, ein vorbilde aller gutthat''.

[38] s.o. S. 95f zu c. 11, Kn 76.

[39] Vom ,,Urlaub'' von allen Menschen auf Erden spricht L., anders als Staupitz, gleich in den ersten beiden Abschnitten des Sermons. Vgl. Fr. GERKE, ThBl 13 (1934), 198: ,,Der Satan möchte gerne zur Unzeit das Auge auf die Liebe und Sorge des Lebens lenken. Damit soll der Mensch also rechtzeitig abschließen. Der Zweck des Urlaubnehmens ist, sich allein auf Gott auszurichten...auch der geistliche Abschied von den Brüdern (wechselseitige Vergebung) soll die Ausrichtung in der hora mortis nicht stören. Er gehört mit zum 'handel auff Erden'. Auf die reine, starre, unablässige Blickrichtung auf Gott kommt alles an; nur dadurch kann dem Satan widerstanden werden''. G. geht dann über zur Darstellung der Anfechtung des Sterbenden durch die drei Untugenden, bei L. beschrieben in den §§ 6-9, 10-14. Dazwischen liegt jedoch in den §§ 4 und 5 die Einführung der Sakramente, mit Beziehung auf den Glauben als freies und fröhliches Sich-Verlassen auf sie. Der ,,Weg des Sterbens'' § 3ff, der, wie G. den Text widergibt, ,,uns führet'', hat in der Stimmung also nichts Starres; die Hinwendung zu Gott ist keine bloße Sache des Willens, von der die ,,Ablenkung'' noch ängstlich ferngehalten werden muß. Durch die Beschreibung des Vorgangs des Sterbens in § 3 als des Einganges zum Leben durch die enge Pforte ist die Verabschiedung von den Menschen auf Erden bedingt. Jesu Wort Joh 16,21 deutet dabei diesen Abschied und Eingang, hält also beide Aspekte des Vorgangs in gewisser Weise zusammen. So bleibt das Sterben auch im Abschied ,,menschlich''. Vgl. dazu bei St. in c. 13, Kn 84f (13.

es sich jedoch in Wahrheit um eine andere Bewegung: Gottes Wort und
Zusage wird schon in allen äußeren Vorgängen, nicht nur im Inneren der
Seele, die unter dem Eindruck Christi steht, bezeugt. Wie Geburt und
Sterben, unter dem Wort Jesu Joh 16,21 betrachtet, zu gleichnishaften
Vorgängen werden, so haben im Folgenden die Sakramente ihre 'Bedeutung' für den Glauben des Menschen. Auf ihn kommt es an. Mag der
äußere Empfang der Sakramente nicht möglich sein, so hilft doch schon
das Verlangen und Begehren des Glaubens nach ihnen: denn ,,Christus
spricht, alle dingk sein müglich dem der do glaubt, Dan die sacrament
auch anders nit seyn, dan zeychen, die zum glauben dienen und reytzen,
wie wir sehen werden, An wilchen glauben sie nichts nutz seyn''[40].

3) Es geht also um die rechte Würdigung der Sakramente. Wie kann
ihnen im rechten Gebrauch die Ehre gegeben werden? Diese Frage nach
der Ehre Gottes bewegt, wie Staupitz in c.6[41], so Luther, nun im Umgang
mit den in den Sakramenten gegebenen Zeichen der Gnade Gottes: ,,Wie
aber die eehre recht geschech und was die tugent seyn, muß man wissenn.
Die eehre ist, das ich glaub, es sey war und geschech mir, was die sacrament bedeuten, und alls, was gott darynnen sagt und anzeygt, das man
mit Marien, der mutter gottis, yn festem glauben sprech: Mir geschech
nach deynen worten und zeychen''[42]. Die kirchlichen Sakramente, die
Handlungen des Priesters, der nun, wie in der Tradition anderer Sterbeschriften, nach dem Abschied von den Verwandten an der Reihe ist, dem

---

Stufe des Durstes) die Bitte um fröhlichen Anblick der verklärten Menschheit Christi s.o.
S. 98. Auch in der Anm. 10 genannten Arbeit von A. ENDRISS wird der Vergleich zwischen
der Staupitzschrift und Luthers Sermon im Blick auf die unterschiedliche Bedeutung der Sakramente unter der Frage, was die stärkere Hinwendung zu Gott bei L. bedeute, durchge-
führt. Vgl. S. 30f, 41-44. M. E. darf hier nicht zu früh unterschieden werden: es kommt bei
St. und L. auf den Anblick des Gnadenbildes *Christi* an, und, in Verbindung damit, auf den
Charakter der Sakramente in Luthers Sterbeschrift, s. das Folgende S. 103-109, und ihr Verständnis im ganzen Kontext des Sermons, vgl. besonders die letzten Abschnitte des Sermons
§§ 18-20, s.u. S. 107f. im Zusammenhang mit der *Erfahrung* des Sterbens, die nun nicht mehr
isoliert gesehen wird, sondern in Verbindung mit der Erprobung der Gnade Gottes, die er in
den Sakramenten zugesagt hat. Die andere, mehr alttestamentliche Färbung der Aussagen
L.s läßt sich gleichwohl für die von E. beobachtete Unterschiedlichkeit der Aussagen St.s
und L.s anführen, und so kann die gestellte Frage weiter geklärt werden. Entscheidend ist es
m.E. dabei, auf sprachliche Eigenheiten L.s zu achten, vgl. hierfür am Anfang des Sermons
das im Blick auf den Weg des Sterbens *beschreibend* Gesagte: ,,...Soll man sich dan alleyn zu
gott richten, da der weg des sterbens sich auch hin keret *und unß furet*'' (Hv. = d. Vf.).

[40] WA 2, 686, 16-20 = Bo A 1, 162, 30-33. (Mk 9,23).

[41] s.o. S. 102 Anm. 37, S. 98 Anm. 25, sowie die in Anm. 21 angeführten Stellen aus der
deutschen Theologie.

[42] WA 2, 686, 23-27 = Bo A 1, 162, 38-163, 3. Vgl. die Anführung dieser Stelle Lk 1, 38
durch L. gegenüber Cajetan, Acta Augustana 1518, WA 2, 15, 15f; O. BAYER, Promissio,
226, A. 2.

Sterbenden seinen Dienst zu erweisen, sind so nichts, in sich betrachtet, ,,objektiv'' Heiliges, sondern in ihnen redet und wirkt Gott durch den Priester, und er wirkt mit seinem Wort für den Menschen, durch die Zeichen der Sakramente: ,,Dan die weyl da selbst gott durch den priester redt und zeychnet, mocht man gott kein großer uneehr yn synem wort und werck thun, dan zweyfelen, ab es war sey, und kein großer eehre thun, den glauben es war seyn und sich frey drauff vorlassen''[43].

4) Worin besteht nun dieses 'Die-Ehre-Erweisen' im Gebrauch der Sakramente? Auf den ganzen folgenden Verlauf der Darstellung L.s gesehen (bis zum Ende des vorletzten Abschnitts des Sermons, § 19) muß die Antwort — mit besonderem Blick auf die an Staupitz und die 'Hauptanfechtungen' der Ars moriendi anknüpfenden Abschnitte über das 'Bild Christi' als 'Widerbild'[44] gegen die Anfechtungen von Tod, Sünde und Hölle — lauten: der Teufel versucht, deine Erfahrung durcheinanderzu-

---

[43] WA 2, 686, 27-30 = Bo A 1, 163, 3-6.

[44] L. führt in § 10, WA 2, 689, 16-19 = Bo A 1, 165, 27-30 auch den im Hintergrund von Joh 3,14 stehenden alttestamentlichen Text Num 21, 9 selbst an. Vgl. noch die Formulierungen WA 2, 689, 27-29 = Bo A 1, 165, 38-166, 2: ,,...die sund nit dan yn der gnaden bild ansehen, und dasselb bild mit aller crafft yn dich bilden und vor augen haben. Der gnaden bild ist nit anders, dan Christus am Creutz und alle seyne lieben heyligen''; WA 2, 689, 6-14 = Bo A 1, 165, 16-24: ,,...Sondern deyn augen, deyns hertzen gedancken unnd alle deyne syn gewaltiglich keren von dem selben bild, und den todt starck und emsig ansehen nur yn denen, die yn gottis gnaden gestorben und den todt ubir wunden haben... Dan Christus ist nichts dan eytell leben, seyn heyligen auch, yhe tieffer und vehster du dir diß bild eynbildest und ansihest, yhe mehr des todts bild abfelt und von yhm selbs vorschwindt...''; WA 2, 690, 13-22 = Bo A 1, 166, 24-33 zur Anfechtung durch das Bild der Hölle: ,,dan sichstu dich nit fur, ßo wirt dich diß bild schwind sturtzen und zu boden stoßen: drumb mustu hie gewalt uben, die augenn fest zuhaltenn fur solchem blick, dan er gar nichts nutz ist, ob du tausent jar damit umbgiengst, und vorterbet dich zu mall, du must doch gott lassenn gott seyn, das er wisse mehr von dir wan du selbs. Drumb sich das hymelisch bild Christum an, der umb deynen willen gen hell gefaren... Sich, yn dem bild ist ubirwunden deyn helle und deyn ungewiß vorsehung gewiß gemacht...'' Zu dieser Bedeutung des ,,Bildes'' als eine ,,konkrete Wirklichkeit, die man nicht etwa als Gegenstand aus der Distanz betrachtet, sondern am eigenen Leibe erfährt'', vgl. O. BAYER, Promissio, 211 A. 52. Nirgends sonst bei L. sei der Gebrauch der Vokabel so häufig wie in dieser Schrift. Im Gespräch mit der Lutherdeutung Erik H. ERIKSONS wäre hier zu erarbeiten, welche Bedeutung der Charakter solcher ,,Bilder'' im frühkindlichen Erleben und in der späteren Lebenserfahrung des Menschen durchaus in jenem doppelten Sinne des ,,zornigen'' und des ,,gnädigen'' Bildes (= ,,Anblicks'') für den Menschen hat, eine — wie bei Staupitz und bei Luther — für die Therapie wichtige Fragestellung. Vgl. Erik H. ERIKSON, Der junge Mann Luther. Eine psychoanalytische und historische Studie. Deutsche Ausgabe München 1958, 293: ,,Ich habe angedeutet, daß der ursprüngliche Glaube, den Luther wiederherzustellen suchte, auf das Grundvertrauen der frühesten Kindheit zurückgeht. Ich glaube nicht, daß ich damit das Wunder verkleinert habe, das Luther Gottes verschiedene Gestalt nannte. Wenn ich auch annehme, daß es das lächelnde Gesicht und die lenkende Stimme kindlicher Elternbilder sind, die die Religion auf einen gütigen Himmel projiziert, so habe ich keine Entschuldigung für ein Zeitalter, das den Mond rot anstreichen will. Friede kommt aus dem inneren Raum''.

bringen, indem er mit gewaltigem Wind „zubläst" und die Anfechtungsbilder großmacht, unter Ausnutzung der Schwäche unserer „blöden, verzagten Natur"[45], des Gewissens, das sich vor Gott schämt und selber
greulich straft[46], und des überschüssigen Vorwitzes, der Gottes geheimen
Ratschluß erforschen will[47]; das tut er besonders dann, wenn diese Anfechtungsbilder ohnehin vor deinen Augen stehen, in deiner letzten Stunde. Dann halte den Blick fest auf Christus am Kreuz gerichtet und sieh das
Sterben in ihm und anderen an, die in Gottes Gnade gestorben sind, sieh
die Sünde an im Gnadenbild Christus am Kreuz, der die Sünde für dich
trägt und sie erwürgt, und in allen Heiligen, die mittragen deine Sünde in
ihrem Sterben, sieh den von Gott verlassenen Christus an, der um deinetwillen in die Hölle gefahren ist und ewig verdammt war; wenn dir die
Gnade Gottes in diesem Anblick wohlgefällt, so bist du schon auch
erwählt[48]. Haftest Du in diesem Bild und Anblick, so werden die Bilder

---

[45] WA 2, 687, 1-8: = Bo A 1, 163, 13-21: ...das die blode vortzagte natur das selb bild zu
tieff yn sich bildet ... da zu steuret nu der teuffel, auff das der mensch das greßlich geperd
und bild des todts tieff betrachte, da durch bekummert, weych und zaghafft werd... Damit
er die blode natur zur furcht des todts und zur lieb und sorgen des lebens treybe...

[46] WA 2, 687, 18-22 = Bo A 1, 163 31-35: Die sund wechst und wirt groß auch durch yhr
zuvill ansehen und zu tieff bedencken. Da hilfft zu die blodickeit unßers gewissens, das sich
selbs vor gott schemet und grewlich strafft. Da hatt der teuffell dan eyn bad funden, das er
gesucht, da treybt er, da macht er die sund ßo vill und groß...

[47] WA 2, 688, 1-6 = Bo A 1, 164, 11-16: Die helle wirt groß und wechst auch durch yhr
zuvill ansehen und harttes bedencken zu unzeit. Da zu hilfft ubir die maß seer, das man gottis urteyl nit weyß, da hin der boße geyst die seel treybet, das sie sich mit ubrigem unnutzen
furwitz, Ja mit dem aller ferlichsten furnhemen beladen und forschen sol gotlichs radts
heymlickeit, ob sie vorsehn sey odder nit. Hie ubet der teuffell seyn letzte, groste, listigiste
kunst und vormugen.

[48] WA 2, 690, 26-31 = Bo A 1, 166, 38-167, 4: Alßo wan du Christum und all seyne heyligen ansihist, und dir woll gefellet die gnad gottis, der sie alßo erwelet hatt, und bleybst nur
fest yn dem selben wolgefallen, ßo bistu schon auch erwelet... Hafftestu aber nit hir auff
alleyn, und fellest yn dich, ßo wirt dir eyn unlust erwachen gegen gott und seyne heyligen,
und alßo yn dir nichts guts finden. Da hut dich fur... Eine schönere Bestätigung der Gemeinsamkeit mit Staupitz' gratia gratum faciens in dem Sinne, daß durch sie dem Menschen Gott wohlgefällt, läßt sich kaum finden. Vgl. in der Schrift St.s „Von endlicher Vollziehung ewiger Fürsehung" c. 6, 33, Kn 145: „Dem nach ist den erwelten nit allein die vordrung, sunder auch die rechtfertigung pflichtbar. Ich sag die rechtfertigung, do durch der
ubertreter widerbracht werde tzu der waren gehorsam gots, das denn geschicht, wann durch
die gnad gots seine augen widerumb erofnet werden, das er den waren got erkenn durch den
glouben, und sein hertz entzündet wirdett, das im got wolgefalle, das ist beiderseits ein lawtere gnad, und die auß dem verdinstnuß Christi vorsehen oder erzeigt ausfleüst, darzu unsere werck nichts thun, noch thun mögen, wann die verlasen natur hat weder erkennen, noch
wöllen, noch etwas guts thun, der auch got selbst erschrockenlich ist". c. 6, 36, Kn 145f:
Das Feuer „unser lieb, entzündet durch das fewer seiner lieb... wirckt das uns got wolgefall,
und angenehm sey, das uns misfall, nit allein das wider got, sunder alles das nit got ist. Das
ist die gnad die angenem macht, nit den menschen got, als es vil auslegen, wann das selbig
hat die erwelung gewürcket, sunder die got einig wolgefellig unnd angenem macht dem

der Anfechtung endlich von selbst abfallen[49]. Auch die eigene Versuchung Christi durch die drei vom Teufel in der Todesstunde vergrößerten Anfechtungen (wie bei Staupitz nach Mt 27,39-43 parr. dargestellt) hilft dir in diesem Augenblick: er antwortet überhaupt nichts und achtet ,,allein auf den liebsten Willen seines Vaters'' und bittet für seine Feinde, für ihren Tod, Sünde und Hölle[50].

Soweit schließt sich L. der in ähnlicher Weise auch bei Staupitz gegebenen Kreuzesbetrachtung an. Das Entscheidende folgt jedoch erst in seiner Rückkehr zu den Sakramenten und der in ihnen als in einem Wahrzeichen oder einer Urkunde gegebenen Zusage Gottes. Sie lautet: Vertraue du nur fest darauf, daß Gott auch für deine Erfahrung von Sünde, Tod und Hölle in Christus das Widerbild aufgerichtet und bereitet hat und dir dies im Sakrament bestätigt und ausdrücklich beurkundet hat: ,,Dann wie wyr glauben, so wirt unß geschehen, alß Christus sagt. Was hulffs, das du dyr vorbildest und gleubest, der tod, die sund, die hell der andernn sey in Christo ubirwunden, Wan du nit auch glaubst, das deyn tod, deyn sund, deyn hell dyr da ubirwunden und vertilget sey, und alßo erloßet seyest? So were das sacrament gar umbsunst, die weyl du nit gleubst die ding, die dir daselb anzeygt, geben und vorsprochen werden. Das ist aber die grawsamst sund, die geschehen mag, durch wilch got selber yn seynem wort, zeychen und werck als ein lugner geachtet wirt, alls der ettwas redt, zeyge, zusage, das er nicht meyne, noch halten wolle. Derhalben ist nit schimpfen mit den sacramenten, Es muß der glaub da seyn, der sich drauff vorlasse und frölich wage yn solch gottis zeychen unnd zusagen. Was were das fur eyn seligmacher odder gott, der unß nit mocht odder wolt vom

menschen, durch die lieb, die widerbracht hat den gehorsam, so die begirligkeit geroubt het, do durch wir got, nit uns, gerecht und wol sein und leben''. Vgl. D. C. STEINMETZ, Misericordia Dei, 113 A. 2; H. A. OBERMAN, Scientia Augustiniana, 369 A. 74, dort mit der charakteristischen Gegenüberstellung: gratia gratum faciens non est illa qua deo placemus, sed qua deus nobis placet et gratus est. (Darf man an die Parallele zur 'iustitia Dei' bei Luther erinnern?) Vgl. auch E. WOLF, Staupitz und Luther, 208. W. führt die Lutherstelle jedoch nicht im vollen Wortlaut an (...yn dem selben wolgefallen...Z. 27f), sondern betont den Glauben, im Folgenden mit Hinzunehmen der zweiten wichtigen Stelle zur Überwindung der Prädestinationsanfechtung, § 15 am Ende: ,,und wer also pocht und sich auff die sacrament stonet, des erwelung und vorsehung wirt sich selb an seyn sorg und muhe woll finden''. WA 2, 693, 14f = Bo A 1, 169, 23-25. Das Ineinander von Anschauung und Glaube scheint jedoch hier zunächst wichtig, um nachher die Bedeutung der im Sakrament gegebenen Wortzusage Gottes zu interpretieren. Sachlich erfährt W.s These, daß St. mit seinem Zuspruch in der Erwählungsanfechtung L. habe *wirksam* trösten können, nicht mit Ablenkung vom Prädestinationsgedanken, so eine neue Beleuchtung. Vgl. Staupitz und Luther, 218f. Wir können der Frage an dieser Stelle nicht weiter nachgehen.

[49] WA 2, 689, 13f = Bo A 1, 165, 23f, s.o. Anm. 44.
[50] WA 2, 692, 13-21 = Bo A 1, 168, 25-33.

Tod, sund, hell selig machenn? Es muß groß seyn, was der rechte gott zusagt und wirckt''[51].

Was bedeutet ,,Erfahrung'' in diesem Zusammenhang des Sermons? Wie im Anfang der §§ 1-3 anläßlich des Bildes von Abschied, Geburt und Eingang in das Leben, so lautet die Antwort im letzten Abschnitt des Sermons § 20: das Sterben bedeutet eine schwere Last, aber Gott, der dir diese Last auflegt, tut darin etwas noch Größeres: er macht in dieser Situation, wenn Du seiner Zusage glaubst, an Dir diese seine Zusage wahr, daß er dir gnädig und barmherzig ist und in dieser Gnade und Barmherzigkeit von dir gelobt, gepriesen sein will, d.h. erprobt und in seiner Zusage als wahrhaftig erfahren: ,,Was kan oder soll er mehr thun? Drumb sihstu, das er eyn warer gott ist und rechte große gottliche werck mit dyr wirckt. Warumb solt er dyr nicht etwas groß aufflegenn (als das sterben ist), wan er ßo groß vorteyl, hilff und sterck darzu thut, auff das er vorsuche, was seyne gnade vormag? wie geschrieben steet ps. 110 [111,2]. Die werck gottis seyn groß und außerwelet nach allem seynenn wolgefallenn''[52].

Kehren wir noch einmal zu dem Wort ,,groß'' zurück: gegenüber den Anfechtungsbildern §§ 6-16 bedeutet es nicht zuletzt dies, daß auch die dir drohenden Räume unbekannter Erfahrung in Christus weggeschafft sind, daß das zu Bestehende gleichsam bekannter wird, indem es als von Gott Aufgelegtes und mit dem Wahrmachen seiner Zusage Verbundenes geglaubt wird.

5) Damit ist der Charakter dieses Sterbesermons Luthers im Unterschied zu und doch in der Weiterführung der Staupitzschrift auch in seinem sprachlichen Kolorit umschrieben: man soll nicht mit den Sakramenten ,,schimpfen'', sie wegen ihrer Äußerlichkeit oder anderen Dingen tadeln: es muß Glaube da sein, der es auf die in ihnen gegebene Zusage Gottes wagt, der im Umgang mit ihnen, im Gebrauch, die Wahrheit dessen, was Gott in ihnen dir versprochen hat, erfährt. So ist es mit den Worten und Werken Gottes: sie sind groß und größer, als jemand denken mag, obgleich Gott sie im kleinen Zeichen der Sakramente wirkt, ,,das er unß lere, wie groß dinck sey eyn rechter glaub tzu Gott''[53]. Gerade die äußere Erfahrung des Menschen, von der das alte Testament wunderliche Geschichten erzählt und die die Psalmen rühmen, erzählt von der erstaunlichen Größe der 'Wunderwerke Gottes' für den Glauben. Die Geschichte vom Knecht Elisas (2 Kön 6,16f) kann so, zusammen mit der Rede vom

---

[51] WA 2, 693, 20-33 = Bo A 1, 169, 30-170, 4 (§ 16).
[52] WA 2, 697, 25-30 = Bo A 1, 173, 28-34 (§ 20).
[53] WA 2, 696, 16-19 = Bo A 1, 172, 23-26 (§ 18).

'Engel des Herrn' (Ps 34,8; 91,11) mit dem Schutz- und Beistand-Motiv der Tradition der Sterbeschriften, zu dem auch Gebete zu den Heiligen und zum eigenen Schutzengel gehören, verbunden werden[54]. Es handelt sich um den Beistand der himmlischen Gemeinschaft, der dem Glauben- den im Sakrament des Altars versprochen und zugesagt worden ist. Für den konkreten Augenblick des Sterbens, von dem die letzten Abschnitte des Sermons sprechen, begegnet hierfür das Bild vom 'Die Hände Unter- halten': die zum Leben geborene Seele — vgl. §§ 1-3 — wird in den Hän- den dieser Gemeinschaft für das Leben empfangen[55]. ,,Ditz seyn alls große dinck, wer mags gleuben? darumb soll man wissen, das gottis werck seyn...''[56].

6) Darum soll man auch, weil diese Werke nur im Glauben zu fassen sind, nicht aus eigener Kraft, sein Leben lang Gott und seine Heiligen für die letzte Stunde um einen rechten Glauben bitten, wie es das Lied tut: ,,Nun bitten wir den heiligen Geist''[57]. Auch dieses Stück, die im letzten Abschnitt der Sterbeschrift auch bei Staupitz sich findenden Gebete, wird in L.s Sermon mit dem Gesichtspunkt des Glaubens und der Zusage ge- wisser Erhörung fest verbunden: ,,das wir yhe fest glauben, es geschehe was wir bitten, unnd sey eyn warhafftig Amen. Dasselb gepot muß man gott auch auffrucken unnd sagen 'Meyn gott, du hast gepoten zu bitten unnd zu glauben, die bitt werd erhŏrt, drauff bitt ich und vorlas mich, du werdest mich nit lassen und eynen rechten glauben geben' ''[58].

7) So ist unter Zuhilfenahme alles dessen, was die Formstücke der Tra- dition bei Staupitz und in der Ars moriendi boten, unter dem Gesichts- punkt von Glaube und Erfahrung, alles getan, was dem Sterbenden das Vertrauen auf Gottes Zusage stärken kann: ,,Nu sich, was soll dyr deyn gott mehr thun, das du den todt willig an nemst, nicht furchtest und ubir- windest? Er weyst und gibt dyr in Christo des lebens, der gnade, der se- lickeit bild, das du fur des tods, der sund, der hell bild nit dich entsetzist. Er legt dartzu deynen tod, deyne sund, deyn hell auff seynen liebsten sun und ubirwindt sie dyr, macht sie dyr unschedlich. Er leßt darzu deyne an- fechtung des tods, der sund, der helle auch ubir seynen sun gehen, und

---

[54] WA 2, 695, 34-696, 15 = Bo A 1, 172, 3-22 (§ 18). Zur Tradition der Sterbeschriften s.o. S. 97 bei Anm. 22 und Anm. 18.

[55] WA 2, 695, 33f = Bo A 1, 172, 1-3 (§ 18); WA 2, 697, 22-24 = Bo A 1, 173, 25-27 (§ 20). Vgl. den Gebrauch des Bildes von den Geburtshelfern in Verbindung mit ,,Aus der Taufe heben'' = aus dem Tod, in Luthers Taufsermon, WA 2, 728, 30-729, 5 = Bo A 1, 186, 40-187, 14.

[56] s. Anm. 53.

[57] WA 2, 697, 5-8 = Bo A 1, 173, 7-10 (§ 19).

[58] WA 2, 696, 33-697, 4 = Bo A 1, 173, 1-6 (§ 19).

dich darinne tzu halten leret und sie unschedlich, darzu treglich macht. Er gibt dyr des alles ein gewiß wartzeichen, das du yhe nit dran zweiffelest, nemlich die heiligen sacrament. Er befelht seynen Engeln, allen heyligenn, allen creaturen, das sie mit yhm auff dich sehen, deyner seel warnemen und sie entpfahen. Er gepeut, du solt solchs von yhm bitten und der erhorung gewiß seyn. Was kan oder soll er mehr thun? Drumb sihstu, das er eyn warer gott ist und rechte große gottliche werck mit dyr wirckt. Warumb solt er dyr nicht etwas großs aufflegen (als das sterben ist), wan er ßo groß vorteyl, hilff und sterck darzu thut, auff das er vorsuche, was seyne gnade vormag?''[59].

Der Sermon klingt aus mit der Wendung zu Liebe und Lob, worin L., mit den in der Schrift Staupitz' vermittelten Grunderfahrungen ganz einig, schließt: ,,Derhalben muß man tzu sehen, das man yhe mit grossen freuden des hertzen danck seynem gotlichen willen... und nit ßo sere fur dem tod furchten, allein sein gnad preyssen und lieben, dann die liebe und das lob das sterben gar sere leichteret, wie er sagt durch Isaiam [Jes 48,9]: Ich wil zeumen deynen mund mit meynem lob, das du nit untergehest. Des helff unß Gott. Amen''[60].

d) Sehen wir noch einmal auf die Entstehungsgeschichte dieses Sermons zurück[61]: angeregt im Frühsommer d.J. 1519 und nun, nach Leipzig und für den mit dem Häresievorwurf in einigen Gegenden Sachsens lebensgefährlich behafteten Luther gefahrvollen Entwicklungen, im dennoch wunderbar genug geschützten kursächsischen Wittenberg[62] unter unglaublichem Druck Ende Oktober endlich geschrieben, zum Schluß an *einem* Tag, ganz den fürsorgenden Gedanken an die Not der Sterbenden und die Erfahrungssituation gewidmet — so legt sich die Beobachtung nahe, daß eines das andere interpretiert. Der Weg des Sterbens, der den Menschen führt[63], die schwere Last, die ihm aufgelegt wird, mit Gefahr und Ängsten verbunden, Christi Wort, das das Geschehen andeutend begleitet (Joh 16, 21), die Aufforderung zum Glauben und lernenden Begreifen angesichts der Erfahrung[64], schließlich die Bemerkung in L.s Brief an Staupitz vom 20. Februar 1519, daß Gott es sei, der ihn hinwegreißt, preßt, um nicht zu sagen: führt, so daß er seiner selbst nicht mächtig sei;[65]

---

[59] WA 2, 697, 14-29 = Bo A 1, 173, 17-32 (§ 20).
[60] WA 2, 697, 31-37 = Bo A 1, 173, 34-40 (§ 20). Zu diesem ,,Klang'' bei Staupitz s.o. S. 98 Anm. 25.
[61] s.o. S. 50-58 Anm. 8.
[62] s.o. S. 89f.
[63] s.o. S. 100 Anm. 31.
[64] s.o. Anm. 33.
[65] s.o. Kap. II, Anm. 113 am Schluß.

der unglaubliche, mit Anklang an prophetische Entrückungsgeschichten des Alten Testaments und an die 'Stunde' der Passion Christi beschriebene Alleingang für die Wahrheit: im Sterben ist jeder Christ auf solchen 'Weg' gerufen. Im Sermon ist er aber, wie in der Erfahrungssituation, nicht nur oder nur zuerst als Alleingang, Abschied von der irdischen Gemeinschaft, beschrieben. Im Glauben, Trauen auf die im Sakrament gegebene gewisse Zusage Gottes wird dieser Weg der Erfahrung zum Weg, in dem Gott die Zusage seiner Gnade bewähren und die Kraft, das Vermögen seiner Gnade ,,versuchen'' will[66]. Das ist die ,,andere Seite'' der Erfahrung, wie in Jesu Wort von der Angst der Geburt und der anschließenden Freude. Die freundlichen, lieblichen Anblicke Christi und seiner Heiligen vergewissern den Menschen, wohin es geht, daß nichts sonst mehr eingemischt ist. Verwerfungs- und Verlassenheitsangst und schreckliche Anblicke vom Todesrachen und der vergrößerten Reproduktion der Sünde sind nicht mehr im Blick, haben, wie Staupitz es formuliert,[67] keinen Platz mehr im Gefühl und Empfinden der Seele, wenn Wortzusage und Anblick ,,arbeiten'', in den realen Erfahrungen, auf die der Mensch nun fröhlich zugehen soll. In ihnen wirkt Gott; nach seinem Befehl sehen freundliche Helfer mit auf den in seinem Sterben zur neuen Geburt Kämpfenden. Für die ,,andere Seite'' des Geschehens ist also gesorgt. Das ist der in der Zusage der Sakramente gegebene Trost, im persönlichen Glauben, der den Anblick festhält, zu ergreifen.

Für diese Zuspitzung seiner theologischen Lehre auf die 'fides specialis' beim Sakramentsempfang, den persönlich gewissen Glauben, hatte sich L. in Augsburg mit Cajetan auseinanderzusetzen[68]. Wenn er nun, wie in dieser Verantwortung seiner Thesen vor Cajetan, den die Sakramente Empfangenden mit Maria sprechen läßt: ,, 'Mir geschehe nach deinen Worten und Zeichen' '' (Lk 1,38)[69], so ist der Zusammenhang zwischen der Situation im Herbst 1518 und im Spätjahr 1519 deutlich, beidemale mit Bezug auf das biblische Glaubensverständnis. Maria, bei Staupitz in c.11 die Seele des Christenmenschen in der Erfahrung des leidenden Sich-Verlierens in der Liebe Christi[70], wird hier zur Sprecherin des fröhlichen, die Verheißung ergreifenden, vertrauenden Glaubens. So gehört beides zusammen, und so ist Luther doch mit seinem Vertrauen auf die Zusage des Sakraments als des äußerlichen Wortes Gottes einen Schritt mehr auch

---

[66] s.o. S. 107.
[67] s.o. S. 98 Anm. 24.
[68] s.o. Anm. 42.
[69] § 5, WA 2, 686, 26f = Bo A 1, 163, 1-3.
[70] s.o. S. 96f.

der äußeren Erfahrung ausgesetzt und in ihr vertrauend. So kann er sich ganz den im Reich Christi als einem Reich der Liebe notwendigen Dingen in seiner Umgebung dienend zuwenden. In diesem Reich ist er ganz mit Staupitz und mit den ihm Anvertrauten in seiner Umgebung, zu der auch die schützenden Freunde gehören, verbunden.

2) Welch ein gross Ding ist es um einen Christenmenschen. Fröhliche Befreiung des Menschen im Busssakrament

a) Wir wenden uns nun der Betrachtung der drei Sakramentssermone zu, deren erster, der Sermon vom Sakrament der Buße, in unmittelbarer zeitlicher Nachbarschaft zu Luthers Sermon von der Bereitung zum Sterben entstanden sein muß[71]. Es handelt sich diesmal nicht, wie im Falle der Trost- und Sterbeschriften für den Kurfürsten und für Markus Schart, um einen Beistand, der einem Einzelnen in aktueller Notsituation gegeben wird, sondern um einen Dienst Christi und öffentlichen Dienst in größerem Umfang, viele Menschen ins Auge fassend, denen unter dem Namen der Empfängerin dieser Schrift und anläßlich ihres Bibelstudiums[72] eine in der Hl. Schrift begründete Lehre von den Sakramenten und Hilfe zu ihrem rechten Gebrauch zukommen soll[73]. Ging es in der auf das Sterben vorbereitenden Schrift, wie wir sahen, um eine Anleitung, mit dem Sterben, einem menschlichen Urproblem, wenn es an der Zeit ist, in der rechten Weise umzugehen, im fröhlichen Glauben auf die Sakramente gestützt, so spricht Luther hier, in der einleitenden Begründung seiner Sakramentsschriften aus der Not der betrübten und geängsteten Gewissen, noch konkreter von bestimmten schon gemachten Er-

---

[71] WA 2, 714-723 = Bo A 1, 175-184. Nachrichten über die Entstehung dieses Sermons, zusammen mit den beiden Sermonen über Taufe und Abendmahl, liegen vor in der Widmungsvorrede Luthers an die Herzogin Margarethe von Braunschweig-Lüneburg, um den 15. Oktober 1519 geschrieben, Br 1, 537: s. WA 2, 173 = Bo A 1, 174f, s.o. S. 78, und im Brief des folgenden Tages an Spalatin, in dem L. sich über die Herkunft der Widmung an diese Empfängerin erklärt. Br 1, 539, 23-25 s.o. S. 78 Anm. 181, sowie S. 83 Anm. 206. Die Entstehung des Bußsermons, der in der Aufzählung WA 2, 713, 20 an erster Stelle genannt ist, läßt sich außerdem zeitlich ungefähr erschließen aus dem Schlußvermerk der Urausgabe des zweiten Sermons vom Sakrament der Taufe, der am 9. November 1519 die Druckerpresse Grunenbergs verließ. Vgl. WA 2, 709f; Bo A 1, 174 datiert den Brief an Spalatin Br 1, 537 auf die Zeit zwischen dem 1. und 7. November 1519, da in ihm die Vorrede zusammen mit dem ersten Sermon schon als erschienen vorausgesetzt wird.

[72] WA 2, 713, 17f = Bo A 1, 175, 8f, s.o. S. 79.

[73] Daß es sich in den Sermonen auch inhaltlich um eine mit dem Blick auf die Bibel entstandene Sakramentslehre handelt, in der nicht zuletzt die Frage nach einem biblischen Kriterium für das, was ein Sakrament sei, gestellt wird, geht hervor aus der ausführlichen Stellungnahme Luthers zu den Fragen von Sakrament und Priesterdienst im Brief an Spalatin vom 18. Dezember 1519, Br 1, 594f, s.o. S. 63, Anm. 138f, 125.

fahrungen in dieser Zeit und in der gegenwärtigen Situation der Kirche[74].
Seine eigene, auch das persönlich Biographische einbeziehende Auseinandersetzung mit der kirchlichen Lehre, die die Praxis des Umgehens mit
den Sakramenten und die über sie verbreiteten Anschauungen noch in
weitestem Umfang beherrscht, kommt hier, wie in den akademischen
Lehrschriften dieser Jahre, als wichtiger Faktor mit zu Wort[75]. Dennoch
ist es die seelsorgerliche Verantwortung, in der Luther sich — aus eigener
Erfahrung — mit den Nöten der über die Sakramente höchst mangelhaft
Unterrichteten zusammenschließt. Der Weg der eigenen Werke, in dem
vermessenen Gedanken, auf diese Weise Frieden zu finden, besetzt im
Denken den Platz der rechten Erkenntnis dessen, was die Sakramente als
heilige, tröstliche Zeichen der Gnade Gottes geben und bereithalten. Daß
es so ist, daß diese Unruhe einerseits und dieses vermessene Treiben andererseits an so vielen Gewissen zu sehen ist, das führt Luther zurück auf
,,Menschenlehre'', die ,,uns'', ihm und seinen Zeitgenossen, die Wahrheit über die und die Wahrheit der Sakramente ,,bedeckt und entzogen''
hat[76].

Die folgenden Sermone sind also zu lesen als in einem sehr dynamisch
offenen Augenblick geschrieben: angesichts einer weithin noch gar nicht
theoretischer Reflexion zugänglichen oder gar reflexionsgewohnten Lage
und Verfassung der Menschen einerseits und zugleich im Gegenüber zu
einer Lehrtradition, die mit solchem Anspruch der Wahrheit das Feld besetzt hält, daß die Sakramente, von denen Luther sprechen wird, durch sie

---

[74] WA 2, 713, 20-25 = Bo A 1, 175, 11-16:...angesehen, das ßovil betrubt und beengstet
gewissen erfunden, und ich bey mir selb erfaren, die der heiligen und voller gnaden sacrament nit erkennen, noch zu prauchen wissen, sich leyder mit yhren wercken mehr vormessen zu stillen, dan durch die heiligen sacrament yn gottis gnaden frid suchen: ßo gar seyn
durch menschen lere die heiligen sacrament unß bedeckt und entzogen.

[75] ,,... und ich bey mir selb erfaren''. Vgl. z.B. in Luthers Bericht an Spalatin über die
Leipziger Disputation seine persönlich formulierte Zusammenfassung WA 2, 401, 20f. s.o.
S. 45 Anm. 82, dazu der die Resolutiones zu den Ablaßthesen begleitende Widmungsbrief
an Staupitz vom 30. Mai 1518, s.u. Anm. 83, und in den Resolutiones zur 15. conclusio die
für Luthers Fegfeuerauffassung zentrale Stelle: 'Sed et ego novi hominem...' WA 1, 557, 33-
558, 18 = Bo A 1, 57, 5-36 s.u. Anm. 92. Zur Bedeutung der persönlichen Erfahrung
Luthers im Verhältnis zur allgemein-gültigen Formulierung seiner theologischen Erkenntnis
vgl. Gerhard EBELING, RGG³IV, Luther II, Theologie, 497: ,,Daß dies (sc. daß die kirchlich geordnete Gnadenzeueignung wirkungslos blieb, ja, ihr Gegenteil zur Folge hatte) über
quälende Selbstkritik hinaus zu theologischer Kritik und Überwindung der herrschenden
kirchlichen (nicht etwa nur der ockhamistischen) Gnadenlehre führte, ist zu erklären nur
aus dem Anspruch des biblischen Textes, der L. ergriffen hatte. Dieser Anspruch verpflich-
tete ihn, die Theologie in Hinsicht auf die eigene Existenz zu treiben, aber auch umgekehrt:
die Anfechtung theologisch durchzustehen. So erhob sich die persönliche Erfahrung über die
Sphäre privater Erlebnisse zu tradierbarer Lehre, die sich auf Texte berufen konnte''.

[76] WA 2, 713, 24f = Bo A 1, 175, 15f s.o. Anm. 74.

überhaupt verdeckt und in gewissem Sinne aus der Perspektive verdrängt sind. An welchen von beiden Partnern wird Luther sich wenden? Oder an beide zugleich? Die Schrift im Hintergrund beider, das läßt die Vorrede vermuten, ist sein kritisch befreiender Bezug. Mit dem Blick auf sie wird es möglich, die Entwicklung der Sakramentsauffassung und der ihr folgenden Verhaltensweisen mit solcher Deutlichkeit als Entziehen und Verdecken zu beschreiben, die Mißbräuche[77] aufzuzeigen.

Da es sich in der nach Abschluß der drei Sermone am 18. Dezember gegenüber Spalatin gegebenen Stellungnahme mit dem klar formulierten Kriterium, was ein Sakrament sei, gegenüber den Schriften selbst um eine nachträgliche Zusammenfassung handelt, ziehen wir sie erst nach der Darstellung des in den Sermonen sich entfaltenden Sakramentsverständnisses zum Vergleich heran. Wichtig ist jedoch auch der Einblick, den die Briefstelle in Luthers Arbeitsweise in dieser Zeit gewährt: Neben Spalatin als Gesprächspartner mit vielen Fragen fällt das Licht auf Melanchthon, mit dem Luther im Gespräch zu zweit oder mit Spalatin zu dritt „diese Dinge häufig und in scharfer Zuspitzung'' erörtert[78]. Inhaltlich erweckt der Brief den Eindruck raschen und Staunen erregenden Voranschreitens in der Neuentdeckung der biblischen Bedeutung der Sakramente. Luther und seinem Mitarbeiter Melanchthon gehen dabei immer mehr die Augen auf über die Tragweite und das Ausmaß der das biblische Sakrament

---

[77] Vgl. im folgenden Bußsermon § 19, WA 2, 721, 12-14 = Bo A 1, 182, 33-35: Nu wie yn der rew manicherley mißprauch drobenn ist angezeygt, alßo geht es auch yn der beicht und gnugthuung, seyn fast vill bücher voll dißer dinge, und leyder wenig bücher vom sacrament der puß. Vgl. dazu in den Resolutiones disputationum de indulgentiarum virtute 1518 zu concl. 38 über den Mißbrauch der Schlüsselgewalt und ihre Wiederentdeckung als tröstliche Gewalt: Adulatores vero omnia Pontificibus inflectunt, non nostram consolationem, sed illorum tantummodo potentiam in illis iactitant et per ipsa nos terrent, per quae nos maxime oportuit consolari. adeo sunt hodie omnia perversa, et adhuc non putamus infoelicia esse tempora, in quibus tantus est abusus optimarum rerum in pessimas res nobis versarum. WA 1, 596, 33-38 = Bo A 1, 107, 24-31. Daß die Mißbräuche noch gar nicht als solche erkannt sind, kommt hier deutlich zum Ausdruck.

[78] Br 1, 595, 34f: Sed praesens plura una cum philippo, quoniam has res & saepe et acute tractavimus. s.o. Anm. 73. Über Luthers Zusammenarbeit mit Melanchthon und seine Hochschätzung von desen ingenium s.o. S. 33 Anm. 30. Ein direktes Zeugnis dafür ist der Zettel mit Thesen der Wittenberger, den Eck in seinem Bericht über die Leipziger Disputation an Friedrich den Weisen vom 8. November 1519 als häretisch erwähnt. Br 1, 492, 479-483. Es handelt sich um die 18. These der conclusiones, die Melanchthon zur Erlangung des Grades eines baccalaureus theologiae biblicus am 9.9.1519 aufstellte: 'Ergo citra haeresis crimen est non credere caracterem, transsubstantiationem et similia'. In Luthers Abendmahlssermon von 1519 findet sich eine ähnliche Aussage WA 2, 749, 36-750, 3 = Bo A 1, 204, 9-15: Ettlich uben yhre kunst und subtilickeit, trachten, wo das brott bleybt, wans yn Christi fleysch vorwandelt wirt... Da ligt nit an, ob du das nit suchist. Es ist gnug, das du wissest, es sey eyn gottlich tzeychen, da Christus fleysch und blut warhafftig ynnen ist, wie und wo, laß yhm befolen seyn. s.u. Abschnitt 4).

überlagernden Mißbräuche, besonders im Blick auf den Priesterordo[79].
So ist nach den diese Sakramentsschriften begleitenden Selbstzeugnissen
Luthers zu vermuten, daß mit dem Bemühen der seelsorgerlichen Verantwortung ein den Verfasser selbst in Spannung haltendes Entdecken der
Wahrheit Hand in Hand geht. Nachdem Luther vorher seine eigene Lei-
denserfahrung in dieser Sache nicht etwa als ,,störende Privatsache'' ausgeklammert, sondern gerade umgekehrt aus ihr den Blick für die Dringlichkeit der hier erörterten Fragen gewonnen hat, wird nun seine Darlegung zum entdeckenden Voranschreiten und Vordringen dessen, der sich
selbst und anderen zusammen mit seinem Mitarbeiter Melanchthon einen
Weg ins unbekannte Gelände der biblischen Erkenntnis bahnt[80].

b) Doch beginnen wir die Darstellung des Bußsermons zunächst mit
der Erinnerung daran, daß auch diese Schrift Luthers in vorausgegange-
nen Schriften eine Vorgeschichte hat: in diesem Fall sind es L.s eigene
Schriften des Ablaßstreits, an die er anknüpft. ,,Zum ersten, Seynd zwo
vorgebung yn dem Sacrament der puß, Vorgebung der peyn und vorgebung der schuld. Von der ersten, vorgebung der peyn odder gnugthuung,
ist gnug gesagt yn dem Sermon von dem Ablaß, lengist außgangen''[81].
Für unseren kurzen Rückblick auf die Ablaßschriften Luthers, deren Inhalt, für sich gesehen, bekannt genug ist[82], berücksichtigen wir besonders,
daß es Staupitz ist, durch den Luther im Mai des nächsten Jahres 1518
seine ausführlichen Resolutiones zu den Ablaßthesen an Leo X. nach
Rom senden läßt und auf dessen Beistand als eines Lehrers der Buße er
dankbar zurückblickt: die Stimme dieses Lehrers klang ihm als 'e coelo so-
nans'[83]. Dies soll uns ein Hinweis sein, auch diesen für Luthers reforma-

---

[79] s.o. S. 63 Anm. 139.

[80] In nur scheinbarem Gegensatz dazu steht Luthers bekanntes Bild aus den letzten Tagen seines Lebens über die 'divina Aeneis', deren Fußstapfen der Ausleger, sich auf sie nei-
gend, anbeten solle. Das Bild des Wandernden, den Fußstapfen Nachgehenden, ist darin
vorausgesetzt. Vgl. Karl HOLL, Luther I, 577 nach Enders 17, 60, 1ff: Virgilium in Buccoli-
cis et Georgicis nemo potest intelligere, nisi fuerit quinque annis pastor aut agricola. Cicero-
nem in epistolis (sic praecipio) nemo intelligit, nisi 20 annis sit versatus in
re < publica > aliqua insigni. Scripturas sacras sciat se nemo gustasse satis, nisi centum annis
cum Prophetis ecclesiam gubernarit. Quare ingens est miraculum   1. Johannis Baptistae
                                                                     2. Christi
                                                                     3. Apostolorum
Hanc tu ne divinam Aeneida tenta, sed vestigia pronus adora. Wir sind Bettler: hoc est
verum.

[81] WA 2, 714, 3-7 = Bo A 1, 175, 24-27.

[82] Vgl. die Darstellung Heinrich BOEHMERS, Der junge Luther, 143-169, 177-182. Weitere Lit. bei H. BORNKAMM, Luther I, RGG³ IV, 494f. J. KÖSTLIN, Martin Luther I,
144-171,177-187.

[83] Vgl. das die Resolutionen begleitende Widmungsschreiben an Staupitz vom 30. Mai
1518. Dort heißt es einleitend: Memini, Reverende pater, inter iucundissimas et salutares

torische Entwicklung entscheidenden Fragenkreis von Ablaß und Buße bis
zu unserem Sermon von Ende 1519 in enger Gemeinschaft mit den Gedanken Staupitzens darzustellen und dabei die enge Verbundenheit
seelsorgerlich-praktischer und theologischer Verstehensfragen in Luthers
theologischer Begegnung mit Staupitz vor Augen zu behalten[84]. So ordnen sich, wie wir hoffen, die Beiträge dieses und im Folgenden auch der
anderen Sakramentssermone nicht nur ein in die Geschichte der reformatorischen Entwicklung Luthers, sondern wir sehen sie zugleich eingebettet
in die Gattung und die schützende und unterstützende Atmosphäre jener
von Luther so gerühmten und als seiner Theologie verwandt empfundenen Erbauungsschriften jener Übergangszeit vom Spätmittelalter zur
Reformation, die uns schon in den bisherigen Abschnitten dieser Arbeit
begegneten[85].

    1. Gehen wir aus von der Frage des Ablasses. Der zentrale Gedanke
und seelsorgerliche Rat Luthers an Leser und ihm bekannte Gemeindeglieder lautet bekanntlich, es sei viel besser und heilsamer, die Strafen
Gottes um der Liebe willen zu erleiden und die Werke der Liebe zu tun,

---

fabulas tuas, quibus me solet dominus Jhesus mirifice consolari, incidisse aliquando mentio-
nem huius nominis 'poenitentia', ubi miserti conscientiarum multarum carnificumque illorum, qui praeceptis infinitis eisdemque importabilibus modum docent (ut vocant) confiten-
di, te velut e coelo sonantem excepimus, quod poenitentia vera non est, nisi quae ab amore
iusticiae et dei incipit, Et hoc esse potius principium poenitentiae, quod illis finis et consum-
matio censetur. Haesit hoc verbum tuum in me sicut sagitta potentis acuta, coepique
deinceps cum scripturis poenitentiam docentibus conferre... WA 1, 525, 4-16 = Bo A 1,
16, 20-17,2.

[84] Diesen Zusammenhang von seelsorgerlichem Rat und theologischer Verstehenshilfe
hebt E. WOLF, Staupitz und Luther, 216-222, in sehr erhellender Weise hervor, s.o. Anm. 9
und 48. Zum Widmungsschreiben L.s an Staupitz s. dort S. 223-252. Auch im Blick auf den
Wandel im Bußverständnis, der sich bei Luther unter dem Eindruck der Anschauungen
Staupitzens abzeichnet, kommt W. zu einem ähnlichen Ergebnis wie in der Frage des Verständnisses der Prädestination: Der Umschwung dürfte ,,vom Gottesgedanken'' (nicht vom
Bußbegriff) ,,aus erfolgt sein''. (252). Daß der Vergleich mit den Schriften Staupitzens in
der eingehenden Untersuchung des Bußverständnisses beim frühen und reformatorischen
Luther in O. BAYERS 'Promissio', 164-202, nicht ausführlicher anhand der Quellen durchge-
führt ist, bedeutet einen Nachteil dieser sonst sehr aufschlußreichen Darstellung. B.s Würdigung des Bußsermons von 1519 im Zusammenhang mit den Disputationsthesen 'Pro veritate inquirenda et timoratis conscientiis consolandis' und mit den Acta Augustana wäre daraufhin zu befragen, wieweit die früheren ,,Stufen'' in L.s Verständnis der Buße — und damit auch der Staupitzsche Anteil — im neuen, auf Promissio und fides zugespitzten Sakramentsverständnis Luthers einfach ,,überwunden'' und zurückgelassen oder in der neuen
Klarheit theologischer Erkenntnis als Erfahrungshintergrund mit ,,aufgehoben'' sind und in
der Stimmung von Lob und Ehre, die wie den Sterbesermon, so auch diesen Sermon vom
Sakrament der Buße kennzeichnet, mitklingen. Zu BAYERS Interpretation des Bußsermons
s. vor allem Promissio, 185-190, 194-202, dazu 277.

[85] s. den Überblick o. Anm. 3.

anstatt sich durch Ablaßkäufe von ihnen lösen zu lassen[86]. In der Prädestinationsschrift Staupitzens findet sich unter den Zeichen, die dem Glauben
folgen (nach Mk 16,17f), die Empfindung des Geists Christi im Haß der
Sünden (c. 20). Die Gemeinschaft zwischen Christus und dem Erwählten,
dargestellt in den Kapiteln 9-24, wirkt sich darin aus, daß die Liebe, die
gratia gratum faciens als die Gott dem Menschen angenehm machende
Gnade der Rechtfertigung[87], das Bestimmende in allem ist. Liebe der Gerechtigkeit ist so Stimmung und Vorbestimmung für das Hassen der Sünde. ,,dar aus volgt, das die peen der sünden, wie sie von got aufgesetzt, erwelet und geliebet söllen werden, auserhalb einichs unsers zusatz, veren-
drung oder verminderung seyn... Von dannen ist beheglicher und nützer
die entledigung von sünden durch eigne genuthuung, dann durch den ablas, ya warlich loblicher, die weil sie beschicht mit merer lieb der gerechtikeit, sie ist auch nützer, darumb das sie den verdienst meret, macht vorsichtig und sorgueltig, die sünd zuuerhueten, und hat keinen feind, die
weil sie alle dingk wider sich, jr zum besten beschehen sein, vestiglich
gloubt''[88].

2. Liebe und Anfechtung. Die Liebe zu Gott über alle Dinge, von
Staupitz dargestellt in seiner Schrift ,,Von der Lieb Gottes'' 1518, durch
Gottes eigene Liebe zum Sünder geweckt — Liebe erweckt
Gegenliebe[89] — ist so der Anfang der Buße (dies empfand Luther als
Stimme vom Himmel unter all den Anderen, die mit gesetzlichen Vor-
schriften das Gewissen quälen)[90]. Sie begegnet dem Menschen in Situatio-
nen der Anfechtung: *diese* Deutung der Anfechtungen gehört zu dem, was
Staupitz und Luther, zugespitzt auf die Erwählungsanfechtung, seit den
von Luther als so wichtig empfundenen Gesprächen mit Staupitz
verbindet[91]. Bis zur Erfahrung von Hölle und Fegefeuer schon in diesen

---

[86] Vgl. die kurze Zusammenfassung im Sermon von Ablaß und Gnade 1517, WA 1, 246,
11-20: Szo sprichstu: Szo wird ich nymer mehr ablas loßen. Antwort ich: das hab ich schon
oben gesagt, das meyn will, begirde, bitt und rad ist, das niemand ablas loße, laß die faulen
unnd schlefferigen Christen ablas loßen, gang du fur dich... Der ablas ist nicht geboten, auch
nicht geraten, sundernn von der dinger tzall, die tzu gelaßen und erleubt werden: darumb
ist es nit eyn werck des gehorsams, auch nit vordinstlich, sundernn eyn außtzug des gehorsams. Darumb wie wol niemant weren soll, den zu loßen, szo solt man doch alle Christen
darvon tzihen und tzu den wercken und peynen, die do nachgelaßen, reytzen und stercken.

[87] s.o. Anm. 48.

[88] Von endlicher Vollziehung ewiger Fürsehung, c. 20, 181, Kn 171; c. 20, 195, Kn 173.

[89] Staupitz, Von der Lieb Gottes c. 10, Kn 102: ,,Nichtz mag erdocht werden, das baßer
lieb gebern mog, als gegen lieb...''.

[90] s.o. Anm. 83.

[91] s.o. Anm. 83f. Vgl. E. WOLF, Staupitz und Luther, 232: die Buße ist Wirkung der
Gnade. Der heilige Geist liebt in uns in der Liebe zu Gott (236).

Anfechtungen bei lebendigem Leibe[92] arbeitet die Liebe Gottes, verborgen unter der Gestalt des Zornes[93], am Menschen, und im Ertragen und Glauben der Gnade Gottes, die dem Erwählten alles zum Besten dienen läßt[94], wird der Mensch einer von denen, die einen armen Geist haben, durch die Liebe Gottes. So werden Hölle und Fegefeuer überwunden in der Liebe Gottes über alle Dinge[95].

3. Anfechtung und Sakrament. Schon in seinen frühen Predigten betont Staupitz die positive Beziehung von Anfechtung und Sakrament. Anfechtung durch das Gefühl der Unwürdigkeit soll den Menschen nicht davon abhalten, zum Sakrament zu gehen, im Gegenteil: wie Jesus den Jüngern in großer Trübsal das Sakrament seines Leibes gab, so achtet er in Anfechtung und beschwerlichen Zufällen den Menschen würdiger, das

---

[92] In den Resolutiones disputationum de indulgentiarum virtute s. vor allem die Begründungsreihe zur 15. conclusio mit der Bezugnahme auf die Predigten Taulers, WA 1, 557, 3-558, 18 = Bo A 1, 56, 8-57, 36 (die 15. conclusio lautet: Hic timor et horror satis est se solo facere (ut alia taceam) poenam purgatorii, cum sit proximus desperationis horrori): Tertio. Et ecclesia in persona animarum psallit et gemit ps 6.: Conturbata sunt ossa mea... Quarto. Viventes aliqui eas poenas gustaverunt, scilicet inferni...Quinto. Quam multi sunt, qui usque hodie has poenas gustant! nam et Joan. Taulerus in suis teutonicis sermonibus quid aliud docet quam earum poenarum passiones...Sed et ego novi hominem, qui has poenas saepius passum sese asseruit...

[93] In den Resolutiones zu concl 7, WA 1, 541, 17-20 = Bo A 1, 36, 10-14: talis tamen est infusio gratiae et ita sub forma irae abscondita..., ut homo incertior sit de gratia, cum fuerit ipsa praesens, quam cum est absens. — Kurz vorher zu derselben conclusio formuliert L.: hic denique operatur opus alienum deus, ut operetur opus suum: haec est vera contricio cordis et humiliatio spiritus, gratissimum deo sacrificium... Verum tunc adeo ignorat homo sui iustificationem, ut sese proximum putet damnationi, nec infusionem gratiae, sed effusionem irae dei super se hanc putet esse. Beatus tamen, si suffert hanc tentationem... WA 1, 540, 23-33 = Bo A 1, 35, 5-17.

[94] Vgl. Staupitz, Von der Lieb Gottes, c. 16, Kn 110f im Anschluß an den Wechsel von Klage zu Lob, von Rm 7, 24 zu 8, 38f: Die Liebe Gottes wirkt unser Bestes, wenn wir es am wenigsten empfinden. s. auch o. S. 94 und u. S. 121 bei Anm. 104 zu Rm 8, 28.

[95] Von der Lieb Gottes, c. 21: Zu 1 Kor 3, 15 'wie durchs Feuer' führt Staupitz aus, wie Gott das Fleisch vom Fleisch ledig macht, den Menschen von sich selbst und allen Kreaturen, und Geist zum Geist bindet (Kn 118). Die Gott über alles lieben, Vater, Mutter, Brüder, Schwestern, ihre eigene Seele hassen, sind der Hölle entronnen, frei vom Fegfeuer. Sie haben ,,ein gantz armen geist", nichts daran sie kleben (119), leiden auf Erden das Leiden der Liebe, wie Jesus bis zum Kreuz Liebesleiden gehabt und getragen hat (118). Nach diesen an Phil 2, 5-11 erinnernden Sätzen schließt die Schrift von der Lieb Gottes mit einem Lobpreis. Vgl. Von der Nachfolgung des willigen Sterbens Christi c. 13, Kn 85: In diesem Durst (es handelt sich um die 15. der von St. aufgezählten Stufen des Durstes, s.o. S. 97f) verschwindet die Hölle, erlischt das Fegfeuer, vergeht das Leiden, stirbt der Tod. Zur ,,Armut" vgl. Luthers Sieben Bußpsalmen (1517), WA 1, 165, 20-26 zu Ps 6, 9. — Ein Unterschied im Ton dieser Ausführungen bei Staupitz und Luther ist jedoch nicht zu überhören. Die Anm. 93 angeführte Stelle aus den Resolutiones zur 7. Ablaßthese lautet in der Fortsetzung: Beatus tamen, si suffert hanc tentationem, quoniam cum se consumptum putaverit, orietur sicut lucifer. L. spricht im Zusammenhang mit Hölle und Verdammnis auch von vivificatio, Auferstehung. Nur ein Unterschied im Ton?

Sakrament zu empfangen, als mit ruhigem Gemüt. Durch solche Anfechtung verlernt der Mensch ganz, auf seine Werke, Tugend oder Frömmigkeit zu hoffen, und spricht zu Gott in einem starken Vertrauen, das nicht zweifelt: ,,Herr, ich wais das ich gantz Unuolkomen und unwirdig bin, dich meinen schopffer Und erloser zuentphahen, mich Wirdet auch mein andacht, tugent oder schickung dieser heiligsten speis nit Vehig oder Wirdig machen, Aber In deinem Vertrawen und In der gedechtnus deines heiligen leidens gedenck ich hin zugeen''[96].

4. Im Blick auf die Beichte warnt Staupitz vor der Selbstzufriedenheit, die entsteht, wenn man nach Beichtbüchern und Verzeichnissen der Sünden glaubt, ,,ordentlich'' gebeichtet, ,,der Sachen recht getan'' zu haben: ,,Doraus entspringt alsdann dem menschen ain frewd und Vertrostung als ob er der sachen gleich recht gethan Und nit ain klaine furdernus zurseligkait ausgericht hab. Das ist aber ein Ungeschickt dingk, dann der mensch sol zu der Vermessenhait oder hoffnung nymmer komen, das er durch dis sein aigen Werck des peichtens der sachen recht gethan oder so ain verdinlich gut Werck geubt hab. Der mensch sol auch In sein rechten peichten gantz kain vertrawen stellen Sonder allain In die volkomenhait der gnaden und parmherzigkait gottes, dodurch der sunder allain gerechtuertigt werden mag''[97].

---

[96] Kn 33, aus dem Nürnberger Predigtstück Kn 32f: ,,Von der empfahung des heiligen Sacraments ain kurze nutzliche leer''. Vgl. Luthers Abendmahlssermon von 1519, § 10f, WA 2, 746, 16-30 = Bo A 1, 200, 26-201, 1: Derhalben geschicht auch, das denen, die nit unfall haben odder an angst seyn odder yr ungluck nit fülen, ist heylig sacrament nit nutz ist odder wenig, dan es nur den gebenn ist, die trost und sterck bedurffen, die blöd hertzen haben, die erschrocken gewissen tragen, die von sunden anfechtung leyden odder auch dreyn gefallen seyn... Darumb, auff das die Jünger yhe wirdig und geschickt wurden zu dissem sacrament, macht er sie zuvor betrubt, hielt yn fur seyn abschied unnd sterben, daran yhn leyd und wee geschach... s.u. Abschnitt 4).

[97] Kn 40 in einem Predigtstück über die Beichte. Zur Beichte in Luthers Sermon vom Sakrament der Buße s.u. S. 137f. Luther betont zunächst in § 16, der Glaube müsse das Hauptgut sein, danach folge alles andere Gott zur Ehre und dem Nächsten zu Nutz; so auch für die Beichte unter den anderen Stücken der Buße in § 19f: Wo aber das sacrament recht geht ym glauben, da ist die puß, rew, beicht und gnugthuung gar leicht und an alle ferlickeit, sie sey zu wenig odder zuvill, dan des sacraments glaub macht alle krumb schlecht und fullet alle grund... Darumb hab ich gesagt: der glaub des sacraments thuts gar, die beicht sey zu vill odder zu wenig. WA 2, 721, 14-722, 5 = Bo A 1, 182, 35-183, 26. — Zu den in § 20 gegebenen Regeln über das Beichten von Todsünden und läßlichen Sünden vgl. im Sermo de poenitentia WA 1, 322, 21-323, 9: allein die Todsünden, darunter nur die manifesta mortalia, soll man dem Priester beichten (die groben Stücke gegen die Gebote Gottes), alle anderen Sünden Gott, mit Ps 18, 13 (Vg) dessen eingedenk, daß keines unserer guten Werke nicht vor Gott auch verdammenswürdige Sünde sei. Nur durch solche demütige Bitte wie im Vaterunser erlangt man Vergebung der Schuld. Wer in der Beichte alles ,,sauber'' (pure) bekennen will, tut nichts anderes, als daß er der Barmherzigkeit Gottes nichts zu vergeben übrig lassen will, 'nec confidere in eum sed in confessionem nostram cu-

5. Ebenso steht es mit den guten Werken, die Gott im Sünder wirkt: der Mensch soll sie nicht sich, sondern allein Gott zueignen. ,,Dann des der dir die gnad geben hat guts zu wurcken des sind dieselben Werck Und gar nit dein... Der mensch sol denselben guten wercken die er also thut gantz kain zol geben, dann got wil das Dein leben und dein gute werck In dir verporgen ligen Und das du von denen gantz kain rechnung haltest. Wir wissen auch nit wan got Unsere werck gefallen Und angenem sein, Wie konen wir sie dann als fruchtbar zelen? Und so du die werck mist die got In dir wurckt so nimpst du Ine Ir tugent, dann die sind allein gotliche Werck''[98].

---

pimus, ac per hoc volumus securi esse nec iudicium eius timere, quum tamen ei sit beneplacitum super timentes eum et in eis qui sperant super misericordiam eius' (323, 4-9). — In Kurzform wiederholt L. diese Argumente in der Thesenreihe Pro veritate inquirenda etc., conclusiones 46-50, WA 1, 633, 1-9. Im Bußsermon von 1519 fügt L. an der betr. Stelle hinzu: man soll bei der Beichte der Todsünden die erwähnen, die das Gewissen zur Zeit am meisten belasten. Und: Zur Übung und Stärkung des Glaubens an die Vergebung kann man auch läßliche Sünden beichten, besonders dann, wenn man keine Todsünden weiß. WA 2, 721, 32-722, 1 = Bo A 1, 183, 16-22. — Zum Gesichtspunkt des Gewissens vgl. die seelsorgerliche Regel bei Staupitz über die Wichtigkeit des eigenen Gewissens im Verhältnis zu den Sünden, in einem Predigtstück Kn 40f unter der Überschrift: ,,Quidquid fit contra conscienciam edificat ad gehennam''. Der Mensch soll bei sich selbst fleißig erforschen, ob bestimmte Gebotsübertretungen, die ihn Todsünde zu sein dünken, z.B. Unterlassenhaben, die Station zu besuchen, dieses oder jenes Gebet zu sprechen, wirklich Todsünden, d.h. den Geboten Gottes zuwider sind. Wenn es sich herausstellt, daß sie es nicht sind, dann soll er die Unterlassung dieser Werke auch nicht für Todsünde halten, obschon ihre Vollbringung als Rat gut und verdienstlich sein mag. St. warnt in diesem Zusammenhang vor vergeblicher Sorgfalt, Ängstlichkeit bei skrupulösen Menschen und vor dem Auflegen neuer größerer Werke wie Wallfahrten usw. durch den Beichtvater gegenüber solchen Menschen. Die Aufgabe des Beichtvaters besteht vielmehr im verständigen Messen des irrigen Gewissens an den Geboten Gottes und im Raten. Dieselbe Hilfe kann jeder Christenmensch dem Anderen geben. — So zeigt sich hier eine Tendenz, den Menschen vom Hängen an sich selbst und von der Verstrickung in Werkgerechtigkeit wegzurufen zum von Gott Gebotenen. Daß dies persönlich diesem bestimmten Einzelnen und seinem Gewissen geschehe, ist das Interesse des Seelsorgers Staupitz. Man muß dabei den Zusammenhang zwischen Gottes Geboten und Gottes Liebe, der Gott dem Menschen angenehm machenden Gnade, im Auge behalten, s.o. S. 116 Anm. 87 und 89. Das Herz des Menschen soll sich in den Werken Gottes erfreuen. s. folgende Anm., und der Mensch soll bewahrt bleiben vor der Verführung des Teufels zu übermäßiger Weisheit, Tugend und Gerechtigkeit, wenn er im Gehorsam Gottes bleibt. So mahnt der Seelsorger, daß der Mensch Gottes und seiner selbst nicht vergesse und Gott und sich selbst nicht verliere. Prädestinationsschrift c. 22, 218, Kn 177: ,,Warlich ist es die ergst bemüung, andre dingk finden, sich selbst verlieren, vil wissen, got unnd sich selbst nit wissen. Herwiderumb wirdet den sünen gots dise gnad verliehen, das sie gots unnd yr selbst erkantnus die höchst weißheit achten, wie es dann im grund die höchst weißheit ist...'' Der Abschnitt c. 22 steht, wie auch die Mahnung vor übermäßiger Weisheit, Tugend und Gerechtigkeit c. 22, 215, Kn 176; 225, Kn 178 unter der allegorischen Auslegung des Zeichens der Schlangenaufhebens, Mk 16, 18: der Gehorsam gegen Gott steht der teuflischen Verführung zur Vollkommenheit gegenüber.

[98] Kn 34. Vgl. dazu noch die Prädestinationsschrift c. 22, 219, Kn 177 gegebene Warnung vor einem Sich-selbst- und Gott-Verlieren in zuviel Beflissenheit, anderen zu dienen:

6. Die Verborgenheit des Wirkens der Gnade Gottes vor der auf securitas bedachten menschlichen Vernunft ist so eine Staupitz in seinem Denken bestimmende biblische Erfahrung. Oft genug im Sinne eines 'Gott ist anders', überraschend anders. Sein Wirken ist menschlicher securitas entzogen. Die biblische Formulierung für dieses 'Gott ist anders' lautet: Sein Regieren ist 'wunderbarlich'. Auch im alltäglichen irdischen Geschehen der politischen Geschichte, z.B. in den italienischen Kriegen, in den Siegen des großen Eroberers, des Königs von Frankreich, und in seinem plötzlichen, überraschenden und überstürzten Rückzug vor den Schweizer Söldnern zeigt sich dieses 'Wunderbarliche': ,,Des gleichen haben wir der Venediger, des pfaltzgrauen und ander grossen haupter geschwinde Verlust, abnemen und endrung gesehen. Also thet auch got In der alten ee, Wan er den kindern von Israel helffen wolt so beschach es alles Wunderperlich, also das sie mit ainem gantz geringen Volck ain grosses heer schlugen und niderlegten. Dann Wann es Von got nit alles so wunderparlich und unfursehenlich beschehe, So erkendten wir sein macht, sein krafft und parmherzigkait nit, hielten auch nit das solchs von got sonder dem menschen keme, dann das so nit Wunderperlich, ist auch nit seltzam und dem menschen zuthun moglich''[99]. 'Mirificavit Dominus sanctum suum' (Ps 4,4)[100].

7. Dem entspricht, auf das Sakrament bezogen und darüberhinaus, eine theozentrische Ethik, die nicht in 'Werken an sich' oder 'Sünden an sich' Thema und Ziel ihrer Betrachtung sieht, sondern Liebe und Lob alles untergeordnet sein läßt. Lieben ist letztlich dasselbe wie das wahre Anbeten und Loben: ,,Das ware anbeten ist in dem lieben, nicht in den wortten. wer liebt der bett, wer nit liebt, der bet nicht, sprech er auch tausent psalter''[101]. Solches wahre Lieben kann man aus dem Buchstaben der Heiligen Schrift nicht lernen[102], sondern durch die in Christus geschenkte

---

,,Wann etlich sein zu vil engstig und sorgueltig, wie sie der gemein dienen, und der andern güetere verwalten, also das sie sich selbst versoumen, wider die Christus predigt: Was nutzt es dem Menschen, so er die gantzen welt gewünne, und sich selbst verlewrt und sein schaden thut?'' Hierher gehört auch das Abraten vom Suchen nach Gesichten Gottes außerhalb unserer selbst, Prädestinationsschrift c. 19, 168, Kn 168f: ,,Daraus abzunemen, das die gesicht gots auserhalb unser wenig oder gar nichts früchten tzu unserm gutem, darumb ist not, das wir stetiglich suchen zusehen das angesicht gots in uns und in unsern wercken, wann durch söliche gesicht werden wir bestetet im guten, und mögen sich unsere hertzen, die der gestalt den herrn suchen, anderst nit, dann erfrewen...'' Vgl. den Gedanken des Gott-Lobens, s.u. S. 121. Hierin liegt die Weisheit, die der Seelsorger Staupitz für sich und seine Predigthörer und Leser sucht.

[99] Im Predigtstück Kn 29f.
[100] In demselben Predigtstück Kn 30.
[101] Von der Lieb Gottes, c. 3, Kn 95.
[102] Von der Lieb Gottes, c. 6, Kn 97f.

Gnade. ,,Derhalben werden die menschen von nyemandts anders, den in der schule der liebe Gottes gelernig, in yr allein werden wircker des gotlichen worts''[103]. Mit diesem paulinisch-augustinischen Thema von Gesetz und Gnade ist Staupitz Luthers Helfer auch in der Bußlehre geworden. Zugespitztester Ausdruck dessen, daß es um Gottes Barmherzigkeit allein geht, ist, was Staupitz unter der Überschrift von Röm 8,28 in ,,Von der Lieb Gottes'' c. 17 formuliert: sogar die Sünde gehört zu dem, was dem Christen zur Seligkeit helfen muß. ,,Furwar ist der recht Christen mensch ein wunderliche creatur gotes, dem sich got vonn ewigkeit in ßo hoher lieb verbundenn hat... das ym also sein eygne sund zu der seligkeit helffenn mueß, dan was got einn mal beschlossen hat, mueß mit nichte hindersich geen, was er ein mal versprochen hat, mueß ewig ia sein, und dem ehr wol wil, dem muessen hymel und hell, boß und guts, zu seinem besten dienen''[104]. Daher können Menschen nicht von sich aus richten oder urteilen, was dem Menschen im Einzelfall nützlich oder schädlich ist, ,,denn wir befinden, das got etwan mit grosserer lieb fallen lest, den stehenden''. Für Petrus war der Fall zuträglicher[105]. Gott liegt mehr daran, wie er seine Barmherzigkeit erscheinen lasse, als wie er unsere Gerechtigkeit handhabe. Er hat alles beschlossen unter den Unglauben und Sünde (Röm 11,32; Gal 3,22) und sprach zu seinem Sohn: Nimm hin die Sünde. In der Erlösung braucht er die Sünde zu seinen göttlichen Ehren; unser aber ist zu allen Zeiten, die Sünde zu fliehen[106].

So ist dem, der in der Liebe Gottes zunimmt (gegenüber dem Anfänger, dessen beherrschende Empfindung Verdruß über alles Gottwidrige ist), wichtig, daß alles zu Gottes Lob geordnet ist. ,,Disem ist mer gelegen an dem, wie er gote wolgefall, den wie im die sunde mißfallen''[107]. So geht von der Wunderbarlichkeit des Weltregiments Gottes wie auch seiner Barmherzigkeit, die auch die Sünde des Menschen zu ihrer eigenen Ehre braucht, eine Bewegung aus, die den Menschen von sich selbst und vom Vertrauen auf seine Werke weg zu Gott hinzieht; wie Gott im Fegfeuer der Anfechtung den Menschen von allem, das nicht sein Lob ist, abtrennt, weil er über alle Dinge geliebt und gelobt werden will[108].

Wir haben hiermit im Hervorheben der Gemeinsamkeit zwischen Staupitz und Luther versucht, die Bußauffassung Luthers etwa bis zu den

---

[103] Von der Lieb Gottes, c. 19, Kn 114.
[104] Von der Lieb Gottes, c. 17, Kn 111.
[105] Von der Lieb Gottes, c. 17, Kn 111f.
[106] Von der Lieb Gottes, c. 17, Kn 112.
[107] Von der Lieb Gottes, c. 13, Kn 105.
[108] s.o. Anm. 95.

Staupitz gewidmeten Resolutiones zu den Ablaßthesen nachzuzeichnen.

Zwei Gesichtspunkte seien zum Schluß hervorgehoben, durch die Luthers Anschauung schon in diesen vor 1519 liegenden Schriften sich von der uns bei Staupitz begegnenden unterscheidet, wie immer dieser Unterschied zu deuten sein wird, als vertiefende Bestätigung oder als ,,Überwindung''[109]:

1. Es fällt auf, daß Luther, was die Beichte angeht, schon in seinen Schriften aus der Zeit des Ablaßstreits und früher im Bekenntnis der Sünde vor Gott — im Unterschied zur Beichte der mortalia vor dem Priester — die Perspektive noch radikaler als Staupitz umkehrt: nicht nur kann es Gott gefallen, den, der steht, in Sünde fallen zu lassen und ihn so in seiner Liebe zu führen, sondern, wenn Gott uns richtet, sind alle unsere Werke, auch die guten Werke, peccata damnabilia[110]. So hat das Bekenntnis vor Gott den Sinn, an sich selbst zu verzweifeln und sich über alles Wissen von Sünden, mortalia = crimina, hinaus in den Abgrund der Barmherzigkeit Gottes zu werfen[111].

2. Dies geschieht im Glauben an das externe Wort Gottes, das Vergebung verheißt. Im Zusammenhang damit ist bereits in den Resolutiones zu den Ablaßthesen die Bedeutung der sakramentalen Schlüsselgewalt des im Namen Christi absolvierenden Priesters anders als bei Staupitz akzentuiert: Nach göttlicher ordinatio ist es so, daß die Nähe zur Verdammnis, in der sich der Sünder unter der als effusio irae erscheinenden infusio gratiae fühlt, ihn nötigt, zur Schlüsselgewalt zu fliehen und sich das durch das iudicium alterius gesprochene Wort Christi als Grund, auf dem allein er steht mit seinem Glauben, geben zu lassen. Gott wirkt im Menschen selbst zuerst das Gegenteil dessen, was er im Wort dem Glaubenden verspricht. Deshalb bedarf der Mensch des äußeren, ihm Gewißheit zusprechenden Wortes. Die Gewißheit, die der Glaubende dabei erlangt, hat nicht den Charakter der Selbstgewißheit und Gottesgewißheit im Einhalten des Bei-sich-selbst-Bleibens und In-Gottes-Gehorsam-Bleibens, sondern sie ist

---

[109] s.o. Anm. 84 zu O. BAYERS Sicht der Stufen in der Theologie Luthers.

[110] WA 1, 322, 39f im Sermo de poenitentia. 1518: Nam nulla sunt opera nostra etiam bona, quin sint peccata damnabilia, si deus in iudicium intret nobiscum. s.o. Anm. 97. WA 1, 633, 5f in der Thesenreihe Pro veritate inquirenda etc: Nullus hominum novit, quoties peccet mortaliter, etiam in bonis operibus propter vanam gloriam. Vgl. Karl-Heinz zur MÜHLEN, Nos extra nos, 116f, 148-151, über Luthers Verständnis des peccatum originale als peccatum radicale, eine ,,das Selbstsein des Menschen bleibend bestimmende Macht, die nicht durch die Gnade am Menschen entfernt wird, sondern der der Mensch durch die Gnade entnommen wird, indem er selbst der Sünde durch den Glauben und die Demut abstirbt'' (117).

[111] WA 1, 633, 9f: De reliquis (sc. peccatis) desperando seipsum cum fiducia in abyssum misericordiae dei fideliter promittentis proiicere.

durch den Anderen extern gegebene Glaubensgewißheit im ausschließlichen Sinne des Stehens auf dem Wort der Zusage. Durch sie wird dem Angefochtenen, Zerrissenen ebenso extern, wie ihn das Zorngericht traf, die gratia sub forma irae, verbürgt, daß dieses externe Wirken, das er erfährt, das Wirken der gratia justificans für ihn, ihm zugut, in der unter dem Zorn verborgenen Gestalt ist. So ist er schlechterdings auf ein Geschehen außerhalb seiner selbst bezogen, das zweitemal so, daß durch das Lossprechungswort im Namen Christi die Angefochtenheit des Herzens weicht und Friede geschenkt wird, diesem Wort folgend[112]. Bei Staupitz steht demgegenüber mehr der seelsorgerliche Rat und das Gespräch im Mittelpunkt, durch das ein Christ und ein Bruder dem Anderen hilft, seines Erwählt- und Umfaßtseins von der Liebe Gottes innezuwerden in seinem eigenen Lieben. In der Liebe und in seinem Verhältnis zur Liebe hat der Mensch Gott stets bei sich — so können wir Staupitz' Bußtheologie abschließend umschreiben[113]. Für Luther bedarf es dazu des extern gegebenen Verheißungswortes und des Glaubens, der sich auf dieses Wort gründet. Mit der Frage, was in diesem Unterschied angesprochen und enthalten ist, versuchen wir nun, Luthers Sermon vom Sakrament der Buße von 1519 genauer zu betrachten.

c) 1. Zur Gliederung und zu §§ 1-4: Nachdem Luther in den vorangegangenen Schriften zum Ablaßstreit — für die hier in Aussicht genommenen Leser, die von den Problemen des Sakramentsgebrauchs praktisch

---

[112] WA 1, 540, 34-541, 9 = Bo A 1, 35, 18-40 in Fortsetzung der Anm. 92f und 95 angeführten Stelle aus den Resolutiones zur 7. conclusio der Ablaßthesen: Stante autem hac miseria suae conscientiae confusione, non habet pacem neque consolationem, nisi ad potestatem ecclesiae confugiat suisque peccatis et miseriis per confessionem detectis postulet solatium et remedium: neque enim suo consilio vel auxilio sese poterit pacare, immo absorberetur tandem tristicia in desperationem. Hic sacerdos talem videns humilitatem et compunctionem de fiducia potestatis sibi ad faciendam misericordiam traditae plenissime praesumat et solvat solutumque pronunciet, ac sic pacem ei conscientiae donet. Absolvendus vero omni studio caveat, ne dubitet sibi remissa esse apud deum peccata sua, sitque quietus in corde: nam et si prae suae conscientiae confusione sit incertus (sicut regulariter oportet fieri, si compunctio vera est), tamen stare tenetur alterius iudicio non propter ipsum praelatum aut potestatem eius ullo modo, sed propter verbum Christi, qui mentiri non potest dicendo: Quodcunque solveris super terram. fides enim huius verbi faciet pacem conscientiae, dum iuxta illud sacerdos solverit. Qui vero pacem alia via quaerit, utputa experientia intus, hic certe deum videtur tentare et pacem in re, non in fide velle habere. Tantum enim habebis pacem, quantum credideris verbo promittentis: quodcunque solveris etc. Pax enim nostra Christus est, sed in fide. Vgl. Karl-Heinz zur Mühlen, Nos extra nos, 181-185, 227f zu resol. 7 und zur Entdeckung des Sakraments im Zeichen des verbum externum.

[113] Von hieraus wird rückblickend noch einmal Scheurls dankbares Zeugnis für die Wohltätigkeit des Umgangs mit Staupitz in seiner Nürnberger Umgebung verständlich: ...qui id conciliarunt (sc. sese illius familiaritati insinuare, cum Doctore Staupitz coenare) gratiam consecuti sunt et consecutam auxere. WA Br 1, 84, 21, s.o. Kap. II, Anm. 167.

Betroffenen, erwähnt er an dieser Stelle nur den Sermon von Ablaß und Gnade — vom Nachlaß der kirchlich auferlegten Strafe und Genugtuung gesprochen hat, wendet er sich nun gezielt dem Thema, dem 'göttlichen oder himmlischen Ablaß', der Vergebung der Schuld, zu und damit dem Sakrament der Buße, wie es sich ihm nach seinem biblischen Verständnis wieder zu zeigen begonnen hat. Auf *dieses* Sakramentsverständnis ist dieser neue Sermon von Ende 1519 bereits in seiner Gliederung aufgebaut: auf die einleitende Hinführung der §§ 1-4 folgt in §§ 5-11 die positive Entfaltung dieses Verständnisses des Bußsakraments mit den drei Stücken Absolutionswort, Bedeutung dieses heiligen Zeichens und Glaube. Die traditionelle Lehre von der Buße nach den drei Teilen Reue, Beichte, Genugtuung, bildet hier nicht mehr, wie in den vorangegangenen Schriften Luthers, das Grundgerüst und den Anhaltspunkt der Darstellung[114]. Es ist gleichsam aufgesprengt durch die biblische Lehre vom Sakrament der Buße, und in dieser Form werden seine einzelnen Teile in den §§ 12-20, gemessen am Hauptstück des Sakraments, dem Glauben an das Absolutionswort, angeschlossen in freiem, kritischem Durchgang, bei dem auf die wichtigsten Mißbräuche aufklärend und warnend hingewiesen wird. Den Abschluß des Sermons bildet in § 21 noch einmal ein Lobpreis des wiederentdeckten Sakraments der Buße in seinem neutestamentlichen Sinn.

Durch die Vergebung der Schuld, den himmlischen Ablaß, wird das Gewissen und Herz des Menschen leicht und fröhlich: ,,und das heyst eygentlich und recht die sund vorgeben, das den menschen seyn sund nit mer beyssen noch unrugig machen, sundern eyn frőliche zuuorsicht uberkummen hatt, sie sein yhm von gott ymer unnd ewiglich vorgeben''[115]. Gegenüber dem Ton der Anfechtung, der, wie wir sahen, die Darstellung

---

[114] Vgl. im Sermon von Ablaß und Gnade WA 1, 243, 4-11: ,,Zum ersten solt yhr wissen, dass etlich new lerer, als Magister Sententiarum, S. Thomas und yhre folger geben der puß drey teyll, Nemlich die rew, die peycht, die gnugthuung, unnd wie woll dißer unterscheid noch yrer meynung schwerlich adder auch gar nichts gegrundet erfundenn wirt ynn der heyligen schrifft, noch yn den alten heyligen Christlichen lerernn, doch wollen wyr das itzt ßo lassenn bleyben und nach yrher weyß reden''. Der Sermon handelt anschließend vom Nachlassen des dritten Stückes, der Genugtuung. Im Sermo de poenitentia behandelt L. alle drei Stücke, besonders die Fragen der contritio und der confessio, nach folgender Einleitung: ut autem rem ipsam teneatis possitisque vosipsi cum illis conferre, ecce procedam iuxta eorum sententiam, nisi ubi locus fuerit mea interserendi. Igitur eorum sententia: Poenitentia dividitur in tres partes, quae sunt Contritio, Confessio, Satisfactio. WA 1, 319, 4-9. Die Thesenreihe 'Pro veritate inquirenda et timoratis conscientiis consolandis' setzt wie unser Sermon ein mit der Unterscheidung von remissio poenae und remissio culpae, behandelt hauptsächlich diese remissio culpae und spricht wie unser Sermon ab Th. 19 die praktischen Fragen der Reue und Beichte unter dem Gesichtspunkt der fiducia super verbum Christi durch.

[115] WA 2, 714, 17-20 = Bo A 1, 175, 36-39.

des Bußsakraments in den Resolutiones zu den Ablaßthesen beherrscht,
ist hier von Anfang an der Ton und der Gedanke an die fröhliche Zuversicht beherrschend. Daß der Mensch solche fröhliche Zuversicht überhaupt haben kann, daß er sich nicht darauf angewiesen sehen muß, in der
Anpassung an die allgemeinen Regeln des kirchlichen Sakramentsgebrauchs eine gewisse begründete Erwartung des Heils und mit ihr das ihm
persönlich mögliche Maximum an Gewißheit zu haben, ja, daß ohne solch
fröhliches Gewissen und leichtes Herz zu Gott niemand selig werden
kann, war Luthers neue und befreiende theologische Entdeckung über
den Christenstand, die er in Augsburg gegenüber Cajetan mit aller Ent-
schiedenheit verteidigt hatte[116]. Sie ist das eigentliche im Bußsakrament
Verheißene, an dem Luther nun seine Darstellung des Bußsakraments
orientiert, mit dem kritischen und mitleidenden Blick auf die Praxis, in
der die Menschen ohne Kenntnis dieser Verheißung so sehr in die Irre gehen. § 4: Beichtbriefe und Ablässe lösen, in Rom oder St. Jakob, bald
hierhin, bald dorthin eilend? dadurch wird die Unruhe nur ärger; sich
mühen und abarbeiten, daß der Leib darüber zerbricht und der Mensch
wirr im Kopf darüber wird? Mit Gewalt der Werke die Sünde ablegen und
dem Herzen Ruhe verschaffen? Gute Werke können erst geschehen, wenn
die Sünde vorher vergeben ist, ,,und nit die werck außtreyben die sund,
sondern die außtreybung der sund thut gute werck, dan gute werck
mußen geschehen mit frólichem hertzen und gutem gewissen zu gott, das
ist, yn der vorgebung der schuldt''[117].

2. § 5: Der rechte Weg, diese Vergebung und fröhliche Zuversicht zu
erlangen, ist das Sakrament der Buße, das Gott einsetzte, als er Petrus an
Stelle der ganzen christlichen Kirche die Schlüssel gab mit der Aufgabe
und Vollmacht, zu binden und zu lösen, Mt 16,19. Im Anschluß an dieses
biblische Wort Christi formuliert Luther wie im Sterbesermon beim Anblick des Bildes Christi: ,,Diße heylige trostliche gnadenreiche wort gottis
muß eyn yglich Christen mensch tieff behertzigenn unnd mit grossem
danck yn sich bilden, dan hirynne ligt das sacrament der puß, vorgebung
der sund, trost unnd frid des gewissens, alle freud und seligkeit des hertzen widder alle sund, widder alle erschreckung des gewissens, wider vor-

[116] Vgl. Br 1, 216, 19-22; 217, 60-62: ,,Aber ich will nicht zu einem Ketzer werden mit
dem Widerspruch der Meinung, durch welchen ich bin zu einem Christen worden''. Vgl.
O. BAYER, Promissio, 183 A. 134. G. HENNIG, Cajetan und Luther. Ein historischer Beitrag
zur Begegnung von Thomismus und Reformation. Arbeiten zur Theologie II, 7 (1966), 46-
60. Dazu in den Acta Augustana WA 2, 7, 35-40; 13, 6-16, 5.
[117] WA 2, 715, 6-9 = Bo A 1, 176, 18-21.

zweyfflung und anfechtung der pforten der hellen"[118]. Das im Sterbesermon vom 'Bild' Gesagte ist an dieser Stelle vom Wort Christi gesagt: das
läßt darauf schließen, daß auch das Wort hier verstanden ist als „eine
konkrete Wirklichkeit, die man nicht etwa als Gegenstand aus der Distanz
betrachtet, sondern am eigenen Leibe erfährt"[119]. Dort mit Wohlgefallen,
hier mit großem Dank geschieht das Beherzigen und In-sich-Bilden der
Worte Christi; in ihnen liegt das leichte und fröhliche Gewissen, Trost
und Friede des Gewissens, Freude und Seligkeit. Wie das Bild Christi ein
Widerbild ist[120], so sind diese Worte wie ein Schild, ein Gegenwort gegenüber allem Erschrecken des eigenen Gewissens, gegenüber Verzweiflung
und Anfechtung der Hölle. Wir treffen hier wieder, wie in der Beschreibung der Entstehung des Sterbesermons, auf Luthers eigentümlich leibliches Verhältnis zur Sprache und zum Wort[121]. „Tief-Beherzigen und Insich-Bilden" eines begegnenden Wortes, gegen Zittern und Schrecken des
Gewissens und der Höllenanfechtung geschieht nicht im abstrakten Denken über das Wort und seinen Inhalt als etwas Allgemeines, einen Vorgang „auf der geistigen Ebene", sondern im Verweilen bei diesem Wort
als etwas räumlich-leiblich Nahem, unter dessen Nähe, Gegenwart sich
die Bestimmung des Ortes, an dem ich lebe, verändert, so daß, was dieses
Wort sagt, gewisser wahr ist und für mich wahr wird als, was andere sich
in meinem Gewissen auswirkende verba und Bestimmungen als Wahrheit
behauptet haben oder noch behaupten. Wer ist dann der Mensch selbst?
In den heiligen tröstlichen gnadenreichen Worten Gottes wird ihm wohl,
findet das Gewissen Trost und Frieden, das Herz Freude und gar Seligkeit.

Diese Vergebung Gottes ist unermeßlich größer als das Nachlassen der
von der Kirche äußerlich auferlegten Strafe. Dennoch ergibt sich durch
diese Unterscheidung kein Spiritualismus, ohne Kirche. Wie erscheint
'Kirche' hier?

---

[118] WA 2, 715, 15-20 = Bo A 1, 176, 27-32. Zu 'In-Sich-Bilden' vgl. o. Anm. 45 über das
Bild des Todes, das die verzagte Natur zu tief in sich bildet: WA 2, 687, 1-8. Anm. 44 zu
WA 2, 689, 27-29: die Sünde nur im Bild der Gnaden ansehen und dasselbe Bild mit aller
Kraft in sich bilden. WA 2, 689, 11-14: Christus ist nichts als eitel Leben, seine Heiligen
auch, je tiefer und fester du dir dieses Bild einbildest und es ansiehst, um so mehr des Todes
Bild abfällt und von selbst verschwindet. Zu WA 2, 690, 26-31 s. Anm. 48: zum In-Sich-
Bilden des Bildes Christi und der Heiligen gehört das Wohlgefallen an der Gnade Gottes,
der sie so erwählt hat.

[119] O. BAYER, Promissio, 211 A. 52. An das im Briefwechsel Dietrich BONHOEFFERS begegnende Bild vom „Einen Brief essen" darf zum Vergleich erinnert werden. s. Widerstand
und Ergebung, Briefe und Aufzeichnungen aus der Haft, hrsg. v. E. BETHGE. München
1952, 119 (15.12.43).

[120] s.o. S. 94 und 104 Anm. 44.

[121] s.o. S. 89 Anm. 7.

Zu §§ 6-11: Luther beginnt nun mit der Darstellung der drei Stücke des Bußsakraments. Der Priester spricht das Wort der Vergebung Gottes nach den Worten Christi Mt 16,19: das erste Stück. Die in den äußerlichen Worten mitgeteilten geistlichen Güter, Trost und Friede des Herzens, sind das zweite Stück. Das dritte Stück ist der Glaube. An ihm liegt alles, so betont Luther an dieser Stelle wie im Sterbesermon § 16: daß „alles war wirt, was der priester sagt, dan wie du glawbst, ßo geschicht dir" (Mt 8,13 u.ö.)[122]. Anschließend wiederholt Luther die schon in den Resolutiones zu den Ablaßthesen gegebene Zuspitzung, daß ohne diesen Glauben die Sakramente mehr schaden als nützen[123]. Es handelt sich beim Glauben also nicht um eine erwünschte ideale Verinnerlichung der Frömmigkeit beim Sakramentsempfang, sondern um eine strenge Forderung. In diesem Sinne läßt Luther das häufig in dieser Schriftengruppe angeführte dictum commune folgen: „Nicht das Sakrament, sondern der Glaube, der das Sakrament glaubt, legt die Sünde ab"[124]. Das Augustinwort 'non quia dicitur, sed quia creditur' folgt in der Form „Das sacrament nympt die sund nit darumb, das es geschicht, sondern darumb, das man yhm glaubt"[125].

---

[122] WA 2, 715, 30-33 = Bo A 1, 177, 3-6. Zur Anführung von Mt 9, 28f in diesem Zusammenhang vgl. WA 1, 596, 18f = Bo A 1, 107, 5-8; WA 2, 14, 20-23.

[123] Vgl. Resolutiones zu concl 38, WA 1, 595, 15-20 = Bo A 1, 105, 29-36: Quod siquis hanc participationem officio sacerdotis sibi factam non crediderit aut dubitaverit, ...magno damno suam animam afficit et deo verboque eius iniuriam atque summam irreverantiam facit. Ideo multo melius est, ut non adeat ad absolutionem, si non credat sese absolvi quam si sine fide accedat: ficte enim accedit et iudicium sibi accipit... Dazu in den Acta Augustana WA 2, 7, 35-37 und 13, 23-25: Nunc probandum est, quod accessuro ad sacramentum necessarium sit credere, sese gratiam consequi, et in hoc non dubitare, sed certissima fiducia confidere, alioquin in iudicium accedit. 15, 26f: Sic et nobis in sacramentis fiet: si credimus, consequimur, si non credimus, in iudicium accedimus. Im sermo de poenitentia WA 1, 323, 35f: Damnabuntur itaque qui nolunt confidere sese absolutos, donec certi sint se satis contritos. In den Thesen pro veritate WA 1, 632, 17f: Sine qua fide contritio peccatorum est desperationis operatio et plus deum offendens quam reconcilians. 34f: Quin, qui sine fide ad quodcunque accedit, ficte ac per hoc in iudicium suum accedit.

[124] WA 2, 715, 34-36 = Bo A 1, 177, 7-9. Vgl. im Sermo de poenitentia WA 1, 324, 16-18: auch hier ist das dictum commune 'non sacramentum, sed fides sacramenti justificat' verbunden mit dem Augustinzitat 'Abluit peccatum, non quia fit, sed quia creditur'. Ähnlich in den conclusiones 'Pro veritate inquirenda' Th 10: Verum est enim, quod non sacramentum fidei, sed fides sacramenti (id est, non quia fit, sed quia creditur) iustificat. WA 1, 631, 7f. Das dictum commune findet sich auch WA 1, 544, 40f = Bo A 1, 40, 34f (Resolutiones zu concl 7) und Acta Augustana WA 2, 15, 31f: 'non sacramentum fidei, sed fides sacramenti iustificat'. An der ersteren Stelle: 'non sacramentum, sed fides sacramenti iustificat'. Hierzu und zu dem mit dem dictum commune häufig verbundenen Augustin-Zitat s. Karl-Heinz zur MÜHLEN, Zur Rezeption der Augustinischen Sakramentsformel, 50-76.

[125] WA 2, 715, 36f = Bo A 1, 177, 9f. Das Zitat findet sich außer an den in Anm. 124 genannten Stellen noch in den Resolutiones zur 38. Ablaßthese WA 1, 595, 5-7 = Bo A 1, 105, 17-19: Atque sic intelligo, quod nostri doctores dicunt, sacramenta esse efficatia gratiae

Die Begründung für dieses „mit allem Fleiß herausgestrichene" Hauptstück lautet in § 7: Christus, dein Gott, wird dir nicht lügen noch wanken. Seinem Wort nicht glauben, hieße, ihn zum Lügner machen. Der Glaube ist geboten unter Androhung der allerschwersten Sünde, der Sünde gegen den heiligen Geist (§ 11). Der Empfang des Bußsakraments ist daher nicht eine fromme Übung von geringerem oder größerem Gewißheitsgrad für den Betreffenden, sondern auf die Zuversicht des Glaubenden persönlich zugesprochenes Wort, das in Unehre und Mißbrauch gebracht wird durch fehlenden Glauben, daher unter dem strengsten Gebot des Glaubens steht. Luther nimmt mit den beiden Formulierungen aus der Lehrtradition der Kirche also die Wahrheit der christlichen Überlieferung für seine gegen Cajetan verteidigte These von der Notwendigkeit der persönlichen Zuversicht, fides specialis de effectu praesente[126], beim Sakramentsempfang in Anspruch.

In den §§ 7-9 folgen einige Abgrenzungen, die das *sola* fide — denn so ist die Bezeichnung des Glaubens als des entscheidenden Stückes gegenüber dem Sakrament gemeint — herausstreichen.

§ 7: Nicht um der Würdigkeit der Reue oder der Werke der satisfactio willen — Luther nennt hier das erste und das dritte Stück des Bußsakraments, wie es geübt wurde — wird die Vergebung der Schuld jemandem gegeben, sondern allein um des Glaubens willen in die Zusage Gottes Mt 16,19. Reue und Werke sind nicht nachzulassen (vgl. das Ergebnis des Ablaßstreits), aber auf sie ist nicht zu bauen, sie können den Menschen täuschen, und der Teufel wird sie bald umstoßen im Tod und in der Anfechtung. „Aber Christus, deyn gott, wirt dir nit liegen noch wancken, und der teuffel wirt yhm seyne wort nit umbstossen, und bawst du darauff mit eynem festen glauben, ßo stehst du auff dem felß, da widder die pforten und alle gewalt der hellen nit mugen besteen"[127]. Versuchen wir die Bedeutung dieses „allein um des Glaubens willen" und „allein auf die gewisse Wort Christi" zu umschreiben im Blick auf die zu § 5 gestellte Frage, wer der Mensch sei nach diesem Sakramentsverständnis: die Gewißheit seiner selbst ruht nicht im Anschauen und Bewußtsein sei-

---

signa, non quia fit (ut B. Augustinus), sed quia creditur; Acta Augustana WA 2, 15, 29f: 'Ecce baptismus abluit, non quia fit, sed quia creditur abluere'. Vgl. K-H. zur Mühlen, Zur Rezeption der augustinischen Sakramentsformel, 57-59.

[126] Vgl. hierzu die Reihe von neun den Glauben bezeugenden Stellen aus den Evangelien und Briefen des NT in den Acta Augustana, WA 2, 14, 13-15, 27, die genannte Formulierung z.B. 2, 14, 24f zu Mt 8, 8: centurio ille 'dic tantum verbo', inquit, 'et sanabitur puer meus', non utique generali fide, sed speciali de praesenti effectu credidit et impetravit. Vgl. G. Hennig, Cajetan und Luther, 74-77.

[127] WA 2, 716, 9-12 = Bo A 1, 177, 22-25.

nes guten Zustandes nach Reue und Werken; hier bleibt er Täuschungen einerseits und Erschütterungen andererseits ausgesetzt; sie ruht demgegenüber *immer von neuem* auf der Zusage Christi, in der Absolution dem Sünder gegeben. Hier ist der Felsengrund zugesagter Wahrheit für den Menschen.

§ 8: Die zweite Abgrenzung betrifft Amtsgewalt und Vollmachten kirchlicher und aller anderen irdisch-menschlichen Ämter auf Erden. Wie Trost und Seligkeit der Menschen nicht auf deren eigenen guten Zustand oder ihr Bemühen gebaut werden sollen, so auch nicht auf Macht und Gewalt menschlicher Einrichtungen: ,,dan er hatt nit wollen unßern trost, unßere seligkeit, unßer zuvorsicht auff menschen wort odder that bawen, sondern allein auff sich selb, auff seyne wort und that''[128]. Die Betrachtung irdisch-kirchlicher Ämter kehrt sich alsbald entsprechend um: sie können nicht mehr im Mittelpunkt eigener Machtenfaltung stehen und Verehrung heischen, sondern sie dienen nur als Boten für die dem persönlichen Glauben des Menschen geltenden Worte Gottes. Nichts Höheres gibt es in der Welt als Christi Wort und den Glauben des Menschen, der in dieser Zusage Trost und Seligkeit empfängt. Dieses 'propter unum fraterculum' empfand Cajetan als anmaßend: hier liegt in der Tat zugespitzt der Anstoß des persönlichen Heilsglaubens der Reformation für einen scholastisch geschulten Denker, der Wahrheit nur secundum communem legem vorstellen kann und nach diesem 'Gesetz' für dieses Leben keine unfehlbare Gewißheit kennt: ,,nec potest fides ista de obiecto (scilicet me esse absolutum etiam per absolutionem in effectu coram Deo) esse certa infallibiliter: quia quilibet est dubius in hac vita: secundum communem legem nescit, an sit in gratia Dei''[129].

---

[128] WA 2, 716, 16-18 = Bo A 1, 177, 29-31.

[129] Opuscula Omnia Thomae de Vio Caietani Cardinalis ...Lyon 1575, 110, 72ff, zitiert bei G. Hennig, Cajetan und Luther, 51, Anm. 34. Die Fortsetzung des Zitats lautet: Nec aliquis est qui certus sit se esse sufficienter dispositus per gratiam Dei, quae per absolutionem conceditur. S. dazu auch Opuscula 111, 38ff: Remanet enim semper secundum communem legem peccator ambiguus de consecuta ad Deum remissione: quia semper restat ambiguum nobis, an ex vel cum infusa charitate sacramentum susceperit poenitentiae. Quodcirca novitia opinio relata, non opinio, sed error est: pro quanto efficaciam adimit sacramento poenitentiae sine credulitate effectus in seipso, et nulli conferri veniam remittente sacerdote dicit, Nisi credat sibi remitti ... Indigna nempe sunt haec non solum eruditorum, sed quorumlibet Christianorum auribus. G. Hennig, Cajetan und Luther, 58. Die Titel der beiden angeführten Traktate lauten 'Utrum ad fructuosam absolutionem in sacramento poenitentiae exigatur fides' (26.9.1518) und 'Utrum sacramentalis absolutionis effectus sit remissio culpae' (1.10.1518). Die abschätzige Wendung 'propter unum fraterculum' findet sich in Cajetans Bericht über das Augsburger Gespräch an den Kurfürsten Friedrich in der abschließenden Mahnung an diesen: ...nec ponat maculam in gloria Maiorum suorum et sua propter unum fraterculum, ut toties promisit. Br 1, 235, 87f 21.(?)11.1518.

§ 9: Eine dritte Folgerung betrifft das Verhältnis der kirchlichen Ämter untereinander mit Beziehung auf die Vollmacht, das Absolutionswort zu sprechen: da alles am Glauben an Gottes Wort liegt, tut ein Papst oder Bischof hierin nicht mehr als der geringste Priester, ja, wo ein Priester nicht da ist, jeder Christenmensch, mag es eine Frau oder ein Kind sein: das Wort Gottes wirkt gewiß durch sie, wenn Du es im festen Glauben fassen kannst; keiner in der gestuften kirchlichen Ordnung kann vor dem Anderen besser Gottes Wort führen als das gemeine Wort Christi Mt 16,19. Dieses Wort ist also zugleich singuläres persönliches Vergebungswort und in seiner Einsetzung aller Dienste in der Kirche *die* Wahrheit, der alle dienen sollen und dürfen, weil sie die Vollmacht Christi dazu haben. Was die hierarchische Ordnung in der Kirche betrifft, so schließt Luther eine ähnliche Regel an wie im Falle der Reue und guten Werke: wie man beides nicht nachlassen soll, so soll man die Ordnung der Obrigkeit halten und nicht verachten, aber im Sakrament und seinem Werk soll man nicht irren, in seinem Gebrauch und Zusprechen haben die höheren Ämter keinen Vorrang. Die Ordnung der den höheren Ämtern vorbehaltenen casus reservati widerspricht dem nicht, da sie sich nur auf bestimmte Gründe bezieht, das Sakrament jemandem vorzuenthalten, nicht auf die Spendung und die Qualität des Sakraments[130].

§ 10-11: Nach diesen notwendigen Verdeutlichungen kehrt Luther wieder zur alleinigen Beziehung des Glaubens auf das Wort des Priesters zurück. In diesem Wort hat es der Glaubende mit Christus zu tun, Mt 16,19. Christi Wort ist wahrhaftig, er kann nicht lügen mit seinem Wort 'Was du lösest, soll los sein'. Diesem Wort nicht glauben, macht einen zum Heiden, Unchristen und Ungläubigen gegen Christus: die schwerste Sünde gegen Gott. Zu zweifeln, ob Christus seine eigenen Worte angenehm sind, und das eigene Dünken dagegenzuhalten, macht dir deinen Gott zu einem Lügner, als seiest Du gewisser in deinem Dünken als Gott in seinen Worten. Vor solch teuflischem Unglauben möge Gott alle Menschen bewahren[131]. Hier wird ein Wahrheitsgeschehen bezeugt, das nicht höher und vollmächtiger gedacht werden kann, über dessen Macht — ihm allein kommt dieses Prädikat zu — hinaus es nichts geben kann. Gewißheit und Vollmacht sind allein ihm eigen. Hält der Mensch dagegen sein wie immer und durch wessen Einflüsterung immer begründetes Situationsbild, so tut er das Schrecklichste, das dieser Macht und dieser Wahrheit gegenüber geschehen kann: er bestreitet ihr, was sie ist, ihre

---

[130] WA 2, 716, 36-717, 5 = Bo A 1, 178, 12-21. Vgl. WA 1, 632, 30f, concl. 41 in der Thesenreihe 'Pro veritate inquirenda etc.'.

[131] WA 2, 717, 6-25 = Bo A 1, 178, 22-179, 2.

Wahrheit, ihre Macht, im Geschehen zu erweisen, was sie zugesagt hat, es zu erfüllen. In dieser Zusage hat der Mensch mit der Macht zu tun, von der er schlechthin abhängig ist: sie ist allein Wahrheit. Wer sie hat, der hat alles. Daher fordert Luther den Zuhörer auf: für diese Zusage laß dich zerreißen, vielmals töten, verleugne lieber alles Geschaffene, alle Kreatur, alles was in der Welt ist, als daß Du an diesen Worten Christi durch den Priester oder wer immer sie dir sagt, wes Standes, Geschlechts, Alters immer er sei, zweifeltest. In diesem Wort hast Du mit Gott zu tun im Unterschied zu dem, was in der Welt ist. Er verheißt, er wolle Dir gnädig sein und deine Sünden seien Dir vergeben. Ja, noch mehr: das Sakrament ist ein gewisses Zeichen irdisch durch einen Menschen dir gegeben, daß Dir vergeben sei vor Gott. Hier angesichs dieses Zeichens nicht zu glauben, die Sünde sei vergeben, ist biblisch gesprochen die Sünde gegen den heiligen Geist. Die Ursünde, die alle anderen Sünden stärkt und unvergebbar macht. Mit solchem Gebot dringt uns Gott zum fröhlichen Gewissen, treibt uns mit schrecklicher Sünde fort von den Sünden und dem bösen Gewissen, treibt jede andere Behauptung und jeden anderen Anspruch der Wahrheit, zugespitzt auch den des Gewissens der Sünden, aus unserem Verhältnis zu ihm aus[132]. So sehr liegt alle auctoritas in diesem Geschehen des Sakraments bei Gottes Zusage.

Eine Theologie des Sakraments, die den Menschen nach dem angeblichen allgemeinen Gesetz irdischer Dinge in Unsicherheit hält bis auf den schwächlichen und irreführenden Rat, keinen obex vorzuschieben, und ihm so die ihm geltende Wahrheit des Sakraments verdeckt und entzieht und ihn von seinem ihm verheißenen Heil und von seiner Seligkeit ausschließt, muß folglich gegenüber dieser christlichen Wahrheit des Sakraments als häretisch getadelt und verworfen werden, wie es schon in den Resolutiones zu den 95 Ablaßthesen geschieht[133].

---

[132] WA 2, 717, 26-40 = Bo A 1, 179, 3-18: Wan du absolvirt bist von sunden, ja wan dich yn deyner sund gewissen eyn frum Christen mensch trostet, man, weyb, jung adder alt, ßo soltu das mit solchem glauben an nehmen, das du dich soltest lassenn zu reyssen, vill mal todten, ja alle creature vorleugnen, ehe du drann zweyffeltest, es sey alßo vor gott, dann ist unß doch, an das, gepoten yn gottis gnaden zu glauben und hoffen, das unßer sund sein unß vorgeben, wie vil mehr soltu dan das glauben, wan er dir desselben eyn zeychen gibt durch eynen menschen!... Drumb sihe, wie eynen gnedigen gott und vatter wir haben, der unß nit allein sund vorgebung zu sagt, ßondern auch gepeut bey der aller schweresten sund, wir sollen glauben, sie seyn vorgeben, und unß mit dem selben gepott dringt zum frölichen gewissen, und mit schrecklicher sund unß von den sunden und bößen gewissen treibet.

[133] WA 1, 544, 37-41 = Bo A 1, 40, 30-35. Vgl. WA 1, 631, 11-14: Sed sicut scriptum est: portans omnia verbo virtutis suae, et: fide purificans corda eorum. Usque ad infidelitatem errant, qui remissionem culpae incertam asserunt propter incertitudinem contritionis. (Pro veritate inquirenda etc., Th 12-13). Vgl. O. BAYER, Promissio, 192 zu dieser Stelle:

3. Zu §§ 12-20: In den sieben folgenden Abschnitten setzt sich Luther mit der Frage der Würdigkeit durch genügende Reue auseinander; ein Zeichen für die Wichtigkeit, die er dieser Frage beimißt. Die beiden weiteren Stücke des traditionellen Bußsakraments folgen in den §§ 19 und 20. Es geht nun darum, im Umgang ihnen die ihnen zukommende Bedeutung *nach* Absolutionswort und Glaube zuzuweisen. In dieser Bedeutung auf dem zweiten Platz können sie den Menschen nicht mehr wegen ihrer möglichen Ungewißheit ängstigen. Luther greift nun ausdrücklich die Lehre bestimmter Theologen an, man müsse bezüglich der Absolution ungewiß sein und zweifeln, ob wir zu Gnaden angenommen seien, da wir nicht wissen, ob die Reue genugsam sei oder die satisfactio ausreichend, da der Priester sich bei der Festsetzung des Maßes der Werke geirrt haben könne. Luthers Antwort lautet ebenso entschieden wie in § 10: dies seien verführerische, unchristliche Plauderer, die so sprechen. Der Gedanke einer genugsamen Reue und einer auf sie begründeten Gewißheit des Priesters sei verwerflich, das Gegenteil von allem sei wahr: der Priester *muß* ungewiß sein an deiner Reue und deinem Glauben; daran liegt auch nichts. Das Beichten und Begehren der Absolution ist ihm genug. Der Beichtende soll gewiß sein, daß nach allem seinem Bemühen seine Reue ungenugsam sei, ,,und darumb zu gottis gnaden flihen, seyn gnugsam gewisses wort ym sacrament hŏren, mit freyem frŏlichen glauben auffnehmen, und gar nichts zweyffeln, du seyst zu gnadenn kummen, nit durch deyne vordienste adder rew, sondern durch seyn gnedige gottliche barmhertzikeit, die dir lauter umsunst vorgebung der sund zu sagt, anbeutt und erfullet, auff das du alßo nit auff dich, noch deynn thun, sondernn auff deyns lieben vatters ym hymell gnaden und barmhertzikeit lernest brachten und pochen widder alle anfechtung der sund, des gewissens unnd der teuffell. Darnach hyn rew ßo vill mehr, unnd thu gnug, wie du kanst, laß nur dissen blossen glauben der unvordienten vorgebung, ynn worten Christi zugesagt, vorgehen und haubtman ym felt bleyben''[134]. — Es geht nun also darum, die Dinge richtig anzureden, zu lernen, *worauf* zu pochen ist und worauf nicht.

§ 13: Wer nicht Frieden haben will, bevor er genugsame Reue und Werke getan hat, der straft Christus Lügen, geht mit der Sünde gegen den heiligen Geist um, handelt das hochwürdige Sakrament der Buße unwür-

---

,,Im Wort trägt Gottes Schöpfermacht Welt und Geschichte, ist er aller Dinge mächtig; aus dieser Allmacht und in ihr empfängt der Mensch im Glauben ein klares und freies Gewissen''. Diese Formulierung trifft auch das Wortverständnis unseres Abschnitts im Bußsermon, § 12.

[134] WA 2, 718, 12-21 = Bo A 1, 179, 31-180, 2.

dig (wie das Prädikat 'ungewiß', so kehrt sich auch das Prädikat 'würdig' gegen den, der bei sich selbst und nicht beim Sakrament die Würdigkeit sucht) und nimmt seinen verdienten Lohn, indem er auf Sand baut (Mt 7,26), auf Nichtigkeit, sich selbst mehr als Gott vertraut, dadurch in immer größere Unruhe verstrickt wird und nach unmöglichen Dingen umsonst arbeitet, sich müht, Grund und Trost zu finden, bis er schließlich verzweifeln muß und ewig verdammt wird. Solche Menschen wollen durch ihr Tun gewiß werden und mit ihren Werken Gottes Wort befestigen, durch das sie im Glauben befestigt werden sollten, fangen an, den Himmel zu unterstützen, an den sie sich halten sollten; ein starker Ausdruck für ein verfehltes Verhältnis zur Realität; in letzter Hinsicht: sie wollen Gott nicht barmherzig sein lassen, sondern nur zu einem Richter haben, der nichts umsonst vergibt, sondern alles vorher bezahlt haben will. Luther führt dafür, summarisch zusammenfassend, das ganze Evangelium an, in dem Christus niemals etwas anderes von einem Menschen forderte als den Glauben und den Unwürdigen alle seine Wohltaten *umsonst*, allein aus Gnaden, erzeigte, danach ihnen befahl, wohl zu leben, in Frieden hinzugehen[135]. Dieses biblische 'danach' beleuchtet die Aussage der beiden dargestellten Abschnitte. Was geschieht in ihnen? Die Frage der Gewißheit steht nach wie vor im Mittelpunkt: was hältst du für gewiß? Wohinein setzest du Vertrauen als in Festes und Zuverlässiges, worin suchst du deinen Halt als in Realität? In deinen Werken? In dir selbst? Das ist auf Sand Bauen, auf Hinfälliges. Willst du Gott als Richter? Oder suchst du deinen Halt in etwas Anderem? Dieses Andere im Bußsakrament ist die Zusage der umsonst geschenkten Vergebung, der umsonst angebotenen Gnade und Barmherzigkeit deines Vaters im Himmel, die du glauben, auf die du brachten (= derer du dich rühmen) und pochen sollst. Danach habe Reue, soviel du willst...Daß der Glaube an die *unverdiente* Vergebung vorgehe und Hauptmann im Feld bleibe: was bedeutet das anderes, als daß in ein und demselben Menschen aus ihm selbst etwas herausgeschlagen wird, das Gottes Güte, Gnade und Barmherzigkeit spürt und sie geschehen läßt: Mir geschehe nach deinen Worten und Zeichen (Sterbesermon). Die starre, eisenfeste Willenshaltung, mit Werken den Himmel zu unterstützen, ist in diesen Sätzen schon aufgerieben (contritio), neu geschaffen das Gegenüber Gottes, das, was Luther sonst die 'Person' des Menschen nennt, vor den Werken, die sie tut, und von

---

[135] WA 2, 718, 22-719, 2 = Bo A 1, 180, 3-21. Vgl. die Reihe biblischer Texte aus den Evangelien, die den Glauben, fides specialis, bezeugen, in den Acta Augustana, s. Anm. 126, und in unserem Sermon § 17, s.u. S. 136.

ihnen unterschieden[136]. Daß dieser Unterschied zwischen Glaube und Reue und Werken gegenüber der im Bußsakrament gehörten Zusage Gottes fühlbar wird, ist das Wichtige in diesem Teil des Sermons, in dem der Mensch nun noch als alter Mensch mitten in seiner Werkspannung angetroffen und kritisch beschrieben und zugleich schon als neuer Mensch vom Absolutionswort auferweckt, aus seinen durch falsche Lehre selbst angelegten Fesseln und Zwängen herausgeschnitten wird und worden ist wie Rotkäppchen aus dem Bauch des Wolfes. Die Willensidentität von Person und Werk, in der der alte Mensch Gewißheit halten und behaupten wollte, ist vorbei. Sie wurde schon zerschlagen in den Anfechtungen der gratia sub forma irae, von denen Luther in den Resolutionen zu den Ablaßthesen 1518 sprach[137]. Nun ist wie in den Wunder- und Heilungsgeschichten der Evangelien der befreite, vom Sterbe- und Krankenlager aufgerichtete Mensch, die Person, der Glaube, vom Wort Christi auferweckt und lebendig unter dieser Predigt des Bußsakraments angeredet. Nun gilt es, die zerbrochenen Teile liegen zu lassen und zu sichten, was im Sakrament die rechte Reihenfolge von Glauben und Leben sein soll: Priorität soll behalten, Hauptmann soll bleiben der Glaube der unverdienten Vergebung, zugesagt in Christi Worten[138]. Es gilt, Christi Wort zu hören, kein anderes mehr, und im genauen Zuhören Gottes Wort und *Menschenlehre* unterscheiden zu lernen, d.h. die Verführung zu Werken zu erkennen. Auch die schwierige Frage, ob der Priester sich irren kann oder leichtfertig absolviere, löst sich so leicht: wenn der Empfänger des Sakraments nicht mit Verachtung mit diesen Dingen umgeht, sondern im Glauben an die Absolution, so ist er auch absolviert. Nichts versöhnt Gott mehr, als daß man ihm die Ehre gebe, er sei wahrhaftig und gnädig, und das tut allein der, der seinen Worten glaubt[139]. ,,Alßo lobet yhn David: Herr, du bist gedultig, barmhertzig unnd warhafftig. Und dieselb warheit erlößet unß auch von allen sunden, ßo wir an sie halten mit dem glauben''[140]. ,,Wahrheit'' ist hier weder etwas 'Objektives', noch etwas nur 'Subjektives', sondern ein Geschehen, das durch Wahrwerden = Sich-Erfüllen des Wortes und des auf das Wort gesetzten Vertrauens zwei Partner, den erlösenden Gott und den Menschen, den er erlöst, verbindet.

---

[136] s.o. Kap. II, Anm. 179 zu Br 1, 70f, Luthers Brief an Spalatin vom 19.10.1516 über die Römerbriefauslegung des Erasmus.

[137] s.o. Anm. 93 und 95.

[138] WA 2, 718, 20f = Bo A 1, 179f. s.o. S. 000.

[139] Vgl. im Sterbesermon § 5 über das 'den Sakramenten die Ehre geben' WA 2, 686, 19-30 = Bo A 1, 162, 34-163, 6. Die angeführte Stelle hier: WA 2, 719, 10-12 = Bo A 1, 180, 30-32.

[140] (Ps 86, 15). WA 2, 719, 12-15 = Bo A 1, 180, 32-34.

§ 15 wiederholt noch einmal verstärkend, was in § 8 über die kirchlichen Ämter gesagt wurde: die Gewalt, Vollmacht der Kirche soll eine
Dienstbarkeit sein. Die Tugend, Kraft der Schlüssel ist keine Tugend an
sich, sondern sie liegt darin, daß die Schlüssel den Sündern helfen, ihre
Gewissen trösten und stärken. Der Priester tut im Sakrament nichts aus
eigener Macht, sondern er spricht nur ein Wort, so ist das Sakrament
schon da, und dieses Wort ist Gottes Wort, sein Versprechen. Das augustinische 'accedit verbum ad elementum, et fit sacramentum' dient hier
dazu, nicht einen an sich zu betrachtenden metaphysischen Vorgang, physi-
schen Vorgang höherer Ordnung, beobachtend zu beschreiben, sondern
ein Geschehen durch den Priester und doch ohne menschliche Machtwir-
kung, dem Sünder zugute, zu bezeugen, in dem das Wort allein handelnd
ist[141]; wie der zweite Teil desselben Augustinwortes in § 6 dazu diente, das
Wirken der Absolution allein im Glauben zu beschreiben, so hier: das
Wort tuts alleine, und Gott will alleine dem Sünder gedient haben durch
das Wort. Gegenüber dem Beichtenden hat der Priester ebenfalls keine
andere Vollmacht als die, wenn er das Begehren der Absolution sieht, zu
absolvieren, d.h. er soll nicht mehr wissen wollen, nicht Herrschaft ausü-
ben, bannen, drohen, plagen. Mit solchen Mißbräuchen hat man aus der
lieblichen, tröstlichen Gewalt lauter Tyrannei gemacht[142]. An dieser Stelle
(§ 16) betont Luther in einem dritten verbreiternden Durchgehen der Fragen der Reue, daß alles Gesagte den Angefochtenen, Verzagten gelte,
nicht den Harten, die man mit dem schrecklichen Gericht Gottes weich
machen und erschrecken muß. Es gehe auch nicht darum, wie man ihm
vorwirft, Reue und gute Werke zu verbieten, sondern darum, daß der
Glaube das Hauptgut im Sakrament sei und daß *danach* das Gute folge,
Gott zur Ehre und dem Nächsten zu Nutz. So soll auch die Erforschung
des Priesters oder die Selbsterforschung des Menschen, die üblicherweise
nach der Genugsamkeit der Reue fragt, nicht in vermessener und lügen-
hafter Weise mit Ja beantwortet werden, denn niemand hat genügende

---

[141] Das Augustinzitat findet sich ebenfalls unter den Belegen für die Notwendigkeit des
Glaubens beim Sakramentsempfang, Acta Augustana WA 2, 15, 28 f. Vgl. K. H. zur
MÜHLEN, Zur Rezeption der augustinischen Sakramentsformel, 59.
[142] Vgl. Resolutiones zu concl. 38 der Ablaßthesen, WA 1, 596, 24-26 = Bo A 1, 107, 14-
16: Haec sententia mea, credo, potestatem clavis non minuit, ...sed a falso honore et tyran-
nica reverentia in sibi debitam et amabilem reverentiam reducit. — Eine schöne, anschauliche Formulierung der Rückführung zum rechten gottgemäßen Gebrauch der Schlüssel gibt
Luther auch in der Leipziger Predigt von 1519 über Mt 16, 19: ,,sanct Peter odder ein priester ist ein diner an den schlüsseln, die kirch ist die fraw und brawt, der er soll dienen mit der
schlüssel gewalt, alß wir dann sehen in teglichem prauch, das die sacrament gereicht werden
allen, die sie von den pristernn begeren''. WA 2, 248, 35-38.

Reue für seine Sünden[143]. Vielmehr soll sie sich darauf richten, ob der Beichtende, zum Sakrament Gehende dem Sakrament fest glaube, daß ihm seine Sünde vergeben ist. Aus den Evangelien führt Luther hier Mt 9,2 und Mt 9,22 an, Jesu Wort und Aufforderung zum Glauben an den Gichtbrüchigen und an die blutflüssige Frau[144]. Diese Art der Erforschung ist ganz selten geworden, verdrängt durch die Beschäftigung mit Reue, Beichte, Genugtuung und Ablaß. So führt ein Blinder den Anderen. Luther gibt den Rat, Sünde, Reue und gute Werke in Predigten zu behandeln, vor Beichte und Sakrament, im Beichtgespräch aber am meisten nach dem Glauben zu fragen.

Eine schöne seelsorgerliche Erwägung folgt in § 18: Wenn das Zappeln und die Unruhe des Gewissens auch nach dem Sakramentsempfang bleibt, so soll man nichts Unweises tun und schon gar nicht verzagen. Gott läßt den Glauben schwach bleiben: das soll der Mensch aufnehmen als eine Versuchung und Anfechtung, durch die Gott den Menschen reizt und treibt, um so mehr zu rufen und um den Glauben zu bitten. Die Anfechtung durch Sünde oder Ungeschicktheit[145] ist hier im Gespräch mit den biblischen Geschichten von Wort und Glaube zur Anfechtung durch mangelnden Glauben geworden[146]. So lernt der Mensch, daß es alles Gottes Gnade sei, das Sakrament, die Vergebung und der Glaube, ,,biß das er hend und füß faren laß, an yhm selbs vorzweyfellt, yn lauter gottis gnaden hoff und hafft an unterlaß''[147]. Händ und Füß fahren lassen — die aktive handelnde Identität des Menschen: vgl. Röm 9,16: So liegt es nun nicht an jemandes Wollen oder Laufen, sondern an Gottes Erbarmen.

Nachdem die verführerischen Irrwege der Erforschung der Reue dargelegt sind, wendet Luther sich, zu Anfang des § 19 noch einmal Gliederung und Skopus der neuen Sakramentsbetrachtung darlegend, den beiden letzten Stücken des traditionellen Bußsakraments zu. Wie er vorher in § 12 das Vorangehen des Glaubens als Hauptmann vor Reue und Werken betonte, so weist er hier zurück auf das in den §§ 5-11 dargestellte Sakrament der Buße als ganzes (= die drei Stücke: Absolution, Glaube, Friede und Vergebung der Sünden) und sieht es als ganzes den drei anderen Stücken vorangehen, die man traditionellerweise als Bußsakrament bezeichnet: Reue, Beichte und Genugtuung. Der stärkste Ausdruck dessen,

---

[143] WA 2, 720, 15-19 = Bo A 1, 181, 35-39. s.o. § 12, S. 132.
[144] Diese beiden Stellen sind in der Reihe Acta Augustana WA 2, 14, 13-15, 27 nicht erwähnt. Zu Mt 9, 2 s. § 21, u. S. 139.
[145] s.o. S. 118, Anm. 96.
[146] Vgl. die Bitte um den Glauben im Sterbesermon § 19, WA 2, 696, 20-697, 13 = Bo A 1, 172, 27-173, 15; in der Leipziger Predigt über Mt 16, 19: WA 2, 249, 22-31.
[147] WA 2, 721, 4-6 = Bo A 1, 182, 23-26.

daß das vorangehende Sakrament das Entscheidende sei, dem alles andere frei und leicht nachfolge, ist dies, daß er den Namen ,,Sakrament'' nur den ersten drei Stücken beilegt: ,,Es ist vill eyn ander dingk die puß und das sacrament der puß. Das sacrament steht yn den dreyen dingen, droben gesagt, ym wort gottis, das ist die absolution, ym glauben der selbigen absolutio, und ym frid, das ist yn vorgebung der sund, die dem glauben gewiß folget. Aber die puß teylet man auch yn drey, yn rew, beicht und gnugthuung''[148]. Luthers Bild der gegenwärtigen Lage im praktischen Gebrauch des Bußsakraments wird hier sehr deutlich: sie ist beherrscht, auch in der Lehre der über diese Dinge verbreiteten Bücher, vom Interesse an den Fragen der Reue, Beichte, Genugtuung. Vom Sakrament der Buße: Absolution, Glaube, Vergebung handeln ganz wenige Bücher. Der Grund dafür liegt darin, daß auf dem ersteren Gebiet große Unsicherheit herrscht und damit verbundene Ängstigung der Gewissen. Dabei wird in Wirklichkeit alles ganz einfach, wie L. zeigt, gerade in diesen so wichtig genommenen und als so schwierig, ja gefährlich erscheinenden Fragen, wenn das Sakrament der Buße (Absolution und Frieden) im Glauben vorangeht. Die Ängstigung der Herzen und Gewissen über Todsünden und läßliche Sünden, das häufige Beichten aus diesem Grunde, die Angst, sich zu irren in dieser oder jener Station, die das Bußsakrament zu einer quälenden und gefahrvollen Prozedur werden läßt, verbunden mit der Sorge, ,,alles richtig zu machen'', keine Irrtümer sich zuschulden kommen zu lassen, dies alles hört auf: ,,Wo aber das sacrament recht geht ym glauben, da ist die puß, rew, beicht und gnugthuung gar leicht und an alle ferlickeit, sie sey zu wenig odder zuvill, dan des sacraments glaub macht alle krumb schlecht und fullet alle grund. Und mag niemant yrren, widder yn rew, beicht, noch gnugthuung, wer den glauben des sacraments hatt, und ob er schon yrret, ßo schadet es yhm gar nichts''[149]. Als ob der Mensch aus einem Kafkaschen Schloß oder vom Bestehenmüssen vor einem unpersönlich-Es-haften Tribunal erlöst sei, vor dem er fürchten muß, daß ihm alles zum Schlimmen angerechnet wird: einen solchen Eindruck macht die von Luther gegebene Beschreibung auf den heutigen Leser. Das Sakrament, Wort Christi, Glaube dagegen ist Friede und Vergebung, ihm selbst, ihm persönlich gegeben. Die Instanzen dienen dem nur, sie vermitteln dir die persönliche Botschaft Christi. Welch ein Wandel der Stimmung für Luther selbst hiermit verbunden war, läßt sich nur ahnen[150].

---

[148] WA 2, 721, 7-11 = Bo A 1, 182, 27-32. s.o. Anm. 114.
[149] WA 2, 721, 14-19 = Bo A 1, 182, 35-183, 1.
[150] s.o. Anm. 74 und 75.

Nun ist es zuende mit Bannen, Drohen Plagen und Tyrannei, die Schlüssel der Absolution sind dabei, wieder eine dienende, liebliche und tröstliche Gewalt zu werden[151]. Der Glaube bereitet die Wege (Jes 40,4), so ist
das Andere alles nur Begleitung, nicht mehr gefährlich, nicht mehr als
Primäres großgemacht, sondern nur von begleitender Bedeutung. Aber
wichtig genug, um es durchzusprechen.

Luther geht nun in § 20 ein wenig in die Einzelheiten der Fragen der
Beichte[152]. Es gibt keine gewisse Regel, läßliche und Todsünden zu unterscheiden, abgesehen von den groben Stücken, öffentlich als solche geltenden Todsünden. Die soll man beichten, und die Sünden, die das Gewissen
zur Zeit am meisten ängstigen. Aber nicht alle Sünden! Wir sind niemals
ohne Sünde in diesem Leben, auch nicht in unseren guten Werken[153].
Diesmal will Luther betreffs der läßlichen Sünden die Möglichkeit zulassen, auch sie zu beichten; früher wollte er sie von der Beichte ganz ausgeschlossen haben[154]. Es ist nicht ohne Besserung, auch geringe Sünden zu
beichten, denn im Sakrament wird Gottes Wort gehört und der Glaube
gestärkt. Man soll sich vielmals gewöhnen, die Sündenvergebung zu glauben. So ist mit diesem Kriterium des Glaubens im Sakrament alles Übrige
freigegeben und ein Anlaß geworden, den Glauben zu üben. Summa: ,,Es
ist alls besserlich dem, der do gottis sacrament und wort glaubt''[155].

Über die Genugtuung, behandelt in den Ablaßschriften, fügt Luther
hier nur eine kurze zusammenfassende Regel hinzu: die beste Genugtuung ist, nicht mehr zu sündigen und seinem Nächsten alles Gute zu tun,
er sei Freund oder Feind. Das ist besser, als was gegenwärtig am meisten
empfohlen wird: mit auferlegten Gebeten alles zahlen[156]. Der Hinweis auf
die Feindesliebe ist neu an dieser Stelle. Durch ihn verliert die Überlegung
zur satisfactio noch mehr den Charakter des zeremoniellen aufgesetzten
Werkes[157].

---

[151] s.o. § 15, S. 135 Anm. 142.

[152] s.o. S. 118, Anm. 97 zu Staupitz' und Luthers Auffassung der Beichte. Dort auch zu
unserer Stelle des Bußsermons.

[153] WA 2, 721, 24-36 = Bo A 1, 183, 6-19. s.o. Anm. 97 zu WA 1, 322, 21-323, 9 (Dort
auch der Hinweis auf Ps 18,13 (Vg), hier Z. 31f) und WA 1, 633, 1-9. Vgl. auch S. 122
Anm. 110.

[154] s.o. Anm. 97 zu den in der vorigen Anm. genannten Stellen.

[155] WA 2, 722, 5f = Bo A 1, 183, 26f. Vgl. Staupitz' Orientierung an dem, was zum Lob
Gottes dient. s.o. S. 121.

[156] WA 2, 722, 7-9 = Bo A 1, 183, 28-30. Vgl. o. S. 119 Anm. 98 zu Staupitz' Anschauung über die Werke Gottes im Menschen.

[157] Über die Feindesliebe vgl. Staupitz, Von der Lieb Gottes, c. 20, Kn 117. Zur satisfactio vgl. die in den früheren Schriften Luthers angeführten Gesichtspunkte WA 1, 245, 35-
246, 10: Hier wird gegenüber dem Geldgeben für den Bau von St. Peter das Wohltun gegen

4. Zu § 21: Im letzten Abschnitt faßt Luther noch einmal alles zur Erfüllung des Themas vom Sakrament der Buße Gesagte zusammen, so daß
alles, die Hauptsache, die den Hauptton trägt, und die Nebensachen,
nachdem ihnen an ihrer Stelle Gerechtigkeit geschah, zum Schluß voll
zum Klingen kommt. Das Thema der Schlüsselgewalt erweist sich in diesem letzten Abschnitt durch und durch als ein neutestamentliches Thema:
Das staunenswerte, Verwunderung auslösende Vergebungshandeln Jesu
vor den Augen der ungläubigen Schriftgelehrten gegenüber dem Gichtbrüchigen und das Wort, auf das hin dieser aufsteht und nachhause geht,
ruft das Staunen der dabeistehenden Menge hervor. Und sie loben Gott,
der solche Vollmacht den Menschen gegeben hat (Mt 9,6-8). Von dieser
Vollmacht handelt das Bußsakrament, es besteht in nichts anderem. Ein
Priester, ja, im Notfall jeder Christenmensch kann zu dem Anderen, den
er betrübt und geängstet sieht in seinen Sünden, sprechen: 'sei getrost, dir
sind deine Sünden vergeben'. Wer das aufnimmt als Gottes Wort, dem
sind die Sünden bestimmt vergeben. Umgekehrt, wo der Glaube nicht ist,
da hilft es nicht, wenn auch Christus und Gott selber das Urteil spräche,
wenn der Mensch es nicht haben will. Nicht haben wollen heißt nicht glauben, daß dir die Sünden vergeben sind: Damit geschieht dem Wort Gottes
große Unehre. — So siehst du nun, daß die ganze Kirche — nun hat sich
dieses Wort neu mit Leben gefüllt — voll Vergebung der Sünde ist. Aber
wenige nehmen sie auf und empfangen sie, vielmehr wollen sie sich mit
ihren Werken gewiß machen.

Wort und Vergebung und auch der Glaube sind so Gottes Sache. Daher
handelt es sich im Sakrament in keiner Weise um einen sakramentalen
Automatismus, wie Luther noch einmal im Sinne der franziskanischen
pactum — Lehre betont[158]: der Priester kann dem Menschen nicht den
Glauben geben, den muß Gott geben. Dennoch ist die zugesprochene
Vergebung wahrhaftig Vergebung, auch wenn sie nicht durch den Glauben haftet. Gott wirkt im verbum externum des Priesters und im Glauben
des Menschen. Das Geschehen des Zuspruchs der Sündenvergebung ist

---

die nächsten Armen und gegenüber den Hausgenossen genannt. Im Sermo de poenitentia
WA 1, 324, 25-29 stellt Luther nur die traditionelle Lehre dar, mit der kritischen Bemerkung, in der Schrift lese man davon nichts. Zugleich verweist er auf den Ablaßsermon.

[158] Vgl. in den Resolutiones zu den Ablaßthesen zu concl 7, WA 1, 542, 14-16 = Bo A 1,
37, 18-21: Non ergo prius solvit Petrus quam Christus, sed declarat et ostendit solutionem.
Cui qui crediderit cum fiducia, vere obtinuit pacem et remissionem apud deum...; WA 1,
544, 41-545, 4 = Bo A 1, 40, 35-41, 1: ideo quicquid blatterent opinosi sophistae, verisimili-
us est, quod sacerdos novae legis declarat duntaxat et approbat solutionem dei (id est, ostendit) et hac ostensione et iudico suo quietat conscientiam peccatoris, qui eius iudicio tenetur
credere et pacem habere. Vgl. O. BAYER, Promissio, 170-172.

niemals leer, auch wenn der Mensch es nicht fasst. Es geschieht durch Gottes Kraft, d.h. auf keiner Seite, weder beim Priester, noch bei dem, zu dem das Absolutionswort gesprochen wird, durch menschliches Werk oder Kraft von Menschen. — Diese Vollmacht zur Vergebung der Sünden an Gottes Stelle hat im Neuen Testament, wie Luther im Anschluß an Mt 9,8 fortfährt, jeder Christ, wenn ein Priester nicht zur Stelle ist, durch die Zusage Christi Mt 16,19. Im Alten Testament hatte sie niemand, weder der höchste noch der seiner Stellung nach niedrigste Priester, auch nicht der König und nicht einmal der Prophet, nur der, dem es besonders befohlen wurde, wie z.B. Nathan gegenüber dem König David 2. Sam 12[159]. Anders im Neuen Testament: Luther fügt hier ohne weitere exege-

---

[159] Im Zusammenhang mit seiner Betonung der Notwendigkeit des Glaubens setzt sich Luther schon in den Resolutiones zu concl. 7 der Ablaßthesen mit der scholastischen Auffassung der sacramenta novae legis auseinander. WA 1, 544, 35-545, 7 = Bo A 1, 40, 28-41, 5:... quia nec ipsi adversarii cum omnibus suis Magistris usque hodie possunt postendere, quomodo sacerdos remittit culpas, nisi haereticam illam, sed usitatam sententiam proferant, qua dicitur, sacramenta novae legis iustificantem gratiam dare illis, qui non ponunt obicem, Cum sit impossibile sacramentum conferri salubriter, nisi iam credentibus et iustis et dignis (Oportet enim accedentem credere, deinde non sacramentum sed fides sacramenti iustificat): ideo quicquid blatterent opinosi sophistae... (s.o. Anm. 158). L. beschreibt anschließend selber den Unterschied der alttestamentlichen von den neutestamentlichen Sakramenten nach dem Verhältnis von figura und veritas: Quo modo vetus sacerdos quietabat eos, quos corpore vel veste mundos iudicabat, cum tamen ipse nullum posset mundare, nec seipsum. Quod enim ille in corporibus, hoc iste in conscientiis operatur, Et sic respondet spiritus literae et veritas figurae. Vgl. zu concl. 38, WA 1, 595, 36-41 = Bo A 1, 106, 17-23: Sic intelligerem illud, quod nostri doctores Scholastici dicunt, sacramenta ecclesiae esse in exercitationem nobis data, hoc est, tanquam inaestimabilia dona, in quibus occasionem habeamus credendi et iustificandi. Nam olim erat sermo domini preciosus tempore Saulis, nunc vero etiam per levissimos, pessimos, indoctissimos homines suum verbum tibi sonat. Tu in verbum intende et mitte larvam personae... Vgl. im Sermo de poenitentia WA 1, 324, 8-23: Ruit ergo hic error illorum qui dicunt, quod sacramenta novae legis sic sunt efficatia gratiae signa, quod, si quis etiam non sit contritus sed attritus, modo non ponat obicem actualis peccati vel propositi mali, gratiam consequatur. Ego autem dico tibi, quod, si etiam contritus accesseris et non credideris in absolutionem, sunt tibi sacramenta in mortem et damnationem: Fides enim necessaria est... At hic tum quaestio resurget: Quomodo ergo differunt sacramenta veteris et novae legis, Si haec aeque non dant gratiam sicut illa? Haec ad aliud pertinent tempus. Satis sit quod sacramenta novae legis sint efficatia signa gratiae, si credis, et non amplius. In der Thesenreihe Pro veritate inquirenda etc. wiederholt L. dieses Gesagte und führt zugleich weiter: WA 1, 632, 32-39: 42: Sacramenta novae legis non sic sunt efficatia gratiae signa, quod satis sit in percipiendis non ponere obicem. 43: Quin, qui sine fide ad quodcunque accedit, ficte ac per hoc in iudicium suum accedit. 44: Sacramenta veteris legis et novae sic differunt, quod illa erant carnis, ista vero sunt spiritus iustificationes. 45: In novis adest, in veteribus defuit verbum promittentis, ideoque et fides recipientis remissionem. — Vgl. auch die auf die ganze Bibel Alten und Neuen Testaments blickende Zusammenfassung Luthers in den Acta Augustana WA 2, 15, 21-27, nachdem er auch im Alten Testament Beispiele des Glaubens und Unglaubens (Hanna, 1 Sam 1, 18 und dagegen der Unglaube der Israeliten Num 14, 44f) gefunden hat: Et breviter, quicquid illustre factum legimus in veteri et nova lege, fide factum esse legimus, non operibus nec fide generali,

tische Diskussion das Wort Mt 18,18 zu Mt 16,19 hinzu als die die
Verheißung an Petrus eindeutig machende Verheißung an die ganze
Christenheit und jeden Einzelnen besonders. Hier geschieht die Einsetzung jedes einzelnen Christenmenschen in die Vollmacht, dem angefochtenen Nächsten das tröstliche Vergebungswort zuzusprechen. Kann man
Gott genug lieben und loben für einen einzigen Christenmenschen, der in
solchem Wort mit uns spricht? So ist jeder Christenmensch durch das ihm
anvertraute Vergebungswort der Barmherzigkeit Gottes ein dynamisches
Potential: ,,Alßo eyn groß dinck ist es umb eyn Christen mensch, das gott
nit voll geliebt und gelobt werden mag, wan unß nit mehr geben were, dan
eynen zu hören yn solchem wort mit unß reden''[160].

Der letzte Satz dieses Abschnitts stellt die übergroße Wirklichkeit der
Gabe und die Blindheit der Menschen einander gegenüber und bringt beides miteinander zur Sprache: ,,Nu ist die welt voll Christen, unnd niemant das achtet noch gott danckt''. Wie im Märchen vom Dornröschen
oder anderen Märchen: die Welt ist schon erlöst, aus dem Zauberschlaf
der Täuschung und Verführung auf eigene Werke wieder aufgeweckt,
aber niemand, oder nur wenige haben es gemerkt, niemand preist Gott
für das, was Menschen an diesem Wort haben (vgl. der eine Samaritaner
und die neun Geheilten Lk 17,11-19). Diese Wiedererweckung und
Befreiung aller Dinge zum guten Gebrauch im Glauben und für den, der
glaubt, ist die Summa summarum des Bußsakraments: ,,Wer glaubt, dem
ist alls besserlich, nichts schedlich. Wer nit gleubt, dem ist alls schedlich,
nichts besserlich''[161].

Mit diesen Sätzen mündet dieser Sermon, wie im ganzen
Schlußabschnitt, überraschend in die Weite der urchristlichen paulinischen Christologie, ja, Kosmologie ein: am Glauben allein entscheiden
sich Sünde, Schädlichkeit, ja, tödlicher Schade und Heil, vgl. Röm 14,23.
Es liegt nicht in Dingen und Bedingungen der Welt, nicht an Werken, die
im Umgang mit Einrichtungen der Welt geschehen; nicht in ihnen liegt

---

sed fide ad praesentem effectum destinata: inde nihil aliud in scriptura quam fides commen-
datur, praesertim Abrahae Ro: 4. quae tamen fuit in filium nasciturum Isaac, et nihilomi-
nus est ei in iusticiam reputata. Sic et nobis in sacramentis fiet: si credimus, consequimur, si
non credimus, in iudicium accedimus. — Unsere Stelle im Bußsermon von 1519 knüpft also
an die beiden zuletzt genannten Ausführungen L.s an: was im Alten Testament als besondere Zusage Gottes in besonderen Augenblicken und Aufträgen an einzelne Menschen erging
und als Vollmacht der Vergebung gegenwärtig geschah (fide ad praesentem effectum destinata), das ist im Neuen Testament jedem Christenmenschen durch die Verheißung Christi
Mt 16, 19 gegeben.
[160] WA 2, 723, 2-5 = Bo A 1, 184, 26-28.
[161] WA 2, 723, 5-11 = Bo A 1, 184, 28-36.

Gewißheit, sondern allein im Glauben an das vollmächtige Einsetzungs-
wort Christi, das die Vergebung einsetzt, von dem die ganze Welt, soviel
es Christenmenschen unter der Sonne gibt, erfüllt ist. Im Vergebungswort
Christi wird die Welt wieder schön, wie jener Gichtbrüchige, der im Glauben aufstand und nachhause ging[162]. Wieder ist am Schluß wie im Sermon
von der Bereitung zum Sterben der Staupitzsche Ton von Liebe, Ehre
und Lob in vollem Klang zu hören. Welt ging verloren, Christ ist
geboren, freue dich, o Christenheit.

3) Die fides specialis und der Weg des Menschen unter dem Geleit der Taufzusage

Eine Überlegung zum Verhältnis historischer Interpretation und gegenwärtiger Übersetzung sei der Fortsetzung unserer Untersuchung der
Sakramentssermone Luthers von 1519 vorangestellt. 'Sakramente' — in
welchem Sinne kann es hier zwischen Frühreformation des 16. Jahrhun-

---

[162] Mt 9, 6ff, s.o. S. 139. An dieser Stelle unterscheidet sich die hier versuchte Interpretation von der O. Bayers, Promissio, 164-202, der wir sonst in der Darstellung der in Luthers
Bußlehre seit 1517 zu beobachtenden Verschiebungen der Akzente bis zum Bußsermon von
1519 zustimmen: es handelt sich u.E. nicht um ein „opus operatum des Wortes" in *dem*
Sinne, daß Mt 16, 19 als ein „Satz heiligen Rechtes" (188) den Christen ermächtigt, als mi-
nister verbi et mandati dei die Vollmacht der Sündenvergebung in Anspruch zu nehmen,
und daß die Eindeutigkeit dieses Wortes die Gewißheit des Glaubens schafft (193), daß der
Glaube im Wort subsistiert (192). Die Bedeutung der von Luther mit Hilfe Augustins ausge-
sagten Lehre von Wort und Glaube im Sakrament liegt nach beiden Seiten, Spender und
Empfänger des Sakraments, darin, daß hier im irdischen Wort und Handeln Gott als Gott,
von der Welt unterschieden, mit der Vollmacht seiner Zusage sich als gegenwärtig erweist.
Deshalb wirkt sich die Bedeutung des Sakraments — des von Luther in Absolutionswort,
Bedeutung und Glaube neu „entdeckten" Sakraments — so aus, daß durch diesen Glauben
der Umgang mit den Weltdingen wieder aufgeschlossen ist. Nicht mehr so, als seien sie se-
ligmachend, als müsse Gewißheit in den mit der Welt und dem Menschen selbst beschäftig-
ten Werken gesucht und konstituiert werden; *weil* Gewißheit im Vergebungswort gegeben
ist, kann nun Reales akzeptiert und in entsprechendem Brauch zurechtgelegt, betätigt werden. Es dient nicht mehr der Rechtfertigung des Menschen; es ist ihm gegeben. Im Lob
Gottes über jeden Christenmenschen, im Staunen, daß die Welt voll Christen sei, ist eine
Ahnung vom ursprünglichen Sein der Welt als Schöpfung Gottes, die dem Menschen als
Umwelt zur Bebauung gegeben ist, wieder zu hören, als Kontrapunkt, der mit dem Wort
der Vergebungszusage verbunden ist, in dem der Besuch Gottes im Hain Mamre, vor dem
Abraham sich andachtsvoll neigte, gleichsam nachklingt. Augustinisches Zeichenverständ-
nis ist so nicht einfach überwunden und preisgegeben, sondern in den Dingen der Welt und
im Glauben des Menschen ist wieder, wenn uti und frui ins rechte Verhältnis gebracht sind,
etwas vom Gebrauch zur Ehre Gottes und zum Wohl des Nächsten zurückgegeben. 'Alle
Dinge sind möglich dem, der glaubt': nicht zum Selbstruhm, zum eigenen Heil, sondern im
Leben, Wandeln und Eingehen auf Gottes Schöpfergabe. So ruht augustinische Signifika-
tionshermeneutik nicht eher und erfüllt sich darin, daß und bis dieses Verhältnis von Wort
Gottes in der Vergebungszusage des Sakraments und Geschaffenem in der Welt, im Glauben gehört und gepriesen, für sich spricht.

derts und Gegenwart eine Kontinuität des Interesses, der Fragestellung, geben? Wir beantworten diese Frage hier nicht, sondern unterstreichen, indem wir sie erwähnen, nur, daß es sich in unserer Untersuchung um eine *historische* Interpretation der Bedeutung der Sakramente für Luther und seine Zeitgenossen handelt. Fern davon, ein Randphänomen in einem von 'Öffentlichkeit' nur begrenzt mitumfaßten kirchlichen Bereich zu sein, betrifft die Sakramentspraxis und -auffassung in dieser Situation die wichtigsten *Institutionen* des öffentlich-kirchlichen Lebens und der Verbindung privaten und kirchlich-öffentlichen ethischen und religiösen Interesses, und damit die Stellen, an denen Wahrheitserfahrung des persönlichen Gewissens und öffentlich in Kirche und Theologie vertretener Wahrheitsanspruch aufeinandertreffen. Die Begegnung zwischen Cajetan und Luther in Augsburg und Luthers Entdeckung und Verteidigung der fides specialis beim Sakramentsempfang betreffen damit nichts Geringeres als die Frage, welches Wahrheitsverständnis im Blick auf den einzelnen Menschen in Kirche und Öffentlichkeit als christliche Wahrheit vertreten und gelehrt werden darf: der Einzelne nur in Unterwerfung und Teilhabe an einem allgemeinen Gesetz kirchlich überlieferter und verwalteter Wahrheit, persönlich darauf angewiesen, im Vorraum der Ungewißheit, sich an die Regeln haltend, sein Leben zu führen und 'das Beste zu tun, das er vermag', und ebenso in allem Weiteren das Beste zu hoffen — oder der Einzelne 'herzugehend zu Gott' selbst (Hebr 10,22), der im Sakrament durch den Priester ihm seine persönlich geltende Zusage gibt, „mit freiem fröhlichem Glauben"? Gilt das Letztere, so ist in der zentralen Institution des öffentlichen und kirchlichen Lebens der einzelne Mensch in seiner nichtmediatisierten Wahrheitsbeziehung wieder in sein 'Erbe' als Christenmensch eingesetzt, gleichursprünglich mit der ganzen Christenheit, die mit jedem einzelnen Christen das „gemeine Wort Christi" Mt 16,19 empfangen hat[163], nicht ihr untergeordnet oder nachgeordnet als 'unus fraterculus', der gegenüber so vielen Konzilien und Lehrern der Kirche, wie es in Leipzig im nächsten Jahr heißen wird, unmöglich bei abweichender Meinung die Wahrheit auf seiner Seite haben kann. Das wahre Allgemeine der christlichen Lehre ist die dem Einzelnen persönlich zugesagte Wahrheit des Wortes Christi — und nicht eine communis sententia aller Doktoren, die sich etwa durch Mehrheitsabstimmung feststellen ließe, oder die Beschlüsse der zur Zeit die Kirche regierenden Bischöfe und des Papstes. Luther ruft sie alle zur Verantwortung ihres Amtes, im Sinne des biblischen Evangeliums als Hirten und Seelsorger die Sakra-

---

[163] WA 2, 716, 33-35 = Bo A 1, 178, 9-12 s.o. S. 130.

mente und den Glauben zu lehren[164]. Daß sie es nicht tun und stattdessen Werke und Bedingungen des Sakramentsempfangs abgesehen vom persönlichen Glauben lehren, ist ein Verdecken der Wahrheit der Sakramente, und damit ist nichts Geringeres als die Wahrheit selbst, was in der christlichen Kirche als Wahrheit zu lehren und zu predigen ist, durch menschliche Setzungen, ,,Menschenlehre'', verdeckt.

Um dieses geht es also, wenn Luther die Notwendigkeit des Glaubens beim Sakramentsempfang verteidigt, und nicht nur um eine in neuer Weise scholastisch zu erörternde Schulfrage, 'wie das Sakrament funktioniert'. Sein 'Geschehen' ist, daß in ihm Gottes Wort Wahrheit dem Glauben zusagt (non quia fit, sed quia creditur). Und, wie es in 'De captivitate babylonica ecclesiae praeludium' 1520 heißen wird, anders kann Gott nicht mit dem Menschen umgehen als so, daß im Wort seiner Zusage Wahrheit zugesagt und im Glauben empfangen wird[165].

Die weitere Betrachtung der Sakramentssermone von 1519 wird uns, wie wir hoffen, den einen oder anderen Hinweis geben, den Sinn dieser Alternative, die zwischen Cajetan und Luther anläßlich des Glaubensverständnisses sich klar abzeichnete, zwischen allgemeinem Gesetz der Unsicherheit in diesem Leben und persönlicher Glaubensgewißheit in ihren Auswirkungen auf das Lebensverständnis, den Zusammenhang von Glaube, Sakrament und Ethik im alltäglichen Leben deutlicher zu erfassen.

Wir stoßen in diesem Zusammenhang in dem nun im Folgenden zu betrachtenden Taufsermon Luthers von 1519 auf die Bedeutung des Gedankens vom 'Bund', den Gott mit dem Einzelnen in der Taufe geschlossen hat und unter dessen Zeichen nun das ganze fernere Leben des Menschen bis zu seinem Sterben gesehen werden darf[166]. Doch wir schließen uns nun

---

[164] So in der Schrift De Captivitate babylonica ecclesiae praeludium 1520, WA 6, 535, 29-536, 6 = Bo A 1, 470, 3-18. s.u. S. 189 Anm. 284.

[165] WA 6, 514, 13-22 = Bo A 1, 445, 23-34: Ubi enim est verbum promittentis dei, ibi necessaria est fides acceptantis hominis, ut clarum sit initium salutis nostrae esse fidem, quae pendeat in verbo promittentis dei, qui citra omne nostrum studium gratuita et immerita misericordia nos praevenit et offert promissionis suae verbum... Nec alia via potest homo cum deo, aut convenire aut agere, quam per fidem. Vgl. auch 6, 521, 20-24 = Bo A 1, 453, 30-34 im Blick auf die Übertragbarkeit der Frucht einer Messe auf einen anderen Menschen; Luther erinnert hier an die Eimaligkeit des persönlichen Glaubens an die Taufzusage Mk 16, 16: Stet ergo insuperabilis veritas: ubi promissio divina est, ibi unusquisque pro se stat, sua fides exigitur, quisque pro se rationem reddet et suum onus portabit, sicut dicit Marci ult. Qui crediderit et baptisatus fuerit, salvus erit: qui autem non crediderit, condemnabitur.

[166] WA 2, 730, 18-737, 31 = Bo A 1, 188, 25-195, 33. Der im 9. Abschnitt aufgenommene Dialog mit dem Leser: ,,Szo sprichstu 'Was hillfft mich dan die Tauff...' '', innerhalb dessen Luther als Antwort den Bundesgedanken einführt, wird bis zum Schlußabschnitt des Sermons § 20 fortgesetzt: ,,Da bey sollen wir unß aber auch fursehen, das nit eyn falsche si-

wie in den vorangegangenen Abschnitten der im Sermon selbst gegebenen Folge der Darlegung Luthers an.

a) Ohne Einführung beginnt der zweite der Sakramentssermone gleich mit der Darstellung des Sakraments der Taufe selbst. Gibt es hier keine den Zugang verdeckenden Mißbräuche, oder zeigen sie sich erst später? Wie dem auch sei, Luther setzt diesmal in sachlicher Folge der Lehre von den Sakramenten, in die er nun mit dem ersten Sermon über das Bußsakrament eingetreten ist, mit dieser Sache ein[167].

1. Dennoch ist es nicht eine abstrakt-lehrhafte Darlegung, sondern Luther beginnt in § 1 mit dem im Namen der Taufe hörbaren und im anschaulichen Vorgang der Taufhandlung sichtbaren Wesen dessen, was die Taufe ist: ein Eintauchen ins Wasser als wirkliches Untertauchen (baptismus, mersio) in die ,,Tiefe'' des Wassers[168] und wieder Herausheben. Ein solches ganzes Untertauchen und wieder Herausheben wird auch von der Bedeutung der Taufe gefordert: ,,dan sie bedeut, das der alte mensch und sundliche gepurt von fleysch und blut soll gantz erseufft werden durch die gnad gottis, wie wir hŏren werden''. Darum, so der erste Reformvorschlag Luthers: man sollte das Zeichen, die Handlung der Taufe, wo es nicht mehr geschieht, wieder nach dem früheren Brauch, der zugleich

---

cherheyt bey eynreysse und sprech bey yhrselb 'Ist es ßo gnedig unnd groß ding umb die Tauff,..ßo will ich die weyl leben und thun meyns willens, und ernachmals odder am sterben an meyn tauff gedencken und gott seyns bunds vormanen...' Ja freylich ist es alßo groß umb die Tauff...Sich aber tzu,...das dich das gericht nit ergreyff und deynem widderkommen zuvorkumme...''.

[167] Es kann hier an den knappen (vgl. das 'ieiunus'), sachlich darlegenden Stil und Ton der Darlegung im Anfang des Sterbesermons erinnert werden, s.o. S. 100.

[168] WA 2, 727, 1-15 = Bo 1, 185, 10-18: ,,Die Tauff heyst auff krichsch Baptismus, zu latein Mersio, das ist, wan man ettwas gantz ynß wasser taucht, das ubir yhm zusammen geht, und wie woll an vielen ŏrten der prauch nymmer ist, die kynd yn die Tauff gar zu stossen und tauchen, sondern sie allein mit der hand auß der tauff begeust, ßo solt es doch ßo seyn, und were recht, das nach lautt des wortlein 'tauffe' man das kind odder yglichen, der taufft wirt, gantz hyneyn ynß wasser senckt und taufft und widder erauß zughe, dan auch anzweyffell, yn Deutscher tzungen, das wortlein 'tauff' her kumpt von dem wort 'tieffe', das man tieff yns wasser sencket, was man tauffet''. — Vgl. Deutsches Wörterbuch von Jakob und Wilhelm GRIMM, XI I, 1 bearbeitet von M. LEXER und D. KRALIK. (1935), 187ff: 'Taufe', βαπτισμός, βάπτισμα: eines Stammes mit 'tief', mit Hinweis auf u. Stelle. Als Wurzel liegt zugrunde goth. 'daupeins' (Mark 7, 4 für Abwaschen von Gefäßen). Zum verbum 'taufen': 'taufen' ist factitivum zu 'tief' und bedeutet eigentlich...'ein-, untertauchen', entsprechend dem griechischen βαπτίζειν das die christianisierten Goten durch 'daupjan' wiedergaben. Diese Bedeutung 'unter das Wasser bringen, ein-, unter-tauchen' ist im Mittelhochdeutschen z.B. belegt Eracl 1093 und 1050ff 'swie ir an der stunt mich habt getouft (in den flusz gesenkt)'. Im Neuhochdeutschen: 'einen taufen das er ertrinkt' Maaler 399a. (Sp. 189). — Zum adj. 'tief' aus einer Wurzel 'dup' ist gotisch vorauszusetzen 'daup' = sich senken, tauchen. (Sp. 480).

dem eigentlichen Sinn, der Bedeutung der Taufe entsprach, einrichten[169]. Doch die Definition der Taufe umfaßt noch mehr (§ 2): Als Ganzes ist der so beschriebene Taufvorgang ein äußeres Erkennungszeichen, das die zum Volk Christi, des ἀρχηγός, Herzogs, Hebr 2,10, gehörigen Christen absondert von allen ungetauften Menschen: ,,das wir dar bey erkennet werden eyn volck Christi unßers hertzogen, under wilchs panier (das ist das heylig Creutz) wir stetiglich streyten widder die sund''[170]. Luther knüpft hier an die neutestamentliche Verbindung von Taufe und Kampf mit den geistlichen Waffen des im neuen Sein wandelnden Christen, angetan mit der neuen Ausrüstung, den Kräften und Gnadengaben des σῶμα Χριστοῦ, an, vgl. Röm 6,13 ff; Eph 4, 22-24; 6, 10-17; in Eph 4,30 findet sich die Vorstellung von der in der Taufe geschehenen Versiegelung mit dem Siegel des πνεῦμα. In der ganzen Kirchengeschichte überlieferte Auffassung von der Taufe als Eingliederung in den Christusleib ist hier aufgenommen[171] und auf Christus als den Herzog stillschweigend im Sinne des solus Christus akzentuiert[172]. Für die Zeit, in der diese Taufschrift Luthers erschien, mag mit ziemlicher Bestimmtheit angenommen werden, daß auch die erasmische Neuakzentuierung der militia Christi, die ebenso an das Neue Testament und seine Paränese anknüpft, in der Wahl dieser Terminologie mitspricht[173]. Daß jedoch Erasmus die Taufe sowohl

---

[169] WA 2, 727, 15-19 = Bo A 1, 185, 19-22. Bo A zur Stelle verweist zur Immersionstaufe auf Bezeugung der älteren Form zu Beginn des 15. Jh. im Bistum Münster, der Wahl zwischen beiden Formen, Untertauchen und Abwaschen 1521 im Bistum Schwerin. Luther spreche auch im Taufbüchlein 1523 von 'tauchen in die Taufe', während Butzer und Zwingli die Begiessung als Taufritus haben. — Eine für das Taufverständnis wichtige Einzelheit, s.u. S. 147 bei Anm. 174 und S. 189 Anm. 282.

[170] WA 2, 727, 21-23 = Bo A 1, 185, 24-26.

[171] Dz 1314 im Decretum pro Armenis in Bulla Eugenii IV 'Exultate Deo': Primum omnium sacramentorum locum tenet sanctum baptisma, quod vitae spiritualis janua est: per ipsum enim membra Christi ac de corpore efficimur Ecclesiae.

[172] Vgl. die in den Operationes in Psalmos zu Ps 2 begegnende Deutung des 'Rex' in V. 6 auf Christus als Rex et dux populi sui, dessen regnum als ein Reich des Kreuzes und des Gehorsams gegen den Vater (V. 6-8) allem, was ambitio und arrogantia in der Kirche eingeführt haben, entgegensteht. WA 5, 55, 36-63, 12. Das Verhältnis von Christus und Kirche ist damit schon kritisch vom neuen Rechtfertigungsverständnis her durchgeprüft worden. Vgl. H. A. Oberman, Wittenbergs Zweifrontenkrieg, 331-358; s. auch ders., 'Et tibi dabo claves regni coelorum'. Kirche und Konzil von Augustin bis Luther. Tendenzen und Ergebnisse. II. Nederlands Theologisch Tijdschrift 29, (1975) 97-118, bes. 104.

[173] Vgl. Martin Greschat, Der Bundesgedanke in der Theologie des späten Mittelalters. ZKG 81 (1970), 44-63; zu Erasmus: S. 58-61. Vgl. aus dem Enchiridion militis Christiani nach der Ausgabe der Wiss. Buchgesellschaft, Ausgewählte Schriften, Hrsg. W. Welzig, I, Darmstadt 1968, 60: 'Etenim qui cum vitiis pacem iniit, cum deo in baptismate percussum foedus violavit'. In denselben Zusammenhang gehört auch, daß Erasmus das altkirchliche Verständnis der Taufe als Siegel (σφραγίς) und Fahneneid (sacramentum) für die Interpretation dieses Bundesgedankens heranziehen kann. M. Greschat, Bundesgedanke, 59.

als Abwaschen wie als geistliches Sterben (den Lastern) verstehen kann, während Luther von Anfang der Schrift an allein die Bedeutung des Untertauchens = Sterbens und Neugemachtwerdens für die ursprüngliche und sachgemäße hält, sei gleich hier am Anfang als charakteristische Richtung seines Taufverständnisses festgehalten[174].

Die Stelle verdient aus verschiedenen Gründen Beachtung, wie ein Blick auf die verschiedenen mitklingenden Sprachen der in der späteren reformationsgeschichtlichen Entwicklung sich voneinander trennenden Sakramentsauffassungen zeigt: auch die Zwinglische Sakramentsauffassung vom 'Erkennungszeichen' steht am Horizont, dazu, im Hinweis auf den lebenslangen Kreuzeskampf, der Typus der neben Zwingli (Erasmus) und der lutherischen Reformation sich selbständig entwickelnden Tauflehre des Zürcher und oberdeutschen Täufertums[175]. Für den Sprachge-

---

Anklang und zugleich Unterschied zu Luther kommt ebenfalls zum Ausdruck in der bei GRESCHAT, Bundesgedanke, 61 angeführten Definition der Sakramente bei Zwingli, De vera et falsa religione, Zwinglis Werke III, 761, 22ff: 'quibus se homo ecclesiae probat aut candidatum aut militem esse Christi, redduntque ecclesiam totam potius certiorem de tua fide quam te'. Auch hier ist die Taufe Erkennungszeichen, jedoch nach innen auf die ganze Gemeinde als Über-Ich des einzelnen Christen bezogen. Für Luther ist die Bedeutung der Taufe als Erkennungszeichen des Volkes Christi im Sinne seines 'solus Christus' und seiner Kreuzestheologie ein Hinweis auf das Kreuz Christi als Feldzeichen der ihm Nachfolgenden.

[174] Vgl. Enchiridion militis Christiani, canon quintus, Ausgew. Schriften I, 200, eine Stelle, die den Skopus der mit dem Sakrament verbundenen Paränese des Erasmus erkennen läßt, daß der Christ es nicht mit der äußeren Abwaschung des Körpers sein Bewenden haben lassen soll: 'Baptizatus es, ne protinus te Christianum putes. Mens tota nihil nisi mundum sapit: in manifesto Christianus es, in occulto gentili gentilior. Cur ita? Quia corpus sacramenti tenes, spiritu vacas. Ablutum est corpus, quid refert, dum animus manet inquinatus? Sale contacta est caro, quid tum, si insulsus manet animus? Unctum est corpus, at inunctus animus. Sin consepultus es, Christo intus et iam cum eo in novitate vitae meditaris ambulare, agnosco Christianum'. Demgegenüber vgl. De captivitate babylonica 1520 WA 6, 534, 18-30 = Bo A 1, 468, 24-39 über das Ungenügende der Rede vom abluere peccatis: Quod ergo baptismo tribuitur ablutio a peccatis, vere quidem tribuitur, sed lentior et mollior est significatio quam ut baptismum exprimat, qui potius mortis et resurrectionis symbolum est. Hac ratione motus vellem baptisandos penitus in aquam immergi, sicut sonat vocabulum et signat mysterium, non quod necessarium arbitrer, sed quod pulchrum foret, rei tam perfectae et plenae signum quoque plenum et perfectum dari, sicut et institutum est sine dubio a Christo. Peccator enim non tam ablui quam mori debet, ut totus renovetur in aliam creaturam, et ut morti ac resurrectioni Christi respondeat, cui per baptismum commoritur et corresurgit. Licet enim possis Christum dicere ablutum a mortalitate, dum mortuus est et resurrexit, segnius tamen dixeris quam si in totum mutatum et renovatum dixeris: ita ardentius est, per baptismum nos significari omnibus modis mori et resurgere in aeternam vitam, quam ablui a peccatis.

[175] Vgl. dazu die eingehenden Vergleiche der bei Balthasar Hubmaier, dem ersten Begründer einer Tauflehre innerhalb des Täufertums, die der Praxis eine theologische Begründung gibt, begegnenden Auffassung der Taufe als lebenslänglicher Glaubenstaufe mit den entsprechenden Aussagen Zwinglis einerseits und Luthers andererseits bei Christof WINDHORST, Täuferisches Taufverständnis: zu Luthers Taufsermon 1519 s. besonders

brauch unserer Stelle ist jedoch im Erkennungszeichen das rein ereignishafte Verständnis des im Zeichen der Taufe an den Ungetauften vorbeiziehenden Volkes Christi bezeichnend, d.h. das Fehlen jedes gesetzlichen und imperativischen Zuges; es wird beschreibend und bekenntnishaft gesprochen[176]. Das Zeichen vergegenwärtigt den Indikativ des Gestorbenseins, Sterbens und Neugemachtwerdens, zu dem das Streiten gegen die Sünde gehört, wie Luther noch ausführlich darlegen wird.

Mit dem aus dem Bußsermon schon bekannten Schema von den ,,drei Dingen im heiligen Sakrament''[177] folgt nun auch eine Einladung an den Leser, das in dieser ersten sehr dichten Beschreibung angedeutete Geschehen der Taufe im verstehenden Mitgehen näher zu betrachten. Das anschauende Erfassen und Verstehen scheint die für diesen Sermon charakteristische Explikationsweise zu sein, auch in der Sache: hierin liegt zugleich, was den breit ausgeführten Abschnitt über das zweite Stück, die 'Bedeutung' betrifft, das herausfordernd ,,Augustinische'' seiner Sakramentstheologie; je nachdem, wie man es bewertet, spiritualistische Gefahr[178] oder hermeneutische Tauftheologie eigener Art, die diesen

---

S. 235-241. Im Unterschied zu Luthers Sprachgebrauch von ,,eußerlich zeychen und loßung'' an dieser Stelle spricht Zwingli von der Taufe einerseits als einem Pflichtzeichen, daß der Mensch sein Leben bessern und Christus nachfolgen wolle, andererseits gilt die Taufe den Christen als Bundeszeichen. Vgl. Zwingli, Werke IV, 231, 24-26: ,,Für das erst ist der touff ein pflichtig zeichen, das den, der inn nimpt, anzeigt, das er sin leben beßren und Christo nachvolgen welle. Kurtz, es ist ein anhab (Anfang) eines nüwen lebens...''. Dazu Werke IV, 294, 18f: die Beschneidung war ,,ein sölch pflichtzeichen, das er (sc. Abraham) sine kind und nechsten alle wölt zů dem gott halten und fůren''. Chr. WINDHORST, Täuferisches Taufverständnis, 104 A. 78 und 80. Für Hubmaier ist die Taufe im ersten Sinne Pflichtzeichen des Glaubenden. Zur lebenslangen Bedeutung der Taufe bei Hubmaier: S. 235-241 und 242-251 unter dem Gesichtspunkt ,,Bluttaufe und Leidensnachfolge''. Zum Gedanken des Kreuzeskampfes als Kampf gegen die ,,niedere Fleischeskonstitution'' s.u. Anm. 210.

[176] Zum 'konfessorischen Moment' vgl. G. EBELING, Erwägungen zum evangelischen Sakramentsverständnis. In: Wort Gottes und Tradition. Kirche und Konfession Bd 7, 1964, 219, jedoch bezogen auf den Einzelnen, der aus der Menge heraustritt, indem er gefragt wird und antwortet, sich also selbst mit dem gehörten Wort identifiziert. Dies ,,ist zwar keineswegs der einzige Aspekt, unter dem die Besonderheit der Sakramente zu erörtern ist, gibt aber einen Fingerzeig, um an den eigentlichen nervus rerum heranzukommen''. s. dazu den 9. Abschnitt des Sermons über die im Bund der Taufe vom Menschen gegebene Einwilligung zum Sterben und Neugemachtwerden und das Versprechen, gegen die Sünde zu kämpfen, jedoch unter dem Gedanken, daß das Werk der Taufe dies alles umfaßt: u.S. 158-165; vgl. WA 2, 734, 5 = Bo A 1, 192, 11: ,,Es ist aber als beyd der tauff werck'', Sünden vergeben und Sünden austreiben.

[177] s.o. S. 127 und 136. WA 2, 715, 21-33 = Bo A 1, 176, 33-177, 6; WA 2, 721, 8-11 = Bo A 1, 182, 28-31 im Bußsermon §§ 6 und 19.

[178] Diese Sicht vertritt vor allem O. BAYER, Promissio 254f im Blick auf die Abschnitte 1-10 einschließlich des Bundesgedankens: ,,Luther bleibt zunächst noch im signifikationshermeneutischen Rahmen... Klarheit läßt sich dabei nicht erzielen''. Sieht B. immerhin in

Taufsermon von 1519 zusammen mit den beiden ihm benachbarten Sakramentssermonen in einmaliger Weise charakterisiert. Falls das Letz-

den Abschnitten 11ff das neue promissionale Sakramentsverständnis durchbrechen, das sich nach B. in den Schriften Luthers seit 1518 erst *allmählich* durchsetzt, so umschreibt Ernst Bizer in seinem für die neuere Diskussion der Sakramentslehre Luthers folgenreichen Aufsatz'Die Entdeckung des Sakraments durch Luther', EvTh 17 (1957), 64-89 die Theologie des Taufsermons sowie des Abendmahlssermons im Ganzen als ,,formal 'Zwinglianismus'...'Bedeutungstheologie' '', die Luther selber nur mühsam überwunden habe; hiermit glaubt Bizer zugleich Luthers spätere Erbitterung gegen Zwingli erklären zu können. Luther habe die klaren Grundsätze einer von Wort und Glaube bestimmten Sakramentstheologie, die er in den Resolutionen zu den Ablaßthesen und in Augsburg schon erarbeitet hatte, in den beiden Sermonen über das Abendmahl und die Taufe noch nicht durchzuführen gewußt (diesen Gedanken des allmählichen Sich-Durchsetzens führt auch Bayer an, s.o.). (75). ,,Das zeigt wieder einmal, wie wenig Luther von seinen grundsätzlichen Einsichten systematisch Gebrauch zu machen wußte; er war nun einmal 'kein Systematiker'; es zeigt freilich auch, wie weit der Weg von einer richtigen Einsicht zu ihrer richtigen Durchführung bei Luther sein konnte'' (75). — In der älteren Literatur zur Sakramentslehre Luthers findet sich diese Sicht der Sakramentssermone von 1519 als ,,ausgesprochen augustinisch'' z.B. bei Walther v. Loewenich, Vom Abendmahl Christi, 1938, 50-53. Sein Eigentliches sage Luther erst 1520 im Kampf gegen die römische Messe. — Mit Beziehung auf die Zuordnung des Glaubens zu den beiden ersten Stücken des Sakraments d.h. in der Tatsache, daß der Glaube nicht nur auf das Wort, sondern auf Zeichen und Bedeutung des Sakraments bezogen ist und die beiden miteinander ,,in den Brauch bringe'', sieht Martin Brecht, Herkunft und Eigenart der Taufanschauung der Zürcher Täufer, ARG 64 (1973), 147-165 eine Überbelastung des Glaubens, die Luther 1520 zum Umbau seiner Sakramentslehre veranlaßt habe (159). In der täuferischen Taufanschauung Konrad Grebels dagegen wirke gerade diese frühreformatorische Form der Tauflehre Luthers weiter, ob man das nun mit 'vestigia terrent' kommentiert oder im Zeichen des Aufeinanderhörens der verschiedenen Theologien bereit sei, neben den Schwächen — Neigung zu einem gesetzlichen Tauf- und Gemeindeverständnis — auch die Stärken des Anderen zu erkennen (165). — Vor solcher an sich zu begrüßenden Konsequenz ist in genauer Analyse des Wortlauts nach der besonderen Gestalt der Lehre Luthers von der 'Bedeutung der Taufe' und ihrer theologischen Aussage zu fragen, in Richtung des von Chr. Windhorst, s. Anm. 175, durchgeführten Vergleichs. Das Fehlen des gesetzlichen Moments bei Luther und der Unterschied von 'moralischer' und 'theologischer' Orientierung der Aussagen ist in diesem Vergleich von entscheidender Bedeutung. Hubmaier gehe es um die Verpflichtung des Menschen, Sünden zu unterlassen, während für Luther die Verheißung der Vergebung und damit der Trost der Taufe im Vordergrund stehe (Chr. Windhorst, Täuferisches Taufverständnis, 236f). s. dazu die Abschnitte des Taufsermons §§ 9-20, u.S. 159ff. — Mehr beschreibend als wertend formuliert K. H. zur Mühlen, Zur Rezeption der augustinischen Sakramentsformel, 59, für den Abendmahlssermon von 1519: ,,Doch noch liegt für Luther der entscheidende Akzent auf dem Glauben als der Bedingung für den Empfang des Sakraments''. Im Abendmahlssermon betone Luther noch stark die Beziehung von sakramentalem Zeichen und Glaube. ,,Der Glaube bringt das Zeichen und die res des Sakraments, d.h. die Gnade, zueinander und ist deshalb der rechte Brauch des Sakraments''. Damit sei jedoch nicht gesagt, daß der Glaube (nicht dem Wort, sondern) dem sakramentalen Zeichen entspringt. In De captivitate babylonica 1520 sei die Sakramentslehre eindeutig Bestandteil der Theologie des Wortes geworden (59f). — Wir werden im Gespräch mit dieser vor allem bei O. Bayer vertretenen Sicht zu fragen haben, ob der Unterschied zwischen den Sermonen von 1519 und De captivitate babylonica 1520 tatsächlich so groß ist, wie Bayer betont, und an welcher Stelle er liegt, besonders mit der Frage, in welche Richtung die dort von Luther vollzogenen Abgrenzungen von einem Verständnis der Taufe allegorice tantum weisen. s.u. S. 186-193. Kommt

tere zutrifft, so käme es also im Folgenden auf das theologische Verstehen der Taufe an.

Zum Zeichen faßt Luther noch einmal schon Gesagtes zusammen: zwei Stücke müssen im Zeichen sein, das Taufen und wieder Herausheben. ,,Das tzeychen stett darynnen, das man den menschen yn dem namen des Vatters und des Suns und des heyligen Geystes stôst ynß wasser, aber man lest yhn nit drynnen, sondern hebt yhn widder erauß. Drumb heyst man es auß der Tauff gehabt. Alßo mûssen alle beyde stuck yn dem tzeychen seyn, das tauffen und erauß heben''[179].

2. Der Ton, in dem das im Vorangegangenen etwas rauh formulierte 'Ins-Wasser-Stoßen' zu hören ist, erklingt im Anfang des nun folgenden längeren Abschnitts über die Bedeutung der Taufe[180]: ,,eyn seliglich ster-

---

es nicht entscheidend darauf an, wie das ,,Zeichen'' und seine Bedeutung verstanden ist? Erweist es sich z.B. schon in den Sermonen von 1519 als ein Zeichen worthafter Art, so wäre gegenüber einem ,,ins Wort gezogenen Zeichen'' 1520 der Unterschied auf den ersten Blick jedenfalls nicht sehr groß; die Frage könnte sich dann jedoch dahin verschieben, *wie* das Sakramentsgeschehen, um eine Formulierung G. EBELINGS an der in Anm. 176 genannten Stelle aufzunehmen, als ,,Wortgeschehen'' oder Geschehen worthafter Art (diese letztere Formulierung läge für die Sermone von 1519 nahe) beidemale verstanden und expliziert ist (Wort Gottes und Tradition, 219).

[179] WA 2, 727, 25-29 = Bo A 1, 186, 1-5. Vor einem im Symbol des doppelten Vorgangs scheinbar naheliegenden methodistischen oder erzieherischen Mißverständnis der Taufe im Sinne eines von Menschen in die Hand zu nehmenden Vorgangs der Gesetzeseinwirkung, die den Menschen weichprügelt, und des anschließenden Trostes schrecken die Worte ,,yn dem namen des Vatters und des Suns und des heyligen Geystes'' denjenigen zurück, der in diesem Namen die Taufe geschehen hört und sieht. Der Mensch ist hier gerade nicht auctor, nicht 'Autorität', sondern, wie Luther es in De captivitate babylonica 1520 formuliert: Non baptisat, quia non figitur in eo opere sua autoritate sed vice dei. Unde oportet nos baptismum de manu hominis non aliter suscipere, quam si ipse Christus, immo ipse deus nos suis propriis manibus baptisaret. Non enim hominis est sed Christi et dei baptismus, quem recipimus per manum hominis...Cave ergo sic discernas baptismum, ut externum homini, internum deo tribuas: utrunque soli deo tribue, nec conferentis personam aliam quam instrumentum vicarium dei accipe, per quod dominus in coelo sedens te in aquam suis manibus propriis mergit et remissionem peccatorum promittit in terris voce hominis tibi loquens per os ministri sui. Luther zieht hierfür verdeutlichend die trinitarische Formulierung 'Im Namen...' heran: Hoc et ipsa verba tibi dicunt, cum dicit: 'Ego baptiso te in nomine patris et filii et spiritus sancti, Amen', non dicit: 'Ego baptiso te in nomine meo', quasi dicat 'id quod facio, non mea autoritate sed vice et nomine dei facio, ut non aliter habeas quam si ipse dominus visibiliter fecisset. WA 6, 530, 21-35 = Bo A 1, 464, 6-23. Hier offenbart sich die eigentliche konkrete Bedeutung des mit Hilfe Agustins erarbeiteten 'solo verbo' der Taufe. Vgl. im Bußsermon WA 2, 719, 24-26 = Bo A 1, 181, 3-5: Die Schlüssel sind nicht eine Gewalt, sondern ein Dienst. ,,Derhalben, alßo mann sicht, thut der priester nit mehr, dan spricht eyn wort, ßo ist das sacrament schon da, Unnd das wort ist gottis wort, alß er sich vorsprochen hatt...''. s.o. S. 135.

[180] Er umfaßt die Abschnitte §§ 3-11 des Sermons, WA 2, 727, 30-731, 37 = Bo A 1, 186, 6-190, 8. Vgl. im Abendmahlssermon §§ 4-16. Die drei Stücke im Bußsermon sind mehr ineinander verflochten als in den beiden anderen Sermonen, s.o. Anm. 177 zu § 6 und 19 des Bußsermons.

benn der sund und aufferstheung yn gnaden gottis, das der alt mensch der
yn sunden empfangen wirt und geporen, do erseufft wirt, und ein newer
mensch erauß geht und auff steht, yn gnaden geporen''[181]. Ein ,,seligli-
ches'' Der-Sünde-Sterben: davon sprach mit augustinisch-paulinischem
Bezug auch die Sterbeschrift Staupitz' in den ersten Abschnitten über den
'angeerbten Nutz' des in Christus Neugeborenen gegenüber dem 'angeerbten Schaden' des von Adams Sünde des Ungehorsams[182] Betroffenen
und Mitbetroffenen. Diese Seligkeit wurde in Luthers eigener Sakramentsauslegung, wie wir sahen, als das im Sakrament Zugesprochene, allein
auf Christi Wort, nicht auf Menschenwort oder -tat gegründet,
beschrieben[183]. Es folgen mit Tit 3,5 und Joh 3,3.5 zwei biblische Zeug-

---

[181] WA 2, 727, 30-33 = Bo A 1, 186, 6-9.

[182] Von der Nachfolgung des willigen Sterbens Christi c. 4f, Kn 57-62, s.o. S. 94. Vgl.
im 5. Kapitel, in dem Staupitz u.a. ausführt, daß und wie der böse Tod ein Instrument zum
Leben geworden ist, am Schluß zu Jesu Wort an den Schächer Lk 23, 43: ,,das nicht allein
dem schacher widerfaren, sunder...sal sich ein ytzlicher cristener des nicht wenig frewen
unnd trosten...'' Kn 61f. — In Luthers Sterbesermon begegnet das Wort ,,selig'' und
,,Seligkeit'' u.a. bezogen auf Gott als ,,Seligmacher'', der den Menschen den erstaunlichen
Weg durch die Zusage des Sakraments angesichts des Sterbens führt: ,,Was were das fur eyn
seligmacher odder gott, der unß nit mocht odder wolt vom tod, sund, hell selig machen? Es
muß groß seyn, was der rechte gott zusagt und wirckt''. WA 2, 693, 31-33 = Bo A 1, 170, 1-
4. Vgl. WA 2, 697, 15-19 = Bo A 1, 173, 18-22: ,,Er weyst und gibt dyr in Christo des lebens, der gnade, der selickeit bild, das du fur des tods, der sund, der hell bild nit dich entsetzist. Er legt dartzu deynen tod, deyne sund, deyn hell auff seynen liebsten sun und ubirwindt sie dyr, macht sie dyr unschedlich...''. Im Bußsermon wird diese Seligkeit die der
Glaube erlangt, als allein auf Christi Wort gegründet, bekannt, nicht auf der eigenen Reue,
Beichte oder Genugtuung des Menschen stehend, WA 2, 716, 16-18 = Bo A 1, 177, 29-31
s.o. bei Anm. 128. Menschen haben also kein Recht, wie Luther es von den vielen
Bußlehrern außer Staupitz in der Vorrede zu den Ablaßresolutiones beschrieb, als carnifices
der Gewissen denen die Hölle zu verlängern, denen in Christi Wort schon die Seligkeit zugesprochen ist. s.o. S. 114 Anm. 83. So dürfte die befreiende Lossprechung auch in der Bußlehre von den ,,ängstlichen eigenen Werken'' im Sinne des Bußsermons sich auswirken und
gewirkt haben. Vgl. WA 2, 721, 19-23 = Bo A 1, 183, 1-4: ,,Wo aber der glaub nit ist, do
ist keyn rew, beicht, gnugthuung gnugsam, und da her flissen ßo vill bucher und lere von
der rew, beicht unnd gnugthuung, da mit vil hertzen sehr geengstet werden, offt beichten,
das sie nit wissen, ob es teglich adder todtlich sund sey...''. — Mit dem Allein-auf-das-
Wort-Gegründetsein hängt der lobpreisende Schlußton zusammen, den wir in allen Sermonen bisher fanden: Liebe und Lob. s.o. S. 109 und 142. Für unseren Sermon über die Taufe
s.u. S. 171f: ,,...wir aber ynn die engstlichen eygene werck...vorfuret seyn...Furwar wer
Gottis gnaden nit alßo achtet, das sie yhn als eynen sunder dulden und selig machen werd...
der wirt gottis nymmer frolich, mag yhn auch widder lieben noch loben... Drumb ist nott,
das man der hochgelobten majestet... danck sage, und das werck, wie es an yhm selbs ist,
großmache und erkenne''. WA 2, 736, 38-737, 13 = Bo A 1, 195, 1-14.

[183] s.o. Anm. 179 und 182. Besonders im Bußsermon wird deutlich, wie das Herausarbeiten des Hauptgesichtspunkts: die Sakramentsverheißung in Christi Wort und der Glaube,
an dem es alles miteinander liegt, Hand in Hand geht mit einer Kritik und dem Abbau aller
Selbstmächtigkeit der beteiligten Instanzen und Personen, so daß ihr dienender Charakter
und der rechte Brauch der Vollmacht des Absolutionswortes wieder ans Licht kommt. Das

nisse für das Verständnis der Taufe als der neuen Geburt. Ein weiterer Hinweis auf die 'Unverfügbarkeit' solchen Geschehens.

Der Sinn der vielumrätselten Kategorie der 'Bedeutung', der sich schon in diesem Abschnitt (§ 3) geltend zu machen begann, zeigt sich in den folgenden Abschnitten noch deutlicher. Handelt es sich wirklich, wie O. BAYER annimmt, um eine spiritualistisch an sich zu fassende und vom Wort zu unterscheidende res sacramenti im Sinne eines ,,Existenzentwurfs'', den der Glaube erst noch ,,auszuführen'' habe[184]? Zunächst ist

---

'sine vi humana, sed verbo' der Confessio Augustana und Apologie klingt in dieser frühen Sakramentstheologie Luthers als allem Früheren gegenüber neuartiger Ton, der mit einer 'Phänomenologie' eigener Art verbunden ist, an. Vgl. die in Anm. 182 zuletzt angeführte Formulierung Luthers ,,das Werk, wie es an ihm selbst ist, großmachen und erkennen''. Im Gedanken an die Widmungsvorrede zu unseren Sermonen ist in ,,an yhm selbs'' mitzuhören: freigelegt, wenn der alte, die Wahrheit der Sakramente verdeckende Überstrich der Menschenlehre abgetragen wird und die Farben in ihrer Kraft wieder sich zu zeigen beginnen.

[184] So formuliert zugespitzt O. BAYER, Promissio, 269 anläßlich der polemischen Abgrenzung Luthers von einem Taufverständnis, insbesondere der Bedeutung der Taufe, 'allegorice tantum', in De captivitate WA 6, 534, 8-17. 34-39 = Bo A 1, 468, 11-23; 469, 3-9: Hanc mortem et resurrectionem appellamus novam creaturam, regenerationem et spiritualem nativitatem, quam non oportet allegorice tantum intelligi de morte peccati et vita gratiae, sicut multi solent, sed de vera morte et resurrectione. Non enim baptismus significatio ficta est, Neque peccatum moritur, neque gratia surgit plene, donec corpus peccati, quod gerimus in hac vita, destruatur, ut ibidem Apostolus dicit. Nam donec in carne sumus, desyderia carnis movent et moventur. Quare, dum incipimus credere, simul incipimus mori huic mundo et vivere deo in futura vita, ut fides vere sit mors et resurrectio, hoc est, spiritualis ille baptismus, quo immergimur et emergimus... Die Fortsetzung 'Quam diu enim vivimus etc' s.u. S. 189 bei Anm. 281. BAYER bemerkt dazu: ,,Luthers kräftige Polemik trifft deutlich auch seine eigene frühere Meditationsfrömmigkeit, die — im Schema von 'sacramentum et exemplum' — den hier ausgelegten Text, Röm 6,4 ff, vor allem eben 'affectu et spiritualiter' wahrgenommen und ihn erst in zweiter Linie auf das Leibliche bezogen hatte. Diese erstaunliche Umpolung der Akzente ist nur dann zu verstehen, wenn man sie als Konsequenz des neuen Promissioverständnisses sieht... Nun 'erfüllt sich' die 'Bedeutung' der Taufe in promissio und fides und ist in ihnen offenbar besser aufgehoben als im 'allegorischen' Verständnis 'de morte peccati et vita gratiae', mit dem die Taufe existential interpretiert worden war. Im neuen Verständnis sind Wort und Existenz klar unterschieden. Und diese Unterscheidung läßt Existenz und Geschichte gerade realistischer erfassen und erfahren als dies der frühen Theologie Luthers zufolge geschieht''. Zum Verständnis des Terminus 'existential' in BAYERS Sinne vgl. die Formulierung S. 269: ,,Luther gelingt es, einen am Zeichen orientierten Sakramentsrealismus abzulehnen, ohne ihm mit einem Spiritualismus zu begegnen, der von der Taufe einen Existenzentwurf bedeutet sieht, der, in sich nur eine Möglichkeit, erst in der jeweiligen Ausführung seine konkrete Wirklichkeit gewinnt''. Hierin schließt BAYER auch die Unterscheidung von signum und res ein, die nun überholt sei: ,,So ist das Zeichen in das Wort gezogen und die Unterscheidung von signum und res überholt. Das im Bußsermon beobachtete Aufgehen der res in dem als Wort verstandenen signum... zeigt sich nun auch im Verständnis der Taufe''. Promissio, 268, A. 113. Die Bemühung Luthers im Taufsermon sieht BAYER als ein Sich-Hinarbeiten zum neuen Verständnis, bei dem das Ziel schon zu erkennen, aber noch nicht erreicht ist: ,,Es ist nicht zu verkennen, daß das Sakrament als zeichenhafter Vorgang ein Gewicht gewonnen hat, das es den frühen

zu beobachten, daß die der 'Bedeutung' gewidmeten Abschnitte unseres Sermons ausdrücklich die *leibliche* Erfüllung des im Sakrament Bedeuteten zum Inhalt haben, nicht erst mit der Bemerkung Luthers, zu Beginn des mit dem dritten Stück, dem Glauben, einsetzenden 12. Abschnittes, ,,das das sacrament nit allein bedeut den todt unnd auffersteeung am Jungsten tag, ...ßondern das es auch gewißlich dasselb anhebe und wirck und unß mit gott vorpyndet"[185]. Was ist gemeint mit ,,leiblichem" Geschehen der Bedeutung der Taufe? Es geht hier um das Verständnis dessen, daß, was Luther mit ,,Sterben" oder ,,Ersaufen der Sünde" bezeichnet, tatsächlich der erste Teil des Geschehens der Taufe ist. Es handelt sich also gar nicht um ein ,,Realisieren eines Existenzentwurfs", ,,der in sich nur eine Möglichkeit, erst in der jeweiligen Ausführung seine konkrete Wirklichkeit gewinnt"[186]; das Sterben im hier gemeinten Sinn ist mit dem Geschehen des Lebens selbst ,,ohne Unterlaß" bis in den Tod identisch, nicht im Sinne von durch den Willen des Menschen bewirkten Einzelakten der mortificatio activa carnis, sondern wie das Ereignis des Todes als letzte Erfüllung dieses Sterbens zeigt, ein Geschehen, das insgesamt unter dem Wort der Verurteilung des alten Menschen zum Sterben steht: ,,als sprech der Priester, wan er taufft 'sich, du bist ein sundigs fleysch, drumb erseuff ich dich yn gottis namen, unnd urteyll dich tzum tod yn dem selben namen, das mit dir all deyne sund sterben und unter gehen' ". (Röm 6,4; Ps 51,7)[187]. Daß es sich dabei jedoch nicht um ein fromm-fatalistisch betrachtetes Dahinsterben unter dem Gesetz der fortuna oder wie immer man es ausdrücken mag[188], handelt, sondern um

---

Texten zufolge nicht hatte. Es soll nun mehr besagen als eine Möglichkeit, die immer neu zu verwirklichen ist. Muß dabei aber nicht das Schema von Zeichen und Bedeutung vollends zerbrechen?" Promissio, 255. Eine Frage an den im Sermon selbst sich findenden Sprachgebrauch von ,,Zeichen" und ,,Bedeutung". Zur Fragestellung s.o. Anm. 178.

[185] WA 2, 732, 2-5 = Bo A 1, 190, 11-14.

[186] O. BAYER, Promissio, 269, s. Anm. 184.

[187] WA 2, 728, 18-21 = Bo A 1, 186, 27-30.

[188] Vgl. dazu die eindrücklichen Bekundungen einer aus antik-römischen und patristischen Elementen bestehenden Weltanschauung, die um 'fortuna' und 'mors' als communis omnibus sich bewegt, in den Briefen Scheurls, s.o. S. 64-78. Seine Ausgabe der Briefe Sixt Tuchers, s.o. Kap. II, Anm. 162, steht ingesamt, wie die von ihm den Briefen hinzugefügten Begleitzitate aus Hieronymus, Cicero, Seneca und anderen zeigen, unter dem Vorzeichen einer asketisch-gefaßten Sterbenstheologie unter dem Gedanken der virtus. Vgl. Ep 11, wo Scheurl am Rand Cicero, Tusc quaest lib I anführt: 'Non deterret sapientem mors quae propter incertos casus quottidie imminet et propter brevitatem vitae nunquam longe potest abesse. 'Zu Ep 4, einem Brief Tuchers, in dem dieser Caritas Pirkheimer zum Tod ihres Vaters schreibt, bemerkt Scheurl am Rande: Seneca ep. 75: 'Non affligitur sapiens liberorum amissione non amicorum: eodem enim animo fert illorum mortem quo suam spectat'. Aristoteles, De morte et vita: 'Vita et mors sunt communia omnibus animalibus'. Cicero lib I Tusc quaest: 'Moriendum est omnibus'. Lactanz: 'Deus, qui celestis viae dux est, immorta-

ein ,,seligliches Sterben'', wiederholt Luther mit einprägsamer Begründung: ,,Alßo ist eyns Christen menschens leben nit anders dan eyn anheben, seliglich zu sterben von der Tauff an biß ynß grab, Dan gott will yhn anders machen von new auff am Jungsten tag ... Dyßen rad hebt er an yn der Tauff...''[189]. Der zweite Teil dieses Geschehens, das Herausheben, im Vorgang der Taufe vollzogen durch die Paten, beginnt ebenfalls wie das Sterben mit der Taufe schon jetzt und geschieht ,,recht'' am Jüngsten Tag, wie das Sterben ,,recht'' im Tod ,,vollbracht'' wird: ,,da werden wir recht auß der tauff gehaben und vollkomlich geporn antzihen das recht wester hembt des unsterblichen lebens ym hymell. Als sprechen die gefattern, wan sie das kind auß der tauff heben 'Sich, dein sund seyn nu erseufft, wir empfahenn dich yn gottis namen yn das ewig, unschuldig leben', dan alßo werden die Engell am jungsten tag erauß heben alle Christen getauffte frum menschen, und werden da erfullen, das die tauff und die gefattern bedeuten, als Christus sagt Matt. 24. [V. 31] Er wirt auß senden seyn Engell...''[190].

Von diesem doppelten Geschehen der Bedeutung der Taufe als Sterben und Aus-der Taufe-Gehobenwerden ausgehend werden Zusammenhänge

---

litatem nulli homini nato negat'. Im Text des Briefes wird an dieser Stelle der biblische Text Joh 11 (Lazarus) angeführt. — Vgl. auch Scheurls Kommentierung des plötzlichen Herrschaftswechsels in Bologna während seiner Studienzeit, die unter dem fortuna-Gedanken steht, gegenüber der ganz andersartigen Deutung desselben Zeitereignisses in einer Predigt Staupitzens unter dem biblischen Gedanken des 'wunderbarlichen' Handelns Gottes, das die menschliche Vernunft nicht faßt, s.o. S. 129 Anm. 99. Der Bericht Scheurls vom Jahre 1506 findet sich Briefb I 23, 34-42 im Brief an Sixt Tucher vom 22.11.1506: Vidi ego Bononiae pestem, terrae motum, caritatem annonae et haec omnia extrema; reservavit me quoque fortuna, ut bellum quoque viderem, intestinas discordias et triduo trinam reip. Bononiensis mutationem: quae omnia spero mihi aliquando non mediocriter profutura. (39). Scheurl denkt an Pläne künftiger Gesichtsschreibung. Vorher führt er in ähnlichem Sinne das Wort des poeta ingeniosus an: 'Ultima semper Expectanda dies homini est dicique beatus Ante obitum nemo supremaque funera debet' (38). Zu Scheurls Sicht von Ereignissen des persönlichen Lebens (s. dazu auch seine Konsultierungen berühmter Astrologen, u. Anm. 239) gibt seine Äußerung über das Leben seines Vaters, das Unglück, das diesen mehrfach traf, und wie er es überwand, ein schönes Zeugnis: ,,Es mag nit unzeitlich von ihm gesagt werden: Der Mensch Gottes und des Glückes Spielvogel. So wir, seine Nachkommen, sein Jugend und Alter ermessen, brauchen wir Exempel des wankelmütigen unbeständigen Glücksrads und Vergänglichkeit unsers Wesens nit weit zu holen. Darum wir allein auf Gott vertrauen, ihn von ganzen Kräften über alle Ding lieben, ihm anhangen, sein Gebot treulich halten und in seinen Wegen früh und spät wandeln sollen und wollen''. Angeführt bei W. GRAF, Scheurl, 7. Aus der Sphäre einer solchen 'Allgemeinheit' des Schicksalsdenkens hebt die Taufe und der persönliche Verheißungsglaube in Luthers Sinne den Menschen heraus, s.u. S. 155.

[189] WA 2, 728, 27-29; 729, 32f = Bo A 1, 186, 37-39; 188, 3.
[190] WA 2, 728, 35-729, 3 = Bo A 1, 187, 5-12. ,,Westerhemd'' nach GRIMM, Dt. Wörterbuch XIV 1, 2 (1960'), 637f: Taufhemd; die Sitte, dem Täufling nach vollzogener Taufe ein weißes Kleid überzustreifen, wird schon von Tertullian erwähnt.

deutlich zu Luthers Verständnis des Glaubens gegenüber Cajetan als fides specialis: Cajetan vertrat die These von der Ungewißheit der Gnade für den Einzelnen in diesem Leben nach einem allgemeinen Gesetz irdischer Dinge[191]. In Luthers Verständnis der im Wort Christi zugesagten Heilsgewißheit handelt es sich doch offenbar um die Zusage, daß der Tod zum seliglichen Sterben geworden ist, mit der Auferweckung Christi und des getauften Menschen am jüngsten Tag und schon jetzt beginnend, und damit aus einem allgemeinen fatum, für die fides singularis, fides specialis (nicht als allgemeines Gesetz) zu einem Geschehen, das der Mensch ineins mit der gewissen Zusage seines Heils *erfährt*, in seiner Bedeutung *für ihn*, ein Geschehen, das ihm nun etwas ,,sagt'', ein negativer Spiegel seines Heils geworden ist: Begegnung mit der Wahrheit, der persönlichen Verheißungsdimension seines Lebens. Das Wort der Taufzusage appelliert nicht an eine Haltung des ,,fortunam ferre animo aequo''[192], sondern wirkt gerade umgekehrt aufschließend für Neues, indem es angesichts des Vorgangs des Sterbens, so paradox das scheinen mag, zur Verheißung der neuen Geburt geworden ist. Aus dem Sterbesermon ist uns die Beschreibung des Sterbens als Bildhälfte im Gleichniswort von der neuen Geburt schon begegnet[193]. Abwaschen der Laster, prinzipiell in der Sphäre des Alten bleibend und das Neue als sittlichen Kampf verstehend[194], würde

---

[191] s.o. S. 129 Anm. 129: quia quilibet est dubius in hac vita: secundum communem legem nescit, an sit in gratia Dei. Vgl. die Formulierung H. A. OBERMANS, Scientia Augustiniana, 392, zum spätmittelalterlichen Herumrätseln an dem Satz 'Nemo scit...' Eccles. 9, 1, das von Augustinismus und Aristotelismus her angesichts der verschlossenen geheimen Ratskammer Gottes nur zu einer certitudo spei führte: ,,eine Sterbenstheologie der Hoffnung''. Hier hat schon die Bibelauslegung Staupitz' eine neue vertrauensvolle Nähe zu Gott gefunden (393) in dessen ,,Tuus sum, salvum me fac'', s.o. Kap. II, S. 67 Anm. 150 und S. 85 Anm. 213.

[192] Scheurl berichtet Staupitz am 10.12.1518 über den Abschied Luthers von Wittenberg in äußerster Gefahr, was er darüber gehört hat, und fügt hinzu: 'fortunam feramus animo aequo, invicto, constanti'. Gegen Ende des Briefes erinnert er an das dictum Staupitzens 'in solo Christo constituisse pacem, mundi pressuram ferre magnanimiter' Briefb II 178,63: ein weiteres Zeichen wie römisch-stoisches und biblisches Denken bei ihm nebeneinander stehen und wie das Letztere dem Ersteren angeglichen und in seinem Sinne ausgelegt wird. s.o. Anm. 188. Zu Luthers Glaubensverständnis gegenüber Cajetan s.o. Anm. 126.

[193] s.o. S. 100f. Analog zur Wortbildung von der ,,Bedeutung der Sakramente'' könnte man hier von der ,,Bedeutung des Todes'' im Sinne des angeführten Bildwortes Joh 16, 21 sprechen. Der Gegensatz zum Bild des ,,verschlossenen Himmels'' nach der Sprache der Anm. 191 zu Wort kommenden spätmittelalterlichen Auslegung von Eccles 9,1 wird deutlich. Das Bildwort im Sinne Jesu ist Deutung, die Glauben zumutet, vgl. WA 2, 686, 3f an der angeführten Stelle: ,,Drumb muß man das glauben unnd an der leyplichen gepurt eyns kinds lernen, als Christus sagt...'' (Joh 16,21); die Verbindung der Bedeutung von 'Geburt' mit der nach Deutung verlangenden Situation des Sterbens ist also entscheidend in der Bildhälfte.

[194] s.o. S. 75 Anm. 173 und 174. Die Taufe wird in den angeführten Zusammenhängen bei Erasmus zwar auch als Sterben mit Christus verstanden, jedoch im Sinne der Initiation.

gerade nicht ausdrücken, daß das Neue als Erfahrung den Menschen anspricht, als Begegnung der Wahrheit, anschaulich im Vorgang des Unter-
getauchtwerdens und Herausgehoben = Neugemachtwerdens. So macht
gerade das Sterben als persönlich zugesagtes, als Sterbendürfen, das
Leben als persönliches in diesem Wort erfahrbar, als Zeit des persönlichen
Glaubens, nicht erst in einem vom Menschen zu bewerkstelligenden ,,sitt-
lichen'' Sinne. Das tägliche Sterben der Sünde dient gerade dazu, diesen
Glauben zu üben. Luther bringt das im Folgenden durch den Gedanken
zum Ausdruck, daß die Zeit des menschlichen Lebens schon unter dem
,,Bund'' Gottes steht. Den Glauben in diesem Bund gilt es zu üben. Gerade der Tod, die Endlichkeit des menschlichen Lebens, hilft so im Glauben
zum Verständnis der lebendigen Zeitlichkeit des menschlichen Lebens als
tägliches Neugeschaffenwerden, wie ein neugeborener Mensch das Alte
gerade hinter sich gelassen hat wie nach einem Tod. Daß diese ,,Bedeu-
tung'' der Taufe sich dennoch erst im leiblichen Sterben ganz erfüllt, hält
auch dieses neue Leben ganz in seiner extern geschenkten Leiblichkeit
fest, und das heißt, im Glauben der Person; es wird nicht sittlicher Besitz
des Menschen als erworbener Tugendhabitus, gratia infusa, neue dispositio zum Erwerb von Verdiensten, es bleibt im Wort gegebene und im
Glauben ergriffene Bundeszusage, wie wir weiter sehen werden.

Diesem Verhältnis von Alt und Neu widmet Luther in den Abschnitten
§§ 7-11 in Aufnahme der seit seiner Römerbriefvorlesung mit Hilfe augu-
stinischer Theologie erarbeiteten Rechtfertigungslehre weitere hilfreiche
Erklärungen. In welchem Sinne ist ein Mensch, der aus der Taufe gekommen ist, ganz rein und unschuldig? Die Sünde ist ja noch da, im Fleisch:
,,Darauß folget, das woll war ist, Eynn mensch, ßo es auß der tauff
kumpt, sey reyn und an sund gantz unschuldig, aber es wirt von vielen nit
recht vorstanden, die meynen, es sey gar keyn sund mehr da, und werden
faull und hynlessig, die sundlich natur zu todten, gleych wie auch etlich
thun, wan sie peycht haben. Drumb, wie oben gesagt ist, soll mann es
recht vorstehn und wissen, das unßer fleysch, die weyl es hye lebt, natůr-
lich bőß und sundhafftig ist, dem zu helffen, hatt yhm gott eynen solchen
radt erdacht, das er es gantz new anders schaffen will, gleych wie Hiere:
18 [4-6] antzeygt, Der tŏpffer, da yhm der topff nit woll geried, den selben
widder yn denn thon zu hauffen stieß und knettet, unnd macht darnach
eyn andernn topff wie es yhm gefiell, 'alßo (spricht Gott) Seyd yhr yn

---

Das Begrabensein mit Christus ist gleichbedeutend mit dem Abwaschen des Körpers, auf
das nun die Reinigung der Seele folgen muß. Der Taufsermon Luthers dagegen spricht vom
lebenslangen Sterben und Neugemachtwerden, im leiblichen Sterben vollendet, in dem sich
gerade *diese* ,,Bedeutung'' der Taufe erfüllt.

meynen henden', unnd yn der erstenn gepurtt seyn wir nit woll geraten. Drumb ßo stosset er unß widder yn die erdenn durch den todt, unnd macht unß widder umb am Jungsten tag… Dyßen rad hebt er an yn der Tauff, die den todt und auffersthehung am Jungsten tag bedeutt, wye gesagt ist. Und darumb als vill die bedeutung odder das tzeychen des sacraments ist, ßo seynd die sund mit dem menschen schon tod unnd er aufferstandenn, und ist alßo das sacrament geschehen, aber das werck des sacraments ist noch nit gar geschehen, das ist, der todt unnd aufferstheung am Jungsten tag ist noch vorhanden"[195]. An die Stelle der in der Römerbriefvorlesung gebrauchten Unterscheidung ,,simul iustus et peccator'' tritt hier das ,,sakramentliche'' d.h. im Sakrament zugesagte Rein- und Unschuldigsein, das mit dem Zeichen des Sakraments schon zu geschehen anhebt, und das Noch-nicht-Vollbrachtsein, da die Sünde im Fleisch, in der sündlichen Natur, noch vorhanden ist[196]. Ein weiteresmal wird dabei aufs klarste deutlich, daß das ,,iustus in spe'' auch in der Römerbriefvorlesung nicht sittliche Vervollkommnung meint als Ende eines mit Hilfe der Gnade beschrittenen Weges[197], sondern wie das Geschehen der Taufe zeigt, Gottes Werk am Menschen, Töten und Neuschaffen, mit dem Bild des nicht wohl geratenen Topfes in der Hand des Töpfers extern beschrieben. Dieses Geschehen hat seinen Ort in sehr betonter Weise im Verstehen des Menschen, ohne deshalb 'bloß subjektiver' Natur zu sein, da es ja

---

[195] WA 2, 729, 19-730, 2 = Bo A 1, 187, 29-188, 9.

[196] s.u. S. 158 bei Anm. 200. Die bekannte Formulierung Luthers aus der Römerbriefvorlesung 'simul peccator et iustus' s.u. S. 167 Anm. 224.

[197] Vgl. Wilhelm LINK, Das Ringen Luthers um die Freiheit der Theologie von der Philosophie, 98f: ,,Jede Aussage über den Glaubenden und über die Entstehung des Glaubens hat in Wirklichkeit nichts anderes zu sein, als das Zeugnis von Gottes barmherzigem Kommen zum Menschen, und hat daneben nicht noch ein anderes, philosophisches Interesse zu vertreten. Das ist gemeint, wenn wir sagen: das Rechtfertigungsbekenntnis sagt nicht, wie der Glaubende aussieht, sondern wo der Glaubende hinsieht. Zur Abgrenzung vom ,,sittlichen Unterwegssein'' dort 86 f; Römerbrief, Scholien 163, 24: Patet itaque, quod Apostolus non metaphysice neque moraliter de lege loquitur, sed spiritualiter et theologice. 164, 5: Modus loquendi Apostoli et modus metaphysicus seu moralis sunt contrarii (84). Zum Verständnis des 'simul iustus et peccator' LINK, 82: ,,Die psychologische und die ethische Deutung der Formel sind damit gleich zu Beginn als Fehlinterpretation abzuwehren''. — In welchem Sinne überhaupt ethische Aspekte z.B. unter dem Gesichtspunkt der Spiritualität in der Rechtfertigungslehre Luthers mitenthalten sind, ist damit noch nicht entschieden, wenn eine bestimmte, unter dem virtus-Gedanken stehende aristotelische Ethik vom Reden theologice aufs strengste unterschieden wird. s. z.B. die bei Jared WICKS, Man yearning for Grace, begegnende Deutung der ,,Spiritualität'', die in der frühen Theologie Luthers gelehrt werde vom Gedanken des 'Deus semper praesto' her, fieri vor esse usw. s.o. S. 19 und u. S. 160 Anm. 208. Für den Zusammenhang unseres Sermons ist das Verhältnis von Taufzusage und Erfahrung, wie es vor allem in den Abschnitten §§ 9ff über den Bund Gottes mit dem Getauften sich abzeichnet, zu erarbeiten, um auch in dieser Frage die der Sakramentstheologie Luthers von 1519 eigene Perspektive zu gewinnen.

in der Taufe allen sichtbar und hörbar in der Taufzusage extern geschehen ist. Im Verstehen hat es aber seinen Ort, sofern es dazu beiträgt, daß der Mensch zu den Realitäten seines Daseins eben durch dieses in der Taufe gesprochene Urteil ein verstehendes Verhältnis gewinnt. Der Hinweis auf Gott als den Schöpfer und die Taufe als Neuschaffen bedeutet auch hier, daß die Art und Weise, mit der die Taufzusage den Menschen anspricht, ein Ansprechen und Anrufen vom Himmel her ist, das den Menschen in radikalerer Weise als andere Stimmen, besonders die, die, wie in den späteren Abschnitten des Sermons dargestellt wird, ihn zu guten Werken und zum Frommwerden aufrufen oder gar zum Abtragen der Sünde, anspricht als einen in der Welt Lebenden, im Fleisch, von allen Pervertierungen des Lebens, von der ,,sündlichen Natur'' — wir werden sehen, daß Luther von ihr die Natur als geschaffene, dem Menschen gegeben und sich selbst und anderen zugut zu brauchen, unterscheiden kann[198] — des 'Fleisches' mitbetroffen. In der Taufe wird ihm dieses 'Mißratensein', ein 'hoffnungslos mißratener' filius irae zu sein, offenbart in einer Zuwendung, die ihn eben mit dieser Art der Anrede liebevoll 'verifiziert', d.h. schon als ein ,,Kind der Gnaden und rechtfertigs mensch''[199]. ,,Alßo ist der mensch gantz reyn unnd unschuldig sacramentlich, das ist nit anderß gesagt, dan er hatt das tzeychen gottis, die Tauffe, da mit angetzeygt wirt, seynn sund sollen alle tod seyn, und er yn gnaden auch sterben und am Jungsten tag aufersteen, reyn an sund unschuldig ewiglich zu leben. Alßo ists des sacraments halben war, das er an sund unschuldig sey''[200].

Luther rechnet jedoch damit, daß vom Leser, der gleichsam mit gesundem Menschenverstand Klarheit über die Taufe haben will, der Einwand kommt, dies sei doch nichts Halbes und nichts Ganzes: ,,Szo sprichstu 'Was hilfft mich dan die Tauff, wan sie nit tilget und ablegt die sund gantz und gar' ''[201]? Gegenüber dieser Frage und ihrem etwas forsch-rationalistischen Entweder-Oder und dem Wunsch, die Wirkung der Taufe völlig zu überblicken und wie eine 'Sache' abzuschätzen, arbeitet Luther nun seine Lehre von der Taufe als einem mit Gott als Partner geschlossenen ,,Bund'' aus. In der Taufe ist also nicht eine 'Sache', sondern eine Partnerschaft gesetzt! ,,Hie kompt nu der recht vorstand und erkentniß des sacraments der tauff... das sich gott daselbs mit dyr vorpindet und mit dyr eyns wird eyns gnedigen trostlichen bunds''. Worin

---

[198] s.u. S. 176 bei Anm. 242.
[199] WA 2, 728, 7f = Bo A 1, 186, 17.
[200] WA 2, 730, 3-8 = Bo A 1, 188, 10-15.
[201] WA 2, 730, 18f = Bo A 1, 188, 26f.

besteht dieser Bund? ,,Zum Ersten, das du dich ergibst ynn das sacrament der Tauffe und seyner bedeutung, das ist, das du begerest mit den sunden zu sterben und am jungsten tag new gemacht werden, nach antzeygung des sacraments, wie gesagt''[202]. Das Erste, das Luther als wichtiges Ereignis dieses Bundes erwähnt, ist also dies, daß der Mensch, von dem Neuen betroffen und hörend, nun mit seinen eigenen Worten bekundet, daß ihm diese Wahrheit geschehen soll — im Sterbesermon hieß es: ,,Mir geschehe nach deinen Worten und Zeichen''[203] — daß er sich hier als Person angesprochen fühlt. Sein Ja zur Taufe bringt das zu Wort, den Wunsch zu sterben und neu gemacht zu werden. Darauf hat Gott gewartet: ,,das nympt gott auff von dyr, und lesset dich tauffen, und hebet von stund an dich new zu machen, geust dyr eyn seyn gnad und heyligen geyst, der anfahet die natur und sund zu todten und zu bereyten tzum sterben und auffersteen am jungsten tag''[204]. Was in dieser Beschreibung auffällt, ist die Stärke und Eindeutigkeit, mit der nun nicht der Mensch, sondern Gott sofort mit diesem Augenblick zu handeln beginnt. Wie ein Arzt, der sofort das angreifende Medikament gibt, das in seiner Weise aktiv wird und den Verlauf der nächsten Stunden bestimmt: ,,...geust dyr eyn seyn gnad und heyligen geyst, der anfahet, die natur und sund zu todten und zu bereyten tzum sterben und auffersteen...'' Es ist also ein Geschehen im Menschen und in seinem Dasein am Werk, das staunen läßt, von einer eigenen neuartigen Macht, der Macht Gottes als des Bundespartners, in deren Erwartung der Mensch als Partner dieses Bundes eben sein Ja gesprochen hat. Nun beginnt sie schon zu wirken[205]. Seit seiner frühen Beschäftigung mit der Scholastik legt Luther mit dem Lombarden Röm 5,5 so aus, daß der in die Herzen ausgegossene Heilige Geist die Liebe selbst ist und daß man nicht ein unterschiedliches Wirken der Gnade in der essentia und, sekundär, in den potentiae animae annehmen müsse[206]. Dem deus

---

[202] WA 2, 730, 19-25 = Bo A 1, 188, 27-34.

[203] WA 2, 686, 27 = Bo A 1, 163, 2f. Vgl. die o. Anm. 176 angeführte Formulierung G. EBELINGS zum konfessorischen Moment der Sakramente.

[204] WA 2, 730, 26-29 = Bo A 1, 188, 34-37.

[205] Es fällt in diesem Zusammenhang als Wichtiges auf, daß im Unterschied zum Verständnis des Bundes bei Zwingli und Erasmus, sowie im täuferischen Verständnis nicht die Kirche (oder die Gesellschaft) als Partner des Bundes genannt ist, sondern Gott bzw. Gottes Geist selbst, der mit dem Einzelnen in der Taufe seinen Bund schließt. s.o. Anm. 173 und 175. Dieser Zug entspricht dem bisher zu Luthers Verständnis des Glaubens in den Sakramentssermonen Beobachteten. s.o. Anm. 179. Zur theologischen Abgrenzung des Bundesgedankens bei Luther vom spätmittelalterlichen Verständnis des pactum Dei s.u. Anm. 237.

[206] Zu WA 9, 43, 1ff in den Randbemerkungen Luthers zum Lombarden sent I dist 17 c 5 vgl. Reinhard SCHWARZ, Fides, spes und caritas beim jungen Luther. Arbeiten z. KG 34. Berlin 1962, 24f, 24-29. Die Stelle im Luthertext lautet: Sed est etiam dilectio creata. Sicut 'Christus est fides, justitia, gratia nostra et sanctificatio nostra'. Et videtur Magister non pe-

actuosus[207] in der Macht der Liebe überläßt sich der Mensch im Ja seiner Taufe. Sie im Rahmen des Bundes als erfahrbare geschichtliche Wirkung auszusagen, ist Bekenntnis der Tauftheologie unserer Stelle, im Verstehen biblische Taufdeutung nachzeichnend. Die Beschreibung des mit dem Bund inaugurierten Geschehens geht weiter: sie kann offenbar mit einer einmaligen Verkündigung der Erfahrung der Liebe nicht abgeschlossen sein, da die actuositas die weitere Erfahrung als Zukunft umgreift, in der Erfahrung (fieri) *bleibt*[208]: ,,Zum Andern, vorpindest du dich, alßo zu bleyben und ymmer mehr unnd mehr zu tödten deyn sund, die weyl du lebest, biß yn den todt, ßo nympt dasselb got auch auff, und ubet dich deyn lebelang mit vilenn guten wercken und mancherley leyden, damit er thut, das du begeret hast yn der Tauff, das ist, das du wilt der sund loß werden, sterben und new auffersteen am Jungsten tag, und alßo die tauff volnbringen. Drumb leßen wir und sehen, wie er seyne lieben heyligen ßo hatt lassen marteren und vill leyden, das sie nur bald getodtet dem sacrament der Tauff gnug theten, sturben und new wurden, dann wo das nit geschict und wyr nit leyden noch ubung haben, ßo uberwindt die poße natur den menschen, das er yhm die Tauff unnutz macht, unnd fellt ynn sund,

---

nitus absurdissime loqui: in eo quod habitum dicit esse spiritum sanctum. Quia commentum illud de habitibus opinionem habet ex verbis Aristotelis rancidi philosophi... R. SCHWARZ umschreibt die Tendenz der Stelle so: ,,Es ist offenkundig, daß Luther der caritas den Charakter einer eigenständigen habitualen Qualität absprechen und dem spiritus selber als der tragenden Kraft der Liebesakte die Funktion eines habitus übertragen möchte... Der traditionelle habitus-Begriff wird dort unbrauchbar, wo das Handeln Gottes durch den heiligen Geist den Menschen trifft. Das muß auch eine Modifikation des herkömmlichen virtus-Begriffes zur Folge haben. Wenigstens die virtus der caritas hat nur ein aktuales Sein im Subjekt, statt als habituale Qualität auch unabhängig von der Akten der Seele zu inhärieren'' (27.29). Von kath. Seite s. Reynold WEIJENBORG, La charité dans la première théologie de Luther (1509-1515). RHE 45 (1950), 617-669.

[207] Diese Linie im Gottesverständnis in der Theologie des jungen Luther ist besonders übersichtlich dargestellt bei J. WICKS, Man yearning for Grace, 411-430. s. folgende Anm.

[208] Den Vorrang des pati, fieri vor dem esse betont Luther seit der Römerbriefvorlesung; vgl. J. WICKS, Man yearning for grace, 419 f: ,,Immer wieder betont Luther den Fortschritt im christlichen Leben, besonders in der Austreibung der bleibenden Wurzelsünde. Rechtfertigung ist ein wichtiger Anfang, aber vielmehr betont ist das Bewußtsein des Unfertigen und die lebenslange Aufgabe. Hier, meine ich, ist der zentrale synthetische Gesichtspunkt dieser Vorlesungen, d.h. der Mensch unterwegs. Es ist also eine konkrete, vitale, pastoral gerichtete Synthese — ja auch eine katholische Synthese in der Tradition von Augustinus und Bernhard''. Zur Galater-Vorlesung 1516/17: ,,alle Schriftwörter über den Christen sind als Vorgänge und nicht als fertige Zustände zu verstehen. Fieri steht hoch über esse'' (422). Daß in die oft von Luther beschriebene ontologische Reihe zuerst 'pati' gehört d.h. Sterben im Kreuz, in der Taufe, sollte gegenüber einem erneut drohenden sittlichen Mißverständnis im Blick bleiben. Vgl. W. JOEST, Ontologie der Person bei Luther. Göttingen 1967, 302-304. Der Kampf des Christen ist auf Erfahrung bezogen. Wir haben einstweilen versucht, dies zu umschreiben mit ,,In-der Erfahrung-Bleiben''.

bleybt eyn alter mensch wie vorhyn''[209]. Einwilligen in die Erfahrung und Bereitsein zum Sich-Verhalten in der Erfahrung ist Antwort des getauften Menschen, ineins mit dem weitergehenden göttlichen Bundesversprechen. An dieser Stelle wird deutlich, daß es sich nicht wie z.B. im täuferischen Verständnis ds lebenslangen Kampfes gegen die Sünde um einen Kampf gegen die ,,niedere Konstitution des Fleisches'' handelt, wobei unter ,,Fleisch'' die niedere Schicht der natürlich-sinnlichen Vermögen im Unterschied zu den höheren geistigen Vermögen verstanden ist[210]. Einen solchen Kampf, der in der Unterdrückung oder Beherrschung sog. 'niederer Triebe' bestünde, könnte der Mensch als Herr seiner Willenshandlungen allein führen, freilich in welchem Sinne ein solches Vorhaben der Wahrheit und Wahrhaftigkeit seiner Existenz dienen oder allenfalls zu einem Scheinsieg führen könnte, bliebe dabei zu fragen[211]. Es handelt sich

---

[209] WA 2, 730, 30-731, 2 = Bo A 1, 188, 38-189, 8.

[210] Vgl. Chr. WINDHORST, Täuferisches Taufverständnis (s.o. Anm. 175), 226: ,,Die Veränderung des Willens zum Guten, die Geistwerdung der Seele im Menschen durch die Wiedergeburt, gehört wesentlich zu dem inneren Geschehen der Geisttaufe; dies verursacht und ermöglicht die äußerlich sichtbaren Vorgänge von Bekenntnis und Verpflichtung in der Wassertaufe; die Konsequenz daraus ist der Kampf gegen die niedere Konstitution des Fleisches, seine tägliche Tötung durch Buße und Leiden in der Bluttaufe einerseits und das willige Tun des Guten andererseits''. Vgl. dazu die bei WINDHORST, 210 A. 141 angeführte Auslegung Hubmaiers zu Röm 7,18: ,,Also sollen auch all ander schrifften, sich drauff ziehende, es sey nichts gůts im menschen, das ist, in seynem fleysch, verstanden werden, denn die Bildung Gottes ist ye noch nit gar in uns auß gwischt...''. Hubmaier, Schriften 322. Vgl. auch WINDHORST, 250: ,,Das Kreuz des Christen führt weniger dazu, daß die Sünde als den ganzen Menschen bestimmende Macht und damit auch der Mensch als Sünder getötet wird, es führt vielmehr nur zur Tötung des Fleisches, das den Menschen zu Akten der Sünde verführt, die beendet werden müssen. Deshalb muß bei Hubmaier das Fleisch getötet werden durch die Bluttaufe als Buße und Leiden. Damit wird der Sitz des Bösen im Menschen vernichtet, das Hemmnis des Guten, in dem die höhere Konstitution des Menschen in Wort und Tat sich ausdrückt, nämlich der Geist''. Zu der im Sermon folgenden Stelle WA 2, 734, 14-23 hebt WINDHORST demgegenüber hervor, daß nach Luthers Verständnis des Werks der Taufe im Leiden des Christen wie im Taufsakrament Gott am Werk ist. ,,Diesem Werk ist der Leidende ganz untertan, so wie er dem Werk Gottes in der Wassertaufe ganz untertan geworden ist'' (251).

[211] Vgl. die sehr erhellenden Bemerkungen zu Wahrheit (Authentizität) und simulatio bei W. J. BOUWSMA, The two faces of humanism. Itinerarium italicum, 39f s.o. Kap. II, Anm. 179: zu Melanchthons Loci communes: ,,Thus he saw that the consequence of control over the affections (if such control were truly possible) would be not rationality but insincerity, the presentation not of a higher and rational self to the world but of an inauthentic self. ... This sense of the power and positive value of the passions was frequently the basis of an explicit attack on the Stoic ideal of apatheia, a point on which Stoicism seemed peculiarly unconvincing... Such a view required a fresh understanding of the Pauline meaning of 'flesh'. It had to be construed, not narrowly as the physical body, but more broadly as those tendencies that alienated every part of man from God. Melanchthon thought that 'flesh' must especially signify reason, the site of unbelief. At the same time the impulses of the body could be viewed more tolerantly...'', mit Auswirkung auf ein tieferes Verständnis der auch das Band der geschlechtlichen Gemeinschaft und die Seele umfassenden Gemeinschaft in der Ehe und

demgegenüber bei Luther um ein Gegenübersein und Betroffensein des Menschen als eines, dem Leiden begegnet (widerfährt) und der Übung hat; im 18. Abschnitt beschreibt Luther das Leben der Bischöfe und Pfarrer z.B. unter diesem Gesichtspunkt der Übung: ,,Die sollen alle stund, gantz woll durch ubet mit leyden und wercken, fertig seyn tzum todt''[212]. Es geht also darum, daß der Mensch in Leidens- und Erfahrungssituationen sich zu verhalten lernt und auf *wessen* Dabeisein in solchen Situationen es ankommt[213]. Die indirekte Gegenwart des Bundespartners und daß der Mensch das Wissen darum, nun Partner dieses verborgen, wie auch offenbar gegenwärtigen Verbündeten zu sein, einübt in den alltäglichen Situationen, das ist es, was er hier für den Alltag verspricht. Der Gegensatz lautet: alles beim Alten lassen, die böse Natur zur Herrschaft kommen lassen, in Sünde fallen, das in der Taufe angerufene neue Ich und seine Distanz zur Erfahrung irdischer Dinge wieder verlieren, oder, wie im Bund und in der Erfahrung der Kraft Gottes begonnen, so auch zu bleiben, wenn dem Getauften die Erfahrungen und Anmutungen des noch vorhandenen Alten begegnen, ihnen nicht mehr ohne Widerstand zu erliegen. Gott ist es, der den Getauften darin übt, Achtung! so heißt es nun.

Noch einmal wechselt die Rede und Folge der Bundesabsprachen zwischen Gott und dem Getauften zu Gott selbst hinüber: ,,Die weyl nu solch deyn vorpinden mit got steet, thut dyr gott widder die gnad, unnd det sich dyr, er wolle dyr die sund nit zurechnen, die nach der Tauffe ynn deyner natur seyn, will sie nit ansehen noch dich drumb vordamnen, leßt yhm dran gnugen, und hatt eyn wolgefallen, das du ynn steter ubung und begirden seyest, die selben zu todten, und mit deynem sterben yhr loß zu

---

für die Würde der Frau (39-41). — Zu Luthers Würdigung der Natur, die nicht zu verderben ist, gegenüber einer Werkerei s.u. S. 176 bei Anm. 242. Als Sünden, die sich unter der schönen Oberfläche der Werke regen, führt Luther an dieser Stelle an Hoffart, Haß und anderes böses Wesen. WA 2, 732, 37f = Bo A 1, 191, 6f. An einer früheren Stelle im 8. Abschnitt des Sermons finden sich in einer Aufzählung der natürlichen sündlichen Begierden ,,Zorn, Unkeuschheit, Lieb, Geiz, Hoffart und dergleichen''. Es handelt sich also um eine deformierte, depravierte Natur in Erscheinungen verschiedene Spielarten. WA 2, 730, 11f = Bo A 1, 188, 19. Erfahrungen solcher Art aufzufangen im Glauben und ihnen aktiv zu begegnen, ist Werk der Taufe und des zugesagten Bundes, der also die im Glauben zusammengefaßte Existenz des Menschen zum Inhalt hat. Die breite Erstreckung der Bedeutung der Taufe auf das Leben als leibliches Sterben, im vollständigen Zeichen des Untertauchens dargestellt und nicht auf eine innerliche Bedeutung sittlicher Art abgeschwächt, beschreibt so den totus homo als Geschöpf in der Hand Gottes.

[212] WA 2, 736, 19f = Bo A 1, 194, 23f.

[213] Vgl. Luthers Bemerkung in der Auslegung der Sieben Bußpsalmen, ein Christ solle als erstes vom Propheten lernen, mit allem, was ihm begegnet als Anfechtendes, zuerst zu Gott zu laufen, ,,es komme vom Teufel oder von Menschen''. WA 1, 159, 16-18.

werden"[214]. Im Folgenden zeigt sich die Konsequenz des Gesagten, daß der Mensch in seinem Ich nicht als isoliert gesehener Geist einer zu beherrschenden ,,niederen Konstitution'' gegenübersteht, sondern einerseits mit dem noch vorhandenen Alten als Realität zu tun hat, andererseits sich als Partner des Bundes mit Gott verstehen darf und soll: auch das Fallen und Sich-Finden in ,,alten'' Gedanken und Reaktionen führt nicht zum Verlust der Identität des Ich als Partner des Bundes, der das Geschehen mit seiner Zusage schon umgreift. Nicht einmal der volle und sofortige eigene Erfolg im Kampf gegen das Alte ist entscheidend. ,,Derhalben ob sich woll poß gedancken oder begirden regen, Ja ob du auch zu weylen sundist und fellest, ßo du doch widder auffstehest unnd widder ynn den bund trittest, ßo seyn sie ynn krafft des sacraments und vorpundtniß schon dahynn, alß sanct Paulus Roma. 8 [V. 1] sagt. Es vordampt die naturlich böße sundliche neygung keynen, der yn Christo glaubt, ßo sie nit folgen und vorwilligen den selben. Und S. Johannes der Ewangelist yn seyner Episteln [1 Joh 2,1] spricht: Und ob yhemant viele yn sund, ßo haben wir eynen fürsprecher fur gott, Jhesum Christum, der eyn vorgebung worden ist unßer sund. Dasselbe geschicht alles yn der tauff, da wirt unß Christus geben, wie wir hören werden ym folgenden sermon''[215]. Christus, in der Taufe uns gegeben: dieser Name enthält die entscheidende Zeitangabe des Bundes: in ihm ist der alte Adam, das Alte in uns selbst und in der Welt (der Christ wird dies beides im Unterschied zum Zeloten in ihm selbst immer gerade nicht genau unterscheiden können und wol-

---

[214] WA 2, 731, 3-8 = Bo A 1, 189, 9-14.

[215] WA 2, 731, 8-17 = Bo A 1, 189, 14-25. Hier erweist die Aussage des Sterbesermons ,,Dan Christus ist nichts dan eytell leben, seyn heyligen auch, yhe tieffer und vehster du dir diß bild eynbildest und ansihest, yhe mehr des todts bild abfelt und von yhm selbs vorschwindt...'' ihre Bedeutung im *Leben* des Getauften, das mit der Taufe gerade erst beginnt. — Eine ,,Kirche der Reinen'' mit Bann und Kirchenzucht, wie sie Hubmaier vorschwebte (oder eine Gesellschaft der ,,Sauberen''), kann im Sinne *dieses* Bundesverständnisses trotz aller Abgrenzung von den Ungetauften im Anfang des Sermons niemals das ,,Volk Christi'' sein, dessen Gliedern in der Taufe die Seligkeit trotz der noch gebliebenen Sünde im Fleisch schon geschenkt ist. s. Chr. WINDHORST, Täuferisches Taufverständnis, 254f zu Hubmaiers Forderung der Glaubenstaufe, zusammen mit der Ausübung der Schlüsselgewalt zur ,,steten Reinhaltung der Kirche von fremden Elementen aufgrund des Taufgelübdes''. ,,Reinheit'' ist in Luthers Tauftheologie überhaupt nur mit dem Todesgedanken verbunden, d.h. im Zuspruch des Lebens durch Gott selbst und im Geübtwerden und Kämpfen um die mortificatio carnis in der Erfahrung, nicht ,,sittliche'' im Sinne eines Tugendgedankens zu verifizierende ,,Qualität''. Vgl. das ,,Durch-die Finger-Sehen'' Gottes im folgenden Absatz, in dem das ,,Schonen'' und ,,Den-Menschen-als Sünder-Dulden'' und sogar Seligmachen dieses Sünders, das den Schlußabschnitt des Sermons ganz bestimmt, schon anklingt. In diesem Sinne könnte man von einer göttlichen Toleranz im Sinne Luthers sprechen, während zugleich das Kämpfen gegen die Sünde, das Identifiziertwerden in der Erfahrung in unserem Sermon, d.h. das Sterben als Bedeutung der Taufe aufs stärkste betont wird.

len) ,,schon dahin'', schon hinter Gottes Rücken verschwunden, schon abgetan[216]. So lernt der Getaufte auch dies, daß er als Partner des Bundes nicht auf seinem eigenen ständigen Kampf gegen die Mächte des Alten steht, als handele es sich um eine verdienstliche Leistung mit Hilfe der Gnade; ist Christus sein Fürsprecher, so kommt darin zum Ausdruck, daß er auf eine neue Grundlage schon gestellt ist. Es geht zugleich um eine neue Sicht des Lebens in der Welt. Das zeichnet sich in den praktischen ethischen Konsequenzen des Taufbundes, die Luther anschließend darstellt, noch deutlicher ab.

Nach dieser ersten Darstellung des in der Taufe geschlossenen Bundes als eines von Gott und Mensch gemeinsam beschlossenen Programms, mit der Sünde fertig zu werden und sie anzureden, wie sie dementsprechend angeredet werden muß, führt die Darstellung des Sakraments den Leser noch durch eine Reihe weiterer Punkte: ein Zeichen, wie neuartig diese Betrachtung ist und wie sehr sie in Schritten, immer von neuem gegenüber der Erfahrung erarbeitet, eingeübt und befestigt werden muß.

Im 11. Abschnitt faßt Luther resumierend und mit historischem Bezug zu Augustins Sakramentslehre zusammen, was in der Institution der Taufe gegeben ist. Man erfaßt es, wenn man Sünde und Gericht Gottes als Hintergrund nicht verharmlost. Gilt jedoch für dieses letzte Gericht, daß Gott kraft seines im Bund gegebenen Versprechens ,,barmherzig durch die Finger sieht'', so ist die Taufe wirklich der größte Trost auf Erden als Eingang ,,in der Gnaden und Barmherzigkeit Urteil''[217]; Luther spricht hiervon wie von einem Haus, in das man eintritt. In diesem 'Haus' der Gnade und Barmherzigkeit wird die Sünde nicht gerichtet, sondern mit vielen Übungen ausgetrieben. Dieselbe Realitätssituation beleuchtete Augustin in einer von Luther gerühmten Formulierung, deren Wahrheit nun anschaulich aufgeht: ,,Alßo spricht sanct Augustinus eynen feynen spruch: Die sunt wirt yn der tauf gantz vorgeben, nit alßo, das sie nit mehr da sey, sondern, das sie nit zu gerechnet wirdt, als sprech er 'die sund bleybt wol biß yn den todt yn unßerm fleysch und regt sich an unterlaß, aber die weil wir nit dreyn willigen odder bleyben, ßo ist sie durch die tauff alßo geordenet, das sie nit vordamnet, noch schedlich ist, ßondern auß getilget wirt teglich mehr und mehr biß yn den todt' ''[218].

---

[216] WA 2, 731, 11 = Bo A 1, 189, 17.

[217] WA 2, 731, 20-22 = Bo A 1, 189, 28-31: ,,Drumb ist kein grösser trost auff erden, dan die tauf, durch wilch wir yn der gnaden und barmhertzigkeit urteyll treten, die die sund nit richtet, sondern mit vielen ubungen auß treybt''. 731, 18f = Bo A 1, 189, 26f: ,,Wan nu dißer bund nit were und gott nit barmhertziglich durch die finger sehe...''.

[218] WA 2, 731, 22-28 = Bo A 1, 189, 31-37. Die Stelle aus Augustins Schrift De nuptiis et concupiscentia 1, 25, 28 lautet (MSL 44, 429f): Si autem quaerantur, quomodo ista concu-

Luther umschreibt die mehr juridisch klingende Formulierung Augustins also in ihrer Bedeutung für das Verhältnis des Menschen zur Sünde in seinem ,,Fleisch''. Wie jemand im Bereich der Medizin, z.B. der Diabetiker oder der Herzpatient, es lernt, mit seiner Krankheit zu leben, z.B. nach genauem Kalorienplan und mit Wissen von dem, was er sich zumuten kann und sogar sollte, abgemessen und zugleich variabel, je nachdem die Werte sich verhalten und ändern, so ist die Krankheit in gewisser Weise versorgt, vorsichtig eingefaßt, als Realität einbezogen in das Verhalten, ist ihr Vorsorge geschehen in einer das Verhalten begleitenden Praxis, je nachdem das Empfinden der sich regenerierenden Kräfte sich ändert. ,,Derhalben soll niemant erschrecken, ob er fůle bőße lust und lieb, auch nit vortzagen, ob er schon fellet, sondern an seyn tauff gedencken und sich der selben frőlich trosten, das gott sich da vorpunden hatt, yhm sein sund zu tődten und nit zur vordamnůß rechen, ßo er nit dreyn williget odder nit drynen bleybt. Auch soll man die selben wůtend gedancken odder begirden, ya auch das fallen, nit an nemen zum vortzagen, ßondern als eyn vormanung von gott, das der mensch an seyn tauff gedenck, was er da geredt hatt, das er anruff gottis gnaden und sich ube zu streyten widder die sund, ya auch zu sterben begere, das er der sund můg loß werden''²¹⁹. Nicht verzagen! lautet also die tröstlichste Devise des Bundes in *seiner* Realitätsperspektive. Um es gleich in den erstaunlichen, schönen und ausgesprochen ermutigenden Worten des nächsten Abschnittes wiederzugeben, die an das Verhalten eines Seiltänzers erinnern: ,,Derhalben muß man gar keck und frey an die tauff sich halten und sie halten gegen alle sund und erschreckenn des gewißen, und sagen demutiglich 'ich weyß gar wol, das ich keyn reynß werck nit hab, Aber ich byn yhe taufft, durch wilch myr gott der nit ligen kan, sich vorpunden hatt, meyn sund myr nit zu rechnen, ßondern zu todten und vortilgen' ''²²⁰.

3. α) Wie verhält sich der im Folgenden herausgearbeitete ,,Glaube'', das dritte Stück des Sakraments, zur bisher dargestellten ,,Bedeutung'' des Sakraments? Erinnern wir uns an die Funktion dieses Glaubens, ,,da die Macht an liegt'', im Sermon Von der Bereitung zum Sterben: dort ging es um das Glauben und Nicht-Zweifeln, daß ,,dein Tod'', nicht nur der Tod der Anderen, ,,deine Hölle'' und ,,deine Sünde'' von Gott auf Christus gelegt und in ihm überwunden wurden, d.h. um das Beziehen

---

piscentia carnis maneat in regenerato, in quo universorum facta est remissio peccatorum..., ad haec respondetur dimitti concupiscentiam carnis, non ut non sit, sed ut in peccatum non imputetur.
²¹⁹ WA 2, 731, 29-37 = Bo A 1, 189, 37-190, 8.
²²⁰ WA 2, 732, 19-24 = Bo A 1, 190, 28-33.

der Sakramentszusage auf die eigene gegenwärtige und als möglich aus
dem Verborgenen heraustretende *Erfahrung* von Sünde, Tod und Hölle:
die Zusage Gottes arbeitet *so* mit im Tragen der Last des Sterbens, daß
Sünde, Tod und Hölle als zusätzlich bedrückende und einengende Bilder
der Anfechtung verschwinden, ja, sogar daß der 'dialektische' Charakter
des Sterbens als Eingang ins Leben in der Sprache der Verheißung in das
Bildwort von der „neuen Geburt'' als Grund zur Freude, Angst und darauf folgend Freude, gefaßt wird[221]. Im Bußsermon wurde durch das strenge Gebot des Glaubens *gegen* das böse Gewissen die alleinige Wahrheit
der Absolutionszusage gegen Menschenwort und -tat dem Menschen zu-
gemutet, bei Androhung schwerster Strafe für die Sünde gegen den Heiligen Geist und den 3. Artikel von der Vergebung der Sünde, eine neutesta-
mentlich-neue Krafterfahrung des Glaubens in der Vollmacht der Absolutionszusage Christi, Mt 9,1 ff, die dem darüber staunenden Menschen zu-
gemutet wird als Wagnis neuen Gebrauchs der Vollmacht[222]. Im Taufsermon, im Doppelgleichnis vom Sterben und Neugeschaffenwerden, schärft
Luther zugleich mit letztem theologischem Ernst und als Fazit seiner
bisherigen Theologie die Sünde als mit dem In-der-Welt-Leben des Menschen gegebene „böse Neigung'', die sich in vielen Anzeichen von Zorn,
Geiz, Hoffart, Begierde regt wie eine vielköpfige Hydra, ein, in einer an
das „magnificare peccatum'' der Römerbriefvorlesung[223] erinnernden
Weise. Die Sünde macht den ganzen Menschen böse, und jede kleinste
Regung dieser von Luther beschriebenen bösen, depravierten Neigungen
würde ihn vor Gott verdammen, wenn nicht Gott in der Taufe schon
begonnen hätte, die Ausgeburten dieser Sünde zu ersäufen, zu richten,
abzutun. Die Sünde ist identifiziert und wird jeweils identifiziert und so
abgetan: das ist Sache des gnädigen Rechnens Gottes, der in der Taufe
damit begonnen hat, den Menschen von neuem als seine Kreatur zu definieren, ihn neu zu erschaffen, in die Hand zu nehmen. Im strengen Sinne
„Definitionssache'' definiert die Taufe so den „simul peccator et iustus'':
„peccator re vera, sed iustus ex reputatione et promissione Dei certa,
quod liberet ab illo, donec perfecte sanet. Ac per hoc sanus perfecte est in

---

[221] s.o. S. 107-109, besonders zu § 16 des Sterbesermons und zum Verhältnis von Sterben
und Geburt im 3. und 20. Abschnitt.

[222] s.o. S. 139 zum Schlußabschnitt des Bußsermons § 21; zum strengen Gebot des Glaubens s.S. 130f.

[223] WA 56, 157, 2-6 = Bo A 5, 222, 1-6 zu Röm 1,1: Summarium huius epistole est de-
struere et evellere et disperdere omnem sapientiam et iustitiam carnis (id est quantacunque
potest esse in conspectu hominum, etiam coram nobis ipsis), quantumvis ex animo et synce-
ritate fiant, et plantare ac constituere et magnificare peccatum (quantumvis ipsum non sit
aut esse putabatur).

spe, in re autem peccator, sed initium habens iustitiae, ut amplius querat semper, semper iniustum se sciens''. So formulierte Luther es zu Röm 4,7 f 1515/16[224]. Die Formulierung unserer Stelle mit der Betonung des Bundes und des Glaubens in das Verbündnis Gottes geht nun, wie es scheint, ein wenig darüber hinaus, ebenso wie der Taufabschnitt in De captivitate babylonica 1520[225]: Das Sakrament „bedeutet" nicht nur Tod und Auferstehung am Jüngsten Tag, sondern beginnt schon, wirkt schon Sterben der Sünde und neues Leben, verbündet uns mit Gott, der als Definitor unserer Existenz zu handeln begonnen hat und dafür entschieden,,,uns zu achten, als wären wir ohn Sünd" und selber die Sünde zu töten und zu vertilgen. So ist, im Sprachgebrauch der Römerbriefvorlesung gesprochen, der Mensch als gerade entstehendes Geschöpf Gottes kraft des Bundes re vera iustus. Und doch bleiben in seiner Natur noch natürliche Bösheiten (der depravierten Natur) zurück, die auch alle seine guten Werke vor Gott mit qualifizieren. Ihnen gegenüber hat der Mensch jedoch im Taufbund den Stand gewonnen, auf den er sich berufen kann, mit Hinweis auf die Zusage Gottes als „rechtskräftige Zusage mit soforti-

---

[224] WA 56, 272, 17-21 = Bo A 5, 241, 13-17. Vgl. die übrigen Bezugnahmen auf die göttliche imputatio in unserem Sermon: WA 2, 731, 4-7 = Bo A 1, 189, 10-14: ,,...vorpindet sich dyr, er wolle dyr die sund nit zurechnen, die nach der Tauffe ynn deyner natur seyn, will sie nit ansehen noch dich drumb vordamnen, leßt yhm dran gnugen, und hatt eyn wolgefallen, das du ynn steter ubung und begirden seyest, die selben zu todten...''. — WA 2, 731, 18f. 22-25. 30-33 = Bo A 1, 189, 26f. 31-33. 190, 1-3: ,,Wan nu dißer bund nit were und gott nit barmhertziglich durch die finger sehe...''; (Augustinzitat) ,,Die sunt wirt yn der tauf gantz vorgeben, nit alßo, das sie nit mehr da sey, sondern, das sie nit zu gerechnet wirdt''...; ,,und sich derselben frölich trosten, das gott sich da vorpunden hatt, yhm seyn sund zu töhten und nit zur vordamnuß rechen, ßo er nit dreyn williget odder nit drynen bleybt''. — WA 2, 732, 11-16. 22-24 = Bo A 1, 190, 19-25. 31-33: ,,das er nit anderß reyn heyst, dan das er angefangen ist, reyn tzu werden, und der selben reynickeyt eyn zeichen und bund hatt, und yhe mehr reyn werden soll, umb wilchs willen yhm gott seyn nachstelligen unreynickeyt nit rechnen will, unnd alßo mehr durch gottis gnediges rechnen dann seyns weßens halben reyn ist, wie der prophet sagt ps. 31: Selig seyn die, den yhre sund vorgeben seyn. Selig ist der mensch, dem gott seyn sund nit zu rechnet... Aber ich byn yhe ·taufft, durch wilch myr gott, der nit liegen kan, sich vorpunden hatt, meyn sund myr nit zu rechnen, ßondern zu todten und vortilgen''. WA 2, 732, 25-28; 732, 33-733, 3 = Bo A 1, 190, 34-37; 191, 1-9: ,,Alßo vorstehen wyr nu, das unser unschuld von der tauff gantz und gar der gotlichen barmhertzickeit halben ßo heyst, die solchs angefangen... und unß achtet, alß weren wyr an sund''. ,,Darumb ist das eynn großer yrthum die do meynen, sie seyen durch die Tauff gantz reyn worden... Neyn, es ist nit alßo, Es muß die sund, bößneygung, fur ware sund erkant werden, das sie aber unschedlich sey, gottis gnaden zu schreybe, der sie nit rechnen will...''. WA 2, 734, 7-10 = Bo A 1, 192, 13-16 im Zusammenhang mit dem Bußsakrament, das das Werk der Taufe wieder anzieht: ,,Dan die weyl ich glaub, das mir gott die sund nit rechnen will, ßo ist die tauf crefftig, und sein die sund vorgeben, ab sie wol noch da bleyben eyns grössen teyls. Darnach folget das außtreyben durch leyden und sterben''.
[225] s.o. Anm. 184 und u.S. 189 bei Anm. 281.

ger Wirkung''[226] und auf die zuverlässige Kontinuität des Bundes Gottes, der hält, was er verspricht; ein Stand, auf dem er sich frei bewegen kann: als sei die Arche Noahs schon wieder auf dem Berg gelandet und Konturen von Luft und Raum würden spürbar; im 6. Abschnitt des Sermons führte Luther die Sündflutgeschichte als Anzeige der Taufe im Alten Testament nach 1 Petr 3,20 f und Ps 28,10 (Vg) an.

Daß der Glaube der Grund alles Trostes ist, bedeutet in diesem Sakrament also: angesichts der noch vorhandenen Sünde an die Zusage Gottes in der Taufe sich in aller Freiheit, in Demut angesichts der Realität, aber doch in wahrhaftigem Bekenntnis zum schon geschlossenen Bund, halten.

β) Wie im Bußsermon, so geht Luther auch in diesem Sermon mit dieser in den Abschnitten §§ 9-12 dargestellten Hauptsache vor Augen die in der Praxis gefundenen Auffassungen an. Im Vergleich mit dem Geschehen und der Wahrheit des Taufsakraments, wie er sie im Vorangehenden darstellte, werden sich dabei verschiedene Irrtümer identifizieren lassen.

Das Nichtwissen von der Sünde nach dem Getauftwerden ist der erste Zustand, in dem Luther Menschen findet. Sie glauben, ganz rein zu sein, sehen die Sünde nicht und setzen sich nicht mit ihrer Realität auseinander. Ihr Handeln richtet sich vielmehr auf äußerliche Werke; daß unter dieser Oberfläche Hoffart, Haß und andere Bösheit wachsen und stärker werden, nehmen sie nicht wahr. Luther verdeutlicht dies an dem Bemühen des Menschen um Genugtuung (als Teil der Buße, wie es im Bußsermon ausführlich dargestellt wurde): als könne man damit die Sünde tilgen und ablegen, während die Reihenfolge doch lautet: nicht die Werke treiben die Sünde aus, sondern die Austreibung, Vergebung der Sünde tut gute Werke[227]. Die Taufe glauben sie als Start, als ein Herausgehobensein hinter sich gelassen zu haben, nun sehen sie nur auf das, was jetzt ihre Sünden tilgen soll, nämlich die Werke. Und so machen sie sich und anderen böse erschrockene, unsichere Gewissen, haben keine Gewißheit Gott gegenüber; als sei die Taufe durch die Sünde verloren. In seiner eingehenden Erörterung des Taufsakraments in De captivitate babylonica 1520 wird Luther hier ausdrücklich die auf Hieronymus zurückgehende Sicht der Buße als der zweiten Rettungsplanke für die nach der Taufe schiffbrüchig Gewordenen als die Ursache solcher Unsicherheit und Werkbesessenheit angreifen[228]. Hier beschränkt er sich auf die Warnung:

---

[226] O. BAYER, Promissio, 347.

[227] WA 2, 715, 6f = Bo A 1, 176, 18f, s.o. S. 84.

[228] WA 6, 527, 12-22; 529, 24-32 = Bo A 1, 460, 18-30; 463, 4-13: prebuit his opinionibus occasionem verbum illud periculosum divi Hieronymi, sive male positum sive male intellectum, quo poenitentiam appellat secundam post naufragium tabulam, quasi baptismus

,,Da hůtt dich fur bey leyb''[229]. Das Fallen in Sünde ist gerade die Zeit, in der der Mensch am allerstärksten an seine Taufe sich erinnern soll, ihrer gedenken, nicht als eines bloß vergangenen Vorgangs, sondern des Bundes, den Gott dort mit ihm geschlossen hat: alle Sünde zu vergeben, ,,ßo er widder sie fechten will biß yn den tod''[230]. Die Erfahrung der Sünde läßt ihn so gleichzeitig tröstlich der Gegenwärtigkeit der noch weitergehenden Zusage des Bundes Gottes innewerden. Darin hat er Gewißheit gegen alles, was ihn anfallen könnte: ,,Auff die selbige warheit und vorpindung gottis muß man sich frŏlich erwegen: ßo geht die tauff widder yn yhrem werck und crafft, ßo wirt das hertz widder zu friden unnd frŏlich, nit yn seyne werck odder gnugthuung, sondern yn gottis barmhertzickeit, die yhm yn der tauff zu gesagt ist, ewiglich zu halten, und an dem glauben muß man alßo fest halten, das, ob auch alle creature und alle sund eynen ubirfielen, er dennoch dran hange, angesehen, das, wer sich davon lest dringen, der macht gott zu eynem lugner yn seynem vorpinden an dem sacrament der tauff''[231]. Ein Widerstehen gegen die Werkfaszination und Nötigung zu Werken auf Grund von Schuldangst wird hier mit dem strengeren Gebot, Gott nicht zum Lügner zu machen, hilfreich begründet. Der ,,Glaube, da die Macht an liegt'', erweist sich in der allergrößten Anfech-

---

non sit poenitentia. Hinc enim, ubi in peccatum lapsi fuerint, de prima tabula seu nave desperantes velut amissa, secundae tantum incipiunt niti et fidere tabulae, id est poenitentiae. Hinc nata sunt votorum, religionum, operum, satisfactionum, peregrinationum, indulgentiarum, sectarum infinita illa onera et de iis maria illa librorum, quaestionum, opinionum, traditionum humanarum, quas totus mundus iam non capit, ut incomparabiliter peius habet Ecclesiam dei ea tyrannis, quam unquam habuit synagogam aut ullam nationem sub coelo. ...Manet illa una, solida et invicta navis... quae est veritas dei in sacramentis promittens. Im Folgenden gebraucht Luther eindrücklich das Bild derer, die auf solche Verzauberung hin leichtsinnig aus dem Schiff ins Meer springen, d.h. 'deserta promissionis fide in peccatum sese praecipitant. Verum navis ipsa permanet et transit integra cursu suo, quod si qua gratia ad navem reverti potest, nulla tabula, sed solida ipsa nave feretur ad vitam: hic est, qui ad promissionem dei stabilem et manentem per fidem revertitur'.

[229] WA 2, 733, 7-15 = Bo A 1, 191, 14-23: ,,Der art seyn auch die, die do meynnen, yhre sund mit gnugthuung tilgen und ablegen, Kummen auch ßo ferne, das sie der tauff nit mehr achten, gerad als hetten sie der tauff nit mehr bedurfft, dan das sie erauß gehaben seyn, wissen nit, das sie durchs gantz leben, biß yn den todt, ya am Jungsten tag crafft hatt, wie droben gesagt. Drumb meynen sie ettwas anders zu finden, die sund zuvortilgen, nemlich die werck, unnd machen alßo yhn selb und allen andern bŏß erschrockene unsichere gewissen, vortzagung am todt, und wissen nit wie sie mit gott dran seynd, achtens, die tauff sey nu durch die sund vorloren und nit mehr nutz. Da hůtt dich fur bey leyb''.

[230] ,,Dan wie gesagt, Ist yemant yn sund gefallen, ßo gedenck er am stercksten an seyn tauff, wie sich gott daselb mit yhm vorpunden hatt, alle sund zuvorgeben, ßo er widder sie fechten will biß yn den tod''. WA 2, 733, 16-18 = Bo A 1, 191, 23-26.

[231] WA 2, 733, 18-26 = Bo A 1, 191, 26-33. Vgl. im Bußsermon WA 2, 717, 28-30 = Bo A 1, 179, 5-7: ,,ßo soltu das mit solchem glauben an nehmen, das du dich soltest lassenn zu reyssen, vill mal todten, ja alle creature vorleugnen, ehe du drann zweyffeltest, es sey alßo vor gott...''.

tung des Teufels: ,,Den glauben ficht der Teuffell am meysten an, wen er den umbstosset, ßo hat er gewonnen''. Es geht hier aufs neue um den Charakter des Bußsakraments, nun von der Taufe aus gesehen: ,,Dann auch das sacrament der Puß, davon gesagt ist, seynen grund an dißem sacrament hatt, Die weyll alleyn denen die sund vorgeben werden, die getaufft seyn, das ist, denen gott zugesagt hat sund vorgeben, alßo das der puß sacrament ernewert und widder antzeugt der tauff sacrament, als sprech der priester yn der absolution 'Sich, gott hat dir deyn sund itzt vorgeben, wie er dir vorhin yn der tauff zugesagt und mir itzt befolen, yn crafft der schlussell, und kumpst nu widder yn der tauffe werck unnd weßen'. Gleubstu, ßo hastu. Zweyffelstu, ßo bistu vorloren. Alßo finden wir, das die tauff durch sund wirt woll vorhindert an yhrem werck, das ist vorgebung und tödtung der sund, aber allein durch den unglauben yrs wercks wirt sie zu nichte...alßo gar ligt es alles am glauben''[232]. Der Glaube gegenüber dem Sakrament ist also Realitätsbehauptung: Realitätsbehauptung des Werks der Taufe trotz und angesichts neuer Erfahrung noch bestehender Sünde. So kommt es an dieser Stelle darauf an, daß der Bund der Taufe für beides zuständig ist: für den Beginn, die Vergebung der Sünde, *und* für die über das Leben hin geschehende Austreibung der Sünde. Keine neue Instanz hat Macht, hier aus Gottes Werk und aus dem Glauben den Menschen hinauszunötigen auf Werke, mit denen er angeblich sich die Gnade Gottes erst neu verdienen müsse: ,,Die vorgebung der sund erlangt der glaub, ob sie woll nit gantz außtrieben seyn, Aber die sund außtreyben ist ubung widder die sund und zuletzt sterben...Es ist aber als beyd der tauff werck''[233]. Gegen diese Realitätsbehauptung, die

---

[232] WA 2, 733, 27-39 = Bo A 1, 191, 34-192, 6.

[233] WA 2, 733, 39-734, 5 = Bo A 1, 192, 7-11: ,,Und wan ich solt clerlich sagen, Szo ist es eyn ander ding, die sund vorgeben und die sund abzulegen odder auß zu treyben. Die vorgebung der sund erlangt der glaub...''. Zum Verständnis des Glaubens, der in diesen Situationen mehr ist als die Realität der Erfahrung, ist hier vorblickend zu erinnern an die Formulierung Luthers zur Auslegung des 1. Glaubensartikels in ,,Eine kurze Form der zehn Gebote. Eine kurze Form des Glaubens. Eine kurze Form des Vaterunsers'' 1520, WA 7, 216, 10-13 = Bo A 2, 48, 32-35: ,,Ich glaub nichts deste weniger, ob ich eyn ßunder byn. Dan dyßer meyn glaub soll und muß schweben uber alles was do ist und nit ist, uber sund und tugent und uber alles, auff das er ynn gott lauterlich und reyn sich halte, wie mich das erste gepot dringt''. (angeführt bei Friedrich GOGARTEN, Die Wirklichkeit des Glaubens. Zum Problem des Subjektivismus in der Theologie. Stuttgart 1957, 89). Vgl. Luthers Auslegung zu Psalm 6,2 in den Operationes in Psalmos, in der Gen 1, 2 'spiritus fertur super aquas' verbunden ist mit Röm 8, 26 'et gemitus inenarrabilis solus est reliquus', um das Schreien des Angefochtenen zu Gott auszudrücken. WA 5, 203, 30f. Für unseren Sermon und die Verbindung von *Sakrament* und Glaube ist demgegenüber die Begründung des Glaubens und das Pochen auf die extern gegebene Sakramentszusage charakteristisch, das Gebot des Glaubens begegnet also in Verbindung mit der gegebenen Zusage, die Gott wahrmachen will.

ein Vertrauen auf die von Gott gegebene Zusage ist, die er auch einlösen wird, richtet der Teufel auch im Bußsakrament seinen Angriff: ,,Dein rew und werck mugenn dich triegenn, und der teuffell wirt sie gar bald umbstoßen ym todt und yn der anfechtung. Aber Christus, deyn gott, wirt dir nit liegen noch wancken, und der teuffell wirt yhm seyne wort nit umb-stossen, und bawst du darauff mit eynem festen glauben, ßo stehst du auff dem felß, da widder die pforten und alle gewalt der hellen nit mugen be-steen''[234]. Im Blick auf das Abendmahl heißt es ähnlich im Sterbesermon: ,,Derhalben ist nit schimpfen mit den sacramenten, Es muß der glaub da seyn, der sich drauff vorlasse und frölich wage yn solch gottis zeychen unnd zusagen. Was were das fur eyn seligmacher odder gott, der unß nit mocht odder wolt vom tod, sund, hell selig machenn? Es muß groß seyn, was der rechte gott zusagt und wirckt. Szo kumpt dan der teuffell und blysset dir eyn 'ja wie, wan ich dan die sacrament hett unwirdig empfan-gen und mich durch meyn unwirdickeit solcher gnaden beraubt?' Hie mach das Creutz fur dich, las dich wirdickeit, unwirdickeit nichts anfech-ten, schaw nur zu, das du glaubst es seyn gewisse zeychen, ware wort gottis, ßo bistu und bleybst wol wirdig: glaub macht wirdig, zweyfell macht unwirdig. Darumb will der böße geyst dir an der wirdickeit und unwirdickeit furwenden, das er dyr eynen zweyffell unnd da durch die sacrament mit yhren wercken zu nichte und gott yn seynen worten eynen lügner mache''[235].

Daß Luther in bestimmter Hinsicht nur empfehlen kann, spontan das Kreuz zu schlagen, zeigt, worum es hier, mit letzter geistiger Entschieden-heit geht, im Gefühl unverwechselbar empfunden: Blasphemie, gegen-über dem Versprechen des schenkenden gütigen Gottes dem Menschen Zweifel und Mißtrauen suggestiv einzuflüstern und auf Werke abzulen-ken. Das Große Gott nicht zuzutrauen, das Wunder, und so die Ehre sei-nes Schöpferseins ihm nicht zu lassen: das ist die in den gequälten Werken liegende Lästerung, von der Luther auch im Schluß dieses Sermons spricht, um die Größe des *wahren* Gottes im Werk der Taufe demgegen-über zu loben und zu preisen: ,,ich besorg, der undanck vordient hatt, das wyr blind worden, nit wirdig geweßen seyn solch gnad zu erkennen, und die gantz wellt voll tauff und gnad gottis geweßen und noch ist, wir aber ynn die engstlichen eygene werck, darnach ynß ablaß unnd der gleychen falsche troste vorfuret seyn, vormeynt, gott nit eer zutrawen, wyr weren dann frum und gnug gescheen fur die sund, alß wolten wyr yhm seyne

---

[234] WA 2, 716, 7-12 = Bo A 1, 177, 20-25.
[235] WA 2, 693, 29-694, 6 = Bo A 1, 169, 39-170, 13.

gnad abekauffen odder betzalen. Furwar wer Gottis gnaden nit alßo achtet, das sie yhn als eynen sunder dulden und selig machen werd, unnd
alleyn seynem gericht entgegen geht, der wirt gottis nymmer frolich, mag
yhn auch widder lieben noch loben. Aber ßo wyr hŏren, das er yn der tauff
bund unß sunder auff nympt, schonet und macht unß reyn von tag zu tag,
und das festicklich glewben, muß das hertz frolich werden, gott lieben und
loben. Also spricht er ym propheten [Mal 3,17]: Ich will yhr schonen wie
eyn vatter seynem kind. Drumb ist nott, das man der hochgelobten majestet, die sich kegen unß arme vordampte wurmleyn ßo gnedig und barmhertzig ertzeiget, danck sage, und das werck, wie es an yhm selbs ist,
großmache und erkenne''[236]. Liebe und Lob zu unterdrücken ist also der
Wunsch des Teufels, durch die ängstlichen eigenen Werke. Demgegenüber ist hier, im Bund der Taufe, in der göttlichen Ordnung, ordinatio divina des Taufsakraments tatsächlich die wunderbare göttliche Ordnung
der Gnade, Geduld und Barmherzigkeit als die wahre ,,Ordnung der
Dinge'', als wunderbare Wirklichkeit, gegenüber der Fiktion einer Ordnung der Vergeltung und der Verdienste vor Gott, in der Erfahrungswelt
der Menschen sogar institutionell angebahnt[237]. Wer Ohren hat zu hören,

---

[236] WA 2, 736, 36-737, 13 = Bo A 1, 194, 40-195, 14.

[237] Von einer 'Ordnung der Barmherzigkeit' als Luthers Verständnis des Bundes Gottes
spricht Bernhard HAMM, Promissio, pactum, ordinatio. Freiheit und Selbstbindung Gottes
in der scholastischen Gnadenlehre. BHTh 54. Tübingen 1977, und formuliert S. 383 A. 179
sehr prägnant auf Grund vorher durchgeführter Vergleiche zwischen dem Verständnis des
Begriffs 'pactum Dei' in der mittelalterlichen und spätmittelalterlichen Tradition einerseits
und in der frühen Theologie Luthers andererseits: ,,Bei Luther ist uns im Rahmen des pactum dei niemals der iustitia-Begriff (als Bezeichnung der vergeltenden Gerechtigkeit) in positiver Bedeutung begegnet; auch die Vertragsordnung in sich ist eine Ordnung der Barmherzigkeit''. B. HAMM verweist dazu besonders auf Schol. zu Ps 118, 41 (WA 4, 329, 26-36)
und Schol. zu Ps 118, 76 (WA 4, 344, 2f). ,,Durch pactum und promissio vollzieht sich nicht
wie in der franziskanischen Tradition der Übergang von der misericordia zur iustitia, von
der Zuwendung Gottes im Akt der freien Selbstbindung zur Gültigkeit der faktischen Ver-
geltungsordnung; auch die heilsgeschichtliche Wirkung der Selbstbindung Gottes bleibt von
der immer gegenwärtigen misericordia dei bestimmt, die der unüberholbaren Aktualität der
Sünde entspricht. So ist die Verheißung für Luther kein fernes Datum der Vergangenheit,
sondern gegenwärtige Anrede Gottes''. (383). — Im Zusammenhang des Bundesgedankens
richtet sich das Interesse des von B. HAMM durchgeführten Vergleichs besonders auf die Sakramentssermone Luthers von 1519: ,,In diesem Zusammenhang gewinnen dann die drei
Sakramente Buße, Taufe und Abendmahl durch die mit ihnen verknüpften Verheißungen...
eine zentrale Bedeutung für Luther; ja, man kann sagen, daß sich Luthers
neue Sicht der promissio als gewißmachenden äußeren, mündlichen und öffentlichen Zuspruchs erst in dem durch den Ablaßstreit geförderten Bemühen um ein Neuverständnis der
institutionellen Sakramente...herausgebildet hat''. (386). B. HAMM bezieht sich hier auf die
Formulierung H. A. OBERMANS aus: Wir sein pettler. Hoc est verum. Bund und Gnade in
der Theologie des Mittelalters und der Reformation. ZKG 78 (1967), 232-252; dort S. 251
A. 113: ,,Auch wenn der pactum-Begriff seit der Römerbriefvorlesung in zunehmendem
Maße durch die Begriffe 'promissio' und 'evangelium' absorbiert wird, so bezeichnet er

der höre. Selig die Augen, die sehen, was ihr seht! Lk 10,23; Mt 13,16.
Wie in den Evangelien angesichts der Predigt Jesu ist jedoch hier gleich-

doch auch weiterhin den objektiven und *zuverlässigen Kontext* des Glaubens und damit die
Grenze für Luthers These 'Glaubst du, so hast du' ''. — Wir werden auf diese Formulierung an späterer Stelle noch zurückkommen. Sie faßt u.E. mit den Beobachtungen B.
HAMMS zusammen, was auch in unserer Untersuchung bisher als Wichtigstes in den Mittelpunkt trat: das Verhältnis des Glaubens zum im Sakrament gegebenen Wort, das in sich
eine Geschichte hat bzw., wie man auch sagen könnte, eine Geschichte wird oder eine
Geschichte hervorbringt, ,,zeitigt''. In welchem Sinne hier vom 'Objektiven' im Blick auf
den zuverlässigen Kontext des Glaubens zu sprechen ist, welche Bedeutung die Beziehung
zur Bibel in diesem Zusammenhang hat, scheint uns dafür der wichtigste Gesichtspunkt zu
sein. s.u. S. 186 bei Anm. 268. — Zur 'Ordnung der Barmherzigkeit' vgl. die Auslegung
der Parabel vom Schalksknecht (Mt 18, 21-35) bei Eta LINNEMANN, Gleichnisse Jesu, Einführung und Auslegung. Göttingen (1961) 3. erg. Aufl. 1964, 117-119: ,,Offenbar ist Barmherzigkeit ihrem Wesen nach etwas anderes als eine vereinzelte Begebenheit, die wir uns widerfahren lassen könnten mit dem erleichternden Gefühl, noch einmal davongekommen zu
sein, um im übrigen alles so weitergehen zu lassen, wie wir es gewohnt sind. Sie scheint den
Charakter einer Ordnung zu haben, so, wie das Recht eine Ordnung ist. Damit bringt das
Gleichnis etwas ans Licht, das uns im allgemeinen verborgen ist...
    Nur die Erfahrung kann zeigen, daß die Barmherzigkeit die Ordnung der Dinge ist, und
diese Erfahrung kann ich nur machen, wenn ich mich auf sie einlasse. 'Wenn ihr glauben
würdet', so heißt es, 'würdet ihr die Wunder Gottes sehen!' [Joh 11, 40]. Aber Erfahrung ist
nie eindeutig, und erst am Ende kann sie sich erweisen, was der Sinn der Wirklichkeit war.
Der Glaube muß gewagt werden. Er darf und kann aber gewagt werden, weil uns das Wort
Jesu als Wahrheit überwunden hat...'' (119). — Der scheinbar rationale Klang dieser Sätze
darf das ,,Nur die Erfahrung kann zeigen...'' (119) nicht übertönen: dem, was die Barmherzigkeit Gottes *an uns tut*, gilt es, sich anzuvertrauen. ,,Glauben'' bedeutet hier also, wie in
Luthers Sakramentsauslegung, besonders am Schluß des Sterbesermons deutlich wurde —
,,warum sollte er dir nicht etwas Großes, als Sterben ist, auflegen, wann er so groß Vorteil,
Hilf und Stärk darzu tut, auf daß er versuche, was seine Gnade vermag'' — ein Vertrauen
zur Erfahrung unter dem Vorzeichen, daß sie durch die Zusage der Barmherzigkeit Gottes
eindeutig geworden ist und eindeutig wird, als sie eindeutig sich erweisen wird, wenn
sie im Glauben als von Gott mir zugut gegeben angenommen wird. — Eine nahe Beziehung
ergibt sich vor allem zu unserer Stelle im vorletzten Abschnitt des Taufsermons: Als Zeichen
und Argument für die Ordnung der Barmherzigkeit Gottes ist mit dem Schlußabschnitt des
Taufsermons und Mal 3, 17 das ,,Schonen, wie ein Vater seinem Kind'' in Gottes gnädigem
Dulden des Sünders angesprochen. Vgl. die Berufung Jesu auf das Verhalten gütiger Eltern
als das ,,natürliche'' Verhalten gegenüber dem um Brot bittenden Kind, selbst in den Argen
dieses Geschlechts zu finden, Mt 7, 11, als Bild und Gleichnis für die den Bittenden
verheißene Gabe des heiligen Geistes. *Gegenüber den Bittenden* kommt so die Urordnung des
Bundes Gottes, auf der auch das gesamte menschliche Leben beruht, das ,,Wir sind Bettler.
Hoc est verum'', aufs neue als die Wahrheit zur Erfahrung, nach der sich der Glaube aus-
streckt und die ihm im Gnadenversprechen des Bundes zugesagt ist. Vgl. den o. angeführten Aufsatz von H. A. OBERMAN, ZKG 78 (1967). In diesem Verständnis des Bundes
Gottes handelt es sich, wie auch B. HAMM, Promissio, pactum etc., 385ff betont, nicht nur
um ein später überwundenes Stadium einer frühen humilitas-Theologie Luthers, sondern
um ein bleibendes Konstituens seiner Theologie. Den Gegensatz der Theologie Luthers zu
einem im liberum arbitrium des handelnden Menschen angesichts der belohnenden oder
bestrafenden Gerechtigkeit Gottes endenden Gedanken der Selbstbindung Gottes faßt B.
HAMM, Promissio, pactum, 389 zusammen: ,,Luther hingegen macht mit dem externen und
zugleich exklusiven Charakter der Extra-Dimension radikal ernst, indem er die Verheißung

zeitig von der Blindheit zu sprechen, die dem Menschen angesichts der wunderbaren Erfahrung der Größe Gottes erst aufgeht: ,,...wir aber...vormeynt, gott nit eer zutrawen, wyr weren dann frum...''!

γ) In den folgenden Abschnitten §§ 16-20 folgt nun noch eine sehr anschauliche Fortsetzung der Darlegungen über das Wesen der Taufe und die ihrem Verständnis entgegenstehenden Irrtümer als Beschreibung des Lebens, in dem der Taufe Folge getan wird. Ein frommes Leben, nach dem viele Menschen fragen, kann man aufs leichteste finden: im Werk der Taufe ist es gegeben. Welche Erwartung darf der Mensch an dieses Leben richten? Hier kommt nun der Gedanke des Sterbens zur Wirkung. Eines ist dem Menschen, der im Werk der Taufe wandeln will, nicht verheißen: Ruhe, Gemach und Genüge, ein friedliches Leben. Dieses, sofern es ihm als Ideal vorschwebte, hat die Taufe ihm ,,zu lauter vorgifft gemacht'', d.h. es ist ihm nicht bekömmlich, nicht seiner wirklichen Situation gemäß, sondern das größte Hindernis für die Erfüllung dessen, was in seiner Geschichte und Erfahrung durch die Zusage des Taufbundes als ,,synthetische''Wahrheit von Auferwecktwerden und Sterben, Kämpfen gegen die Sünde, als ,,Wandeln im Werk der Taufe und zu ihrem End kommen''

---

der Sündenvergebung als immer gegenwärtige Anrede Gottes, die dem bleibenden Sündersein des Menschen entspricht, in die Geschichte einbrechen läßt, sie enthistorisiert. Der Externitätscharakter der Verheißung ist nun Ausdruck dessen, daß durch sie dem Sünder die Gerechtigkeit als externe Gerechtigkeit extra nos immer neu zugesagt und damit der Blick auf das eigene Leistungsvermögen, auch auf subtile Formen eines disponierenden facere quod in se est und das von der rechtfertigenden Gnade formierte Leistungsvermögen, grundsätzlich verwehrt ist. Darin erweist die promissio ihre unüberholbare Exklusivität. So kommt Luther zu einem Umsturz des mittelalterlichen Verdienst- und Lohnsystems, das durch den traditionellen Selbstbindungsgedanken gerade gestützt wurde''. — Im Gespräch und in der Auseinandersetzung mit O. BAYERS teils kritischer, teils positiver Würdigung der Sermone von 1519 bleibt nun noch zu erweisen, inwiefern ,,legislatorisch'' verstandene und ,,prädikatorisch exekutive'' promissio (vgl. dazu B. HAMM, Promissio, pactum, 384) in Wahrheit kein Gegensatz sind und nicht gegeneinander ausgespielt werden dürfen. Im ,,Wahrheits''-Verständnis der Bundeszusage zusammen mit dem als ,,Ordnung der Barmherzigkeit'' verstandenen Charakter des Bundes liegt, wie unsere Beobachtungen vermuten lassen, der Schlüssel zur Lösung dieses Problems. Positiv gilt es jedoch mit O. BAYER weiterhin zu fragen, welche Bedeutung gerade die *externe* Verheißungszusage des Sakraments für den Glauben des auf Erfahrung angewiesenen Menschen in der reformatorischen Theologie Luthers gewinnt, in den Wandlungen, die sich innerhalb der Texte unseres Zeitraums 1518/1520 abzeichnen. s.o. Anm. 178. Der Zusammenhang von Buß- und Taufsakrament, von Luther im 15. Abschnitt des Taufsermons betont, dürfte in der Tat, wie BAYER, Promissio 201 hervorhebt, ein Zentralpunkt sein, der die ,,spezifisch reformatorische Verkettung von Buße und Taufe bekundet'': im Gang zum Bußsakrament, wie schon die Resolutiones zu den Ablaßthesen hervorheben, ist dem angefochtenen Menschen die Wortzusage Christi als *externe*, die ihm nur von außen durch einen Anderen gegeben werden kann, aufs neue bereitet. So bleibt die Geschichte des Glaubens Gottes Geschichte im Glauben der Kirche Christi, Wahrheit, die nicht in menschliche Macht übergeht.

vorgezeichnet ist[238]. Luther stellt nun in einem kritischen Sketch des wirklichen Lebens der Gesellschaft seiner Zeit die vielen frommen Werke, in denen die Menschen ihre Bewegungsantriebe ausleben, Fasten, Beten, Wallen und die von Gott verordneten Stände, in denen der Mensch sich üben und leiden lernen soll, einander gegenüber. Der institutionenbezogene Aspekt, in dem Luther seit 1517 die Konsequenzen der Rechtfertigungslehre formuliert, wird hierin ausgedehnt auf eine Betrachtung der in verschiedene Stände gegliederten christlichen Gesellschaft. Der ,,regierende Stand'', neben dem ehelichen und dem geistlichen Stand, den Mitgliedern der verschiedenen Mönchsorden, meint nicht die weltliche Obrigkeit, sondern den ,,regierenden Stand in geistlichem Regiment als Bischof, Pfarrer etc.'', wie Luther später ausführt[239]. Luther betrachtet diese Stände im Folgenden daraufhin, wieviel sie Gelegenheit geben, Übung und Leiden zu haben, mit unterschiedlichem Akzent. Vor der Beschreibung der drei Stände im Einzelnen gibt er das aus dem Vorangegangenen gewonnene Kriterium solcher Übung und Mühe an: ,,Man solt fasten und alle ubung da hyn leyten, das sie den alten Adam, die sundlich natur, druckten und geweneten, zu emperen alles des, das dißem leben lustig ist, und alßo zum todt teglich mehr und mehr bereyt machen, das der tauffe gnug geschehe. Und [nun folgt der entscheidende Einwand gegen das geschilderte Leben in Fasten, Gebet, Wallen] aller derselben ubungen unnd mühe masse solt man nemen, nit nach der zall, nach grösse, sondern nach der foderung der Tauff, das ist, das eyn yglich die ubung und ßovill an sich nehme, die und ßovill yhm nütz und gutt were, die sundliche natur zu drucken und zum todt schicken, die selben auch ablassen und mehren, darnach man befund die sund abnemen odder zu ne-

---

[238] WA 2, 736, 26f = Bo A 1, 194, 30f. Die zuerst angeführte Stelle lautet im Zusammenhang: ,,dan allen denen, die getaufft seyn, den hatt die tauff dißes lebens ruge, gemach und gnüge zu lauter vorgifft gemacht, als eyn vorhynderniß yhres wercks, dan darynne lernet niemant leyden, gerne sterben, der sund loß zu werden und der Tauff volge thun, sundern wechst nur lieb dißes lebens und grewelich des ewigen leben, forcht des tods und flucht der sund vortilgung''. WA 2, 734, 28-33 = Bo A 1, 192, 35-40.

[239] WA 2, 736, 18f = Bo A 1, 194, 22f. Zum geistlichen und weltlichen Stand vgl. die von Scheurl an den Astrologen Lucas Gauricus vor seiner Rückkehr nach Deutschland gerichtete Frage 'simne sacris initiandus an paganus saeculi mansurus'. Briefb I 15, 22, Ende Juni 1506. Am 11. Februar 1510 richtete Scheurl von Wittenberg aus eine Frage ähnlicher Art an Georg Leimbach, Briefb I 41, 59f: 'sitne mihi in Saxonia manendum an potius in patriam revertendum sitne mihi uxor ducenda quam ille (sc. der von Scheurl vorher befragte Nürnberger Astrologe Noricus) adeo abhorret an potius amplectenda clericandi occasio, et denique quid fortunae expectare habeam in itinere ad Italiam, cui me nunc accingo ...' Im Sinne der Theologie des Taufsermons würde weder die Erwartung noch die Antwort lauten, daß dieses in den Sternen zu lesen sei.

men''[240]. Der Bund der Taufe ist die Dimension, in der die für *diesen* Menschen geeignete Übung ausgewählt wird, um die Forderung seiner Taufe zu erfüllen. Daß er selbst sie auswählt und nicht andere für ihn, ist dabei selbstverständliche Voraussetzung. Sein Gegenüber bei dieser Auswahl ist nicht das Werk an sich oder eine Ethik der Werke und ihrer Schätzung an sich (etwa: wer am frühesten aufsteht, ist der Fleißigste und Tüchtigste) in einem horizontalen Sinne gesellschaftlicher Konvention oder Ideologie, sondern sein Gegenüber ist der Bund seiner Taufe, die Verheißung *seines* Lebens, Gott, der ihn als Sünder duldet und ihm zur Austreibung seiner Sünde hilft und mit ihm, mit diesem Menschen, seinen Bund geschlossen hat. Der getaufte Mensch hat damit einen Stand gewonnen, im Blick auf den gnädig tolerierten und in den Bund gefaßten alten Adam seine Werke zu bestimmen: was geeignet ist, ihn zu gewöhnen, daß seine Herrschaft vorbei ist. Das kann nach einem Beginn nur die Erfahrung zeigen, die der Einzelne im Lauf der Zeit mit den selbst gefundenen Ritualisierungen seines Lebens macht: sie werden nicht zum Zwang, sondern das Ich bleibt frei in ihrer Formung wie Umformung nach dem Hauptskopus der Taufzusage: die Sünde zu vergeben und die Sünde zu töten.

Was in der Praxis in Luthers Situation zu beobachten ist, läßt dieses Entscheidende vermissen: in Besessenheit von der Lehre der guten Werke ,,faren sie da her und laden auff sich diß und das, thun itzt alßo, itzt anders, nur noch der larven und ansehn des wercks, darnach schwind widder faren lassen, unnd alßo gantz umbestendig werden, das nymmer nichts auß yhn wirt''[241]. Die so Beschriebenen haben also ein spekulatives Verhältnis zu den Werken: sie sehen an, was schön scheint oder nach außen gut wirkt und als gut gilt, wie willkürlich erworbene und wieder weggeworfene modische Kleidungsstücke. Es fehlt die Rückbeziehung auf das eigene Ich und ein Gefühl für die Natur, in Übermaß und eigenem Maß, d.h. in diesem Zusammenhang die körperlich-seelische Konstitution: ,,Ettlich dröber die köpff zu brechen und die natur vorterben, das sie nach yhn noch andern nutz seyn''[242].

Hier wird etwas sichtbar von einer Seinsordnung, die durch den Wahn der Menschenwerke und Menschenlehre verdeckt worden war. Gegen-

---

[240] WA 2, 734, 37-735, 7 = Bo A 1, 193, 4-13.
[241] WA 2, 735, 7-11 = Bo A 1, 193, 13-16.
[242] WA 2, 735, 11f = Bo A 1, 193, 16-18. Hier kommt also das Schonen der Natur — vgl. das Schonen Gottes, 'wie ein Vater sein Kind' s.o. Anm. 236, 237 — ans Licht, gegenüber der anderen Verwendung des Begriffs der Natur in der Verbindung ,,sündliche Natur'' des Menschen, s.o. Anm. 211.

über einem schematischen Bild des asketischen Mönchs Luther und der asketischen Ethik, die er mit seiner Zeit gelehrt habe, fällt auf, daß das Sich-selbst-nutz-Sein ebenso wie der Begriff der Natur hier in Übereinstimmung mit dem Anderen-Nutz-Sein verwendet wird. Sieht man auf Gott, den Schöpfer des Lebens als Gegenüber, so kommen gegenüber dem Mißbrauch gemeinschaftliches und persönliches Wohl wieder ans Licht. Im Abendmahlssermon wird dieser Aspekt sehr ausführlich entfaltet unter dem Leib-Glieder-Gedanken[243]. In der scholastischen und humanistischen Ethik wird meist akzentuiert, es sei dem bonum commune der Vorrang zu geben vor dem bonum alicuius privatum[244]. Die Ausführungen unserer Stelle stehen, darin liegt ihre Eigenart, unter dem Erfahrungsgedanken: die persönliche Zusage der Sündenvergebung im Taufbund Gottes mit dem Einzelnen legt ihm diejenigen Erfahrungsmöglichkeiten ans Herz, die ihm als neuzuschaffender Kreatur Gottes gut sind: das Sterben des alten Adam im Folgen dem Werk der Taufe, das im Leben *am* Menschen geschieht. Überlaß dich dem Leben, dann stirbst du recht: so könnte man versuchen, die Konsequenz zu umschreiben. Wer das sich verdirbt, indem er Werken als solchen nachjagt, der verliert die Kraft der Zusage seiner Taufe und die Basis seiner eigenen Erfahrungsmöglichkeiten, daher kann nichts aus ihm werden, denn er sucht nur die Larve und den Schein[245]. Luther gibt die Schuld dafür, daß soviele Menschen in solcher Unruhe daherfahren, den Predigern, die aus den Heiligenlegenden ,,gemeine Exempel'', normative Beispiele, allgemeingültige Vorbilder für jedermann ableiten, zum Schaden der unverständigen Hörer, die so durch das Nacheifern gegenüber solchen Leitbildern in ihrer

---

[243] s.u. Abschnitt 4) zu §§ 4-17, besonders § 5 des Abendmahlssermons über Mitnießen und Mitgelten des Bürgers einer Stadt. Hier steht jedoch der Gedanke des Füreinander-Sich-Gebens und den gemeinen Leib Annehmens im Mittelpunkt, aber in dem Sinne des ,,die Anderen deiner nießen lassen'' im Blick auf das ,,Vermögen'', das der Einzelne hat, in seiner ganzen Lebensgestalt bereit zu sein, Christus und der Gemeine zu dienen, wie sie dem Einzelnen zuerst tun. s.u. 750, 27-34 = Bo A 1, 204, 41-205, 7.

[244] Vgl. Scheurl, Briefb I 104, 157 am 26. März 1516 an O. Beckmann anläßlich des von den mit Frankreich in Handelsbeziehungen stehenden Nürnbergern ungern gesehenen Kriegszuges Maximilians gegen Frankreich: 'ego arbitror bonum virum oportere publica privatis anteponere'. S. auch Scheurl an Spalatin am 21.10.1511 in seinem Rückblick auf seine Wittenberger Zeit: 'quod semper publicam causam privatae praetuli'. Briefb I 55, 80. Auch das Epigramm Hartwig Stoterogges zu Luthers Galaterkommentar 1519 bringt diesen Gedanken zum Ausdruck: 'Si plus laudis habet, qui publica commoda spectat, Quam qui privatum, laus, honor esto Deo. Iam curent aliqui, praetexto nomine Jhesu, quae sua sunt, dignos quos vereare putas?' WA 2, 449, 37-450, 2.

[245] Vgl. dazu die Mahnungen Staupitzens gegenüber einem Sich-selbst-Versäumen und die Ermutigung zum Suchen des Angesichts Gottes nicht außerhalb unserer selbst, sondern in uns selbst und in unseren Werken. s.o. S. 119 Anm. 97f zu c. 22, 218f, Kn 177 und c. 19, 168, Kn 168f der Prädestinationsschrift.

eigenen vitalen Existenz geschädigt werden und sich selber schädigen[246]. Gegen den immer wieder zum verführerischen Denkmodell werdenden Gedanken, es müsse eine normative Werklehre geben, der sich alle „unterordnen" müßten, dann sei es schon getan, exakt das, was der Ausdruck Menschenlehre[247] in Luthers Sprachgebrauch umschreibt, formuliert Luther als Folge seiner Tauftheologie den Leitsatz: „Gott hat eynem yglichen heyligen seyn sondere weyß und gnade geben, seyner tauff volge zu thun, Die tauff aber mit yhrer bedeutung allen ein gemeyn maß gesetzt, das eyn yglicher seyns stands sich prüffe, wilche weyße yhm am besten forderlich sey, der Tauff gnug zu thun"[248]. Hier, im gemeinen Maß, das die Taufe allen gesetzt hat und jedem in seiner Weise, offenbart sich demgegenüber *die* Ordnung, die als Ordnung der Gnade und Barmherzigkeit dem Schema einer Verdienstordnung als die wahre Alternative von Gott her in seinem Bund mit dem Menschen entgegengesetzt worden ist, wie wir sahen[249]. Ähnlich sprach Luther im Bußsermon von den verschiedenen kirchlichen Amtsstellungen, die doch alle nur wie jeder Christenmensch, die „gemeinen Worte" Christi Mt 16,19 als Verheißung haben und führen dürfen: 'Was du lösest, das soll los sein'[250]. So stehen in den Sakramenten von Buße und Taufe, für das Abendmahl wird sich der Sachverhalt noch erweisen, von Christus geordnete institutiones als gültige Einsetzung des Evangeliums den Mißbräuchen und der Verkehrung von Heiligengeschichten, in denen sich Gottes Gnade bezeugt, zu gesetzlichen Exempeln entgegen, ein für allemal gegründet als Bund.

Wie im Bußsakrament wird sofort die Entlastung fühlbar, die das Wegfallen der Last des gesetzlichen Denkens mit sich bringt: „...auff das alßo leycht und senfft werd die pürde Christi, und nit mit engsten und sorgen zu gehe, wie von den selben Salomon sagt: Die werck der unweyßen marteret sie nur, Drumb das sie den weg zur stadt nit wissen. Dan eben wie

---

[246] WA 2, 735, 12-18 = Bo A 1, 193, 18-24: Das seyn alles frucht der lere, die unß besessen hatt, das wir meynen noch der rew odder tauff an sund seyn unnd die guten werck nit zu sund vortilgen, sundern frey fur sich selbs der menige samlen, odder den gethanen sunden gnug thun. Da helffen zu die prediger, die der lieben heyligen legend und werck nit weyßlich predigen und gemeyn exempel darauß machen, ßo fallen dan drauff die unvorstendigen und wircken yhr vorterben auß der heyligen exempell.

[247] Vgl. in der Widmungsvorrede WA 2, 173, 23-25 = Bo A 1, 175, 13-16 „...sich leyder mit yhren wercken mehr vormessen zu stillen, dan durch die heiligen sacrament yn gottis gnaden frid suchen: ßo gar seyn durch menschen lere die heiligen sacrament unß bedeckt und entzogen". Dazu o. Anm. 182 und Anm. 236 zu Luthers Verständnis von Seligkeit gegenüber den „ängstlichen eigenen Werken".

[248] WA 2, 735, 18-22 = Bo A 1, 193, 24-28.

[249] s.o. Anm. 237.

[250] WA 2, 716, 33f = Bo A 1, 178, 9-11, s.o. S. 130 und Anm. 179.

die geengstet seyn, die zur stadt wollen und treffen den weg nit, Alßo ists mit dißen auch, das alle yhr leben unnd wircken wirt yhn sawr und richten doch nichts auß''[251]. In Ausführung desselben Bildes heißt es im folgenden Abschnitt unter dem neuen Gesichtspunkt der Taufe als des jedem in seiner Weise gegebenen Weges: ,,Gleych als wan zween zu eyner stadt wandeln, mag eyner den fußsteyg, der ander die land straß gehen, wie es yhm am besten dunckt''[252]. Das geschieht in der Wahl des Standes, für den sich jemand entscheidet. Diese Entscheidung wird demnach in Freiheit geschehen, nicht unter dem Gedanken, daß nur ein Weg, ein genus vitae, zum Heil führe. Die Taufe ist so das Ende des Zwanges zur Uniformität, der aus ,,Menschenlehre'' erwächst, wenn sie in der Kirche Christi zur Herrschaft gelangt. Die Schrift Luthers De captivitate babylonica ecclesiae praeludium von 1520 wird aus diesem Grunde gerade im Taufkapitel zu einem Ruf der in der Taufe begründeten Freiheit des Christen gegenüber der Tyrannis der Ecclesia Romanorum[253].

Die Frage nach den Ständen spitzt sich nun im 18. Abschnitt des Sermons zu auf die Frage nach den Gelübden, in denen der Mensch über seinen künftigen Weg entscheidet und mit denen er sich bindet. Sind die Gelübde der beiden geistlichen Stände höher als das allen Christen gemeine Gelübde der Taufe[254]? Luthers Antwort nimmt noch einmal das Bild von der neugestaltenden Hand des Töpfers aus Jer 18,4 ff auf: ,,...ist auß den vorgesagten leychtlich zu antworten, dan yn der tauff geloben wir all gleich eyn dingk, die sund zu tödten und heylig zu werden, durch gottis wircken und gnad, dem wir unß dargeben und opfern, wie eyn thon dem töpffer, und ist da keyner besser dan der ander. Aber der selben tauff folge zu thun, das die sund ertödtet werd, mag nit eyne weyße odder stand seyn. Drumb hab ich gesagt, eyn yglicher muß sich selb prüffen, yn welchem standt er am pesten die sund müge tödten und die natur dempffen. Alßo ist es war, das keyn hoher, besser, grösser gelubd ist, dan der tauff gelubd, was kan man weyter geloben, dan alle sund vortreyben, sterben, diß leben hassen und heylig werden''? Über dieses Gelübde, an es anschließend, auf seiner Grundlage aber mag sich jemand binden an einen Stand, der ihm füglich und förderlich sei, das Gelübde seiner Taufe zu vollbringen[255]. Nun folgt das Bild von den beiden Wegen zur Stadt, be-

[251] WA 2, 735, 22-28 = Bo A 1, 193, 29-34.

[252] WA 2, 736, 7f = Bo A 1, 194, 10-12.

[253] s.u. S. 187f.

[254] Vgl. die doch etwas herablassend klingende Formulierung Scheurls über die Glieder des weltlichen Standes 'an paganus saeculi mansurus' s.o. Anm. 239.

[255] WA 2, 735, 34-736, 7 = Bo A 1, 193, 40-194, 10.

zogen auf die verschiedenen Stände: ,,Alßo wer sich an eelichen standt bindet, der wandelt yn des selben stands mühen und leyden, darynne er seyne natur beladet, das sie liebs und leyds gewone, sund meyde und sich zum tod deste baß bereyte, daß er nit ßo wol vormocht außer dem selben standt. Wer aber mehr leyden sucht und durch vill ubung will kurtzlich sich zum tod bereyten und seyne tauf werck bald erlangen, der pind sich an die keuscheyt odder geystlichen orden, dann eyn geystlicher stand, wen er recht steht, ßo sol er voll leyden und marter seyn, das er mehr ubung seyner tauff hab, dann der ehliche stand, und durch solche marter sich bald gewene den tod frolich zu empfahenn, und alßo seyner tauff end ubirkome. Ubir dissen stand ist nu noch eyn hoher, der regirende stand ynn geystlichem regiment, alß Bischoff, Pfarrer etc. Die sollen alle stund, gantz woll durch ubet mit leyden und wercken, fertig seyn tzum todt, nit alleyn umb yhr willen, sondernn auch umb der willen, die yhn untertenig seyn, zu sterben''[256].

Luther wiederholt im Blick auf diese Stände noch einmal das Kriterium, in dem diese Übungen und Leiden eingefaßt und begrenzt sind: ,,Doch yn allen dißen stenden muß man dennoch die maß nit vorgessen, droben gesagt, das man die ubung ßo halte, das nur die sund auß triben werde, und nit nach der menige odder große der werck sich richte''[257]. Die letztere Sicht beherrscht jedoch, so hebt Luther zum Schluß klagend hervor, die Menschen in der Gegenwart miteinander; Luther schließt sich

---

[256] WA 2, 736, 9-22 = Bo A 1, 194, 12-26. Zum Verständnis des Leidens in diesem Sinn des Bestehens von Erfahrung, wenn auch über den Text Luthers historisch hinausgehend, vgl. D. BONHOEFFERS Formulierung: 'das Leiden als Fortsetzung seiner Tat verstehen' in Widerstand und Ergebung, 254: ,,Noch etwas ganz anderes: nicht nur die Tat, sondern auch das Leiden ist ein Weg zur Freiheit. Die Befreiung liegt im Leiden darin, daß man seine Sache ganz aus den eigenen Händen geben und in die Hände Gottes geben darf. In diesem Sinne ist der Tod die Krönung der menschlichen Freiheit. Ob die menschliche Tat eine Sache des Glaubens ist oder nicht, entscheidet sich darin, ob der Mensch sein Leiden als eine Fortsetzung seiner Tat, als eine Vollendung der Freiheit versteht oder nicht. Das finde ich sehr wichtig und sehr tröstlich''. Die Abgrenzung vom Bild des ,,Heiligen'' und des ,,Kirchenmannes (eine sogenannte priesterliche Gestalt!)'' — Widerstand und Ergebung, 248f: ,,Und so wird man ein Mensch, ein Christ'' — nimmt Luthers Intention, daß es allein auf den Glauben ankomme und die Leiden Übung in der Erfahrung seien, auf; der Unterschied der Stände, bei Luther eine Hilfe, den evangelischen Charakter der in der Taufe gegebenen Freiheit zur Wahl eines Standes sub specie der Taufe zu betonen und zum Sich-Begeben in die Erfahrung Mut zu machen, wie es jedem auf seine Weise dienlich ist, wird in dieser Situation wieder relativiert. — Das Bild des Kirchenmannes, wie es Luther zeichnet, ,,wohldurchübt mit Leiden und Werken, fertig zum Tod alle Stunde'', ist von der Darstellung des Thomas Becket in T. S. ELIOTS ,,Mord im Dom''. Übers. von R. A. SCHRÖDER. Berlin 1946, trotz einer bestimmten Gemeinsamkeit durch die grundsätzliche Gleichstellung der geistlichen Stände mit dem weltlichen Stand unterschieden.

[257] WA 2, 736, 22-24 = Bo A 1, 194, 26-29.

in diese ,,Wir''-Formulierung der Leiden seiner Zeit mit ein: ,,Aber leyder, wie wyr vorgessenn haben der tauffe, und was sie bedeut, was wyr
drynnen gelobt, unnd wie wyr ynn yrem werck wandelnn und zu yhrem
end kommen sollen, alßo haben wyr auch der wege und der stend vorgessen, und fast nit wissen, wa zu solch stend eyngesetzt, oder wie man sich
drynnen halten soll tzur tauffe erfullung. Es ist eyn pompa drauß worden,
und nur eyn weltlicher scheyn kaumet ubirbliben wie Isaias sagt: Deyn
silber ist schaum worden, unnd deyn weyn ist wesserig worden [Jes 1,22].
Das erbarme Gott, Amen''²⁵⁸. Man könnte kritisch gegen diese Wir-
Formulierung einwenden, ob im Vorangegangenen nicht der Einzelne
und seine Erfahrung so vorausgesetzt und angesprochen sei, daß alles
Ausgeführte besser für sich sprechen sollte. Doch geht es hier m.E. weniger um ein ,,pädagogisches Wir'', als um eine Erfahrung, die Luther als
Zeitgenosse anderen Zeitgenossen gegenüber zum Ausdruck bringt. Die
,,ängstlichen eigenen Werke''²⁵⁹ bestimmen so sehr noch das Verhalten
und Denken der Menschen in der Gegenwart, daß diese Erfahrung gesagt
werden, klagend und seufzend zur Sprache kommen muß. Dann kann das
Werk der Taufe, ,,wie es an yhm selbs ist'', auf der anderen Seite dieser
Erfahrung gegenüberstehend, wie Luther es im ganzen Sermon zu
beschreiben versuchte, auf seine Weise neue und andere Erfahrungsmöglichkeiten des Menschen ansprechen. ,,Furwar wer Gottis gnaden nit alßo
achtet, das sie yhn als eynen sunder dulden und selig machen werd, unnd
alleyn seynem gericht entgegen geht, der wirt gottis nymmer frolich, mag
yhn auch widder lieben noch loben. Aber ßo wyr hóren, das er yn der tauff
bund unß sunder auff nympt, schonet und macht unß reyn von tag zu tag,
und das festicklich glewben, muß das hertz frolich werden, gott lieben und
loben. Also spricht er ym propheten [Mal 3,17]: Ich will yhr schonen wie
eyn vatter seynem kind...''²⁶⁰. Die neue Erfahrung, daß ein Vater sein
Kind schont und geduldig ist, läßt so empfinden, wie unnatürlich es *war*,
Gott seine Gnade ,,abkaufen oder bezahlen'' zu wollen²⁶¹. Lehrt der
Taufsermon so einen Anfang des Ur-Vertrauens? Eines Vertrauens in den
Bund der göttlichen Zusage. Dabei verstärkt sich, wie wir im Gang mit
Luthers Darlegungen an den Hauptabschnitten des Sermons entlang gese-

---

²⁵⁸ WA 2, 736, 25-32 = Bo A 1, 194, 29-36.
²⁵⁹ s.o. S. 171f bei Anm. 236.
²⁶⁰ WA 2, 737, 3-10 = Bo A 1, 195, 5-11.
²⁶¹ WA 2, 736, 38-737, 5 = Bo A 1, 195, 1-6: ,,...wir aber ynn die engstlichen eygene
werck, darnach ynß ablaß unnd der gleychen falsche troste vorfuret seyn, vormeynt, gott nit
eer zutrawen, wyr weren dann frum und gnug gescheen fur die sund, alß wolten wyr yhm
seyne gnad abekauffen odder betzalen. Furwar wer Gottis gnaden nit alßo achtet das sie yhn
als eynen sunder dulden und selig machen werd...'' s.o. S. 171f bei Anm. 236.

hen haben, zugleich das Empfinden für das Mißtrauen und das Leiden darunter. Die Ursprünge des Mißtrauens, Gott nur als einen Richter zu kennen und haben zu wollen, sieht Luther dabei in einer falschen Predigt, unter deren Folgen die Menschen in der Gegenwart, vielleicht ohne daß sie die Zusammenhänge genau kennen, stehen. Im Sakrament der Taufe mit seiner anschaulichen Zeichenhandlung und bedeutungsvollen Zeichensprache, die Luther anschließend mit einer Darlegung des Bundes der Taufe und der in ihr gesetzten strukturierenden Momente verdeutlicht und befestigt hat, ist dem Leser nun eine anschauliche Bildpredigt des gnädigen Gotteshandelns gegeben, dazu, wie in der zuletzt angeführten Bibelstelle, eine neue Verbindung zu Erfahrungen, die vielleicht nur verschüttet unter der Vorstellung von dem die Verdienste belohnenden und bezahlenden Gott lagen.

Eine Warnung vor falscher Sicherheit beschließt den Sermon. Sie hält noch einmal dazu an, im Bund der Taufgnade zu bleiben, Erfahrung stets als Erfahrung in dieser Geschichte, auf die die Bedeutung des Sakraments hinweist, sich begegnen zu lassen d.h. sie als ,,zugesagte'' Erfahrung zu nehmen. Nur so ist ein Bestehen der Erfahrung dem Glauben versprochen. So hält Luther einem Menschen, der auf das Gesagte hin fröhlich dahin leben und auf dem Totenbett, wenns ans Sterben geht, in den Bund der Taufe zurückkehren will, entgegen: ,,Wan ßo die schwerlich bleyben, die nit sundigen odder yhe auß lauter geprechlickeit fallen, wo will deyn frevell bleyben, der die gnad vorsucht und gespottet hatt? Drumb laß uns mit furchten wandellnn, das wyr die reichtumb gotlicher gnadenn mügen mit eynem festen glawben behaltenn, und seyner barmhertzickeyt frolichen dancken ymer und ewiglich. AMEN''[262].

Für eine neu beginnende Erziehung und Sozialisation unter dem Eindruck der Bildpredigt der Taufe wird so beides von Bedeutung sein (wir versuchen die Linien hier etwas auszuziehen): das Nachzittern der schrecklichen Erfahrung unter der alten Predigt, die auf den Weg führte,

---

[262] WA 2, 737, 14-31 = Bo A 1, 195, 15-33: ,,Da bey sollen wyr unß aber auch fursehen, das nit eyn falsche sicherheyt bey eynreysse und sprech bey yhrselb 'Ist es ßo gnedig unnd groß ding umb die Tauff, das uns gott die sund nit rechnen will, unnd, ßo bald wyr widder kummen von der sund, all ding schlecht seyn yn crafft der tauff, ßo will ich die weyl leben und thun meyns willens, und ernachmals odder am sterben an meyn tauff gedencken und gott seyns bunds vormanen, und dann meyner tauffe gnug thun'. Ja freylich ist es alßo groß umb die Tauff, das, wan du widderkomest von sunden und der tauff bund anruffist, deyn sund vorgeben seynd, Sich aber tzu, wan du ßo frevell und mutwillig sundist auff die gnad, das dich das gericht nit ergreiff und deynem widderkommen zuvorkumme, unnd ob du den schon woltest glawben ynn die tauff odder vortrawen, das durch gottis vorhengen deyn anfechtung ßo groß werde, das der glawb nit besteen müg. Wan ßo die schwerlich bleyben...''. (Forts. des Zitats s.o. vor dieser Anm.).

Gott nur als einen Richter zu erwarten: ,,Furwar wer Gottis gnaden nit alßo achtet, das sie yhn als eynen sunder dulden und selig machen werd, unnd alleyn seynem gericht entgegen geht, der wirt gottis nymmer frolich, mag yhn auch widder lieben noch loben''[263]. Wer selber das Andere erfahren hat, daß Geduld ihm gnädig gewährt wird, der wird den Gegensatz um so mehr empfinden: ,,Aber ßo wyr hören, das er yn der tauff bund unß sunder auff nympt, schonet und macht unß reyn von tag zu tag, und das festicklich glewben, muß das hertz frolich werden, gott lieben und loben''[264]. Erfahrungsaufgeschlossenheit in der jeweiligen Gegenwart wird so die Folge sein. Der schöne Schein der Werke, die doch der eigenen wirklichen Erfahrungssituation gegenüber äußerlich und fremd bleiben, in welcher kirchlichen und gesellschaftlichen Zumutung sie auch begegnen mögen, wird kritisch befragt und beim Namen genannt werden können. Vor allem: die Zusage der Taufe gilt *dem* Menschen, der sich selbst gerade erst neu als ein Anderer, unter dem bisherigen Zustand Leidender erfährt[265]. Was ,,Sterben im Leben'' bedeutet, wäre hier näher zu entfalten. Entscheidend angesichts der Bildpredigt vom Sterben und Herausgehobenwerden wird aber dies sein: daß im Bund der dem Einzelnen persönlich gegebenen Taufzusage eine Erfahrung von Wort, Sprache und Wahrheit dem Menschen als Anfang mitgegeben ist, dessen verheißungsvolle Wahrheit weiter im Glauben zu bewähren d.h. in ihrer Bewährung, der Bewährung der Verheißung, zu erwarten ist, wenn auch alle Kreaturen und alle Sünde, eigenes Nichtiggewordensein, dagegen anstürmten[266]. Glaube wäre so ein Im-Wort-der Verheißung-Bleiben, in

---

[263] WA 2, 737, 3-6 = Bo A 1, 195, 5-7 in Forts. der Anm. 261 angeführten Stelle.

[264] WA 2, 737, 6-9 = Bo A 1, 195, 8-10, Forts. der in Anm. 263 angeführten Stelle.

[265] WA 2, 733, 16-26 = Bo A 1, 191, 23-33: ,,Dan wie gesagt, Ist yemant yn sund gefallen, ßo gedenck er am stercksten an seyn tauff, wie sich gott daselb mit yhm vorpunden hatt, alle sund zuvorgeben, ßo er widder sie fechten will biß yn den tod. Auff die selbige warheit und vorpindung gottis muß man sich frölich erwegen: ßo geht die tauff widder yn yhrem werck und crafft, ßo wirt das hertz widder zu friden unnd frölich, nit yn seyne werck odder gnugthuung, sondern yn gottis barmhertzickeit, die yhm yn der tauff zu gesagt ist, ewiglich zu halten, und an dem glauben muß man alßo fest halten, das, ob auch alle creature und alle sund eynen ubirfielen, er dennoch dran hange, angesehen, das, wer sich davon lest dringen, der macht gott zu eynem lugner yn seynem vorpinden an dem sacrament der tauff''. s.o. S. 169f Anm. 230f.

[266] In der historischen Situation des 20. Jahrhunderts kann dies am besten verdeutlicht werden an der für den Einzelnen in bestimmten Augenblicken entstehenden Notwendigkeit, sich u.a. über für ihn selbst höchst unangenehme Erfahrungen eigener Desintegration oder Regression, z.B. unter dem Eindruck stark einschränkender Umweltverhältnisse, Rechenschaft zu geben. Daß Erfahrungen dieser Art nicht auf immer verdrängt zu bleiben brauchen, sondern — z.B. unter Voraussetzung der bei Luther wieder neu geltend gemachten göttlichen und väterlich-menschlichen Toleranz (,,Schonen'') — in Kommunikation, zunächst des Menschen mit sich selbst, eingehen *können*, und so in menschliche Kommuni-

stets neuer Realitätserfahrung und angesichts ihrer. Das Verhältnis von
Liebe, die dem Menschen im voraus zugesagt ist, Wahrheit und aus ihr

---

kation z.B. unter Zeitgenossen und, falls es gelingt, vielleicht späteren Lesern hilfreich zur
Sprache kommen *konnten*, ist für die eigene Erfahrung Anlaß genug zu Dank und Staunen
und, bei allem ahnenden Erkennen historischer Zusammenhänge, ein ,,kontigent''-
gnadenhaftes Geschehen. Solche Erfahrungen anzunehmen, ja, sogar gerne ,,sich gefallen
zu lassen'', in einer vielleicht menschlicheren Betrachtungsweise der Dinge, dazu ermutigt
die Taufzusage in ihrer doppelten Bedeutung des ,,seliglichen Sterbens'', das dem Leben
dient, und des schon im Leben Neugeschaffenwerdens. ,,Selig'', wenn der Mensch abge-
spaltene Teile und verdrängte Bereiche seiner Existenz wieder annehmen kann und affektiv
ein neues, wieder ein ,,herzliches'' Verhältnis zu allem empfindet. Es sei hier hingewiesen
auf die Erfahrungsanalysen, die Bruno BETTELHEIM, unter dem Titel ,,The informed
heart''. Illinois 1960, im Rückblick auf eigene Eindrücke in den Konzentrationslagern Da-
chau und Buchenwald veröffentlicht hat, als Beitrag zum Verständnis psychosozialen Geschehens in Ausnahmesituationen, die der Kommunikation schwer zugänglich sind. s. die
deutsche Übersetzung von H. SCHRÖDER und P. HORSTRUP: Aufstand gegen die Masse. Die
Chance des Individuums in der modernen Gesellschaft. München (1964) 1965², 311: ,,Ich
schreibe als Psychologe und versuche, zu erklären, warum es zu den Geschehnissen gekommen ist. Ich hoffe, daß eine solche Analyse andern helfen wird, sich zu entscheiden, in welchem Maß sie ihre Persönlichkeit umzuformen wünschen, um die moralischen und
gefühlsmäßigen Erfordernisse zu erfüllen, die sie dem Druck einer Massengesellschaft stand-
halten lassen, oder — um es anders auszudrücken — welches Wissen sie ihrem Herzen im
Dienst der Autonomie vermitteln sollten''. Als Stichworte seien erwähnt: Bedrohung der
wirtschaftlichen und gefühlsmäßigen Sicherheit (305), Zerstörung der Autonomie (306),
Tiefe der Angst, Intensität des Leugnens (310).

Der Grund, diese vergleichenden Analysen B.s hier anzuführen, liegt unter dem Stichwort des ,,informed heart'' einerseits darin, daß — wie Luthers Hinweis auf die nichtgetilg-
te Sünde im Taufsermon — sie den Menschen auf unerwünschte und unerwartete Begegnungen solcher Art ansprechen, in dem oben dargestellten Sinne von Erfahrungszugewandt-
heit. Theologisch kommt jedoch im Sinne des Taufbundes ein anderer Aspekt hinzu: das
Negative, Vernichtende solcher Erfahrung für die Hoffnung des Menschen, wird zu etwas,
das in seine ,,historische Lebenserwartung'' positiv aufzunehmen ist. Steht die Integration
seines Daseins auf Wort und Wahrheit im Verhältnis zur Erfahrung (Versuch, sich den Dingen zu stellen), andererseits aber nicht auf dem, was *aus* der Erfahrung kommt, sondern
schon vorweg ihr gegenüber ,,verheißen'' ist, so erfährt der Mensch Auferwecktwerden im
neuen Wahrwerden der Zusage des Bundes Gottes, mit ihm gegen die Sünde zu streiten.
Die Realität des Neugeschaffenwerdens im Sinne des von Luther angeführten Töpfergleich-
nisses Jer 18, 4ff drückt so gegenüber faktisch bestehender Desintegration die ,,Integration''
des 'simul iustus et peccator' aus, sub specie des Sterbens und Neugemachtwerdens der
Taufe. Jenseits von Verdrängung und Unterwerfung geht so der Glaube den Erfahrungsweg
des Wortes der Zusage Gottes. — Anthropologisch bedeutsam für eine Beziehung zwischen
den beiden dargestellten Text- und Erfahrungsbereichen ist beidemale, daß sie Beschreibungen von Geschehnissen sind, die der Mensch passiv erleidet und die er daher in sein
bewußtes Denken und Verstehen der eigenen Situation nur schwer aufnehmen kann. In der
Leidentlichkeit, im Bereich der Gefühle, entscheidet sich so sehr weitgehend das Verhältnis
zur Realität. Von hier aus wird z.B. Luthers Ringen um das Verständnis der Situation des
Sterbens, ebenso wie beim Seelsorger Staupitz, um so bedeutsamer. s.o. Abschnitt 1) ds.
Kapitels, S. 87-111.

Zur distanzierenden Bedeutung von Beobachtung und Wahrnehmung in Situationen
äußeren Nicht-Handeln-Könnens vgl. H. v. HENTIG, Systemzwang und Selbstbestimmung.
Stuttgart (1968) 1969². Die Formulierung S. 53 weist im praktischen Gewinn von Realitäts-

folgender stets neuer Realitätserfahrung, begleitet vom Wort des Taufbundes, ist so in der im Glauben erfaßten „Bedeutung der Taufe" als
Sterben und Neuwerden bis zum Tod und zur Auferweckung am Jüngsten Tag zusammengefaßt, damit sich im Dasein des Menschen als Inhalt
des Bundes Gottes mit dem Menschen '*welthaft*' *erweise* und *wahrwerde*:
„das einzig Wahre ist die Liebe"[267]. 'Welthaft' bedeutet in diesem Fall:

---

stärke in der Richtung unserer bisherigen Interpretation des Bundesgedankens: „Unser Leben ist ununterbrochen durch solche Entfremdung gekennzeichnet. Die Kinder mit der Entfremdung befreunden — das wäre die zeitgemäße Formulierung des alten pädagogischen
Auftrags der Schule, auf das Leben vorzubereiten". v. HENTIG schlägt dann vor, dies nicht
am Leben außerhalb der Schule, sondern am Leben, wie es in der Schule selbst gelebt wird,
an den Erfahrungen, die Schüler und Lehrende dort machen, zu versuchen. Lernen, über
seine Erfahrungen zu *sprechen*, als Ziel: damit wäre die Intention des Bisherigen zum Ausdruck gebracht. „Mit der Entfremdung sich befreunden" hieße so, die Fähigkeit zur Auseinandersetzung mit ihren Erfahrungen und Wirkungen zu stärken; nicht, sich mit der Sünde zu befreunden, sondern die Abwehrkräfte zu stärken, wobei die Sünde verstanden ist als
Entfremdung von dem, was im Bund zwischen Gott und Mensch seinen Ort hat, als die
Verfinsterung der Miene Kains Gen 4, 6f, gegenüber der Kain durch den Anruf Gottes dennoch zum Aufsehen gerufen wird. Das geschieht im Bund der Taufe unter der Voraussetzung von acceptatio, die die Verheißung dem Menschen unter allen Bedingungen zugesagt
hat.
    Daß die geschaffene Natur des Menschen, seine psychophysische Ausstattung dabei zu
schonen und nicht zu verderben ist, hat als gesellschaftliche Forderung und Chance erhöhter
Identität in und Identifizierung mit der eigenen Gesellschaft natürlich zur Folge, daß in der
Verlängerung solcher Glaubensethik humane Schutzrechte, (Menschenrechte), die Abschaffung der Folter, der Schutz der persönlichen Intimsphäre vor Vergewaltigung und un-
erlaubten staatlichen oder gesellschaftlichen Eingriffen und besonders der Beginn einer die
Gefühle des Menschen nicht verletzenden Umgangsweise mit körperlich — leibseelischen
Vorgängen schon in der frühesten kindlichen Sozialisationsstufe rechtsstaatlich und in einer
entsprechenden gesellschaftlichen Verhaltensweise gewährleistet werden. Vgl. dazu besonders M. und A. MITSCHERLICH, Die Unfähigkeit zu trauern. Grundlagen kollektiven Verhaltens, München 1967, 103f: „Besonnene und der Einfühlung fähige Erziehung weiß um
den Schmerz, den das stetige Verzichtenmüssen auf egoistische Lustbefriedigung mit sich
bringt. Sie führt den Menschen langsam zur Wahrnehmung des anderen hin und schafft dabei die erste Voraussetzung für seine spätere Kultureignung. Erziehung, die nach dem Mu-
ster der Dressur verläuft, Strafen und Prämien setzt, erreicht Anpassung durch ein System
bedingter Reflexe, die sich in einem Ich-fremden Gewissen organisieren. Der Mitmensch
kommt in ihr nur als Rollenwesen, nicht als einer, der mitfühlt, mitleidet, vor. Äußerer
Erziehungs- und innerer Gewissensterror sind die Bedingungen, unter denen Kulturheuchelei entstehen muß". — In diese Frage nach „Kulturheuchelei" muß insgesamt das Verhältnis nicht nur zum Anderen, sondern als Basis des einfühlenden Verstehens, das Verhältnis
zum eigenen körperlichen Dasein und seiner Deutung im Sinne einer elementaren Hermeneutik einbezogen werden. Vgl. die Bemerkungen von W. J. BOUWSMA über „hypocrisis"
und „inauthentic self" gegenüber dem stoischen Verständnis der kontrollierenden ratio.
Erst hier und wenn dieser Bereich der „Sprache" in das Verstehen einbezogen wird, erweist
Hermeneutik ihre deutende Relevanz. s.o. Anm. 211.
    [267] Gerhard EBELING, Einführung in theologische Sprachlehre. Tübingen 1971, 242f. Das
einzig Wahre hat so, vom Bund der Taufzusage her verstanden, die bei Luther bestimmende Bedeutung des Wahrmachens der Zusage, daß in allen Situationen der Auseinandersetzung mit Realität und des Identifiziertwerdens in Realität eine Existenz in der Liebe wahr-

im Sterben und neuen Glauben. Die Institution des Bundes Gottes in der Geschichte, des Bundes der Taufe, hat dabei den Charakter des ,,zuverlässigen Kontextes des Glaubens''[268]: und zwar so, daß dieser Kontext, wie z.B. Luthers Bezugnahme auf das Prophetenwort Mal 3,17 im letzten Abschnitt des Sermons zeigt, eigentlich die in der Bibel eröffnete *Sprache* der Wahrheit des Glaubens ist[269].

b) Versuchen wir von hier aus noch kurz auf die von O. BAYER aufgeworfene Frage nach dem Verhältnis des Taufsermons von 1519 zu dem der Taufe gewidmeten Abschnitt in De captivitate babylonica ecclesiae praeludium 1520[270] einzugehen. Die These BAYERS lautet, wie oben[271] dargestellt: erst, nachdem das ,,Zeichen'' innerhalb der Sakramentslehre Luthers ganz ,,in das Wort gezogen'' sei, in das Wort der promissio, und die Unterscheidung von Zeichen und Sache überholt sei, habe Luther zu seiner reformatorischen Taufanschauung gefunden. Dieser Stand sei mit der Abgrenzung gegen die vom Zeichen aus entworfene Sakramentslehre der Sententiarier in De captivitate und mit der neuen Sakramentsdefinition, nach der die Zeichen nur an bestimmte Worte der Verheißung in den biblischen Sakramenten angehängt seien und es mehr auf das Wort als auf die Zeichen ankomme, erreicht. BAYER sieht außerdem in der Abgrenzung Luthers von einem Verständnis der Taufbedeutung ,,allegorice tantum'' Luthers eigene frühere Buß- und Meditationsfrömmigkeit, wie auch sein bisheriges geistliches Verständnis der Taufe mit unter Kritik

---

gemacht wird, im Glauben an die Verheißung, daß Gott sein Versprechen wahrmacht. Auf die von H. v. HENTIG formulierte stillschweigende Frage des Kindes in seinen Erwartungen an Welt und Leben, die u.a. lautet ,,Kann ich geliebt werden?'' (Systemzwang, 102) muß dieser Glaube unter Hinweis auf die kreativen Möglichkeiten des Versprechens Gottes die Antwort ,,Ja'' geben, ebenso unausdrücklich wie die Frage gestellt wird und in allem Wortaustausch, der zwischen Menschen geschieht und zu dem sie vom Frühesten an ermutigt werden sollen. Die fides specialis des Taufsakraments bedeutet jedoch darüberhinaus, daß diese Erwartung mit Einschluß eigener Kreativität und Verantwortung, ein Mensch zu sein, in jeder Lebensstufe ,,aus dem Nichts'' aufgebaut werden kann, falls es ein solches Nichts im Leben eines lebendigen Wesens überhaupt gäbe. Die Sprache der Zeichen, von deren Art die Sakramente sind, bietet hier eine Anleitung zum aufnehmenden Verstehen von Erwartung und Geben, Zuspruch im elementaren Bereich einer das Lebendige verbindenden Kommunikation. s. das Folgende und o. Anm. 237.

[268] s.o. Anm. 237.

[269] s.o. S. 171f bei Anm. 236. Hier kann im Ganzen auf die Bemühung G. EBELINGS um die theologische Übersetzung der Verhältnisses von Wort, Glaube, Wahrheit des Glaubens und Sprache des Glaubens im Sinne von Luthers Glaubensverständnis verwiesen werden. s. G. EBELING, Luther. Einführung in sein Denken. Tübingen 1964 und die o. Anm. 267 angeführte Schrift, so wie ders., Das Wesen des christlichen Glaubens. Tübingen 1959.

[270] s.o. Anm. 178 und 184.

[271] s.o. Anm. 184.

gestellt[272]. In der Erörterung der Bedeutung der Taufe im Taufsermon von 1519 mit Hilfe des Bundesgedankens sei noch keine Klarheit erzielt, Luther bleibe dort noch im signifikationshermeneutischen Rahmen[273]. Erst mit dem Rückbezug auf das Bußsakrament im 15. Abschnitt des Sermons und der Anspielung auf Mk 16,16: 'Gleubstu, ßo hastu. Zweyffelstu, ßo bistu vorloren' werde auch für die Taufe das promissionale Verständnis erreicht, mit dem dann die Schrift De captivitate babylonica einsetze[274]. Wir fragen zunächst, ob diese Interpretation angesichts der Darlegung Luthers in De captivitate babylonica zwingend ist.

Folgendes scheint uns die Auslegung des Taufsakraments in De captivitate babylonica zu charakterisieren:

1. Wie die ganze Schrift, so steht auch die Einleitung des Taufkapitels im Zeichen der leidenschaftlichen Klage Luthers über die Gefangenschaft, in die die römischen Theologen die Sakramente gebracht haben mit ihrer die Gewissen verknechtenden Zwangsherrschaft. Für die Erwachsenen ist die Bedeutung der Taufe fast vergessen, im Gefolge jenes Hieronymuswortes über die Buße als zweite Rettungsplanke nach dem Schiffbruch. Die unbeschreiblichste Tyrannis der Gelübde, Werke, Genugtuungen hält die christliche Kirche gefangen[275]. Luther geht in der klaren Erkenntnis und im offenen Angriff auf diese Zwangsherrschaft, zu der sein Gewissen gerufen ist, im fidenter clamare, noch wesentlich weiter als im Taufsermon. Entscheidendes Anliegen ist ihm dabei, daß die verfluchte Tyrannis, wenn die Christen sie schon gegenwärtig leiden müssen, den Schein der Rechtmäßigkeit verliert, mit dem sie versucht, das Wissen und den Ruhm der in der Taufe gegebenen Freiheit der Christen zu unterdrücken[276]. Diesen Wölfen im Hirtengewand gegenüber ist Luthers wieder und wieder gepredigter Hinweis auf die einmal ergangene promissio der Taufe, die ihre Kraft behält das ganze Leben über, Verkündigung der Wahrheit der christlichen Taufe als Ruf der Freiheit im Gewissen, die auch bei äußerem Leiden der Gewaltherrschaft als Ruf der im Gewissen klar festgehaltenen Wahrheit nicht verdunkelt werden soll[277].

---

[272] s. Anm. 184.

[273] s.o. Anm. 178, Promissio, 255.

[274] Promissio, 257ff.

[275] WA 6, 527, 9-22 = Bo A 1, 460, 14-30, s.o. Anm. 228.

[276] WA 6, 537, 12-14 = Bo A 1, 471, 34-38: Pro hac duntaxat clamo libertate et conscientia, clamoque fidenter, Christianis nihil ullo iure posse imponi legum, sive ab hominibus sive ab angelis, nisi quantum volunt: liberi enim sumus ab omnibus.

[277] WA 6, 537, 5-19 = Bo 1, 471, 26-472, 3: Si enim conscientia impietatis et tyrannidis ea facerent aut nos pateremur vim eorum, inter ea securi numeraremus, quae ad mortificandam vitam hanc et implendum baptismum valent, integra nobis relicta conscientia gloriandi

2. Ebenso geht Luther in der inhaltlichen Darstellung der beiden Stücke des Taufsakraments, der divina promissio Mk 16,16 und des signum seu sacramentum, nun den Ursprung und die Quelle der falschen Lehre von der Taufe direkter als im Taufsermon an: es ist im ersten Stück, der divina promissio, die scholastische Tauflehre der Sententiarier, die nur materia und forma der Sakramente d.h. die mortua et occidens litera der Sakramente behandeln; durch diese Art der Behandlung der Sakramente ist aus dem Verständnis der Taufe Menschenlehre, eine Lehre von Werken geworden anstatt vom Glauben, ein Gesetz. Im zweiten Stück, dem Zeichen, greift Luther noch einmal zusammenfassend die scholastische Lehre von den Sakramenten des Neuen Bundes als efficacia signa gratiae an, die dem, der keinen obex setzt, die Gnade vermitteln[278]. In diesem Zusammenhang erfolgt seine Abgrenzung von einer auf das Zeichen und seinen Gebrauch gerichteten Sakramentslehre[279]. Schon bei den Sakramenten des Alten Testaments, Glaubenszeichen, wie z.B. die Abraham gegebene Beschneidung, kam es auf den Glauben an[280]. Die Bedeutung des Zeichens der Taufe legt Luther nach dieser Abgrenzung ähnlich wie im Taufsermon dar als Doppelbedeutung von Tod und Auferstehung, das ist vollständige und vollendete Rechtfertigung; in diesen Wor-

---

de iniuria illata. At nunc volunt sic conscientiam libertatis nostrae illaqueari, ut credamus, bene a se geri quae gerunt nec licere ea reprehendi aut inique gesta quaerulari, et cum sint lupi, videri volunt pastores, cum sint Antichristi, volunt honorari pro Christo. Pro hac duntaxat clamo libertate et conscientia... (s. Anm. 276)... Quod si quae [sc. leges] imponuntur, sic ferenda sunt, ut libertatis conscientia salva sit, quae sciat et certo affirmet, iniuriam sibi fieri, quam cum gloria ferat, ita cavens, ne iustificet tyrannum, ut ne murmuret contra tyrannidem. Quis enim est, ait Petrus, qui vobis noceat, si bonum emulati fueritis? omnia cooperantur electis in bonum.

[278] s.o. Anm. 159. In De captivitate babylonica ecclesiae praeludium: WA 6, 531, 3-532, 2 = Bo A 1, 465, 30-34: Et hinc impulsi sunt tantum tribuere sacramentis novae legis, ut prodesse ea statuerent etiam iis, qui in peccatis mortalibus sunt, nec requiri fidem aut gratiam, sed sufficere non posuisse obicem, hoc est, actuale propositum denuo peccandi.

[279] WA 6, 533, 17-28 = Bo A 1, 467, 17-31: At non hoc modo efficatiam illis tribui, probat, quod ea prodesse dicunt omnibus etiam impiis et incredulis, modo non ponant obicem, quasi ipsa incredulitas non sit omnium obstinatissimus et hostilissimus obex gratiae: adeo ex sacramento praeceptum, ex fide opus facere moliti sunt. Nam, si dat gratiam mihi sacramentum, quia suscipio, iam vere ex opere meo, non ex fide gratiam obtineo, nec promissionem in sacramento apprehendo, sed solum signum institutum et praeceptum a deo. ita clare vides, quam nihil sacramenta intellecta sunt sentionariis Theologis, quod nec fidei nec promissionis ullam in sacramentis rationem habuerint, *tantum in signo et usu signi herentes et ex fide in opus, ex verbo in signum nos rapientes,* qua re (ut dixi) sacramenta non modo captivaverunt, sed penitus quod in eis fuit aboleverunt. (Hv.: d. Vf.).

[280] WA 6, 532, 29-32 = Bo A 1, 466, 27-31: Sic circuncisio non iustificavit Abraham et semen eius, et tamen Apostolus eam appellat signaculum iustitiae fidei, Quia fides in promissionem, cui iuncta fuit circuncisio, iustificabat et implebat id, quod circuncisio significabat.

ten ist gemeint wirkliches Sterben, vollendet im Tod, und wirkliche Auferstehung, hier schon beginnend: 'Quam diu enim vivimus, semper id agimus, quod baptismus significat, id est, morimur et resurgimus, Morimur, inquam, non tantum affectu et spiritualiter, quo peccatis et vanitatibus mundi renunciamus, sed revera vitam hanc corporalem incipimus relinquere et futuram vitam apprehendere, ut sit realis, quod dicunt, et corporalis quoque transitus ex hoc mundo ad patrem'[281]. Luther betont in diesem Zusammenhang zweimal die Bedeutung des Untertauchens in der Taufhandlung, nicht nur eines Abwaschens, als Hinweis auf das wirkliche Sterben[282].

3. Es folgt ein lang ausgeführter Abschnitt über das Leben des getauften Christen, der nur der einen und einzigen Taufe gehört, von allem anderen frei ist: ,,Wir sollten sein wie die getauften Kinder, von keinem Ehrgeiz, keinen Werken besessen, in allem frei, allein des Ruhmes ihrer Taufe gewiß und darin gerettet. Denn auch wir selbst sind Kinder, in Christus ohne Unterlaß getauft''[283].

Diesem Ruhm der Freiheit der Christen durch ihre Taufe tut die römische Tyrannis des Papstes, der doch der erste der das Evangelium verkündigenden Seelsorger sein sollte, das größte Unrecht und nimmt die Freiheit der Taufe gefangen[284].

Überblicken wir diesen Abschnitt, so ergibt sich der Eindruck: Luthers Angriff ist in allem offener und direkter geworden, nachdem er durch Gegner, Alveld und Isolani im Besonderen, herausgefordert worden war. Die Wahrheit des Taufsakraments, durch Menschenlehre bedeckt und entzogen, wie es in der Widmungsvorrede 1519 hieß, entlarvt die in der christlichen Kirche grassierende, Werke aufbringende und auf Kosten der Gewissen die in der Taufe gegebene Freiheit der Christen verschlingende Werktyrannis der falschen Lehrer, die in der christlichen Kirche die Herrschaft usurpieren. Luther verfolgt den Ursprung dieser Tyrannis, wie er

---

[281] WA 6, 534, 34-39 = Bo A 1, 469, 3-9 s.o. Anm. 184.

[282] WA 6, 534, 18-30; 535, 11-16 = Bo A 1, 468, 24-39; 469, 23-29. s.o. S. 147 bei Anm. 174.

[283] WA 6, 537, 38-538, 3 = Bo A 1, 472, 27-30: Decebat enim nos esse, sicut parvuli baptisati, qui nullis studiis nullisque operibus occupati, in omnia sunt liberi, solius gloria baptismi sui securi et salvi. Sumus enim et ipsi parvuli, in Christo assidue baptisati.

[284] s.o. Anm. 277. Dazu WA 6, 535, 27-33 = Bo A 1, 470, 1-9: Hanc gloriam libertatis nostrae et hanc scientiam baptismi esse hodie captivam, cui possumus referre acceptum quam uni tyrannidi Romani pontificis? qui, ut pastorem primum decet, unus omnium maxime debuit esse praedicator et assertor huius libertatis et scientiae, sicut Paulus 1. Cor. iiii. [V. 1] dicit: Sic nos existimet homo, sicut ministros Christi et dispensatores mysteriorum seu sacramentorum dei. ipse solum id agit, ut suis decretis et iuribus opprimat et in potestatis suae tyrannidem captivos illaqueet.

im Taufsermon den Zusammenhang der Werkpraxis mit der vorangegangenen Predigt beschrieb, hier in ihre wissenschaftlichen Anfänge: einer Faszination durch die Theorie der scholastischen Sakramentslehre, in Erörterungen über materia und forma gefaßt, gilt es zu widerstehen. Sie hat die Praxis auf Abwege gebracht wie die goldene Gans, an der jeder kleben bleibt, der sie berührt. *Das Zeichen als Werk* zu betrachten, wie es funktioniert, darin verfällt man dem trügerischen Glanz des Werkes, das alsbald den Menschen und seine Freiheit auffrißt. Gott spricht aber *nur* durch *das Wort* zum Menschen, zu seinem Glauben; die Wirkung des Sakraments außerhalb von Verheißung und Glaube zu suchen, ist eitle Anstrengung und Verdammnis[285].

Vergleichen wir das Zeichenverständnis des Taufsermons von 1519 mit dieser Sicht, so scheint in De captivitate alles das schärfer und zugespitzter formuliert, was im Freilegen der Wahrheit des Sakraments 1519 sich abzuzeichnen begann. Die Wahrheit des Sakraments als des in der Taufe geschlossenen tröstlichen Bundes wurde 1519 in seelsorgerlicher Hinsicht für den Menschen, der in einer durch Unwissenheit und Blindheit gegenüber den Sakramenten, gegenüber dem Werk der Taufe, bestimmten Zeit lebt, zurückgewonnen. Das Zeichen der Taufe in seinem vollen Umfang — Sterben und Neugemachtwerden — ist beredte Unterstützung dieses Bundes Gottes; alles im Sakrament spricht mit, ist wirksamer, lebendiger Ausdruck der Bundeszusage Gottes: das Untertauchen, die Worte des Priesters, die Handlung und die Worte der Paten beim Herausheben und der Engel am Jüngsten Tag. Das Zeichen hat so dienenden Charakter als Bezeugung und beseelte Gebärdensprache, wie im Märchen Tiere und Dinge zum Menschen sprechen können. Es spricht mit im Geschehen des Sakraments und bezeichnet dabei das irdisch-zeitliche Leben des Menschen als den Ort des Geschehens der Bundeszusage Gottes und ihrer Bewährung. Das Zeichen des Untergetauchtwordenseins hält fest, daß der Mensch *in der Welt*, die mit den Mächten des Ungehorsams gegen Gott erfüllt ist, insofern im sündlichen Fleisch lebt, daß er in der Taufe diesen Mächten aber schon gestorben und als peccator et iustus in Gottes Nichtanrechnen identifiziert worden ist. Im Sinne des ,,Nicht-mehr'' und

---

[285] s.o. Anm. 279 in Verbindung mit WA 6, 533, 29-37 = Bo A 1, 467, 32-468, 1: Nos ergo aperientes oculum discamus magis verbum quam signum, magis fidem quam opus seu usum signi observare, scientes, ubicunque est promissio divina, ibi requiri fidem, esseque utrunque tam necessarium, ut neutrum sine utro efficax esse possit. Neque enim credi potest, nisi assit promissio, nec promissio stabilitur, nisi credatur. ambae vero si mutuae sint, faciunt veram et certissimam efficatiam sacramentis. Quare efficatiam sacramenti citra promissionem et fidem quaerere est frustra niti et damnationem invenire. Sic Christus 'qui crediderit et baptisatus fuerit, salvus erit, qui non crediderit, condemnabitur'.

,,noch nicht vollbracht'' ist das Zeichen der Taufe im strengen Sinne ein
Zeichen des In-der-Welt-Seins, der Zeitlichkeit der glaubenden Existenz:
für die Welt ist mit diesem Zeichen zugleich angezeigt, daß die Existenz
dieses Menschen wie der Ton in der Hand des Töpfers von Gottes Schöpfermacht im neuschaffenden Handeln des neuen Bundes schon umgriffen
und mitten in der Welt der glaubende Mensch als eine Kreatur Gottes
schon im Neugeschaffenwerden ist, ein Stück Welt schon dabei ist, Neue
Welt zu werden. Die Sprache der Zeichen der Taufe bezeugt also das
Schöpfersein Gottes. — Dasjenige Zeichenverständnis, von dem sich
Luther 1520 leidenschaftlich lossagt und vor dem er im theologiegeschichtlichen Aufweis seiner Herkunft warnt, bezeichnet demgegenüber
gerade nicht die ,,passiv'' als Kreatur in der Hand des Schöpfers befindliche und in Veränderung begriffene Welt, sondern eine scheinbar zeitlose,
diabolisch glänzende Herrlichkeit von 'Dingen', die zu einem 'Ding an
sich' geworden sind: die Ausstrahlung dieser Dinge im Rahmen ihres gesetzlich vorgestellten und scheinbar geregelten usus spricht gerade nicht
von dem, was Gott für den Menschen und am Menschen tut, sondern in
ihr ist dieses Geschehen, die Wahrheit, längst durch eine Gegeninitiative
selbstherrlicher Gebärde der Macht und Anziehung irdischer Dinge und
des Menschen, der sie in seine Gewalt gebracht hat, überwältigt und ,,gefangen genommen'' worden, verdeckt, verschlungen. Dieses ,,signum''
im Sog der Macht und der ihr gehorsam dienenden Werke im Bemühen
um contritio, confessio, satisfactio, religiones usw. verknechtet den Menschen, indem es ihn verführt zum Vertrauen auf Werke, durch suggestive
'Sachzwänge' scheinbarer Eindeutigkeit, so daß die Wirklichkeit, die
Wahrheit der im Sakrament gegebenen Wortzusage und Wortqualität,
die dem Glauben ruft, gar nicht mehr wahrgenommen wird, als sei nicht
Gottes Gnade, sondern ein gesetzlicher ,,Vollzug'' der Inhalt der Sakramente. ,,Nam si dat gratiam mihi sacramentum, quia suscipio, iam vere
ex opere meo, non ex fide gratiam obtineo, nec promissionem in sacramento apprehendo, sed solum signum institutum et praeceptum a deo. ita
clare vides, quam nihil sacramenta intellecta sunt sententionariis Theologis, quod nec fidei nec promissionis ullam in sacramentis rationem habuerint, tantum in signo et usu signi herentes, ét ex fide in opus, ex verbo in
signum nos rapientes, qua re (ut dixi) sacramenta non modo captivaverunt, sed penitus, quod in eis fuit, aboleuerunt''[286]. Ontologisch handelt

---

[286] s.o. Anm. 279. Luther bezieht sich hier zurück auf die unter dem ersten Gesichtspunkt, der divina promissio, bereits formulierte Kritik an der scholastischen Theologie:
Quid ergo prodest de baptismo tam multa scribere et hanc fidem promissionis non docere?
omnia sacramenta ad fidem alendam sunt instituta, et hanc ipsam adeo non tangunt, ut

es sich hier um ein seiner ursprünglichen Bedeutung als Gebärde und Ausdruck weggeraubtes, dem, was es selber sagt und sagen will, entfremdetes Zeichen, dem der Mund verbunden wurde und das nun mißbraucht wird, etwas ganz anderes mitzuteilen, nämlich das, was die Menschenlehre will, daß es sage: Werke und Bedingungen. Ein sekundäres, gemachtes, von Menschen gebildetes Wahrheitsverständnis ist hier auf den Thron gebracht worden, anstelle der Wahrheit, die in Worten und Zeichen spricht, ohne Zwang und Befehl, ohne Tyrannei: ,,das Werk, wie es an ihm selbst ist'', begann Luther 1519 freizulegen. Nun 1520, greift er die Zauberer und Blendwerksmeister an, die die falsche Wahrheit, mit der sie die Menschen faszinierten, ,,fabriziert'' haben, die falsche Lehre vom Zeichen.

Auf der Ebene der dogmatischen Sakramentslehre ist hier etwas geschehen, das dem gleicht, was Luther im Sermon 1519 von den Predigern sagt, die aus dem Leben der Heiligen gemeine Exempel gemacht haben, aus der jedem Heiligen sonderlich gegebenen Gnade eine Norm für Werke[287]. Woher haben ,,gemeine Exempel'' ihre verführerische Anziehungskraft? Gibt man dem Menschen eine Norm, so glaubt er mit ihrer Hilfe sich das Heil nun etwa wie mit Hilfe des Formblattes für einen Aktenvorgang verschaffen zu können. Und verliert sein Heil, denn das Sakrament ist kein Aktenvorgang. Demgegenüber gehört das christliche Sakrament, wie Luther es darstellt, in einen Zusammenhang, in dem 'Normen', Schemata im Sinne von Formalisierungen des Denkens, keinen Ort haben. Gott kann mit dem Menschen nicht anders handeln als durch das Wort der Verheißung, und der Mensch kann mit Gott nicht anders Umgang haben als im Glauben[288]: hier ist offenbar ein Bereich der Begegnung und eine Beziehung bezeichnet, in der Verantwortung im höchsten Sinne gegenüber dem Wort der Verheißung wahrgenommen

---

etiam asserant impii homines, non debere hominem esse certum de remissione peccatorum seu gratia sacramentorum, qua impietate orbem totum dementant et sacramentum baptismi, in quo stat prima gloria conscientiae nostrae, funditus extinguunt nedum captivant, interim insanientes in miseras animas suis contritionibus, anxiis confessionibus, circunstantiis, satisfactionibus, operibus, et id genus infinitis nugis. Esto ergo prudens lector, immo contemptor Magistri sententiarum libro quarto cum omnibus suis scribentibus, qui tantum de materia et forma sacramentorum scribunt, dum optime scribunt, id est, mortuam et occidentem literam sacramentorum tractant, caeterum spiritum, vitam et usum, id est, promissionis divinae veritatem et nostram fidem prorsus intactas relinquunt. — Vide itaque, ne te fallant operum pompae et humanarum traditionum fallatiae, ut veritati divinae et fidei tuae non facias iniuriam. A fide sacramentorum tibi incipiendum est sine ullis operibus, si salvus fieri voles, fidem autem ipsa sequentur opera... WA 6, 529, 35-530, 14 = Bo A 1, 463, 18-38.

[287] s.o. S. 000 zu WA 2, 735, 15-19 = Bo A 1, 193, 21-26.
[288] s.o. Anm. 165.

wird. Und in diesem Bereich ist der Mensch zugleich frei und neugeboren, wie die getauften Kinder. Dürfen wir das für den erwachsenen Menschen übersetzen in Erinnerung an Friedrich Schiller: ,,Der Mensch ist erst da ganz Mensch, wo er spielt''[289]? Ist es die Eigenart der Zeichen der Sakramente in dem Sinne, wie Luther 1519 von Zeichen und ihrer Bedeutung spricht, daß sie den Menschen von vermeintlichen und zur Wirklichkeit gewordenen Werk- und Formalisierungszwängen erlösen und in die Wahrheit seines Daseins im Glauben zurückbringen?

Und dies wäre der Bereich, in dem es um Gottes selbst willen auf den Menschen *als Person* ankommt. So werden wir paradoxerweise den Satz über das Spiel so umschreiben können, daß das Handeln des Menschen *als Person* d.h. *in Verantwortung* und nicht nach einer Schablone, einer verführerischen Vorstellung von ,,Allgemeinheit'', den Menschen als Menschen, als Antwortenden, charakterisiert. Und so hätte, von der Zusage der Taufe her gesehen, *Gott selbst* das Spiel schon immer in der Hand gehabt.

4) Das Zerbrechen der eigenen Gestalt. Gabe und Geschehen der Gemeinschaft und Bruderschaft nach der Anzeige des Abendmahls

Es folgt nun auf den kräftigen und inhaltreichen, in der Form aber relativ knapp gefaßten Taufsermon die letzte der drei unter sich eine Einheit bildenden Auslegungen der drei wichtigsten christlichen Sakramente der Buße, der Taufe und des Abendmahls.

a) Dieser dritte Sermon ,,Von dem hochwürdigen Sakrament des heiligen wahren Leichnams Christi und von den Bruderschaften''[290], mit Einschluß des Anhangs ,,Von den Bruderschaften'' in 28 Punkte gegliedert, unterscheidet sich von den beiden anderen zunächst durch seine Länge[291]. Im Aufbau folgt Luther hier wie in den vorangegangenen Sermonen der Dreier-Gliederung nach den Stücken Zeichen-Bedeutung-Glaube. Die so bezeichneten Hauptteile des Sermons sind jedoch stärker ineinander verschränkt als im Buß- und Taufsermon.

1. Nachdem auf die erste und grundlegende Beschreibung des Zeichens: des Empfangens und Genießens von Brot und Wein[292], die Bedeu-

---

[289] Friedrich SCHILLER, Briefe über die ästhetische Erziehung des Menschen. 15. Brief. SCHILLERS Werke, Nationalausgabe Bd. 20. Weimar 1962, 359, 7-9.

[290] WA 2, 742-758 = Bo A 1, 196-212.

[291] Der Sermon vom Sakrament der Buße umfaßt 21, der Sermon vom Sakrament der Taufe 20 Abschnitte; der Sermon von der Bereitung zum Sterben besteht ebenfalls aus 20 Abschnitten.

[292] WA 2, 742, 15-743, 6 = Bo A 1, 196, 18-197, 12: §§ 2-3.

tung dieses Zeichens: Gemeinschaft empfangen und eine Bestätigung des Eingeleibtseins erhalten, anfangsweise beschrieben wurde[293], mit verschiedenen Ausgestaltungen des Grundgleichnisses vom Christusleib und den Gliedern (1 Kor 10,17 und 12,25 f), geht Luther von hier aus weiter auf die Einzelheiten der zeichenhaften Gestalt des Abendmahlsgeschehens in Wort und Handlung ein[294]. In diesem Abschnitt werden Zeichen und Bedeutung miteinander erschlossen in einer weiteren Folge von vier Aspekten der in den Zeichen von Brot und Wein bedeuteten Gemeinschaft. Aus vielen Körnern wird ein Brotleib, und aus vielen Beeren wird ein Trank: das lehrt uns, wie Christus mit allen Heiligen unsere Gestalt annimmt, mit uns eins wird, und wie wir auch wieder durch die Liebe die Gebrechen, die Gestalt und Bedürftigkeit aller Christen an uns nehmen sollen[295]. Ein zweiter Aspekt: die Speise wird aufgenommen und anver-

---

[293] WA 2, 743, 7-748, 5 = Bo A 1, 197, 13-202, 18: §§ 4-13.

[294] WA 2, 748, 6-749, 22 = Bo A 1, 202, 19-203, 35: §§ 14-16.

[295] WA 2, 748, 6-26 = Bo A 1, 202, 19-39: ,,Solch gemeynschafft zu bedeuten, hat gott auch solch zeychen disses sacraments eyngesetzt, die sich allethalben da hyn fugen und mit yhren formen unß zu solcher gemeynschafft reytzen und bewegen. Dan zu gleych als auß vielen kornlin, zusammen gestoßen, das brot gemacht wirt, und vieler korner leybe eyns brots leyb werden, daryn eyn iglich kornleyn seyn leyb und gestalt vorleuret und den gemeynen leyb des brots an sich nympt, Desselben gleychen auch die weyn kornlyn mit vorlust yhrer gestalt werden eyns gemeyn weyns und trancks leyb, Alßo sollen und seyn wir auch, ßo wir diß sacrament recht prauchen: Christus mit allen heyligen durch seyne liebe nympt unßer gestalt an, streit mit unß widder die sund, tod und alles ubel, davon wir yn lieb entzundet nemen seyn gestalt, vorlassen unß auff seyn gerechtickeit, leben und selickeit, und seyn alßo durch gemeynschafft seyner guter und unßers unglucks eyn kuche, eyn brott, eyn leyb, eyn tranck, und ist alls gemeyn. O das ist eyn groß sacrament, sagt s. Paulus, das Christus und die kirch eyn fleysch und eyn gepeyn seynd. Widderumb sollen wir durch die selb lieb unß auch wandelnn und unßer lassen sein aller ander Christen geprechen und yhr gestalt und notdurfft an uns nehmen, und yhr lassen seyn alles, was wir gutis vormugen, das sie desselben genießen mugen, das ist recht gemeynschafft und ware bedeutung diß sacraments. Alßo werden wir ynn eynander vorwandelt und gemeyn durch die liebe, an wilche keyn wandell nit geschehen mag''.

Denselben Vergleich verwendet Luther in dem etwa eineinhalb Jahre früher geschriebenen Sermo de digna praeparatione cordis pro suscipiendo sacramento eucharistiae. 1518, WA 1, 329, 15-18. Dort gibt Luther zunächst eine kurze Definition für Name und Sache des Sakraments: Nomen est Communio, Res unitas cordium, sicut una fides, unum baptisma, unus dominus, una spes, ac prorsus omnia eadem et communia. Anschließend folgt der Vergleich, den wir auch an unserer Stelle finden: Quod et figuratur in speciebus sacramenti, in quibus multa grana, amissa singulorum differentia, in unum panem, Item uvae multae, amissa sua quoque differentia, in unum vinum redactae sunt. 'singulorum differentia' entspricht a.u. St. 'Leib und Gestalt' (Z. 10f). Vgl. auch die bei Staupitz, Prädestinationsschrift c. 18, Kn 166, 153 gegebene Beschreibung der ,,Wirtschaft Christi und des Christen'': ,,Do ist noch ein noturftigs stuck, nemlich die eintrechtikeit des thun und lasens, dann alles das Christo wolgefelt, das gefelt auch dem Christen wol, sie haben einen willen, ein hertz, ein geist, und das von wegen des dritten, so in dem rechten wolleben gepflegt wirdet, das ist, von wegen der ubergebung der gemüt on einander durch die waren lieb, von

wandelt der Natur dessen, der sie ißt, sie geht wirklich in die Vorgänge
seiner psychophysischen Existenz ein, bleibt ihnen gegenüber nicht

---

dem allen ein frölicher guter muet erwechst''. Luther betont demgegenüber im Blick auf das
Abendmahl gerade das leibliche Moment: Gebrechen, Gestalt und Notdurft, d.h. Armut,
Bedürftigkeit der anderen Christen annehmen. H. HILGENFELD, Mittelalterlich-traditionelle
Elemente in Luthers Abendmahlsschriften, 286 weist darauf hin, daß dieses Beispiel zusam-
men mit seiner Deutung auf die communio mit Beziehung auf Eph 4, 4-6 traditionell sei, jedoch mit Ausnahme des bei Luther betonten Zuges, daß die Körner — und die Kommunikanten — ihre Eigengestalt verlieren, wenn sie zu einem Brot zusammengefügt werden.
Vgl. Luthers spätere ausdrückliche Bezugnahme auf die Väterauslegung, die er 1519 unausdrücklich verarbeitete, im Abendmahlssermon von 1526 und in den Katechismuspredigten:
WA 19, 509, 29-510, 12: ,,Nu ist noch uberig das stuck von der frucht des Sacraments, davon ich sonst viel gesagt habe, wilchs nicht anders ist denn die liebe. Wilchs auch die alten
veter hoch und am allermeisten getrieben haben und das Sacrament darumb genennet Communio, das ist ein gemeinschafft''. WA 30^I, 56, 1-5: ,,Item: Sicut ex multis granis unus panis, ex multis uvis unus potus, Sic ex multis Christianis unum corpus. Ist nicht bos gepredigt. Sie haben aber drauff gestanden und fur das beste gehalten. Aber so ferne ists fehrlich
gewesen, das die wort geschwiegen sind''. s. H. HILGENFELD, Mittelalterlich-traditionelle
Elemente, 328 A. 605. O. BAYER, Promissio, 226-241 sieht mit Blick auf Luthers Anknüpfung an die Tradition in diesem Hauptpunkt des 'Sakraments der Liebe' in diesem Sermon
das traditionelle Verständnis der Messe nicht gesprengt (231 A. 42), abgesehen von der
Empfehlung der beiden Gestalten, die als einziges Anstoß erregte (vgl. die ,,Verklärung etlicher Artikel in seinem Sermon von dem heiligen Sakrament'' WA 6, 78-83). Die Auffassung
des Abendmahls als Sakrament der Liebe sei ,,eine völlig traditionelle Bestimmung'' (Promissio, 237 A. 81). BAYER führt dafür folgende Belege aus der Tradition an: Augustin, In Ioannis Ev. tractatus XXVI, 13 MPL 35, 1613 = C ChrSL 36, 266: 'O Sacramentum pietatis! O signum unitatis! o vinculum caritatis!' Petrus Lombardus IV dist 8 c 7: die res eucharistiae ist die unitas fidelium. so auch Glo zu 1 Kor 11, 24f. Biel, Lekt 27 D; I, 260: 'In hoc
sacramento est vinculum charitatis...Sacramentum hoc sacramentum est communionis'. —
Als Beleg für das Beispiel von Körnern und Brot in der Tradition führt B. an: Augustin, In
Ioannis Ev. tractatus XXVI, 17; MPL 35, 1614 = C ChrSL 36, 268: 'Dominus noster Jesus
Christus corpus et sanguinem suum in eis rebus commendavit, quae ad unum aliquid redi-
guntur ex multis. Namque aliud in unum ex multis granis confit: aliud in unum ex multis
acinis confluit'. — Glo zu 1 Kor 11, 24f VI, 50 F: die Elemente haben jeweils 'et similitudi-
nem cum re significata...quae est unitas fidelium: quia ex multis granis unus conficitur
panis: et ex pluribus acinis vinum confluit: sic ex multis fidelium personis unitas ecclesiae
consistit'. Im Meßkommentar Biels Lekt 40 M: 'quia ex multis granis panis conficitur unus,
significat unitatem corporis veri et mystici'. (II, 108) und Lekt 48 Y (II, 248). BAYER, Promissio 231 A. 45. B. weist auch hin auf spätere Anführungen dieses Beispiels in den Predigten Luthers WA 4, 706, 9-12 (1520) und WA 12, 488f (1523), sowie in der württembergi-
schen Abendmahlsvermahnung von 1536, Leiturgia III, 48.

   Ob man mit BAYER Luthers Auslegung dieses Beispiel an u. Stelle umschreiben darf als
,,Preisgabe und Wandlung der Individualität'' und mit HILGENFELD, Mittelalterlich-
traditionelle Elemente, 286, als ,,Verlust ihres spezifischen Eigenseins und Unterschiedes''
erscheint allerdings fraglich. Es geht Luther um das Sich-Wandeln als Annehmen der
Gestalt, der *leiblichen* Gebrechen, der Gestalt und Not aller anderen Christen, wie Christus
mit allen Heiligen durch die Liebe unsere Gestalt annimmt, ,,davon wir yn lieb entzundet
nemen seyn gestalt, vorlassen unß auff seyn gerechtickeit, leben und selickeit...'' (Z. 15-17).
Es geht also um die Identifikation der Liebe gerade im Äußeren, Leiblichen als Verlieren des
isolierten 'Für-Sich-' oder 'An-Sich-Seins'. Maßstab dieser Liebe sind die Leiden des
Nächsten. Zu solcher hingebenden Liebe gehört es, der Anderen sein zu lassen ,,alles, was

äußerlich: so wird Christus mit uns und allem, was uns betrifft und widerfährt, in völliger Identifikation eins, ,,alßo were er, das wir seynd, was

wir gutis vormugen, das sie desselben genießen mugen… Alßo werden wir ynn eynander
vorwandelt und gemeyn durch die liebe, an wilche keyn wandell nit geschehen mag'' (Z. 22-
26). Es ist die Erfahrungsgemeinschaft der Liebe, die die Zeichen des Sakraments bezeugen.
Nicht die Forderung, sondern die Erfahrung die Liebe wird hier beschrieben. Christus gab
sich selbst für uns im Sakrament, damit in der Gemeinschaft der Liebe Erfahrung der Liebe
das erste sei. Vgl. auch WA 2, 754, 10-16 = Bo A 1, 208, 17-24: ,,Szo das die gemeynschafft
zweyerley sey, Eyne, das wir Christi unnd aller heyligen genyessen, Die andere, das wir alle
Christen menschen unßer auch lassen geniessen, warynne sie und wir mugen, das alßo die
eygen nutzige liebe seyns selbs durch diß sacrament auß gerodtet eyn lasse die gemeyn
nutzige liebe aller menschen … das ist die rechte Christenliche bruderliche eynickeyt''. Am
Gegenbeispiel der Bruderschaften zeigt Luther auf, wie auch Gruppen und ganze Gesellschaften von der eigennützigen Liebe bestimmt sein können. Demgegenüber gilt es zu verstehen, was die in der Gemeinschaft Christi wirkende Liebe, ,,die Liebe selbst'' will, was die
,,Art der Liebe'' ist: nicht das Ihre zu suchen, sondern alles um des Andern willen zu tun,
frei umsonst. WA 2, 757, 16-21 = Bo A 1, 211, 23-28 s.u. S. 221 bei Anm. 345. Freiwillig-
keit, Spontaneität und ein Moment von Universalität sind Merkmale solcher Liebe und
christlichen brüderlichen Einigkeit, wie Luther in den späteren Abschnitten des Sermons betont. Im Anfang des Sermons, in den Zeichen des Abendmahls, geht es demgegenüber zuerst um Leiden und Anfechtung, um Erfahrung in der *Realität* des Einzelnen, die gemein
wird Christus und allen Heiligen. So wird in der christlichen Sicht der Wirklichkeit das
Leiden akzeptiert, nicht mehr zu einem zu Verdrängenden, das nicht gezeigt, nicht gesagt
werden darf, um Schande zu vermeiden. Christus und seine Heiligen tragen die Wirlichkeit
der Leiden mit. — Die Gemeinschaft des ,,Christuskörpers'', wie sie der Sermon beschreibt, ist durchaus mit Joseph LORTZ, Sakramentales Denken beim jungen Luther,
11f.16.23-26 als ,,sakramentale Wirklichkeit'' ,,ontisch'' zu beschreiben, jedoch im dargestellten Sinne der Erfahrungsgemeinschaft des himmlischen Christus im irdischen, angefochtenen Leben der Glaubenden. Insofern ist sie nicht ,,sakral-sakramentaler'' Art, sondern geschieht gerade in irdischer Anfechtung als geistlicher Trost und als Stärkung. Vgl. J.
LORTZ, Sakramentales Denken, 25: ,,Die von Luther in Anspruch genommene liebende
Verbindung mit den Mitchristen und die Verwandlung in sie in Glück und Leid reicht in
der Fülle ihrer Ausführungen in der Tat weit über das Moralische hinaus''. Dies gelte vor
allem für den fröhlichen Wechsel als dem wirklichen ,,Anteilhaben der Kommunizierenden
am Herrn Jesus, an seinem Sein und Tun und Verdienen''. Hier hat der Terminus ,,sakra-
les Sein'' für LORTZ offenbar seinen Ort. Bleibt diese Bezeichnung auch dann noch sinnvoll,
wenn man mit Luther in der weiteren Entfaltung seines Verständnisses der Einsetzungsworte in den Schriften des Jahres 1520 diese Worte ausschließlich als Worte an die Jünger, als
Testament und insofern als ganz natürliche Sprache und in keinem Sinne als Darbringung
eines Opfers versteht, dann wäre nichts gegen sie einzuwenden, aber nur dann. Wie ,,sakra-
mentales Sein'' in unserem Sermon von 1519 verstanden ist, bleibt weiter zu klären. Der
Aspekt des Leiblichen bezieht sich, wie wir sahen, in diesem Sermon nicht nur auf eine leibliche Wirklichkeit des sakramentalen Zeichens, isoliert gesehen, sondern auf die Erfahrungsgemeinschaft der Liebe Christi, des ,,Christusleibes'', als in *wirklichen Einzelerfahrungen* des
angefochtenen Menschen tröstend mittragende Gemeinschaft. — Was das Verhältnis zur
Tradition angeht, so spricht LORTZ zutreffend von einem ,,Rückgriff auf die Bibel im Sinne
der Patristik'' in unserem Sermon, bzw. vom Suchen und Entdecken der ,,sakramentalen
Welt des Neuen Testaments'' bei Luther. LORTZ, Sakramentales Denken, 38f. Was die besonderen von Luther auch gegenüber den Vätern gesetzten Akzente von Wort und Glaube
bedeuten (s. die von BAYER angeführten späteren Predigtäußerungen Luthers, o. zu Beginn
dieser Anm.) und wieweit sich Anzeichen neuer Akzentuierung schon im Sermon von 1519

unß antrifft, auch yhn und mehr dan unß antrifft''; so werden auch wir
uns seiner annehmen, ,,als weren wir, das er ist'', denn die Vereinigung
machts alles gemein: ,,Alßo auch sollen wir yn unßer nehsten und sie yn
unß durch dieselben lieb voreynigt werden''[296]. Ein dritter Gleichnis-
aspekt: Christus hat die beiden Gestalten nicht als bloße Zeichen eingesetzt,
sondern hineingegeben sein wirkliches natürliches Fleisch und Blut in dem

---

finden, ist weiterhin eine unsere Untersuchung begleitende Frage. In ihr muß jedoch nicht
von vornherein ein Einwand gegen die von LORTZ herausgestellte ,,Katholizität'' dieses Sermons liegen. Vgl. LORTZ, Sakramentales Denken, 11: Luther bezeuge ,,eine gereinigte und
vertiefte katholische Sakramentsauffassung, die er in seiner Frühzeit in einer Weise so füllte,
daß sie in der katholischen Kirche zu deren Nutzen dauernd ihren legitimen Platz hätte
haben können. Allerdings erreichte der spätere Luther nur selten jene Tiefe der sakramentalen Frömmigkeit, wie wir sie im Sakramentssermon von 1519 und in anderen Äußerungen
bis 1524 über die communio sanctorum finden''. Um die Berechtigung dieser Sicht zu prü-
fen, bleibt die Profilierung des ,,Reformatorischen'' in der Sakramentslehre Luthers, und
nicht eine Nivellierung, gerade in den Schriften von 1518-1520 die wichtigste Aufgabe des in
der reformationsgeschichtlichen Forschung zu diesem Punkt geführten ökumenischen Dia-
logs. Unter demselben Gesichtspunkt ist die Auseinandersetzung mit O. BAYERS Antwort
auf diese Frage für uns von besonderer Bedeutung.
[296] WA 2, 748, 35-37. 37f; 749, 5f. = Bo A 1, 203, 8f. 10. 17f. H. HILGENFELD,
Mittelalterlich-traditionelle Elemente, 293f weist darauf hin, daß auch die scholastische Tradition diesen Gedanken von der Anverwandlung der Speise bei der Erklärung der Eucharistie als nutrimentum spirituale anführte und ebenfalls mit der unio-Vorstellung verband.
Der zweite Teil der Aussage, daß wir in Christus eingeleibt werden und Christus in uns, finde sich jedoch nicht in der Tradition. In der Sache jedenfalls wäre aber zu verweisen auf
Staupitz, Prädestinationsschrift c. 10, 68f, Kn 152f: ,,Darumb eruolgt aus disem allem, das
die yenen kein gemeinschaft haben mit der brewt, die ir in sünden nit gemeiner sein, die
inen die gerechtikeit eignen, die sünder verschmehen, wann diese vertrewliche lieb ist die
höchst barmhertzikeyt, die stracks felt auf die höchsten armselikeyt, und umb nichte mer
sorgt, dann umb die ausleschung der sünden''. ,,Ytzo sichstu, wie gar billich die offnen sünder und gemeynen dirn unns furgeen in das reych der hymel, sihest auch warumb die sünd
verhengt sein, das wir all gesündt haben und der glori bedürfen''. Die Überschrift dieses
Kapitels lautet ,,Von der ubereintreffung hochster barmhertzikeit mit höchster
armselikeit''. Vgl. H. A. OBERMAN, The Shape of late medieval thought: the birthpangs of
the modern era. In: The Pursuit of Holiness in late medieval and renaissance religion. ed.
Ch. TRINKAUS with H. A. OBERMAN, Leiden 1974, 3-25, ib. 22 zu dieser Staupitzschen Formulierung: ,,highest mercy falls immediately — without mediators — upon deepest
misery'': To put this in as short a formula as possible: justification not by ascent of the sinner but by the descent of Christ; or, justification on the level of the secular sinner, not on the
level of the sacred God. To put it in Staupitz's own programmatic words: 'highest mercy
falls immediately — without mediators — upon deepest misery'. The gap between the
sacred and the secular could not have been shortened more dramatically than here in justification, the central theme of late medieval theology''. Für Luthers Verständnis des commer-
cium admirabile, des fröhlichen Wechsels, sei nur ein Punkt im Unterschied zu Staupitz
charakteristisch: die Vermitteltheit der unio mit Christus durch die unio mit seinem Wort,
durch Glauben an seine Verheißungen (23). — So ist es auch hier in diesem Sermon bereits
vor dem Herausstellen des besonderen Verheißungscharakters und — wortes im Abendmahl, die Mitteilung Christi an die Seinen in den gewissen Zeichen des Abendmahls, die
Luther in Worte übersetzt, und die Verbindung der Glieder der Gemeinde untereinander
im Wort lebendiger Mitteilung.

Brot und in dem Wein, um nur ja auf jede Weise ein vollkommenes
Sakrament oder Zeichen zu geben. Das heißt: wie Brot und Wein in seinen
Leib und sein Blut verwandelt werden, so werden wir in seinen ,,Leib'',
in seine und aller Heiligen Gemeinschaft, gezogen und verwandelt[297].
Hiermit verbindet sich ein vierter Aspekt: Er gibt sowohl sein Fleisch als
sein Blut als Zeichen, das bedeutet: sein Leben und Tun und auch sein
Leiden und Sterben sollen uns gehören und wir in sie hineingezogen und
verwandelt werden[298]. Um den Überblick über diesen Abschnitt zunächst

---

[297] WA 2, 749, 7-16 = Bo A 1, 203, 19-29. Hier um zum vorangegangenen Vergleich ist
hinzuweisen auf das in der Kirchenkonstitution des II. Vaticanums, Lumen gentium c. 3,
26 angeführte Wort Leos d. Gr., Serm 63, 7, PL 54, 357C: 'non aliud agit participatio corporis et sanguinis Christi, quam ut in id quod sumimus transeamus'. Vgl. G. Biel, Sermo
45 M unter der vorangestellten Bezeichnung des Folgenden als 'mysticatio praedictorum':
Primo quidem dictum est panem totaliter converti in corpus Christi. Ita anima digne accedens (quae per panem non incongrue intelligitur dicente apostolo 1 Cor. 10: 'Unus panis et
unum corpus multi sumus omnes, qui de uno pane participamus') convertitur in corpus
Christi, dem ei per intimam et gloriosam unionem incorporatur. Vgl. H. Hilgenfeld,
Mittelalterlich-traditionelle Elemente, 294 A. 464.

[298] WA 2, 749, 17-22 = Bo A 1, 203, 29-35: ,,Darumb hatt er auch nit allein eyn gestalt
gesetzt, sondern unterscheidlich seyn fleysch unter dem brott, seyn blut unter dem weyn, an
zu tzeygen, das nit allein sein leben und gute werck, die er durch das fleysch antzeygt und
ym fleysch gethan hatt, sondern auch seyn leyden und marter, die er durch seyn blutt
antzeygt, yn wilcher seyn blut vorgossen ist, alles unßer sey, und wir dreyn getzogen des
nießen und prauchen mugen''. An dieser Stelle sei vorläufig hingewiesen auf die Deutung
des Anliegens der Transsubstantiationslehre in der folgenden Formulierung Karl Rahners,
die als Anfrage an das 'solo verbo' der protestantischen Sakramentslehre gerichtet ist:
,,Man will die Tat Gottes in der bloß göttlichen Sphäre belassen, sie ist nicht da verändernd,
wo die Dinge der Welt — das Brot, die Moral, das Grab usw. — sind. Sie bleiben irgendwie
jenseits, nicht bloß der Erfahrung des Nichtglaubens (was auf jeden Fall richtig ist), sondern
der weltlichen Wirklichkeit selbst; Gott bleibt im Himmel; da, wo das Brot ist, geschieht
nichts''. Schriften zur Theologie IV, 1961², 379f, angeführt bei G. Ebeling, Worthafte und
sakramentale Existenz, in: Wort Gottes und Tradition, 210. Im Blick auf unsere Textstelle
ist zunächst zu sagen: in dieser Wirklichkeit, von der Rahner spricht, wurde Jesus gekreu-
zigt. Davon sprechen die Zeichen des Abendmahls. Darüberhinaus ist mit der hier aufgenommenen Frage nach dem Verhältnis von Erfahrung und Verheißungswort tatsächlich die
wesentliche Frage des Sakramentsverständnisses berührt. Vgl. G. Ebeling, Wort Gottes
und Tradition, 214: ,,statt die Unterscheidungslehren formelhaft zu repetieren, ist man daran, sie in gegenwärtiger Verantwortung zu interpretieren''. Worauf bezieht sich aber die in
der Formulierung Rahners in den Blick genommene ,,Veränderung''? Geschieht sie innerhalb unseres Verhältnisses zum Wort und so, daß die entscheidende Veränderung gegenüber
den angeführten Realitäten, die den Menschen mit dem Druck ihrer Massivität affektiv zu
überwältigen und zu erdrücken vermögen, wenn das Wort fehlt, als der Erweis des Wortes
für den Glauben an die Zusage Gottes geschieht? Jesus erlitt dies alles uns zugut: die Kraft
seiner Selbstmitteilung im Wort hat so die ,,Sprache der Realitäten'' in entscheidender Weise eingefaßt, so daß dem Menschen aufs neue sein Ort durch diese Selbstmitteilung freigegeben ist. — Der theologische Redemodus selbst ist dann kritisch zu beurteilen, ob er diesem
Geschehen am Ort der Erfahrung standhält und die sich mitteilende Wahrheit bezeugt oder
ob er seinerseits, wie Luthers Kritik an der Transsubstantiationslehre lautet, in eine werk-
hafte Entfremdungsform bloß vorstellenden begrifflichen Konstruierens, Begriffe-Machens

abzurunden[299], blicken wir von hieraus auf den Anfang zurück. Das Zeichen des Abendmahls ist die Gestalt von Brot und Wein: um der Ganzheit und Vollkommenheit des Zeichens willen[300] empfiehlt Luther, ein allgemeines Konzil möge wieder beide Gestalten zum Gebrauch für jedermann verordnen[301]. Die Bedeutung dieses Zeichens, das Werk dieses Sakra-

oberhalb der Erfahrung sich begibt. Gegen *diese* Form einer aristotelisierenden Theologie und Transsubstantiationslehre — wo immer und in welcher Konfession und Theologie immer sie begegnen — richtet sich die Kritik Luthers. s.u. S. 207f.

[299] Mit dem folgenden § 17 beginnt die Darstellung des dritten Stückes des Sakraments: des Glaubens.

[300] Vgl. im Taufsermon § 1, WA 2, 727, 18f = Bo A 1, 185, 21f: ,,Drumb solt man der bedeutung gnug thun und eyn rechts volkommes tzeychen geben''. s.o. S. 145f bei Anm. 169.

[301] WA 2, 742, 15-743, 6 = Bo A 1, 196, 18-197, 12: ,,Das sacrament odder eußerlich tzeychen steet yn der form und gestalt des brots und weyns, gleych wie die tauffe yn dem wasser, ßo doch, daß man des brotis und weyns nieße mit essen und trincken gleych wie man der Tauffe wasser neust und dreyn senckt odder damit begeusset. Dan das sacrament odder zeichen muß empfangen odder yhe begerd werden, soll es nutz schaffen, wie woll man itzt nit beyder gestalt dem volck alle tag gibt, wie vortzeyten, ist auch nit nott, ßo neusset yhr doch alle tag die priesterschafft fur dem volck, und ist gnug, das das volck seyn teglich begere und tzur tzeyt eyner gestalt, ßovill die Christenlich Kirch ordenet und gibt, empfahe... Es ist aber bey mir fur gut angesehen, das die kirch yn eynem gemeyn Concilio widderumb vorordenete, das man allen menschen beyder gestalt gebe, wie den priestern, Nit darumb, das eyne gestalt nit gnug sey, ßo doch woll alleyn des glaubens begirde gnug ist, Als sanct Augustin spricht 'Was bereytist du den bauch und die tzeen? Glaub nur, ßo hastu das sacrament schon genossen', Sondernn das zimlich und feyn were, ßo des sacraments gestalt und forme odder zeychen nit stucklich eyns teyls, sondern gantz geben wurden, Gleych wie ich von der tauff gesagt, das es fuglicher were ynß wasser tzu tauchen, dan mit begissen, umb der gentze und vollkommenheyt willen des zeychens, Syntemall diß sacrament bedeutet ein gantz voreynung und unvorteylete gemeynschafft der heyligen (wye wyr hören werden), wilche ubel und unfuglich wirt angetzeygt mit eynem stuck odder teyll des sacraments. Auch ist nit ßo grosse far mit dem Kilch, als man achtet, die weyll das volck selten zu dissem sacrament geht, Sonderlich die weyll Christus, der alle zu kunfftige far woll gewist, doch hatt wollen beyde gestallt eynsetzen vor alle seyne Christen zu prauchen''. — Auf diesen Punkt geht Luther, da in der Zwischenzeit sich verschiedene Angriffe gerade hierauf als auf ein ,,politisch'' wegen der Erfahrungen mit Huß heißes Eisen richteten, in seiner Schrift De captivitate babylonica ecclesiae praeludium 1520 ausführlich ein, wie schon vorher in seiner ,,Verklärung etlicher Artikel in seinem Sermon von dem heiligen Sakrament'', WA 6, 78-83. s.o. Anm. 295. — Seinen Gesichtspunkt im Sermon des Vorjahres, in unserem Abendmahlssermon, bezeichnet er in De captivitate babylonica rückblickend als den einer den 'usus communis' erarbeitenden Darstellung, also einer Art Entwurf einer Theorie oder einer Phänomenologie des christlichen Sakramentsgebrauchs, unbesorgt um die in der Praxis erhobenen Ansprüche des Papstes, ihr Recht und Unrecht. WA 6, 502, 3f = Bo A 1, 432, 2-6: Nam, quo tempore sermonem de Eucharistia edebam, in usu communi haerebam, nihil de Papae sive iure sive iniuria sollicitus. At nunc provocatus et exercitatus, immo per vim raptus in hanc harenam, dabo libere, quae sentio. — Daß es dabei mehrfach neben der Bibel der altkirchliche und frühmittelalterliche Brauch ist, auf den Luther zurücksieht, bezeugt eine Stelle im Taufabschnitt der Schrift De captivitate über den ursprünglich gegebenen Zusammenhang der drei Sakramente Buße, Taufe und Abendmahl: Sic enim olim tria ista sacramenta, poenitentia, baptismus, panis, simul eodem offitio frequentabantur, et alterum

ments, ist Gemeinschaft aller Heiligen. Biblischer Bezug für diesen Gedanken ist 1 Kor 10,17: 'Wir sind alle ein Brot und ein Körper, die wir an einem Brot und einem Kelch teilnehmen'[302]. Mit diesem Ausgangspunkt ist von Anfang an die *Erfahrung*, in die dieses Sakrament gehört, als ein Ganzes, als ein geschichtlich wirkender Zusammenhang der Gemeinschaft zwischen Christus und den Seinen angesprochen. Das Sakramentszeichen begegnet nicht isoliert, es zeigt nicht in eine andersartige Weltwirklichkeit eine jenseitige Gnadenwirklichkeit an, sondern es spricht aus dem heraus, was in der Geschichte schon da ist, aus der Wirklichkeit des 'Leibes Christi'[303]. Dieses Ganze ist überall, in allen Zeichen, deren es eine ganze Vielzahl gibt, gegenwärtig; in dieses Ganze sind die Einsetzungsworte, die das erstemal im 9. Abschnitt erwähnt werden, einbezogen: ,,Alßo do Christus das sacrament eyngesetzt, sprach er 'das ist mein leyb, der fur euch geben wyrdt, das ist meyn blutt, das fur euch vorgossen wirt, ßo offt yhr das thut, ßo gedenckt meyn dabey' Als sprech er 'ich bin das heupt, ich will der erst sein, der sich fur euch gibt, will ewr leyd und unfall mir gemeyn machen und fur euch tragen, auff das yhr auch widderumb mir und untereyander ßo thut und alles last yn mir und mit mir gemeyn seyn, unnd laß euch diß sacrament des alliß zu eynem gewissen warzeichen, das yhr meyn nit vorgesset, Sondernn euch teglich dran ubet und vormanet, was ich fur euch than hab und thu, damit yhr euch stercken muget und auch eyner den andernn alßo trage' ''[304]. Die ausdrückliche Erwähnung der Gabe von Leib und Blut Christi unter den Gestalten von Brot und Wein geschieht erst am Ende des ganzen bisher dargestellten Abschnitts, bevor Luther mit dem dritten Stück des Sakraments, dem Glauben, ein-

---

alterum iuvabat. WA 6, 529, 5f = Bo A 1, 462, 22-24. Vgl. in unseren Sermonen von 1519 die Beziehung des Bußsakraments auf die Taufe im § 15 des Taufsermons WA 2, 733, 28-36 = Bo A 1, 191, 35-192, 2; über den Zusammenhang von Taufe und Abendmahl in unserem Sermon § 22, WA 2, 754, 1-3 = Bo A 1, 208, 7-9 und § 10, WA 2, 746, 6-15 = Bo A 1, 200, 17-26. — So ist es auch im Eingang des Abendmahlssermons wie im Taufsermon das vollständige ursprüngliche Zeichen, das die Kirche nach Möglichkeit wiederherstellen sollte, als den Ausdruck der Sache des Sakraments.

[302] WA 2, 743, 24-26 = Bo A 1, 197, 31-33. s. auch die Anm. 297 angeführte Auslegung Biels zu 1 Kor 10, 17, Sermo 45 M. Zur Sache vgl. die Ausführungen bei J. LORTZ, Sakramentales Denken beim jungen Luther, 25 über die sakramentale Gemeinschaft des Leibes Christi, s.o. Anm. 295.

[303] WA 2, 743, 22-744, 7 = Bo A 1, 197, 29-198, 15: ,,Gleych ob mann eynem burger ein zeychen, handschrifft odder sonst eyn loßung gebe, das er gewiß sey, er soll der stadt burger, der selben gemeyn glydmas seyn. Alßo sagt Sanct Paulus 1. Corin. X. Wir seyn alle eyn brott und eyn corper... Und das wyr auff der groben synlichen gleychniß bleyben, Wie yn eyner statt eynem yglichen burger gemeyn wirt der selben statt namen, eere, freyheyt...''. Forts. des Zitats s.u. S. 201 bei Anm. 307.

[304] WA 2, 745, 36-746, 5 = Bo A 1, 200, 6-16.

setzt[305]. Von diesem Ganzen, das in allen Zeichen gegenwärtig ist, spricht überall etwas, wohin das Auge auch blickt[306].

In den einleitenden Bemerkungen über die Bedeutung dieses Sakraments, Gemeinschaft aller Heiligen, bemüht sich Luther sogar, mit einem neuen Gleichnis, auf das er wiederholt zurückkommt, das Wesen dieser Gemeinschaft der Glieder eines Körpers aus der Erfahrung zu verdeutlichen. Brot und Wein als Zeichen der Gemeinschaft empfangen ist ein ähnlich zeichenhafter Vorgang, wie wenn jemand den Bürgerbrief der Stadt erhält, in deren Gemeinschaft er damit aufgenommen wird; durch die mit diesem Dokument bezeugte Aufnahme wird er eingesetzt in die Rechte und Freiheiten, wie auch in die Pflichten eines Bürgers in dieser Stadt: ,,Und das wyr auff der groben synlichen gleychniß bleyben, Wie yn eyner statt eynem yglichen burger gemeyn wirt der selben statt namen, eere, freyheyt, handell, brauch, sitten, hulff, beystand, schutz und der gleychen, Widderumb alle gefar, fewr, wasser, feynd, sterben, scheden, auffsetz und der gleychen. Dann wer mit geniessen will, der muß auch mit gelten und lieb mit lieb vorgleychen. Hye sicht man, das, wer eynem burger leyde thut, der thut der gantzen stad und allen burgernn leyde, Wer eynem woll thut, Vordienet von allen andernn gunst und danck''[307].

Von hieraus geht Luther über zu dem in 1 Kor 12,25 f begegnenden und aus der Antike bekannten Gleichnis des leiblichen Körpers[308]: ,,Alßo auch ym leyplichen corper, wie sanct Paulus sagt 1 Corin. 12 da er diß sacrament geystlich vorcleret: Die glidmas seyn fureynander sorgfeltig, Wo eyns leydet, da leyden die andern alle mit, wo es eynem woll gehet, da frewen sich mit yhm die andernn. Szo sehen wyr, thut yemant der fuß wee, ja das cleynist tzinleyn[309], ßo sicht das aug darnach, greyffen die finger, rumpffet sich das angesicht, und der gantz corper böget sich dahyn, und habenn alle zuthun mit dem cleynen glidmaßlyn, widderumb wart man seyn woll, ßo thut es allen glidmaßen woll''[310]. Luther ist sich

---

[305] WA 2, 749, 7-22 = Bo A 1, 203, 19-35, s.o. S. 198 Anm. 298.

[306] s.o. S. 194ff zu den vier Gleichnisaspekten, Anm. 295-298.

[307] WA 2, 743, 30-38 = Bo A 1, 197, 38-198, 5.

[308] WA 2, 743, 38-744, 5 = Bo A 1, 198, 6-13. Zur Verwendung des Gleichnisses in der Sage von Menenius Agrippa (Livius, Hist. II, 32) s. E. LINNEMANN, Gleichnisse Jesu, 29f.

[309] ,,Zenlein'' nach GRIMM, Dt. Wörterbuch XV (1956) 442: diminutiv von ,,Zehe''. Die Form ,,zinlein'' bei A. GÖTZE, Frühneuhochdeutsches Glossar (1912) 1960⁶, 236: ,,kleine Zehe''.

[310] Erasmus führt in seinem 1518 wieder neu erschienenen Enchiridion militis christiani ebenfalls das Gleichnis vom Leib und den Gliedern nach 1 Kor 12, 25f an, im Rahmen einer Ermahnung, das 'Für-Sich-Sein-Wollen' abzulegen. Er bezieht es sehr konkret auf die in der Gesellschaft häufig anzutreffende Unfähigkeit, den, der das jeweils Andersartige vertritt in den Schichten und Berufen, Nationalitäten, zwischen Land und Stadt, Schwachen und

bewußt, in dieser Art der Verdeutlichung des Sakraments biblischem Sprachgebrauch zu folgen: ,,Diße gleychnuß muß man woll mercken, ßo man diß sacrament vorstehn will, dann die schrifft braucht der selben umb der eynfeltigen willen''[311]. Es geht dabei also nicht um einzelne biblische Zitate als Autorität, sondern um die Art, in der die Schrift redet, und um den Adressaten, an den sich diese Rede wendet. Das Verstehen der Einfältigen, das, wie wir sahen, insgesamt die Absicht und Schreibweise der Sermone Luthers bestimmt[312], ist in der Bibel selbst intendiert; das Anliegen der Sermone folgt also dem Anliegen der Schrift und besteht nur darin, so zu sprechen, wie die Bibel selber spricht. Erfahrung der Gemeinschaft mit Christus im Sakrament und, mit ihr auf eigenartige Weise verbunden, irdische Erfahrung als Gleichnis aufgeschlossen, gehören in einer wahrhaftigen, echten biblischen Sprache des christlichen Glaubens zusammen, hängen ineinander[313]. Auf die Art dieses Verhältnisses werden wir weiter zu achten haben.

Mächtigen, zu akzeptieren und zu ertragen. Vgl. Opiniones christiano dignae, Ausgew. Schriften, ed. W. Welzig I, 272-274: Alienus esse qui potest, quicum tibi tam multiplex intercedit unitatis copula? Apud gentiles momenti non nihil afferant vel ad benevolentiam vel ad malevolentiam illae rhetorum circumstantiae: Concivis est, affinis est, cognatus est aut contra; familiaris, amicus paternus, bene meritus, gratus, honesto loco natus, opulentus aut secus. In Christo aut nihil sunt aut iuxta Paulum unum et idem sunt haec omnia... Omnes sumus invicem membra. Membra cohaerentia constituunt corpus; corporis caput Jesus Christus; Christi caput deus. Tibi fit, singulis fit, Christo fit, deo fit, quicquid unicuilibet membro fit seu bene seu male. Haec omnia unum sunt: deus, Christus, corpus et membra. Non recte inter Christianos locum habet illud...: dissimilitudo mater odii. Quorsum enim dissensionum vocabula, ubi tanta est unitas? Non sapit Christianismum, quod vulgo aulicus oppidano, rusticus urbano, patricius plebeio, magistratus privato, dives pauperi, clarus obscuro, potens imbecilli, Italus Germano, Gallus Britanno, Britannus Scoto, grammaticus theologo, grammatico dialecticus, iurisperito medicus, doctus idiotae, eloquens infacundo, caelebs marito, iuvenis seni, clericus profano, sacerdos monacho, Minor Coletae, Carmelita Jacobitae et, ne omnia discrimina referam, nugatoria in re dissimilis dissimili est iniquior. Ubi caritas, quae et hostem diligit, quando ... color vestis nonnihil diversus, quando cingulus aut calceus et similia deliramenta hominum me tibi faciunt invisum? — Luther betont im Unterschied zu dieser Auslegung des Erasmus den Gesichtspunkt der wirklichen Gemeinschaft der Güter und Leiden in der wechselseitigen Identifikation.

[311] WA 2, 744, 5-7 = Bo A 1, 198, 13-15.

[312] s.o. S. 88 Anm. 6.

[313] Außer dem unseren Sermon bestimmenden Leib-Gedanken vgl. in den späteren Abendmahlsschriften Luthers besonders die Herausarbeitung dessen, was ein ,,Testament'' in der menschlichen rechtlich-sozialen Sphäre bedeutet und wie es wirkt: am schlagendsten wird dies deutlich und nachvollziehbar an dem mehrfach begegnenden Beispiel des schmutzigen, stinkenden Bettlers, der durch ein Testament eine reiche Erbschaft macht: in seinem sozialen Status erscheint er allen unwürdig, hinzugehen und sie einzufordern; dennoch wird er, wie Luther schon im Sermon von dem neuen Testament 1520 ausführt, ,,fürwar sich der keynis lassen abschrecken und sagen, 'was geht dichs an? ich weyß selbs woll, das ich unwirdig byn des testaments, ich foddere es nit auff meyn vordienst, als were man mirs schuldig geweßen, sondern auff die gunst und gnade des testatoris: hatt es yhn nit zu vil gedaucht mir

2. Von hieraus läßt sich einstweilen umschreiben, was die Kategorie der ,,Bedeutung des Sakraments'' in diesem Sermon zum Ausdruck bringt:

zu bescheyden, warumb solt ich mich ßo vorachten und dasselb nit foddern und nehmen?' Alßo muß auch hie ein blöde klein mütig gewissen wider seyne gedancken auff das testament Christi pochen und trotzig sein ym festen glauben, unangesehen, wie unwirdig sie und groß das gutt ist, dan eben darumb ists ein gottlich testament das ßo groß gut so unwirdigen bringt damit gott wil erwecken seyne liebe ubir alle dingk. Alßo tröstet Christus die selben kleynmütigen, die das gut so groß dunckt, und sprach: Ihr kleinmütiges heufflin solt euch nit fürchten, es hat ewrm vatter ßo wollgefallen, das er euch das ewige reych gebe''. WA 6, 361, 32-362, 12 = Bo A 1, 307, 22-34. Im vorangehenden Abschnitt macht Luther so der verzagten Seele Mut, einen anderen beten, fasten, beichten und sonst sich bereiten zu lassen, denn es liegt alles an den Worten dieses Sakraments; die soll man in Edelstein fassen und vor Augen haben im Herzen, den Glauben dran zu üben: ,,Laß eynen andernn beeten, fasten, beychtenn, sich zur meß und sacrament bereyten, wie er wil. Thu du desselben gleychen, ßo ferne, das du wissest, das allis das lautter narrn werg und triegerey ist, ßo du nit die wort des testaments fur dich nympst und den glauben und begirde dartzu erweckst. Du müstest lange die schu wisschen, fedder ab leßen und dich erauß putzen, das du ein testament erlangist, wo du nit brieff und sigell fur dich hast, damit du bweyssen mügist dein recht zum testament: hastu aber brieff und sigel, und glaubst, begerest und suchst es, ßo muß dirß werdenn, ab du schon grindicht, gnetzicht, stinckend und auffs unreynist werest. Also wiltu das sacrament und das testament wirdig emphahen, sich zu, das du diße lebendig wort Christi fur bringist, drauff dich bawest mit starckem glauben und begerest, was dir Christus drynnen zugesagt hatt, ßo wirt dirß, ßo bistu sein wirdig und bist wol bereyt. Der selb glaub und zuvorsicht muß und wirt dich frölich machen und eyne freye lieb zu Christo erwecken, durch wilch du dan ein recht gutt leben anfahist mit lust zu furen und sund auß hertzen zu meyden: dan wer Christum liebt, wirt wol thun, was yhm gefellit, und lassen, was yhm nit gefellit, wer wil yhn aber lieb haben, er schmeck dan den reychtumb dißes testaments Christi, den armen sundern umbsonst auß lautter gnaden bescheyden? den schmack bringt der glaub, der dem testament und zusagen glaubt und trawet...''. WA 6, 360, 32-361, 18 = Bo A 1, 306, 27-307, 6. Vgl. in De captivitate babylonica ecclesiae praeludium 1520 den parallelen Abschnitt WA 6, 519, 27-520, 6 = Bo A 1, 451, 25-452, 5: In qua re exemplum tibi sume ex hominibus. Si enim cuiquam mendico aut etiam indigno et malo servo legaret ditissimus dominus mille aureos, certe cum fidutia eos postularet et acciperet, nec indignitatis suae nec magnitudinis testamenti habita ratione. Quod si quis ei resistens obiiceret indignitatem suam et magnitudinem testamenti, quid, putas, dicturus est? scilicet: Quid ad te? non ego merito meo, nec iure ullo proprio accipio quod accipio, Scio me indignum et maiora accipere quam merear, immo contraria merui, sed iure testamenti et alienae bonitatis peto quod peto: si illi non fuit indignum tanta tam indigno legare, cur ego propter indignitatem meam contemnam acceptare? quin hac ipsa causa magis amplector gratuitam et alienam gratiam, qua ego sum indignior'. Eadem cogitatione armari oportet et cuiusque conscientiam, adversus omnes scrupulos et morsus suos ad hanc Christi promissionem indubitata fide obtinendam summopere cavendo, ne fidutia confessionis, orationis, praeparationis quisquam accedat, sed his omnibus desperatis in superba fidutia promittentis Christi. Quia, ut dictum est satis, verbum promissionis hic solum regnare debet in fide pura, quae est unica et sola sufficiens praeparatio.

Als besonderes Kennzeichen der Verheißung Christi erscheint hier das fröhliche Wort und Sich-Berufen des Glaubens angesichts von Zuständen und Wirklichkeiten, die dem Menschen sonst eher die Sprache verschlagen würden. Vgl. in den Sermonen des Jahres 1519 hierzu die vielfältigen Hinweise auf Sterben, Unfall und übergroße Sünden- und Höllenangst, in denen der Mensch ,,sich stärken und fröhlich zum Sakrament gehen'' soll s.u.

α) Wie im ganzen ersten Hauptteil des Sermons nicht streng voneinander zu scheiden ist, wann vom Zeichen und wann von der Bedeutung des Sakraments die Rede ist, da die Bedeutung neue Zeichenbeziehungen finden läßt und neue Gleichnisaspekte zugänglich macht, so deutet das Fragen nach der ,,Bedeutung'' des Sakraments in jedem Fall an: es soll so vom Sakrament die Rede sein, wie in der Bibel von ihm gesprochen wird, das Sakrament soll in dem Zusammenhang beschrieben werden, den es mit all seinen Zeichen bezeugt, und das heißt überraschenderweise: so, daß in der dem Menschen bekannten Erfahrungswelt selbst das Geschehen zu seinem Zeichen wird. Der nächste, dem Glauben gewidmete Abschnitt wird zeigen, daß gerade so, wenn das Zeichen des Sakraments nicht isoliert, der ,,natürliche Körper Christi'' nicht von seiner Bedeutung, der Gemeinschaft des geistlichen Körpers getrennt wird, das Werk des Sakraments verstanden werden, der rechte Brauch wieder in den Blick kommen kann. Das bedeutet gleichzeitig, daß auch die irdische Gemeinschaft der Christen in ihrem wahren Wesen als Bruderschaft, als ,,gemeinnützige Lieb aller Menschen'', wieder in den Blick kommt gegenüber dem Mißbrauch eigennütziger Gemeinschaften.

β) Dieses Verhältnis von Erfahrung und Sache des Sakraments, von Bildhälfte und in den Zeichen schon gegenwärtig sprechender Sache, zeigt sich auch in den Formulierungen, in denen Luther die Sachhälfte, die Ge-

---

S. 206 Anm. 316; im Taufsermon vgl. die Ermutigung, ,,keck und frei'' an die Taufe sich zu halten und sie zu ,,halten gegen alle sund und erschreckenn des gewißen'', und zu ,,sagen demutiglich 'ich weyß gar wol, das ich keyn reynß werck nit hab, Aber ich byn yhe taufft, durch wilch myr gott, der nit ligen kan, sich vorpunden hatt, meyn sund myr nit zu rechnen, ßondern zu todten und vortilgen' ''. WA 2, 732, 19-24 = Bo A 1, 190, 28-33. Erst, wenn Gottes Wort und Zusage auch in diese engen Schluchten und Schreckenssituationen gelangt, ist vertrauensvolles Leben in der Welt möglich. So bleibt das Sakrament nicht in einem sakralen Raum, s.o. Anm. 295 (J. Lortz), Anm. 296 zur Überbrückung des Abgrunds zwischen heilig und profan (Staupitz: ,,highest mercy falls immediately...upon deepest misery'') und Anm. 298 (Rahner). — Vgl. im Sterbesermon der Stellen, an denen vom Vertreiben der ,,schrecklichen Bilden'' die Rede ist. Hält der Mensch, den sie bedrängen, sich nur fest an die Zusage des Sakraments, so werden die ihn bedrohenden Schreckensbilder der Sünde, des Todes und der Hölle schließlich abfallen und von selbst verschwinden. s.o. Anm. 118 und 48. Eine Aussage, die ebenfalls erinnert an das Bild der 'Berge', die sich 'wegheben', vor dem vertrauenden Gebet und Wort des Glaubens. Vgl. die Anführung von Mk 11,24 im Sermo de digna praeparatione cordis 1518 WA 1, 331, 7f in Verbindung mit 'Fiat tibi sicut credidisti' Mt 8, 13, sowie die Liste der im Augsburger Gespräch zusammengestellten Bibelstellen vom Glauben als fides specialis de praesente effectu, s.o. Anm. 126, Anm. 135 und Anm. 144. Der praesens effectus, das haben wir inzwischen gesehen, hat häufig zu tun mit dem Menschen im Affektiven als übermächtig erscheinenden oder allein zu schwer zu tragenden Schreckensbildern oder Eindrücken, unter denen ihm der Atem auszugehen droht. — In unserem Sermon ist es das Mittragen Christi und der Gemeinschaft seiner Heiligen, das dem Glauben im Sakrament Stärkung und Hilfe verschafft, s.u. S. 205f.

meinschaft Christi und der Heiligen mit dem Glaubenden, zu umschreiben versucht. Auch hier stößt man auf Bildworte der Bibel, die das Mitbetroffensein des Hauptes im Himmel vom irdischen Geschehen aussagen: ,,Alßo das, wer yhm (sc. dem Menschen) leyde thut, der thut es Christo und allen heyligen, wie er sagt durch den propheten: Wer euch rǔret, der rǔret meyn augapffell [Sach 2,8], widderumb, wer yhm woll thut, der thut es Christo und allen seynen heyligen, wie er sagt Matt 25: Was yhr eynem auß meynen geringsten than habt, das habt yhr mir than. Widderumb muß der mensch auch lassen yhm gemeyn seyn alle beschwerung und unfall Christi und seyner heyligen, mit yhn gleych gelten und niessen''[314].

γ) Hiermit hängt schließlich aufs engste zusammen, was das Sakrament als ,,ein gewiß Zeichen von Gott selber geben durch den priester'' dem Menschen persönlich tröstlich zu sagen vermag. Alles, was ihn als Unfall und Anfechtung trifft, ihn ängstet und unglücklich macht, wird zum Inhalt und Anlaß dieses Sakraments; denn dieses Sakrament ist gerade denen gegeben, die Trost und Stärke brauchen, verzagte Herzen und erschrockene Gewissen tragen. Mit Lk 1,53: 'Er erfüllet nur die hungerigen und tröstet die geengist seyn'. So wurden die Jünger würdig für den Empfang dieses Sakraments, als sie wegen des Abschieds Jesu und des künftigen Verrats Betrübnis und Angst litten[315]. ,,Welcher nu vorzagt ist,

---

[314] WA 2, 744, 11-18 = Bo A 1, 198, 20-26.
[315] WA 2, 746, 16-747, 3 = Bo A 1, 200, 26-201, 14. Vgl. die Anführung von Lk 1,53 im Sermo de digna praeparatione cordis WA 1, 330, 16f und 331, 21f. Die Erinnerung an die Anfechtung der Jünger als Trost für Kommunikanten, sie sich wegen ihrer Unwürdigkeit oder Kleinmütigkeit für nicht geschickt zum Sakramentsgang halten, findet sich auch bei Staupitz, Predigtstück ,,Von der empfahung des heiligen Sacraments ain kurze nutzliche leer'', Kn I 32f, s.o. S. 118 bei Anm. 96. Die Stelle lautet vor der angeführten Schlußworten: ,,In dem kan ain yder gar geringklich befinden, das die Jungern christi zu souil grosser betrubnus, anfechtung Und bekhumernus sind gefurt worden, souil mer sie christum geliebt haben fur ander uff erden. In solcher grossen trubsal raichet er Inen auch seinen heiligen fronleichnam, achtet sie auch solcher grossen gaben wirdiger In anfechtung und beschwerlichen zufellen dann ainen gantz rwigen gemute. Dann das ist gewis das sich der mensch fur sich selbs zu empfencknus dieser wirdigen speis nit Wirdig oder genungsam machen mag Sonder allein got ist der dich darzu genungsamlich beraiten und dir wirdigliche schickung mit taylen mag...''. Vgl. WA 2, 746, 26-747, 3 = Bo A 1, 200, 38-201, 14: ,,Da sie ßo voller betrubniß und angst waren, mit leyd und sund der vorreterey bekummert, waren sie wirdig, und gab yhn seynen Heyligen Leychnam unnd sterckt sie widder. Daran er unß leret, das diß sacrament eyn sterck und trost sey der, die sund und ubell betruben und engisten, Das auch sanct Augustin spricht: Diß speyß sucht nur eynn hungerige seel und fleugt nichts ßo fast, als eyn volle satte seel, dye seyn nit darff. Alßo musten die Juden das Osterlamb mit bitter lactucken essen, eylend und stehend, doryn auch bedeut ist, das diß sacrament begirige, durfftige und betrubte seelen sucht. Nu wer yhm will und soll gemeyn machen Christus und aller Christen unfall, wer der warheit bey stehn, unrecht weren, der unschuldigen nott und aller Christen leyden mit tragen, der wirt unfall und widderwertickeit gnug finden, an das yhm selb die böß natur, die welt, der teufel und sund anlegt teglich.

den seyn sundlich gewissen schwecht, odder der todt erschreckt, odder
sonst eyn beschwerung seyns hertzen hatt, Will er der selben loß seyn, ßo
gehe er nur frölich zum sacrament des altars, und lege seyn leyd yn die gemeyn, und such hulffe bey dem gantzen hauffen des geystlichen corpers,
Zu gleych als wan eyn burger auff dem land eyn schaden odder unfall von
seynen feynden erlitten, seynen rad herren und mit burger das clagt und
umb hulff anruffet. Drumb ist yn dißem sacrament unß geben die unmessige gottis gnad und barmhertzickeit, das wir da allen yamer, alle anfechtung von unß legen auff die gemeyn und sonderlich auff Christo, Und der
mensch frölich sich mag stercken, trosten und alßo sagen 'Byn ich eyn
sunder, hab ich gefallen, trifft mich diß odder das ungluck, wolan, ßo gehe
ich daher zum sacrament und nym ein tzeychen von gott, das Christus
gerecktickeit, seyn leben und leyden fur mich steht mit allen heyligen En-
gellnn und seligen ym hymmell und frummen menschen auff erden. Soll
ich sterben, ßo bin ich nit alleyn ym tod, leyd ich, sie leyden mit mir. Es ist
aller meyn unfall Christo und den heyligen gemein worden, Darumb das
ich yhrer lieb gegen mir eyn gewiß tzeychen hab'. Sich, das ist die frucht
und prauch dißes sacraments, davon das hertz muß frölich und starck werden''[316]. Die mit dem Zeichen des Sakraments verbundene Wirklichkeit
löst als Zusage der Erfahrung dem Menschen angesichts der Erfahrung
die Zunge: es darf alles gesagt werden, Christus und alle Heiligen nehmen
alles ab und tragen alles mit. Das ist Frucht und Brauch dieses Sakraments. Die Erfahrung, das betont Luther in diesem Sermon immer aufs
neue, hat dabei die doppelte Seite des Genießens von Beistand und Hilfe
und des Selber-Mittragens. Das Zweite liegt Luther im Brauch dieses
Sakraments offenbar besonders am Herzen. Die Bedeutung dieses
Sakraments der Liebe geht dem Menschen darin ganz auf: eine Last, die
Last eines anderen Menschen tragen, ist so nicht einfach Faktum, sondern
wird ,,in Christus'' sagbar: so kann auch dieses als Begegnendes tröstlich
werden, erleichterndes Ereignis, Nähe des im Irdischen verborgen gegenwärtigen Christus und seiner Gemeinschaft: ,,Da geht dan der spruch
Pauli: Eyner trag des andernn pürden, ßo erfullet yhr Christus gepott.
Sihe, ßo tregstu sie alle, ßo tragen sie dich widder alle, und seynd alle ding
gemeyn, gutt und böße. Da werden alle ding leychte und mag der böße
geyst [der Geist der Angst, der Enge und Traurigkeit, die verstummen
macht] widder die gemeyn nicht bestehn''. So führt der Weg des Verste-

---

Und gottis rad und will auch ist, das er unß mit ßo vill hunden jagt und treybt und allenthalben bitter lactucken bereydt, das wir nach dißer stercke sollen unß sehnen und des heyligen
sacraments fro werden, auff das wir seyn wirdig (das ist begirig) seyn''.

[316] WA 2, 745, 1-18 = Bo A 1, 199, 11-29.

hens in diesem Sermon *in* der Erfahrung des Sakraments der Liebe zum Verstehen der Einsetzung Christi: ,,Alßo do Christus das sacrament eyngesetzet, sprach er 'das ist mein leyb, der fur euch geben wyrdt, das ist meyn blutt, das fur euch vorgossen wirt, ßo offt yhr das thut, ßo gedenckt meyn dabey' ''[317]. Wahrzeichen und Erkennungszeichen in der Erfahrung und für die Erfahrung: so sei die ,,Bedeutung des Sakraments'' einstweilen umschrieben.

3. Die im 17. Abschnitt des Sermons beginnende Behandlung des dritten Stückes des Sakraments, des Glaubens, ,,da die Macht an liegt'', setzt ein mit einer Aufforderung, ähnlich wie in den vorangegangenen Sermonen, nicht nur mit ,,Wissen'' vom Sakrament es sein Bewenden haben zu lassen; ,,Sondern du must seyn auch begeren, und festiglich glauben, du habst es erlangt''[318]. Es drohen noch weitere neue Gefährdungen der bis hierher erworbenen Einsicht in das Wesen und die Bedeutung des Sakraments. Wie im Sterbesermon ist es die Invektive des Teufels in Verbindung mit der ,,Natur'' des Menschen oder einem bestimmten Zug in der Natur des Menschen selbst, was den Glauben zum Ersticken bringen will. Das rationale und imaginative Vermögen des Menschen, die Kraft, ja, die Kunstfertigkeit und Wohlgeübtheit seines Denkvermögens, hat bei manchen Theologen zu Erwägungen auf der Ebene der Spekulation geführt, ,,wo das brott bleybt, wans yn Christi fleysch vorwandelt wirt, und der weyn yn seyn blut, auch wie unter ßo eynem cleynen stuck brotts und weyns muge der gantz Christus, seyn fleysch und blut, beschlossen seyn''[319]. Solche Überlegungen zur desitio panis[320] und Konkomitanz des

---

[317] WA 2, 745, 32-38 = Bo A 1, 200, 2-9 s.o. S. 200 bei Anm. 304.

[318] WA 2, 749, 30-35 = Bo A 1, 204, 2-8.

[319] WA 2, 749, 35-750, 1 = Bo A 1, 204, 8-13: ,,Hie ficht der teuffell und die natur am meysten, das der glaub nur nit bestehe. Ettlich uben yhre kunst und subtilickeit, trachten, wo das brott bleybt...''.

[320] H. HILGENFELD, Mittelalterlich-traditionelle Elemente, 401, sieht hierin einen deutlichen Hinweis darauf, daß Luther hier von der ockhamistischen Richtung herkomme, da auch er die conversio als den doppelten Vorgang von desitio panis und acquisitio loci durch den Leib Christi ansehe. Die in sich trotz der Gemeinsamkeit der Schulrichtung noch unterschiedlichen Auffassungen Ockhams, d'Aillys und Biels stellt H. dar S. 393-401. Vgl. Luthers ausdrückliche Bezugnahme auf d'Ailly anläßlich der sehr viel ausführlicheren Erörterung und Auseinandersetzung mit dem Pro und Contra der Transsubstantiationslehre in De captivitate babylonica 1520, WA 6, 508, 1-512, 6 = Bo A 1, 438, 15-443, 5; zu Pierre d'Aillys Infragestellung der Transsubstantiationslehre zum 4. Sentenzenbuch s. WA 6, 508, 7-16 = Bo A 1, 438, 22-33: Dedit mihi quondam cum Theologiam scholasticam haurirem, occasionem cogitandi D. Cardinalis Cameracensis libro sententiarum quarto, acutissime disputans, multo probabilius esse, et minus superfluorum miraculorum poni, si in altari verus panis, verumque vinum, non autem sola accidentia esse astruerentur, nisi Ecclesia determinasset contrarium. Postea videns, quae esset Ecclesia, quae hoc determinasset, nempe Thomistica, hoc est, Aristotelica, audacior factus sum et qui inter saxum et sacrum haerebam,

ganzen Christus in jeder der beiden species[321] spricht Luther die Relevanz
für den Glauben ab: ,,Da ligt nit an, ob du das nit suchist. Es ist gnug, das
du wissest, es sey eyn gottlich tzeychen, da Christus fleysch und blut warhafftig ynnen ist, wie und wo, laß yhm befollen seyn''[322]. Nachdem so der
Glaube auf seiner eigenen Ebene sich wiedergefunden hat, ermahnt
Luther des Weiteren, sich dieser Erfahrung des Sakraments als zugesagter

tandem stabilui conscientiam meam sententia priore, Esse videlicet verum panem verumque
vinum, in quibus Christi vera caro verusque sanguis non aliter nec minus sit, quam illi sub
accidentibus suis ponunt. Zur Beurteilung, die Luther dieser Lehre dort gibt, s.u. Anm.
322.

[321] Vgl. H. HILGENFELD, Mittelalterlich-traditionelle Elemente, 381. Der Protest des Bischofs von Meißen gegen Luthers im Anfang des Sermons gegebene Empfehlung beider Ge-
stalten des Abendmahsl läßt erkennen, daß hier die traditionelle Gedankenverbindung zwischen der Gestaltenfrage und der Gegenwart von Leib und Blut Christi in jeder der beiden
Gestalten (ketzerisch: nur in der jeweils entsprechenden Gestalt) herausgehört wurde, im
Unterschied zu Luthers Absicht, s.o. Anm. 301. In seiner Antwort auf den Angriff erkennt
Luther die Konkomitanzlehre an: ,,Doch gefellet mirs woll, das er (sc. der Bischof von
Meißen) gepeut unnd leret, man soll eyner gestalt sich bnugen lassen und vestiglich glewben, Christus sey nit stucklich, sondern gantz und gentzlich unter eyner igklichen gestalt des
sacraments. Das glewb ich auch, und bit auch ein igklichen, er wolt diser tzeddel hirynne
glawben, und ist auch nit anders yn meynem sermon''. WA 6, 139, 20-24. Vgl. die Formulierung G. Biels Coll IV d 8 q 1 a 1 A: Dicitur etiam panis vel vini disiunctim et non copula-
tim, quia tam species panis sine speciebus vini quam vini sine speciebus panis sunt eucharistia, quia utraeque continent totum Christum. Etiam coniunctim non plus continent quam
alterae solae. Zur Gefahr einer Änderung der Praxis aus *diesem* Grunde und Rückkehr zur
communio sub utraque specie s. Biel, Lec 84 Q: Alia causa cessationis ab huiusmodi ritu, ut
tollerentur errores, qui ex communione sub utraque specie orti fuerunt et oriri potuerunt.
Credere enim poterat communis populus ex tali communione Christum non esse totum
verum et perfectum hominem sub una specie nec tantum esse sub una specie quantum sub
duabus, sicut multi haereticorum de facto astruxerunt. H. HILGENFELD, Mittelalterlich-
traditionelle Elemente 380f A. 188 und 189. Luther geht es demgegenüber nicht um den
ganzen Christus, sondern um ein ganzes Sakrament, von dem man nicht einen Teil fortneh-
men soll. WA 6, 140, 16-21. Aus Anlaß des Angriffs des Leipziger Theologen Alveld geht
die Auseinandersetzung dann zur Frage ,,willkürliche Schriftauslegung'' über. Ein arbitrium Ecclesiae gegen den Sinn der Schriftworte verwirft Luther. Die Abgrenzung von den
subtilen Spekulationen an unserer Stelle dient dazu, das rechte Verhältnis des Glaubens im
Unterschied zum vorstellenden Denken und Spekulieren zur Sakramentszusage zu wahren
und diesen Unterschied als einen Wesenunterschied neu zu *erfahren*.

[322] WA 2, 750, 1-3 = Bo A 1, 204, 13-15. Die Parallele in De captivitate babylonica 1520
macht deutlich, daß es sich hier gegenüber der Art solcher opiniones, die als Glaubensartikel
ausgegeben werden, um eine Warnung vor falscher curiositas handelt: Quid hic dicemus,
quando Aristotelem et humanas doctrinas facimus tam sublimium et divinarum rerum censores? Cur non explosa ista curiositate, in verbis Christi simpliciter haeremus, parati ignorare, quicquid ibi fiat, contentique, verum corpus Christi virtute verborum illic adesse? An est
necesse, modos operationis divinae omnino comprehendere? WA 6, 510, 31-35 = Bo A 1,
441, 19-24. So reiht sich also Luthers Auslegung dieses Sakraments seiner Wiedergewin-
nung der Gewißheit des Absolutionswortes im Bußsakrament gegen die vom Teufel geför-
derte Prädestinationsangst und den Zweifel ,,mit ubrigem unnützem Fürwitz'' beladener
Forschungen an. WA 2, 688, 2-6 = Bo A 1, 164, 12-16. s.o. S. 105 Anm. 47. Vgl. H. A.
OBERMAN, Contra vanam curiositatem. Theol. Studien 113. Zürich 1974, 39-49.

Gemeinsamkeit und Stärkung oft zu erfreuen. Die Freude ist hier das Element der Praxis, in der Erfahrung des Sakraments: ,,Wyrstu dyssen glauben woll uben und stercken, ßo wirstu empfinden, wie eyn frölich, reych, hochtzeytlich mall und woll leben dir deyn gott auff dem Altar bereyt hatt. Da wirstu vorstehen, was das groß mal Künigis Assveri bedeut [Esth 1,5 ff], Da wirstu sehen, was die hochzeyt ist, da gott sein ochsen und mastfihe abethan hatt, wie ym Evangelio steet [Mt 22,2 ff]: Da wirt deyn hertz recht frey und sicher, starck und mutig widder alle feynde. Dan wer wolt sich furchten vor allem unfall, ßo er gewiß ist, das Christus mit allen heyligen bey yhm sey, und mit yhm all dingk gemeyn hatt, es sey böß odder gutt? Alßo leßen wir Actu.2 [Act 2,46 f], daß die Jünger Christi dyß brott brochen und assen mit großen freuden yhres hertzen''[323]. Der Grund, weshalb man das Sakrament oft brauchen soll, ist die Größe dieses wunderbaren Werkes, auf das die Kleinheit unserer Seele nicht eingerichtet ist. Sie konnte und kann es nicht von sich aus begehren, geschweige denn hoffen oder erwarten. Nur im täglichen Üben des Glaubens gehorcht sie dem, was Gott zugesagt hat, gegenüber allen ihrer eigenen Kleinheit

---

[323] WA 2, 750, 11-20 = Bo A 1, 204, 23-33. Zum ,,hochzeitlich Mahl und Wohlleben'' (Z. 12) vgl. Staupitz, Prädestinationsschrift c. 18, Kn 166, 150-153 unter der Überschrift: ,,Von der wirtschaft Christi und des Christen'': ,,Die ladung der sünder Zum wolleben des höchsten künigs wöllen wir stilschwigent nit umbgeen, sunder erforschen, ob etwas von dem ewigen mal in dieser wanderzeit voruersucht werde. Nun hat Christus gelert, das der mensch leb im brot und im wort, wann on das were dem fleisch und geist nit fürsehen. Das fleisch der speis bedarff, bezeugt der hunger, das der geyst die speys eruordert, erewgent sich aus dem, das alle creatur den geyst nit ersetigen mögen. — So nun der frümest und best got zum abentmal vordert, und ein wirtschaft zurichtet, ersetigt er die hungrigen mit gutem (Lk 1, 53), das fleisch mit dem leib, den geist mit im selbst. — In disem mal ist alles, das die geest frölich macht, do ist das wolgefallen der personen, wann der Christen ist durch die ewigen erwelung got angenem, herwiderumb ist Christus dem Christen von wegen der zeitlichen rechtfertigung beheglich. — Do ist noch ein noturftigs stuck, nemlich die eintrechtikeit des thun und lasens, dann alles das Christo wolgefelt, das gefelt auch dem Christen wol, sie haben einen willen, ein hertz, ein geist, und das von wegen des dritten, so in dem rechten wolleben gepflegt wirdet, das ist, von wegen der ubergebung der gemüt on einander durch die waren lieb, von dem allen ein frölicher guter muet erwechst''. Staupitz bezieht den Wirt, Gastgeber des Mahls, auf Christus, der zugleich Gott und Schöpfer, verbum increatum, ist: ,,Von dannen nemen die geest in sich den wirt, ee dann ichte anders, und der sie geladen, hat sie erschaffen... Derhalb ist das ewig wort, ein geburende speis der engel und der heiligen, mensch worden, do mit es were ein speis der krancken...''. Kn 166f, 155. 159. Bei Luther bleibt die Beziehung zum Sakrament des Abendmahls im sensus litteralis deutlicher, wobei zwischen leiblicher und geistlicher Stärkung nicht unterschieden wird. Das leibliche Zeichen bedeutet die geistliche Speise, die den ganzen Menschen fröhlich macht. Für Staupitz wird das Fleisch mit dem Leib Christi gespeist, der Geist mit Christus, dem ewigen Wort, selbst. Auch bei Staupitz folgt wie im nächsten Abschnitt des Abendmahlssermons Luthers eine Gegenüberstellung von rechtem Brauch des Sakraments und Mißbrauch, in loser Beziehung zu 1 Kor 11, 29f und 1 Kor 15, 33: zum Reden, das gute Sitten und die Gemeinschaft zerstört, s. Anm. 326 am Schluß.

entspringenden Zweifeln. ,,Die weyll nu das werck ßo groß ist, das die cleynheyt unßer seelen nit durfft begeren, schweyg dan hoffen odder gewarten, Ist es nott unnd gutt, das man vill mall zum sacrament gehe, odder yhe yn der messe teglich solchen glauben ube unnd stercke, daran es alles ligt, Und umb seynen willen auch eyn gesetzt ist. Dan wo du dran zweyfelist, thustu gott die groste uneere, unnd achtist yhn fur einen untrewen lûgner: kanstu nit glauben, ßo bitte drumb, wie droben ym andern sermon gesagt ist''[324]. Glauben, im Unterschied zum bloßen Wissen oder zur unangemessenen Verwissenschaftlichung[325], ist hier also mit dem praktischen Brauch selbst identisch: der Glaube wahrt und erlangt die Freude und gibt Gott die Ehre. Dieser Glaube ist keine natürliche Möglichkeit des Menschen; daher wird er in immer neuer Begegnung mit der Zusage und Gemeinschaft des Sakraments geübt. Das Element der Praxis ist so die Freude, die Anfechtung bildet die Anlässe dafür vor.

Es folgt anschließend auch in diesen dem Glauben gewidmeten Abschnitten die andere Hälfte der Gemeinschaft, die, wie dargelegt, im Genießen und Seiner-Genießen-Lassen besteht. Im praktischen Aspekt des Brauchs, den Luther nun beschreibt, bedeutet das die im Sinne von 1 Kor 11,29 f ausgesprochene Mahnung, niemanden in Zorn oder Haß abzusondern und auszuschließen. ,,Durch Lieb ineinander verwandelt werden'' heißt vielmehr: der Anderen Gebrechen und Not sich zu Herzen gehen lassen. Die Spaltungen in Korinth, im Sermon von 1518 von Luther ausgelegt als Wirkung geistlicher Selbstgefälligkeit und Urteilen über Andere im Streiten um das 'richtige' genus vitae, gute Werke der Reue als optima dispositio zum Sakrament, bezieht Luther nun auf das fehlende Sich-Identifizieren mit dem Nächsten. Afterredner, Frevelrichter und Verächter anderer Menschen fehlen an dieser Stelle, gönnen ihrem Nächsten nichts Gutes, haben kein Mitleiden mit ihm, während sie doch selber von Christus angenommen werden wollen. Die Frömmigkeit, die sich mit einem solchen Verhalten verbinden kann, beschreibt Luther so: man sucht nur den im Sakrament gegenwärtigen Christus zu ehren mit Gebeten und Andacht und übersieht dabei, daß Christus in der Einsetzung des Sakraments seines Leibes die Übung der Gemeinschaft und die Verwandlung der Liebe, die Identifikation der Liebe mit dem Anderen im Auge gehabt hat, konkret im Darbieten der eigenen Kräfte, Fähigkeiten und des Vermögens, als sei es das der Anderen. Diesen ,,Körper Christi'', dessen Glied im vitalen Sinne jeder Einzelne ist, sehen diejenigen Frommen

---

[324] WA 2, 750, 20-26 = Bo A 1, 204, 33-40. Vgl. im Sermon vom Sakrament der Buße § 18: WA 2, 720, 31-721, 6 = Bo A 1, 182, 12-26.
[325] s.o. S. 208 Anm. 322.

nicht, die nur täglich Messe hören, selbst aber nicht affiziert sind vom Geschehen der Wandlung in ihrem profanen Leben außerhalb der Andacht. Sie werden vielmehr durch diese Art des Gebrauchs der Messe täglich schlimmer und mehr verhärtet. Solche Frommen klärt Luther darüber auf, daß es wichtiger sei, den geistlicher Körper wahrzunehmen und zu glauben als den natürlichen Körper Christi[326].

---

[326] Vgl. WA 1, 331, 37-332, 17: Hoc verbum [1 Cor 11, 28] multi sic intelligere videntur, ac si velit Apostolus nos non ante debere accedere quam donec invenerimus nos dignos et puros ad omni peccato. Ideo sibiipsis faciunt angustiam et carnificinam conscientiae discutiendo, conterendo, confitendo non solum venialia, sed ea quae non sunt peccata. Et hiis factis (quod est horrendum barathrum praesumptionis) iam secure accedunt, nec de fide sua quicquam solliciti. Volunt enim iusti et digni venire et similes deo sicut Lucifer, quum deberent velle iusti et digni fieri et redire a deo. Igitur illud verbum dictum est contra eos qui Christum dividebant in diversas sectas, alii volentes esse Pauli, alii Cephe, alii Apollinis, alii Christi sequaces 1 Corin. 3. [V. 4], Et ideo invicem iudicabant et damnabant atque contemnebant.... Ea enim discordia, ut diximus, maxime facit indignos et reos corporis dominici, et hanc eius esse sententiam sequentia ostendunt. Itaque, ait Paulus, fratres mei, cum convenitis ad manducandum, invicem expectate, ne in iudicium conveniatis. — Die Aufforderung zur Selbstprüfung hat also nicht den Sinn, daß der Mensch sich rein befinde, sondern daß er nicht den anderen richte. Die Gewißheit der Vergebung steht allein auf dem Wort Christi. — In unserem Sermon vgl. WA 2, 750, 27-751, 17 = Bo A 1, 204, 41-205, 29: hier geht es um das Annehmen und Mittragen der Anderen in ihren Gebrechen, um der Gemeinschaft der Liebe willen: ,,Darnach sich zu, das du auch yderman dich ergebist gemeyn zu seyn, und yhe niemant yn haß odder tzorn absonderst, dan diß sacrament der gemeynschafft, lieb und eynickeit mag nit zwitracht und uneynickeit dulden. Du must der andernn geprechen und durfft dyr zu hertzen lassen gehen, als weren sie deyn eygen, und deyn vormugen dar bieten, als were es yhr eygen, gleych wie dir Christus ym sacrament thut. Das heyst durch lieb yn eynander vorwandelt werden, auß vielen stucken eyn brott und tranck werden, seyn gestalt vorlassen und eyn gemeyne an nehmen. Da her kompt es, das affterreder, frevel richter und anderer menschen vorechter mußen den tod am sacrament empfahen, wie s. Paulus 1. Cor. 11 schreibt. Dan sie thun nit yhrem nehsten, wie sie suchen bey Christo und das sacrament auß weyßet, Gonnen yhn nichts gutis, haben nit mit leyden mit yhn, nehmen sich yhr nit an, wie sie doch wollen von Christo angenommen seyn, Fallen darnach yn die blindheit, das sie nit mehr wissen yn dißem sacrament tzu thun, dan wye sie Christum kegenwertig furchten und eeren mit yren bettlyn und andacht. Wan das geschehen ist, ßo achten sie, es sey woll auß gericht, So doch Christus seynen leyb darumb geben hatt, das des sacraments bedeutung, die gemeynschafft und der lieb wandell geubt wurde, Und seynen eygen naturlichen corper geringer achtet, dan seynen geystlichen corper, das ist die gemeynschafft seyner heyligen, yhm auch mehr dran gelegen ist, sonderlich yn dyssem sacrament, das der glaub seyner unnd der heyligen gemeynschafft woll geubt und starck yn unß werd, und wir der selben nach auch unßer gemeynschafft woll uben. Dyße meynung Christi sehen sie nit und gehen teglich hyn, halten und horen meß yn yrer andacht, bleyben eynen tag wie den andernn, Ja werden teglich erger und fulenß nit. Drumb schaw auff, es ist dir mehr not, des du des geystlichen, dan des naturlichen corpers Christi acht habist, und nötter der glaub des geistlichen dan des naturlichen corpers. Dan der naturlich an den geistlichen hilft nichts in dissem sacrament, es muß ein vorwandlung da geschehen und geubt werden durch die lieb''. Diesem Abendmahlsverständnis Luthers von 1519 kommen heutige katholische Bemühungen um Interpretation des eucharistischen Geschehens nahe, wie das Anm. 297 angeführte Wort Leos d. Gr. nach Lumen gentium c. 3, 26 zeigt; s. den Bericht Theo-

Der eigentliche Mißbrauch, den Luther nun noch konkreter und zugespitzt in Klarheit beschreibt, besteht auch hier darin, daß der Glaube

---

dor SCHNEIDERS, Die neuere katholische Diskussion über die Eucharistie, EvTh 35 (1975),
497-524, besonders S. 511f zum Gedanken einer Sakramentalität, die auch den Aspekt des
Ethischen voll einschließt, ,,denn die durch Christi Handeln gestiftete Tischgemeinschaft
stellt dar und fordert den Vollzug der christlichen Brüderlichkeit. Sie ist das Kennzeichen
des neuen Gottesvolkes, ,,das den Leib Christi empfängt und daher auch in seiner Verfassung als Communio d.h. als Gemeinschaft miteinander kommunizierender eucharistischer
Tischgemeinschaften besteht' ''. (J. RATZINGER). S. auch S. 513: ,,Zusammenfassend seien
zwei Gesichtspunkte noch einmal hervorgehoben, die bei diesen Darlegungen eine wichtige
Rolle spielen: Der personale Charakter der Christusbegegnung und Christusgemeinschaft
und die Begegnung im Vollzug einer gemeinsamen Handlung, nämlich des Mahlgesche-
hens. Denn die innere Struktur des sacramentum unitatis, das als Bildgestalt am deutlichsten die Wirklichkeit der Gemeinde Christi umfängt, ist die der Liebe, der einheitsstiftenden
personalen Zuwendung und Nähe, der durch äußerste personale Zuwendung (das radikale
Für-uns-Sein Christi) ermöglichten Gemeinschaft (untereinander und mit Gott). Deshalb ist
Ausgangspunkt für eine eucharistische Theologie die Glaubensgewißheit, daß der Erhöhte
der Mahlherr ist, der Gastgeber seiner Gemeinde...Diese entscheidende Relation
Gastgeber-Mahlteilnehmer wird heute eindringlich in ihrer personalen Struktur beschrieben: 'Der Herr ist nicht anwesend wie eine naturale Sache, sondern auf personale Weise
und in der Zuordnung auf Personen hin...Daß solches Dasein keinen selbstverständlichen
naturalen Charakter hat, bedeutet positiv, daß es zu verstehen ist von der Weise her, in der
Liebe allein anwesend sein kann: als freies Sichgewähren und Sichschenken eines Ich an ein
Du' ''. (J. RATZINGER, Das Problem der Transsubstantiation und die Frage nach dem Sinn
der Eucharistie, ThQ 147 (1967) 154). s. auch den angeführten Beitrag von J. LORTZ, 22f,
25 zu unserer Stelle des Abendmahlssermons: Luther spreche hier von einer spiritualen (sakramentalen) Wirklichkeit der communio sanctorum. Die Intention unserer Stelle läßt sich
mit den bei Th. SCHNEIDER wiedergegebenen Formulierungen zur personalen Gegenwart
des Gastgebers so umschreiben, daß der Wille des Stifters Christus sich überhaupt nicht auf
seinen eigenen Leib in jenem beschriebenen isolierenden Sinne richtet, sondern auf die personale Zuwendung des Mahlteilnehmers zu seinem Nächsten als einem Glied des geistlichen
Leibes Christi, wie er selbst auch Glied dieses Leibes ist, und zwar in leibhaftiger Wirklichkeit, Not und Leiden des Nächsten und Christi in seinen geringsten Brüdern. Es geht durchaus um ein Verständnis des Sakraments, das ,,den Aspekt des Ethischen voll einschließt''
(512), um das Engagement des Glaubens in der Welt. Vgl. WA 2, 747, 26-38 = Bo A 1,
201, 38-202, 13: ,,Man findt yhr woll die gerne wollen mit niessen, wollen aber nit mit gelten, das ist, sie hören gerne, das yn dissem sacrament yhn hulff, gemeyn und beystand aller
heyligen zu gesagt und geben wirt. Aber sie wollen nit widderumb auch gemeyn seyn,
wollen nit dem armen helffen, die sunder dulden, fur die elenden sorgen, mit den leydenden
mit leyden, fur die anderen bitten, wollen auch nit der warheit beystehn, der kirchen pesserung und aller Christen mit leyb, gutt und ere suchen umb forcht der welt, das sie nit
ungunst, schaden, smach odder den tod leyden mußen, ßo doch gott will haben, das alßo sie
umb der warheit und des nehsten willen gedrungen werden tzur begirde solcher grosser gnade und sterck diß sacraments. Das seyn eygenutzige menschen, den diß Sacrament nichts
nutz ist, Gleych als der burger untreglich ist, der von der gemeyn wollt beholffen, beschutzt
und befreyet seyn, Und er doch widderumb der gemeyn nichts thun nach dienen''. Vgl.
auch WA 2, 745, 24-33 = Bo A 1, 199, 35-200, 3: ,,Da muß nu deyn hertz sich yn die lieb
ergeben und lernen, wie diß sacrament eyn sacrament der lieb ist, und wie dir lieb und beystand geschehn, widderumb lieb und beystand ertzeygen Christo yn seynen durfftigen. Dan
hie muß dir leyd seyn alle uneere Christi yn seynem heyligen wort, alle elend der Christenheit, alle unrecht leyden der unschuldigen, des alles zumall ubirschwencklich vill ist an allen

fehlt. Wenn die Liebe in Verbindung mit dem Abendmahl fehlt, fehlt der Glaube: das heißt: man nimmt die Gaben Gottes nicht als Gaben, die *für uns* da sind, wenn man sie zu einem opus operatum, zu einem 'an sich Guten' macht. Diese entfremdende Objektivierung dessen, was zum Leben und guten Brauch da ist, hat lebensfeindlichen Charakter; je größer und edler das Sakrament, dem dies widerfährt, um so größer der Schaden für das eigene Leben und das Leben der Gemeinschaft. ,,Darumb wirt auch die welt mit pestilentzen, kriegen und ander grewlichen plagen ubirfallen, das wir mit vielen messen nur mehr ungnad erwecken''[327]. Um seines eigenen Wesens willen gefällt alles Geschaffene Gott wohl, auch sein Wort gefällt ihm wohl und Christus am Kreuz gefiel ihm wohl. Aber *wir* sollen es brauchen im Glauben. Gott will, daß, was er gibt, ihm *in uns* gefällt, ihm Ehre macht. Er will, daß es Frucht bringt. ,,Dan alßo zu reden, ßo ist keyn creatur noch werck, das nit von yhm selbs got wol gefalle, wie Gen. 1. geschrieben: Gott hat alle seyne werck angesehen, und haben yhm

---

örtern der welt: hie mustu weren, thun, bitten, und ßo du nit mer kanst, hertzlich mit leyden haben. Sich, das heyst dan widderumb tragen Christus und seyner heyligen unfall und widderwertickeit. Da geht dan der spruch Pauli: Eyner trag des andernn pürden, ßo erfullet yhr Christus gepott''. Betrachten wir zum Spektrum des ,,personalen'' Abendmahlsverständnisses abschließend noch einmal die in Anm. 323 angeführte Auslegung Staupitzens in Prädestinationsschrift c. 18: die Einträchtigkeit des Tuns und Lassens zwischen Christus und dem Christen geschieht im Gastmahl Gottes so, daß der Jünger Gottes in seinem Reden das Gespräch des Herrn auf die Bahn bringt, Kn 167, 156f.; ein Gedanke, der in c. 21 unter dem Gesichtspunkt der ,,neuen Zunge'' der wiedergeborenen Söhne Gottes ausführlich weitergeführt wird. Staupitz bezieht die Speise des Abendmahls, das ewige Wort also pneumatologisch auf das neue Wort oder die neue Sprache des Glaubens als Erkennungszeichen der Jünger Christi in der Gemeinde. Der Teufel dagegen läßt durch seine Jünger den Gästen auftragen ,,des tewfels rede, als do sein ligen, murmeln, got, den priestern, erbarn frawen unnd sunst meniglich nach, ubel, schmelich, lesterlich, unuerschampt, frawen wirtisch und der gleichen giftig reeden, da von die unuolkumen selen sterben, dann schampar rede zertören gut sitten, zucht und eer. Do gegen erwecken die iünger gots das gesprech des herren, keusch züchtig erbar red, das silber durchs fewr probieret, von der erden geschieden, sibenfeltig gereyniget, und also werden die guten von guten, von heyligen heylige''. Kn 167, 156f. Trotz der Berührung mit 1 Kor 11 in dem auch von Luther aufgenommenen Sinne des Gemeinschaft gewährenden oder Gemeinschaft zerstörenden Verhaltens gegenüber dem Sakrament der Liebe ist das Verhältnis von Leib (Leib Christi, Leib des Nächsten, in der Liebe angenommen) und Wort in Luthers Auslegung realitätsgemäßer als in der sowohl im Guten (Gespräch des Herrn) wie im Bösen (Rede des Teufels) auf das Wort eingeschränkten und insofern stärker verinnerlichten Auslegung Staupitzens. Daß das Wort gegen den Nächsten dem *Leib* Christi schadet, zeigt ein tiefgehendes Verständnis Luthers für den biblischen Sakramentsrealismus des 1. Korintherbriefs, in den Bahnen Staupitzens weiter die Realitäten des irdischen Lebens ins Auge fassend, für die dem Glauben das Sakrament als Hilfe gegeben ist, s.o. S. 102 und 110 zum neuen Verständnis der Sakramente in Luthers Sterbesermon, über Staupitz in gewissem Sinne hinausführend. Vor allem das Verhältnis zur äußeren Erfahrung, zum verbum externum, hat sich bei Luther verändert gegenüber der Art, in der Staupitz auf beides eingeht.

[327] WA 2, 752, 24f = Bo A 1, 206, 34-36.

wolgefallen. Was frucht kommet davon, ßo man brot, weyn, golt und alles
gut, ubel braucht, wie wol sie an yhn selbs got wolgefallen? Ja vordamniß
folget darnach. Alßo auch hie: yhe edler das sacrament ist, yhe grŏßer
schaden auß seynem mißprauch kommet ubir die gantzen gemeyn, dan es
ist nit umb seynet willen eyngesetzt, das es gott gefalle, ßondern umb
unßer willen, das wir seyn recht brauchen, den glauben dran uben, und
durch dasselb gott gefellig werden. Es wirckt nichts uberall, wen es alleyn
opus operatum ist, dan schaden, Es muß opus operantis werden. Gleych
wie brott und weyn wirckt nichts dan schaden, ßo man seyn nit braucht,
sie gefallen Gott an yhn selb, wie hoch sie mŭgen, Alßo ists nit gnug, das
das sacrament gemacht werde (das ist opus operatum), Es muß auch
praucht werden ym glauben (das ist opus operantis). Und ist zubesorgen,
das mit solchen ferlichen gloßen des sacraments crafft und tugent von unß
gewand werden, und der glaub gantz untergehe durch falsche sycherheyt
des gemachten sacramentis. Das kompt alls da her, das sie mehr Christus
natŭrlichen corper ansehen yn dissem sacrament, dan die gemeynschafft,
den geystlichen corper''[328]. Eine Parallele zur theoretisierenden curiositas, wo es um Glaube und Brauch, Erfahrung und Verstehen in Freude
geht, ist hier die Verwandlung des Guten, zum Genießen im Glauben Gegebenen, Lebenswichtigen, in ein zu Machendes bzw. Gemachtes, in einen 'Wert', in ein unter dem Gesichtspunkt der Herstellung und Verfüg-
barkeit durch einen 'objektiv' zu beobachtenden Vorgang zu Betrachten-
des, das ich selber eigentlich gar nicht brauche, von dem ich in meinem eigenen elementaren und sensiblen rezeptiven Erfahrungs- und Verstehens-
bereich nicht angesprochen bin oder das ich nicht als 'Genießbares'
und zu Genießendes entdeckt habe; ein Geschenk, das meine Aufmerk-

---

[328] WA 2, 751, 25-752, 5 = Bo A 1, 205, 37-206, 15. Zu Luthers Auseinandersetzung mit
der scholastischen Sakramentslehre, nach der die Sakramente des Neuen Bundes efficacia
signa gratiae sind, die ex opere operato das Heil vermitteln, s.o. Anm. 159. An dieser Stelle
wird der Zusammenhang mit dem Glauben an Gott als den Schöpfer deutlich: die schönen
und in sich klaren, verständlichen Werke Gottes sollen gebraucht werden, der Mensch soll
sich im Glauben und Vertrauen auf das in ihnen liegende 'Wort' des Schöpfers ihm zugut,
das ihn aus den großen und zu rühmenden Werken Gottes anlacht oder anredet, einlassen:
so gibt er ihnen und dem, der sie geschaffen hat, die Ehre, s.o. S. 103: um diese Frage, wie
den Sakramenten recht die Ehre gegeben werden kann, ging es bereits im Sterbesermon
Luthers, auch hier Gedanken Staupitzens aufnehmend und weiterführend. Gegenüber dem
innerlichen Moment des Ergriffenseins in Herz und Gemüt durch die gratia gratum faciens,
das Staupitz vor Augen hat, ist es auch an dieser Stelle für Luther mehr die äußere Erfahrung des Wortes Gottes in und angesichts der Werke Gottes, worin Luther die Aufforderung
zum Glauben, zum Preisen und Bekennen der Wunderwerke Gottes vernimmt. Daß diese
großen Werke dem Menschen geschenkt sind, zum Brauch und zum Leben, das ist das
Wunder, das die Kleinheit der Seele des Menschen nicht zu fassen vermag. s.o. S. 210 bei
Anm. 324.

samkeit nicht geweckt hat, das nicht 'angekommen' ist und das ich nun wie ein apotropäisches Schutz- und Schaustück aufhänge oder aufstelle, um zwischen mir und dem Geber eine geregelte Distanz bestehen zu lassen, weil es eigentlich *keine* Kommunikation zwischen ihm und seiner Sphäre und mir und meiner Sphäre gibt. So wäre Luthers Formulierung zu verstehen, daß ,,wir mit vielen Messen nur die Gemeinschaft zerstören''[329], und daß die Menschen, die die Anderen nicht wiederum auch ihrer genießen lassen wollen, durch die Art ihrer allein auf den natürlichen Körper Christi gerichteten Andacht täglich schlimmer werden und es nicht einmal fühlen[330]. Ein ,,brauchlich Werk im Glauben'' würde demgegenüber bedeuten, daß die Kommunikationssphäre, in der das Sakrament dem Menschen begegnet, wirklich Gottes und die seine ist, von Gott her zu diesem Menschen hin, in der dieser Mensch mit seiner Erfahrung akzeptiert ist, angesprochen in der Zusage des Sakraments, so wie mit ihm in Christi Worten die Jünger alle angeredet wurden. Danach wird sich dieser Mensch auch bereit finden, Andere zu akzeptieren in ihrer erfahrungsbedingten Situation. Und so ,,geht'' das Werk des Sakraments recht[331].

Viele Gefahren und Sterben als Letztes sind von allen Menschen zu bestehen. Im Blick auf sie ist als Stärke und Trost das Zeichen des Sakraments gegeben. An dieser Stelle unterscheidet Luther wie im Sterbesermon die Gemeinschaft der sichtbaren Liebe, Hilfe und des irdischen Trostes, von der der Mensch im Sterben Abschied nimmt, von der unsichtbaren Gemeinschaft Christi und seiner Heiligen, mit Mt 26,29[332]. Solidarität angesichts des Sterbenmüssens gehört also zu den Realitätsaspekten christlicher Gemeinschaft. Das Sakrament des Abendmahls ist dabei wie die im Jordan von den Priestern gehaltene Bundeslade Stärkung, mit der Gott die Menschen durch den Tod ins ewige Leben leitet. Auch alle Macht irdischer Dinge und die Schreckensbilder des Todes müssen weichen vor dem, der mit festem Glauben sich nicht dran kehrt und vorübergeht: ,,Die priester tragen und halten die Arca ym Jordan, wen sie unß predigen und geben diß sacrament, Christum und aller heyligen gemeynschafft yn dem sterben odder ferlickeyt, ßo wir dan glauben, ßo vorgehen

---

[329] § 12: WA 2, 747, 11f = Bo A 1, 201, 22f.

[330] WA 2, 751, 10-12 = Bo A 1, 205, 23-25.

[331] WA 2, 757, 36f = Bo A 1, 212, 3f; vgl. 2, 745, 32f = Bo A 1, 200, 2f: ,,Da geht dan der spruch Pauli: Eyner trag des andernn pürden...''. s.o. Anm. 326.

[332] WA 2, 754, 5-8 = Bo A 1, 208, 11-15: ,,Drumb sprach der herr ym abent essen: Ich werd diß weynß nit mehr dringken, biß das ichs new mit euch drinck yn meyns vaters reych: ßo gar ist dyß sacrament gericht unnd geordenet tzur stercke widder den todt und zum eyngang ynß ewig leben''.

die wasser, die unter unß seyn, das ist, die zeytlichen sichtlich dingk thun unß nit, sondernn flyhen von unß. Aber die uber unß seyn, erheben sich hoch, das seyn die grewlichen stöß und bilden ym sterben von yhener welt, erschrecken unß, als wolten sie unß ubirfallen: ßo wir aber unß nit dran keren und mit eynem festen glauben furúber gehen, ßo kommen wir mit trocken fůssen an schaden yns ewig leben''[333].

---

[333] WA 2, 753, 30-38 = Bo A 1, 207, 39-208, 7. Abschließend beschreibt Luther das Verhältnis der beiden Sakramente Taufe und Abendmahl: ,,Alßo haben wir, das zwey furnemliche sacrament seynd yn der kirchen, Die tauff und das brott, die tauff furt unß yn eyn new leben auff erden, das brott leytet unß durch den tod ynß ewige leben, Und die zwey seynd bedeut durch das rote Mehr und Jordan und durch die zwey lender yhenst dem Jordan und disseyt des Jordans''. WA 2, 754, 1-5 = Bo A 1, 208, 7-11. Es folgt das Anm. 332 angeführte eschatologische Abschiedswort Jesu Mt 26, 29. Hier muß von neuem hingewiesen werden auf die Nähe dieser Formulierung Luthers zu heutigen katholischen Bemühungen um das Verständnis der Eucharistiefeier, s.o. Anm. 326. Vgl. in dem angeführten Bericht Th. Schneiders, Ev Th 35 (1975), 509f: ,,Die Anamnesis des Hinübergangs des Herrn realisiert das Innewerden, das gedenkende Eintreten in Gottes gegenwärtiges Heilshandeln, das J. Betz die 'kommemorative Aktualpräsenz' genannt hat. Im Hintergrund dieses Gedächtnisses leuchtet also die Befreiung aus der Knechtschaft auf, der Exodus des Volkes Gottes, der Transitus durch die Gefahr des Schilfmeeres und die Anfechtungen der Wüstenwanderung in das verheißene endgültige Wohnland. Eucharistiefeier als Eintritt in den Transitus des neuen Volkes Gottes ist zum einen der Transitus caritatis, das Anteilgewinnen an der Existenzweise Christi, dem Gesetz des Weizenkorns (Joh 12, 24). Eucharistiefeier als das neue Pascha meint aber immer auch den Bezug zum Transitus der geschichtlichen Existenz, Mahlfeier der pilgernden Gemeinde auf dem Weg in die endgültige Heimat. Von daher eignet der Eucharistie trotz der Dichte ihrer sakramentalen Realität immer auch eine spezifische Vorläufigkeit: Sie weist voraus auf die noch ausstehende endgültige Erfüllung dieser Mahlgemeinschaft, sie ist der unverbrüchlich zugesagte Gegenwart des Herrn nur im Glauben gewiß und noch nicht im Schauen teilhaftig und stellt in besonderer Weise das 'Sakrament zwischen den Zeiten' dar''. Dennoch bestehen Unterschiede zur Formulierung Luthers an dieser Stelle: der Gesichtspunkt des neuen Passah wird von Luther nicht angeführt trotz der Beziehung auf die Wanderungssituation: der Durchzug durch den Jordan mit der Bundeslade ist Typus dieses Sakraments. Es geht also, wie Th. Schneider formuliert, um den Transitus der geschichtlichen Existenz, wobei Luther an das Geleitetwerden durch den Tod ins ewige Leben denkt. Ein weiterer Unterschied, so scheint es jedenfalls, liegt darin, daß Luther an unserer Stelle von der Bedeutung des Abendmahls in der Glaubenserfahrung des einzelnen Menschen, als Hilfe zum Bestehen der Todessituation und Anfechtung spricht. Hier ist dem Glaubenden die Gemeinschaft der Heiligen zugesagt: insofern handelt es sich also nicht um einen Gegensatz von persönlichem Heilsinteresse und Gemeinschaft der Glaubenden, wie J. Wicks für das auf die fides akzentuierte Sakramentsverständnis des jungen Luther seit 1518 meint annehmen zu müssen. Man yearning for Grace, 425 s. S. 20 Anm. 58. Im Transitus, wie Luther ihn im Aufnehmen des Durchzugsmotivs beschreibt, hat der Einzelne im Glauben den Engpaß der neuen Geburt im Sterben zu überwinden, um es mit der im Sterbesermon bestimmenden Metapher zu umschreiben. Insofern handelt es sich wieder, wie in den übrigen Sakramentssermonen, um den Glauben als fides specialis de effectu praesente: um das Vorbeigehen des Glaubenden an den Anfechtungsbildern unter ihm und über ihm, mit dem Blick fest gerichtet auf die im Sakrament gegebene Zusage des Bundes der Gemeinschaft Christi und der Heiligen. Der Transitus caritatis ist zuerst zugesagte Gemeinschaft Christi und Glaube an sie in der Anfechtung, Einleibung mit allen Heiligen in Christus, und dann auch Mittragen der Geschicke Christi und seiner Gemeinschaft,

4. Die „rechte christliche brüderliche Einigkeit" ist also eine im Sakrament erfahrene und doch eine *jenseitig*-diesseitige Gemeinschaft der Liebe. Was dies bedeutet, wird in Luthers folgender Auseinandersetzung mit den Bruderschaften noch deutlicher.

Wie in den Sermonen des Buß- und des Taufsakraments schildert Luther hier eine zu beobachtende Lebenspraxis in seiner Umgebung, jedoch in einem eigenen als Anhang kenntlichen und in vier Abschnitte gegliederten Einschub vor dem Schlußpassus des Sermons wesentlich ausführlicher als in den vorangegangenen Sermonen[334].

Verwandlung im Mitleiden. Der Ausdruck „Transitus der geschichtlichen Existenz" umfaßt beides, die Geschichte des Einzelnen im Glauben und die Geschichte der Gemeinschaft Christi, insofern darf von einer wirklichen Berührung im dargestellten heutigen Verständnis der Eucharistie nach Th. SCHNEIDER und dem Verständnis Luthers an unserer Stelle gesprochen werden. Der Glaube des Einzelnen in seiner existenziellen Anfechtungserfahrung hält auch die Kirche jenseits doketischer Blässe und institutioneller Vergesetzlichung in der Geschichte fest, gebunden wie der Glaube des Einzelnen an die von Christus eingesetzten Institutionen der Wortzusage Gottes in den Sakramenten. s.o. S. 130 und S. 143 zum Verständnis der Absolutionsvollmacht Mt 16, 19 im Bußsermon. Bildlich ausgedrückt mit unserer Stelle: daß es sich um ein Wandern in geschichtlicher Wirlichkeit handelt, nicht nur um eine Idee des Transitus des Volkes Gottes zwischen den Zeiten, zeigt sich in der Zumutung und Ermutigung des Einzelnen zum *Hindurchgehen* im Glauben durch den Jordan, durch das Sterben zum Leben. WA 2, 753, 36-38 = Bo A 1, 208, 5-7. Vgl. G. EBELING, Wort Gottes und Tradition, 226: „Die Zeitlichkeit des Zwischenseins zwischen Geburt und Tod, zwischen Sterben und Leben ist die Signatur der Welt und ist nur recht bedacht in einer Spannweite, welche Schöpfung und Eschatologie mit einbezieht. Hier hat die vielberufene Leiblichkeit der Sakramente zusammen mit deren eschatologischem Bezug ihre Wahrheit. Die Sakramente betonen so nachdrücklich wie nur möglich, daß das Evangelium uns in unserm leiblichen, geschichtlichen Dasein eschatologisch angehendes Wort ist, d.h. unsere Weltsituation zur etaschologischen macht, als eschatologische offenbart". Das Umgekehrte wäre jedoch gegenüber dieser Formulierung ebenso stark zu betonen: die Sakramente und die fides specialis beim Sakramentsempfang bringen so nachdrücklich wie möglich zum Ausdruck, daß es Glauben und Wortgeschehen nur im Kontext der *Geschichte*, im Transitus des von konkreten irdischen Anfechtungen betroffenen Einzelnen als wirkliche Erlösung, als Befreiung und als wirkliches *Hindurchgehen* gibt, nicht im theologischen Gedanken, der wie die Transsubstantiationslehre zum 'Wissen' auf der Ebene scheinbar zeitunabhängiger Vorstellung degenerieren kann. Aus solcher Verstellung die Wahrheit der christlichen Sakramente für den Glauben des angefochtenen Menschen neu gewonnen zu haben, ist das Bewegende in Luthers Sermonen von 1519.

[334] Über die Wittenberger Bruderschaften s. Nikolaus MÜLLER, Die Wittenberger Bewegung, 5ff. Im Anschluß an die in unserem Sermon formulierte Kritik Luthers an der bösen Übung der Bruderschaften untersucht M. die jährlichen Abrechnungen von vier der wichtigsten Bruderschaften in Wittenberg und findet bei zweien von ihnen, der Bruderschaft Unserer lieben Frau und der St. Sebastians- oder Schützenbruderschaft seit 1521 Anzeichen eines „Umschwungs zum Besseren": während die Rechnungen der St. Annabruderschaft und der Tuchmacherbruderschaft nicht erkennen lassen, daß die Zechgelage vermindert worden wären, werden in der Rechnung der Frauenbruderschaft von 1521/22 im Unterschied zu der des Jahres 1513/14 keine Ausgaben für Essen und Trinken, Bier usw. mehr erwähnt, dagegen geistliche und soziale Zwecke wie z.B. eine jährliche Kleiderspende an arme Leute mit Zustimmung des Rates; d.h. daß die Bruderschaften z.T. soziale Interessen ge-

Der Anlaß für Luther, diese Auseinandersetzung aufzunehmen, ist die Verbindung besonderer Meßgottesdienste, die im Auftrag der Bruderschaften und für ihre geistlichen Interessen gehalten werden, mit einer zwei Tage während kirmesartigen Zusammenkunft zum Feiern, Tanzen und Trinken; in den Augen Luthers ,,gantz eyn heydenisch, ja eyn sewisch weßen''[335], mit dem Gott, den Heiligen und allen Christen große Unehre geschieht. Die Tage der Heiligen sollten guten Werken der Liebe dienen, statt dessen stehen sie im Zeichen eines Geldsammelns zum Bier.

Zur Reform dieser bruderschaftlichen Feiertage macht Luther ins Einzelne gehende Vorschläge[336]: 1) Man sollte Geld sammeln und einen oder zwei Tische armer Leute speisen, umsonst, und selber den Tag vorher fasten und den Feiertag nüchtern bleiben, mit Beten und guten Werken die Zeit zubringen. Oder 2) man sollte das zum Vertrinken gedachte Geld in eine gemeinsame Kasse legen, jedes Handwerk für sich, um notfalls einem Mitbruder dieses Handwerks mit einem Darlehen unterstützen zu können oder einem jungen Paar mit Ehren die Aussteuer richten zu helfen. 3) Der dritte Vorschlag läßt den besonderen Gesichtspunkt erkennen, unter dem Luther an dieser Stelle die Praxis der Bruderschaften betrachtet: Wenn man bei seinem alten Brauch bleiben will, soll man wenigstens auf die Verbindung mit dem Tag und Namen eines Heiligen verzichten und einen anderen gewöhnlichen Werktag nehmen. Es ist die besondere Verbindung hoher geistlicher Namen, mit denen sich für einen Christen unverwechselbare Erwartungen verbinden, Erwartungen von

---

meinsam mit der öffentlichen Hand wahrnahmen, wie M. bemerkt. — Christian Beyer, mit Luther befreundeter Jurist der Universität und späterer kurfürstlicher Rat und kursächsischer Kanzler, war 1512 Mitglied dieser besonders in bürgerlichen Kreisen beliebten Bruderschaft. 1513/14 hatte er das Amt des Bürgermeisters in Wittenberg inne. s. N. MÜLLER, Die Wittenberger Bewegung, 249. Andere Mitglieder der Universität, der Mediziner Martin Berger, Andreas Meynhart, mag. artium und späterer Stadtschreiber, und Johan Rachals, Kanoniker des Allerheiligenstifts, der später zu den Gegnern der Reformation gehörte, waren Mitglieder der Sebastiansbruderschaft (N. MÜLLER, Die Wittenberger Bewegung, 237, 304, 307). Die Bruderschaften setzten sich sonst hauptsächlich aus den mittleren und unteren Bevölkerungsschichten zusammen (6). — Die Rechnungen der Sebastiansbruderschaft aus dem Jahre 1521/22 gegenüber denen des Jahres 1518/19 lassen erkennen, daß der Heiligentag des St. Sebastian entfallen ist. Luther polemisiert in seinen Ausführungen gegen die Bruderschaften besonders gegen das Ausrichten eines Festgelages am Tag des Heiligen, den die Bruderschaft zu ihrem Schutzpatron erwählt hat. Auch Johann v. Staupitz übte z.T. scharfe Kritik an den Bruderschaften, sprach sich sogar für deren Abschaffung aus; daß er trotzdem in seiner süddeutschen Umgebung 1523 die Einrichtung einer neuen Bruderschaft zuließ, trug ihm von Th. KOLDE die Charakterisierung ein, er sei in seinem *Handeln* von mangelnder Konsequenz gewesen. S. Th. KOLDE, Die Augustinerkongregation in Deutschland, 353 A. 1.

[335] WA 2, 754, 25f = Bo A 1, 208, 34.
[336] WA 2, 755, 5-23 = Bo A 1, 209, 10-29.

brüderlicher Liebe, mit nichts anderem als den Interessen eines massiven Gruppenegoismus im Prinzip 'geschlossener Gesellschaften' im sozialen wie im geistlichen Sinne, was in den Augen Luthers dem Namen der wahren christlichen Bruderschaft und der Sache, wie sie im Sakrament des Abendmahls als Zuspruch und Anrede verbindlich da ist, aufs schärfste widerspricht: ,,eyne geystliche bŏßheit, eyn falsche meynung, die ist, das sie meynen, yhre bruderschafft sol niemant zu gute kummen, Dan alleyn yhn selbs, die yn yhrer zal und register seyn vorzeychnet odder darzu geben. Diß vordampte bŏße meynung ist noch erger, dan die erste bŏßheit, und ist ein ursach, warumb gott vorhengt, das auß den bruderschafften ein solcher gottis spott und lesterung wirt mit fressen und sauffen und des gleychen. Dan darynne lernen sie sich selb suchen, sich selb lieben, sich allein mit trewen meynen, der ander nit achten, sich ettwas bessers duncken und mehr forteyll bey gott vor den andernn vormessen. Und alßo geht unter die gemeynschafft der heyligen, die Christliche liebe und die gruntlich[337] bruderschafft, die yn dem heyligen sacrament eyngesetzt ist: alßo wechst in yhn eigenutzige liebe, das ist nit anders, dan das man mit den selben vielen eußerlichen wercklichen bruderschafften strebt und storet widder die eynige, ynnerliche, geystliche, weßenliche, gemeyne aller heyligen bruderschafft''[338]. In dieser Verkehrtheit läßt sie Gott, der in diesem Fall 'mit den Verkehrten verkehrt ist' (Ps 17,27 Vg), und verstößt sie seinerseits in diese Gewohnheiten, läßt sie das Ihre darin finden, das sie gesucht haben, zu Unlust und Schande, unter dem Namen der Heiligen. Manche läßt er so tief in den Abgrund fallen, daß sie sich öffentlich rühmen, wer Mitglied in ihrer Bruderschaft sei, werde nicht verdammt; als sei ihre Bruderschaft ein gewisserer Heilsweg als die dazu eingesetzten Sakramente Taufe und Abendmahl, die sie damit für geringer und ungewisser erklären als ihre eigenen blinden, wahnhaften Vorstellungen über ihre Bruderschaften. So blendet Gott sie, daß sie seine Feste, seinen Namen, seine Heiligen zum Schaden der einen gemeinen christlichen Bruderschaft, die aus Christi Wunden geflossen ist, schmähen und lästern mit ihrem tollen Wesen und säuischen Brauch ihrer Bruderschaften[339].

Nach diesem Angriff erfolgt sofort eine Klärung im Gedanken an das Verschiedene und Verschiedenartige, das mit dem Namen ,,Bruderschaft'' bezeichnet wird, und der normativen Richtung, die im Vielfälti-

---

[337] Für ,,gruntlich'' adj. ist im Frühneuhd. neben ,,die Grundlage bildend, das Fundament darstellend'' u.a. die Bedeutung ,,wahr, wirklich, gewiß'' auch sonst bei Luther belegt. GRIMM, Dt. Wörterbuch IV 1, 6 (1935), 856.

[338] WA 2, 755, 25-37 = Bo A 1, 209, 31-210, 4.

[339] WA 2, 756, 1-16 = Bo A 1, 210, 4-21.

gen, das wir vor Augen sehen, mit dem Namen ,,Bruderschaft'' notwendig verbunden ist und verbunden sein soll: ,,Darumb eynen rechten vorstand und prauch zu lernen der bruderschafften, Soll man wissen und erkennen den rechten unterscheyd der bruderschafften. Die erste ist die gotliche, die hymlische, die aller edliste, die alle ander ubir tritt, wy das goltt ubirtrit kupffer odder bley, die gemeynschafft aller heyligen... yn wilcher wir alle sampte brůder und schwester seyn, ßo nah, das nymmer mehr keyn neher mag erdacht werden, dan da ist eyn tauff, eyn Christus, eyn sacrament, eyn speyß, eyn Evangelium, eyn glaub, eyn geyst, eyn geystlicher corper, und eyn yglich des andern glidmaß. Keyn ander bruderschafft ist ßo tieff und nah''[340]. Denn, nun folgt die zweite Art von ,,Bruderschaft'': die Blutsverwandtschaft, ,,naturlich bruderschaft ist woll eyn fleysch und blut, eyn erbe und eyn hauß, aber muß sich doch teylen und mengen yn ander geblud und erbe''[341]. Die Familie und Blutsverwandtschaft wird in dieser Aufzählung also an Tiefe und Nähe der christlichen Bruderschaft nachgeordnet. Es folgt als Drittes die ,,Bruderschaft'' der von Luther beschriebenen Gruppenzusammenschlüsse: ,,Die parteysche bruderschafften, die haben eyn register, eyn meß, eynerley gutwerck, eyn zeyt, eyn gelt, und als nu geht, eyn bier, eyn fressen und eyn sauffen, Und reycht keyne nit ßo tieff, das sie eynen geyst mache, dan den macht Christus bruderschafft alleyn, darumb auch, ßo sie grősser, gemeyner und weyter ist, yhe besser sie ist''[342]. Luther formuliert anschließend ein Kriterium als Schlußfolgerung aus dem Vergleich: ,,Sollen nu alle andere bruderschafft ßo geordenet seyn, das sie die erste und edliste stett voraugen haben, die selben alleyn groß achten und mit allen yhren wercken nichts eygens suchen, sondern umb gottis willen die selben thun, gott zu erbitten, das er dieselben Christenliche gemeynschafft und bruderschafft erhalte und besser von tag zu tage''[343]. Mit der 'Geschlossenheit' eines Zirkels ist es dann zuende, ebenso mit einer Verbindung, die ausschließlich die eigenen Interessen wahrnimmt: ,,Alßo wo eyn bruderschafft sich erhebt, sollen sie sich alßo lassen ansehen, das die selben für andere menschen erauß springen fur die Christenheyt mit Beten, Fasten, Almoßen, guten wercken ettwas beßonders zu thun, nit yhren nutz noch lohn suchen, auch niemant auß schlahen, sondernn wie freye diener der gantzen gemeyn der Christenheit zu dienen. Wo solch rechte meynung were, da wurd gott auch widderumb rechte ordenung geben, das die bruderschafften nit mit

---

[340] WA 2, 756, 17-25 = Bo A 1, 210, 22-31.
[341] WA 2, 756, 25-27 = Bo A 1, 210, 31-33.
[342] WA 2, 756, 27-32 = Bo A 1, 210, 33-37.
[343] WA 2, 756, 32-36 = Bo A 1, 210, 38-211, 2.

schlemmerey zu schanden wurden. Da wurd gebenedeyung folgen, [Erleichterung und Freude über die gewonnene Vertiefung, über den besseren neuen Stil und spontane Beiträge] das man eyn gemeynen schatz mocht samlen, da mit auch eußerlich andernn menschen geholffen wurd, Dan gingen geystlich und leyplich werck der bruderschafften yn yhrem rechten orden. Und [ein entschiedener Rat] wilcher dißer ordenung yn seyner bruderschafft nit will folgen, dem rad ich, er spring erauß und laß die bruderschafft ansteen, sie wirt yhm an leyb und seel schaden''[344]. Das Ziel, etwas ,,Besonders'' zu suchen, so naheliegend es dem Denken des 'natürlichen Menschen', aus dessen Einwand in diesem Fall gesellschaftlich und individuell der alte Adam spricht, ist und so selbstverständlich, das Selbstverständlichste von der Welt, es ihm zu sein scheint, erfährt im Folgenden dennoch seine Kritik. Eine Kritik formuliert Luther hier, die appelliert an das Verständnis, das jeder Mensch von ,,Liebe'' besitzt. ,,Szo du aber sprichst 'soll ich nit ettwas beßonders yn der bruderschafft ubirkummen, was hilfft sie dan mich?' Antwort: ja wan du ettwas besonders suchist, was hilfft dich dan auch die bruderschafft odder schwesterschafft da zu? Dyene du der gemeyne und andern menschen damit, wie die art der liebe pflegt, ßo wirt sich deyn lohn fur die selben liebe woll finden, an deyn suchen und begirde. Szo aber dir der liebe dinst und lohn geringe ist, ßo ist es eyn zeychen, das du eyn vorkerete bruderschafft habist. Die liebe dienet frey umbsunst, drumb gibt yhr auch gott widderumb frey umbsunst alles gutt. Die weyll dan alle dingk yn der liebe mussen geschehen, solln sie anders gott gefallenn, ßo muß die bruderschafft auch yn der liebe seyn. Was aber yn der liebe geschicht, des art ist, das nit sucht das seyne, noch seynen nutz, sondern der andernn und zuvor der gemeyne''[345].

Zum Schluß kehrt Luther zum Sakrament zurück. In der Situation, wie er sie geschildert hat, ,,soltu nit das ansehen, wie vill messen geschehn, odder wie offt das sacrament wirt gehandelt''. Vom opus operatum, wie vorher dargestellt, wird es eher schlimmer als besser, weil die Wahrheit, die Bedeutung des Sakraments, gar nicht erkannt wird. Am Wachsen im Verstehen, in der Erfahrung, im Einlassen der Wahrheit, Wissen von der Situation des leidenden Anderen, am Glauben liegt es alles im Gebrauch des Sakraments: ,,wie viel du und andere tzu nehmen yn der bedeutung und glauben dißes sacraments, darynne die besserung gar ligt, Und yhe mehr du dich befindest, das du in Christus und seyner heyligen gemeyn-

[344] WA 2, 756, 36-757, 9 = Bo A 1, 211, 2-15.
[345] WA 2, 757, 10-21 = Bo A 1, 211, 16-28.

schafft eyngeleybet wirst, yhe besser du stehest, das ist, ßo du befindist,
das du starck wirst ynn der zuvorsicht Christi und seyner lieben heyligenn, das du gewiß seyest, sie lieben dich und stehn bey dyr yn allen nǒ-
tenn des lebens und sterbens, Und widderumb, das dyr tzu hertzen gehe
aller Christen und der gantzen gemeyn abnemen odder fall ynn eynem iglichen Christen, und deyn lieb eynem iglichen gemeyn werde, und woltist
yderman gerne helffen, niemant haßßen, mit allen mit leyden und fur sie
bitten. Sih, ßo geht des sacraments werck recht...''[346]. Weinen, Klagen
und Trauern, nichts anderes sieht Luther für die von ihm geschilderte Situation als das Nächstliegende, angesichts des elenden Standes der Christenheit. In diesem Zusammenhang berührt er ein letztesmal die Frage
der guten Werke: Das Persönliche der Zuversicht, der fides specialis, gegenüber Christus und seinen Heiligen, das Sich-Verstandenwissen von
dieser Gemeinschaft und zugleich das Mittragen der Wahrheit, die Mitverantwortung für die wirkliche Lage und Not der Christenheit und jedes
Nächsten: an dieses ihm Nahe soll sich der Christ halten und von allen
anderen guten Werken ablassen, ja, ihnen absagen. Dies allein ist die
Wahrheit der christlichen Gemeinschaft, der Erfahrung der brüderlichen
Liebe für den Einzelnen und die Gruppe, zu der er nach seiner Wahl gehört: ,,Findestu dich aber solcher zuvorsicht nit zu Christo und seynen
heyligenn, und dich die nottdurfft der Christenheyt unnd eynß iglichen
nehsten nit anficht noch bewegt, ßo hutt dich fur allen andernn guten
wercken, do du sunst meynst frum zu seyn unnd selig zu werden, Es werden gewißlich lauter gleyssen, scheyn und triegerey seyn, dan sie seyn an
liebe und gemeynschafft, an wilche nichts guts ist, dann Summa summarum, Plenitudo legis est dilectio, die lieb erfullet alle gepott, AMEN''[347].

b) Versuchen wir zur Verdeutlichung des Abendmahlsverständnisses,
das Luther in diesem reich ausgestalteten und nach so vielen Seiten und
Interpretationsrichtungen hin aufgeschlossenen Sermon von 1519 entfaltet, die charakteristischen Akzente dieses Sermons noch einmal mit dem
auch hier Luther bis in große Nähe begleitenden Verständnis der Mahlgemeinschaft bei Johann von Staupitz zu vergleichen, um so das Besondere
und Neuartige in der theologischen Sprache dieses Sermons genauer zu
erfassen.

Gemeinsam ist beiden Auslegungen der Mahlgemeinschaft Christi mit
den Glaubenden vor allem zweierlei: der biblische Bezug des Abendmahls
auf das hochzeitliche Mahl des Gleichnisses Mt 22,2-10; Lk 14,16-24, ge-

---

[346] WA 2, 757, 25-37 = Bo A 1, 211, 32-212, 4.
[347] WA 2, 757, 38-758, 6 = Bo A 1, 212, 5-12.

deutet auf die Gemeinschaft Jesu mit den Sündern und Dirnen[348], und im Blick auf die Situation der Jünger beim Abschiedsmahl Jesu der Gedanke, daß dieses letzte Mahl Jesu, in dem er das Sakrament einsetzte, in einer Situation der Angefochtenheit und Betrübnis stattfand, daß also die Speise dieses Sakraments eine Speise nur für Hungrige und Angefochtene, nicht für solche, die sich selbst als würdig befinden, ist: Lk 1,53 wird von beiden Auslegern angeführt[349].

1. Betrachten wir beide Gesichtspunkte im Einzelnen. Staupitz beschreibt die Gemeinschaft Christi mit der Seele des Auserwählten, durch diese Einigung mit Christus als der gratia gratum faciens Gerechtfertigten, im Zusammenhang seiner Schrift „Von endlicher Vollziehung göttlicher Fürsehung'' in verschiedenen Stadien einer Geschichte der Zuwendung der göttlichen Barmherzigkeit zum sündigen Menschen, in der das Wort, das Gespräch und Miteinanderreden eine besondere Bedeutung haben. c.11 handelt vom Wechselgespräch der Seele mit Christus darüber, wie die Gerechtigkeit Christi der Seele eigen und die Sünden des Menschen Christi, des Bräutigams, eigen werden. Die Antwort lautet in der Folge der in c.9 beschriebenen „Ehe Christi und des Christenmenschen'' (c.11,76 f, Kn 154): „Du bist der einig sunderlich preütigam, der du mein bist, mir bist, ich bist, darumb bistu mein und alles, das du hast, hastu mir, Ich bin dein, und alles, das in mir ist, ist dir, Und darumb das wir ein dink sein, so ist, das dein ist, also mein, das dein bleibet, was mein ist, also dein, das es auch mein beleibet. Der gestalt bin ich durch dein gerechtikeit gerecht, unnd mein schuld ein sünder, du bist durch mein schuld ein sünder, und durch dein gerechtikeit gerecht. So bin ich auch durch dein kraft starck, aus meiner schwachheyt kranck, und du bist aus meiner schwacheit kranck, aus deiner kraft starck, aus deiner weyßheit bin ich weis, aus meiner narrheit ein thor, unnd du aus meiner torheit ein thor, und deiner weißheit weis''. In c.10 hat Staupitz dargestellt, daß sich das Übereintreffen höchster Barmherzigkeit mit höchster Armseligkeit

---

[348] s.o. Anm. 296; dazu H. A. OBERMAN, Headwaters of the Reformation, Initia Lutheri — initia reformationis. In: Luther and the dawn of the modern era. Papers for the fourth international congress for Luther research, ed. H. A. OBERMAN. Leiden 1974, 40-88, ib. 78 A. 6: coniugium cum peccatrice non horruit...nostra peccata sua facit... (Libellus de executione aeternae praedestinationis c. XI, 71). Zum Gleichnis Lk 14, 16-24 bei Staupitz, Prädestinationsschrift c. 18, Kn 166, 150ff s.o. Anm. 323 und u. S. 225. Zu Luthers Bezugnahme auf denselben Text im 18. Abschnitt des Abendmahlssermons WA 2, 750, 14f nach Mt 22, 2ff s.o. S. 209 und u. S. 256.

[349] Für Staupitz s. in Prädestinationsschrift c. 18, o. Anm. 323. Luther führt Lk 1, 53 an im Sermo de digna praeparatione cordis WA 1, 330, 16f und 331, 21f s.o. Anm. 315 und u. S. 235, Anm. 368, dazu im Abendmahlssermon von 1519, WA 2, 746, 21f, s.o. S. 205 und u. S. 245.

gerade in Christi Gemeinschaft mit den öffentlichen Sündern und Dirnen vollzog: wer der Braut nicht in Sünden gemein wird, wer sich für gerecht hält und die Sünder verschmäht, der hat keine Gemeinschaft mit der Braut[350]. In den Abschnitten cc. 15-17 stellt Staupitz nun dar, wie Christus, der in der Liebe den Tod gelitten hat für die sündigen Menschen, in der ehelichen Liebe mit der gläubigen Seele lebt: nicht das geringste Zeichen seiner Liebe ist dies, wenn der Bräutigam seine Hand heimlich einläßt, daß er die Last des Gesetzes erleichtert und das Joch süß macht (c.16,122. 128 f, Kn 161-163): ,,Nun ist aber des geysts antastung ein anrürn der lyeb des prewtigams zu der liebe der preut, des geysts zum geist, do durch der erwermet geist vom geist, der von natur hitzig ist, also angezunt und geimbrunstigt wirdet, das im nichts sueser ist, dann von im selbst außgeen, von wegen des grosen wolgeuallens gottes''. c.17 handelt ,,von der Süße des Zusprechens Christi in das Herz des Christen'': ,,Uber das wißt ir, nit ein verechtlich zeichen der lieb sein, mit einander reden, do die geist gegeneinander außgossen werden... Erstlich redt got mit dem menschen, wann er im die warheit eröfnet, wann es sol ye die red anderst nichts sein, dann ein aufthuung der warheit, darumb quelet das wesen der red, der lewgt, Unnd got der durchs reden alle dingk an die welt gebracht hat, so der nit allein ist der redt, wirdet er doch ye vor andern zu reden billich zugelassen''. (c.17,133 f, Kn 163). Zwei Dinge vernimmt der Mensch in dem Gespräch, das Gott ihn erfahren läßt durch Eingebung des Geistes (Ps 61,12 f Vg): 'daß die Gewalt Gott, und dir, Herr, die Barmherzigkeit gebühren'. Das erste bedeutet das Ende aller Kunst der Philosophen, daß der Mensch seine Unwissenheit erkennt und sein Nichtverstehen; all sein Wissen und seine Kunst wird ertränkt in der Unendlichkeit göttlicher Weisheit, der ewigen unerforschlichen Weisheit des Schöpfers in der Kreatur. In den menschlichen Geschichten ist das Urteil Gottes verborgen, so daß niemand weiß, ob er der Liebe oder des Hasses Gottes würdig sei, und doch stets das Geschrei seiner Sünden gegen sich hört. (c.17, 142, Kn 164). Daraus erwächst in existentiellem Innewerden und Erfahren ,,die erst gezewgnus götlicher barmhertzikeit, das sich ein yeder erkenne einen sünder zesein, das sich niemant ausserhalb der offenbarung erkene gerecht zesein, und das mer, das die barmhertzikeit gots aller sitlichen dingk erst anfangk und letstes end ist''. (c.17, 143, Kn 165). Das geschah und geschieht durch das Mensch gewordene Wort, durch Jesus Christus, durch den im sittlichen Wesen alle Dinge geschaffen sind, wie sie im natürlichen Wesen durch das ewige Wort geschaffen wurden. Dies zu glau-

---

[350] s.o. Anm. 296.

ben, ist notwendig zur Seligkeit, sie zu versuchen ist ein Vorgeschmack ewiger Freuden. Dieses süßeste Gespräch Gottes bezeugt David [Ps 84, 9 Vg]: Ich will hören, was mir mein Herr, Gott, einsprechen wird. (c.17, 145 f, Kn 165). Diese Erfahrung des göttlichen heimlichen Gesprächs ist Frieden und Ruhe des Herzens. — Darüberhinaus empfindet die erwählte Seele eine andere Erfahrung, ,,nemlich, das sie von der red Christi weich wirdet, als die Cantica melden, Mein seel ist zergangen, als der geliebet geredt hat [Hohesl 5,4], und Dauid in psalmen [Ps 147,18]: Er wirdet ein wort heraus lasen und weich machen, Sein geist der wehet, und die wasser, das sein die suesen zeher, werden fliesen. Welches von nichte anders kumet, dann allein, das die lieb Christi der preüt geist entzundet und fewrigt, do durch des menschen hertz wirdet als ein zerfliesent wachs, wann das fewr der lieb Christi ist so einer grosen macht, Das auch die hertisten fels, Ja wol die himel als der rauch dauon zergin, unnd darumb so die seel erweichet ist, ersewfzt sie manigfaltig, weinet, verleßt sich selbs gantz und gar, und redet frölich mit Christo''. (c.17, 148 f, Kn 165 f).

Hierauf folgt in c.18 ,,Von der Wirtschaft Christi und des Christen'' Staupitzens Verständnis des Mahls des Königs nach Lk 14, 16-24. Der Text spricht vom ewigen Mahl, von dem aber etwas schon in dieser Wanderzeit des irdischen Lebens vorversucht, erfahren werden kann; wie Staupitz mit Beziehung auf Mt 4,4 ausführt: der Mensch lebt im Brot und im Wort. So speist Gott im Wohlleben, das er für die Menschen als seine Gäste veranstaltet, beide, das Fleisch, den leiblichen Hunger des Menschen mit dem Leib, den Geist des Menschen, der auch der Speise bedarf, mit sich selbst. So ist in diesem Mahl alles, das die Gäste fröhlich macht: das Wohlgefallen der Personen, denn durch die ewige Erwählung ist der Christ Gott angenehm, und umgekehrt ist Christus dem Christen wegen der zeitlichen Rechtfertigung lieb[351]. Aus diesem allen erwächst ein fröhlicher guter Mut, es herrscht ein Wille, was Christus wohlgefällt, gefällt auch der Seele, sie haben ein Herz und einen Geist, und die Gemüter werden aneinander übergeben. (c.18, 153, Kn 166). Darauf zu achten ist bei diesem Mahl, daß nicht eine zu starke Speise aufgetragen wird, die mehr schadet als nützt, oder Gift, von des Teufels Jüngern aufgetragen. Das ,,zu stark'' gilt auch für die grobe Speise: in dieser Allegorie spricht Staupitz vom ewigen Wort, das nur eine Speise für die Engel, die Vollkommenen, die Gesunden wäre, nicht für die Kranken: sie brauchen vielmehr die Milch der Kinder, das menschgewordene Wort (1 Kor 3,2): ,,Derhalb ist

---

[351] c. 18, Kn 166, 152, s.o. Anm. 323 und Anm. 48 zum Verständnis der gratia gratum faciens als ,,beiderseits ein lautere Gnad'' in Prädestinationsschrift c. 6, Kn 145, 33, und das ganze 6. Kapitel ,,Von der Rechtfertigung des Sünders'', Kn 144-146.

das ewig wort, ein geburende speis der engel und der heiligen, mensch
worden, do mit es were ein speis der krancken und ein saft unaussprechen-
licher barmhertzikeit, wann die seel ist tod, die got nit hat zu einer speis
und einem tranck, es sey gleich ein grobe speis, die den volkumnen zimet,
oder ein milch, die der kinder narung ist'' (c.18, 159, Kn 167). In Ent-
zückungen nimmt Christus dennoch den Geist des Erwählten manchmal
gewaltiglich in sich und läßt ihn ein klein Weniges von der harten Speise
schmecken (2 Kor 12, 2-4). Jedoch ist dies zum Heil der Seele nicht notwendig; ,,wir krancken bedürfen einer milch, ydoch ist milch anders
nicht, dann ein saft der speis, die ytzo ins fleisch gewandelt ist''. (c.18,
158, Kn 167). Die Jünger Christi erwecken das Gespräch des Herrn in
ihrer Umgebung (im Unterschied zur giftigen, gutes Leben zerstörenden
Rede des Teufels): damit ernähren sie Andere, und so werden die Guten
von Guten und von Heiligen Heilige (c.18, 157, Kn 167). In c.21 folgt unter den Zeichen des wahren Glaubens nach Mk 16, 17 f auch das Reden
mit neuen Zungen. Das Motiv der ,,Milch'', so könnten wir umschreiben, erscheint hier umgesetzt bis in die Verkündigung der Apostel nach
Act 2,8 ff jedem Land in seiner Muttersprache. Die Einträchtigkeit der
wiedergeborenen Söhne Gottes in Christus wirkt im ,,einhelligen
Gezüng'' — Gegenbild zur Herrschaft Babylons, die Christus zerstört
hat —, in Gehorsam, Demut, Geduld, Liebe in Werk und Wort: ,,Der
gestalt haben wir einerley gezüng, wann der demütikeit ist nichts verstent-
lichers, dann die demut, der lieb, dann die lieb, der gehorsam, dann die
gehorsam, der gedult, dann die geduldt, und der gleichen, Wann die
werck leren mer dann die wort'' (c.21, 209, Kn 175). Diese Beschreibung
bezieht sich auf die ,,Zunge des inwendigen Menschen''. Damit aber der
auswendigen Zungen kein Mangel entstünde, gab Christus bei seiner
Himmelfahrt den Aposteln die Gabe der Zungen, ,,do mit sie giengen in
die gantzen welt und meniglich, auch mit den außwendigen worten und
wercken, lerten, und geben eins einhelligen gezügs gezeügnus Christo,
seiner einigen herschung, und der zerstörung Babilonis. Dise gnad weret
als lang bis ein yedes land sunder lerer hethe in seinem gezüng''. (c.21,
210 f, Kn 175).

Wir brechen den Überblick über die Prädestinationsschrift Staupitzens
hier ab. Er macht u.E. eindrucksvoll ein bestimmtes für Staupitz charakteristisches Verständnis von Sprache und Wort deutlich, in dem mit biblischem Realismus im Verständnis wahrer Menschlichkeit (Hoheslied!)
und Tiefe der Rechtfertigungslehre, die an der Christuspredigt der Evangelien (Tischgemeinschaft mit Zöllnern und Sündern als Vorgeschmack
des Reiches Gottes) orientiert ist, gleichzeitig die besondere Gabe des

,,pater vicarius'', der zugleich ,,mütterliche'' Züge für die Menschen in seiner Umgebung haben konnte[352], spürbar sich bezeugt. In der Gemeinschaft mit ihm, in Predigthören, Bibelauslegung und Tischgesprächen, wie sie aus seinen Nürnberger Aufenthalten durch Scheurl bezeugt sind[353], entwickelte sich etwas wie eine sprachliche Wärme, eine spezifische Atmosphäre, von der überraschende Entwicklungen zu sprachlicher Leistung, wie die von Luther als ,,glänzend'' gerühmte deutsch-sprachige Fassung der Prädestinationsschrift Scheurls[354], zeugen. Als werde hier etwas von der ,,Gabe der Sprachen'' nach c.21, aus der Tischgemeinschaft der coena Augustiniana entwickelt, durch den Mund ihres ,,Speisemeisters'', architriclinus, in Nürnberg vernehmbar und von dort nicht zuletzt nach Wittenberg getragen. Christof Scheurl selbst, von der Herkunft seiner leiblichen Mutter her eher mit übergewichtigen Erwartungen an sich selbst, an Stand, Würde, wissenschaftliche Leistung beladen, wofür seine sonstige Bevorzugung des ciceronianischen Lateins zeugt, in seinem charakteristischen, manchmal das Formelhaft-Steife nicht abstreifenden Stil, ist in dieser schönen Gestalt des mit Joh 2,8 beschriebenen Dieners der Anderen im Jüngerkreis der durch diese menschlich-biblischen Vermitt-

---

[352] Mit den Worten von Ps 130, 2 (Vg) klagt Luther in seinem Brief an Staupitz Br 1, 513f, 3. Oktober 1519, indem er nach einer Schilderung seiner Erfahrungen von feindlicher Nachstellung durch den Bischof von Brandenburg und andere in der letzten Zeit zu Staupitz übergeht: Verum haec de aliis. De me quid vis? Nimis me derelinquis. WA Br 1 verweist zu dieser Stelle auf den Brief vom 13. April an Johann Lang, Br 1, 370, 87: Reverendus Pater Vicarius oblitus est nostri, adeo nihil scribit. An unserer Stelle fährt Luther fort: Ego super te, 'sicut ablactatus super matre sua', tristissimus hac die fui. Obsecro te, Dominum laudes in me etiam peccatore; vitam odi pessimam, mortem horreo, et fide vacuus sum, aliis donis plenus, quae scit Christus quam non desiderem, nisi ei serviam. Br 1, 514, 49-53. Der Ausdruck von Schuldgefühlen an dieser Stelle gegenüber seinem 'Über-Ich' zeigt zugleich, wie demgegenüber, in den Worten Staupitzens selbst oder doch im Anklang an sie (selbst die Sünde dient zur Verherrlichung Gottes in den Erwählten), Luther sich freimacht von einer ihn belastenden zu großen Erwartung Staupitzens, der die *Gaben* (dona) seines einstigen 'Beichtkindes' zu rühmen pflegt, wie auch die Briefe Scheurls bezeugen. Bereits in seinem ersten Brief an Scheurl stellt Luther dieser Art des 'Christum in me laudare' das Nichts-Sein entgegen, s. Br 1, 87, 45-48: Neque enim ille christianus est, qui hominem propter eruditionem, virtutem, sanctitatem, famam suspicit...sed qui inopem, pauperem, stultum, peccatorem et miserum diligit... s.o. Kap. II, Anm. 165-167 und Anm. 15. An unserer Stelle ist es die vorher geschilderte Anfechtung im Gefolge der Leipziger Disputation, deren Reflex — mortem horreo, vitam odi pessimam, fide vacuus sum — wir in dieser Äußerung werden sehen dürfen. Die gerühmten 'dona' sind ausschließlich durch ihre Bedeutung 'besetzt', Christus mit ihnen zu dienen, also in passiver, leidentlicher Bedeutung für den Betreffenden selbst. Darin liegt freilich zugleich die Unabhängigkeit Luthers selbst in dieser Situation: ...sola sit veritas quae salvet se dextera sua, non mea, non tua, non ullius hominis. Br 1, 351, 22f. s.o. Kap. II, Anm. 113f.

[353] s.o. Kap. II, Anm. 151 und 176.

[354] s.o. Kap. II, Anm. 151.

lungen gegenwärtigen Christusgemeinschaft vielleicht an meisten er selbst[355]. Die sonstigen Auswirkungen der Staupitzpredigten in Nürnberg in dieser Zeit, in der Unterschiede von Stand, Alter und Geschlecht mehr als sonst in einem biblisch-urchristlichen Fluidum aufgelöst zu sein scheinen, lassen darüberhinaus ahnen, welche Erfahrungen menschlicher und biblisch-theologischer Art in den von uns wiedergegebenen Sätzen und Abschnitten der Prädestinationsschrift über die ,,Speise des menschgewordenen Wortes'' sich selbst bezeugen.

In Luthers Abendmahlssermon begegnete uns ebenfalls, die gesamte Auslegung des Sakraments bestimmend, der Gedanke der Gemeinschaft Christi und seiner Heiligen mit dem Glaubenden. Da der Sermon Luthers von den Zeichen des Sakraments, den Gestalten von Brot und Wein, ausgeht, also eine spezifische Sakramentsauslegung darstellt, ist der Gedanke der Gemeinschaft als der Bedeutung der sakramentalen Zeichen, inhaltlich gedeutet auf die Gemeinschaft des *Leibes* Christi und seiner Glieder, ebenfalls anders als bei Staupitz auf das Leib-Motiv bezogen. Dem entspricht es, daß Christus mit seinem geistlichen Körper, den Heiligen und Engeln, im Abendmahl dem Glaubenden seine Hilfe und seinen Beistand zusagt. Die Gemeinschaft der Liebe, wie bei Staupitz auf den Austausch geistlicher Güter, Unschuld, Gerechtigkeit, Verdienste Christi mit dem Glaubenden gedeutet und als gegenseitiges Annehmen in allem inneren und äußeren Sein verstanden, betont doch, da es sich um eine Gemeinschaft des himmlischen Christus und der Seinen mit dem *auf der Erde*, im Fleisch, in den Anfechtungen des zeitlichen Lebens stehenden Glaubenden handelt, die Bedeutung dieser Gemeinschaft für die wirklichen Nöte im Kampf des Glaubens während dieses irdischen, im Leib und im Bereich von Sünde, Welt, Teufel und Gewissensanfechtung gelebten Lebens. Das Tragen der Lasten — Gal 6,2 — ein Kennzeichen des Lebens im Leib, und die Fragen des Bestehens und der Stärke des Glaubens gegen alle möglichen Schwachheiten der ,,Natur'' des Menschen bis hin zur Stunde des ,,Hindurchgehens zum Leben'' durch das Sterben bilden den Inhalt der Sakramentszusage. Kurz gesagt, die Gemeinschaft Christi mit dem Glaubenden ist, wie es scheint, bei Luther weniger 'mystisch' als Gemeinschaft des menschgewordenen *Wortes* mit der Seele des Gläubigen verstanden; daß mit dem Ausdruck 'mystisch' hier nicht Ungreifbarkeit gemeint ist, sondern welche anthropologisch und soteriologisch entscheidende *Begegnung mit dem menschgewordenen Wort*, aus der

---

[355] s.o. Kap. II, Anm. 179 zur 'psychologischen' Komponente der Unterscheidung von Person und Werk, von W. J. BOUWSMA gedeutet im Sinne von 'authentic self' bzw. 'inauthentic self' (hypocrisis, simulatio).

Leben und Heilung im menschlichsten Bereich des Menschen erwächst, bei Staupitz bezeugt wird, sahen wir bereits. Inwiefern kann Luther in seinem Verständnis der Gemeinschaft mit Christus im Sakrament nun noch darüber hinausgehen? Die Antwort liegt im Wesen dieses Sakraments selbst: die äußeren Zeichen, Brot und Wein für die *Gabe* der Gemeinschaft drücken aus das Sich-Geben Christi in seinem wirklichen irdischen Leben, im Tun, im Leiden und im Sterben. Das Geschehen und Geschick dessen, der sich für die Seinen gibt, wird im Genießen dieses Sakraments verkündigt: damit wird der Glaubende und wird die Gemeinschaft derer, die des Sterbens Christi gedenken, also als eine selber im irdischen Geschick stehende, mitbetroffene angeredet. Es geht nicht um eine rein innerliche Begegnung mit dem Wort, sondern ,,Wandlung'' geschieht in der weltlichen, leibhaftigen, äußeren Geschichte des Glaubenden selbst, sofern er das Sakrament recht braucht; insofern also nicht nur als ,,Wortgeschehen''? Wir werden gerade diesen Punkt aufs genaueste uns zu verdeutlichen haben, im Gespräch mit den Interpretationen O. BAYERS und G. EBELINGS[356]. Doch gehen wir wie bisher streng schrittweise in der Darstellung der Unterschiede zwischen Staupitz' und Luthers Sakramentsauslegung weiter.

Mit dem Leib-Gedanken ist der Bezug zum äußeren Geschehen gegeben; die Gestalten des Abendmahls verkündigen Jesu Geschick, wie wir sahen. Hierzu kommt im Gedanken der Wandlung des Glaubenden in die Gestalt seines Nächsten ein mit diesem ersten verbundener zweiter Aspekt der Beziehung auf gegenwärtiges Geschehen: ,,Durch Lieb ineinander Verwandeltwerden'' bedeutet, die Liebe im gegenwärtigen Geschehen zu erfahren. Dies bringt ein Sich-Aufschließen für den in der Gegenwart vernehmbaren Anspruch der Liebe mit sich: alles Unrecht-Leiden der Unschuldigen, das Elend der Bedürftigen, die Verfolgung der Wahrheit ist verborgene Gegenwart Christi in seinen irdischen Gliedern der gegenwärtigen Christenheit. Die Gestalt, die Gebrechen des Nächsten haben ebenfalls ihre Deutlichkeit, in derselben Dimension, in der die Zeichensprache des Sakraments für den Menschen da ist. Der Anspruch der Liebe, so sagen wir vorläufig, begegnet dem Menschen jedenfalls *auch* in der

---

[356] s.o. Anm. 295. O. BAYER, Promissio, 226-241. Zu G. EBELINGS systematisch-theologischer Auseinandersetzung mit der Frage worthafter und sakramentaler Existenz als Thema zwischen den Konfessionen s. Anm. 298 und 333. Eine kurz skizzierte Deutung der Sakramente Taufe und Abendmahl, die indirekt auf Luthers Auslegung dieser beiden Sakramente in den Sermonen von 1519 u.a. unter dem Gesichtspunkt ihres Bezogenseins auf die Grundsituationen des Menschen Bezug nimmt, findet sich in: Erwägungen zum evangelischen Sakramentsverständnis, Wort Gottes und Tradition, 225f.

äußeren Realität, in der ihn ansprechenden ,,Gestalt'' des Nächsten. Hiermit wird nun die von O. BAYER aufgeworfene Frage des Sakraments zwischen Gesetz und Evangelium, das Verhältnis von Liebe und Glaube, in
besonderer Weise virulent.

Um den Skopus Luthers in diesem Sermon weiter zu verdeutlichen,
müssen wir nun einen zweiten Aspekt berühren, der Luther ebenfalls mit
Staupitz gemeinsam ist: das Verhältnis von Anfechtung und Sakrament.
Hiermit hängt die Bedeutung des Glaubens für Luther in diesem Sermon
zusammen, und, so ist zu hoffen, es wird sich von daher gegenüber O.
BAYER zeigen, in welchem Sinne Luther sowohl vom Glauben als von der
Liebe in diesem Sakrament spricht. Für den Vergleich mit Staupitz müssen wir nun nach der Prädestinationsschrift einen weiteren Text heranziehen, das Predigtstück ,,Von der empfahung des heiligen Sacramenths''[357].
Die Orientierung des Predigers in dieser kurzen Stellungnahme zum Sa-
kramentsbesuch ist eine seelsorgerliche: Staupitz denkt an Bürger einer
Stadtgemeinde, die vermutlich während der Fastenzeit veranlaßt werden
oder den Wunsch empfinden, zum Sakrament zu gehen, die aber durch
ihr Verwickeltsein in allerlei praktische Sorgen und Zufälle ihres Lebens,
es handelt sich um Gemeindeglieder im weltlichen Stand, sich als ganz
und gar nicht ,,geschickt'', vorbereitet, empfinden, so sehr sind sie von
Fragen ihres Hausstands oder Amtes erdrückt zur Zeit. Wer Zeit hat, ein
,,ruhiges Leben'', etwa in geistlicher Meditation, zu führen, der mag bereitet sein, aber ich? So übersetzt der Seelsorger sich ihre zweifelnden Gedanken. Seine Antwort lautet: Denke an die Lage der Jünger, als Christus
mit ihnen das letzte Mahl hielt: wie ging es ihnen? Dem einen, Judas, sagt
er, und ihnen allen, einer von ihnen werde ihn verraten. Petrus kündigt er
an, er werde die Treue brechen, ihn verraten und dreimal verleugnen;
allen Jüngern zusammen sagt er, sie werden alle fliehen und ihn im Stich
lassen. Von sich selber sagt er, es sei die Stunde gekommen, daß er von
Leiden getroffen und umgebracht werden, sterben werde, daß sein Zu-
sammensein mit ihnen zuende sein werde. Größere Verwirrung, Betroffenheit, kann man kaum haben. Gerade die, die Christus so besonders
liebten, denen erging es so. — Vorher hatte der Prediger für die Situation
seiner gegenwärtigen Hörer ähnlich formuliert: die Anfechtung durch die
Bedrängnisse des Lebens in ihrem Stand, die Zufälle, die sie getroffen
haben und die sie kleinmütig und verzagt machen, habe Gott ihnen nicht
ohne Grund geschickt, ,,Sonder zu merung grosser gnaden (will Gott
ihm, dem Menschen, diese Zufälle), zu schicken und mer gefallens darin-

---

[357] Kn 32f.

nen haben, dann ob sich der mensch gantz rwig und seins achtens geschickt entpfunde" (Kn 32). Hier setzt der Vergleich mit der Situation der
Jünger ein, die Christus besonders liebten. Es sind also Bekümmernisse
derer, die von Gnade und Liebe wissen, so dürfen wir den Staupitzschen
Ton, wiedererkennend, deuten. Gott schickt ihnen diese Zufälle zur Mehrung grosser Gnade, darin wirkt die Liebe zu Gott über alle Dinge ihr
Werk: so dürfen wir aus anderen bekannten Zusammenhängen
übersetzen[358]. Wie ging es nun in der Situation der Jünger? ,,In dem
kann ain yder gar geringklich befinden, das die Jungern christi zu souil
grosser betrubnus, anfechtung Und bekhumernus sind gefurt worden,
souil mer sie christum geliebt haben fur ander uff erden. In solcher grossen trubsal raichet er Inen auch seinen heiligen fronleichnam, achtet sie
auch solcher grossen gaben wirdiger In anfechtung und beschwerlichen
zufellen dann ainen gantz rwigen gemute''. (Kn 33). Das Geschehen und
die Bereitung zu dieser ,,würdigen Speise'' wird in diesem Augenblick an
Gott zurückgegeben; so formuliert Staupitz für beide Situationen: ,,Dann
das ist gewis das sich der mensch fur sich selbs zu empfencknus dieser wirdigen speis nit Wirdig oder genungsam machen mag Sonder allain got ist
der dich darzu genungsamlich beraiten und dir wirdigliche schickung mit
taylen mag'' (Kn 33). Daß gerade in der Anfechtung Gott wirkt, war der
zentrale seelsorgerliche Gedanke Staupitzens, mit dessen Hilfe sogar die
Prädestinationsängste ihre Auslegung für Luther erhielten, wie wir
sahen[359]. Dies betrifft hier nun die Extremsituation, Bekümmernis durch
Sterben und Abschied, selbst. Staupitz sieht in ihr einen Angriff gerade
für die, die in Liebe mit Christus verbunden sind; Verleugnung, Sterben,
Abschied machen die in Liebe Verbundenen betrübt, je größer die Liebe
ist. In diese Betrübnis hinein gibt Christus ihnen das Sakrament und achtet sie gerade *in* dieser Betrübnis für des Sakraments würdiger als mit ruhigem Gemüt und dem Gefühl eigener Geschicktheit: das bedeutet also, daß
gerade in dieser Situation, an der Stelle, an der die menschliche Liebe und
das menschliche Tun in Bedrängnis abreißen, die Alleinwirksamkeit Gottes eintritt, Gott gleichsam selber auf den Plan tritt mit der Gabe seiner
Gegenwart. Auf dieses *hin* werden nun die üblichen Vorbereitungen,
wenn der Mensch sie ganz gehorsam durchschreitet, transparent, als ein
Weg zu diesem *Ort*, nicht als Erwerb einer dignitas: ,,Und dorumb so der
mensch den fronleichnam christi entpfahen wil, Sol er auch In ainiche sein
beraitung, gute werck, tugent oder fromkait kainen trost oder hoffnung

---

[358] s.o. S. 117.
[359] s.o. S. 105f Anm. 47f und S. 115 Anm. 84.

stellen oder dar fur achten das er sich mit dem allem darzu Wirdiglich schicken mog Sonder mit ainer rechten geordenten Rew, peicht und fursatz, auch vleissiger betrachtung des leidens christi, domit und dorumb Uns Christus Uber alle andern seine Werck sein parmherzigkait am hochsten erzaigt hat, seinen vleis thun und dann In ainem starcken unzweiffenlichen Vertrawen zu got hinzugeen, mit diesen Worten: Herr, ich wais das ich gantz Unuolkomen und unwirdig bin, dich meinen schopffer Und erloser zuentpfahen, mich Wirdet auch mein andacht, tugent oder schickung dieser heiligsten speis nit Vehig oder Wirdig machen, Aber In deinem Vertrawen und In der gedechtnus deines heiligen leidens gedenck ich hin zugeen. Das ist ain rechte beraitung Und Vorschickung''[360]. Gott als Schöpfer und Erlöser im Abendmahl gegenwärtig: damit endet also der Weg, die Bekümmernisse der Liebe, mit der Alleinwirksamkeit Gottes, des Schöpfers und Erlösers, in seinem eigenen Handeln, im Anfang. Das Vertrauen, von dem Staupitz spricht, entspricht dem Aufsehen und Aufgehobensein am Ort des Anfangs.

Luthers Abendmahlssermon von 1519 nimmt ebenfalls auf die Einsetzung des Abendmahls für die Jünger in der Situation des Abschieds Bezug. Doch vergleichen wir vorher, da es sich um jeweils verschiedene, seelsorgerlich bedingte Auslegungssituationen handelt, die seelsorgerlichen Gründe Luthers, ausführlich, wie es schon im Sermo de digna praeparatione cordis von 1518 geschah[361], auf Fragen des Abendmahlsempfangs einzugehen. War es für den Prediger Staupitz die Frage der Skrupel von Laien, in der ,,weltlichen'' Sphäre ihrer Lebensgeschicke und Zufälle nicht imstande zu sein, sich würdig für den Abendmahlsgang zu bereiten, so ist es für Luther der innere Anspruch würdiger Vorbereitung nach der gültigen kirchlichen Beicht- und Bußpraxis selbst, den er unter anderem bei seinen Hörern voraussetzt. Luther spricht dabei selber als kirchlicher Prediger, der mit höchstem Ernst die biblische Lehre von dem Empfang des Sakraments als einer Situation, in der der sündige Mensch vor Gott tritt, vorträgt: die einzige Möglichkeit für ihn, ohne Todsünde zu diesem Sakrament zu gehen, ist die feste Berufung im Glauben auf die Einladung Christi an die Mühseligen und Beladenen Mt 11,28, eine Stelle, die in dieser Predigt vor anderen biblischen Glaubensstellen (u.a. Lk 1,53) im Mittelpunkt steht. Die ganze Predigt hat im Unterschied zu den mehr menschlich-praktischen Ausführungen Staupitzens den Charakter einer konzentriert argumentierenden biblisch-theologischen Vorlesung, jedoch

---

[360] Kn 33.
[361] WA 1, 329-334.

in seelsorgerlicher Anrede an den Hörer, über das Wesen der *wahren* Vorbereitung auf das Sakrament, die *allein* im Glauben besteht, der das Ende aller anderen Versuche ist, eine dispositio zu schaffen. Hier ist Luther mit Staupitz in der Sache einig: ,,Optima dispositio est non nisi ea, qua pessime es dispositus, Et contra: Tunc pessime es dispositus, quando es optime dispositus''[362]. Zu diesem Sakrament muß der Hörer eine verlangende, hungernde Seele haben, mit Mt 5,6: 'Selig sind die hungern und dürsten nach der Gerechtigkeit, denn sie sollen satt werden'. Hungrig nach den Gütern des Sakraments! So folgt die Buße eher auf das Sakrament, als daß sie ihm vorangehen könnte! Mehr als Tod und Hölle ist zu fürchten, daß jemand im Vertrauen auf die eigene Würdigkeit zu diesem Sakrament ginge. Gott braucht nicht deine Güter, sondern er begegnet dir als der, der dir seine Güter schenkt![363] Luther sieht die Situation des Sakramentsempfangs also auch hier vor dem Hintergrund des Gerichts, keineswegs nur als eine kirchliche Frömmigkeitsübung ohne weitere Auswirkungen. Im Glauben herzugehen oder zum Gericht; darum geht es hier, wie in den Schriften zur Ablaßfrage und zum Bußsakrament. Der Zusammenhang der Behandlung auch des Abendmahls mit der Auseinandersetzung beim Bußsakrament ist deutlich: ,,Magnus et perniciosus error est, si quis accedat ad sacramentum ea nixus fiducia, quod confessus sit, quod non sit sibi conscius mortalis peccati, quod orationes et preparatoria sua premiserit. Omnes hii iudicium sibi manducant et bibunt, quia hiis omnibus non fiunt digni neque puri, Immo per eam fiduciam puritatis peius polluuntur. fiunt autem puri per fidem, ut sequitur''[364]. Die Beziehung auf das Gericht liegt in diesem Fall außerordentlich nahe durch den biblischen Text 1 Kor 11,28f selbst. Es ist dieser Text, der dem Prediger in dieser Predigt selbst am meisten zu schaffen macht: wird hier nicht eine durch Selbstprüfung zu erreichende Würdigkeit des Menschen geradezu gefordert? Luther nimmt Bezug auf Ausleger, die den Text tatsächlich so deuten, als müßten wir uns selbst vor dem Sakramentsempfang würdig und rein von aller Sünde befinden. So quälen sie sich ab mit einer entsprechend minutiösen Beichte und, was den Gipfel des Hochmuts darstellt,

---

[362] WA 1, 330, 24f.

[363] Rursus plus quam mortem et infernum timeas, ne quando sic accedas, ut tibi dispositus videaris ac dignus, quasi allaturus Deo cor mundum, quod potius fuerat tibi querendum et recipiendum. Stat firma et insolubilis sententia: Non est opus medico bene habentibus, sed male habentibus. Nam sicut non tunc, ita nec nunc Christus venit vocare iustos, sed peccatores ad penitentiam. Ideo penitentia potius post quam ante sacramentum digne peragitur. Deus tuus est bonorum tuorum non indigus, sed bonorum suorum largus in te venit ad te. WA 1, 330, 27-34.

[364] WA 1, 330, 36-331, 4.

gehen nachher in securitas hin zum Sakrament, über ihren Glauben nicht im Geringsten sich bekümmernd. Denn sie wollen gerecht und würdig kommen und Gott gleich wie Lucifer. Diese Auslegung des Textes weist Luther aufs schärfste zurück. Das 'Sich-selbst-Prüfen' ist in diesem Text vielmehr entgegengesetzt einem 'Über-den-Anderen-Richten', bezogen auf die Gruppenbildungen und Jüngerscharen um die einzelnen 'Häupter' in Korinth, deren Mitglieder einander richteten, verurteilten und verachteten. Diese Kämpfe und dieser Hochmut machen am meisten unwürdig und schuldig am Leib des Herrn. Daher sagt Paulus zu solchen Gemeindegliedern in V. 33f: 'Also, meine Brüder, wenn ihr zusammenkommt zur gemeinsamen Mahlzeit, wartet aufeinander, damit ihr nicht zum Gericht zusammenkommt!' Ebenso in V. 31: 'Wenn wir uns selbst richten, werden wir nicht vom Herrn gerichtet' und in V. 29: 'den Leib des Herrn unterscheidend', als wollte Paulus sagen: ,,Ihr geht so zum Sakrament, als sei der Leib der Herrn nichts Anderes, Würdigeres als natürliches Brot sonst''. — Hiermit nimmt Luther am Ende dieser Predigt das Thema des Anfangs wieder auf: nichts ist Name und Sache dieses Sakraments so entgegengesetzt wie Streit, der die Gemeinsamkeit zerstört. Die Gestalten des Abendmahls, wie wir sahen[365], stellen diese Gemeinsamkeit dar im Verlieren der eigenen Gestalt. Das Ganze übergreifend können wir formulieren: der Hochmut eigener durch Leistungen erbrachter Würdigkeit steht der Verheißung Christi an die Betrübten und Angefochtenen entgegen, und er steht auch, in der Gemeinde, dem Den-Leib-des Herrn-Unterscheiden entgegen. Luther verbindet beides jedoch nicht ausdrücklich, sondern spricht in dieser Predigt mehr von der kritischen Destruktion aller anderen dispositio durch die unica dispositio des Glaubens, im Gegenüber zu den biblisch bezeugten Zusagen Gottes. Der Text 1 Kor 11,28f ist in diesem Zusammenhang durch die von Luther angeführte Auslegung auf dignitas durch Selbstprüfung mit diesem Thema verbunden; die Auseinandersetzung mit dieser Auslegung muß daher in diese Predigt aufgenommen werden. Zum Schluß der Predigt führt Luther das sonstige Zeugnis des Paulus und der ganzen Bibel an: der Mensch kann aus sich und seinen Kräften nicht gewiß werden, ohne Todsünde zu sein. ''Relinquitur itaque, ut certitudo illa stet super firmam infallibilemque petram, id est, Christum et verbum eius''[366].

Mit der biblischen Argumentation dieser Predigt im Unterschied zu den mehr erfahrungsbezogenen Ausführungen Staupitzens ist gegeben

---

[365] s.o. S. 195 Anm. 295.
[366] WA 1, 332, 34-36.

eine anders akzentuierte Bedeutung des 'coram Deo' in diesem Sakrament: Gericht und verborgenes Sündersein des Menschen vor Gott, der tiefer als alles Beichten und Sich-Durchforschen 'Herz und Nieren prüft', bestimmten die Situation des Menschen vor Gott; *darum* ist Vertrauen auf die disponierenden Leistungen schreckliche Verirrung und höchste Selbsttäuschung über die wahre Situation des Menschen vor diesem Gott. Dieser Gott kommt im Sakrament als der Geber *seiner* Güter zum Menschen, darin trifft Luthers Predigt in der praktischen Konsequenz mit Staupitz überein. Der Weg zum Abendmahl ist nach der Schärfe der von ihm vollzogenen Kritik — vor dem Hintergrund des Sünderseins — allerdings nicht mehr so unproblematisch ein Durchgang durch die relativierte, aber in ihrer Relativität gültig bleibende Vorbereitung im traditionellen Sinne; außer einer Beichte der groben öffentlichen Todsünden muß Luther sowohl in der weiteren Beichte als auch Gebete und weitere Vorbereitung betreffend vor jedem Vertrauen auf korrektes Absolvierthaben aufs höchste warnen: der Mensch wird nicht reiner, sondern befleckter durch solches Absolvieren in dieser Meinung: rein allein durch den Glauben. Das Gleiche gilt für die Reue, ja, die falsche und auch die „wahre Buße": die beste dispositio ist die schlechteste[367]! Einzig um den Glauben ringe und bitte, gehorsam der Zusage Christi. Auch in dieser Predigt begegnet die Warnung, den nicht zum Lügner zu machen, der zusagt, die Hungrigen mit Gütern zu füllen. In diesem Fall bezieht Luther dies auch auf die Mutter des Herrn in ihrem Zeugnis Lk 1,53: mache sie nicht zur Lügnerin! Noch viel mehr zeihe ihn selbst, den Herrn, nicht der Lüge, daß er nicht tun werde, was er Mt 11,28 verspricht[368]!

Schließlich ist noch zu ergänzen, daß sich die Todsünden gegen dieses Sakrament, von denen Luther im Blick auf die Beichte im Anfang der Predigt spricht, in ihrer Art auf die verborgene Bitterkeit gegen andere Menschen beziehen: Sünden gegen die unitas cordium, den Inhalt dieses Sakraments. Mitmenschliche Sphäre und Coram Deo-Sein fallen nicht auseinander! Die Strenge des Gerichts bezieht sich in diesem Fall also auch in dieser Predigt auf den Mangel an herzlicher Liebe. Der Mensch soll sich mit diesem Nicht-Wissen seiner verborgenen Schuld im Gebet zu

---

[367] s.o. S. 233 Anm. 362f.

[368] WA 1, 331, 19-25: Quicquid sit de contritione tua, de penitentia vera vel falsa, illud maxime stude, ut in presumptione istorum verborum Christi accedas, et sic accedens illumineberis et facies tua non confundetur. Vel matrem eius noli mendacem facere, que dicit: Esurientes implevit bonis. Multomagis ne ipsummet dominum arguas mendacii, ubi promittit: Venite ad me &c. Argues autem mendacii, si non credis eum ita facturum tibi sicut promittit. Ideo infidelitas est maximum peccatum et recta blasphemia in veritatem divinam.

Gott wenden in seinem Kämmerlein und bitten, daß Gott ihm schenkt, was er allein nicht finden kann, ein cor dulce et commune, ein für die Liebe williges Herz, für niemanden verschlossen[369]. Die Beziehung auf den paulinischen Text 1 Kor 11,28, im Sermon von 1519 noch stärker entfaltet, ist also nicht unvorbereitet, als sie im zweiten Teil der Predigt ausdrücklich formuliert wird. Allein der Glaube bereitet zum Sakrament der unitas cordium, im schärfsten Gegensatz zu einem Vertrauen auf die eigenen Vorbereitungen, die den Menschen nur verblenden: so ist Luther in der Sache trotz des wesentlich schärferen Tones der Kritik und Warnung doch ganz mit Staupitz einig. Auf die Situation der Jünger nimmt diese Predigt nicht Bezug: sie wendet sich nicht an Angefochtene, darin liegt ein Unterschied in der Situation gegenüber der Staupitz-Predigt, sondern eher an solche Hörer, die den kirchlich gebotenen Weg mit Eifer praktizieren und von der securitas bedroht sind.

Die Beziehung von Anfechtung und Sakrament wird dagegen in unserem Abendmahlssermon von 1519 in großer Nähe zur Deutung der Situation der Jünger bei Staupitz von Luther dargelegt[370].

Der Gedanke der Gemeinschaft von Leiden und Unfall jedes kleinsten Gliedes am Leib der Gemeinde Christi mit dem ganzen Körper, ebenso wie des Mitempfindens von Wohltat und Wohlergehen eines einzelnen Gliedes, der leiblich-affektiven Sympathie also, ist Eingangsgesichtspunkt für Luther in diesem Sermon, von dem ausgehend entfaltet wird, welcherlei Leiden den einzelnen Menschen anfechten, so daß er durch sie getrieben wird, zur Gemeinde des geistlichen Christuskörpers zu fliehen und Hilfe zu erbitten. Unter einem vierfachen Gesichtspunkt stellt Luther die verschiedenen Arten der Anfechtung dar. Der erste bezieht sich, sehr persönlich, auf das Leiden des Menschen unter sich selbst: wie schon im Taufsermon ausgeführt, zeigt das Leben auch des Gerechtfertigten in vielfacher Hinsicht die Spuren der Sünde in fleischlicher Art und Natur. Luther zählt auf: die Neigung zu Zorn, Haß, Hoffart und Unkeuschheit und anderes, die uns anfechten, solange wir leben, als die ,,übrige und nachgelassene Sünde im Fleisch nach der Taufe''[371]. Der Zusammenhang

---

[369] WA 1, 330, 5 und 329, 9-12: die Sünden gegen dieses Sakrament (peccata mortalia) sind vor allem invidia, displicentia und jede Art von amaritudo cordis erga proximum, zusammengefaßt: discordia. Sie richten sich gegen Name und Sache des Sakraments, denn 'Nomen est communio, Res unitas cordium' WA 1, 329, 13f. So lautet die Empfehlung an den, der zum Sakrament gehen möchte: ...desperandum est tibi de tuo studio, quod non poteris omnem erga omnes amaritudinem deponere. Ideoque iuxta Christi consilium intres cubiculum, ores patrem tuum, ut ignorantias tuas non meminisse velit et id per gratiam suam facere, quod tuis viribus non potes, id est, Cor dulce et commune dare. WA 1, 330, 4-8.

[370] s.o. S. 231 zu Kn 32f und Anm. 315.

[371] WA 2, 744, 19-22.

mit dem Taufsermon ist an dieser Stelle sehr deutlich[372]. Der Kampf des Getauften gegen die Sünde, den er im Bund der Taufe versprochen hat, wird ihm alleine zu schwer. Aber die Stärkung und Mitwirkung Gottes als des Bundespartners, der ihm Hilfe im Töten der Sünde zugesagt hat, geschieht hier in Gestalt und in der Erfahrung der Zusage des Abendmahls: der angefochtene Mensch in seinem Kampf braucht Hilfe und Unterstützung der Gemeinde und Christi gegen die Sünde, und dazu Fürsprache Christi und seiner Heiligen vor Gott, daß er die Sünde nicht nach dem strengen Urteil zurechne. Der Hintergrund der strengen Wahrheit des Gerichts im Sermo de digna praeparatione cordis bezüglich der verborgenen und offenbaren Seiten des Menschen, die der Gemeinschaft der Herzen entgegenstehen, die Affekte gegen den Nächsten, Reizbarkeit, Geneigtheit zum Hassen und anderes[373], sind also in diesem Sermon lebendig nach der Erfahrung beschrieben; fast möchte man an Kritik von Freundesseite denken, derer Luther selbst eingedenk ist[374], jedoch im Wissen darum, daß es sich hier um eine Frage an die eigene Selbsterfahrung jedes Menschen handelt unter dem Zeugnis der Taufe. In dieser bitteren Anfechtung stärkt und ermutigt Gott den Menschen mit der Gabe dieses Sakraments: ,,als sprech er 'Sihe da, dich fichtet manicherley sund an, nym hyn diß tzeychen, damit ich dir zusage, das die sund nit dich alleyn, sondern meynen sun Christum und alle seyne heyligen yn hymell und erden anficht. Drumb sey frisch und getrost, du streytist nit alleyn, groß hulff und beystand umb dich ist'. Alßo spricht der künig David von dißem Brott 'das brott stercket des menschen hertzen', Und gibt auch die schrifft an mehr örten dißem sacrament die art der sterckung, als Act. 9 von sanct Paulus: Er ist getaufft worden und hatt die speyß empfangen, da ist er gesterckt worden''[375]. Das letzte Beispiel macht deutlich, welche stärkende Wirkung völligen Neuaufbaus beide Sakramente hier vermitteln. Die dem Menschen von Gott zugesagte Hilfe der Gemeinschaft Christi tritt also mit ihrer Gegenwart geistlich und leibhaftig stärkend dort ein,

---

[372] Zu den Abschnitten 3-11 des Taufsermons über die Bedeutung der Taufe als lebenslanges Der-Sünde-Sterben und Auferstehen WA 2, 727, 30-731, 37 s.o. S. 150-165. Zu den an unserer Stelle genannten Folgen der Sünde vgl. besonders WA 2, 730, 10-12: Zorn, Unkeuschheit, Lieb, Geiz, Hoffart und dergl. und WA 2, 732, 37-733, 1: Hoffart, Haß und andere naturlich bößheit, s.o. S. 166 und 168.

[373] s.o. Anm. 369.

[374] s.o. Kap. II, Anm. 117 und 119. Vgl. den für Luthers Sicht seines eigenen Temperaments sehr charakteristischen Brief an Spalatin vom Beginn des Jahres 1520 (c. 16. Febr.), Br 2, 43-45, in dem Momente anklingen, die sich auch in der freundschaftlichen Kritik Mosellans in seiner Schilderung der Leipziger Disputation finden, s.o. S. 36 Anm. 86 (in reprehendendo impudentior paulo et mordacior...). Vgl. Br 2, 44, 65-73.

[375] WA 2, 744, 26-34 = Bo A 1, 198, 36-199, 5.

wo der Mensch metaphysisch verzweifeln möchte und physisch am Ende
ist. Doch folgen wir weiter der Aufzählung Luthers. Die zweite Anfechtung its die durch den ,,bösen Geist'', der den Menschen ohne Unterlaß
mit vielen Sünden und Widerwärtigkeiten verfolgt. Mag er einen einzelnen Menschen nahezu überwältigen, gegen die Gemeinde, wenn ihre
Glieder gute und schwere Dinge miteinander tragen, kann er nicht
bestehen[376]. Zum Dritten ist es die Welt, ,,die voller bößheit ist, die reyt-
zet und vorvolget, und ist auf keiner seyten gut''[377]. Die letzte Anfechtung
schließlich ist die Anfechtung durch unser eigenes böses Gewissen von getanen Sünden, dazu des Todes Furcht und der Höllen Pein[378]. Über die
Bedeutung des Sakraments angesichts des Sterbens handelt Luther ausführlich an einer späteren Stelle des Sermons[379]. Hier faßt er die Wirkung
aller Anfechtungen zusammen: ,,Wilch alle sampt unß müde und matt
machen, ßo wir nit stercke suchen und hetten yn dißer gemeynschafft''[380].
Hier darf ebenfalls erinnert werden an die Ermutigung im Taufsermon,
auf die ,,Wahrheit und Verbindung Gottes'' fröhlich sich zu erwegen und
sie zu halten gegen alle Sünde und gegen das Erschrecken des
Gewissens[381]. Das Erschrecken des Gewissens gehört besonders hierher,
da es den ganzen Menschen schwächt, seine Kräfte blockiert und so ihn
müde macht. Im Sterbesermon führte Luther dazu aus, wie der Teufel
insbesondere die Blödigkeit, Verzagtheit unseres Gewissens ausnutzt, das
sich vor Gott schämt und greulich straft[382]. Die tiefen Gründe der menschlichen Hilflosigkeit im Inneren des Menschen selbst werden hier schon im
Sermon von der Bereitung zum Sterben im Gegenüber zum Gnadenbild
Christi und zur Hilfe der Gemeinschaft der 'himmlischen Geburtshelfer'
beschrieben. Im Sermon vom Abendmahl steht in Situationen des Lebens
ihre konkret-physische Auswirkung dem Seelsorger vor Augen. Es scheint
so, als seien hier vom Gedanken des Sakraments als der stärkenden Speise
der Gemeinschaft ausgehend alle Nöte, welcher Art sie auch seien, die den
einzelnen Menschen überfallen und schwach machen, nach ihrer Wirkung
beschrieben, damit der Einzelne mit der Hilfe des Sakraments seine Erfahrung *neu* zu erfahren vermag: nicht mehr so, daß er ihr allein, hilflos
und niedergeschlagen ausgeliefert ist, sondern so, daß im Leib des Chri-

---

[376] WA 2, 744, 34f = Bo A 1, 199, 5f, vgl. WA 2, 745, 34f = Bo A 1, 200, 5f, s.o. S. 207.
[377] WA 2, 744, 36f = Bo A 1, 199, 6f.
[378] WA 2, 744, 37f = Bo A 1, 199, 7-9.
[379] §§ 21-22, WA 2, 752, 26-754, 8, s.o. S. 216, u. S. 268-272.
[380] WA 2, 744, 38-40 = Bo A 1, 199, 9f.
[381] WA 2, 732, 19-24 = Bo A 1, 190, 28-33, s.o. S. 165 und Anm. 313.
[382] Wa 2, 687, 18-22 = Bo A 1, 163, 31-35, s.o. S. 105 Anm. 46 und 48, S. 126 Anm.
118.

stuskörpers Hilfe und Beistand da ist, indem zunächst im Sakrament und seinen Zeichenbildern eine ,,Sprache'' der affektiven sympatheia, des spürbaren Mitempfindens, Verstehens und Mittragens dem einzelnen Menschen nahe ist: daß er nicht verzage, sondern im Vertrauen auf seine Zugehörigkeit zur Gemeinschaft als ihr Glied seinen Schaden betrachte als einen Schaden, der alle getroffen hat, darum geht es dem Seelsorger und den von ihm um ihrer besonderen 'Logik' willen angeführten Gleichnissen der Schrift an dieser Stelle. Die Sprache dieser Gleichnisse für die Einfältigen hat etwas an sich, dessen der Mensch bedarf in einer Erfahrungsdimension seiner Existenz, die nicht von abstrahierender Sprache — am Beispiel der subtilen logischen Schuldispute über die Transsubstantiation wird das deutlich werden an einer bald folgenden Stelle des Sermons[383] — wohl aber z.B. von anamnetischem Besinnen und Ringen um die Deutung erlebter Zusammenhänge, die von starken Gefühlen, wie Scham und Schrecken begleitet werden[384] und deshalb leicht der Verdrängung unterliegen, erreicht wird. Das verstehende Innesein oder Innewerden, daß die Erfahrung, die überfiel oder heimsuchte, den, den sie überfiel, als das Glied einer menschlichen affektiven *Erfahrungsgemeinschaft* antraf und ihm sozusagen 'in dieser seiner Eigenschaft' als Glied einer bestimmten menschlichen Gemeinschaft begegnete, stellt zunächst in Gedanken diese den Einzelnen und die Gemeinschaft umeinander 'ergänzende' Beziehung wieder her. Das folgende Beispiel Luthers zeigt sehr schön, wie das, was der einzelne Bürger draußen auf dem Lande vor den Stadttoren und gleichsam entfernt von der schützenden Nähe ihrer Boten und ihres bewaffneten Geleits erlebte, als ihn Feinde überfielen, von ihm anschließend seinen Ratsherren und Mitbürgern mitgeteilt wird: ,,Welcher nu vorzagt ist, den seyn sundlich gewissen schwecht, odder der todt erschreckt, odder sonst eyn beschwerung seyns hertzen hatt, Will er der selben loß seyn, ßo gehe er nur frolich zum sacrament des altars, und lege seyn leyd yn die gemeyn, und such hulffe bey dem gantzen hauffen des geystlichen corpers, Zu gleych als wan eyn burger auff dem land eyn schaden odder unfall von seynen feynden erlitten, seynen rad herren und mit burger das clagt und umb hulff anruffet. Drumb ist yn dißem sacrament unß geben die unmessige gottis gnad und barmhertzickeit, das wir da allen yamer, alle anfechtung von unß legen auff die gemeyn und sonderlich auff Christo...''[385].

Das Bewegende an dieser Stelle liegt u.E. in beiden Fällen, in der Beispielerzählung und in der Übertragung auf den 'geistlichen Körper' in

---

[383] WA 2, 749, 36-750, 3 = Bo A 1, 204, 9-15, s.o. S. 208.

[384] s.o. bei Anm. 382.

[385] WA 2, 745, 1-9 = Bo A 1, 199, 11-20, s.o. S. 205.

dem Verhältnis von 'Draußen' und 'Drinnen' d.h. darin, wie sich in der Begegnung mit einer bedrohlichen neuartigen Anfechtung, die zunächst nur den Einzelnen 'draußen' überfällt, im Nachhinein *erweist*, was das 'Drinnen' als 'Zugehörigsein' *bedeutet*. Hier wird mit dem Einzelnen und seiner Anfechtung sozusagen auch die Stadtgemeinschaft, ihr Wesen als Stadtgemeinschaft, auf die Probe gestellt[386]. Geht der einzelne Bürger, im Vertrauen darauf, daß auch das unbekanntere Gebiet 'draußen' zum Lebensbereich ihrer Glieder gehört, zur Gemeinschaft der Glieder der Stadt, so wächst in diesem Augenblick der ganzen Gemeinschaft die Mitverantwortung für diesen Bereich zu. Oder anders gesagt: es erweist sich in der Erfahrung, was Verantwortung einer Stadt für ihre Glieder ist, wenn sie hilfreich da eintritt, wo sie in der aktuellen neuen Situation erwartet, gebraucht und in Anspruch genommen wird: für den einzelnen Bürger und für das Wesen der Stadtgemeinschaft eine neue *Erfahrung*. — Hilfreich wird dieses Gleichnis im Bereich der Widerfahrnisse der 'Wanderung' des einzelnen Menschen, die ebenfalls eher im Verborgenen, da, wo er allein ist, nicht oder noch nicht geschützt, unversehens ihn überfallen oder seinen Weg einengen, so daß ihm buchstäblich angst und enge wird. Wir begegneten im Sterbesermon dem Zusammenhang von Angst und Engigkeit des Sterbens am Ende des Lebensweges. Hier hat Luther den Menschen unterwegs, den Menschen als Glied der Gemeinschaft, wie der ganze Sermon bezeugt, gleichsam den Menschen auf der Höhe seines sozialen Engagements für die Sache der Wahrheit Christi und die Interessen der christlichen Bruderliebe vor Augen, den Menschen, der zugleich mit ganzer Kraft um die Wahrheit auch dessen, was ,,Gemeinschaft'' und ,,Bruderschaft'' ihrem Wesen nach bedeuten, mit anderen Gruppen und mit in Mißbräuchen der Praxis zutagetretenden mißbräuchlichen Auffas-

---

[386] Solche Erfahrung kann auch einmal in der Form einer Vision wie der folgenden formuliert sein: ,,Der Mangel an Solidarität sorgt nicht nur dafür, daß hunderte von Millionen hungernder Kinder, falls sie überleben, zeitlebens gezeichnet bleiben, er führt auch dazu, daß Millionen von vernachlässigten, ungeliebten Kindern bei uns in Psychosen und Neurosen getrieben werden. Die physische Not in der Dritten Welt hat ihre Entsprechung in der psychischen Not bei uns. Beide haben letztlich dieselbe Wurzel''. Erhard EPPLER, Ende oder Wende. Von der Machbarkeit des Notwendigen. Stuttgart 1975[3], 53. Kann man diesen Zusammenhang in der Sprache unseres Sermons anders formulieren als ,,Die Erde ist ein Leib''? Dennoch wäre, was dies bedeutet, weiter im Einzelnen zu entdecken. Im Sinne der ,,zweierlei Gemeinschaft'', eine des Genießens, eine andere des Seiner-Genießenlassens, müßte dabei deutlich werden, daß *gute* Erfahrungen 'Realität' bestimmen und Norm der Verantwortung werden, wenn das Gewissen des ,,Leibes'' im einzelnen Menschen spricht. Dies in der Anfechtung auch einem eigenen, anders geprägten ,,Gewissen'' ungeprüfttraditioneller Norm- und Wertsetzungen entgegenzuhalten, dürfte den Trost der Gemeinschaft dieses Sakraments wesentlich ausmachen.

sungen ringt; als Leser also eher den Menschen, der erst Erfahrungen mit dem, was Gemeinschaft bedeutet, zu machen beginnt. Auch die Anfechtung, vom Erschrecken des Todes getroffen zu sein, vielleicht gelähmt, gehört hier in das Erfahrungsfeld dessen, dem in diesem Sakramentssermon zugesagt wird, die wichtigsten Hindernisse seines gegenwärtigen Lebens mit Hilfe seines Gliedseins am geistlichen Körper der Gemeinschaft Christi und der frommen Menschen auf Erden zu bestehen. Die Erfahrungsgemeinschaft dieses Sakraments der christlichen Liebe enthält also ebenso wie die Stadtgemeinschaft eine im Leben des Einzelnen sich auftuende Erfahrungs- und Sinn-Dimension, in der zum Beispiel die Frage, was der Tod und die Situation des Sterbens am Ende des Weges bedeute, dem Einzelnen begegnet. Daß alles was den Einzelnen angeht, alle anderen mitangeht, bedeutet also, daß das Sakrament des Abendmahls auch eine Antwort auf diese Frage im Sinne geistlicher Stärkung enthält, welcher Art sie auch sein mag: kein Problem, das dem Einzelnen zu schaffen macht, ist für die Gemeinschaft des geistlichen Leibes Christi verdrängt: sie trägt *alles* mit in leiblichen und geistlichen Nöten. Wie lautet also in diesem einen Beispiel die Antwort dieses Sermons für jemanden, der vom Erschrecken des Todes getroffen ist? Wir sahen vorher, daß Luther von dieser Anfechtung nicht isoliert spricht, sondern daß sie, zusammen mit dem eigenen bösen, d.h. leidenden, geplagten Gewissen von getanen Sünden und der Höllenpein, als letzte der vier Anfechtungen durch verschiedenerlei Widerpart begegnet. Der Tod als Widerpart, zusammen mit anderem, was das Herz des Menschen beschwert oder ihn in seiner psychophysischen Sicherheit schwächt und ihn verunsichert, gehört zu dem von Luther angenommenen *Erfahrungskontext dieses Sakraments.* Welche Hilfe ist dem Menschen damit gegeben? Zunächst die Ermutigung dazu, daß er der Gemeinschaft des geistlichen Körpers Christi dieses *klage.*

Dazu gehört schon viel; das sakramentale Moment der Speise und der Deutung, die Luther ihr gibt, des Annehmens der Gestalt des Anderen, bedeutet hier soviel wie Aufgenommensein, Entlastetsein, ja, zum ,,fröhlichen'' Sprechen durch die Atmosphäre der Mahlgemeinschaft ermutigt sein. ,,Fröhlich'' über den Tod zu sprechen heißt: zu klagen, was man auf dem Herzen hat; ohne Ansehen, was kommt, alles, was schmerzt und belastet, zu klagen. So wird die Sprache der christlichen Gemeinschaft ganz erfahrungsnah, leiblich, wie in der Sprache der Klagepsalmen des Alten Testaments, die Luther ungefähr gleichzeitig in den Operationes in Psalmos auslegt[387]. In unserem Sermon liegt in der Anschauung des Sakra-

---

[387] s. die Auslegung Luthers zu Ps 6, über dessen Inhalt Luther im Anschluß an den Inhalt des 5. Psalms folgende Vorankündigung gibt: Quare huius psalmi verba ei convenient,

ments darüberhinaus noch ein besonderer Zuspruch: ,,Trifft mich dies
oder das Unglück, wohlan, so gehe ich zum Sakrament und nehme ein
Zeichen von Gott, daß Christi Gerechtigkeit, sein Leben und Leiden für
mich steht mit allen heiligen Engeln und Seligen im Himmel und frommen Menschen auf Erden. Soll ich sterben, so bin ich nicht allein im Tod,
leide ich, sie leiden mit mir. Es ist aller mein Unfall Christo und den Heiligen gemein worden''. In solchem Zuspruch, den der Mensch sich selber
tröstlich vorspricht, dem Zeugnis des Sakraments nachspricht, geschieht
für ihn die Gemeinschaft darin, daß das Spezifische der Anfechtungssituationen, zu lähmen und den Menschen wegzutreiben vom Hängen an der
Verheißung und das heißt in diesem Falle von der Verheißung der Gemeinschaft, gewichen ist: die leibliche Gemeinschaft mit den Heiligen als
den Gliedern eines Körpers Christi ist gegenwärtig, indem der Einzelne
sich bekennt als ihr Glied im Glauben an die Zusage dieses Sakraments
der Gemeinschaft. Das ist, im Sinne dieses Sermons für den Augenblick
auch eine Antwort auf den Widerpart, von dem diese Anfechtung aus-
ging: die Antwort auf den Tod ist die Gemeinschaft der Liebe, ist der
Glaube an die Gemeinschaft der Liebe. Dasselbe gilt für die anderen
Anfechtungen, für alles, was den Einzelnen bedrückt und ihm, wie Luther
im Blick auf das Gewissen ausführt, greuliche Qual und Scham bereitet
gleichsam vor einer abwehrenden, feindlichen oder im Falle der gefürchte-
ten Nähe Gottes als des Richters, einer Ausstrahlung von Strenge, der
Furcht des ,,gestrengen Urteils'', ,,das unß die sund nit werde gerechnet
nach dem gestrengen urteyl gottis''[388]. Dafür treten Christus und die Hei-

---

qui super octavam canit, hoc est qui extremis mortis et inferni doloribus crutiatur, quod et
ipsa verba ostendunt. Unde meo iudicio Hic psalmus facit, quod praecedens docuit. Diximus enim illic, naturam et vim spei in medio malorum et peccatorum laborantis consistere.
Cuius qui sint affectus, qui aestus, qui gemitus, quae verba, quae consilia, hoc psalmo
declaratur. WA 5, 200, 38-201, 4.

[388] WA 2, 744, 24f = Bo A 1, 198, 33f. Vgl. im letzten Abschnitt des Taufsermons
Luthers Gegenüberstellung der änstlichen eigenen Werke, als gehe der Mensch allein dem
Gericht Gottes entgegen und müsse ihm seine Gnade abkaufen oder bezahlen, und des gnädigen tröstlichen Bundes, in den Gott den Menschen aufnimmt, ihn duldet und selig macht.
WA 2, 736, 35-737, 13 = Bo A 1, 194, 40-195, 14. s.o. S. 172. Die Wirkung des Zuspruchs
wird an dieser Stelle beschrieben als Fröhlich-Werden, ähnlich wie im Abendmahlssermon
als Fröhlich- und Starkwerden des Herzens: ,,...wir aber ynn die engstlichen eygene werck,
darnach ynß ablaß unnd der gleychen falsche troste vorfuret seyn, vormeynt, gott nit eer zutrawen, wyr weren dann frum und gnug gescheen fur die sund, alß wolten wyr yhm seyne
gnad abekauffen odder betzalen. Furwar wer Gottis gnaden nit alßo achtet, das sie yhn als
eynen sunder dulden und selig machen werd, unnd alleyn seynem gericht entgegen geht, der
wirt gottis nymmer frolich, mag yhn auch widder lieben noch loben. Aber ßo wyr hŏren, das
er yn der tauff bund unß sunder auff nympt, schonet und macht unß reyn von tag zu tag,
und das festicklich glewben, muß das hertz frolich werden, gott lieben und loben...''. Vgl.
im Abendmahlssermon: ,,Drumb unß zu stercken und zu ermannen widder die selben sund,

ligen für uns vor Gott, daß die nach der Taufe verbliebene Sünde nicht zur Verdammnis gerechnet werde: wie Gott selber im Bund der Taufe dem Glaubenden zugesagt hat. So erhält der Mensch hier von Gott selbst als Antwort dieses Sakrament der Gemeinschaft mit Christus und allen Heiligen, um ihn ,,zu stärken und zu ermannen" gegen das, was ihn bedrückte, und sich bei der Gemeinschaft Hilfe zu holen. So erhält er also den Gebrauch seiner Glieder, seiner Sprache wieder. ,,Sich, das ist die frucht und prauch dißes sacraments, davon das hertz muß frölich und starck werden"[389].

Es folgt nun sofort der zweite Grundaspekt des Gleichnisses von der Gemeinschaft, wie Luther es unter dem Gedanken des ,,Wandels der Lieb" in diesem Sermon gebraucht: mit dem Genießen ist verbunden das ,,mit tragen der gemeyn unfall". Christus im Himmel und die Engel mit den Heiligen ,,haben kein Unfall", sie sind nicht mehr den Beschränkungen des irdischen Leidens unterworfen, nur unter der Verfolgung der Wahrheit und des Wortes Gottes leiden sie, und es trifft sie alles Leiden und alle Lieb, d.h. Glück und Wohlergehen, aller Heiligen auf Erden. Damit wird nun der Blick dessen, der in Hoffnung und Zuversicht gestärkt wurde, auf die irdischen Belange der Gemeinschaft Christi gerichtet: ,,Da muß nu deyn hertz sich yn die lieb ergeben und lernen, wie diß sacrament eyn sacrament der lieb ist, und wie dir lieb und beystand geschehen, widderumb lieb und beystand ertzeygen Christo yn seynen durfftigen"[390]. Luther entwickelt dies in einem großen Zusammenhang, den man mit dem Begriff 'weltweit' durchaus sachgemäß beschreiben kann: ,,Dan hie muß dir leyd seyn alle uneere Christi yn seynem heyligen wort, alle elend der Christenheit, alle unrecht leyden der unschuldigen, des alles zumall ubirschwencklich vill ist an allen örtern der welt: hie mustu weren, thun, bitten, und ßo du nit mer kanst, hertzlich mit leyden haben. Sich, das heyst dan widderumb tragen Christus und seyner heyligen unfall und widderwertickeit. Da geht dan der spruch Pauli: Eyner trag des andernn pür-

---

gibt unß gott diß sacrament, als sprech er 'Sihe da, dich fichtet manicherley sund an, nym hyn diß tzeychen, damit ich dir zusage, das die sund nit dich alleyn, sondern meynen sun Christum und alle seyne heyligen yn hymell und erden anficht. Drumb sey frisch und getrost, du streytist nit alleyn... Und der mensch frölich sich mag stercken, trosten und alßo sagen 'Byn ich eyn sunder, hab ich gefallen, trifft micht diß odder das ungluck, wolan, ßo gehe ich daher zum sacrament und nym eyn tzeychen von gott, das Christus gerechtickeit, seyn leben und leyden fur mich steht mit allen heyligen Engelln und seligen ym hymell und frummen menschen auff erden...Sich das ist die frucht und prauch dißes sacraments, davon das hertz muß frölich und starck werden". WA 2, 744, 25-30; 745, 10-18 = Bo A 1, 198, 34-39; 199, 20-29.

[389] s. Anm. 388.

[390] WA 2, 745, 24-27 = Bo A 1, 199, 35-38.

den, ßo erfullet yhr Christus gepott. Sihe, ßo tregstu sie alle, ßo tragen sie dich widder alle, und seynd alle ding gemeyn, gutt und böße. Da werden alle ding leychte und mag der böße geyst widder die gemeyn nicht bestehn. Alßo do Christus das sacrament eyngesetzet, sprach er 'das ist mein leyb, der fur euch geben wyrdt, das ist meyn blutt, das fur euch vorgossen wirt, ßo offt yhr das thut, ßo gedenckt meyn dabey', Als sprech er 'ich bin das heupt, ich will der erst sein, der sich fur euch gibt, will ewr leyd und unfall mir gemeyn machen und fur euch tragen, auff das yhr auch widderumb mir und untereynander ßo thut und alles last yn mir und mit mir gemeyn seyn, unnd laß euch diß sacrament des alliß zu eynem gewissen warzeichen, das yhr meyn nit vorgesset, Sondernn euch teglich dran ubet und vormanet, was ich fur euch than hab und thu, damit yhr euch stercken muget und auch eyner den andernn alßo trage' ''[391]. Luther wiederholt anschließend, warum dieses Sakrament oft gebraucht werden soll, während der Mensch die Taufe nur einmal zum Anfang und Anheben eines neuen Lebens empfängt. Dieses zweite Sakrament bezieht sich auf das, was ihm im Verlauf dieses neuen Lebens begegnet: ,,In wilchem ubir die maß vill widderwertickeit unß anstossen mit sunden, mit leyden, fremden und eygen''. Hiernach faßt Luther zum Abschluß dieses Abschnitts, der die Erfahrungen der Anfechtung beschrieb, noch einmal, nach der Erweiterung auf fremdes Leiden, ihre verschiedenen Arten zusammen: ,,Da ist der teuffell, welt, eygen fleysch und gewissen, wie gesagt, Die hören nit auff an unterlaß unß zu jagen und treyben. [im nächsten Abschnitt folgt das aus mystischem Sprachgebrauch bekannte Bild, daß Gott ,,uns mit ßo vill hunden jagt und treybt''] Der halben wir bedurffen sterck, beystand und hulff Christi und seyner heyligen, wilch unß hyrynne wirt zugesagt, als yn eynem gewissen tzeychen, da durch wir mit yhnen werden voreynigt und eyngeleybt und alle unßer leyd yn die gemeyn gelegt''[392]. Nach diesem breiten, für unseren Sermon sehr charakteristischen Exkurs über die *Art* der Anfechtungen mündet die Darlegung ein in die biblische Argumentation über Vorbereitung und Würdigkeit zu diesem Sakrament, die uns schon im Sermo de digna praeparatione cordis begegnete: Denen, die nicht Unfall haben oder ohne Angst sind oder ihr Unglück nicht fühlen, ist dieses Sakrament nichts oder nur wenig nütz, ,,dan es nur den gebenn ist, die trost und sterck bedurffen, die blöd hertzen haben, die erschrocken gewissen tragen, die von sunden anfechtung leyden odder auch dreyn gefallen seyn. Was solt es bey den freyen sichernn geysten wircken,

---

[391] WA 2, 745, 27-746, 5 = Bo A 1, 199, 38-200, 16.
[392] WA 2, 746, 10-15 = Bo A 1, 200, 21-26.

die seyn nit durffen noch begeren? Dan es spricht die Mutter gottis: Er erfullet nur die hungerigen und tröstet, die geengist seyn''[393].

Im nächsten Abschnitt führt Luther wie im Sermo de digna praeparatione cordis ein Augustinwort über das Abendmahl an: ,,Diß speyß sucht nur eynn hungerige seel und fleugt nichts ßo fast, als eyn volle satte seel, dye seyn nit darff''[394]. An dieser Stelle fügt er eine typologische Beziehung auf Ex 12,8: das Essen des Osterlamms mit bitteren Kräutern, eilends und im Stehen, hinzu: ,,doryn auch bedeut ist, das diß sacrament begirige, durfftige und betrubte seelen sucht''[395]. Beide Bemerkungen rahmen ein die Bezugnahme auf das letzte Mahl der Jünger mit Jesus, die an dieser Stelle dargestellt wird mit einer vielfach an Staupitz' Predigt erinnernden Deutung der Situation der Jünger: ,,Darumb, auff das die Jünger yhe wirdig und geschickt wurden zu dissem sacrament, macht er sie zuvor betrubt, hielt yn fur seyn abschied unnd sterben, daran yhn leyd und wee geschach. Dartzu erschreckt er sie fast, da er sagt, Eyner unter yhn wurd yhn vorraten. Da sie ßo voller betrubniß und angst waren, mit leyd und sund der vorreterey bekummert, waren sie wirdig, und gab yhn seynen Heyligen Leychnam unnd sterckt sie widder. Daran er unß leret, das diß sacrament eyn sterck und trost sey der, die sund und ubell betruben und engisten, Das auch sanct Augustin spricht: Diß speyß... (s.o.)''. Luther wendet alles zusammen anschließend sofort wieder an auf den Christusleib der Gemeinde Christi in der Welt, deren Glied der Einzelne wird nach Anzeige dieses Sakraments: ,,Nu wer yhm will und soll gemeyn machen Christus und aller Christen unfall, wer der warheit bey stehn, unrecht weren, der unschuldigen nott und aller Christen leyden mit tragen, der wirt unfall und widderwertickeit gnug finden, an das yhm selb die böß natur, die welt, der teufel und sund anlegt teglich. Und gottis rad und will auch ist, das er unß mit ßo vill hunden jagt und treybt und allenthalben bitter lactucken bereydt, das wir nach dißer stercke sollen unß sehnen und des heyligen sacraments fro werden, auff das wir seyn wirdig (das ist begirig) seyn''[396].

---

[393] WA 2, 746, 16-22 = Bo A 1, 200, 26-33. Zum Sermo de digna praeparatione cordis s.o. Anm. 349 und 368.

[394] WA 2, 746, 30-32 = Bo A 1, 201, 1-3. Vgl. im Sermo de digna praeparatione cordis WA 1, 330, 13-17: Nam, ut B. Augustinus ait, Iste cibus nihil eque odit ac saturum fastidientemque stomachum, nihil ita querit sicut animam esurientem, ut ipse dominus Matth: 5. Beati qui esuriunt iusticiam, quoniam ipsi saturabuntur. Item B. Virgo: Esurientes implevit bonis et divites dimisit inanes.

[395] WA 2, 746, 32-34 = Bo A 1, 201, 3-6.

[396] WA 2, 746, 23-747, 3 = Bo A 1, 200, 34-201, 14. Zum ,,Treiben'' der Seele durch Gott s.o. Anm. 21 (Mandel c. 12b, S. 30, 2-5).

Halten wir einstweilen inne, um einen Blick des Vergleichs auf die Auslegung Luthers, wie wir sie bisher verfolgt haben — die nächsten Abschnitte führen noch weiter und gehören unbedingt hinzu —, zur Situation der Jünger beim Abschiedsmahl Jesu und zum Verständnis der Beziehung von Anfechtung und Sakrament nach diesem Sermon Luthers und in der Predigt Johanns von Staupitz zu richten[397]. Der Prediger Staupitz wendet sich in seiner Sakramentseinladung an Hörer, denen in diesem Augenblick der Druck des täglichen Lebens mit seiner Last zu schaffen macht, scheinbar ein Einwand gegen die Möglichkeit, das Sakrament zu empfangen. Der Prediger hilft diesen Hörern, die rechte Vorbereitung von Gott selbst als dem unmittelbaren Helfer, den sie schon in ihrer jetzigen Anfechtung als den Wirkenden vernehmen sollen, zu erwarten und im Vertrauen zu ihm den Weg zum Sakrament mit Benutzung der üblichen Vorbereitungen zu gehen als Weg zu ihm selbst, dem Schöpfer und Erlöser, der alles allein wirkt. Wichtig ist, daß gerade die Betrübten, denen ihr Vertrauen auf eigene opera praeparatoria und Würdigkeit genommen ist und die kein ruhiges Gemüt haben in ihrer Lage, dieser Sinn des Sakraments und Sinn für das Sakrament aufgeht: zur Mehrung großer Gnade wirkt die Barmherzigkeit Christi dieses alles. Die Jünger sind besonderes Exempel derer, denen es in ihrem Kummer so geht, weil sie Christus mehr als andere geliebt hatten. Die Sakramentspredigt nimmt also auf ein im Sakrament und im Alltag des menschlichen Lebens gültiges, aber wie alles Wirken Gottes nach Staupitz nur im Verborgenen wirkendes und gegenwärtig anzutreffendes Vorverständnis der Liebe Bezug. Gerade, wo es in Frage gestellt zu sein scheint, nimmt Gott selbst im Handeln der Erfüllung, als Schöpfer und Erlöser, das Geschehen ausschließlich in seine eigene Hand. Dies bekennt der Mensch im vertrauenden Gebet, wie Staupitz es auch an dieser Stelle wie häufig in seinen Schriften dem Menschen vorspricht: ,,Herr, ich weiß, daß ich ganz unvollkommen und unwürdig bin... aber in deinem Vertrauen und im Gedenken an dein Leiden gedenk ich hin zu gehen''[398].

Luther arbeitet in diesem Sermon, über einen Predigtanlaß hinausgehend, wenn auch nicht ohne Bezug zur Bedrängnis der Gewissen, wie wir sahen[399], um die Wahrheit der Sakramente wieder ans Licht zu bringen, das Wesen der einzelnen Sakramente im Verhältnis zu den mit ihnen verbundenen Haupterfahrungen eines Christenmenschen in seinem zeitli-

---

[397] s.o. S. 230f zu Kn 32f.
[398] Kn 33.
[399] s.o. S. 111 zur Widmungsvorrede der Sermone, WA 2, 713 = Bo A 1, 174f.

chen Leben heraus. In diesem Sermon ist es die von den sakramentalen
Zeichen, den Gestalten des Sakraments von Leib und Blut Christi, bedeutete Gemeinschaft des Sich-Hingebens füreinander, die Luther in ihrem
Sitz im Leben, ihrem Erfahrungskontext, beschreibt. Die Zugehörigkeit
der Glieder zu *einem* Leib nach 1 Kor 10,17 ist dabei geschichtliche Aus-
gangsrealität. Luther beschreibt sie als gegenwärtige geistliche Erfah-
rungsmöglichkeit und, in polemischen Abgrenzungen von unbrüderli-
chem Wesen der gegenwärtigen Christenheit, in gewissem Sinne auch als
Wirklichkeit, wenn auch nur so, daß man über den gegenwärtigen
Zustand der Christenheit weinen und klagen muß: dennoch wirkt darin
auf geistliche Weise das Sakrament der Liebe Christi sein Werk. Nun
kommen als Grund, dieses Sakrament oft zu gebrauchen, die vielerlei Anfechtungen des einzelnen Menschen in den Blick: das Verhältnis von
Abendmahl und Taufe, die Grundaussage über das menschliche Leben
nach der Taufe als ein Leben im Kampf gegen die noch zurückgebliebene
Sünde, jedoch schon eingefaßt in die Zusage des Bundes Gottes, wird hier
als erster Grund für den häufigen Gebrauch des Abendmahls angeführt,
unter anderen Beschreibungen der Erfahrung des Menschen in der Welt,
alles dessen, was ihn in diesem Leben von außen ,,anstößt''[400] und ihm im
Inneren zu schaffen macht, auch die Schwäche, Blödigkeit oder Verzagtheit seiner Natur und was immer zum Hindernis wird, das ihn beschwert.
Die Funktion des Sakraments, der Speise, fröhlich und stark zu machen,
leitet gleichsam die Phantasie, alle Zustände vor Augen zu haben, in
denen der Mensch eher zerschlagen am Wege liegt und dieser Hilfe und
Stärkung bedarf. Das Gleichnis vom Überfall, den ein Bürger vor den
Toren seiner Stadt erleidet, macht dies bildkräftig deutlich. Im Gleichnis
bleibend fügt Luther sofort hinzu, daß es für den Christen wie für den
Bürger der Stadt dann auch darum geht, als ein Christ, der mit dieser Gemeinschaft Christi und der Seinen lebt, auch die Anfechtung mitzutragen,
die die anderen Glieder dieses Leibes in der Welt trifft, als wäre es er
selbst, den dies trifft, dazu der Wahrheit beizustehen, dem Unrecht zu
wehren, der Verfolgung der christlichen Predigt entgegenzutreten und das
Leiden der Unschuldigen auf sich zu nehmen, mit Tun, Bitten und Mit-

---

[400] WA 2, 746, 9 = Bo A 1, 200, 20. Vgl. in der Darstellung der Todesanfechtung WA 2,
753, 34-36 = Bo A 1, 208, 2-5: ,,Aber die uber unß seyn [sc. im Unterschied zu den zeitlichen Dingen], erheben sich hoch, das seyn die grewlichen stöß und bilden ym sterben von
yhener welt, erschrecken unß, als wollten sie unß ubirfallen''. — ,,Stoß'' begegnet im Früh-
neuhochdeutschen u.a. bildlich für ,,Feindschaft, feindselige Handlung, Böswilligkeit''; daneben mehr passiv für ,,Schmerz, Not, Mühsal, Pein, Unglück'', bei Luther z.B. in der
Verbindung ,,Stoß und Anfechtung''; auch im Sinn von Anstoß, Ärgernis. GRIMM, Dt.
Wörterbuch X, 3 (1957), 468-472.

leiden für sie einzutreten. Die geistliche Erfahrung des Trostes und der Hilfe der Gemeinschaft mit Christus und den Seinen in diesem Sakrament erschließt also mit dem Sakrament zusammen die Situationen der Hilfsbedürftigkeit. Darum geht es in der für unseren Sermon charakteristischen Bemühung um die ,,Bedeutung dieses Sakraments''. Die affektiv-leibliche Stärkung und Ermutigung des Herzens ist das Erste in dieser ,,Bedeutung'', wie sie der Mensch im Zuspruch des Sakraments für sich selbst erfährt. Es kommt dann hinzu ein ebenso entschieden auf die äußere Realität blickender zweiter Aspekt, die Schicksale der gegenwärtigen Christenheit in der Welt betreffend. Auch sie gehören zur Hermeneutik des Christusleibes. Die Vorstellungskraft für offenbares und auch für verborgenes Leiden anderer Menschen in der Nähe oder Ferne wird hier durch die Einsetzung Christi selbst wachgerufen und soll im Gedenken an ihn wachgehalten werden. Das geschieht in den folgenden Abschnitten des Sermons. In diese Vergegenwärtigung dessen, was ,,Leib Christi'' zu sein, bedeutet, ist Luthers Bezugnahme auf die Anfechtung der Jünger eingefügt. Im Vergleich zur Predigt Staupitzens sind die inneren affektiven Elemente aufgenommen: der Trost für den Einzelnen und das Vorverständnis der Liebe, die in allem wirkt, gerade in der Anfechtung. Luther beschreibt die Anfechtungen jedoch auch nach der Art ihrer Wirkung auf den einzelnen Menschen viel realer, körperlicher als Beschwerung, Verzagen, Schwächung usw. und bringt an dieser Stelle eine Art Phänomenologie verschiedener Arten der Anfechtungen, die den Menschen zum Sakrament treiben sollen. Zu diesem innerlich-geistlichen Aspekt der Bedeutung des Sakraments für den Menschen selbst, der ermutigt wird, fröhlich zum Sakrament zu gehen und was ihm zu schaffen machte oder macht, auf die Gemeinde zu legen, kommt dann hinzu, ebenfalls über Staupitz an dieser Stelle weit hinausgehend, ein zweiter Aspekt: die wirklichen äußeren Leidenssituationen der Christenheit und anderer Menschen in der Welt, die genauso zum Erfahrungshorizont des Sakraments gehören wie die innerliche persönliche Bedürftigkeit und Hilfe des Sakraments der Gemeinschaft für den Einzelnen selbst. Sowohl das biblische Gleichnis vom Leib und den Gliedern für die Wirklichkeit der Gemeinschaft Christi als auch das von Luther hinzugefügte weitere Gleichnis von den Bürgern einer Stadt und vom Unfall des einen Bürgers in ihrem Vorgelände gelten für beides, für das eigene innerliche Betroffensein von dem, was dieses Sakrament gibt, und für das Mitübernehmen der Situation Anderer, die, ob nah oder fern, ausdrücklich oder im Verborgenen, zu derselben Gemeinschaft gehören. Das 'Vorverständnis der Liebe', wie wir formulierten, wird hier, im Gedanken an den in seinen Dürftigen auf Erden mitleidenden Christus, zu allen Menschen hin ausgeweitet. Im Schlußteil des Sermons, in Luthers entschiedener Auseinandersetzung mit den Bruderschaften, begegnet dieser Gedanke der ,,gemeinnützigen Liebe zu allen Menschen'' aufs neue[401].

Unter den Bezugnahmen auf die eigene Gegenwart des Predigers Luther kommt nun in den folgenden Abschnitten hinzu ein um der Wahrhaftigkeit willen äußerst kritisches Eingehen auf die Folgen der Messe, im Sinne der uns aus allen Sermonen bekannten besorgten Kritik an den Mißbräuchen der Sakramente und den Folgen dieser Mißbräuche im gegenwärtigen praktischen Leben der Gemeinden. Luther deutet diese Kritik an dieser Stelle zunächst nur an, um sie später, im dritten Teil des Sermons über den Glauben, in der Abweisung des Gedankens vom opus operatum ausführlich zu formulieren. An dieser Stelle begegnet er diesem Thema geschichtlich im Rahmen seiner Beschreibung dessen, was Christus selbst mit der Einsetzung dieses Sakraments gewollt hat:

Der erste Grund, dies Sakrament oft zu brauchen, waren die Anfechtungen, die das Begehren der Gemeinschaft der Liebe hervorrufen[402]. Als zweiten Grund führt Luther an: ,,Will er es auch darumb vill mal gepraucht haben, das wir seyn gedencken und seynem exempell nach unß uben yn solcher gemeynschafft. Dan wo das exempell nit mehr wurdt furgehalten, wurd die gemeynschafft auch bald vorgessen, als wir itzt leyder sehen, das vill messen gehalten werden, und doch die Christliche gemeynschafft, die da solt geprediget, geübt und yn Christi exempell furgehalten werden, gantz untergeht, ßo gar, das wir fast nit mer wissen, wa zu diß sacrament diene, und wie man seyn prauchen solle, Ja, leyder durch die messen vill mal die gemeynschafft zustören und alles vorkeren''.[403] Luther führt wie im Taufsermon diese Entwicklung zurück auf eine bestimmte Art der Predigt, die vorausging: ,,Das ist schult der Prediger, die nit das Evangelium noch die sacrament predigen, ßondern yhre menschen geticht von manicherley wercken und weyßen woll zu leben''[404]. Eine gesetzliche Art der Predigt, die die Menschen reizt, einander zu beobachten und zu überbieten in Werken, oder die den Einzelnen so absorbiert sein läßt, sein Soll zu erfüllen, daß er für die Gemeinschaft keinen inneren Sinn und keine Zeit mehr hat? Luther führt dies hier noch nicht näher aus; am Gegenbild der älteren Praxis im kirchlichen Leben wird jedoch die eingetretene Veränderung deutlich: ,,Aber vortzeyten ubet man diß sacrament alßo

---

[401] WA 2, 754, 13-15 = Bo A 1, 208, 20-22. s.u. S. 272 Anm. 452.
[402] s.o. S. 236-243.
[403] WA 2, 747, 4-12 = Bo A 1, 201, 15-23.
[404] WA 2, 747, 12-14 = Bo A 1, 201, 23-25.

wol und lerete das volck diße gemeynschafft ßo woll vorstahen, das sie auch die eußerliche speyß und gutter zu samen trugen yn die kirch und alda auß teyleten denen, die durfftig waren, wie Paulus 1. Cor. 11 [V. 21] schreybt. Da her noch bliben ist das wortlein 'Collecta' yn der meß, das heyst eyn gemeyn samlung, gleych als man eyn gemeyn gelt samlet, den armen zu geben. Da worden auch ßo vill marterer und heyligen. Da waren weniger messen und vill sterck odder frucht der messen. Da nam sich eyn Christen des andernn an, stund eyn dem andernn bey, hatt eyn mit dem andern mit leyden, trug eyner des andern purd und unfall, das ist nu vorplichen unnd seynd nur vill messen und vill diß sacraments empfahung an alle seyner bedeutung vorstand und ubunge''[405].

Der folgende Abschnitt führt aus, wie bei vielen Menschen in der Gegenwart das Verständnis für die Bedeutung dieses Sakraments unter dem zweiten Aspekt: Mittragen und Mitgelten fehlt. Den Beistand der Heiligen in diesem Sakrament wollen sie gerne in Anspruch nehmen. Aber sie wollen nicht wiederum auch gemein sein, ihnen fehlt der Sinn für die Gemeinschaft und für die Wahrheit: sie wollen nicht den Armen helfen, die Sünder dulden, für die Elenden sorgen, mit den Leidenden mitleiden, für die Andern bitten, auch nicht der Wahrheit beistehen, der Kirchen Besserung und aller Christen mit Leib, Gut und Ehre suchen aus Furcht der Welt, damit sie nicht Ungunst, Schaden, Schmach oder den Tod leiden müssen; während doch Gott will, daß sie um der Wahrheit und des Nächsten willen gedrungen, bewegt werden zum Begehren solcher großer Gnade und Stärke dieses Sakraments[406]. Luther nennt diese Christen eigennützige Menschen, denen dieses Sakrament nichts hilft. Hier nimmt er noch einmal das Gleichnis von den Bürgern der Stadt auf: ein Bürger ist eine Belastung, der nur von dem Gemeinwesen, zu dem er gehört, beschützt werden und seine Freiheiten genießen will, aber der Gemeinde nichts geben und ihr nicht dienen. Das Folgende macht deutlich, worum es in dem Ganzen geht, bzw. um welche Art des Geschehens es hier geht: ,,Neyn, wir mußen der anderrn ubell widder unßer lassen seyn, wollen

---

[405] WA 2, 747, 14-25 = Bo A 1, 201, 26-37.
[406] WA 2, 747, 26-35 = Bo A 1, 201, 38-202, 10: ,,Man findt yhr woll die gerne wollen mit niessen, wollen aber nit mit gelten, das ist, sie hőren gerne, das yn dissem sacrament yhn hulff, gemeyn und beystand aller heyligen zu gesagt und geben wirt. Aber sie wollen nit widderumb auch gemeyn seyn, wollen nit dem armen helffen, die sunder dulden, fur die elenden sorgen, mit den leydenden mit leyden, fur die andern bitten, wollen auch nit der warheit beystehn, der kirchen pesserung und aller Christen mit leyb, gutt und ere suchen umb forcht der welt, das sie nit ungunst, schaden, smach odder den tod leyden mussen, ßo doch gott will haben, das alßo sie umb der warheit und des nehsten willen gedrungen werden tzur begirde solcher grosser gnade und sterck diß sacraments''.

wir, das Christus und sein heyligen unßer ubel sollen yhr lassen sein, ßo wirt die gemeynschafft gantz und geschicht dem sacrament gnug. Dan wo die lieb nit teglich wechst und den menschen alßo wandelt, das er gemeyn wirt yderman, da ist diß sacraments frucht und bedeutung nicht"[407]. Luther verwendet hier die Ausdrücke ,,Ganzwerden der Gemeinschaft'', ,,Geschehen'' im Sinne von: es geschieht der Gemeinschaft genug, ,,Wachsen'' von der Liebe, die selber den Mittelpunkt des Geschehens bildet, und dann auch aktiv von derselben Liebe, daß sie den Menschen ,,wandelt'', daß er gemein wird jedermann: das alles ist die ,,Frucht'' und Bedeutung dieses Sakraments. Es handelt sich bei diesem allen nicht um einen Vorgang nur in der Vorstellung des Menschen, etwa im Sinne einer Pflicht der Nächstenliebe, die mit den Rechten eines Bürgers verbunden sei; Luther denkt demgegenüber vom Leibgedanken des Sakraments her in Vorstellungen des ,,Ganzwerdens'' einer Ganzheit: macht das Sakrament als Speisung und Stärkung zuerst den angefochtenen Einzelnen wieder heil und ganz durch die Gabe der Gemeinschaft, ihres Beistandes und Trostes, so wird, im Sinne der Bedeutung des Sakraments, d.h. vom Sakrament, von der Gemeinschaft selbst her gesehen, um diesen Menschen und sein Eintreten mit Leib (!), Gut, Ehre für das Wohl der Gemeinschaft und für die Wahrheit die Gemeinschaft selbst (wieder) ganz, d.h.: es wächst die Liebe und Gemeinschaft; oder, eine weitere Beschreibung dieses Geschehens: es ist zu sehen die Frucht des Sakraments. Im Sinne des zuerst von Luther angeführten Gleichnisses vom Christusleib 1 Kor 10,17: der Gemeinschaft des Leibes Christi in seinen Gliedern geht es wohl, die Liebe nimmt zu, das Sakrament der Liebe und Gemeinschaft bringt Früchte. Die ,,Bedeutung des Sakraments'' ist also nicht eine ,,signifikative Kategorie'' im Sinne einer gesetzlichen Vorschrift, sondern es kommt in dem allen darauf an, von dem *begegnenden* Zuspruch im Sakrament her zu denken und die in ihm zugesagte und im Zeichen gewährte Gemeinschaft selber als neuen Mittelpunkt zu sehen und zu erfahren, indem sich der Mensch nun selbst für ihn, für die Interessen der Liebe und die Sache der Wahrheit verwendet, als Glied der Ganzheit, zu der er nun gehört. Die Ganzheit liegt nicht in ihm selbst, sondern in der Gemeinschaft des Sakraments selbst. Hier kommt die Aufnahme des Staupitzschen Verständnisses von Anfechtung und Sakrament und Luthers eigene'Ergänzung' im Sinne des konkreten Leib-Gedankens deutlich zum druck: Gott will, daß die, die das Sakrament genießen, ,,um der Wahrheit und des Nächsten willen gedrungen werden zur Begierde solcher grosser

---

[407] WA 2, 748, 1-5 = Bo A 1, 202, 13-18.

Gnade und Stärkung dieses Sakraments''[408]. Anfechtung und Sehnsucht nach dem Sakrament geschieht um der Ganzheit des Geschehens der Liebe willen. Hierin ist mit dem hermeneutischen Element im Sinne von Verstehen und Wahrnehmen der Not der anderen Menschen (man kann sogar von einer *humanen* ,,Bedeutung'' des Sakraments sprechen, im, Gedanken an die gemeinnützige Lieb aller Menschen und aller übrigen von Luther gegebenen Beschreibungen des Mitleidens und Miteintretens für die Unschuldigen und Leidenden und für die Wahrheit), mit dem Verstehenselement also, zugleich ein Geschehenselement gegeben, indem die Ganzheit selber Mittelpunkt ist und unter anderem den Menschen wandelt, im täglichen Wachsen der Liebe.

Der Gedanke der Wandlung — das eigentliche bekannte Sakramentsmotiv — beschäftigt Luther nun in den folgenden drei Abschnitten: als sei der Sinn mit der Darstellung der Gemeinschaft und der Einsetzung des Sakraments durch Christus zum Sich-Geben und Mittragen in den vielen zugespitzten Situationen des täglichen Lebens nun bereitet, um die Zeichenhaftigkeit der Gestalten des Sakraments — der Darstellung ihrer ,,Bedeutung'' diente das Ganze der bisherigen Ausführungen, wir befinden uns nun am Ende des ,,zweiten Stückes'', der Bedeutung des Sakraments — im Einzelnen zu erfassen. Das Verlieren der eigenen Gestalt und Annehmen den Leib des Brotes; die Vereinigung der Speise mit dem, der gespeist wird, tiefer als durch Leim, Band und Nägel, als Seinsgemeinschaft (,,als wären wir, das er ist'') Christi mit uns und unserer mit dem Nächsten; die Wandlung der Gestalten Brot und Wein in Leib und Blut Christi als Hineingezogen- und Gewandeltwerden des Menschen in die Gemeinschaft Christi und aller Heiligen; Christus hat unterschiedlich gegeben sein Fleisch unter dem Brot und sein Blut unter dem Wein: sein Leben und gute Werke, wie auch sein Leiden und seine Marter, beide sollen uns gehören und wir hineingezogen sie nießen und brauchen[409]. In einer anderen Terminologie formuliert: im Blick auf Jesus humanes Verstehenselement (sein Leben und gute Werke) seines Tuns und Handelns *und* leidendes Betroffensein, von Gott bestimmtes Geschehenselement (Leiden und Sterben), Sich-Geben für uns, sind die ,,Gestalt(en)'', in die die Glieder des Leibes Christi ,,hineingezogen und gewandelt werden'', beides gehört dem Christen. Mit O. BAYER gespro-

---

[408] WA 2, 747, 34f = Bo A 1, 202, 8-10. Die Antwort an einen solchen Kommunikanten im Sinne Luthers an dieser Stelle lautete also: In der Sicht Gottes ist dein Glück mit dem Glück deines Nächsten verbunden.

[409] s.o. S. 198 zu WA 2, 748, 6-749, 22.

chen: exemplum und sacramentum in ihrer Zusammengehörigkeit als Gabe, in Verstehen, Handeln und Geschehen[410].

In den anschließenden fünf Abschnitten behandelt Luther nun das dritte Stück des Sakraments, den Glauben. Wir fügen diesen dritten Teil unserem bisherigen Vergleich zwischen Luther und Staupitz hinzu, da erst vom Ganzen her das Verhältnis von Anfechtung und Sakrament beschrieben werden kann. Es kommt hinzu, daß gerade in den Schlußabschnitten des Sermons die Bedeutung des Abendmahls in der Todesanfechtung noch einmal ausführlich dargestellt wird. Der Übergang zum dritten Stück, vom Glauben, geschieht schon im Schlußsatz des zweiten Hauptabschnittes: ,,Auß dem allen ists nu clar, das dyß heylig sacrament sey nit anders, dan eyn gottlich tzeychen, darynne zu gesagt, geben und zu geeygent wirt Christus, alle heyligen mit allen yhren wercken, leyden, vordiensten, gnaden und guttern zu trost und sterck allen, die yn engsten und betrubniß seyn, vorvolget vom teuffel, sunden, welt, fleysch und allem ubell, und das sacrament empfahen sey nit anders, dan desselben alls begeren und glauben festiglich, es gescheh alßo''[411]. Die Zusage, Gabe und Zueignung des Sakraments und die Situation der Anfechtung wirken hier miteinander: Empfangen heißt so Begehren und Glauben, daß das Zugesagte, durch die gesamte Sakramentshandlung in diesem Fall als durch ein Wort zugesagt, geschieht: hier begegnet die uns bekannte Beziehung von Wort, Glaube und Geschehen im Anklang an Lk 1,38, wie Luther im Sterbesermon übersetzte: ,,'Mir geschehe nach deinen Worten und Zeichen' ''[412].

Vom äußeren Empfangen des Sakraments ist hier zunächst nicht die Rede, es geht im Sinne des von Luther vorher angeführten augustinischen 'Crede et manducasti'[413] um das geistliche Begehren und d.h. zunächst Innewerden der Bedeutung des Sakraments, bezogen auf die Situation des *eigenen* Gliedseins in der Gemeinschaft: die Gewißheit, daß *hierfür* die Zusage im Zeichen des Sakraments gegeben ist, empfängt der Glaube. Im Sterbesermon führte Luther ähnlich aus: ,,Was hulffs, das du dyr vorbildest und gleubest, der tod, die sund, die hell der andernn sey in Christo

---

[410] Zu O. Bayers Interpretation und Kritik dieses Sermons s.o. Anm. 295 und u. Abschnitt d), S. 220.

[411] WA 2, 749, 23-29 = Bo A 1, 203, 36-204, 2.

[412] WA 2, 686, 26f = Bo A 1, 163, 1-3, s.o. S. 111 bei Anm. 42, S. 110 bei Anm. 69.

[413] WA 2, 742, 27-29 = Bo A 1, 196, 32-197, 1 im dritten Abschnitt des Sermons. Hier führt Luther im Zusammenhang der Gestaltenfrage aus: ,,Es ist aber bey mir fur gut angesehen, das die kirch yn eynem gemeyn Concilio widderumb vorordenete, das man allen menschen beyder gestalt gebe, wie den priestern…''. s.o. Anm. 301.

ubirwunden, Wan du nit auch glaubst, das deyn tod, deyn sund, deyn hell dyr da ubirwunden und vertilget sey, und alßo erloßet seyest"[414].

In den folgenden Abschnitten über das dritte Stück, den Glauben, läßt sich Luther nun vom Gedanken der Praxis des Sakraments leiten. *Nur* auf der Ebene der Praxis, das ist mit dem dargestellten Zusammenhang von Bedeutung, Anfechtung und glaubendem Empfang des Sakraments deutlich, empfängt man dieses Sakrament.

α) Doch in welchem Sinne kann hier von 'Praxis' gesprochen werden? Ein erster Schritt, den Luther den Leser führt, besteht darin, ihn auf eben diese Tatsache, daß der Glaube nur in der Praxis das Sakrament empfängt, hinzuweisen, gegenüber einer neuen List des Teufels, von der im geistlichen Begehren gegenwärtig gewordenen Ebene der Erfahrung wieder abzulenken. Die wunderbarsten Beschreibungen des architektonischen menschlichen Verstandes über die Art der Substanzbewegung im Wandlungsvorgang sind eine solche Verführung der intellektuellen Neugier zur Emigration auf die höhere Ebene des reinen Verstandes. Die *Ganzheit* des Verstehens und Geschehens, die, wie wir sahen, dem Sakrament eignet und in die es den Menschen, der es empfängt, wandelt, soll damit überspielt werden. Luther befestigt demgegenüber in diesem ersten Schritt den gewonnenen Ort der Erfahrung als der rechten Beziehung zum Geschehen des Sakraments zur elementaren theologischen Einsicht, wenn auch lediglich im Sinne eines Warnzeichens, daß es auch andere unsachgemäße Lehren vom Sakrament gibt. Halte du dich an das dir zu deiner Erfahrung von Gott gegebene Zeichen der Gestalten, in denen Christi Fleisch und Blut wahrhaftig ist, ,,wie und wo, laß ihm befohlen sein"[415]. Mit dem Zugehörigsein zum Leib Christi, so können wir folgern, ist verbunden der Verzicht auf die Notwendigkeit, von einem übergeordneten Standpunkt des alles überschauenden Verstandes aus 'alles wissen' zu müssen (Gen 3,5), allwissend zu sein. Im Verstehen und Geschehen des Sakraments ist Glaube die von Gott gebotene Beziehung. Und Glaube heißt in diesem Zusammenhang für den irdischen Menschen: Gebundensein in den ,,Leib" (vom Leib Christi aus beschrieben und dann, mit der Beziehung zur Anfechtung, zugleich im anthropologischen, d.h. christologisch-ekklesiologisch-anthropologischen Sinne ausgesagt).

β) Mit diesem Hinweis hat Luther, wie sich nun zeigt, schon den Gang zum Sakrament oder zur Messe im Auge: so soll die Einstellung bei diesem gottesdienstlichen Vorgang sein, daß du, wenn dich dein Wunsch

---

[414] WA 2, 693, 21-24 = Bo A 1, 169, 31-34, s.o. S. 106f.
[415] WA 2, 750, 3 = Bo A 1, 204, 15, s.o. S. 208 bei Anm. 322.

nach der Gemeinschaft zum Sakrament führt, hingehst und den Glauben übst und stärkst, d.h., hier wiederholt Luther noch einmal die Worte der Zueignung, ,,das du begerest hertzlich diß sacraments und seyner bedeutung, und nit dran zweyffelest, wye das sacrament deutet, ßo geschech dyr, Das ist, das du gewiß seyest, Christus und alle heyligen treten zu dir mit allen yhren tugenden, leyden und gnaden, mit dir tzu leben, thun, lassen, leyden und sterben, und wollen gantz deyn sein, alle dingk mit dir gemeyn haben''[416]. Nun führt Luther, mit dem angeredeten Leser in Gedanken am Ort des Meßgottesdienstes weilend, nachdem zuerst eine hier gegenwärtige geistige Luft einer anderen Lehre von der Messe als zu artifizielle und insofern falsche Lehre vom Ort dieses Sakraments vertrieben ist durch seine Warnung, weiter aus, wie sich das Geschehen selbst in der Handlung des Sakraments weiter begibt, für den, der mit verlangendem Herzen hier gegenwärtig ist: ,,Wyrstu dyssen glauben woll uben und stercken, ßo wirstu empfinden, wie eyn frölich, reych, hochtzeytlich mall und woll leben [wir werden erinnert an die Staupitzsche Prädestinationsschrift im Abendmahlskapitel] dir deyn gott auff dem Altar bereyt hatt. Da wirstu vorstehen, was das groß mal Künigis Assveri bedeut''[417]. In der farbigen Schilderung dieses Mahls denkt Luther wohl an das Esth 1,5 ff dargestellte zweite Mahl des Königs, nach dem vorangegangenen 180 Tage dauernden Gastmahl für die Großen des Reiches ein Festmahl für das ganze Volk der Burg Susa vom Größten bis zum Geringsten, bei dem man unter anderem Wein in goldenen Gefäßen reichte 'in Menge nach königlicher Weise. Und man schrieb niemand vor, was er trinken sollte; denn der König hatte allen Vorstehern in seinem Palast befohlen, daß jeder tun sollte, wie es ihm wohlgefiele[418] (Esth 1,7 f). Oder ist zu denken an das Mahl nach der Einsetzung der Esther zur Königin (Esth 2,18)? Anläßlich dieses Mahls gewährte der König den Provinzen einen Steuererlaß und teilte königliche Geschenke aus. Die Schilderung des Mahles im Garten des Königs Esth 1,5 ff ist jedoch die einzige, die den Vorgang des sieben Tage dauernden festlichen Mahles selbst schildert: 'Da hingen weiße, rote und blaue Tücher, mit leinenen und scharlachroten Schnüren eingefaßt, in silbernen Ringen an Marmorsäulen. Da waren Polster, golden und silbern, auf grünem, weißem, gelbem und schwarzem Marmor. Und die Getränke trug man auf in goldenen Gefäßen, von denen keins wie das andere war,

---

[416] WA 2, 750, 6-11 = Bo A 1, 204, 18-23.
[417] WA 2, 750, 11-14 = Bo A 1, 204, 23-26. Zu Staupitz' Verwendung des Ausdrucks ,,Wohlleben des höchsten Königs'' und vom ,,rechten Wohlleben'' und was darin ,,gepflegt wird'' in Prädestinationsschrift c. 18. Kn 166, 150 und 153 s.o. Anm. 323 und o.S. 225.
[418] Übersetzung nach der Lutherbibel, rev. Text 1964.

königlichen Wein in Menge nach königlicher Weise...' Der nächste von
Luther angeführte Text ist Mt 22,2 ff: ,,Da wirstu sehen, was die hochzeyt ist, da gott sein ochsen und mastfihe abethan hatt, wie im Evangelio
steet, Da wirt deyn hertz recht frey und sicher, starck und mutig widder
alle feynde. Dan wer wolt sich furchten vor allem unfall, ßo er gewiß ist,
das Christus mit allen heyligen bey yhm sey, und mit yhm alle dingk
gemeyn hatt, es sey bŏß odder gutt?''[419] Es folgt der Text Act 2,46 f, der
vom Brotbrechen der Jünger und 'Essen mit großer Freude des Herzens'
spricht. Allen angeführten Texten ist gemeinsam das Staunen über die
Größe der königlichen Einladung, die auch oder gerade an die Geringen
ergeht, und die Schilderung des festlichen Mahles als hochzeitlichen
Wohllebens in Essen und Trinken nach Wohlgefallen jedes Einzelnen.
Auf das Hochzeitmotiv selbst geht Luther außer in der Überschrift[420] im
Unterschied zu Staupitz' noch teilweise mystischer Deutung hier nicht
ein, das Mahl ist sakramental — vgl. das ,,auf dem Altar bereitet'' — auf
wirkliches geistlich-leibliches Essen und Trinken als Zusage von Gemeinschaft, also in doppelter Bedeutungsrelation, bezogen. Es handelt sich dabei um ein im Gottesdienst gefeiertes Mahl, wie besonders die Beziehung
auf Act 2,46 f deutlich macht, auf das urchristliche Freudenmahl. An dieser Stelle wird deutlich, daß die Höhe dieses Festes und seiner Freude über
alles Begehren, geschweige denn Hoffen oder Erwarten hinausgeht[421].
Auch die Anfechtung erschöpft also nicht die Dimensionen der Gabe, sie
ist selbst viel größer als alle Erwartung, größer als die Kleinheit der
menschlichen Seele. Wie bei Staupitz das Lob, Liebe und Lob Gottes, am
Schluß zu hören sind, über die Beschäftigung mit der eigenen Sünde und
Besserung hinaus, so ist es hier die Zusage Gottes selbst, freilich Zusage
der Gemeinschaft Christi und der Seinen gegen alle Feinde, die den Bezug
und die Motivation des Glaubens bildet: um des Glaubens willen ist das
Sakrament eingesetzt, deshalb soll man es gegenüber der Kleinheit der
Seele oft brauchen oder täglich in der Messe den Glauben üben und stärken beim Zuhören und innerlichen Mitgehen. Zweifeln an der in der Gabe gegebenen Zusage tut Gott die größte Unehre und erklärt ihn für einen
untreuen Lügner. Hier, in der ganzen Menschlichkeit des Sakraments
und seiner Gemeinschaft, nimmt Luther die Formulierungen der vorangegangenen Sermone auf: Wer Gott nicht glaubt, daß er diese ganze
Menschlichkeit schenkt, hier dürfen wir Staupitzens Formulierung vom
Schöpfer und Erlöser *erfüllt* sehen, der tut Gott die größte Unehre. Fehlt

---

[419] WA 2, 750, 14-18 = Bo A 1, 204, 26-31.
[420] WA 2, 750, 12 und 14 (zu Mt 22, 2ff) = Bo A 1, 204, 24f. 27, s.o. S. 225. Zur Auslegung des Gleichnisses bei Staupitz, Prädestinationsschrift c. 18 s.o. S. 209 und Anm. 323.

der Glaube, so soll man um ihn bitten; mit diesem Gebot schließt der
Abschnitt wie in vorangegangenen Sermonen[422].

Mit dem ,,Werk des Sakraments'' wird, so müssen wir im Vergleich
dieser Stelle mit dem Schluß des Taufsermons sagen, also auch in diesem
Sermon etwas wie eine Ganzheit der Welt spürbar. Dort beschloß das
Staunen über die Barmherzigkeit und schonende Güte der großen Maje-
stät, die sich gegen die ,,armen Würmlein'' erweist wie ein Vater seinem
Kind, die Darstellung des Taufsakraments, und diese Empfindung wurde
erst besonders bewußt gegenüber der Lehre, der Mensch müsse diesem
Gott seine Güte abkaufen oder bezahlen. Der Mensch atmet befreit auf,
im Empfinden, wie die Beziehung zu Gott wirklich von ihm aus ist, nach
seiner im Sakrament gegebenen Zusage. Lob und Rühmen des großen
Wunderwerks antworten darauf, wie ein Lerchenlied im Vorfrühling[423].
In unserem Sermon über das Abendmahl bleibt die Darstellung mehr im

---

[421] WA 2, 750, 20-26 = Bo A 1, 204, 33-40, s.o. S. 210.

[422] Zum Bußsermon s.o. Anm. 324. Vgl. im Sermon von der Bereitung zum Sterben §
19, WA 2, 697, 5-13 = Bo A 1, 173, 7-15.

[423] WA 2, 736, 33-737, 13 = Bo A 1, 194, 37-195, 14, s.o. Anm. 388 und S. 172 bei
Anm. 236. Die Anfechtungsschilderung im Kapitel I, 1 von Fritz REUTERS ,,Ut mine Stromtid'' mag hier auch aus dem Grunde angeführt werden, daß, wie in dem von Luther angeführten Prophetenwort Mal 3,17 Kind und Vater diese Situation zum Anfang eines Neuen
wird. ,,'t was weg — allens weg! — Sin Mäuhen un Sorgen was up de Aukschon, un de weike, warme Hand was kolt un stiw. Un denn ward den Minschen woll so tau Maud, as wenn
de Voegel nich mihr för em singen, de Blaumen nich mihr för em rüken un de leiwe Sünn
nich mihr för em schint, un wenn dat arme Hart noch ümmer furt sleiht, denn reckt hei sine
Hand woll oever Voegel un Blaumen un oewer de goldene Sünn höger 'rup nah en Tröster,
vör den dese Irdenfreuden nich bestahn soelen, vör den oewer mal dat Minschenhart bestahn sall. So satt Hawermann vör sinen Herrgott dor, un sine Hän'n wiren folgt, un sine
braven, blagen Ogen keken nah baben, un in ehr speigelte sik noch en schönern Schin, as
von Gottes Sünn. — Dunn kamm en lüttes Dirning an em 'ranne un läd en Marikenbläu-
ming in sinen Schot, un sin beden Hän'n deden sik utenanner un slogen sik üm dat Kind —
dat was sin Kind —; un hei stunn up von de Bänk un namm sin Kind up den Arm...Hei
kamm an en jungen Bom, den hadd hei sülwst plant't; dat Strohseil, womit de an sine Stütt
bunnen was, hadd loslaten, un de junge Bom let sin Kron dalwarts sacken. Hei richt'te em
in En'n un bünn em fast, ahn sik wider wat dorbi tau denken, denn sine Gedanken wiren
wid weg, un Sorgen un Helpen lagg in sine Natur. Aewer wenn den Minschen sine Gedanken so in't Blage gahn, un wir't ok de blage Hewen, sin däglich Dauhn, wenn 't em in de
Ogen fällt, 'ne olle gewohnte Handgebird', an de hei sik makt, wil dat hei sik ümmer dormit
behulpen hett, röppt sei em ut de Firn'taurügg un wis't em dat, wat negbi üm em is, un wat
dor Not is. Un dat dat so is, is en grot Geschenk von unsern Herrgott. — Hei gung den Go-
ren up un dal, un sin Og sach, wat üm em was, un sine Gedanken kihrten wedder up Irden
in; un doch, wenn sei as swarte un düstere Wolken an den Hewen von sine Taukunft'ruppe
treckten, ein lütt Stück blagen Hewen kunnen sei em nich verdüstern, dat was sin lütt
Dirning, de hei up den Arm drog, un de mit ehre weike Kinnerhand in sin Hor spelte. Hei
hadd sine Lag oewerdacht; fast un irnsthaft hadd hei de düstern Wolken in't Og fat't, hei
müßt sorgen, dat em un sin Kind dat Weder nich unnerkreg''.

inneren Betrachten des Mahles, der Erfüllung des Hungers und der Fest-
lichkeit der Einladung, in dem ersten Vergleichstext Esth 1,5 ff auch mit
Farben für das Auge dargestellt, Reichtum und Freude an kostbaren
Trinkgefäßen und königlicher Freigebigkeit, gedacht und dargereicht zu
jedermanns Wohlgefallen, worin eine besondere Humanität dieses Festes
liegt: der König will sich dem Geringsten königlich erweisen, er ordnet
das Fest nicht nach einem hierarchischen Zeremoniell. So mag man
denken, an was man will, bei dem ,,Empfinden'', ,,Verstehen'' und
,,Sehen'', ,,wie ein fröhlich, reich, hochzeitlich Mahl und Wohlleben dir
dein Gott auf dem Altar bereitet hat'', und in all diesen Wahrnehmungen
der (inneren) Sinne wird das Herz frei und sicher, stark und mutig im Gedanken an alles, was an Kampf draußen noch zu bestehen ist. Die Aufforderung, das Sakrament oft zu *brauchen*, ist hier die Weise des Lobens und
dem Werk Gottes die Ehre Gebens, wie der Gast andächtig die Speisen
kostend, dem Meister, der sie zubereitet hat, die Ehre erweist. Diesen Gedanken des ,,Brauchens'' und des ,,brauchlich Werk im Glauben'' führt
Luther im übernächsten Abschnitt gegen den Aberglauben des ,,an sich
selbst Gott wohlgefälligen Werks'' weiter aus.

γ) An dieser Stelle folgt jedoch im Sinne der dargestellten ,,Bedeutung
des Sakraments'' unter dem zweiten Aspekt des Gemeinschaft-Gebens die
Aufforderung, zuzusehen, daß du auch jedermann dich ergebest, gemein
zu sein, niemanden in Haß oder Zorn abzusondern und auszuschließen
von diesem Fest, das keine Zwietracht und Uneinigkeit dulden möchte,
nach dessen Herzen keine discordia ist. Hier nimmt Luther wie im Sermo
de digna praeparatione cordis auf 1 Kor 11,29 f Bezug: ,,Afterreder,
Frevelrichter und ander Menschen Verächter'' mußten am Sakrament
den Tod empfangen. Wir fanden diese Bezugnahme auch bei Staupitz[424]
in der Verbindung: für andere Gift auftragen anstatt Milch und Speise
zum Leben, Lebenssaft. Hier ist es, in Entsprechung zum paulinischen
Text, das Sich-zum-Gericht-Essen und -Trinken der Betreffenden selbst.
Das fehlende Verhältnis zum Christusleib *im Nächsten* ist der Einstellung
dieser Menschen eigen. Nichts Gutes gönnen ist Ausdruck dessen, daß die
Lebensidentifikation mit dem Leib des Nächsten als Glied des Leibes
Christi fehlt. Als Folge stellt sich nach Luthers Beschreibung auch eine
Blindheit gegenüber dem Leib Christi im Sakrament ein: Die Verehrung
des in der Hostie gegenwärtigen Christus in ehrfürchtiger Scheu mit Ge-
beten und Andacht, als sei das *das Ganze*, muß in der Tat als Blindheit bezeichnet werden, als Abstraktion vom lebendigen Verbundensein des na-

---

[424] s.o. Anm. 326 und S. 225 zu Prädestinationsschrift c. 18, Kn 167, 156f.

türlichen Leibes Christi mit seinem geistlichen Leib, mit seiner ,,Bedeutung'' und seinem Brauch, der Gemeinschaft und der Wandlung der Liebe: ,,So doch Christus seynen leyb darumb geben hatt, das des sacraments bedeutung, die gemeynschafft und der lieb wandell geubt wurde, Und seynen eygen naturlichen corper geringer achtet, dan seynen geystlichen corper, das ist die gemeynschafft seyner heyligen...''[425]. Der Lebensbezug dieser Menschen für sie selbst geht damit verloren, ohne daß sie es merken in ihrer Fixiertheit in der Übung des täglichen Messehörens in *ihrer* Weise der Andächtigkeit. Um gleichsam den Leser von solcher Fixiertheit freizumachen oder zu halten, schließt Luther an: ,,Drumb schaw auff, es ist dir mehr not, das du des geystlichen, dan des naturlichen corpers Christi acht habist, und nötter der glaub des geystlichen dan des naturlichen corpers...'' Das Folgende läßt bereits anklingen, daß hier möglicherweise allerlei ans Abergläubische grenzende Vorstellungen über das, was der natürliche Körper Christi 'hilft', mit im Raum stehen könnten: ,,Denn der natürliche ohne den geistlichen [Körper Christi] hilft nichts in diesem Sakrament, es muß eine Verwandlung da geschehen und geübt werden durch die Liebe''[426]. Die Bedeutung des Sakraments, so entnehmen wir noch einmal aus dem Gesagten, ist selber ihrer Art nach also keine Kategorie eines solchen abstrahierenden Denkens. Sie faßt in den Blick, was zum Sakrament gehört als Lebenshintergrund und Bezug, ohne den die Gabe Christi um das reduziert, der Leib um das verstümmelt ist, was ihn als lebendigen ganz macht: vielleicht durch das Tun und die Zuwendung des kommunizierenden Gliedes zu seinem Nächsten ganz machen soll. Wort und Handlung des Sakraments sind im abstrahierenden Hinblicken und Fixiertsein auf den gewandelten Leib Christi in den Gestalten mundtot gemacht, zum stehenden Bild in zeitloser Werkhaftigkeit geworden, einem Kunstwerk vergleichbar, oder den Schaubroten im Tempel 1 Sam 21,7. Die Bedeutung des Sakraments im Verständnis dieses Sermons ist nur in lebendiger Zeitlichkeit, im eigenen Leben des Kommunizierenden gegenwärtig zu erfahren und zu vernehmen mit seinem eigenen Lebenssinn[427] und im Glauben zu ergreifen.

δ) Als sei es eine nähere Ausführung zur Art dieser Frömmigkeit, beschreibt Luther im folgenden Abschnitt eine bestimmte zu solchem Ge-

---

[425] WA 2, 751, 4-7 = Bo A 1, 205, 16-20. s.o. S. 211.
[426] WA 2, 751, 13-17 = Bo A 1, 205, 25-29.
[427] Mit diesem Ausdruck sei umschrieben, daß nach der Auslegung des Abendmahls als Mahl der Freude im 18. Abschnitt des Sermons auch Leib und Seele des Menschen eine Weise haben, zu ,,denken'' und zu ,,verstehen'', wobei z.B. an Ps 84, 3 erinnert werden kann. Auf dieser Ebene geschieht, was Luther ,,den Glauben üben'' nennt, wie die Abgrenzung zum Üben der ,,Kunst der Subtiligkeit'' deutlich macht, s.o. S. 209 und 254.

brauch, vielmehr Mißbrauch der Messe führende Vorstellung vom Sakrament und von der Messe. Zur Frömmigkeit des Meßbesuchers wird hier gleichsam die theologische Theorie der Wissenden nach der scholastischen Lehre vom 'wirksamen Zeichen' des neutestamentlichen Sakraments hinzugefügt. Aus ihr folgt nach der Meinung der Ausleger der Messe, an die Luther denkt, daß jede Messe aus diesem Grund in sich einen 'Wert' hat, einem Geldwert vergleichbar und daher z.B. auch übertragbar für Andere und in quantitativen Kategorien vorzustellen in einer möglichst großen Zahl solcher Investitionen geistlichen Verdienstes. ,,Darauß sie dan schliessen, das dennoch gutt sey, vill meß haben, wie unwirdiglich sie gehalten werden, den der schad sey der, die sie unwirdig halten oder prauchen''[428]. Mit dieser Auffassung der neutestamentlichen Sakramente hat-

---

[428] WA 2, 751, 22-24 = Bo A 1, 205, 34-36. Zur scholastischen Lehre vom Wert der Messe im Anschluß an Duns Scotus s. Wilfrid WERBECK, Valor et applicatio missae. Wert und Zuwendung der Messe im Anschluß an Johannes Duns Scotus. ZThK 69 (1972), 163-184. Zum Terminus 'opus operatum' im Unterschied zum 'opus operantis' s. S. 165f: ,,Da es sich bei der Eucharistie um ein Sakrament handelt, ist sie hinsichtlich ihrer Wirksamkeit aber nicht nur auf die Gesinnung und rechte Disposition des Ausführenden [sc. das 'opus operantis'] angewiesen, sondern besitzt einen Wert in sich selbst. Dieser wird mit dem Terminus opus operatum bezeichnet, d.h. kraft des durch die Messe repräsentierten Opfers Christi bzw. durch das Verdienst der Ecclesia generalis, als deren Vertreter der einzelne Priester am Altar fungiert, übt die Messe auf den Empfänger eine Wirkung aus, die unabhängig ist vom persönlichen Verdienst dessen, der sie im Einzelfall darbringt; sonst wäre man ja, um in den Genuß der Früchte der Eucharistie zu kommen, immer darauf angewiesen, daß der Priester nicht als Todsünder zelebriert, und unter dieser Bedingung wäre der Wert der Messe für den Einzelnen höchst zweifelhaft''. Zu der von Duns Scotus vorausgesetzten gemeinscholastischen Messauffassung gehört neben der Lehre vom opus operatum die Anschauung, daß Wirkung und Wert einer Messe vom Priester einer oder mehreren Personen als eine Form der Fürbitte oder Fürsprache zugewandt oder übertragen werden können, und daß der einzelne Gläubige in der Lage ist, auf Grund einer Abmachung den Priester zu verpflichten, einzelne Messen ausschließlich zu dem Zweck zu lesen, um deren Wirkung einer bestimmten Person und ihrem Anliegen zugute kommen zu lassen. (166). Nach der von Duns Scotus dargelegten Auffassung dieses letzten Punktes handelt es sich bei dem Wert der Messe, der einer bestimmten Person zugewandt werden kann, um den Anteil vom 'Gesamtwert' einer Messe, der übrigbleibt, wenn abgezogen wird, was von diesem Gesamtwert dem Priester selbst (specialissime) und der Kirche und ihrem Schatz (generalissime) zugutekommt: ,,Was nach Abzug der verfügten Summen vom Gesamtwert einer Messe übrigbleibt, ist der noch verfügbare Restwert, der in modo medio vom Zelebranten anderen Personen appliziert werden kann''. (167f). Die durch die Messe vermittelte Frucht wird dabei vorgestellt als in bestimmte 'Portionen' teilbar. Darüberhinaus unterscheidet Duns Scotus einen Nutzen in verschiedenen gradus: dem Auftraggeber wird die Meßfrucht in voller Höhe zugewendet; darüberhinaus ist es möglich, ,,in gewissen Abstufungen über die erste Intention hinaus weitere Personen an den Segnungen und Früchten der Messe zu beteiligen, ohne daß deswegen der Auftraggeber einen Schaden davontrüge''. (180). Mit dieser Überlegung kann nun die Frage, die von Duns Scotus in diesem Abschnitt behandelt werden soll, beantwortet werden. Sie lautet: ,,ob ein Priester, der verpflichtet ist, für zwei verschiedene Menschen die Messe zu lesen, diese Verpflichtung hinreichend erfüllt, wenn er für beide gemeinsam nur eine Messe lesen würde''. (165). Die Annahme verschiedener gradus eröffnet

te sich Luther, wie wir sahen, schon früher auseinandergesetzt und ihr seine Lehre von der fides specialis als der einzigen Vorbereitung für diesesSakrament entgegengesetzt[429]. An dieser Stelle nennt er diese

genug Möglichkeiten, außer dem hauptsächlichen Nutznießer auch anderen Einzelpersonen oder Gruppen Anteil an den Gnadenwirkungen einer Messe zu gewähren, wenn auch ein Einschließen eines anderen oder weiterer Geber außer dem Auftraggeber in die Intention des Priesters im selben Grad nicht möglich ist. WERBECK bezeichnet diese Art der Behandlung der im Sakrament der Eucharistie gemeinten Gnadengabe anschließend als ,,quantitativ'': ,,Hier wird also, so meine ich urteilen zu müssen, die im Sakrament der Eucharistie gemeinte Gnadengabe und ihre durch die Messe vermittelte Frucht in einer Weise quantitativ behandelt und in einzelne Portionen teilbar vorgestellt, daß die Bestimmung des Meßwertes fast zu einem Rechenexempel und die Applikation in ihren verschiedenen Stufungen mathematisierbar wird, um einerseits die Geltung des Opfers Christi für den einzelnen zu bewahren, andererseits aber doch möglichst viele Interessen und Anliegen mit befriedigen zu können''. (180). — Der quantitative Aspekt kommt ebenfalls darin zum Ausdruck, daß für einunddieselbe Person eine große Zahl von Messen erbeten wird, vgl. die häufigen Bitten Scheurls an Otto Beckmann, in der Wittenberger Allerheiligenstiftskirche für seine Mutter und für ihn Messen lesen zu lassen. Briefb I 65, 100 Ende Oktober 1512 (nomine meo aram sanctam circumires et sanctis offeres); I 85, 131f vom 12. September 1514: quia te offers more sacerdotum orationibus relaturum, gratissimum mihi feceris si in honorem tutelaris mei dei et singularissimi patroni Divi Christofferi apud omnes sanctos tris missas celebrari curaveris. — An Martin Luther, II 114, 2 = WA Br 1, 85 vom 2.1.1517: pro Helena defuncta matre aliquando sacrifices. — An Spalatin, Anfang November 1518 Briefb II 175, 59: Maius nempe tenet me desiderium hac potissimum celebritate aedis sanctae. Q quam vellem me quoque adesse! Tu si me amas, obsecro, oro, sacrifica pro fratre tuo semel atque iterum. Hierin kommt zugleich Scheurls besondere Verbundenheit mit dem Gottesdienst *dieser* Kirche zum Ausdruck. Im Folgenden kritisiert er die lieblosen ritus des Würzburger Gottesdienstes, den er erlebte. — Die Studienatmosphäre und die Gottesdienste Wittenbergs beschreibt er zusammenfassend in einem Empfehlungsschreiben für Conrad Volckhamer, Johann Tucher, Hector Pömer aus Nürnberg an Spalatin, 3.11.1517 Briefb II 149, 35: Quicunque igitur meo utuntur consilio, illos Wittenbergam mitto tanquam ad mercatum litterarum et religionis fertilissimum... Mirum in modum et toto corde optavi hac sacra celebritate templo et sacris nostris adesse, ubi te pie rogo in honorem Divorum omnium vel unam missam pro me celebrare digneris. — Zu Scheurls religionsgeschichtlicher Sicht des Priesterstandes und seiner Bedeutung s.o. Kap. II, Anm. 161 (Dem Libellus de sacerdotum etc. praestantia (1511) ging u.a. noch eine Abhandlung 'Utilitates missae' (1506/07) voraus) und Anm. 204 (Wittenberg als Sitz der Heiligen und der Musen). Die für Scheurl charakteristische Verbindung von Literatur, Wissenschaft, Messen und 'Marktgesichtspunkten' (mercatus litterarum et religionis), ein Wertdenken, für das alle 'Werte' geistiger und materielle Art noch ineinander liegen, tritt in dem allen hervor. — Luthers Auseinandersetzung mit den Bruderschaften am Ende dieses Sermons kann u.U. in diesem Zusammenhang so gedeutet werden, daß er solchem frühbürgerlichen Wertdenken von seinem Verständnis der christlichen Gemeinschaft aus die soziale Dimension für jedermann aufgeschlossener Brüderlichkeit hinzufügte, besser: entgegenstellte, und zum Kriterium des *rechten* Gebrauchs der Messe und der christlichen Gemeinschaft erhob. Der *Glaube* des Einzelnen, fides specialis, gegenüber dem Sakrament und der in ihm gegebenen *Verheißung* hat dabei freilich eine entscheidende Funktion, die im Sinne des *sola* fide näher zu explizieren ist. s. dazu Abschnitt c), S. 285ff und folgende Anm., dazu den Schluß des Taufsermons § 19: Gott kann man seine Gnade nicht ,,abkaufen oder bezahlen'', s.o. S. 172 bei Anm. 236.

[429] Zur Bedeutung des Glaubens im Bußsakrament WA 2, 715, 28-39 und die folgenden §§ 7-21 s.o. S. 127ff, Anm. 123-125 (dictum commune und Augustinzitat: non quia fit, sed

Meßauffassung schlicht eine Fabel, eine menschliche Erfindung; an späterer Stelle ,,Geschwätz'', ,,vergebliche Menschenworte, mehr hinderlich als förderlich'' und ,,gefährliche Glossen'', durch die des Sakraments Kraft und Tugend, d.h. Lebenszweck und -wirkung, von uns gewandt werden und durch die der Glaube ganz untergehe durch falsche Sicherheit des gemachten, d.h. als abstrakter 'Wert' hergestellten Sakraments[430]. Die Rückverwandlung des so im abstrahierenden Mißbrauch und heiliggeistlich scheinenden Mißglauben gequälten ,,Leibes Christi'' in seine Gegenwart unter den Zeichen des Sakramentes und deren eigenen Verstehens- und Geschehenszusammenhang (,,Bedeutung''), dessen *Teil* (Glied) der Mensch mit seinem eigenen Leben wird und dessen Teil durch ihn das Leben des Nächsten werden soll, ist so die 'entmythologisierende', abstrahierende Fabeln austreibende und die Menschen von ihrem Bann befreiende Wirkung der seelsorgerlich-didaktischen Sakramentslehre Luthers in diesem Sermon: zum rechten Brauch und Glauben: ,,Und wer mocht alle grausam mißprauch unnd mißglauben erzelen, die yn dißem hochwirdigen sacrament teglich sich mehren, deren eyns teyls ßo geystlich unnd heylig seynd, das sie nahend eynen Engell mochten vorfuren?''[431] Dürfen wir an dieser Stelle noch einmal erinnern an die Lehre von der Vorbereitung in peinlich genauer confessio, contritio etc. im Sermo de digna praeparatione cordis: ,,Volunt enim iusti et digni venire et similes deo sicut Lucifer, quum deberent velle iusti et digni fieri et redire a deo''[432]? Wie die Meßlehre selbst Anlaß ist für solche Folgerungen, hat

quia creditur), 126 und 129 (fides specialis gegenüber Cajetan), zur Vollmacht jedes Christen im Neuen Testament S. 140 Anm. 159. — Zur Abgrenzung vom scholastischen Verständnis der sacramenta novae legis im Taufkapitel von De captivitate babylonica ecclesiae 1520 s.o. S. 187-190, Anm. 278f und 285. (promissio und fides als Kriterium in der Tauflehre). Der Weg der Argumentation geht, wie es scheint, in der Behandlung dieses Sakraments eher *durch* eine beschreibende Bestandsaufnahme der Mißbräuche in der Praxis hindurch. Das 'sola fide' zeigt sich im Erkennen der Perversion, die darin liegt, ein von Gott dem Menschen zum Leben bestimmtes Gut ,,verdienen'' zu wollen und zum vom Menschen ,,auf Vorrat'' zu erwerbenden Gut umzudeklarieren durch eine dem Sinn des Sakraments entgegengesetzte Lehre von der Messe, s. die folgende Kritik Luthers an den von Menschen erfundenen ,,Fabeln'' und ,,Glossen''.

[430] ,,Und ist zubesorgen, das mit solchen ferlichen gloßen des sacraments crafft und tugent von unß gewand werden, und der glaub gantz unter gehe durch falsche sycherheyt des gemachten sacramentis''. WA 2, 751, 38-752, 3 = Bo A 1, 206, 11-13. ,,Ich laß eynem yden seynen syn, aber solch fabelen gefallen mir nit''. WA 2, 751, 24f = Bo A 1, 205, 36f. ,,Und kurtz umb, solch geschwetz 'opus operatum, opus operantis' sein vorgebene menschen wort, mehr hynderlich dan furderlich''. WA 2, 752, 12-14 = Bo A 1, 206, 22-24. s.o. S. 145.

[431] WA 2, 752, 14-17 = Bo A 1, 206, 24-27.

[432] WA 1, 332, 5-7 s.o. Anm. 326 und S. 233. In diesem vorangegangenen Sermon hat Luther die biblischen Kriterien für den Empfang dieses Sakraments bereits präzise formu-

Luther in diesem zweiten Sermon von 1519 gezeigt. ,,kurtzlich, wilcher do will die mißprauch erkennen, der setz yhm nur fur den obgesagten prauch unnd glauben dißes sacraments, Nemlich, das eyn betrubt, hungerige seele sol seyn, die lieb, hulff und beystand der gantzen gemeyn... hertzlich begere und dieselben zu erlangen nit zweyffele ym glauben, darnach sich auch yn der selben lieb gemeyn mach yderman...''[433] — das ist

---

liert, s.o. S. 233-239. die beste Disposition ist die schlechteste; Gott braucht nicht deine Güter, sondern er kommt zu dir als der, der dir die seinen schenkt; nur die Hungernden empfangen dieses Sakrament recht; allein im Glauben an die Zusage Christi für die Mühseligen und Beladenen und in der Berufung auf dieses Wort Christi empfängt der Mensch die Gewißheit, ohne Todsünde zu diesem Sakrament zu gehen; in diesem zweiten Sermon s. Abschnitt 10f, o. S. 245 Anm. 393f (Anfechtung und Sakrament) und das Gebot, zu glauben und Gott nicht zum Lügner zu machen, am Ende des 18. Abschnitts, s.o. S. 257 Anm. 422 und S. 210 Anm. 324. Das Kriterium des rechten Brauchs der Messe faßt Luther im Folgenden zusammen, s. Anm. 433.

[433] WA 2, 752, 17-22 = Bo A 1, 206, 27-32. Der ,,heilige und geistliche'' Mißbrauch des Sakraments wird in dieser Gegenüberstellung eklatant zu einer Gabe, die für den Hunger gegeben ist, um den Hunger zu stillen. Die Verbindung einer falschen Ethik mit einer falschen Lehre vom Wesen des Gutes, um das es sich hier handelt, als eines 'An-Sich-Wertes' ist charakteristisch für die in diesem Sermon zu beschreibende Mißbräuche, s.o. Anm. 428 über Valor et applicatio missae als eines quantitativ aufgefaßten Gutes, das quantitierbar und dessen Applikation als mathematisierbar vorgestellt wird. Gerade dem scheinbar geistlichen und hochgeistlichen Umgang mit diesem Gut fehlt dabei das wahre geistliche zusammen mit dem humanen Element, wie Luthers Kritik deutlich macht: wieder ist es Lucifer, der sein will wie Gott, in gottähnlicher Heiligkeit und Reinheit, *ohne* die von Gott gegebene Gabe im Glauben zu gebrauchen. s.o. bei Anm. 432 und gegen die ebenfalls den Glauben bedrohende curiositas, o. S. 208 Anm. 322 und S. 254 Anm. 415. — Daß Luther mit beiden Warnungen in der Gesprächsgemeinschaft mit Staupitz sich befindet, zeigen folgende Stellen aus c. 22 der Prädestinationsschrift: ,,Darumb ist ein anfangk des tewflischen betrugs, raten zu ubermesiger weisheit und den örtern der tugenden, das du offenlich sihest in der versuchung unser ersten eltern, dann also fieng er an: Warumb ist als eben dits holtz verpoten?... Darumb ist die erst kunst, des tewfels betrugnus und listikeyt zuentgeen, Zemung der begirlikeit alle dingk zuwissen, die under der sonnen sein...Warlich ist es die ergst bemüung, andre dingk finden, sich selbst verlieren, vil wissen, got unnd sich selbst nit wissen''. (Kn 176f, 215.217.218). Die zweite dieser Versuchungen ist, der Gemeinde zu dienen und der anderen Güter zu verwalten, während der betreffende Mensch sich selbst versäumt, also ein übertriebenes und unkritisches soziales Engagement. Als dritte führt Staupitz an: ,,wiß das man sich hüten sol vor ubriger gerechtikeit, als in der tewfels strick ist... Dann die höchst gerechtikeit im menschen ist die höchst ungerechtikeit, die höchst weißheit des menschen ist die höchst narrheit. Ursach, vom menschen wirdet auserhalb des mittels nichts rechtgeschaffens volbracht, Darumb alles das im menschen dem höchsten zulendet, das entweicht dem menschlichen gut, den sitten und tugenden. Unserm got gezimet volkummenheit, und die höchsten gepuren dem höchsten, darumb wölche die höchsten suchen, die wöllen got vergleicht werden, nit dem menschen, setzen sich aus der gemeinschaft des nechsten, und wandern unter die göte, Darumb sie auch keiner frölichen geselschaft fuegen''. Kn 178, 225-227, s.o. S. 118-121 zur Ethik Staupitzens im Zusammenhang mit dem Bußsakrament. Luther geht jedoch von hieraus weiter zu einer Kritik der *Lehre*, durch die die Menschen abgelenkt werden vom ,,Gott-und-Sich-selbst-Wissen'' oder ,,Wahrnehmen'' nach biblischem Verständnis der 'Weisheit'. Die von Staupitz in diesem Kapitel angeführten Stellen sind außer Gen 3,1 die ebenfalls bei Luther begegnende Bezug-

der Skopus für das Umgehen mit der Messe und mit diesem Sakrament. Den Kommunizierenden schreibt Luther am Ende dieses Abschnitts im-

---

nahme auf die Satans-(= luciferische) Versuchung 2 Kor 11, 14 (Kn 176, 213) der in einen Engel des Lichts verwandelten Schlange; dazu Pred 1,12f; Lk 9, 25; Eph 6, 11; 1 Kor 7, 21 (Berufung zum Dienen, nicht selbstgewähltes Werk) 1 Kor 3, 18 (werde ein Narr, damit du weise seiest); Pred 7, 16f (Warnung vor zuviel Gerechtsein- und Weiseseinwollen); in der Gegenüberstellung für das, was allein Gottes ist: Ps 32, 9 (Vg). Es geht in dieser ,,Weisheit'' also darum, die Unterscheidung von Gott und Mensch zu lernen. In der Anwendung auf Luthers Auseinandersetzung mit der von ihm kritisierten Auffassung der Messe bedeutet das: an dieser Stelle, an der es um das Verständnis des Sakraments geht, muß zuerst ein verdinglichtes Verständnis menschlicher 'Intelligenz', das seinerseits die Gabe des Sakraments verdinglicht, zurückbleiben; nur die herzlich verlangende Seele erfährt, was im Sakrament gegeben ist, und der Glaube empfängt es. Zweitens muß die ins Metaphysische gesteigerte Vorstellung vom 'Wert' der Messe und alles, was mit ihr zusammenhängt, wie man ihren Nutzen erlangt usw., zurückbleiben; es handelt sich um eine geistliche himmlische Gemeinschaft, die hier gegeben wird und die eine irdische nach sich zieht. In der Lehre vom opus operatum werden also in falscher Weise irdische 'Wert' — Vorstellungen, die ihrerseits schon nicht mehr am Gebrauch orientiert sind (Essen und Trinken, Gold und alles Gute, wenn man es nicht recht braucht, schaden mehr, als daß sie nützen), auf die Gegenwart des Leibes Christi im Sakrament übertragen. So klingt auch in Luthers Argumentation vom rechten Brauch sprachlich ein Element von 'Hausvaterweisheit' an. Vgl. E. Wolfs Beschreibung der für das Gottesbild Staupitzens charakteristischen Züge, Staupitz und Luther, 220: ,,Nicht der willkürliche Despot, wie für den Nominalismus, sondern der Hausvater, den auch Ägidius nennt, ist für Staupitz das Gleichnis Gottes. Daß Staupitz unbeschadet des gänzlich ungezwungenen freien Wollens Gottes gerade das Zweckhafte, auch die Bedrängnisse und Anfechtungen Regelnde des göttlichen Waltens Luther gegenüber geltend gemacht und neben dem Gedanken der erforderlichen, durch die imitatio aber auch möglichen conformitas den weiteren von der Offenbarung grenzenloser Liebe in den Hinweis auf die vulnera christi einbezogen haben mag, ist wahrscheinlich''. s. auch S. 219f: ,,Die Qual Luthers erreicht, wie seine Angaben ersehen ließen, ihre Höhe dort, wo ihm Gott als der vollkommen frei Schaltende, Willkürliche und zugleich als der gerecht Vergeltende in Widerstreit geraten. Hier hat Staupitz gemildert; seinem Gottesbild eignen Züge undurchsichtiger, anscheinend grundloser Willkür unbeschadet des freien göttlichen Entschlusses nicht. Das Zweckvolle und vernunftgemäßer Einsicht Zugängliche göttlichen Handelns, also auch der tribulationes, ist ebenso betont wie die unabänderliche Durchführung der Vorsätze Gottes, also auch des Erwählungsbeschlusses…Die Kontingenz göttlichen Wirkens wird zumindest nicht mehr durch Heranziehung der Kontingenz menschlichen Handelns verstärkt, ohne daß dabei die Behauptung des liberum arbitrium für den Menschen preisgegeben werden müßte. Die Einführung der necessitas consequentie erfolgt nicht in andeutender Rücksicht auf etwaige merita oder demerita praevisa, sondern entspricht nur der Eigenart eines durch vorhergehenden Beschluß bedingten Vorganges. Die Barmherzigkeit Gottes wird in den Vordergrund gerückt; Staupitz ist bestrebt, die Gerechtigkeit Gottes mit ihr auszugleichen. Auch die in den späteren Schriften häufige Gleichsetzung von Gott und Christus, Schöpfer und Erlöser will beachtet sein…''. s.o. S. 115 Anm. 84. — Zur Ausschaltung der merita aus der Gottesbeziehung des Menschen s. auch o. Anm. 237. Die ,,Ordnung der Barmherzigkeit'' wird bei B. Hamm dargestellt in Verbindung mit dem Gedanken vom Bund Gottes, in Abgrenzung, aber in gewisser Weise doch auch im Anschluß an die Traditionslinie der franziskanisch-nominalistischen Theologie des Spätmittelalters, historisch-genetisch also mit anderem Akzent als bei E. Wolf; in der Sache für das Verständnis Luthers ergibt sich jedoch u.E. daraus keine Differenz. Die Qualität des personalen Verständnisses der Gottesbeziehung bei Staupitz wie bei Luther tritt in beiden Untersuchungen hervor, für Staupitz

merhin sogar die Mitverantwortung zu für Pest, Kriege und andere greuliche Plagen, mit denen die Welt überfallen wird, ,,weil wir mit vielen Messen nur mehr Ungnade erwecken''[434]. Hier ist die Situation von 1 Kor 11,29 f also auf die Lage der gegenwärtigen Christenheit zur Zeit Luthers ausgeweitet: eine Weltmitverantwortung der Theologie und jedes Christen für Frieden, Gesundheit und Wohlergehen des Nächsten in dieser (großen) ,,Gemeinde'' und Verantwortung für ihren gegenwärtigen Schaden, durch nichts anderes als durch ihre Entfremdung vom Leben d.h. von Leib und Leben des Nächsten und den darauf folgenden Gebrauch des Sakraments, verbunden mit einer dem Leben entfremdeten und Andere dem Leben entfremdenden Lehre von einem Gebrauch des Sakraments, bei dem die Seele des Menschen nicht beteiligt ist oder nicht notwendig beteiligt zu sein braucht; während doch nach Augustins tiefem Verständnis, wie Luther es sieht, einzig der nach Gemeinschaft herzlich verlangenden Seele die Bedeutung der Zeichen im Sakrament des Leibes, der Gestalten und ihrer Zeichensprache, sich erschließt und damit das Geheimnis des Sakraments. Was ist der Mensch, wenn seine Seele nicht dabei ist, und was ist eine Gemeinschaft, deren Seele, die Liebe gegen jedermann, nicht beteiligt ist? Die Folgerungen aus der Lehre vom opus

---

als ,,Bestreben'' formuliert (E. Wolf, Staupitz und Luther, 65f, 119) in der Abgrenzung Luthers von der spätmittelalterlichen Lohn- und Verdienstordnung eindeutig erkennbar (B. Hamm, Promissio, pactum, 383, 471 s.o. Anm. 237.). — Daß Vorgänge und Beziehungen im Bereich des Personalen eigener Qualität sind und zu einer Differenzierung bzw. zum Umdenken im Bereich der Wertvorstellungen führen müssen, zeigt der Versuch Scheurls, in einer genau angelegten Liste der Geschenke, die er zu seiner Hochzeit mit Katharina Fütterer erhielt, jedesmal den Wert des Geschenks in der hinzugefügten Angabe des Sachwerts in 'fl.' auszudrücken; bei einem von seinem Freund Cochläus gesandten Rosenkranz z.B. findet sich an dieser Stelle keine Angabe, s. W. Graf, Doktor Christoph Scheurl, 73. Der Versuch bleibt auch in dieser Beschränkung befremdlich genug; spricht aus ihm nicht eine Nivellierung des Empfindens für Anlaß und Qualität, wenn ein quantitativer Einheitswert künstlich an ,,Gaben'' herangetragen und zu ihrem ,,Maß'' gemacht werden soll? Es liegt nahe, einen parallelen Mißbrauch eines ,,Wert''-Maßstabs in dem Wunsch zu sehen, ,,möglichst viele Messen'' lesen zu lassen (deren ,,Wert'' auch als übertragbar verstanden wird, s.o. Anm. 428) oder, wie Eck es sich z.B. wünscht, ,,möglichst viele Freunde'' zu haben. — Die von Luther beklagte Blindheit im Blick auf das Sakrament wäre dann als eine Form von ,,Wertblindheit'' als Blindgewordensein durch einen falschen, herangetragenen, abstrakten ,,Wert'' — Begriff zu beschreiben. WA 2, 751, 1 = Bo A 1, 205, 13-15, s.o. S. 211 Anm. 326 und S. 259. Zu B. Hamms Hinweis auf die beiden verschiedenen Überlieferungen des 'Person'—Begriffs könnte angesichts der Verwendung des Bundesgedankens in der Sakramentslehre 1519 formuliert werden, daß für Luthers Personverständnis sich auch hier das 'sola fide' einseitig zugunsten des relationalen Personverständnisses auszuwirken scheint. Es handelt sich dabei für Luther wie für Staupitz um ein christologisch durch Christi Sterben für uns und seine Auferstehung vermitteltes Personverständnis. s. B. Hamm, Promissio, pactum, 467-472.

[434] WA 2, 752, 25 = Bo A 1, 206, 35f. s.o. S. 213.

operatum, die Luther hier im Mißbrauch der Messe vor Augen hat, stellen so in der Tat einen Angriff auf die Bedeutung des Sakraments und damit auf die psychosoziale Wohlfahrt, Einheit und Einigkeit der christlichen Gemeinschaft des ,,Leibes der Christenheit'' dar. Gegenüber diesem Angriff geht es um die Verteidigung der Qualität menschlicher Erfahrung, denn daß ,,Glauben'' und ,,Empfinden'', ,,Verstehen'', ,,Sehen'' dessen, was Gott dem Glaubenden, der zum Sakrament geht, auf dem Altar bereitet hat, die intensivsten Qualitäten menschlicher, sozialer, sensitiver Erfahrung ausdrücken, sahen wir bereits; und daß sie sie zugleich in der ,,Größe des Werks'' übersteigen, so daß gegen die Kleinheit der menschlichen Seele nur der immer *neue* Gebrauch des Sakraments der 'Qualität' *dieses* Werks gehorcht. Insofern ist dieses Sakrament gegeben, um *den Glauben* zu üben und zu stärken[435]. Kein Zufall, daß Luther daran anschließend im nächsten Abschnitt ein weiteresmal auf die Situation der Sterbenden eingeht; jedoch, wie wir sehen werden, erweist es sich in diesem Abschnitt, daß diese Situation nicht isoliert gesehen wird, sondern: ,,Die weyll wir dan *alle sampt teglich umgeben* mit allen ferlickeyten und zu letzt sterben mussen, Sollen wir gott dem barmhertzigen auß allen creften lieblich und demutiglichen dancken, das er unß eyn solch gnedigs zeychen gibt, daran er unß furet und zeucht (ßo wir mit dem glauben daran fest hangen) durch tod und alle ferlickeyt zu yhm selbs, zu Christo und allen heyligen''[436]. Die Kraft und Tugend dieses Sakraments besteht also darin, in der äußersten Extremsituation gegenüber Gefahr und Sterben den Menschen zu ,,führen'' und zu ,,ziehen'': in beiden Beschreibungen kommt ein weiteresmal, wie gegenüber der falschen curiositas im Blick auf die Wandlung der Elemente, das Wesen des Glaubens als ein Nicht-Sehen aller Zusammenhänge und nur ,,Am-Wort-Hängen'', das im Sakrament gegeben ist, zum Ausdruck. Wie Luther es in seiner frühen Psalmenauslegung formulierte: fides excaecat intellectum et illuminat affectum[437].

---

[435] Der Zusammenhang dieses hier verwendeten Begriffs ,,Glauben'' mit dem vorangegangenen Verständnis des Sakraments, das sich *nur* im oftmaligen Gebrauch erschließt, weil es die Kleinheit der menschlichen Seele mit all ihren Sinnen übersteigt, wäre dann so zu verstehen, daß ,,Glaube'' eine Art passiven ,,Erfahrungssinn'' voraussetzt, der sich von allen aufgezählten Sinneserfahrungen noch einmal unterscheidet, obgleich sie in ihm alle angesprochen sind. Die ,,Bedeutung des Sakraments'' enthält diese Momente alle gleichsam wie in einem ,,Gedächtnis''; die Zusage des Wortes wird dabei zum entscheidenden Gegenüber, so daß alle angesprochenen Qualitäten als Gabe Gottes, Werk Gottes, von Gott Geschaffenes dem inneren Sinn gegenwärtig sind.

[436] WA 2, 752, 30-35 = Bo A 1, 206, 41-207, 6 (Hv.: d. Vf.) s.o. S. 216 und u. S. 268-272.

[437] WA 4, 356, 23ff zu Ps 119, 105: fides non intellectum illuminat, immo excecat, sed affectum: hunc enim ducit quo salvetur, et hoc per auditum verbi. Audiens enim affectus ver-

Auch im irdischen Leben selbst ist damit Stärke, Zuversicht. Fröhlichkeit, Freiheit des Herzens und Sicherheit gegenüber allen ,,Feinden'' gegeben[438]. Diese Erfahrungsqualität des Sakraments soll sich *erweisen*, darin liegt sein rechter Brauch, in dem es ,,ein brauchlich Werk im Glauben'' wird, und darin wird dem Werk Gottes und Gott selber die Ehre gegeben: darin, daß sein Werk *in den Glaubenden* Frucht bringt. Die Lehre vom opus operatum ist insofern ein Mißverständnis des Werkes Gottes, der Absicht und der Erfüllung, die es intendiert, in der Geschichte der Menschen auf Erden: das Mißverständnis eines geschichtslosen An-Sich-Seins des einmal (einstmals) von Gott Geschaffenen, das nun gleichsam in die Verwaltung des Menschen, des Priesters, der Kirche, übergegangen ist[439] und nach bestimmten Gesetzen wirkt und zu betätigen ist. Damit aber steigt in der Vorstellung das opus hominis, Menschenwerk, zum Höchsten auf, das es in dieser Zeit gibt: im Bußsermon führte Luther diese Zusammenhänge nach der Seite der vom Menschen zu erbringenden Leistungen näher aus. Hier führt er den Kampf mehr im Blick auf die Qualität des Sakraments selbst, gegen den abusus in seinen vielen Formen: die Qualität der Gabe des Sakraments ist eine *nicht* von menschlichen Werken zu erbringende — welches Mißverständnis wäre das — und auch nicht eine zeitlos-überzeitliche, starre An-Sich-Qualität, sondern für den Menschen bestimmte 'Lebensqualität'[440], die sich erweist zuletzt am

---

bum incipit ire post ipsum nesciens quo. Igitur mirabile est verbum dei, quod lucet pedibus et semitis. Non sic verbum litere et humane sapientie, quod evacuat fidem, quia comprehendere facit quod dicit et lucernam oculis sese ostentat. Vgl. Günther METZGER, Gelebter Glaube. Die Formierung reformatorischen Denkens in Luthers erster Psalmenvorlesung. FKDG 14. Göttingen 1964, 117.

[438] WA 2, 750, 15f = Bo A 1, 204, 28f, s.o. S. 209, 256.

[439] Gegen dieses Verständnis des Sakraments, nach dem das Sakrament zur selbstwirkenden causa geworden ist und durch das die Gnade verfügbar gemacht wird, richtete sich der Protest der franziskanisch-nominalistischen pactum-Lehre, s. B. HAMM, Promissio, pactum, S. 470f, im Anschluß an W. PANNENBERG.

[440] In den Grenzen dieser Arbeit besteht nicht die Möglichkeit, die heutige Diskussion um diesen Begriff aufzunehmen. Im Zusammenhang unseres Versuchs, die Intention der Abendmahlsinterpretation Luthers im Protest gegen die Lehre vom opus operatum und ihre Folgen für den Verfall des Gemeinschaftssinns in der Christenheit zu erschließen, wagen wir die Formulierung: wenn ich nicht mehr weiß, was Glück und Warten auf Glück ist, verstehe ich auch die Lebenswünsche anderer Menschen nicht. Die 'Goldene Regel' der Verkündigung Jesu scheint auch hier in der Nähe zu sein, Mt 7, 12. Dem Zuspruch des Sakraments zu glauben, daß Gott dem Menschen alles Gute gönnt, ist der für sich sprechende Sinn aller von Luther herangezogenen biblischen Gleichnisse und Schilderungen des Mahls des großen Königs. Eine Parallele zu Mt 7, 12 liegt in gewissem Sinne, nach der Schilderung der brüderlichen Liebe, am Schluß des Sermons vor in der von Luther abschließend als Summa summarum angeführten Stelle Röm 13, 10: ,,'plenitudo legis est dilectio'. Die Lieb erfüllt alle Gebot''. Vgl. Mt 7, 12b: 'haec est enim lex et prophetae'. Das 'Pleroma' der Liebe, die sich selbst gibt, wird in diesem Sermon als Antwort auf die Anschauung und das Selbstzeug-

äußersten Ort seiner Anfechtung des irdischen Lebens, in Gefahr und Sterben, und in allem anderen, das dem Menschen täglich zu schaffen macht. Von hier aus, im Gedanken an das ,,Christus nimmt unseren Leib und Gestalt an'' könnte man formulieren: das Leben und Sterben des Menschen gehört selbst zu den Elementen dieses Sakraments, das ist die ,,Bedeutung'' dieses Sakraments.

ε) Zu den Charakteristica dieses Sermons gehört es, daß der Autor, wie die beiden folgenden Abschnitte zeigen, seine eigene Situation und die seiner Leser als nicht weit entfernt von der Situation der Sterbenden empfindet und beschreibt; was wir im zweiten Kapitel dieser Arbeit über den historischen Augenblick der Entstehung dieser Sermone, Ende des Jahres 1519, vor allem aus den Zeugnissen der Briefe Luthers an Spalatin und andere Freunde erfahren haben, dient dazu, diese Aussagen unseres Sermons verständlich zu machen[441]. Das Exponiertsein um der Wahrheit willen in der 'Stunde' der Passion Christi kam in Selbstzeugnissen Luthers aus dem Anfang des Jahres 1519 deutlich zum Ausdruck. Anders akzentuiert als in der Predigt Staupitzens blickt Luther an dieser Stelle im Gedanken an die Einsetzung des Abendmahls für die Jünger nicht nur auf den Schmerz des Abschieds von Christus, sondern auf die eigene ,,letzte nott und ferlickeit seyner Jünger'' und formuliert im Anschluß daran: ,,Die weyll wir dan alle sampt teglich umbgeben mit allen ferlickeyten und zu letzt sterben mussen, Sollen wir gott dem barmhertzigen auß allen creften lieblich und demutiglichen dancken, das er unß eyn solch gnedigs zeychen gibt...''[442]. Ein Sakrament der Gemeinschaft für gefährliche Zeiten; unter diesem Vorzeichen also ist die folgende Beschreibung zu lesen. Die Beschreibung der im Sakrament versprochenen Gemeinschaft der Heiligen als ,,unsichtbar'', ,,geistlich'' und ,,verborgen'' im stark herausgear-

---

nis Jesu im Sakrament bezeugt: Ich gebe mich selbst für euch, daß ihr auch wiederum euch untereinander für euch gebt. s. WA 2, 745, 36-746, 5 = Bo A 1, 200, 6-16. Luther umschreibt in diesem Abschnitt mit ,,als sprech er:...'' die Bedeutung der Einsetzungsworte Lk 22, 19f; 1 Kor 11, 25 mit gleichzeitiger Aufnahme der paulinischen Erinnerung an das 'Gesetz Christi' in der Erfahrung (Geschichte) der christlichen Gemeinde, Gal 6, 2. s.o. S. 266 und u. S. 304.

[441] s.o. S. 50-58, Anm. 113-116 und S. 109f.

[442] WA 2, 752, 30-35 = Bo A 1, 206, 41-207, 6, s.o. S. 266 und 216.

[443] s. das Folgende. Durch die Betonung des Unterschieds zwischen der himmlischen Gemeinschaft Christi und der zeitlichen Gemeinschaft der Menschen wird gleichzeitig das Wesen des Glaubens, schon in diesem Leben, und damit der Charakter der Gabe des Sakraments, die eine Gabe der Gnade Gottes bleibt, verdeutlicht, s.u. Anm. 445, 448. Auch die irdische Gemeinschaft der Christen und aller frommen Menschen auf Erden ist also eine Gabe der Gnade dieses Sakraments, eingeschlossen in die hier dem Glauben gegebene Zusage, im *Wort* gegebene Gabe.

beiteten Gegensatz zur zeitlichen Gemeinschaft der Menschen, die als
,,öffentlich'', ,,sichtbar'', ,,begreifbar'' beschrieben wird, bestimmt diesen Abschnitt. Stellt Luther damit den vorher beschriebenen Zusammenhang der himmlischen Gemeinschaft Christi mit dem Geschick aller
Frommen und der unschuldig Leidenden auf Erden wieder in Frage?
Nein, denn er schließt alle Glieder der christlichen Gemeinschaft in diese
Aussage ein, jedem steht diese ,,Überfahrt'' bevor[443]. Es geht also darum,
dieses ,,Entwöhntwerden'' vom Hängen an den zeitlichen und sichtbaren
Dingen jetzt schon zu ,,üben''. Von einem ,,ungeübten'' Glauben wird
am Schluß dieses Abschnitts die Beschreibung gegeben: ,,dan wer nit
glaubt, der ist gleych dem menschen, der ubirß wasser faren soll und ßo
vortzagt ist, das er nit trawet dem schyff, und muß alßo bleyben und nymmer mehr selig werden, die weyl er nit auff sitzt und ubir faren will, das
macht die synlickeit und der ungeubte glaub, dem die fart sawr wirt ubir
des todts Jordan, und der teuffell auch grawsamlich dazu hilfft''[444]. Demgegenüber kommt es das ganze Leben lang darauf an, das Sakrament
recht zu brauchen und an diesem Zeichen — hier macht sich geltend, daß
es 'nur' ein Zeichen ist, für den *Glauben* — den Glauben zu üben: das
heißt im Sinne der folgenden Beschreibung, mit der sichtbaren Hilfe, Liebe und Gemeinschaft so umzugehen, daß die unsichtbare Gemeinschaft
und der Glaube an sie das ist oder immer mehr zu dem wird, woran der
Mensch mit seinem Leben und Glauben ,,hängt''. ,,Darumb ist die meß
und diß sacrament eyn tzeychen, daran wir unß uben und gewenen, alle
sichtliche lieb, hulff und trost zuvorlassen und yn Christum und seyner
heyligen unsichtliche lieb, hulff und beystand zuerwegen, [= sich zu
verlassen] Dan der tod nympt alls sichtlich ding und scheyd unß von den
menschen und zeytlichen dingen, ßo mussen wir da gegen haben hilff der
unsichtlichen und ewigen, und die werden unß ym sacrament und
zeychen angeben, daran wir mit dem glauben ßo lange hangen, biß wir sie
erlangen auch empfindlich und offentlich''[445]. Nun heißt es also, gegen
die Erfahrung zu glauben; sofern unter Erfahrung sinnliche Wahrnehmung, Sehen, Fühlen usw. gemeint ist, eingeschlossen das ,,Begreifen'';
man kann jedoch als ,,Erfahrung'' auch gerade dieses Neue, im Gebrauch
des Sakraments zu Lernende, bezeichnen, daß die ,,Zeichen'' des Sakra-

---

[444] WA 2, 753, 19-24 = Bo A 1, 207, 28-33.
[445] WA 2, 753, 9-16 = Bo A 1, 207, 18-25. Die o. Anm. 34 angeführte doppelte Bedeutung von ,,sich erwegen'' auf etwas verzichten, daran verzweifeln, privativ: im Sinne von
entsagen, positiv: sich zu etwas entschließen, gewarten, sich erdreisten, erkühnen, wird hier
angesichts der sichtbaren zeitlichen und der unsichtbaren ewigen Dinge und Gemeinschaft
verständlich, sie scheint hier ihren eigentlichen Ort zu haben.

ments gerade *als Zeichen* etwas dem Menschen mitteilen, das seiner Art
nach mehr ist als sinnliche Wahrnehmung, nämlich die Anrede, die sie bedeuten, die in ihnen dem Menschen sinnenhaft eindrücklich gegebene Zusage. In der *Worterfahrung*, um die es hier geht, erweist es sich, daß das Zeichen dieser Zusage dient. Diese Entwicklung der Sakramentslehre
Luthers, die in De captivitate babylonica 1520 klar zur Vollendung gekommen ist[446], scheint sich hier im *Charakter* des Sakraments, wie Luther
ihn in den folgenden Worten umschreibt, schon anzudeuten: ,,Derhalben
es auch nutz und nott ist, das die lieb und gemeynschafft Christi unnd
aller heyligen vorborgen, unsichtlich und geystlich gescheh, und nur eyn
leyplich, sichtlich, eußerlich zeychen derselben unß geben werde, dan wo
die selben lieb, gemeynschafft und beystand offentlich were, wie der menschen zeytlich gemeynschafft, ßo wurden wir da durch nit gesterckt noch
geubt, yn die unsichtlichen und ewigen guter zu trawen odder yhr zu
begeren, sondern wurden vill mehr geubt, nur yn zeytlich sichtliche guter
zu trawen und der selben ßo gar gewonen, das wir sie nit geren faren lissen
und gott nit weyter folgeten, dan ßo fern unß sichtlich und begreyfflich
dinge furgingen, da durch wir vorhyndert wurden, das wir nymmer mehr
zu gott kemen, Dan es muß alles tzeytlich und empfindlich dingk abfallen
und wir yhr gantz entwonen, sollen wir zu gott kummen''[447]. Halten wir
uns an das zweite oben versuchte Verständnis von ,,Erfahrung'', so könnten wir versuchsweise formulieren: der Tod verdeutlicht an dieser Stelle,
was ,,Erfahrung'' überhaupt ist, sofern zu ihr als ,,Hängen am Wort'' der
geistig-geistlich verborgenen Zusage — in diesem Sinne müssen wir die
von Luther verwendete Kategorie der ,,Bedeutung'' wohl verstehen —
ein *Entwöhntwerden* vom Hängen an sinnlichen Wahrnehmungen nicht
nur, sondern Hängen an irdischer Hilfe, Liebe überhaupt gehört[448]; an ei-

---

[446] s.u. S. 297ff.

[447] WA 2, 752, 36-753, 8 = Bo A 1, 207, 6-17.

[448] Die im Wort des Sakraments zugesagte Gemeinschaft, sofern sie eine im Zeichen dem
Glauben gegebene Gabe ist, erfährt nach dieser Hervorhebung des ,,Entwöhnens'' durch
Luther an unserer Stelle der Mensch, der in dem mit ihr verbundenen Erfahrungsweg, geleitet am Zeichen des Sakraments, zugleich etwas wie eine 'Emanzipation' durch den Gehorsam des Glaubens als Sich-Aufmachen und Sich-Herauslösen-Lassen aus zuviel Ge-
wöhntsein an Hilfe von Menschen in einem vor dem Glauben liegenden Sinne erfahren hat
und in diesem Sakrament erfährt. Der Weg des Sterbens als Weg des Einzelnen im Glauben, im Sakrament schon in diesem Leben zu erfahren und zu üben, ist daher an dieser Stelle naheliegende Verdeutlichung für das, was ,,Glauben'', was Erfahrung von Gnade, im
Zeichen ,,verborgen'', ist. Vgl. Sören Kierkegaards ,,Lobrede auf Abraham'' im ersten
Teil der Schrift ,,Furcht und Zittern''. Übers. v. E. Hirsch. Gesammelte Werke IV Düsseldorf 1956², 12-22. Zum ,,Entwöhnen'' s. den vorangehenden Abschnitt ,,Stimmung'', S. 8-
12. Daß es sich in unserem Sermon jedoch im Gebrauch dieser Kategorie des
,,Entwöhnens'' beidemale um ein Verhältnis zur ,,Gemeinschaft'' handelt, von ,,der

ner früheren Stelle des Sermons führte Luther dieses aus an der Einstellung von Menschen, die sich wohl gern Hilfe versprechen lassen in diesem Sakrament, aber aus Furcht vor Ungunst der Menschen, Schande oder Tod als letztem Motiv hinter allen anderen Motiven der Abhängigkeit von der Welt nicht auch selber bereit sind, dem Nächsten zu dienen und der Wahrheit beizustehen[449]. War für Staupitz die Speise des ewigen Wortes, das Mensch geworden ist, in diesem Sakrament Lebenssaft für die Kranken und Milch der Kinder geworden, während die die jenseitige Bezogenheit andeutende „harte Speise" nur gelegentlich vom Glaubenden in diesem Leben gekostet wird, so geht es für Luther im Sakrament des Abendmahls gerade darum, die „Überfahrt" oder den „Durchzug durch den Jordan" zwischen dem Land diesseits und dem Land jenseits in diesem Sakrament zu üben; dieses Sakrament ist also nach seinem Verständnis ein Sakrament der Entwöhnung, ein Sakrament für in diesem Augenblick Erwachsen-Werdende; wie der stete Hinweis auf die zweite Seite der Bedeutung, das Sich-Selber-Geben, zeigt, ein Sakrament für Erwachsene, die selber bereit sind oder bereit werden für das Engagement, das aus ihm folgt. Der Einsatz „mit Leib, Gut und Ehre", nicht gehindert durch „Furcht der Welt, daß sie nicht Ungunst, Schaden, Schmach oder den Tod leiden müssen", ist die Frucht dieses Sakraments, das Wachsen der Liebe im Menschen, wie wir sahen[450]. So ist dieses Sakrament also in dem allen in der Weise ein „Sakrament der Liebe", wie Luther mit den Vätern und Lehrern der vorangegangenen Kirchengeschichte sagt, daß es den *Glauben* an die Gemeinschaft der Liebe *stärkt*, indem es den Menschen von Abhängigkeit und „Furcht der Welt", von der Gemeinschaft der sichtbaren Dinge, *ent*wöhnt und ihn an die Situation des Erwachsenen, an

---

Menschen zeitlich Gemeinschaft" zur „Gemeinschaft Christi und der Heiligen", im Glauben empfangen, charakterisiert *dieses* Verständnis des 'Einzelnen', das Luthers Kategorie der 'fides specialis' im Sakramentsempfang entspricht. s.o. Anm. 333. Ihr Gegenüber ist die Zusage Christi im Evangelium. Die Gemeinschaft der Liebe, die hier dem Einzelnen zugesagt ist, kann aus diesem Grund nicht menschlicher Programme werden, sie bleibt bei Staupitz wie bei Luther eine 'menschliche' Gabe, in der der Glaube die 'Menschlichkeit' des großen Königs, im Bild des Gleichnisses gesprochen, erfährt. Die Ermahnung zur Bruderliebe geschieht unter diesem Vorzeichen. Sie hat deshalb konkret-'leiblichen' Charakter, wie das häufige Betonen des „Die-Gestalt-des-Nächsten-Annehmens" deutlich macht, sie ist Hilfe und Zuwendung in konkreter Situation, gebunden an das Gedenken Christi, das die Situation deutet. s.u. S. 277. Zum Verständnis des Verhältnisses von Wortzusage und Exempel in diesem Zusammenhang s.u. S. 306ff (O. BAYER).

[449] WA 2, 747, 26-748, 5 = Bo A 1, 201, 38-202, 18, s.o. S. 250 Anm. 406. So macht gerade diese Gemeinschaft den Menschen furchtlos, in der Welt für das einzustehen, was ihm in der Verantwortung für das Wohl des Nächsten geboten scheint, und der Wahrheit beizustehen.

[450] s. Anm. 406, 449.

das Eintreten für Wahrheit und Liebe, als an die normale Situation in dieser Welt, *gewöhnt*.

Luthers Auseinandersetzung mit den Bruderschaften im auf diesen Abschnitt folgenden Anhang belegt dies eindrücklich[451].

ζ) Die Unterscheidung von zweierlei Gemeinschaft in diesem Sakrament, eine, daß wir Christi und aller Heiligen genießen, die andere, daß wir alle Christenmenschen unser auch lassen genießen, worin sie und wir mögen, mit der Luther den Abschnitt über die Bruderschaften einleitet, beleuchtet und rekapituliert ein weiteresmal das Verhältnis von Glaube und Liebe in diesem Sakrament. Empfängt der Mensch als Glied des geistlichen und verborgenen Leibes Christi die entscheidende Hilfe in seinem Weg zu Gott, so werden nun andererseits die Ziele und Lebensinteressen der Gemeinschaft dieses „Leibes Christi" auf Erden die seinen. Luther formuliert diesen Vorgang des Ein Brot, ein Trank, ein Leib, eine Gemeinschaft Werdens durch die weitere Gegenüberstellung von zwei Arten der Liebe: der eigennützigen Liebe seiner selbst und der gemeinnützigen Liebe zu allen Menschen[452]. Ein Befangenbleiben lediglich des eigenen Nutzens, so können wir unter Aufnahme der Formulierungen Luthers über das „Wachsen der Liebe", „Ganzwerden der Gemeinschaft" und „Fruchtbringen" umschreiben, ist ein Zeichen dafür, daß diesem Kommunikanten die Bedeutung des Sakraments als eines Prozesses des Wachsens und, wir können auch die Formulierung wagen, des Reifens im Sinne des Ganzwerdens sowohl für die Gemeinschaft des „Leibes", zu dem er gehört, als auch für ihn selbst, nicht aufgegangen ist. Diesen Skopus nicht zu sehen, für die christliche Gemeinschaft im Ganzen, ist der eigentliche Vorwurf, den Luther mit der Charakterisierung als „Blindheit" den Bruderschaften in ihrer gesamten Gemeinschaftsstruktur macht. Das Vorhaben bereits, einen Verband zu gründen, der nur den eigenen Interessen dienen soll, in dem man „etwas Besonderes" vor anderen erlangt, im geistlichen auf die Messen bezogenen Zweck, wie im weltlichen des Unter-sich-Feierns einer für andere geschlossenen Gesellschaft, bezeugt ein Abblenden des Interesses vom allgemeinen geistigen und praktischen Sinn von „Bruderschaft"[453]. Daß für Luther hierin eine auf Liebe *gegen jedermann* gerichtete spezifisch humane Erwartung liegt, sahen wir schon[454]. Das Abblenden des Sinnes für diese „Bedeutung des Sakraments" rächt sich, wie Luther es sieht und beurteilt, an den Mitgliedern

---

[451] s.o. S. 222.
[452] WA 2, 754, 10-16 = Bo A 1, 208, 17-24, s.o. S. 217ff.
[453] S.O. S. 219 bei Anm. 338.
[454] s.o. S. 250-253 Anm. 386; S. 240 Anm. 406-407; Anm. 452.

dieser Bruderschaften selbst, darin, daß ihre Zusammenkünfte, drastisch-
dargestellt, ,,gantz ein heydenisch, ja eyn sewisch weßen'' annehmen[455].
Zusammen mit dem christlichen fällt auch das humane 'Gesicht' weg,
denn die Gemeinschaft des Sakraments, die Gemeinschaft der christlichen
Liebe, ist auf Sehen und Wahrnehmen des gemeinen Nutzens notwendig
bezogen. Sie stellt auch keine Zulassungsbedingungen nur für erlesene
Mitglieder auf, sondern soll ,,niemand ausschlagen''[456]. Schließen sich
Einzelne zu einer solchen Bruderschaft zusammen, so soll es ihr Ziel sein,
insofern etwas Besonderes zu vollbringen, als dieses Engagement, dem sie
sich widmen, der ganzen Gemeinde dient: ,,Alßo wo eyn bruderschafft
sich erhebt, sollen sie sich alßo lassen ansehen, das die selben fur andere
menschen erauß springen fur die Christenheyt mit Beten, Fasten,
Almoßen, guten wercken ettwas beßonders zu thun, nit yhren nutz noch
lohn suchen, auch niemant auß schlahen, sondern wie freye diener der
gantzen gemeyn der Christenheit zu dienen''[457].

Zum Gebrauch des Sakraments der christlichen Liebe gehört ein Betäti-
gungsfeld, das der Glaube in der sozialen Umgebung findet. Die Reform-
vorschläge, die Luther zur Praxis der Bruderschaften vorlegt, bezeugen
Sinn für sozial Aufbauendes: einen Tisch oder zwei arme Leute speisen,
Geld zusammenlegen für eine Darlehenskasse, ein junges Paar zu einem
Handwerk gehörender Leute ausstatten. Zum Glauben als Genießen der
Gemeinschaft dieses Sakraments, der Gemeinschaft Christi und seiner
Heiligen, gehört sozial aufbauende Liebe als Erkennen und Aufzeigen
sozialer Mißbräuche verbunden mit Vorschlägen zu besserem ,,Gebrauch''
der Gemeinschaft, nicht in verzehrenden, sich selbst genügenden, sondern in an der Basis aufbauenden Formen für Andere und für die Gemeine der Christenheit im Ganzen. Dieses Kriterium christlicher Bruderschaft macht Luther allen Gemeinschaften, die sich Bruderschaft nennen,
zur Auflage, ebenso der leiblichen Verwandtschaft, die er als zweite in der
Aufzählung der drei Arten von ,,Bruderschaft'' erwähnt, nach der geistlichen, einen, göttlichen, himmlischen Bruderschaft, die an erster Stelle
steht und alle anderen übertrifft, wie das Gold Kupfer oder Blei
übertrifft[458]. Hierin sind also, wie die von Luther gegebene Anschauung
deutlich macht, Wertmaßstäbe gegeben, nicht im Abstrakten, sondern im
Geschehen und in der Bedeutung des Sakraments der Gemeinschaft Christi anschaulich als Gabe und Erfahrung, Geschehen. Von hieraus betrach-

---

[455] WA 2, 754, 25f = Bo A 1, 208, 34, s.o. S. 218 Anm. 335.
[456] WA 2, 757, 1f = Bo A 1, 211, 6.
[457] WA 2, 756, 36-757, 2 = Bo A 1, 211, 2-7, s.o. S. 221.
[458] s. folgende Anm.

tet Luther die anderen Arten der Bruderschaft und spricht sie an als solche Gemeinschaft, die für diese erste und edelste Bruderschaft *aufgeschlossen* sein soll. Hören wir noch einmal die zugleich beschreibenden und anredenden Formulierungen zum Vergleich der Bruderschaften: ,,Darumb eynen rechten vorstand und prauch zu lernen der bruderschafften, Soll man wissen und erkennen den rechten unterscheyd der bruderschafften. Die erste ist die gotliche, die hymlische, die aller edliste, die alle ander ubir tritt, wy das goltt ubirtrit kupffer odder bley, die gemeynschafft aller heyligen, davon droben gesagt ist, yn wilcher wir alle sampte brüder und schwester seyn, ßo nah, das nymmer mehr keyn neher mag erdacht werden, dan da ist eyn tauff, eyn Christus, eyn sacrament, eyn speyß, eyn Evangelium, eyn glaub, eyn geyst, eyn geystlicher corper, und eyn yglich des andern glidmaß. Keyn ander bruderschafft ist ßo tieff und nah. Dan naturlich bruderschaft ist woll eyn fleysch und blut, eyn erbe und eyn hauß, aber muß sich doch teylen und mengen yn ander geblud und erbe. Die parteysche bruderschafften, die haben eyn register, eyn meß, eynerley gutwerck, eyn zeyt, eyn gelt, und als nu geht, eyn bier, eyn fressen und eyn sauffen, Und reycht keyne nit ßo tieff, das sie eynen geyst mache, dan den macht Christus bruderschafft alleyn, darumb auch, ßo sie grösser, gemeyner und weyter ist, yhe besser sie ist. *Sollen nu alle andere bruderschafft ßo geordenet seyn, das die erste und edliste stett voraugen haben, die selben alleyn groß achten und mit allen yhren wercken nichts eygens suchen*, sondern umb gottis willen die selben thun, gott zu erbitten, *das er dieselben Christenliche gemeynschafft und bruderschafft erhalte und besser von tag zu tage*. Alßo wo eyn bruderschafft sich erhebt, sollen sie sich alßo lassen ansehen, das die selben fur andere menschen erauß springen fur die Christenheyt mit Beten, Fasten, Almoßen, guten wercken ettwas beßonders zu thun, nit yhren nutz noch lohn suchen, auch niemant auß schlahen, sondernn wie freye diener der gantzen gemeyn der Christenheit zu dienen''[459]. Sind diese ,,Werte'' den Menschen, die in ihrer Bruderschaft laufen wollen, vor Augen, so wird auch ,,rechte Ordnung'' *folgen*: ,,Wo solch *rechte meynung* were, da wurd gott auch widderumb *rechte ordenung geben*, das die bruderschafften nit mit schlemmerey zu schanden wurden. Da wurd gebenedeyung folgen, das man eyn gemeynen schatz mocht samlen, da mit auch eußerlich andernn menschen geholffe wurd... Szo du aber sprichst 'soll ich nit ettwas beßonders[460] yn der bruderschaft ubirkummen, was hilfft sie dan mich'?

[459] WA 2, 756, 17-757, 2 = Bo A 1, 210, 22-211, 7 (Sperrung: d. Vf.); s.o. S. 344.

[460] s.o. S. 176f Anm. 242-244 zum Verständnis des Sich-selbst (positiv)-und-Andern-Nützseins und zum Verhältnis von bonum commune und bonum alicuius privatum in der humanistischen und scholastischen Ethik. Die Argumentation Luthers an dieser Stelle

Antwort: ja wan du ettwas besonders suchist, was hilfft dich dan auch die bruderschafft odder schwesterschafft da zu? Dyene du der gemeyne und andern menschen damit, wie die art der liebe pflegt, ßo wirt sich deyn lohn fur die selben liebe woll finden, an deyn suchen und begirde. Szo aber dir der liebe dinst und lohn geringe ist, ßo ist es eyn zeychen, das du eyn vorkerete bruderschafft habist. Die liebe dienet frey umbsunst, drumb gibt yhr auch gott widderumb frey umbsunst alles gutt. Die weyll dan alle dingk yn der liebe mussen geschehen, solln sie anders gott gefallenn, ßo muß die bruderschafft auch yn der liebe seyn. Was aber yn der liebe geschicht, des art ist, das nit sucht das seyne, noch seynen nutz, sondern der andernn und zuvor der gemeyne''[461].

Vor einem abstrakten Pflichtethos oder Pathos des Gemeinnutzes sind diese Sätze dadurch gesichert, daß im Sakrament, in der Gemeinschaft der Liebe, die der Mensch *erfährt* in *seinem* ganzen Sein, Leib, Seele und Geist, das Ganzwerden der Gemeinschaft in beiden Aspekten[462], Mitgenießen und Mitgelten, und insofern ihr Ganzbleiben, Erhaltenwerden und Gebessertwerden von Tag zu Tag nicht Menschenwerk, sondern als täglich zu erbittende Gabe verstanden ist. Im Gedanken von ,,der Liebe Dienst und Lohn'' ist dabei eine Sprache gewählt, in der die ritterlichen Ideale des Hochmittelalters, wie im Volkslied des frühen 16. Jahrhunderts 'demokratisiert', das Engagement jedes Menschen bezeichnen,

---

scheint demgegenüber eher biblisch begründet an sein, vgl. Phil 2, 4; 1 Kor. 10, 24; vor allem 1 Kor 13, 5: '[Charitas]...non quaerit quae sua sunt'. Die ,,Bedeutung des Sakraments'' gehört also in den Zusammenhang einer biblisch-christlichen Hermeneutik; in Kategorien wie der des Gliedseins, Einander-Tragens, Die Gestalt des Nächsten Annehmens findet die *Erfahrung* der 'Agape' historisch und sachlich ihren Ausdruck. Der rechte Brauch ist damit nicht etwas Neues, sondern Luther verweist zugleich auf die Gemeinschaft, wie sie ,,vorzeiten'' war. Vgl. die Bemerkung der Widmungsvorrede, daß durch Menschenlehre (in unserem Sermon: Glossen und Fabeln vom 'opus operatum') die heiligen und voller-Gnaden Sakramente uns ,,bedeckt und entzogen'' worden sind. Die Mißbräuche sind also etwas durch Menschenlehre in der jüngsten Zeit Darübergekommenes, vgl. die Kritik an den 'recentiores' in der Lehre vom Sakrament, De captivitate babylonica. WA 6, 531, 29f = Bo A 1, 465, 20f; ähnlich 6, 509, 27-34 = Bo A 1, 440, 11-19. Diese Kritik an der 'theologistria' der Sophisten begegnete uns schon im Zusammenhang der Leipziger Disputation, s.o. S. 114, Anm. 82 im Blick auf 'liberum arbitrium', 'facere, quod in se est'.

[461] WA 2, 757, 3-21 = Bo A 1, 211, 7-28, (Sperrung: d. Vf.) s.o. S. 221.

[462] Hier kann auch erinnert werden an die o. Kap. II 2) dargestellte Zusammenarbeit zwischen Spalatin, dem Kurfürsten und Luther im verantwortlichen Handeln jedes Einzelnen in seinem besonderen Amt und die Weise, wie Luther die Hilfe Spalatins auch in Gemeindeangelegenheiten in Anspruch nimmt, unter dem Vorzeichen der christlichen Liebe, sowie an die persönliche Freundschaft beider als ein Sich-gegenseitig-Ergänzen und, von seiten Luthers, Unterstützen mit biblisch-theologischen Argumenten und geistlicher Ermutigung s.o. S. 50-64.

der bereit ist, im „Herausspringen" für die Ideale der christlichen Gemeinschaft sich einzusetzen in Wort und Tat.

In den Bruderschaften wendet Luther sich dabei, wie wir sahen, an Gruppen, die sich vor allem aus Mitgliedern der mittleren und unteren Schichten des städtischen Bürgertums zusammensetzten. Der Zustand dieser Gruppenbildungen zeigt nach der von Luther gegebenen Schilderung eine Tendenz zu regressivem Traditionalismus in Selbstzufriedenheit an. Die von Luther in diesem Sermon gegebene Kritik und seine Vorschläge zu neuer lebendiger Gestaltung der Gemeinschaft einer solchen Gruppe, in der für diesen Sermon charakteristischen Verbindung eines neu geweckten Sinnes für die geistliche Bedeutung des Sakraments mit diesem geistlich-sozialkritischen und praktisch-konstruktiven Anhang, stellt so ein Entwicklungshilfeprogramm in schlichter Verbindung der Erwartungen dar, die für das Leben des ganzen Menschen notwendig und in diesem Sakrament gegeben oder angesprochen sind. Die Forschungen von Nikolaus MÜLLER[463] dürfen in diesem Zusammenhang als Beleg dafür angesehen werden, daß wenigstens zwei der wichtigsten Bruderschaften in Luthers Wittenberger Umgebung seine in diesem Sermon gegebenen kritischen Anregungen aufgenommen haben.

In welchem Sinne der Tenor dieses Anhangs im Schlußabschnitt des Sermons nachklingt, soll uns zum Abschluß in der Richtung der Interpretation halten, die vom historischen Kontext selber nahegelegt wird. „Czum funfften, Widder auff das sacrament zu kummen, Die weyll dan itzt die Christliche gemeynschafft alßo ubell stett, als noch nie gestanden ist, und teglich mehr und mehr abnympt, yn den ubirsten am aller meysten, und alle orter voll sund unnd schanden seynd, soltu nit das ansehen, wie vill messen geschehn, odder wie offt das sacrament wirt gehandelt. Dan davon wirt es ehe erger dan besser, ßondernn wie viel du und andere tzu nehmen yn der bedeutung und glauben dißes sacraments, darynne die besserung gar ligt, Und yhe mehr du dich befindest, das du in Christum und seyner heyligen gemeynschafft eyngeleybet wirst, yhe besser du stehest, das ist, ßo du befindist, das du starck wirst ynn der zuvorsicht Christi und seyner lieben heyligenn, das du gewiß seyest, sie lieben dich und stehn bey dyr yn allen nötenn des lebens und sterbens, Und widderumb, das dyr tzu hertzen gehe aller Christen und der gantzen gemeyn abnemen odder fall ynn eynem iglichen Christen, und deyn lieb eynem iglichen gemeyn werde, und woltist yderman gerne helffen, niemant haßen, mit allen mit leyden und fur sie bitten. Sih, ßo geht des sacraments werck

---

[463] s.o. Anm. 334.

recht, ßo wirstu gar vill mal weynen, clagen und trawren fur den elenden stand der heutigen Christenheyt. Findestu dich aber solcher zuvorsicht nit zu Christo und seynen heyligenn, und dich die notdurfft der Christenheyt unnd eynß iglichenn nehsten nit anficht noch bewegt, ßo hutt dich fur allen andernn guten wercken, do du sunst meynst frum zu seyn unnd selig zu werden, Es werden gewißlich lauter gleyssen, scheyn und triegerey seyn, dan sie seyn an liebe und gemeynschafft, an wilche nichts guts ist, dann Summa summarum, Plenitudo legis est dilectio, die lieb erfullet alle gepott, AMEN"[464].

Der deutlichste Ausdruck der auf das Sakrament bezogenen Ethik, die Luther in diesem Sermon vertritt, ist die Kategorie des ,,Eingeleibtseins''. Das Fühlen und Empfinden, das Luther zum Kriterium macht — ohne herzliche Liebe soll nichts geschehen — ist Wahrnehmung dessen, was andere Glieder in diesem ,,Leib'' fühlen und zum Ausdruck bringen. Was zu tun ist, wird diesem Fühlen und Empfinden des Zustands, der Wünsche des ganzen ,,Leibes'', folgen, in Übereinstimmung mit der Wahrheit, die in solchen Gefühlen nach außen drängt. Weinen, Klagen ist für Luther das Erste, worin sich der Zustand des Leibes der Christenheit im Ganzen und in den einzelnen Gliedern Luft machen wird. Das zweite bezeichnende Charakteristikum ist die hiermit verbundene Warnung vor allen anderen guten Werken als Schein und Betrug. Nicht, weil sie in täuschender Absicht geschähen, Betrug im moralischen Sinne intendierten, sondern weil sie den Gefühlen des ,,Leibes'' nicht Ausdruck geben, an der Wahrheit des wirklichen Zustandes vorbeigehen. Die Gefühle des Einzelnen sind dabei drittens, hier verbinden sich die beiden ersten Aspekte, vermittelt mit dem Ausdruck der Gefühle des Leibes in und durch andere Glieder. So ist es das Abnehmen oder Fall ,,*der gantzen gemeyn*'', ,,ynn eynem iglichen Christen'', das Empfinden in Solidarität und wahrhaftiger Wechselwirkung, das sich in den Affekten des Weinens und Klagens des Einzelnen äußern wird. Es ist also eine mit dem Glauben und seiner Wahrhaftigkeit einhergehende Liebe, nicht ein ethisches Ideal, das mit Röm 13,10 am Schluß steht.

Versuchen wir, die in diesem Abschnitt hervorgetretenen vielfältigen Aspekte von Gemeinsamkeit und Unterscheidung zwischen den Auslegungen des Abendmahls bei Johann von Staupitz und bei Martin Luther kurz zusammenzufassen.

1) Der wichtigste Zug des Sakramentsverständnisses, daß die Gabe des Abendmahls ein Geschenk der Güte des alleinwirksamen Gottes ist, findet

---

[464] WA 2, 757, 22-758, 6 = Bo A 1, 211, 29-212, 12.

sich in beiden Auslegungen; ebenfalls der hiermit verbundene, die Entsprechung zur Alleinwirksamkeit Gottes ausdrückende Gedanke, mit Augustin formuliert, daß diese Speise nur eine hungrige, betrübte Seele eines angefochtenen Menschen empfängt.

2) Das bedeutet, in den Kategorien der Rechtfertigungslehre und zugleich in der Anschauung des von den Evangelien gezeichneten Christusbildes formuliert: der große König lädt die Armen und Sünder, die Zöllner und Dirnen zu seinem Mahl; der Bräutigam Christus begibt sich in die Gemeinschaft mit der Braut, die in Sünden und Hurerei lebt, teilt ihr seine Gerechtigkeit mit und macht sich ihre Sünde zueigen. Durch diese Gemeinschaft werden alle Dinge gemein.

3) Die Weise, in der Staupitz vom Abendmahl spricht, ist die seelsorgerliche Mitteilung im elementarsten Sinn der mündlichen Rede, durch die die Hörenden gleichsam wie die Kinder aus dem Munde des Predigers, der zugleich geistlicher Vater (oder Mutter) und ,,Ernährer'' ist, die Speise zum Leben als Gemeinschaft aufbauendes Wort menschlicher Liebe und Zuwendung empfangen[465]. Diese Speise ist Saft für die Kranken

---

[465] Vgl. zu diesem affektiven Verständnis des Wortes ,,aus dem Mund jemandes geredet'' Luthers Auslegung von Ps 38 in den sieben Bußpsalmen von 1517, WA 1, 175, 18-22: ,,das ist die rechte regel. wer all psalmen horet, gleych als auß Christus mund geredet, unnd alßo ym nach redet wie ein kynd seym vater nach betet, kan ym aber nit nach beten, er sey ym dan gleychformig yn der puß unnd leyden. darumb malet disser psalm auffs aller klerest die weyß, wort, werck, gedancken und berden eyns waren rewigen hertzen''. Es paßt zu diesem Gedanken, Worte aufzunehmen ,,wie ein Kind aus dem Munde jemandes'', daß Luther seine eigene Auslegung der Bußpsalmen gegenüber Scheurl beschreibt als ,,für ungeübte Sachsen, denen mit gar nicht genug Wortreichtum diese Dinge 'vorgekaut' werden können''. Spalatin gegenüber formuliert er ähnlich: ,,non est animae tuae cibum bis aut ter praemansum comedere''. s.o. Anm. 6. So hat Luther auch nichts Geeignetes für ,,lateinische Ohren'' zum Genuß anzubieten, für den verwöhnten ,,Geschmack'' der Nürnberger. Es scheint, als berührten solche Formulierungen in Staupitz' Rede vom Wort als Milch der Kinder und Speise, Lebenssaft für die Kranken, und Luthers Verständnis seiner praktischen deutschen Schriften das Geheimnis muttersprachlicher Bildung, wobei zu fragen ist, was dieser Begriff überhaupt enthält. Zur Fragestellung vgl. die Unterscheidung zwischen einem ,,vernacular humanism'' und einer durch den italienischen Humanismus in anderen Ländern Europas überformten Kultur als Thema der Renaissanceforschung, s. die Einleitung der Festschrift für Paul Oskar KRISTELLER, Itinerarium Italicum, 1975, XVII (H. A. OBERMAN). Zur Bedeutung der Begegnung mit Staupitz für Scheurls Entwicklung s.o. S. 227. Zum Problem des Auseinanderfallens zweier Schichten, der Gebildeten und Ungebildeten, im Gefolge dessen, daß der Humanismus in Deutschland nur zu halben Lösungen geführt habe, s. Paul JOACHIMSEN, Der Humanismus und die Entwicklung des deutschen Geistes, 382-386. Diese Kritik ist orientiert an der Unterscheidung von Formung und Normierung: nicht der Mangel, sondern die Fülle des deutschen Geistes sei es, seine Abgründigkeit und Weite, ,,die sich gegen jeden Versuch einer Formung sträubt, die zugleich Normierung ist'' (386). Positiv notiert der bei J. gegebene Überblick jedoch als Folge des humanistischen Jahrhunderts in Deutschland eine ,,außerordentliche Erweiterung des geistigen Horizontes des deutschen Volkes''. Zu ihren Zeugnissen gehören neben einer deutschen Ge-

und Milch der Kinder, d.h. sie ist aufbauend und heilend in einem für
den, der unter der Last des Gesetzes (paulinisch-augustinische Formulierung) oder unter dem Druck seiner eigenen alltäglichen Lebenssituation,
wie der Seelsorger sie sieht, von der Barmherzigkeit Gottes scheinbar getrennt und ausgeschlossen ist und ausgeschlossen zu sein glaubt oder
fürchtet. Das tröstende, zusprechende und aufbauende menschliche Wort
als eine Art seelsorgerlicher Bestätigung und Orientierungshilfe für Erwachsene, die sie brauchen können, und der Dank, den dieses Wort in
Geist und Seele des Empfangenden entzündet, das Lob des Gerechtfertigten und das ,,Gespräch des Herrn'', das die Jünger ,,erwecken'', bestimmen die Gemeinschaft dieses Mahls als Gemeinschaft des durch die gratia
gratum faciens gewirkten gegenseitigen Wohlgefallens.

---

schichtsbetrachtung und Weltbeschreibung, den Anfängen einer selbständigen Bewältigung
des Rechtsstoffs und anderem auch eine Laientheologie in verschiedenen Ausprägungen, sowie eine ,,freilich sehr naive, aber ganz deutsch orientierte Sprachwissenschaft''. In diesen
allen sei ,,ein Gefühl der Eigenständigkeit, so wie wir es am Anfang der Periode nirgendwo
finden. Dem entspricht eine allgemeine Erweiterung der geistigen Interessen''. (384). —
Luthers Vorreden zur Theologia deutsch finden sich von selbst in diesem Zusammenhang
als theologisches Zeugnis für eine solche Wertschätzung, jedoch ganz aus der biblischen
Sacherfahrung formuliert, *ohne* jede Eigenherrlichkeit der sprachlichen Form, wofür Luther
1 Kor 1, 18ff anführt (törichte, ungeschmückte Rede) s.o. Anm. 3 und Kap. II, Anm. 13
(Gusta ergo et vide, quam suavis est dominus, ubi prius gustaris et videris, quam amarum
est, quicquid nos sumus) und Anm. 80 (zu Taulers Sermonen, gegenüber Eck). — Gehören
diese Zeugnisse in den Anfang der von JOACHIMSEN dargestellten Periode, so gilt jedenfalls
für diesen Zeitpunkt das Urteil des Auseinanderfallens zweier Schichten, auf die Intention
dieser Schriften gesehen, noch und gerade nicht: für diese Mitteilung der eruditio christiana
gibt es keine Sprachbarrieren. Darauf beruht die Eigenart dieses genus scriptionis, quod
Christum sapit, jedenfalls *auch*, vielleicht unter anderen Gesichtspunkten, die u.U. darüberhinaus noch zu bedenken wären. Eine ganz unter dem Gedanken, Christus und der Gemeinde, dem Nächsten, zu dienen, stehende Schreibweise, so hatten wir anläßlich der verschiedenen Äußerungen Luthers zu den von uns besprochenen Schriften gesehen. s.o. S. 132
Anm. 134f; S. 89 Anm. 8; S. 78ff (zu O. Beckmann). Zum Problem Formung und Normierung bietet der Freundeskreis, den wir kennenlernten, Anschauung, sofern es gerade die
dem lateinischen Ideal sprachlicher Form zugewandten Freunde Chr. Scheurl und O. Beckmann waren, die dem Weg der Wittenberger Reformation nicht endgültig und für die Dau-
er zu folgen vermochten, im Gegensatz zu Spalatin und anderen. Zu Spalatins Begabung in
beiden Sprachen als Reimschmied und Übersetzer s.o. S. 50 Anm. 99f. Sofern im Blick auf
die von uns betrachtete Schriftengruppe von Bildung, eruditio christiana, zu sprechen ist, ist
ihr Inhalt, wie es scheint, weniger unter dem Gedanken der Formung und Normierung als
unter dem Gesichtspunkt der Mitteilung im Sinne des Darreichens aufbauender Lebenssub-
stanz, Kommunikation und Kommunikationsfähigkeit (vgl. die Staupitzsche Formulierung
,,Die Jünger erwecken das Gespräch des Herrn''), zu sehen. Staupitz vertraut dabei darauf,
daß die Sprache ihrem Wesen nach solche Mitteilung lebendiger Menschen, Kommunikation des Lebens, ist: ,,Wer lügt, quält das Wesen der Rede'' s.o. S. 224 zu
Prädestinationsschrift c. 17, 133f, Kn 163, sowie Anm. 326 und 433. Hiermit hängt es
zusammen, daß die andere Kommunikation, die die Jünger des Teufels in Gang setzen, mit
Luthers Worten formuliert, wider die Gemein nicht bestehen kann, eine Gemeine, die im
Mitteilen der Leiden und Lasten alles gemeinsam trägt. s.o. S. 244 bei Anm. 391.

4) Martin Luthers Weise, in den beiden von uns betrachteten Schriften des Jahres 1518 und 1519 vom Sakrament des Abendmahls zu reden, setzt dieses seelsorgerlich-praktische Verständnis des Sakraments und seiner spezifischen aufbauenden Elemente voraus. Das findet seinen Ausdruck z.B. darin, daß dieselben biblischen Textbezüge, die die Auslegung Staupitzens leiteten, zum großen Teil sich auch bei Luther finden. Es betrifft aber zugleich den Inhalt selbst, der in diesem Sakrament mitgeteilt wird, die Gemeinschaft der Liebe. Dennoch ist das Genus der beiden Schriften anderer Art als die seelsorgerliche Vermahnung Staupitzens: die erste Schrift von 1518 hat den Charakter der biblisch-theologischen Lehrpredigt, die im seelsorgerlichen Eingehen auf die Frage von Würdigkeit und rechter Vorbereitung angesichts der Situation des Sakramentsempfängers auf den Aspekt der Wahrheit des rechten Redens vom Sakrament hinzielt. Auseinandersetzung mit in Geltung stehender Auslegung biblischer Texte, das Ringen um das Verständnis der paulinischen Mahnung zur Selbstprüfung 1 Kor 11,28 f und damit die Wahrheit der rechten Predigt vom Sakrament auf den Hintergrund der ganzen Bibel, wie Luther sie vom paulinischen Rechtfertigungsbekenntnis aus versteht, notfalls Paulus gegen Paulus stellend[466], ist der große Raum, der aus Anlaß dieser Frage für den Hörer mit gegenwärtig wird. An der Wortzusage Christi, wie sie die Schrift mitteilt, seine Entscheidung darüber, wie er zum Abendmahl, dem Sakrament der Gemeinschaft, gehen will, zu orientieren, dazu wird der Hörer durch diese Art der Predigt aufgefordert.

5) Die hier vollzogene Entscheidung, an deren Entstehung der Prediger seine Hörer teilnehmen läßt, ist eine Entscheidung über die Gewißheit (certitudo), mit der der Mensch zum Sakrament gehen muß: nach Abwägung aller Gründe und Gegengründe bleibt übrig, daß diese Gewißheit *allein* auf Christus und seinem Wort steht. In der seelsorgerlichen Beratung ist also nach dieser Predigt Luthers, methodisch formuliert, die dogmatisch-normative Dimension, die letzte Entscheidung darüber, was angesichts von Mahnung, Gericht und Tiefe der von Gott aus gesehenen menschlichen Existenz Gewißheit und allein Gewißheit gibt, gegenwärtig

---

[466] Gegen eine Inanspruchnahme von 1 Kor 11, 28f für die Forderung durch Selbstprüfung zu erbringender, ,,engelsgleicher'' Reinheit als Würdigkeit zum Sakramentsempfang argumentiert Luther WA 1, 332, 26-36: Si Apostolus eo verbo vellet nos probari a nobis, usque dum digni fieremus, prorsus ad impossibile nos obligasset et omnes homines, etiam sanctos, communione privasset, sibi denique ipsi in plerisque locis contradixisset, ubi clamat omnes esse peccatores et sola iustificandos fide. Oportet enim accessurum ad sacramentum esse certissimum se sine peccato mortali esse, si non velit iudicium sumere. At impossibile est, ut ex se et suis viribus certus fiat... Relinquitur itaque, ut certitudo illa stet super firmam infallibilemque petram, id est, Christum et verbum eius.

geworden oder gegenwärtig gewesen: im Bekenntnis zur Gewißheit, die allein auf Christi Wort steht, hat der Glaubende sie im Bekenntnis gleichsam hinter sich. Die Predigt von 1518 hat also den Charakter der Lehrpredigt mit assertorischem Sinn, im Bekenntnis zum *allein* Gewißheit gebenden Wort Christi endend. Die Verantwortung des theologischen Lehrers, Bibelauslegers und Predigers ist mit der Zuwendung des Seelsorgers zu seinen Hörern eins geworden. Inhalt der Predigt ist die Gewißheit des Glaubens als nachvollziehbarer Entscheidungsprozeß.

6) Im Abendmahlssermon von 1519 hat Luther, wie es scheint, einen größeren Leserkreis theologisch nicht vorgebildeter Laien vor Augen. Die für Staupitz charakteristischen Züge der muttersprachlichen Lehre finden sich daher in diesem Sermon stärker als im Sermo von 1518. Inhaltlich bedeutet dieser neue Sermon eine Fortsetzung des bisher skizzierten Weges, jedoch so, daß Luther für diesen Kreis von Interessierten mit Hilfe der Kategorie der Bedeutung des Sakraments tief in die Lebenswelt seiner Leser sich hineinbegibt und in ihr selbst die irdisch-realen Bezugspunkte der in diesem Sakrament geschenkten Gemeinschaft der Liebe beim Namen nennt, zum Teil mit heftiger Polemik gegen das, was in diesem Lebensbereich seiner Leser an die Stelle der Bedeutung des Sakraments sich gesetzt hat und die Wahrheit des Sakraments verdeckt. Als kritische Instanz wird hierin erstmals mit dem rechten Brauch des Sakraments und seiner Bedeutung die historisch-hermeneutische Dimension der Wahrheit dieses Sakraments sichtbar: die Einsetzung des Sakraments durch Christus und das Elend der heutigen Christenheit, verglichen mit dem früheren Brauch der Gemeinschaft in den Gottesdiensten der christlichen Gemeinde. Unbrüderlichkeit, Not in der Welt, werden dabei als Erfahrungskontext deutlich artikuliert. Mittragen, Mitempfinden, Mitleiden sind die 'soziale' Folge solchen hermeneutisch-historischen Verstehens. Mit diesem kritischen Aspekt des Sakraments wendet Luther sich an eine bestimmte Gruppe unter seinen Lesern, die nur genießen, aber nicht mittragen wollen. Eine solche Einstellung sieht er besonders ausgeprägt vorliegen im Selbstverständnis der Bruderschaften, an die er daher einen kritischen Appell richtet. Seelsorgerlich bleibt bestimmend die Auslegung des Sakraments als Zusage und Stärkung für die betrübte und angefochtene, hungernde Seele, zur Übung ihres Glaubens im häufigen Gebrauch dieses Sakraments, d.h. also die vertikale Dimension der Wahrheit dieses Sakraments. Dem Wort der Zusage — hier setzt Luther den Weg des Sermo von 1518 fort — damit der, der das Versprechen gegeben hat, seine Treue und Wahrhaftigkeit erweise, gilt es, den Weg zu öffnen, im eigenen Dasein des Sakramentsempfängers, gegen Schwäche, Kleinheit, Verzagt-

heit, und gleichzeitig im Gebrauch der Gemeinde, gegen falsche Lehre
vom Sakrament und von der Messe (Spekulation und falsche Wertschätzung des sog.opus operatum in der Praxis) diesem von Gottes Gnade allein geschenkten Guten im rechten naturgemäßen Gebrauch das Feld wieder freizukämpfen, für die Bedürftigen, die sonst durch solche Menschenlehren auf falsche Wege geleitet werden. Die Wahrheit dieses Sakraments,
seine Bedeutung und sein rechter Brauch haben im Verständnis Luthers
nach diesem Sermon zugleich eine horizontale (historisch-hermeneutisch-
soziale) und eine vertikale (dogmatisch-seelsorgerliche) Dimension[467]:
experientia des Glaubens.

7) Hierin antwortet der einstige Zuhörer der Bußlehre Staupitzens und
der selber im Gespräch mit dem Seelsorger und Theologen Staupitz Rat-
suchende in seiner eigenen Predigt und theologischen Lehre vom Sakrament auf das, was als Grundgedanke der Staupitzschen Anschauung von
Rechtfertigung und Liebe Gottes bezeichnet werden kann: Wer die Liebe
Gottes in menschlicher Liebe empfängt und empfangen hat, dem
erschließt sich in der Liebe Christi auch der Sinn für die Liebe des Nächsten, so wie Luther in diesem Sermon von ihr spricht, im Sinne einer lie-
benden Identifikation (,,Die Gestalt des Andern und der Gemeinschaft
annehmen''[468]). Die warnende Abgrenzung von Werken, die ohne Liebe
und Gemeinschaft geschehen, so heilig und gut sie auch scheinen, bringt

---

[467] In diesem Sinne dürfte die Formulierung G. EBELINGS über die soteriologische Relevanz der Sakramente als eine indirekte Interpretation unserer Sermone zu hören sein: Die
Sakramente sind ,,bezogen auf die Grundsituationen des Menschen: sein Bestimmtsein
durch Geburt und Tod, und zwar in deren eigentümlicher Dialektik, daß das Zum-Leben-
Kommen der Beginn des Sterbens und allein das Sterben der Eingang ins Leben ist; sowie
das Ernährtwerden von Tag zu Tag in der peregrinatio des Daseins als homo viator. Nur
blasse Abstraktion kann daraus eine individualistische Ausrichtung der Sakramente herlei-
ten. Die Zeitlichkeit des Zwischenseins zwischen Geburt und Tod, zwischen Sterben und
Leben ist die Signatur der Welt und ist nur recht bedacht in einer Spannweite, welche
Schöpfung und Eschatologie mit einbezieht''. Wort Gottes und Tradition, 225f. s.o. Anm.
333.
[468] Vgl. die prägnante Zusammenfassung über 'soziales Lernen' in der Formulierung
Staupitzens, Von der Lieb Gottes c. 19, Kn 114: ,,Derhalben werden die menschen von nyemandts anders, den in der schule der liebe gottes gelernig, in yr allein werden wircker des
gotlichen worts, alle andere gottes kunst machen nichtz denn horer''. Zu dieser Kunst ,,sol-
len die eldern yre kind, die meister yre iunger, die geistlichen hirten yre schefflein, ia mer die
schefflein Christi, ziehn, was sy sonst lernen, ist nichtz den arbeyt, und peinigung des geystes. Es ist auch kein andere kunst zu der seligkeit notturfftig das ist aber ye war, das sy nye-
mandt den got selbst lernen kan...''. Vgl. dazu in Luthers Formulierungen z.B. im Sermon
von dem Neuen Testament § 14, WA 6, 361, 14-18 = Bo A 1, 307, 2-6 (s.o. Anm. 313):
,,dan wer Christum liebt, wirt wol thun, was yhm gefellit, und lassen, was yhm nit gefellit,
wer wil yhn aber lieb haben, er schmeck dan den reychtumb dißes testaments Christi, den
armen sundern umbsonst auß lautter gnaden bescheyden? den schmack bringt der glaub,
der dem testament und zusagen glaubt und trawet...''.

für dieses Sakrament den Tenor zum Ausdruck, der allen drei Sermonen gemeinsam ist. Wie Luther im Taufsermon unter dem Gesichtspunkt des Unsinnigen und z.T. die Natur Verderbenden vor den dahinrasenden guten Werken in Anpassung an die wechselnden Moden des jeweils Eindruck Erweckenden warnte und den Weg des Nachdenkens und Findens der jedem Einzelnen gegebenen ,,sonderlichen Weise'' jedes Heiligen in Beruf und Stand freizuhalten sich bemühte, im Interesse des Einzelnen und der Anderen, so gelangt auch dieser Sermon zu einer Abgrenzung von ,,Gleissen und Trügerei''. Ohne Liebe und Gemeinschaft ist nichts Gutes. So hat sich unter dem horizontalen Aspekt der Wahrheit dieses Sakraments ein Wahrheitskriterium auch im Blick auf das Handeln ergeben. Liebe und Gemeinschaft sind das wahre Gut dieses Sakraments, das sich in der Prüfung erweist. Dieses wahre Gut ist dem Menschen von Gott in diesem Sakrament gegeben, damit es Frucht bringe im Glauben und guten Brauch[469].

8) Luthers Erörterung über den rechten Brauch des Sakraments und der Gemeinschaft ist so eine theologische Orientierungshilfe im Leben selbst, in dem die Kriterien des Verhaltens oft nicht im voraus verfügbar sind, sondern unter Zuhilfenehmen aller vieldimensionalen Gesichtspunkte theologischer Erfahrung erarbeitet werden müssen, in diesem Fall bis hin zu einer spontan sich anschließenden Kritik dessen, was in der nächsten kommunalen Nachbarschaft (Bruderschaften) geschieht[470]. Die An-

---

[469] Für Staupitz sei in diesem Zusammenhang noch einmal erinnert an den Gesichtspunkt des Sich-Selbst-Versäumens und Gottes Angesicht Verlierens, das u.a. auch in ungerufenem Sich-Drängen zum Regiment und Verwaltung der Dinge Anderer bei Versäumen der eigenen zu finden ist. s.o. Anm. 433. Luther hat an unserer Stelle im Zusammenhang mit seiner Polemik gegen die vielen Messen vermutlich gute Werke im religiösen Bereich vor Augen. Das aufbauende Handeln im Dienst des Nächsten in der Bürgergemeinde und für die Christenheit in der Welt taucht demgegenüber als Korrektiv auf.

[470] Im Sinne eines solchen Verständnisses von Theologie als Vor-Ort-Analyse unter dem im Evangelium geöffneten Himmel vgl. die Formulierung H. A. OBERMANS, Contra vanam Curiositatem, 53: ,,Wenn Luther die scholastische Quästionen-Methode durch 'case-study-method' ersetzt, so ist dies der Versuch, auch in der Theologie dem Leben — und nicht nur bei der Übersetzung dem Volk — 'aufs Maul' zu schauen. Somit bedeutet die Aussage 'experientia facit theologum' die Konkretisierung, ja die Fleischwerdung der Theologie'' (Dazu ergänzend: ,,Parallel zu 'fides contra fidem' und 'spes contra spem' ''. Ib., A. 108). Daß es sich in unserem Sermon in dieser Hinsicht um eine Analyse in Verbindung mit dem Sakrament handelt, macht deutlich, daß es sich bei dieser experientia um eine experientia des in das Wort gebundenen Glaubens handelt. Zur sachlichen Bedeutung dieses Aspekts o. S. 254-277: Absage an subtilitates; Praxis des Glaubens um der Größe des Werks willen; Fortsetzung im Mittragen des Nächsten; Absage an das opus operatum; Bedeutung des Sakraments für Sterbende; brüderliche Liebe gegen jedermann. Sucht man unter dem Blickpunkt späterer innerreformatorischer Auseinandersetzungen gegenüber dem Spiritualismus das Wesen des Glaubens in der Erfahrung gegenüber einer isolierten Innerlichkeit mysti-

fechtung, die auch in mangelnder Orientierung bestehen kann, ist bestanden, wenn die Gabe des Sakraments in der hier von Luther vermittelten Weise für sich spricht.

---

scher Erlebnisse fest abzugrenzen, wie es z.B. das Interesse der aus diesem Grunde gegen unseren Sermon kritischen Interpretation O. BAYERS ist, so muß zunächst dagegen geltend gemacht werden, daß in der Situation der Jahre 1518/19 für Luther eine andere Fragestellung leitend ist, nämlich die Gewißheit des Glaubens, die allein auf dem Wort der Zusage Christi steht, in diesem Sinne eindeutig das verbum externum. Gerade diese Gewißheit eröffnet jedoch überhaupt erst das Wesen wahrer Internität, wie schon die Römerbriefformulierung über das exire und ad seipsum introire zum Ausdruck bringt, wobei das exire Gottes und coram Deo Gerufensein des Menschen aus sich selbst heraus die Voraussetzung des wahren introire des Menschen darstellt. Die Freude des Menschen an den *ihm* im Sakrament zugesagten Gaben Gottes und der Sinn für ,,Schöpfung'' und die Größe der Wunderwerke Gottes, der sich in demselben Zusammenhang erschließt, der rechte Brauch, d.h. sich die Gaben Gottes zugeeignet sein zu lassen, *ohne* daß ich sie ,,abkaufen'' kann oder ,,bezahlen'' muß, ist Internität und Externität in einem. Das Mitgelten nach dem Mitnießen sowie alle oben genannten Aspekte bis zur Situation des Sterbenden halten den Glauben des Menschen in dieser Externität fest. Der Gedanke des Christus-Leibes, dessen Leiden der Einzelne in seinem Inneren mitfühlt, im Klagen über das Elend der heutigen Christenheit z.B., zeigen im Einzelnen auf, daß es sich um eine Internität unter dem Gesichtspunkt des In-der-Welt-Seins (Schöpfung) und, christologisch-ekklesiologisch, des Im-Leib-Seins handelt. Dieses Element, das von Mystik und Pietismus häufig gerade übersprungen wird, weshalb umgekehrt die Kategorie der Innerlichkeit im Namen des verbum externum von anderen überhaupt verworfen zu werden droht, zu Unrecht, wie wir im Blick auf Luthers Theologie des Sakraments meinen sagen zu müssen, d.h. der feste Zusammenhang von *Externität* und Internität, charakterisiert das reformatorische Verständnis des Glaubens. s. dazu u. S. 306ff (zu O. BAYER). Methodisch überschreiten solche Überlegungen jedoch den Horizont, in dem die Sermone Luthers 1518/1519 ihren zeitgeschichtlichen Ort haben als Vor-Ort-Theologie für *diese* Situation. 'Case-study-method', dieser Bemerkung des angeführten Artikels von H. A. OBERMAN gingen wir hier nach, orientiert sich also an der individuellen *historischen* Zeit und wird ihre ,,Fälle'' nicht in zeitlose Schemata gesetzlich verstandener Allgemeinheit nivellieren, im Sinne der Abgrenzung des Glaubens von der abstrakt spekulierenden curiositas. Dennoch gibt es in dieser Betrachtung, wie Luthers Kategorie der ,,Bedeutung des Sakraments'' deutlich macht, die einzelne Situation übergreifende hermeneutische, kirchengeschichtliche Erfahrung deutende ,,Erfahrungsumrisse''. Mit den vielfältigen Bezugnahmen auf Gleichnisse der Sprache und menschlich-sozialen, hauswirtschaftlichen Erfahrung bringen sie in diesem Sermon tatsächlich viel vom ,,Leben'' und der ,,Sprache des Lebens'' (s. die angeführte Formulierung H. A. OBERMANS) in den Blick. Gleichzeitig geschieht dabei, wenn in der Art Luthers die vieldimensionalen Problemaspekte der Theologie der Glaubensgewißheit gegenwärtig geworden sind (Sermo de digna praeparatione cordis 1518), so daß der Prediger weiter-schreiten kann zu neuen praktischen Fragen (Sermon von 1519), jedesmal so etwas wie ein Aufnehmen dessen, was wir ,,Sprache des Lebens'' nannten, und damit verbunden ein Deuten der gesamten Situation in den genannten kirchengeschichtlichen Umrißlinien; etwas wie ein Übersetzen der Situation (oder des 'Falles') in Theologie, in aller Anstrengung des Begriffs; jedoch so, daß im Hören *allein* auf die Zusage des Sakraments und im Gehorsam des Glaubens, der dieses Gebot, dem, der verspricht, zu glauben, ihn nicht zum Lügner zu machen, als das höchste und entscheidende Gebot gegen alle anderen Ansprüche ansieht und befolgt, die als Gleichnis dienende Sprache des Lebens für *das* steht und als testimonium für den gehört werden will, dem es *allein* zu folgen gilt. Sprache des Lebens, im Sinne des Glaubens an die die Zukunft verbürgende Zusage Gottes gehört und geglaubt, ist dann Sprache des Lebens, die über den Tod hinaus-

c) Nachdem der Abendmahlssermon Luthers von 1519 seine Eigenart und sein theologisches Anliegen im Vergleich mit den vorangegangenen Stellungnahmen Luthers (1518) und Johanns von Staupitz erwiesen hat, werfen wir, wie vom Aussichtspunkt eines Berges aus, noch einen Blick auf die folgenden Schriften Luthers, den Sermon Von dem Neuen Testament d.i. von der heiligen Messe vom April des Jahres 1520[471] und auf das dem sacramentum panis gewidmete erste Kapitel der Schrift De captivitate babylonica ecclesiae praeludium vom Spätsommer desselben Jahres[472].

1. Der Sermon von dem Neuen Testament, d.i. von der heiligen Messe, ein halbes Jahr später als unser Abendmahlssermon von 1519 verfaßt als nachträgliche Ausarbeitung einer Predigt, hält, davon kann bereits ein

---

weist, wie z.B. nach dem Taufsermon Luthers der Mensch Ton in der Hand des Töpfers ist, in der Taufe jetzt schon im Anfang seines Neugemachtwerdens. ,,Sprache des Lebens'' ist so reine Qualität des Lebens als Zeugnis des Künftigen. Das Lob des Schöpfers in den Kreaturen, Augustins Lehre vom uti der res, der zeitlichen Dinge, und frui Deo, die, wie allgemein angenommen wird, noch für Luthers Hilfsbegriffe ,,Zeichen'', ,,Bedeutung'' (und ,,Glaube'') den Bezug bildet, weisen in diesen Sermonen Luthers von 1519 also in dieselbe Richtung, in der in den Gleichnissen und Bildworten der Verkündigung Jesu ,,Sprache des Lebens'' hörbar wird. In diesem Sinne sei noch einmal auf die 'fundamentaltheologischen' Bemerkungen G. EBELINGS zum Sakrament, s. Anm. 467, verwiesen. Das Verhältnis von Fundamentaltheologie und case-study-method bleibt, wie es scheint, das Thema der Erfahrung des Glaubens selbst. Ihre Einheit liegt nach dem Verständnis dieses Sermons im *Sich-Erweisen* im Sinne des Durchzugs-Motivs in zugespitzter Situation: nur, wer im Glauben die Überfahrt wagt, gelangt hinüber. Das sola fide ,,gilt'' also nicht abgelöst von Lebenssituationen, sondern weist auf das Kräftigwerden zum Bestehen der Anfechtung in letzter Spannkraft von Leib, Seele und Geist hin: allein aus der Kraft der zugesagten Zukunft. Mit O. BAYER formuliert: ,,Die Sakramente geben und bewahren dem Glauben seine Chance''. (Promissio, 179). Die Polemik Luthers gegen das opus operatum und die mit ihm verbundenen Anstrengungen des Menschen richtet sich letzten Endes gegen ein von Grund auf verfehltes Situationsbild, das bis in das Verständnis von Wort und Wahrheit (die für den Glauben im Sinne der Bibel *sich erweisende* Wahrheit ist) verblendet ist. Die Kritik der Sakramentspraxis und mit ihr verbundener Ethik muß daher, wie die Kategorie der ,,Bedeutung'' des Sakraments zeigt, ontologische Kritik sein gegenüber einem Denken, das dem Wort Gottes selber und dem ihm antwortenden Glauben seine Chance nicht lassen will. So wird unter anderem auch das Bild der Schöpfung verfinstert (,,Ich find es dort, wie immer, herzlich schlecht...'') und vom Meltau des Mißtrauens überzogen. Luthers Sakramentslehre von 1519 bekämpft so mit dem Gesichtspunkt des rechten Brauchs in der curiositas und im opus operatum intellektuell und moralisch eine gnostisierende Tendenz, die den christlichen Glauben und natürliches Lebensverständnis im Sinne biblischer Erfahrung (sapientia im Sinne Staupitzens) aktuell überfremdet. Wortzusage und Glaube im Sakrament sind dagegen die *wahre* Antwort auf das Problem des um sein Leben bangenden und nach ,,Sicherheit'' verlangenden Menschen, weil sie es den diese 'Tendenz' vertretenden Mächten — vgl. das Bild der Todesanfechtung unter den ,,schrecklichen Bilden'' — in Zukunft unmöglich machen, den Menschen in verblendeter securitas an diesen seinen 'Trieben' *auf Kosten des Glaubens* und der Erfahrung des *sich bewährenden Wortes* d.h. auf Kosten des Lebens ausbeuterisch gefangen zu führen.

[471] WA 6, 353-378 = Bo A 1, 299-322 mit Einleitung (O. CLEMEN).
[472] WA 6, 502-526 = Bo A 1, 432-459 mit der vorangehenden Einleitung.

erster Blick auf diese Schrift überzeugen, den aus unserem vorangegangen Sermon bekannten Skopus von der hungrigen Seele des im Gewissen Verzagten und Unruhigen als *der* Empfängerin, für die dieses reiche Testament Christi eingesetzt ist und der es gehört, aufs deutlichste fest. In drei Hinsichten, so scheint es, zeigen sich jedoch neue Akzente in der sprachlichen Formulierung und im Zeitgefühl, Zeitausdruck und Zeitverständnis, unter dem die Messe gesehen wird.

α) In den Einleitungsabschnitten und im Schluß des Sermons, also in den Stücken, die den Rahmen der eigentlichen Sakramentsauslegung Luthers bilden, geht der Autor, was in diesem Zusammenhang einer Sakramentsauslegung neuartig wirkt, im Sinne des Themas der Unterscheidung von Gesetz(en) und Evangelium auf das Sakrament zu. Viele Gesetze bringen, wie Erfahrung und Geschichte zeigen, nie Gutes, sondern zerteilen im Gegenteil die Gemeinde und treiben Gruppen, ja auch Einzelne gegeneinander zu gegenseitiger Rivalität und Verachtung des Anderen um der eigenen gleissenden guten Werke willen, unter denen doch insgeheim kein guter frommer Wille, sondern Unwilligkeit verborgen ist. Solchen vielen Gesetzen hat Christus die *eine* Weise des Gottesdienstes entgegengestellt, die Messe, das ist das Neue Testament, mit dem er alle Gesetze des alten Testaments, das ganze Gesetz Moses aufhebt. Wie es schon im Alten Testament nur ein Opfer gab, so setzt er im Neuen Testament nur diese eine Messe ein, um nicht aufs neue Anlaß zur Zerteilung der Gemeinde durch viele Gesetze zu geben. In diesem Gottesdienst macht Gott den Anfang, nicht der Mensch mit seinen Werken[473]. Am Schluß des Sermons verweist Luther zur Sache auf den Sermon von den guten Werken und formuliert an dieser Stelle parallel zum Gedanken der einen Mes-

---

[473] WA 6, 353, 18-22 = Bo A 1, 300, 5-9: ,,Die weil den unwill da ist, ßo ist nymmer keyn gutt werck da, dan was nit willig geschicht, ist nit gut und gleysset nur als were es gut. Darumb mugen alle gesetz niemant grundlich frum machen on die gnad gottis, sondern es mussen eytel gleysner, heuchler, eußerliche, hoffertige heyligen drauß werden''. WA 6, 353, 5-18 = Bo A 1, 299, 25-300, 5: ,,Das leret uns die erfarung, alle cronicken, dartzu die heyligen schrifft, das, yhe weniger gesetz, yhe besser recht, yhe weniger gepott, yhe mehr gutter werck, und ist noch nie keyn gemeyne odder yhe nit lang wol regirt, wo vil gesetz geweßen seyn...''. Dem Volk Israel gab Gott durch Mose vielerlei Gesetze, ,,nur darumb, das menschlich natur solt erkennen, wie gar nichts hulff vil gesetz, frum leuth zu machen, dan ob wol das gesetz treybt und zwinget zu guten wercken von den bößen, ists doch nit müglich, das der mensch dasselb willig und gerne thu, sondern befindet sich altzeyt ungunstig dem gesecz und wolt lieber frey seyn''. WA 6, 356, 3-8 = Bo A 1, 302, 9-14: ,,Wen der mensch soll mit gott zu werck kummen und von yhm ettwas empfahen, ßo muß es also zugehen, das nit der mensch anheb und den ersten steyn lege, sondern gott allein on alles ersuchen und begeren des menschen muß zuvor kummen und yhm ein zusagung thun. Dasselb wort gottis ist das erst, der grund, der felß, darauff sich ernoch alle werck, wort, gedancken des menschen bawen...''.

se gegen die vielen Gesetze die Aussage, daß der *Glaube* alle Gesetz und Werke abschneidet und, darin liegt der Grund des ersten, alle Gesetz und Werke erfüllt. Aus ihm fließt die Gerechtigkeit. Zugespitzt folgt darauf, an den Schluß unseres Sermons von 1519 erinnernd, die Warnung vor den guten Werken in bemerkenswert verschärfter Form: ,,Drumb last uns hůtten fur sunden, aber vil mehr fur gesetzen und gutten wercken und nur wol warnehmen gottlicher zusagung und des glaubenn, ßo werden die gutten werck sich wol finden''[474].

β) Den Grund für den wachsenden Affekt gegen die ,,Gesetz und Werke'' macht am besten der zweite gegenüber dem Sermon von 1519 gewandelte Akzent im Verständnis der Messe selbst deutlich: Luther betont nun ausschließlich den Charakter der Messe als Testament Christi, für die Empfangenden als reinen ,,Genieß und Gewinst''[475], durch nichts zu verdienen und von den das Empfangen des Schatzes begleitenden Gebeten und Liebeswerken wie Kollekte, Almosen usw. aufs deutlichste zu unterscheiden[476]. Christus hatte keine andere Ursache, zu sterben, als die, ein solches Testament zu machen, so heiß begierig war er, seine ewigen Güter auszuschütten (Lk 22,15). Die Menschen gegenwärtig aber bleiben so blind und kalt von soviel Messen, weil sie nicht wissen, was die Messe ist, was sie mit ihr machen sollen und was sie von ihr haben. Daß ein Testament als *reines* beneficium datum, non acceptum, dem zufällt, auf den es lautet, ist völlig in Vergessenheit geraten, so sehr sind die Gemeindeglieder durch lange Gewöhnung an Prediger, die den armen Seelen Spreu als Korn, ja, den Tod als Leben anpreisen, verschüttet in und unter dem Zwang des Wiedererstattungsgedankens und der ,,vielen Messen''[477], so hören sie vorbei am wahren Inhalt der Messe. Darf man von einem ,,Vor-

---

[474] s.u. S. 289 Anm. 482. WA 6, 378, 13-16 = Bo A 1, 322, 9-12.

[475] WA 6, 365, 4-13 = Bo A 1, 310, 15-24: ,,...aber diß werck und gepett seyn vill ander dingk dan das testament und sacrament, wilchs niemant opffern odder geben kan widder gott nach den menschen, sondern ein yglicher sein ßo vill nympt und empfehet fur sich allein, ßo vil er glaubt und trawet, gleych als ich fur niemant, auch niemant zu gutt magk das sacrament der tauff, der puß, der ölung empfahen odder geben, sondern ich nym fur mich allein die wolthat darynnnen von gott, und ist hie nit officium, sed beneficium, keyn werck odder dienst, sondern allein genieß und gewinst, also mag auch niemant fur den andern meß halten odder hören, sondern ein yglicher fur sich selb allein, dan es ist da lauter genieß und nhemen...'' s. auch WA 6, 364, 19-21 = Bo A 1, 309, 35-37: ,,den ein testament ist nit beneficium acceptum, sed datum, es nympt nit wolthat von uns, ßondern bringt uns wolthat''.

[476] s. Anm. 475 im Anfang der hier angeführten Auslegung Luthers zu 1 Kor 11, 21ff.

[477] WA 6, 374, 10-15 = Bo A 1, 318, 25-30: ,,Darauß můgen wir sehen, was es fur ein iamer und vorkeret wesen sey, das ßouill messen gehalten werden, und doch das Evangelium gantz gschwigen wirt, tretten auff und predigen den armen seelen sprew fur korn, ja den todt fur das leben, meynen darnach, sie wollens mit menige der meß widder statten: was were das fur ein tauffen, wen der teuffer allein begösse das kind und spreche keyn wort datzu?''

beihören'' sprechen? Nein, die entscheidenden *Worte* der Messe gelangen ja gar nicht an ihr Ohr, wie Luther mit Erschrecken ausruft: ,,Nu sich, was haben sie uns auß der messe gemacht? Zum ersten haben sie uns diße wort des testaments vorporgen, und geleret, man sol sie den leyen nit sagen, es seyen heymliche wort, allein in der messe von dem priester zu sprechen. Hatt nit hie der teuffell uns das haubt stuck von der messe meysterlich gestolen und in ein schweygen bracht? dan wer hat yhe gehort predigen, das man in der messe soll dißer wort des testaments warnehmen und drauff trotzen mit eynem festen glauben, das doch hett solt das furnhemst seyn? Alßo haben sie sich furchtet und uns furchten leren, da kein furcht ist, ya da aller unser trost und sicherheit an ligt. Was elender gewissen het man hie mit trösten und erredten kund, die fur forcht und betrübnis vorterbet sein! wilcher teuffel hat yhn doch gesagt, das die wort die die aller gemeynsten, aller offentlichsten sein sollen bey allen Christen, priester und leyen, mann und weyben, iung und allt, sollen aller heymlichst vorporgen sein? Wie solt es muglich sein, das wir wisten, was meß were, wie sie zu uben und halten sey, wen wir die wort nit solten wissen, darynnen die messe steet und geht? Aber wolt gott, das wir Deutschen meß zu deutsch leßen und die heymlichsten wort auffs aller hohist sungen! Warumb solten wir Deutschen nit meß leßen auff unser sprach, ßo die Latinischen, Kriechen und vil andere auff yhre sprach meß halten?''[478] Ohne diese Worte aber, so das entscheidend Durchbrechende in diesem Sermon, sind die Zeichen, Brot und Wein, tot und nichts, ein Leib ohne Seele, ein Faß ohne Wein, eine Tasche ohne Geld, eine Figur ohne Erfüllung, ein Buchstabe ohne Geist, eine Scheide ohne Messer, das Futter ohne das Kleinod[479]. Doch was ist es, das Luther so unbeschreiblich drängt, den *Worten* des Testaments alles zu geben, dem Zeichen nichts für sich allein, sondern nur gemäß seiner Funktion als Siegel und Wahrzeichen es als die äußere sichtbare Hülle zu nehmen für das geistliche Gut, das die ,,Augen des Herzens'' begreifen[480]? Dieser Ton, in dem Luther hier spricht, gibt

---

[478] WA 6, 362, 13-31 = Bo A 1, 307, 35-308, 14.

[479] WA 6, 363, 11-19 = Bo A 1, 308, 31-40: ,,Alßo sehen wir, das das beste unnd gröste stück aller sacrament und der meß sein die wort und gelubd gottis, on wilche die sacrament todt unnd nichts seynn, gleych wie ein leyp on seele, ein faß an weyn, eyn tasch an gellt, ein figur an erfullung, ein buchstab on geyst, ein scheyde on messer, und der gleychen, das war ist, wo wir die meß handeln, hören oder sehen on die wort odder testament, nur allein auff das sacrament und tzeychen warten, ßo wirt die meß nymmer die helfft gehalten, dan sacrament on testament ist das futter on das cleynod behalten, gar mit ungleycher helfft und teylung''.

[480] WA 6, 360, 29-32 = Bo A 1, 306, 24-27: ,,Drumb hab ich gesagt, es ligt alles an den worten dißes sacraments, die Christus sagt, die man furwar solt mit golt und eytel edel gesteyn fassenn unnd nichts fleyssiger fur den augen des hertzen habenn, den glaubenn dran tzu üben''.

Auskunft, was ihm so entscheidend wichtig ist: das Testament, dieses große unbeschreibliche Gut, das Christus *verschenkte* in seiner Hingabe, vor dessen Größe die Natur erschrickt, *kann* der gemeinte Empfänger und Erbe nicht anders als so empfangen, daß er ,,still helt und lest ym woltthun, esszen und trincken geben, kleyden und heylen, helffen und lößen, gleych als yn der tauff, da auch gottlich testament und sacrament ist, niemant gott ettwas gibt odder wol thut, sondern nympt ettwas... die weyl sie all [sc. alle Sakramente] eyner art seyn, und natur des sacraments oder testaments ist, das es nit ein werck sey, sondern ein ubung des glaubens allein"[481]. Glaube — hier wird langsam verständlich, was der unerhörte Sinn des Gegensatzes zwischen all den ,,vielen Gesetzen und Werken" und dem ,,Glauben allein" ist, das gleiche gilt für die ,,vielen Messen" — in dieser ,,verkürzten Zeit", wie Luther mit Aufnahme von Jes 10,22 formuliert: Glaube ist die einzige Weise des Menschen, dieser Gegenwart des ihm geschehenden Wohltuns seines Wohltäters stillzuhalten. So wird der Mensch ,,auf die kürzeste Weise" gerecht: ,,Szo sehen wir, wie Christus sein heylige kirch mit gar wenigen gesetzen und wercken beladen, unnd mit vielen zusagen zum glauben erhaben, wie woll es nu leyder umbkeret ist, und mit vielen, langen, schweren gesetzen und wercken wir getriben werden frum zu sein, wirt doch nichts drauß. Aber Christus hatt ein leychte bůrde, geht kurtz tzu, das ubirschwengliche frumkeyt da ist, und alles yn glauben und trawen stett, erfullet, das Isaias 10. [V. 22] sagt: Ein kurtze volkomenheyt wirt eyne syndflutt voller frumkeyt bringen, das ist der glaub, der ein kurtz ding ist, gehŏren kein gesetz noch werck datzu, ja er schneyd abe alle gesetz und werck, und erfullet alle gesetz unnd werck, darumb ßo fleussit auß yhm eytell gerechtickeit: dan ßo volkomen ist der glaub, das er on alle andere mǔhe und gesetz macht allis, was der mensch thut, fur gott angenhem und woll than, wie ich dauon mehr gesagt hab ym bǔchle vonn den gutten Wercken. Drumb last uns hǔtten fur sunden, aber vil mehr [nun ist diese Folge verständlich als Warnung vor den ,,guten Werken", die dem Geschenk in den *Worten* des Testaments *seine Gegenwart nehmen*] fur gesetzen und gutten wercken und nur wol warnehmen gottlicher zusagung und des glaubenn, ßo werden die gutten werck sich wol finden. Das helff uns gott. AMEN"[482].

Den Glauben verdeutlicht Luther deshalb in diesem Sermon wie später in De captivitate babylonica[483] an dem Hinzugehen des armen Bettlers

---

[481] WA 6, 364, 24-31 = Bo A 1, 309, 41-310, 7.

[482] WA 6, 378, 1-16 = Bo A 1, 321, 37-322, 12.

[483] WA 6, 519, 27-520, 6 = Bo A 1, 451, 25-452, 5, s.o. Anm. 313. Dort auch die folgende Stelle aus dem Sermon 1520, WA 6, 361, 28-362, 12 = Bo A 1, 307, 18-34.

oder sogar des Narren, dem jemand tausend Gulden vermacht hat und der den geöffneten, gesiegelten Brief des Testaments in der Hand trägt und geht, um das Gut in Empfang zu nehmen, gegen alle erstaunt-skeptischen Einwände solcher, die ihn ,,doch kennen'': wie kann aus-gerechnet ihm — 'ausgerechnet dem'! so hieß es auch Lk 19,7-10 und an anderen Stellen des Evangeliums — solch eine Summe, tausend Gulden, über zwölf Jahresgehälter eines Wittenberger Professors[484], als Geschenk in den Schoß fallen! So sehr entsetzt sich die Natur vor der Größe der Gü-ter. Aber was wird der Bettler antworten: ,,ßo yemant yhm würd furwerf-fen sein unwirdickeit und größe des gutis, wurd er fürwar sich der keynis lassen abschrecken und sagen 'was geht dichs an? ich weyß selbs woll, das ich unwirdig byn des testaments, ich foddere es nit auff meyn vordienst, als were man mirs schuldig geweßen, sondern auff die gunst und gnade des testatoris: hatt es yhn nit zu vil gedaucht mir zu bescheyden, warumb solt ich mich ßo vorachten und dasselb nit foddern und nehmen?' ''[485] Und Luther fährt fort im Gedanken an den Gerufenen, der im wahrsten Sinne nicht mehr viel Zeit hat für langes Schuhwischen, Federn Ablesen und Sich Herausputzen und *damit* nicht das Testament erlangen würde, wohl aber mit dem Brief des Testaments in der Hand, ob er sonst schon ,,grindicht, gnetzicht, stinckend und auffs unreinist'' wäre[486]: ,,Alßo muß auch hie ein blöde, klein mütig gewissen wider seyne gedancken auff das testament Christi pochen und trotzig sein ym festen glauben, unange-sehen, wie unwirdig sie und groß das gutt ist, dan eben darumb ists ein gottlich testament, das ßo groß gut so unwirdigen bringt, damit gott wil erwecken seyne liebe ubir alle dingk. Alßo tröstet Christus die selben kleynmütigen, die das gut so groß dunckt, und sprach: [Lk 12,32] Ihr kleinmütiges heufflin solt euch nit fürchten, es hat ewrm vatter ßo wollge-fallen, das er euch das ewige reych gebe''[487].

γ) In den Darstellungen der Sakramentslehre Luthers ist häufig als ein neuer Schritt in der Abendmahlsauslegung Luthers hervorgehoben wor-den, daß in diesem Sermon gegenüber dem Abendmahlssermon von 1519 erstmals die Einsetzungsworte des Abendmahls in der bekannten und spä-ter ausschließlich das Interesse beanspruchenden Form nach Mt 26,26 ff parr.; 1 Kor 11,23 ff zum Ausgangspunkt der Darlegung gemacht wer-den. Im Sermon von 1519 begegnet, wie wir sahen, eine insgesamt unter

---

[484] Scheurls Gehalt in den Jahren seiner Wittenberger Lehrtätigkeit betrug 80 Gulden, s. W. GRAF, Doktor Christoph Scheurl, 35.
[485] WA 6, 361, 31-362, 5 = Bo A 1, 307, 21-27.
[486] WA 6, 361, 3-7 = Bo A 1, 306, 31-36, s.o. Anm. 313.
[487] WA 6, 362, 5-12 = Bo A 1, 307, 27-34.

dem Leib-Christi-Gedanken stehende, an Gal 6,2 und die johanneischen Abschiedsreden anklingende paraphrasierende Form der Wiedergabe dieser Worte: ,,Ich bin das Haupt, ich will der erste sein, der sich für euch gibt...'' im Anschluß an die in Kurzform zitierten Worte nach Lk 22,19 f[488]. Der ganze Sermon ist nichts als eine Übersetzung der Worte

---

[488] WA 2, 745, 36-746, 5 = Bo A 1, 200, 6-16, s.o. S. 244. Vgl. O. BAYER, Promissio, 241f; H. BÖHMER, Der junge Luther, 256f; J. KÖSTLIN, Martin Luther, I, 335-338. Den Unterschied zum Sermon von 1519 betont besonders E. BIZER, EvTh 17 (1957), 87: ,,Die zunächst nur formale Veränderung, daß Luther jetzt von den Einsetzungsworten ausgeht, hat in der Tat des größte sachliche Gewicht. Denn jetzt beherrscht der Begriff des Testaments die ganze Auslegung. Jetzt bedeutet 'Wort Gottes' zunächst einmal das Testament und 'Glaube' die Anerkennung des Inhalts dieses Testaments, also der Sündenvergebung. Jetzt gibt es keine 'Bedeutung' mehr, die man realisieren müßte, sondern nur noch das Hören und Annehmen des Wortes und damit der Gabe. Damit hat Luther endlich die schon im Hebräerbriefkolleg gewonnenen exegetischen Einsichten auf das Sakrament anzuwenden gelernt, und damit ist seine Auffassung des Sakraments zum Ziel gekommen''. Die Umschreibung von ,,Glaube'' mit ,,Anerkennung des Inhalts des Testaments'', ,,Hören und Annehmen des Wortes'' scheint uns im Gedanken an den Kontext des Sermons zu blaß, s. S. 297-306. Daß BIZER ebenfalls der Kategorie der ,,Bedeutung'' des Sakraments im Sermon von 1519 nicht gerecht wird und sie gesetzlich mißversteht, während es sich um die Erfahrungsbeziehung des Sakraments in Verstehen und Geschehen handelt, s.o. S. 251f, 204-207, 281f. Zu O. BAYER, dessen Kritik des Sermons von 1519 ähnlich ansetzt, s.u. S. 306-328. Die ,,Bedeutung des Sakraments'', in dem Sinne, wie Luther in unserem Sermon von ihr spricht, ist nie das ,,Realisieren'' eines Musters im Sinne bloßer Reproduktion nach einer vorhandenen Schablone, wie BIZER offenbar den exemplum-Gedanken versteht. Dann wäre die menschliche ratio das Subjekt dieses ,,Realisierens'' auf Grund einer dem Verstand vorgegebenen Idee. Die Bedeutung *des Sakraments* dagegen ist die (noch) offene Seite eines dem *Glauben* zugesagten Geschehens, und ihr Ergreifen in der Liebe, die die Gestalt *des Nächsten* annimmt, geschieht an einem Ort, an dem nur Christus für den Glauben *verborgen* gegenwärtig ist, Mt 25, 42ff. Es handelt sich gegenüber der Bedeutung des Sakraments also nicht um die Aufgabe, ein Original sekundär zu kopieren ohne Beteiligung des Glaubens, sondern im Sakrament, in der *fides specialis* gegenüber dem im Sakrament gegebenen Wort Christi, ist die Ursprungssituation des Glaubens selbst gegenwärtig, wie die zahlreichen Aufnahmen biblischer Wunder- und Heilungsgeschichten der synoptischen Tradition im Blick auf den Glauben, fides specialis de effectu praesente, deutlich machen. Der Glaube ist also nicht in einem historistischen Sinne auf das Evangelium bezogen, sondern die Gegenwart Christi im Sakrament *und* in 'meinen geringsten Brüdern' ist einunddieselbe Gegenwart. Rechte Sakramentslehre in diesem Sinne wird daher nicht ,,unpolitisch'' sein können, nicht ohne Schmerzen, (Mit-)Leiden und Klage. ,,Klagemauer'' ist der ,,Leib Christi''. — Zum Aspekt der Ursprungssituation des Evangeliums s. auch G. EBELING, Kirche und Konfession, 225. Daß die Ursprungssituation des Evangeliums eine schlechterdings einmalige ist, anderseits sich öffnet zu jederzeitiger Wiederholung, verbindet G. EBELING mit den beiden Sakramenten Taufe und Abendmahl als den beiden ,,Grundsituationen der Erscheinung Jesu selbst, dessen Weg mit der Taufe beginnt und in der Hingabe seines Leibes und Blutes pro nobis sich vollendet''. Demgegenüber ist jedoch zu fragen, wie sich solches rückblickendes Verständnis verhält zu der anderen Formulierung EBELINGS, nach der die Sakramente ,,in der Weise von Jesus'' herkommen, ,,daß sie ihn selbst als summa et compendium Evangelii bezeugen''. (225) Jesus, der in seinem Wort dem Sünder den Glauben zuspricht und gebietet, ist in den Sakramenten, in beiden bzw. in den drei Sakramenten, mit denen Luther 1519 noch rechnet, *gegenwärtig*, oder anders formuliert, die Gegen-

und der gesamten Sakramentshandlung in ihrer ,,Bedeutung''. In Analogie zu dem hier beobachteten Verhältnis von Einsetzungsworten und gesamter Predigtauslegung des Sakraments bedarf auch die für den Sermon von 1520 getroffene Feststellung, als gewinnen hier die Einsetzungsworte ein besonderes neues Gewicht, einer Zuordnung zum Kontext des Sermons, von dem her sich die Bedeutung dieser Hervorhebung der *Worte* der Messe erschließt. Hier ist sowohl der geschilderte Rahmen der Sakramentsauslegung: die vielen Gesetze und die eine Messe, als auch der innere Zusammenhang zwischen den *Worten* des Testaments, die in der Messe das Entscheidende sind, und dem *Glauben*, der allein das Geheimnis dieser Worte wahrnimmt und die in ihnen geschenkte Gabe empfängt, zu beachten. Welche Bedeutung kommt von hieraus der Tatsache zu, daß Luther diesesmal die *Worte* der Messe so in den Mittelpunkt stellt? Der Gegensatz zur vorherigen Übung, neben dem, was wir über das innere Wesen der Beziehung des Glaubens zu den Worten beobachteten, weist zu dem hin, woran Luther entscheidend gelegen ist. Wir berührten diesen Gesichtspunkt bereits im Vorangegangenen, er bedarf aber ein weiteresmal ausdrücklicher Hervorhebung. Daß man ,,der Wort *geschwiegen*'' hat und aus ihnen heimliche Worte für die stille Rezitation des Priesters in lateinischer Sprache gemacht hat, das ist es, was Luthers eigentliches Erstaunen und Befremden hervorruft und worauf er deshalb aufmerksam macht. Ja, es geschieht im Brauch, so wie er gegenwärtig noch ist, ein weiteres: ,,Alßo haben sie sich furchtet und uns furchten leren, da kein furcht ist, ya da aller unser trost und sicherheit an ligt''[489]. Dieser Bemerkung Luthers entspricht sein Verständnis der Worte Christi. Sie bringen nicht Gott ein Opfer dar, sondern sie sind zu den Jüngern gesprochen. Wenn der Priester die Hostie aufhebt, so redet er nicht so sehr Gott als vielmehr uns an: Sehet, das ist das Siegel und Zeichen des Testaments, darin uns Christus beschieden hat Vergebung aller Sünde und ewiges Leben[490]. In

---

wart, die Lasten, die der zu ihm Kommende mitbringt, werden ihm gegenwärtig wie in einer wirklichen Begegnung, in der sich ,,Welten begegnen''. S. dazu die Auseinandersetzungmit O. Bayer, u. S. 306ff.

[489] WA 6, 362, 20f = Bo A 1, 308, 2-4. s.o. bei Anm. 478. Vgl. Luthers Rückblick auf die Einstellung, mit der die Menschen gewöhnt worden waren, ,,gott nit eer zu trawen, wyr weren dann frum und gnug gescheen fur die sund'', am Schluß des Taufsermons, WA 2, 737, 1f = Bo A 1, 195, 3f, s.o. S. 172 bei Anm. 236.

[490] WA 6, 366, 22f = Bo A 1, 311, 30f: ,,...er hebt es nit gott, sondern uns empor, uns des testaments zuerynnern und reytzen zu dem glauben an das selb''. S. auch WA 6, 359, 18-25 = Bo A 1, 305, 17-24 in der Aufzählung der Stücke des Sakraments: ,,Zum vierden, das sigill oder wartzeychen ist das sacrament, brot und weyn, darunder sein warer leyb und blūt, dan es muß alles leben, was ynn disem testament ist, drumb hatt er es nit in todte schrifft und sigill, sondern lebendinge wort und zeychen gesetzet, die man teglich widderumb

De captivitate babylonica ecclesiae begegnet derselbe Gedanke in zugespitzter Form: Christus brachte beim letzten Mahl nicht Gott ein Opfer
dar oder vollendete ein gutes Werk für Andere, sondern er saß am Tisch
mit den Jüngern und gab jedem Einzelnen von ihnen das Testament und
Zeichen[491]. So sind die Worte Christi also bei denen völlig in ,,perverse
Meinung'' geraten, die begonnen haben, die Worte zu fürchten als gehei-
me, okkulte verba consecrationis, mehr zum Fürchten als ihnen zu
glauben[492]. Luther spricht in diesem Zusammenhang sogar von Abgötterei mit den Worten, anstatt ihnen zu glauben[493]. Ineins hiermit werden

handelt. Und das bedeut der priester, wen er die hostien auffhebt, damit er nit ßo fast gott
als uns anredt, als solt er zu uns sagen 'Sehet da, das ist das sigill und zeychen des testaments, darynnen uns Christus bescheyden hatt ablas aller sund unnd ewiges leben' ''.

[491] WA 6, 523, 16-26 = Bo A 1, 455, 32-456, 4: His omnibus (sc. dem Verständnis der
Messe als Opfer), quia pertinacissime insederunt, oportet constantissime opponere verba et
exemplum Christi. Nisi enim Missam obtinuerimus esse promissionem Christi seu testamentum, ut verba clare sonant, totum Euangelium et universum solatium amittimus. Nihil
contra haec verba permittamus praevalere, etiam si angelus de coelo aliud docuerit. Nihil
enim de opere vel sacrificio in illis continetur. Deinde et exemplum Christi pro nobis stat.
Non enim Christus in caena novissima, cum institueret hoc sacramentum et conderet testamentum, ipsum obtulit deo patri aut ut opus bonum pro aliis perfecit, sed in mensa sedens
singulis idem testamentum proposuit et signum exhibuit. Iam Missa quanto vicinior et simi-
lior primae omnium Missae, quam Christus in caena fecit, tanto Christianior.

[492] WA 6, 516, 17-29 = Bo A 1, 447, 34-448, 7: Quin, quod deploramus, in hac captivitate omni studio cavetur hodie, ne verba illa Christi ullus laicus audiat, quasi sacratiora
quam ut vulgo tradi debeant. Sic enim insanimus et verba consecrationis (ut vocant) nobis
sacerdotibus solis arrogamus occulte dicenda, sic tamen, ut ne nobis quidem prosint, cum
nec ipsi ea ut promissiones seu testamentum habeamus ad fidem nutriendam sed nescio, qua
superstitione et impia opinione ea reveremur potius quam eis credimus. Qua miseria nostra
quid aliud Satan in nobis operatur, quam ut nihil de missa in Ecclesia reliquum faciat, curet
tamen interim omnes angulos orbis missis plenos esse, hoc est, abusionibus et irrisionibus testamenti dei, gravissimisque idolatriae peccatis mundum assidue magis ac magis onerari ad
damnationem maiorem augendam? Quod enim idolatriae peccatum gravius esse potest
quam promissionibus dei perversa opinione abuti et fidem in easdem, vel negligere, vel
extinguere?

[493] WA 6, 516, 26-29 = Bo A 1, 448, 2-7, s. vorige Anm. (...gravissimisque idolatriae
peccatis mundum assidue magis ac magis onerari...). Es folgt in der Gegenüberstellung gegen solche Abgötterei mit den Worten das berühmte 'Umgangsprinzip' zwischen Gott und
Mensch: Neque enim deus, ut dixi, aliter cum hominibus unquam egit aut agit quam verbo
promissionis. Rursus, nec nos cum deo unquam agere aliter possumus, quam fide in verbum promissionis eius. Opera ille nihil curat, nec eis indiget, quibus potius erga homines et
cum hominibus et nobisipsis agimus. Indiget autem, ut verax in suis promissis a nobis habe-
atur talisque longanimiter sustineatur, ac sic fide, spe et charitate colatur. Quo fit, ut gloriam suam in nobis obtineat, dum non nobis currentibus sed ipso miserente, promittente,
donante, omnia bona accipimus et habemus. Ecce his est verus cultus dei et latria, quam in
missa debemus persolvere. WA 6, 516, 30-517, 1 = Bo A 1, 448, 8-18. Das ungeschützte
Gott- Gegenübertreten im Glauben seiner Verheißung enthält auch die Antwort auf die Frage der 'Ursprungssituation' des Evangeliums, s. Anm. 488: nur im Glauben, d.h. im wahren Verhältnis zu Gott, im Gott-die-Ehre-Geben als dem wahren Gottesdienst ist vom
Testament *ihm* gegenüber angemessen zu reden, nicht abgesehen von den Worten der
Verheißung, d.h. sie in falscher Weise objektivierend, s.o. S. 286-290.

weitere Züge solcher indigna religio in ihrer Verblendetheit gegenüber dem wahren Anliegen der Messe nach der Einsetzung Christi deutlich: manche Priester machen sich ein großes Gewissen daraus, wenn sie unangemessen gekleidet oder mit ungewaschenen Händen die Messe halten oder sich bei den Gebetstexten leicht versprechen, als seien diese Dinge ein großes Verbrechen. Daß sie aber der Messe selbst, das ist der göttlichen Verheißung nicht wahrnehmend dienen und ihr nicht glauben, darum bekümmern sie sich nicht im geringsten[494]. Alle diese Mißbräuche, so fährt Luther in De captivitate, an die Adresse der Theologen gerichtet fort, begannen damit, daß die scholastischen Theologen die Hauptsache in der Messe, nämlich das Testament und d.h. die Verheißung für den Glauben, hintenan gestellt und stattdessen nur das Zeichen und Sakrament mit all ihren Werken und Vorbereitungen behandelt haben bis hin zur Transsubstantiationslehre, während Gott doch in diesem Sakrament nichts anderes wollte als durch die Verheißung dem Menschen zur Weide seines Glaubens einen Tisch zu decken gegen alle Anfechtungen (Ps 23,5)[495]. Wenn Luther demgegenüber nach dieser Geschichte des Mißbrauchs, der auch mit den Worten selber getrieben wurde, die Worte

---

[494] WA 6, 517, 10-21 = Bo A 1, 448, 29-449, 2: Ex quibus itidem facile quivis colligit, Missam, cum sit aliud nihil quam promissio, hac fide adiri et frequentari, sine qua quicquid precularum, praeparatoriorum, operum, signorum, gestuum affertur, irritabula sunt impietatis magis quam officia pietatis, cum fere fiat, ut his paratis existiment sese legitime altaria accedere, et revera non fuerint ullo tempore vel opere magis inepti propter infidelitatem quam secum afferunt. Quantos passim videas et quotidie sacrificulos, qui si vel inepte vestiti vel illotis manibus vel inter precandum titubantes quid leviuscule erraverint, ingenti sese miseri crimine reos faciunt, at, quod missam ipsam, id est, divinam promissionem, neque observant neque credunt, prorsus ne tantillum quidem habent conscientiae. O indigna religio nostro saeculo omnium impiissimo et ingratissimo! Das Wesen solcher indigna religio ist also das Mißverhältnis zwischen dem Gottesdienst, um den es geht, und dem unangemessenen, falschen Vertrauen auf die praeparatio der Werke: Praeparatio itaque digna et usus legitime non est nisi fides, qua creditur Missae, id est, divinae promissioni. ib. 517, 22 f = Bo A 1, 449, 3f.

[495] WA 6, 518, 24-38 = Bo A 1, 450, 13-31: Hic vides, quid et quantum Theologi sententiarii in hac re praestiterint. Primum, id quod summum et capitale est, nempe testamentum et verbum promissionis, nullus eorum tractat, atque ita fidem et totam missae virtutem nobis obliterarunt. Deinde, alteram eius partem, scilicet signum seu sacramentum, solum versant, sed ita, ut nec in hac fidem doceant sed suas praeparationes et opera operata, participationes et fructus missae, donec in profundum venerint, et de transsubstantiatione aliisque infinitis metaphysicis nugis nugarentur, et scientiam verumque usum tam testamenti quam sacramenti cum universa fide abolerent, facerentque, ut populus Christi (ut propheta dicit [Jer, 2, 32]) obivisceretur dei sui diebus innumeris. Tu vero sine alios percensere varios fructus auditae missae et animum tuum huc intende, ut cum Propheta dicas et credas, hic tibi a deo paratam esse mensam coram te, adversus omnes qui tribulant te, in qua pascatur et pinguescat fides tua. Non autem pascitur fides tua, nisi promissionis divinae verbo. Homo enim non in solo pane vivit, sed in omni verbo quod procedit de ore dei. Vgl. die in dieselbe Richtung gehende Kritik im Taufkapitel, s.o. S. 187-193.

der Einsetzung des Testaments Christi wieder zur Hauptsache der Messe macht, so liegt in diesem Gegensatz gegen das frühere Verschweigen, Verdrängen, Fürchten und letztlich Nichtverstehen der Worte der neue Zugang und die Öffnung des schlichten Verstehens der Worte in ihrem wahren natürlichen Sinn als von Jesus am Tisch mit den Jüngern gesprochener Worte der Liebe und Zuwendung des großen reichen göttlichen Testaments, das er, mit der Hingabe seines eigenen Lebens bekräftigt, jedem von ihnen hinterlassen wollte. So kann der Akzent, den diese Worte tatsächlich in diesem Sermon tragen, also nur so beschrieben werden, daß sie nach langem hilflosen und auf Abwege geratenen Nichtverstehen und Mißverstehen als etwas Anderes *außerhalb* ihres Wortsinns wieder als nichts Anderes als was sie sind, d.h. als in ihrem eigenen Wort-Sinn verstandene Worte, echte Worte des in ihnen bekundeten Willens Christi, gehört und verkündet werden, zum Lob und Gedenken dessen, der dieses Testament als Zeichen seiner Liebe den Menschen, den Sündern, hinterließ.

So kommt Luther, wie O. Bayer hervorhebt, aus diesem Anlaß des Gedenkens Christi in der Messe gleichzeitig zu einer Bestimmung dessen, was Inhalt der Predigt, Inhalt des Evangeliums überhaupt ist, auch über den Gebrauch der Zeichen beim Abendmahl hinausgehend: die Verkündigung und das Gedenken an dieses Testament Christi und an den, der dieses Testament mit Hingabe seines eigenen Lebens einsetzte[496].

Das betonte Herausstellen der Einsetzungsworte in diesem Sermon von 1520 geschieht also, so können wir zusammenfassend formulieren, in einem Augenblick, in dem den Hörern dieser Predigt gleichzeitig ein Verständnis für ,,Glauben'' im Gegensatz zu Gesetzen und Werken und für ,,Wort'' und Zuwendung eines Testaments als gleichbedeutend mit ,,Evangelium'' erschlossen und zugänglich gemacht wurde, mit G. Ebeling gesprochen, in einer hierdurch zugleich ,,kerygmatisch qualifizierten'' Situation[497]. Die Worte der Einsetzung als Worte des reinen

---

[496] WA 6, 373, 32-374, 9 = Bo A 1, 318, 15-24: ,,Es ist yhm mehr an wort den an dem zeychen gelegen, den die prediget sol nit anders sein, den vorklerung der wort Christi, da er sagt und die meß einsetzt 'das ist mein leyb, das ist mein blut etc'. Was ist das gantz Evangelium anders, den ein vorclerung dises testaments? Christus hatt das gantz Evangelium ynn eyner kurtzen summa begriffen mit den worten dises testaments oder sacraments. Dan das Evangelium ist nit anders, den eyn vorkündigung gottlicher gnaden und vorgebung aller sund, durch Christus leyden uns geben, wie Sanct Pauel beweysset Ro. 10. und Christus Luce ult. dasselb haben auch yn sich die wort dißes testaments, wie wir gesehen haben''.

[497] Vgl. G. Ebeling, Theologie und Verkündigung. Ein Gespräch mit Rudolf Bultmann. Tübingen 1962, 50f: ,,Wenn Kerygma als Kerygma verstanden werden soll, wird die Frage nach der Situation brennend, in der Kerygma als Kerygma verstanden werden kann. Diese Fragestellung klingt gefährlich. Denn einerseits scheint das Kerygma für je-

Evangeliums und als sonst nichts zu verstehen, darauf kam es in diesem
Sermon an. Eine Phase der verständnislosen Tabuisierung der Worte und

---

den in jeder Situation zu gelten. Anderseits scheint das Kerygma selbst die Situation zu
einer kerygmatischen zu qualifizieren, d.h. zu einer solchen, der das Kerygma notwendig
ist, in der es also als Kerygma zum Verstehen kommen kann. Dem scheint jedoch entgegen-
zustehen, daß das Kerygma im Sinne des tradierten christologischen Kerygmas diese Quali-
fizierung der Situation als kerygmatischer Situation bereits voraussetzt. Es setzt den Glauben voraus, indem es zwar dahin verweist, wo der Glaube seinen Grund hat, als christologisches Kerygma jedoch selbst nicht der Grund des Glaubens ist. Wenn wir diesem Gedanken
Folge leisten, müssen wir in bezug auf das Kerygma selbst eine Unterscheidung einführen in
dem Sinne, daß zum tradierten christologischen Kerygma offenbar etwas gehört, was zwar
auch in spezifischem Sinne Kerygma und doch nicht selbst im überlieferten Sinne christologisches Kerygma ist. Und der Klärung dieses Sachverhalts muß es dienen, wenn wir die
Frage nach der kerygmatischen Situation im Auge behalten. Ich verstehe darunter nicht die
Situation, die ohne weiteres vorgefunden wird, wenn christologisches Kerygma ausgerichtet
wird. Ich meine vielmehr die spezifische Situation, die in der faktischen Situation der Angeredeten als die zur Wahrheit gebrachte Situation entdeckt und erweckt (und in diesem Sinne
könnte man auch sagen: durch Proklamation hergestellt) werden muß, um christologisches
Kerygma sinnvoll sein zu lassen... Die Wahrheit des christologischen Kerygmas hängt daran, daß die Situation, in der wir uns heute faktisch befinden, zutiefst, also vielleicht in der
Tat sehr verborgen, aber in Wahrheit, kerygmatische Situation ist, die christologisches Kerygma verifiziert. Denn wir dürfen uns nicht begnügen mit der Positivität des überlieferten
christologischen Kerygmas, sondern müssen die Frage nach dem Grund des Glaubens
durchhalten als Frage nach dem, was die Situation konstituiert, in der das Kerygma als Kerygma, d.h. in seiner Notwendigkeit, verstanden wird''. Anstelle abstrakter Beschreibungen
sei hier für das, was kerygmatisch qualifizierte Situation ist, erinnert an die im Zusammenhang unserer Darstellung des historischen Rahmens der Sermone Luthers 1518/19 mehrfach
in ihrer Bedeutsamkeit hervorgetretene Nürnberger Predigttätigkeit Staupitzens nach dem
Zeugnis der Briefe Scheurls. Ein bestimmtes Klima, das diese Predigten mit sich brachten,
als sei Paulus hier selber zu vernehmen und als sei mit diesen Predigten etwas wie eine Heilszeit für die Hörer spürbar geworden, eine Aufgeschlossenheit geweckt, mag belegen, daß
christologisches Kerygma hier mehr ist als bloße Formel, sondern in einer Tiefe die Situation verändert, indem es sie erschließt. Weiter wären unsere im Vergleich zwischen Staupitz' und Luthers Abendmahlsverständnis formulierten Beobachtungen, s. Abschnitt 4 b)
zum Charakter der Predigten, mit diesem Gesichtspunkt zu verbinden, jedoch so, daß das
Zur-Wahrheit-Bringen und Verifizieren sich nicht auf einen statischen, immer ,,gültigen''
Sachverhalt bezieht, sondern, vom rechten Gebrauch des Sakraments her gesehen, auf das
Umgehen des Menschen mit der Verheißung, die sein Dasein in einem *zeitlichen* Sinn qualifiziert. Zum Wort des Testaments gehört die *Zeit des Glaubens*, die nicht durch Gesetzlichkeit
überspielt werden darf. Wer auf Werke seiner dispositio vertraut, dem wird sie zum Gericht,
indem sie die Existenz des Einzelnen wie der Gemeinschaft ihrer Zerrissenheit überläßt, wie
Luther an den Bruderschaften deutlich macht. Luthers Sakramentsschriften und Predigten
sprechen demgegenüber in die gleiche, durch spätmittelalterliche Frömmigkeit und insbesondere durch Staupitzens Predigten der Barmherzigkeit Gottes ,,angewärmte'' Situation
hinein. Luthers Predigten enthalten zwar, wie wir sahen, mehr lehrhafte biblische und die
Normenfrage einbeziehende und bis ins letzte ,,sola fide'' zuspitzende Züge, aber sie bezie-
hen sich mit dieser Zuspitzung auf das Gewißheit des Glaubens auf die *Situation unter dem
Verheißungswort*, ebenso wie Staupitzens kerygmatische Geschichtserzählung von der
Prädestination und Rechtfertigung der Sünder in der Gemeinschaft mit Christus. Vgl.
H. A. OBERMAN, 391: ,,In der Nachfolge Augustins hatten Bradwardine und Gregor von
Rimini im vierzehnten Jahrhundert gegen die Pelagianer ihrer Zeit darauf abgehoben, daß

der Messe in diesem Punkt ist damit überholt, wenn man nicht mehr gelehrt wird, zu fürchten, wo nichts zu fürchten ist, und wenn die Worte des Evangeliums wieder zu aufgeschlossenen Hörern zu *sprechen* beginnen als wahre menschliche und doch über alles Verstehen hinausgehende wunderbare göttliche Worte.

2. In der Schrift De captivitate babylonica ecclesiae praeludium, die wieder einige Monate später im Oktober 1520 erschien, steht weniger die seelsorgerliche Auslegung als die polemische Entfaltung des Abendmahlsverständnisses im Mittelpunkt[498]. Der Grund dafür liegt darin, daß Luther in dieser Schrift zusammenfassend auf alle Angriffe in der letzten Zeit seit der Leipziger Disputation antwortet: nach Ecks und Emsers polemischen Schriften ist es zuletzt des Leipziger Franziskanertheologen Alveld 'Tractatus de communione sub utraque specie' vom 23. Juni 1520, gegen Luthers Empfehlung beider Gestalten im Sermon von 1519 gerichtet, und des lombardischen Dominikaners Isidor Isolani 'Revocatio Martini Lutheri ad sanctam sedem' vom November 1519, wohl erst später zu Luthers Kenntnis gelangt[499]. Besonders eingehend beschäftigt sich Luther mit den von Augustin von Alveld herangezogenen exegetischen Begründungen für die kirchliche Praxis der una species für die Laien. So steht diese Frage, die Auslegung der von Alveld herangezogenen Bibelstellen Joh 6,35 ff und 1 Kor 11,23 und der hiermit verbundene „Raub" der una species mit Berufung auf das arbitrium ecclesiae im Mittelpunkt des ersten Abschnitts dieses Kapitels, als die erste 'captivitas', die durch die römischen Theologen über dieses Sakrament gekommen ist.

α) Wichtig ist Luther im Blick auf beide Stellen, daß nicht ein zu „schmeichlerischem" Zweck, nämlich zur Rechtfertigung des bestehenden Brauchs, in den Text hineingetragenes figmentum den Sinn der Text-

---

das sola gratia der Rechtfertigung des Sünders sichtbar wird in der conversio Petri als Antwort auf die vorausgehende conversio Dei, die Zuwendung Gottes zu ihm. Auf diesem Weg ist Staupitz einen bedeutenden Schritt weitergegangen, indem er die akademisch-dogmatische Prädestinationslehre aus der spekulativen Ewigkeit 'vor der Grundlegung der Welt' in das kerygmatische 'Jetzt' der Verkündigung eingeholt hat. War bei Gregor die Prädestination schon deutlich christologisch ausgerichtet, so wird sie bei Staupitz zur Mitte der Verkündigung des hic et nunc suchenden und siegreichen Willens Gottes". Luthers Gegenüberstellung des Glaubens zu Sünden „und noch viel mehr" zu „guten Werken" (s.o. S. 289 bei Anm. 482), setzt, wie wir sahen, eine Geschichte negativer gesetzlicher Predigt voraus, auf deren Folgen in den Mißbräuchen der Messe Luther hiermit gleichzeitig hinweist. So wird Befreiung vom Zwang dieser Gesetz- und Werk-Predigt erlebt, wenn und darin, daß der Mensch in der Verheißung des Evangeliums neu als ganzer Mensch angeredet wird und sich so, als ganzer Mensch angeredet, *erfährt*.

[498] WA 6, 497-526 = Bo A 1, 426-459.

[499] s. die Einleitungen zu dieser Schrift WA 6, 484ff, Bo A 1, 426; J. Köstlin, Martin Luther I, 338f, 341f.

stellen überdeckt. Nach Alvelds Auslegung soll Joh 6, die Rede vom lebendigen Brot, die una species, die zum Empfangen des ganzen Sakraments ausreichend ist, lehren. Die andere von Alveld angeführte Stelle 1 Kor 11,23 ff, in der beide Gestalten erwähnt werden, enthalte eine Erlaubnis, aber kein Gebot des Apostels, den Laien beide Gestalten zu geben, die Frage sei vielmehr dem Gutachten der Kirche (arbitrium ecclesiae) überlassen worden. Luther seinerseits hatte, wie er ausdrücklich wiederholt, nicht die Heilsnotwendigkeit beider Gestalten gelehrt, wenn doch bereits das Begehren des Glaubens entscheidend ist und genügt. Daß sich das arbitrium ecclesiae zwischen den Glauben des Empfängers und die Worte der Einsetzung Christi bzw. des Apostels, die dem, der begehrt, das Testament Christi verheißen und zusprechen, nicht als Gesetz gebieten, drängen will und nach beiden Seiten hin Gewalt üben, gegenüber der Freiheit des Christen, um die ihm zugesagten Gestalten zu bitten, und gegenüber der Schrift, nach ihrem sensus litteralis ausgelegt zu werden, in dem von einer Reduzierung der beiden Gestalten auf *eine* sowie von einer Unterscheidung von Priestern und Laien in dieser Hinsicht überhaupt nicht gesprochen wird, das macht eine Widerlegung solcher Anmaßung nach beiden Seiten hin notwendig. Menschliche Gewaltherrschaft mit dem arbitrium ecclesiae über die Worte der Schrift und über die Gewissen der Christen und ihr Recht an diesem Sakrament aufrichten, das ist die Art der Herrschaft Babels, in die die Christen weggeführt worden sind, zusammen mit dem Sakrament selbst. Luthers Anliegen besteht demgegenüber, wie im Taufkapitel, nicht darin, aufzurufen, daß man sich mit Gewalt wieder beide Gestalten beschaffe, als gebe es einen Zwang dazu, sondern die Gewissen darüber aufzuklären, daß jeder diese Gewaltherrschaft um seiner Sünden willen trage, wie die Herrschaft der Türken, unter der es überhaupt kein Sakrament gibt, aber sie verabscheue und ihr nicht innerlich recht gebe. Soweit die erste captivitas dieses Sakraments[500].

---

[500] WA 6, 502-507 = Bo A 1, 432-438. Insbesondere s. WA 6, 505, 18-24 = Bo A 1, 435, 36-436, 4: Surgite ergo hic, universi adulatores Papae, in unum, satagite, defendite vos ab impietate, tyrannide, laesa maiestate Euangelii, iniuria fraterni opprobrii, qui haereticos iactatis eos, qui non secundum merum capitis vestri somnium contra tam patentes et potentes scripturas sapiunt. Si utri sunt haeretici et schismatici nominandi, non Boemi, non Graeci, quia Euangeliis nituntur, sed vos Romani estis haeretici et impii schismatici, qui solo vestro figmento praesumitis contra evidentes dei scripturas. WA 6, 506, 28-30 = Bo A 1, 437, 8-11: Quid mirum? qui in sacris scripturis intelligit quod vult, etiam in historiis legat, quod vult. Sed nunquid per hoc stabilitur arbitrium Ecclesiae aut confutantur haeretici? WA 6, 506, 33f = Bo A 1, 437, 14-16: Concludo itaque, Negare utranque speciem laicis esse impium et tyrannicum nec in manu ullius angeli, nedum Papae et Concilii cuiuscunque... WA 6, 507, 6-33 = Bo A 1, 437, 22-438, 14. Prima ergo captivitas huius sacramenti est quo

β) Im zweiten Punkt, gegenüber der zweiten captivitas des Sakraments, mit der die römische Kirche schon vor dreihundert Jahren im 4. Laterankonzil aus der Transsubstantiationslehre anstelle einer jedem zum kritischen Nachprüfen freigegebenen opinio ein Dogma, einen Glaubensartikel, der zum Glauben notwendig ist, gemacht hat, läuft die Argumentation Luthers überraschend auf dasselbe hinaus. Die Worte Christi 'Dies ist mein Leib' usw. sind in der schlichtesten möglichen Bedeutung festzuhalten: ,,Est autem meae sententiae ratio magna, imprimis illa, quod verbis divinis non est ulla facienda vis, neque per hominem, neque per angelum, sed quantum fieri potest in simplicissima significatione servanda sunt, et nisi manifesta circumstantia cogat, extra grammaticam et propriam accipienda non sunt, ne detur adversariis occasio universam scripturam eludendi''⁵⁰¹. Wahres natürliches Brot und schlicht wahrhaftigen Wein nach dem Sprachgebrauch der Schrift und rhetorischem sensus communis anzunehmen, wenn Christus spricht 'Dieses Brot ist mein Leib', ist Gehorsam gegen die Worte der Schrift und die Regeln der Sprache; *wie* Christi Leib und Blut in beiden Gestalten gegenwärtig ist, soll man dem göttlichen Wirken überlassen⁵⁰². Zur Sache fragt Luther, wa-

---

ad eius substantiam seu integritatem, quam nobis abstulit Romana tyrannis, Non quod peccent in Christum qui una specie utuntur, cum Christus non preceperit ulla uti, sed arbitrio cuiuslibet reliquit dicens: 'Quotiescunque haec feceritis, in mei memoriam facietis', Sed quod illi peccant, qui hoc arbitrio volentibus uti prohibent utranque dari: culpa non est in laicis, sed sacerdotibus... Itaque non hoc ago, ut vi rapiatur utraque species, quasi necessitate praecepti ad eam cogamur, Sed conscientiam instruo, ut patiatur quisque tyrannidem Romanam, sciens sibi raptum per vim ius suum in sacramento propter peccatum suum. tantum hoc volo, ne quis Romanam tyrannidem iustificet, quasi recte fecerit, unam speciem laicis prohibens, sed detestemur eam nec consentiamus ei, tamen feramus eam non aliter, ac si apud Turcam essemus captivi, ubi neutra specie liceret uti. Hoc est, quod dixi, mihi pulchrum videri, si generalis Concilii statuto ista captivitas solveretur et nobis Christiana illa libertas e manibus Romani tyranni restitueretur et cuique suum arbitrium petendi utendique relinqueretur, sicut in baptismo et poenitentia relinquitur. At nunc cogit singulis annis unam speciem accipi eadem tyrannide: adeo extincta est libertas nobis a Christo donata: sic meruit impia nostra ingratitudo.

⁵⁰¹ WA 6, 509, 8-12 = Bo A 1, 439, 28-34.

⁵⁰² In Fortsetzung der Anm. 501 angeführten Stelle WA 6, 509, 15-21 = Bo A 1, 439, 37-440, 4: Ita et hic, cum Evangelistae clare scribant, Christum accepisse panem ac benedixisse, et actuum liber et Paulus Apostolus panem deinceps appellent, verum oportet intelligi panem verumque vinum, sicut verum calicem (non enim calicem transsubstantiari etiam ipsi dicunt), transsubstantiationem vero potestate divina factam, cum non sit necesse poni, pro figmento humanae opinionis haberi, quia nulla scriptura, nulla ratione nititur, ut videbimus. WA 6, 510, 31-35 = Bo A 1, 441, 19-24: Quid hic dicemus? quando Aristotelem et humanas doctrinas facimus tam sublimium et divinarum rerum censores? Cur non explosa ista curiositate in verbis Christi simpliciter haeremus, parati ignorare, quidquid ibi fiat, contentique verum corpus Christi virtute verborum illic adesse? An est necesse, modos operationis divinae omnino comprehendere? Zum Gesichtspunkt der Regeln der Sprache vgl. WA 6, 511, 28-33 = Bo A 1, 442, 22-29: Quod autem in graeco et latino pronomen 'hoc' ad corpus

rum nicht beide Substanzen so miteinander da sein sollen wie Feuer und
Eisen in feurig gewordenem Eisen[503]. Die Festlegung des Verständnisses
der Christen auf die durch Thomas vorgetragene, mit aristotelischer Philosophie begründete Theorie der Verwandlung der Substanz, nicht der
Akzidentien, ruft Luthers Kritik hervor, wie im ersten Punkt. Die Freiheit
der Christen und das Verstehen der Schrift ist eine verletzliche Sache.
Den Worten darf keine Gewalt angetan werden. Die Freiheit der Dinge,
die frei sind, wird nicht wiedergewonnen, wenn der Christ seinerseits
Gewalt übt, sondern durch das Wort des Predigers, der auf die Gewaltanwendung als ein Leiden und Gericht, das über die Menschen gekommen
ist, hinweist. So werden die Gewissen der Menschen und so wird das
Verstehen des Glaubens und das Urteilsvermögen der Menschen wieder
frei[504].

γ) Im dritten Teil gegenüber der dritten captivitas dieses Sakraments,
die mit der Lehre, die Messe sei ein gutes Werk, über die Menschen und
über dieses Sakrament gekommen ist, folgt nun, weitgehend in Aufnahme
der Formulierungen des Sermons Von dem Neuen Testament, die positive Darlegung des Verständnisses der Messe. Der beherrschende Ausdruck
dieses Verständnisses ist, über den vorangegangenen Sermon hinaus, der
Terminus 'promissio'. Ein Testament und die promissio verhalten sich so
zueinander, daß in diesem besonderen Fall der, der die Verheißung gibt,
darauf sterben will, damit sie sich erfülle, damit das Testament in Kraft
trete. So sieht Luther die künftige Inkarnation und den Tod Christi in dieser Vokabel Testament ausgedrückt[505]. Die Verheißung in Christi Testa-

---

refertur, facit similitudo generis, sed in hebraeo, ubi neutrum genus non est, refertur ad panem, ut sic liceat dicere: 'Hic est corpus meum', quod et ipse usus loquendi et sensus communis probat, subiectum scilicet esse monstrativum panis et non corporis, dum dicit: 'Hoc
est corpus meum, das ist meyn leyp', id est 'iste panis est corpus meum'.

[503] WA 6, 510, 4-8 = Bo A 1, 440, 27-32: Cur autem non possit Christus corpus suum in-
tra substantiam panis continere sicut in accidentibus? Ecce ignis et ferrum duae substantiae
sic miscentur in ferro ignito, ut quaelibet pars sit ferrum et ignis: cur non multo magis
corpus gloriosum Christi sic in omni parte substantiae panis esse possit?

[504] WA 6, 512, 2-6 = Bo A 1, 442, 41-443, 5: Sic interim sapiam pro honore sanctorum
verborum dei, quibus per humanas ratiunculas non patiar vim fieri et ea in alienas significa-
tiones torqueri: permitto tamen aliis opinionem alteram sequi, quae in decretali 'firmiter'
statuitur, modo non urgeant suas opiniones (ut dixi) pro articulis fidei a nobis acceptari.
Zum letzteren Gesichtspunkt s.o. Anm. 322, sowie die Argumentation Luthers gegen Eck in
der Leipziger Disputation über Glaubensartikel und theologische opiniones, s.o. c. II Anm.
56 zur Fegfeuerdiskussion. — Zum Gesichtspunkt ,,Gewalt'' bzw. ,,keine Gewalt gegen die
Worte der Schrift!'' s.o. Anm. 501, Luthers 'ratio magna', sein Hauptanliegen und wichtigstes Interesse.

[505] WA 6, 513, 22-514, 10 = Bo A 1, 444, 30-445, 19: Quaeramus ergo quid sit testamentum, et simul habebimus quid sit missa, quis usus, quis fructus, quis abusus eius. Testamentum absque dubio Est promissio morituri, qua nuncupat haereditatem suam et instituit hae-

ment, mit der Gottes Barmherzigkeit den Menschen von Ewigkeit her zuvorkam (praevenit), vor allem Tun des Menschen, kann allein der Glaube empfangen. Der Mensch ist in seinem ganzen Sein nichts als Geschöpf dieses Wortes der Verheißung, mit dem Gott ihn geboren hat und mit dem er, der Schöpfer, alle Dinge trägt (Hebr 1,3)[506]. ,,Testament'' und ,,Verheißung'' werden so zum Grundwort der Schöpfung aller Dinge durch das Wort. Wie im Sermon vom Neuen Testament folgt nun eine Darstellung der Kette göttlicher Verheißungen seit dem Anfang der Welt: Adam empfing nach dem Fall in Gottes Rede an die Schlange Gen 3,15 die Verheißung des zukünftigen Samens, der der Schlange den Kopf zertreten werde. In diesem Glauben wurde er mit den Seinen in Gottes Schoß getragen und bewahrt, in diesem Glauben und in dieser Erwartung starb er auch, ohne zu wissen, wann und wie diese Verheißung erfüllt werden würde; daß sie aber erfüllt werden würde, daran zweifelte er nicht. Es hat den Anschein, als wollte der Glaube hier die ganze Weltgeschichte noch einmal von Anfang an erzählen, unter dem Gesichtspunkt, daß sie alle, die Empfänger der Verheißungen Gottes, auf Zukunft hin gelebt, geglaubt und gewartet haben, ja, auch gestorben sind auf Zukunft hin.

---

redes. Involvit itaque testamentum primo mortem testatoris, deinde haereditatis promissionem et haeredis nuncupationem... Vides ergo, quod Missa quam vocamus sit promissio remissionis a deo nobis facta, et talis promissio, quae per mortem filii dei firmata sit. Nam promissio et testamentum non differunt alio quam quod testamentum simul involvit mortem promissoris. Et testator idem est quod moriturus promissor, promissor autam victurus (ut sic dicam) testator. Hoc testamentum Christi praefiguratum est in omnibus promissionibus dei ab initio mundi, immo omnes promissiones antiquae in ista nova futura in Christo promissione valuerunt, quicquid valuerunt, in eaque pependerunt. Inde usitatissima sunt illa in scripturis verba 'pactum, foedus, testamentum domini'. Quibus significabatur deus olim moriturus. Nam ubi testamentum est, mors testatoris intercedat necesse est, Heb 9 [V. 16]. Deus autem testatus est, ideo necesse fuit eum mori: mori autem non potuit, nisi esset homo: ita in eodem testamenti vocabulo compendiosissime et incarnatio et mors Christi comprehensa est. Vgl. O. BAYER, Promissio, 243.

[506] WA 6, 514, 11-25 = Bo A 1, 445, 20-37: Ex quibus iam sua sponte patet, quis sit usus et abusus Missae, quae digna vel indigna praeparatio. Si enim promissio est, ut dictum est, nullis operibus, nullis viribus, nullis meritis ad eam acceditur, sed sola fide. Ubi enim est verbum promittentis dei, ibi necessaria est fides acceptantis hominis, ut clarum sit initium salutis nostrae esse fidem, quae pendeat in verbo promittentis dei, qui citra omne nostrum studium gratuita et immerita misericordia nos praevenit et offert promissionis suae verbum. 'Misit enim verbum suum et sic sanavit eos'. Non autem accepit opus nostrum et sic salvavit nos. Verbum dei omnium primum est, quod sequitur fides, fidem charitas, Charitas deinde facit omne bonum opus, quia non operatur malum, immo est plenitudo legis. (Zum Folgenden vgl. den Anklang an ähnliche Formulierungen dieses Kapitels, s.o. Anm. 493 und im Abschnitt über die Taufe, s.o. Anm. 285) Nec alia via potest homo cum deo aut convenire aut agere quam per fidem, id est, ut non homo suis operibus ullis, sed deus sua promissione sit autor salutis, ut omnia pendeant, portentur, serventurque in verbo virtutis suae, quo genuit nos, ut essemus initium aliquod creaturae eius.

Selbst in der Hölle bewahrt eine solche Verheißung, da sie die Wahrheit Gottes ist, die, die an sie glauben und ihre Erfüllung erwarten[507]. So kommt die Geschichtserzählung über Noah, Abraham, Mose und das Alte Testament, in dem das Land Kanaan, ein zeitliches Gut, verheißen wurde und in dem es einen Gottesdienst mit Opfertieren gab, zum Neuen Testament, das nach Christi Worten in seinem eigenen, nicht in fremdem Blut gegründet ist und durch das die Gnade durch den Geist verheißen wird, zur Vergebung der Sünden, zum Empfangen des Erbes. Hiermit verspreche ich dir, so spricht Christus zum verlorenen, verdammten Menschen, aus reiner, frei geschenkter Liebe, mit der ich dich liebe nach dem Willen der Barmherzigkeit des Vaters, vor all deinen Verdiensten und vor all deinem Bemühen Vergebung all deiner Sünden und das ewige Leben. Und damit Du meiner Verheißung, die unwiderruflich ist, völlig gewiß seiest, will ich meinen Leib dahingeben und mein Blut vergießen und durch den Tod diese Verheißung bekräftigen und bestätigen und dir beides zum Zeichen und Gedächtnis dieser Verheißung lassen. Wenn du es oft brauchst und meiner gedenkst, wirst Du diese Liebe, die ich zu dir habe, und diese

---

[507] WA 6, 514, 26-34 = Bo A 1, 445, 38-446, 8: Sic Adae post lapsum erigendo dedit hanc promissionem, dicens ad serpentem 'Inimicitias ponam inter te et mulierem...'. In hoc promissionis verbo Adam cum suis tanquam in gremio dei portatus est et fide illius servatus, expectans longanimiter mulierem... Et in hac fide et expectatione etiam mortuus est, ignarus, quando et qualis esset futura, futuram tamen non diffidens. Nam talis promissio, cum sit veritas dei, etiam in inferno servat credentes et expectantes eam. — Sehr treffend akzentuiert O. BAYER, daß in diesem auf die promissio folgenden Glauben jeweils der Empfänger zum Einzelnen gemacht wird: das gilt für die einzelnen Empfänger einer Verheißung im Alten Testament. ,,Denn die Einheit Gottes gewinnt sich nicht erst in der Totalität einer jeweils noch unabgeschlossenen Geschichte, sondern schenkt sich ganz in der Eindeutigkeit seiner Zusage und wird in deren speziellem, den Hörer zu einem einzelnen machenden Glauben bekannt (Anm.: Der Mensch als einzelner ist demnach keine anthropologische Selbstverständlichkeit, sondern eine Wirkung der promissio, d.h. der eschatologischen Entscheidungssituation, die sie schafft.)'' (Promissio, 244) ,,'Promissio' ist keine heilsgeschichtsphilosophische Offenbarungskategorie, sondern der Inbegriff der Verkündigung. So kann Luther...promissio schon im Alten Bund nicht verstehen als ein vertröstendes Versprechen, sondern nur als im hic et nunc wirklich tröstende und rettende Zusage. 'Nam talis promissio, cum sit veritas dei, etiam in inferno servat credentes et expectantes eam' ''. (245.). BAYER ist jedoch zu fragen, ob der Zukunftsaspekt in dem berechtigten Anliegen, dem *Glauben* die volle Gegenwart des rettenden Gotteswortes zuzusprechen, nicht den Kairos im Chronos aufgehoben sein zu lassen, nicht zu kurz gekommen ist. *Nur* das Wort ist es, das selbst in der Hölle die Glaubenden und *es Erwartenden* bewahrt. So starb Adam ganz im Vertrauen auf Zukunft hin. Der rettende Charakter der promissio liegt demnach für Luther darin, sich ganz der Zukunft überlassen zu dürfen. Wie diese Aussage sich im Blick auf die neutestamentliche Christuspromissio aufrechterhalten läßt, wird das Folgende zeigen, s. Anm. 509. BAYER formuliert hier in Rechtskategorien: ,,Diese ubiquitäre Geltung der jeweils einen promissio hat ihren Rechtsgrund in der ubiquitären Geltung des einen Christusgeschehens, des *neuen* Testaments''. (Promissio, 245).

Wohltat preisen und loben und für sie Dank sagen[508]. Hierauf kann nur folgen, so fährt Luther fort, der lieblichste affectus cordis, wenn der Mensch glaubt und dessen innewird, daß dieses unglaublich große Gut *ihm* zuteil wird, und wenn er sich an diesen Worten labt und stärkt wie auf einer fetten Weide (Ps 23,5) durch die Liebe, die der Geist Gottes in ihm wirkt (Röm 5,5), so daß er entrückt und getragen wird in Christus, einen so großen gütigen Spender, und daß er ein völlig neuer Mensch wird, in Tränen und Entzücken, wenn er sich *diese* unaussprechliche Verheißung vorhält[509].

---

[508] WA 6, 515, 13-26 = Bo A 1, 446, 27-447, 2: At hic dicit 'Testamentum novum in meo', non alieno sed proprio, 'sanguine', quo gratia per spiritum in remissionem peccatorum ad haereditatem capiendam promittitur. Est itaque Missa secundum substantiam suam proprie nihil aliud quam verba Christi praedicta 'Accipite et manducate etc.' ac si dicat 'Ecce o homo peccator et damnatus, ex mera gratuitaque charitate, qua diligo te, sic volente misericordiarum patre, his verbis promitto tibi, ante omne meritum et votum tuum, remissionem omnium peccatorum tuorum et vitam aeternam, et ut certissimus de hac mea promissione irrevocabili sis, corpus meum tradam et sanguinem fundam, morte ipsa hanc promissionem confirmaturus et utrunque tibi in signum et memoriale eiusdem promissionis relicturus. Quod cum frequentaveris, mei memor sis, hanc meam in te charitatem et largitatem praedices et laudes, et gratias agas.

[509] WA 6, 515, 29-35 = Bo A 1, 447, 6-14: Ad hanc fidem mox sequetur sua sponte dulcissimus affectus cordis, quo dilatatur et impinguatur spiritus hominis (haec est charitas, per spiritum sanctum in fide Christi donata), ut in Christum, tam largum et benignum testatorem, rapiatur fiatque penitus alius et novus homo. Quis enim non dulciter lachrymetur, immo prae gaudio in Christum pene exanimetur, si credat fide indubitata, hanc Christi promissionem inaestimabilem ad se pertinere? Es ist also die geschenkte Liebe Christi, nicht mehr in etwas Fremdem objektiviert, sondern Hingabe seines eigenen Leibes, seines 'Blutes' zur Besiegelung des Testaments, auf die hin schon die Verheißungsempfänger des Alten Testaments glaubten und warteten, d.h. der Glaube an eine *reine*, umsonst geschenkte barmherzige Liebe wird in Christi neuem Testament, das die vollkommenste von allen Verheißungen ist, besiegelt. Dieses Testament läßt sich seinerseits nur im Glauben fassen. *Darin* liegt der bleibende Zukunftsbezug aller promissiones, auch dieser. Dennoch handelt es sich, wie BAYER betont, um eine hic et nunc tröstende und rettende Zusage, um ,,das Ganze'', um die (trinitarisch verstandene) Einheit Gottes, oder, wie wir zum Sermon vom Neuen Testament formulierten, um den Glauben in der Zeit des Glaubens, der kerygmatisch qualifizierten Situation. Die Kategorie der ,,Geltung'' des einen Christusgeschehens scheint ungeeignet, diese *Qualität* der durch die Verheißung bestimmten Existenz des Glaubenden d.h. seiner Zeit, seiner Situation, auszusagen. Das ,,Christusgeschehen'', darin liegt der Skopus des Kapitels für Luther in diesem Abschnitt, ist in den *Worten* Christi, in der *Anrede* an jeden Einzelnen der Jünger mitgeteilt. Auch rechtliche Kategorien, so müssen wir folgern, entsprechen nicht dem strengen, von Luther in dieser Schrift aufgestellten und mehrfach wiederholten Kanon, daß Gott mit dem Menschen *nur* im Wort der Verheißung umgehen und der Mensch *nur* im Glauben dem Wort Gottes begegnen und Gott die Ehre geben kann, indem er die Zusage Gottes für wahr hält. Die ,,Wahrheit'' einer Zusage ist von der ,,Gültigkeit'' eines Faktums also zu unterscheiden. Dennoch hat das Wort im 'sola fide' als der einzigen Gewißheit, wie wir sahen, eschatologischen, entscheidenden Charakter als allein wahre, hier darf auch umschrieben werden: gültige Situationsbestimmung, neben der es keine andere mehr gibt. s.o. S. 280 zum assertorischen Charakter der Sakramentspredigt Luthers (1518). Im Ergebnis stimmen wir BAYER also zu, wofür in den Schriften des Jahres

Es folgt anschließend, wie im Sermon vom Neuen Testament, die Abgrenzung von allem Opferwesen und Mißbrauch der Messe unter dem Werk- und Verdienstgedanken, wie wir sahen. Durch all diese anstelle des Glaubens aufgekommenen Menschenwerke und Menschengesetze, die die Verheißung überwuchert haben, wurden die Erben der Verheißung aus ihrem schönen Land, der Freude und Wonne ihres Herzens, weggeführt nach Babylon (Ps 137)[510]. So wurde durch solches Zum-Schweigen-Bringen des Verheißungswortes, das Glauben mit sich bringt, das Schönste des Menschen ihm wieder genommen, seine Freiheit, durch das unbeschreiblich große Geschenk dieses Testaments sich nicht mehr um sich selbst, um vergangene, gegenwärtige und zukünftige Sünden kümmern zu müssen und die Hände frei zu haben für das Leben, in dem er gebraucht wird. Stattdessen ist in den abergläubischen Mißbräuchen dieses Sakraments aus dem passiven 'communicari', in dem allein die Gegenwart des Menschen im Empfangen der Verheißung steht, im Verständnis der Menschen wieder ein aktives 'communicare', das Darbringen eines guten Werkes, geworden[511]. Wie schon im Bußsermon 1519 beschäftigt Luther in diesem Zusammenhang erneut die Frage des recht verstandenen Sinnes des priesterlichen Amtes: nicht Darbringen eines Opfers, eines Werkes im Auftrag des Menschen an Gott, sondern Diener des Menschen im Auftrag Gottes zu sein, ihm mit der Verheißung Christi den Tisch zu decken, im Angesicht aller Trübsal die Kranken zu stärken

---

1520 auch das Beispiel vom Bettler angeführt werden kann, der allein kraft des Testaments sein Erbe erlangen wird. Es kommt Luther jedoch auch in diesem Beispiel darauf an, daß der angefochtene Mensch, das kleinmütige Gewissen, in der Erfahrungssituation mit dem Testament umzugehen lernt, d.h. sich auf die Worte zu berufen lernt! Auf den rechten Brauch kommt es so auch hier an, den sich der Empfänger nicht streitig machen lassen soll. Bloße ,,Gültigkeit'' an sich, ohne den Glauben, der sich beruft auf die Zusage, hilft nichts, um das Testament auch zu erlangen. Die Beziehung von Wort und Glaube darf, so schließen wir, nicht verdeckt und verstellt werden durch andere Vorstellungsweisen. Zum Verhältnis der Schriften von 1520 zu den früheren s.u. S. 305ff.

[510] WA 6, 520, 7-15 = Bo A 1, 452, 6-16: Videmus ex his, quam grandi ira dei factum sit, ut verba testamenti huius nos caelarint impii doctores atque per hoc ipsum fidem extinxerunt quantum in eis fuit. Iam pronum est videre, quid ad fidem extinctam sequi fuit necesse, nempe superstitiones operum impiissimas. Ubi enim fides occidit et verbum fidei obmutescit, ibi mox surgunt opera in locum eius et traditiones operum. Quibus ceu captivitate Babylonica translati sumus de terra nostra, captis omnibus desyderabilibus nostris. Ita de missa contigit, quae impiorum hominum doctrina mutata est in opus bonum, quod ipsi vocant opus operatum, quo apud deum sese omnia praesumunt posse.

[511] WA 6, 521, 27-31 = Bo A 1, 453, 38-43: Sunt enim sacerdotes consecrando et ministrando ministri nostri, per quos non offerimus bonum opus aut communicamus active, sed per eos promissiones et signum accipimus et communicamur passive, id quod in laicis hactenus permansit. Nam hi non dicuntur bonum facere sed accipere. Zum Verständnis des priesterlichen Dienstes im Bußsermon s.o. S. 130 und S. 135.

und zu laben mit dieser einzigen Medizin aller vergangenen, gegenwärtigen und zukünftigen Sünden[512], das ist Sinn des priesterlichen Dienstes und Sinn der Messe als des über alles Verstehen großen, freien, *umsonst* dem Menschen zugewandten Erbes in Christi Testament, des Erbes der Freiheit, den Glaubenden seit Anfang der Welt aus Gottes Gnade frei umsonst bereitet.

Zusammenfassend können wir nach diesem Ausblick auf die beiden wichtigsten Abendmahlsschriften des Jahres 1520 formulieren: das Verständnis dieses Sakraments in diesen beiden Schriften hat sich gegenüber dem Sermon von 1519 in bestimmten wichtigen Hinsichten gewandelt. Betont hervorgetreten ist einmal der Gegensatz zwischen den vielen Gesetzen und guten Werken und dem Glauben, wobei, im Sinne des Umgangsprinzips zwischen Gott und Mensch, der Glaube die einzige Verhaltensweise des Menschen ist, das ihm zugesprochene Testament zu empfangen. Und das Zweite: die *Worte* Christi im Abendmahl erweisen sich gegenüber dem autoritären Versuch einiger Theologen der ecclesia Romana, sie mit Gewalt zu unterdrücken und den Empfängern die Möglichkeit der Kommunion unter beiden Gestalten vorzuenthalten, als die in den Abendmahlstexten der Schrift ausgedrückte Hauptsache dieses Sakraments. Den Worten im Glauben zu gehorchen, keine philosophischen menschlichen opiniones an ihre Stelle zu setzen, ist rechte Einstellung des Christen. Die Worte Christi in der Messe sind in ihrem Inhalt und ihrer Funktion nichts als Worte des Testaments Christi, durch Inkarnation und Tod Christi bekräftigt und von Christus selbst in Einheit mit dem Willen des Vaters in diesen Worten ein für allemal den Menschen als den Erben des Testaments, das in allen vorangegangenen Verheißungen an einzelne Glieder des menschlichen Geschlechts enthalten war, zugewandt zu stetem Gedenken.

Die Bedeutung dieser Veränderungen läßt sich jedoch nur auf dem Hintergrund der entscheidenden Kontinuität in dem, was u.E. die Haupt-

---

[512] WA 6, 518, 33-37 = Bo A 1, 450, 25-30: Tu vero sine alios percensere varios fructus auditae missae et animum tuum huc intende, ut cum Propheta dicas et credas, hic tibi a deo paratam esse mensam coram te adversus omnes qui tribulant te, in qua pascatur et pinguescat fides tua. Non autem pascitur fides tua nisi promissionis divinae verbo. WA 6, 526, 22-33 = Bo A 1, 459, 22-35: Ut autem finem huius primae partis faciamus,...Concludimus ex omnibus his, quibus nam Missa sit parata, et qui digne communicent, nempe soli ii, qui tristes, afflictas, perturbatas, confusas et erroneas habent conscientias...Est enim testamentum hoc Christi medicina unica praeteritorum, praesentium et futurorum peccatorum, modo indubitata fide ei adhaeseris et credideris tibi gratuito dari id quod verba testamenti sonant. Quod si non credideris, nusquam, nunquam, nullis operibus, nullis studiis conscientiam poteris pacare. Fides enim sola est pax conscientiae, infidelitas autem sola turbatio conscientiae.

sache der Abendmahlslehre Luthers in diesen Schriften seit 1518 bis 1520 ist, einschätzen: der Indikation dieses Sakraments für betrübte, angefochtene Gewissen, denen in diesem Testament Vergebung aller Sünden zugesagt wird und die diese Gabe im Glauben empfangen.

d) Die von O. BAYER in seinem äußerst kritischen Vergleich zwischen dem Sermon von 1519 und den Schriften des Jahres 1520 gesetzten Akzente: dort ,,die Liebe als Heilsweg'', mit auf das Exempel der Liebe umgedeuteten Einsetzungsworten; hier der Glaube im Mittelpunkt, der die Worte, den Gabespruch des Abendmahls, in ihrem einfachen Sinn nimmt[513], bedeuten demgegenüber, so scharfsinnig und in vielen Einzelzügen zutreffend die Beobachtungen BAYERS sind, u.E. keinen entscheidenden Einwand. Dies ist nun abschließend darzulegen, im Zurückweisen der These BAYERS, daß Luthers Vorgehen im Sermon von 1519 gescheitert sei[514], daß das ekklesiologische und ethische Interesse auf Kosten der Christologie und Soteriologie überwiege[515] und daß dies seinen Grund darin habe, daß Luther seine Interpretation des Zeichens von den Elementen des Abendmahls her, nicht vom Wort her anlege und hierdurch ,,mit starkem Systemzwang in traditionelle Bahnen'' zurücklenke[516], in diesem Fall in ein thomistisches Verständnis des wirksamen Zeichens[517]; in einem dennoch ,,augustinisch'' gebrochenen Verhältnis zu diesem Zeichen trete zu ihm die von ihm unterschiedene eigentliche Bedeutung hinzu und werde durch den Glauben als ,,Notbrücke'' mit ihm zusammengehalten und in den Brauch gebracht[518]. So werde vom Wort in diesem Sermon völlig geschwiegen (!), und die Liebe sei Heilsgut, während dem Glauben nur eine dienende Funktion bleibe[519]. Der Gegensatz zu diesem Verständnis des Zeichens lautet vom Vergleich mit den Schriften von 1520 her: das Zeichen als ganz bestimmtes Wort (Zusage) zu verstehen, es ins Wort zu ziehen bzw., die BAYER es an einer Stelle des Abendmahlsser-

---

[513] O. BAYER, Promissio, 235f mit A. 75; 240f mit A. 101. Besonders deutlich ist die Kritik am Abendmahlssermon von 1519 S. 240 formuliert: ,,Entscheidendes änderte sich, begriffe man das Zeichen als ganz bestimmtes Wort — wie im Bußsermon. Dort fallen Zeichen und Bedeutung ineinander, weil die Heilsgabe eben genau so ist, wie das Zeichen lautet, weil das Wort gibt und wirkt, was es zusagt. Dort nimmt der Glaube das Wort in seinem einfachen Sinn und greift so nach signum und res zugleich — worin die reformatorische Wende in Luthers Hermeneutik liegt''.

[514] Promissio, 347.

[515] Promissio, 233, 235, 239.

[516] Promissio, 240, 227f.

[517] Promissio, 228, 240.

[518] Promissio, 239, 238-240.

[519] Promissio, 240, 237.

mons anfangsweise verwirklicht sieht, ,,das vom Element her bestimmte Zeichen zum Wort hin zu öffnen''[520].

Demgegenüber hat unsere Einzeluntersuchung des Sermons Folgendes ergeben:

1. das Zeichen, d.h. in diesem Falle alle die verschiedenen zeichenhaften, gleichnishaften Züge des Sakraments, hat *immer* den Charakter der Anrede, des Zu-Verstehen-Gebens, im Sinne des auch in den vorangegangenen Sermonen uns begegnenden ,,als spräch er'', ,,als spräch der Priester'' usw. Ebenso findet sich der Begriff der ,,Zusage'' nicht nur an der von BAYER angeführten Stelle, sondern z.B. in der Zusammenfassung der Abschnitte über Zeichen und Bedeutung: ,,das dyß heylig sacrament sey nit anders, dan eyn gottlich tzeychen, darynne zu gesagt, geben und zu geeygent wirt Christus, alle heyligen mit allen yhren wercken, leyden, vordiensten, gnaden und guttern zu trost und sterck allen, die yn engsten und betrubniß seyn...''[521]. Zuzustimmen ist BAYER darin, daß im Inhalt dieser Worte Christus zugleich sein Sich-Geben beschreibt mit ,,als sprech er'' im Sinne eines von ihm gesetzten Anfangs: 'Ich bin das Haupt, ich will der erste sein, der sich für euch gibt'. Doch bedeutet das eine Ethisierung des Sakraments[522]? Unsere Beobachtung zur im ganzen Sermon sich findenden Gleichnissprache, mit Einschluß der Gegenwart der gewandelten Elemente, die ihrerseits wieder etwas ,,aussagen'', bedeutend mitteilen, hat vor allem im Abschnitt über den Glauben (gegen curiositas, gegen die Kleinheit und Schwäche der Natur, gegen die Sterbensanfechtung, gegen die Gewöhnung an irdische Hilfe überhaupt) ergeben, daß die christliche Existenz hier unter dem Wirken der operatio divina gesehen und das heißt, insgesamt in das Geheimnis des Glaubens hineingenommen wird, gerade auch im Wachsen der Liebe und Gemeinschaft, im Ganz-Werden des Leibes Christi; von den Schriften des Jahres 1520, aber auch schon dem Sermon von 1519 aus können wir hinzufügen: im Sich-Angeredetfinden des ganzen Menschen, der ermutigt wird, fröhlich zum

---

[520] Promissio, 241 A. 101.

[521] WA 2, 749, 23-27 = Bo A 1, 203, 36-40.

[522] Promissio, 235: ,,Bestimmt ist diese communio durch die Liebe, muß als solche aber aufweisbar gemacht werden können ('vorwandlung'). Sie beläßt so die Gabe nicht zunächst als Gabe, sondern versteht sie von vornherein als Aufgabe und Forderung und verdrängt damit das Soteriologische sofort durch das Ethische bzw. sieht beides ununterschieden ineinander bestehen. Christi Bedeutung ist die eines Exempels und seine 'commemoratio' eine 'adhortatio ad imitationem exempli', nicht Verkündigung, die den Glauben wirkt, sondern Ermahnung, die die Liebe fordert''. s. auch S. 239: ,,Bestimmend ist also primär das ekklesiologisch-ethische Interesse: Die Liebe wird zum Heilsweg, indem sie, anstatt ganz der Welt zu gehören, vor das Forum Gottes tritt und dieses zur communio sanctorum macht. Dem Glauben kann dabei nur eine dienende Funktion zukommen''.

Sakrament zu gehen und den Anderen, seinen geistlichen Mitbürgern, seinen Unfall, seine Anfechtung mitzuteilen.

2. Damit wird ein Zweites deutlich: vom Wort wird hier in diesem Verständnis des Sakraments von der mitbürgerlichen Gemeinschaft her keineswegs ,,geschwiegen'', sondern die Ermutigung der Zusage des Sakraments, von Gott selber in diesem Zeichen gegeben, ist gerade Ermutigung *zum* Wort, d.h. zur mitmenschlichen Kommunikation, und Trost im Gedanken an die zugesagte himmlische Kommunikation der Gemeinschaft Christi und seiner Heiligen mit und für diesen Glaubenden.

3. Damit verbindet sich ein Drittes: Eine Ethisierung des Glaubens auf Kosten der Soteriologie läge nur dann vor, wenn jedes Reden von Liebe und Gemeinschaft der Liebe im Horizont des christlichen Glaubens coram Deo mit einem gesetzlichen Verdienst- und Verrechnungsgedanken gleichbedeutend wäre, wie BAYER in der Frontstellung gegen die disponierenden opera charitatis als zum Heil notwendig offenbar voraussetzt, zugespitzt auf die compunctio des mit Christus im Bußaffekt Leidenden[523]. ,,Die Liebe als Heilsweg'', speziell die mortificatio sui in der compunctio, und ein verrechnendes Denken generell im Blick auf Werke der Liebe, sind nach dieser Annahme untrennbar verbunden: ,,Besteht die Heilsgabe in der Liebe, so muß offenbar sofort der Gedanke aufkommen, sie gleich wieder zu verrechnen''[524]. Demgegenüber sehe das genuin reformatorische Verständnis in den Werken der Liebe die *Folge* des Glaubens.

Es ist unschwer zu sehen, daß BAYER hier aus dem Vergleich mit der Thematik des Bußsakraments an Luthers Darstellung des Abendmahls herangeht und die in diesem Bereich vollzogenen Entwicklungen und Abgrenzungen von einer in der Reue, Beichte oder Genugtuung zu suchenden dispositio anstelle des Glaubens, des sola fide, auch in dieser Sakramentsauslegung sucht und seinem Eindruck nach vermißt. Wie wir sahen, enthielt jedoch schon der Sermo de digna praeparatione cordis von 1518 diese Abgrenzung aufs allerdeutlichste, und die Einladung Christi Mt 11,28 f, neben anderen den Glauben fordernden und zum Glauben ermu-

---

[523] Promissio, 252 formuliert BAYER in der Gegenüberstellung der die reformatorische Wende voraussetzenden bzw. anzeigenden Schriften des Jahres 1520 zu Luthers Verständnis des Gedenkens Christi in der ersten Psalmenvorlesung, dort bezeichne das Gedenken Christi ,,den im Bußaffekt liegenden Existenzvollzug, der sich ja faktisch in sich selbst verifiziert, weshalb denn ganz folgerichtig die beiden Valenzen der memoria ineinanderfallen... Dagegen sind 1520 die beiden Seiten des Gedenkens unterschieden durch das mündliche (Heils-) Wort. Das Gedächtnis Christi ist in der reformatorischen Theologie nicht dem Bußaffekt des Menschen anvertraut und seiner bedürftig, sondern des mündlichen Wortes mächtig''.

[524] Promissio, 237.

tigenden Stellen, wurde die entscheidende dem Menschen zugewandte Seite dieses Sakraments. Wäre Luther demnach 1519 hinter seine eigene Konzeption von 1518 zurückgefallen? In unserem Vergleich beider Schriften umschrieben wir demgegenüber den Unterschied in der Redeweise so, daß Luther in dieser deutschen Schrift für Laien in die Lebenswelt seiner Leser sich begibt und in ihr eine Hermeneutik dieses Sakraments für diese praktische Situation, bis hin zur Kritik an der Praxis der Bruderschaften, entwickelt. Das heißt, daß er auch mit den Aussagen dieses Sermons über die Liebe zugleich mit der Bedeutung des Sakraments eine Art Praxisanalyse vollzieht.

4. Von hieraus wird nun deutlich, daß der Redemodus des Sermons insgesamt ein beschreibender ist, gerade auch dann, wenn Luther vor allem im den Bruderschaften gewidmeten Schlußabschnitt von den Werken der Liebe spricht: es ist ,,die Art der Liebe'', daß sie nicht das ihre sucht, daß sie ihren Lohn, ihre Verheißung in sich selbst hat. Wer ,,Bruderschaft'' sagt, der soll auch bedenken, was wahre Bruderschaft ihrem Wesen nach ist, nämlich dem Bruder, jedem Menschen dienen, nicht geschlossene Gesellschaften bilden und ihnen beitreten, lediglich um in den Genuß ihrer Privilegien zu kommen. Es handelt sich also in diesem Zusammenhang um eine phänomenologische, d.h. beschreibende Redeweise. Im Sozialleben der Bürgergemeinde spiegelt sich dabei und setzt sich das fort, was im Sakrament, in der Gemeinschaft, in der sich Christus als erster den Seinen gab, seinen Anfang nahm und im Glauben dessen, der von diesem Sakrament Gebrauch macht, immer aufs neue geschieht. Gemeinschaft ist etwas, das geschieht, so daß sie, wenn man von ihr Gebrauch macht, jeweils ganz wird. Gal 6,2 und 1 Kor 10,17 umschreiben so eine Entsprechung zwischen der himmlischen und der irdischen Gemeinschaft Christi und damit ein Geschehen, auf das viele Bilder aus dem Bereich der Natur und des Soziallebens (Speise, Genießen, rechter Brauch und Mißbrauch, Gesundheit, lebensfördernde Stärkung und dem Leben schädlicher Mißbrauch für das natürliche und häusliche Leben; Bürgerbrief, Rechte und Pflichten einer Bürgergemeinde, Mitteilen von das Gemeinwesen angehenden Angelegenheiten an die Mitbürger und Ratsherren, Gefahren, Land und Stadt, rechtliche Bedeutung eines Testaments und Status-Vorurteile in einer sozialen Umwelt, Ruf und Ansehen, Ehre usw.) verweisen. In ihnen allen ist ein Verständnis des ,,Ganzen'', des Ganzwerdens, des Zugehörigseins und ,,Eingeleibtseins'' unausdrücklich oder ausdrücklich, jedenfalls im Hintergrund als Bedeutung des jeweiligen Teilvorgangs gegenwärtig. Von hieraus wird Luthers Bezugnehmen auf die Liebe als die Bedeutung des Sakraments in diesem Sermon ver-

ständlich: die natürlichen und selbstverständlichen Erwartungen, die die in diesem natürlichen Sozialbereich miteinander Lebenden aneinander richten, kommen in diesen Gleichnissen zur Sprache. Will man in diesem Zusammenhang von Tugenden sprechen, so handelt es sich nicht um sekundäre, durch einen bestimmten Kodex geforderte Tugenden als Ideale, sondern eher um in der Erfahrung einer lebendigen funktionierenden Gemeinschaft fundierte fundamentale oder ,,Vitaltugenden''[525], deren Wesen darin besteht, daß sie nichts weiter sind als das selbstverständliche, jeweils den Gegebenheiten und das heißt vom Sakrament her gesehen auch: den Möglichkeiten und der Not des Nächsten entsprechende Verhalten, aber nie und nimmer ein Verdienst, mit Berechnungen verbunden.

Der Umkreis, in dem sich solches Verstehen und Handeln der Liebe bewegt, ist, wie im Falle der Kritik an den Bruderschaften, bestimmt und eingegrenzt durch die Sprache, die in diesem christlichen Kulturkreis gesprochen wird, und d.h. durch die Erwartungen, die sich mit einem Wort wie dem Wort ,,Bruderschaft'' in diesem Fall verbinden. Luthers Kritik tut in diesem Punkt nichts anderes als daß sie die mit dem Wort ,,Bruderschaft'' in diesem christlichen Sprachbereich verbundenen Erwartungen wieder in Erinnerung ruft. Damit wird im übrigen Sermon zugleich in historischem Rückblick, der ausdrücklich vorgenommen wird, deutlich, von welchem ,,Gebrauch'' die gegenwärtige Christenheit abgewichen ist und wie die einst geübte Gemeinschaft und die zu ihr gehörenden Formen des Zusammentragens und Miteinanderteilens im Gottesdienst verblieben, verfallen sind. Dieser ,,rechte Brauch'' ist in dem Wort ,,Bruderschaft'' noch gegenwärtig trotz der Tatsache, daß viele, die das Wort gebrauchen,

---

[525] In einem derartigen Sinn spricht Erik H. ERIKSON von 'Grund-Tugenden'. Es handelt sich um eine psychoanalytische Kategorie, die von einem Verständnis der Tugenden im Sinne der Morallehren unterschieden wird. s. Einsicht und Verantwortung. Die Rolle des Ethischen in der Psychoanalyse (1964) Fischer-TB 6089. 1971, 95ff: ,,Aber gerade die Entwicklung des psychoanalytischen Denkens und seine augenblickliche bevorzugte Beschäftigung mit der 'Ich-Stärke' legen es nahe, die menschliche Stärke neu zu bedenken, nicht im Sinne des Edelmuts und der Rechtschaffenheit, wie sie die Morallehren kultivieren, sondern im Sinne der 'inhärenten Stärken'... Ich will daher von Hoffnung, Willen, Zielstrebigkeit und Tüchtigkeit als den Ansätzen der Tugend sprechen, die in der Kindheit entwickelt werden; von der Treue als der Tugend der Jugend; von Liebe, Fürsorge und Weisheit als den zentralen Tugenden des erwachsenen Lebens. Trotz all ihrer scheinbaren Zusammenhanglosigkeit hängen diese Eigenschaften voneinander ab...Auch steht jede Tugend und ihr Platz in der Reihe aller Tugenden vital mit anderen Ausschnitten der menschlichen Entwicklung in Verbindung, so etwa mit den Stadien der Psychosexualität,... weiter mit den psychosozialen Krisen und den Stufen der Reifung der Wahrnehmung''. (95, 99). — Auf den zuletzt genannten Gesichtspunkt käme es, so ist zu vermuten, auf unser Problem übertragen, besonders an. Hier liegt die Bedeutung einer ,,Sprache'' der Zeichen, die ,,zu verstehen gibt''.

es nur noch im Zeichen eines Bedeutungsschwundes und -verlustes, gleichsam in deformierter Form verwenden. Luther spricht seinen angenommenen Gesprächspartner dennoch auf die in diesem Wort und in dem Vorsatz, einer mit diesem Wort sich bezeichnenden Gemeinschaft beizutreten, enthaltene, wenn auch überdeckte, ursprüngliche Bedeutung an. So geht es im Aufzeigen des natürlichen Verhaltens brüderlicher Liebe wie mit dem Gebrauch des Sakraments, und, so können wir mit dem Blick auf die Schriften des Jahres 1520 hinzufügen, wie mit den Worten der Schrift in ihrem eigenen natürlichen Sinn: sie sind verdeckt worden durch den Mißbrauch und zugleich durch Nicht-mehr-Verstehen und Nichtwissen ihrer eigenen schlichten, natürlichen Bedeutung. So kann im Vergleich, um mit O. BAYER die Schriften des Jahres 1520 zum Maßstab zu nehmen, auch rückblickend formuliert werden: wie der sensus litteralis der Schrift in den Einsetzungsworten festzuhalten ist gegen Wegnahme des Rechtes der Laien, um die communio sub utraque specie zu bitten, gegen die als glaubensnotwendig bezeichnete Transsubstantiationslehre und gegen die Lehre von der Darbringung eines guten Werkes in der Messe, so ist, mit dem Sermon von 1519 gesprochen, die Einsetzung des Sakraments des Leibes Christi nach seiner ursprünglichen Intention innerhalb der von Christus begründeten Gemeinschaft der Liebe, d.h. um des geistlichen Leibes Christi willen zu gebrauchen; im Zusammenhang mit diesem Anliegen wird das Wort Bruderschaft im Umkreis solcher christlicher Gemeinschaft wieder für seine ursprüngliche Bedeutung reklamiert und werden die, die es in den Mund nehmen, beim Wort genommen. ,,Sprachpflege'' ist also das Amt, das der Glaube hier vom Sakrament aus wahrnimmt für die soziale Umgebung dieses Sakramentsgebrauchs.

5. Damit können wir zu BAYERS kritischer Frage: die Liebe als Heilsgut? Stellung nehmen. Wird das Sakrament unter dem dargestellten Gesichtspunkt des rechten, natürlichen, den Dingen gegenüber angemessenen Gebrauchs und das heißt, Gebrauchs der Worte, die dieses alles bezeichnen, ausgelegt, so gehört dazu in diesem Sermon auch der rechte Gebrauch und das rechte Verständnis des Wortes ,,Liebe'' und ,,Gemeinschaft der Liebe'', von der, darin ist BAYER recht zu geben, auch die Tradition als vom Inhalt dieses Sakraments sprach. In Luthers Ausgehen von den Zeichen, d.h. wie wir sahen, von den lebendigen ursprünglichen Bedeutungen der Wort- und Handlungsaspekte dieses Sakraments, geschieht jedoch, wie in den vorangegangenen Sermonen dies, daß die wahre natürliche und das heißt vitale Bedeutung der Worte und Handlungen wieder ans Licht kommt gegenüber dem Brauch, der nur den Schein guter Wer-

ke, aber in Wahrheit nichts Gutes, sondern etwas dem Leben Schädliches hervorgebracht hat und hervorbringt (denn ohne Liebe und Gemeinschaft ist nichts Gutes). So kann man in der Art, in der dieser Sermon von der Liebe und vom Ganzwerden der Gemeinschaft spricht, ganz gewiß nicht die Verlängerung oder das Zurücklenken in traditionelle Bahnen im Sinne einer Lehre von disponierenden Werken, in diesem Sinne also von der Liebe als Heilsweg, auf Kosten des Glaubens und des Wortes sehen. Im Gegenteil, so möchten wir formulieren, der sprachliche Aspekt des Abendmahls, zu dem die Qualität der in der Umgebung gesprochenen Sprache gehört und alle mit ihr verbundene Wahrhaftigkeit der Motivationen des Redens und Verhaltens, wird erst wieder zurückgewonnen und unter dem überlagernden Mißbrauch der Glossen vom opus operatum wieder freigelegt, wie Luther es in der Widmungsvorrede an Margarete von Braunschweig-Lüneburg beschrieb. So werden die heiligen und voller Gnaden Sakramente wieder dem Gebrauch als Trost und Labsal zurückgegeben, dem sie gehören. Die Schriften der Jahre 1518 bis 1520 zeigen den Prozeß, in dem sich dieses ,,Wiederentdecken'', um mit E. BIZER zu sprechen, des Sakraments in seiner Mündlichkeit allmählich vollzieht.

Doch geben wir BAYER, abgesehen von dieser Zuspitzung auf die disponierende Bedeutung guter Werke im Sinne der Bußpraxis, die schon im Sermo von 1518 abgelehnt wird, einstweilen darin recht, daß Leiden und Klagen über den elenden Stand der Christenheit, eine compassio mit dem Mangel an Glauben und herzlicher Liebe im ,,Leib Christi'', in der Tat die am Schluß des Sermons Ausdruck findende Stimmung ist. Eine Ethisierung des Sakramentsverständnisses wird man darin nur dann sehen dürfen, wenn bereits die Beziehung auf die *Wahrheit* irdisch-sozialer Erfahrung des ,,Im-Leib-Seins'' und Mitbetroffenseins von Schmerz und Freude der mitgeschaffenen Geschöpfe etwas wäre, das zum Glauben in Konkurrenz treten könnte, was wohl niemand behaupten wird. Es ist also nichts Anderes als die Wahrheit irdischer Anfechtungssituationen, die im Klagen und Seufzen, Helfen, Tun und Bitten, und, wenn es nichts anderes mehr gibt, herzlich Mitleiden, an das Ohr dringt, wo der Geist Christi wirkt. Weiter, als der Blick des äußeren Gesichtssinnes reicht, hört und vernimmt der im Geist Mitleidende, was an allen Orten der Welt an Elend und Leiden Unschuldiger geschieht, und, worauf es Luther an dieser Stelle ankommt, wie sehr das Heil immer noch in der falschen Richtung gesucht wird, in einem vom Menschen aus aufgebauten und Gottes Wohltat von ihm selbst und seinem Nächsten ablenkenden Gottesdienst der Werke. Dem Abendmahlsverständnis von 1 Kor 11 jedenfalls dürfte dieser Sermon so nahe sein wie kaum eine der folgenden Auslegungen. Ein liebloser Gottesdienst ist 'zum Gericht' im Sinne von 1 Kor 11,28 f.

Diesem Problem jedoch hat sich Luther, wie wir sahen, schon im Sermo de digna praeparatione cordis von 1518 gestellt. Die Einsicht, daß Paulus die Lieblosigkeit, die gerade im geistlichen Hochmut gefördert wird, mit dem Empfang des Sakraments für unvereinbar, ja, als Gericht bezeichnet, kann den, der sich selbst prüft, nur dahin führen, daß er auf diesem Wege keine dispositio, die ihn zum Empfang des Sakraments würdig machen könnte, finden wird: die Einladung Christi an die Betrübten und Angefochtenen Mt 11,28 f wird gerade in dieser Situation zum Gegenüber des *Glaubens* als der unica dispositio. Sola fide empfängt der zum Sakrament Eingeladene, allein auf Grund der Zusage Christi, die Gabe, Vergebung der Sünden. Im Sermon von 1519 ist es, neben der Anfechtung durch eigene Beschwernisse, Ängste und Gefahren, die Anfechtung durch Leiden der anderen Christen, fremdes Leiden, die in der Zusage des Sakraments, Hilfe und Beistand, Stärkung und Labung für die Hungrigen und Betrübten zu sein, mitgesehen wird. Den Vorwurf selbstverhafteter Bußfrömmigkeit wird man dieser Theologie längst nicht mehr machen können; das Problem des Verhältnisses von Glaube und Liebe, das BAYER mit seiner Kritik angesprochen hat, verschärft sich aber gerade dann erst recht, wenn es um das Exempel der Liebe ekklesiologisch verstanden geht[526]. Die Antwort des Sermons von 1519 auf diese Frage lautet so, daß dem Christen Mut gemacht wird, sich für alles, was ihn überhaupt anficht, in dieser oder anderer Hinsicht, Beistand in der Gemeinde zu holen, alles, was ihn beschwert, zu laden auf Christus und die Gemeinschaft seiner Heiligen, auch in der Gemeinschaft der Christen auf Erden. Sich-Entlasten-Lassen, indem die Not den Anderen mitgeteilt wird, bis hin zum stellvertretenden Einstehen Christi und der Heiligen im Himmel gegenüber dem strengen Gericht: dazu sich aufzumachen in fröhlichem Glauben gebietet Gott im Zeichen dieses Sakraments. Ihn nicht zum Lügner zu machen im Sinne der wiederholt angeführten Stelle Lk 1,53 als den, der die Hungrigen speisen will, ist Skopus der Glaubenspredigt in diesem Sermon wie in den beiden vorangegangenen. Den Abendmahlssermon an dieser Stelle auszunehmen, besteht also kein Recht, wie wir aus der Untersuchung aller drei Sermone gegen BAYER festhalten müssen.

6. Daß BAYER in seiner Beurteilung des Sermons von 1519 zu dem Schluß kommen konnte, hier werde ,,vom Wort völlig geschwiegen'', weist auf eine Differenz zu dem in den Sermonen selbst sich findenden Wortverständnis hin: Wort und Wahrheit, das Freilegen des Wahren, ,,wie es an ihm selbst ist'', der sozialen Beziehungen wie sie, unverstellt

---

[526] s.o. Anm. 522.

gesehen, bekannt sind und keines Kommentars bedürfen, der Gaben zur
Erhaltung des Lebens, wie sie den Menschen natürlicherweise ansprechen, die Worte der Schrift und was sie sagen, wenn man sie nicht
voreingenommen mit „schmeichlerischer" Absicht der Rechtfertigung
des bestehenden Zustands, d.h. menschlicher Meinungen und Glossen,
liest, *und* die Wahrheit des Wortes, dessen Wesen es ist, Zusage, Versprechen, zu sein, das der, der es gegeben hat, erfüllen muß, um seinem Wort
treu zu sein, dies alles steht miteinander in Wechselbeziehung, und so
konstituiert das Wort in seiner Wahrheit die Welt, in der Gott den Menschen leben läßt. Die Sprache der Zeichen des Abendmahls ist als ein Teil
dieser für sich sprechenden Werke, mit denen Gott die Welt und den
Glauben der Menschen trägt und erhält, gleichnishafter Art, wie alles Geschaffene, nicht im Sinne einer im Intellekt hergesellten Beziehung zwischen „Zeichen" und einer von ihm entfernt, in einem anderen Bezugs-
ganzen, existierenden „Sache", sondern im Sinne des den Menschen in
der Erfahrung *Ansprechenden*[527]. So und nicht anders gehört die Liebe in ihren durch den Sermon dargestellten Geschehensaspekten in die Thematik
der Erfahrung des Wortes und der Wahrnehmung der als „Wahrheit" begegnenden Ganzheit von Welt hinein, nicht als stofflich vorgestellte, im
Sakrament vermittelte „Kraft, das Gute zu tun" oder wie das Verhältnis
des als causa verstandenen Glaubens zum Handeln der Liebe sonst traditionell vorgestellt wird. Die Sprache der im irdischen leiblichen Leben des
Menschen und der Schöpfung selbst für sich sprechenden Erfahrungen ist
im Glauben vernehmbar. Ohne diesen Bezug zur hermeneutischen Ganzheit des Wortes und der Wahrheit behielte das im Abendmahl begegnende

---

[527] Dieser Gesichtspunkt wird in O. Bayers Darstellung S. 231 nicht ganz zutreffend mit
dem Begriff der „symbolischen" Ausdeutung des Zeichens wiedergegeben, zu einer Ausführung Luthers, die charakteristischerweise andere Kategorien unmittelbarer Anrede und ihrer Wirkung verwendet: „Solch gemeynschafft zu bedeuten, hat gott auch solch zeychen
dißes sacraments eyngesetzt, die sich allethalben da hyn fugen und mit yhren formen unß zu
solcher gemeynschafft reytzen und bewegen". WA 2, 748, 6-8 = Bo A 1, 202, 19-22. Vgl.
auch WA 2, 686, 16-18 = Bo A 1, 162, 31-33: „Dan die sacrament auch anders nit seyn,
dan zeychen, die zum glauben dienen und reytzen... An wilchen glauben sie nichts nutz
seyn". (im Anschluß an Mk 9,23). Es geht also nicht um „Abbildung" eines, sei es auch
real erst in der Zukunft, so doch in der Idee jetzt schon „vorhandenen" Sachverhalts, sondern um den Anreiz, dem Wort zu glauben, dem Geschehen der Wandlung (Abendmahlssermon) sich anzuvertrauen. Zugespitzt gesagt: die „Bedeutung" ist nicht irgendwo „vorhanden"; sie geschieht. Hierher gehört auch die von Bayer S. 241 A. 101 angeführte Stelle
WA 2, 744, 25-29 = Bo A 1, 198, 34-38: „Drumb unß zu stercken und ermannen widder
die selben sund, gibt unß gott diß sacrament, als sprech er 'Sihe da, dich fichtet manicherley
sund an, nym hyn diß tzeychen, damit ich dir zusage, das die sund nit dich
alleyn...anficht' ". In diesem Sinne sind alle Zeichen, von denen die Sermone 1519 sprechen, Beglaubigungszeichen, „Wahrzeichen und Urkund" der Zusage des Wortes.

und verkündigte Wort den Charakter der Sprache des ,,fremden Lebens'', wie hellenistischer Dualismus den Logos einer aus der jenseitigen Welt kommenden Verkündigung deuten konnte. Die von BAYER versuchte Interpretation der Verkündigung des Gedenkens Christi im Abendmahl muß sich fragen lassen, ob sie nicht mit den Kategorien der Proklamation und Akklamation ,,heiligen Rechts'' im Namen des Auferstandenen eine Denkweise mit den Texten des 16. Jahrhunderts verbindet, die religionsgeschichtlich anderen Ursprungs ist und jedenfalls mit dem theologischen Sprachduktus der reformatorischen Texte erst vermittelt werden muß, soll es zu einer Sachdiskussion kommen. Zum Inhalt einer solchen Sachdiskussion würde, so halten wir im Anschluß an die BAYERSCHE Interpretation fest, wesentlich gehören die Frage nach dem Verhältnis von Auferstehungsverkündigung und theologia crucis im reformatorischen Verständnis des Sakraments, zugespitzt in der Frage, welche Bedeutung das Wort hat im Geschehen des Abendmahls und in der Predigt des Evangeliums; beides rückt, wie wir sahen, für Luthers Verständnis 1520 eng zusammen. Die Richtung, in der nach BAYERS Verständnis der Hauptunterschied zwischen Luthers Abendmahlsdeutung 1520 und 1519 aufzuweisen ist, kommt am deutlichsten in der Formulierung zum Ausdruck, das Gedenken Christi nach der Konzeption des Sermons vom Neuen Testament sei nicht, wie in der frühen Auffassung der Messe, ,,ein Innewerden der Passion Christi in der mortificatio sui, geschweige denn eine noetisch in die Historie zurückspringende Erinnerung, sondern die aktuelle Vergewisserung des heilsamen Kommens Gottes zu uns und seiner Geltung fordernden und zugleich Mut schaffenden Gegenwart in der in Jesu Tod begründeten, als promissio absolutionis geschehenden und dabei an den konkreten Ort des Abendmahls und der Predigt gebundenen 'haeredis nuncupatio', die den Menschen bei dessen Namen nennt, d.h. als Sünder anspricht und zugleich ihm die Vergebung zuspricht''[528]. Legen wir mit B. den Ton hierin auf Gegenwart des heilsamen Kommens Gottes zu uns, Gegenwart, die Mut schafft durch persönliche Anrede und Zuspruch der Sündenvergebung, dazu auf Mündlichkeit und Öffentlichkeit dieses Verkündigungswortes, im Gegensatz zu bloßer Innerlichkeit und Vergangenheitsbezogenheit im Sinne bloßer Erinnerung. Die von BAYER ebenfalls dem Sermon von 1519 zum Vorwurf gemachte Art, in der die Christologie hier und später jeweils zur Geltung kommt, wird nun zum Sammelpunkt aller übrigen bisher aufgeführten Gesichtspunkte.

7. Für unsere Sicht des Sermons von 1519 möchten wir die Frage nach

---

[528] Promissio, 252.

ihrer Bedeutung so beantworten: Christus ist in diesem Sermon mit Mt
25,31-46 und anderen Stellen verstanden als der im Himmel Erhöhte, das
Haupt derer, die zu ihm gehören, zugleich der, der als Haupt der Jünger-
gemeinde auf Erden sich gab in der Liebe und für die Liebe, in seinem Leben und Handeln und in seinem Leiden und Sterben. Diesem ,,Für die
Liebe'' ist nichts abzumarkten, wenn man das Abendmahl im Sinne dessen, der es einsetzte, gebrauchen will. Zu ihrem Horizont gehören die
Welt — gegenüber einer besoffenen Frömmigkeit, die sich selbst mit guten Werken Sicherheiten gekauft zu haben glaubt, — und der leidende,
im Verborgenen wartende und hoffende Nächste. Diese Predigt vom
Abendmahl als Sakrament der Liebe ist, gegen die falsche Gesetzespredigt
der Messe als opus operatum und der mit ihr verbundenen Werke, heilsa-
me Offenbarung der Liebe als der die Welt schützend umhüllenden Luft-
schicht, auf die hin Christi Einsatz geschah und in der christlicher Verantwortung jetzt schon die Zukunft dessen, was um des jeweiligen Ganzwerdens des Leibes Christi getan werden muß, vor die Augen zu treten
beginnt. So sorgt das Sakrament des Abendmahls für den Glauben, im
Sinne der Einsetzung Christi verstanden also für eine dem Christen und
dem christlichen Leben gesunde Horizonterweiterung.

Im Sermon von dem Neuen Testament ist demgegenüber alles, was
über den Stifter des Abendmahls gesagt wird, zusammengefaßt im Testa-
mentsmotiv. Die Situation des letzten Mahles Jesu ist in dieser Schrift mit
Lk 22,15 so gedeutet, daß Jesus um der Möglichkeit willen, dieses Testament zu hinterlassen, und aus keinem anderen Grund stirbt, d.h. den
Weg des Sterbens geht. Die Gelegenheit, das Osterlamm mit den Jüngern
zu essen vor seinem Tod, ist also die Chance, der kairos, die ersehnte Tat
zu tun, der dieses alles galt: die ewigen Güter auszuschütten, worauf Jesus
so heiß begierig war, wie Luther das lukanische ἐπιθυμίᾳ ἐπεθύμησα
übersetzt[529]. Wir dagegen, so sagt Luther für sich und seine Zeitgenossen,
bleiben von soviel Messen blind und kalt, weil wir Jesus in diesen Worten
nicht verstanden, ja vielmehr nicht einmal gehört haben, nicht haben hören können. Die Worte der Einsetzung Christi als lebendige Worte zu hö-

---

[529] WA 6, 360, 5-14 = Bo A 1, 305, 39-306, 8, s.o. S. 287. ,,dan eben wie sich ymand
stellen wolt, ßo yhm tzehen tausent gülden von eynem gutten freund bescheyden würden, ßo
und vil mehr sollen wir uns gegen der meß halten, wilch nit anders, dan ein aller reychist
ewiges guttes testament ist, von Christo selb uns bescheyden, und also bescheyden, das er
keyn andere ursach hatt zu sterben gehabt, dan das er ein solch testament machen mocht, ßo
heyß begirig ist er gewesen, seyne ewigen güter auß zu schütten, als er sagt: 'Ich hab mit
grossem begirden begert diß osterlamb mit euch zu essen, ehe ich sterb'. Daher kompts
auch, das wir so blind und kald bleyben von sovil messen, dan wir wissen nit, was die messe
sey...''.

ren, verbunden mit lebendigen Zeichen, dadurch sich reizen zu lassen zur Liebe und Hoffnung auf ihn, den Testator, das geschieht im Gedenken Christi beim Sakrament. Der böse Geist dagegen bestürmt mit der ganzen Welt die Glaubenden, um die Liebe auszulöschen, den Glauben zu vertilgen, die Hoffnung zu schwächen, und hat darin meisterlich Erfolg gehabt, indem es ihm gelang, die lebendigen Worte durch okkultes Rezitieren in fremder Sprache zu ersetzen, d.h. im wahrsten Sinn gegenüber dem, was Jesus in ihnen mitteilte und austeilte mit aller Wärme des heißen Begehrens, die Worte kaltzumachen, so daß sie nicht nur nicht ihr eigenes Werk wirken können, sondern im Gegenteil Furcht erzeugen. Um der Wirksamkeit der Worte des Testaments Jesu willen muß der Prediger also alle Anstrengung auf diesen Punkt konzentrieren, mit den Worten Christi in seinem Testament die Hörer zum Glauben zu entzünden, heiß und feurig zu machen, und den Mißbrauch, der bisher herrschte, in seinem Wesen aufzudecken, nämlich als Syndrom des Mißtrauens und eingeimpfter Furcht, wo kein Fürchten ist. Läßt man die Worte das sagen, was sie von sich aus mitteilen, so sind sie die Hinterlassenschaft eines, der in diesem seinem erklärten Willen beim Wort genommen werden will. Darauf kommt alles an. So ermutigt die Predigt gerade die zum Glauben, die von sich aus die Größe dieses Testaments nicht fassen können oder denen die Welt es verwehren will[530]. Das Gedenken Christi in der Messe und in der Evangeliumspredigt überhaupt hat hier also die Funktion, die lebendigen Worte als lebendigmachende Worte zum Dank und zu Lob und Ehre dessen, der sie hinterließ als sein Testament, zu gebrauchen. Mit ihnen, darin ist BAYER recht zu geben, gewinnt der, der sie sich zueigen machen darf, ein Pfand, ein Zeugnis, mit dem in der Hand er hinauszugehen vermag über all seine eigenen Sünden, Schwachheiten, Leiden und Zweifel und mit der Vergebung seiner Schuld Leben, vollgültiges, von Gott geschenktes Leben, sich zusprechen lassen und in Empfang nehmen darf. ,,Die weyl es dan nit anders dan ein testament ist, ßo ist furwar die aller edliste und nheste bereytung zur messe ein hungerige seele und ein fester frölicher glaube des hertzen, solch testament antzunehmen. Wer wolt nit mit grossem frölichen begirden, hoffnung und trost gehen und fordern tausent gulden, ßo er wiste, das sie yhm an eynem orth bescheyden werden, sonderlich ßo yhm nichts auffgelegt were, den des testators zu gedencken, yhn loben und preyssen''[531]. Die vielen Gesetze und guten Werke sind solchem Glauben und Empfang des Testaments feindlich, weil sie

---

[530] s.o. S. 289.

[531] WA 6, 360, 15-21 = Bo A 1, 306, 8-14 in Fortsetzung der Anm. 529 angeführten Stelle.

das Interesse des Menschen abziehen auf falsche Versprechungen und
Erwartungen. Der Schatz, der ihm in Jesu Testament hinterlassen und
umsonst zugesprochen ist, bleibt damit unentdeckt, ja, im Namen Christi
und der Kirche werden Menschen zu falschem Eifer angetrieben, als sei
nicht die Liebe und Gnade Gottes schon für sie bereitet in dem von Jesus
eingesetzten Testament. — Die in BAYERS Definition des neuen Akzents
in Luthers Abendmahlsverständnis 1520 genannten Momente — das
mündliche Wort, der konkrete Ort des Abendmahls, die Mut schaffende
Gegenwart des heilsamen Kommens Gottes zu uns, Gegenwart, die Geltung fordert — alle diese Momente finden sich im Zeugnis dieses Sermons. In BAYERS Formulierung fehlt dennoch, so meinen wir, ein persönlicher Ton, der mit dem lebendigen Gedenken an Jesus, der in seinen
Worten das Testament einsetzte, zusammenhängt. Wir müssen BAYERS
Anliegen, alles auf die Worte des Testaments zu stellen, hier gegen seine
eigene Formulierung festhalten und schärfer zur Geltung bringen. Vergangenheit, in die Historie zurückspringende Erinnerung und Gegenwart
des ,,heilsamen Kommens Gottes zu uns'' lassen sich nicht in der Weise
gegeneinanderstellen, wie die Formulierung BAYERS es tut. Es ist wirklich
das Gedenken Jesu, des Vergangenen, der auf dieses Testament gestorben
ist, der aber alles auf die Worte dieses Testaments gestellt hat und sich so
ganz in dieses Testament hineingegeben hat, daß in seinen *lebendigen* Worten und lebendigen Zeichen Gottes Gnade gegenwärtig ist. Zweitens ist
auch das Moment des entdeckenden Glaubens und des Herzugehens in
der Überwindung falscher Scheu, also die Folge dessen, daß die lebendigen Worte des Testaments gegenüber den scheinbar eingefrorensten Ver-
hältnissen und Urteilen die Zeit anders offenbaren, anders definieren und
qualifiziert haben als etwas, das sich im eigenen Verstehen des Menschen
gegen andre Züge erst durchsetzen muß, nicht genügend zur Geltung gebracht. Sollen wir sagen, ein ,,pneumatologisches'' Moment im Gedenken des Todes Jesu? Nicht neben den Worten und über sie hinaus, sondern, mit BAYERS eigenem Skopus betont, nichts Anderes als das Leben,
das in den Worten Jesu, in denen sich sein ganzes Dasein in seinem
Begehren und Sinn gesammelt, besiegelt hat[532], selbst zu hören und mit
gesammelter Anstrengung, mit den Augen des Herzens, wie Luther es
ausdrückt, wahrzunehmen und zu begreifen und in eigenen Worten von
Dank, Liebe und Lob zu rühmen und darzulegen ist. So geschieht es, daß
in solchem das Testament rühmenden Gedenken mit Berufung und
Gebrauch der lebendigen Worte, der, der dieses Testament einsetzte, le-

---

[532] s. Anm. 529.

bendig gegenwärtig ist in diesem verkündigenden Gedenken. Es gehört dazu in Luthers Sermon von dem neuen Testament aber auch dies, wie wir wiederum mit BAYERS eigener Intention beschreibend herausstellen dürfen, daß die lebendige Stimme in den Einsetzungsworten des Testaments sich gegenwärtig als Verheißung erweist, indem sie bzw. der Prediger alles Interesse in der Predigt auf das Empfangen dieses Erbes sammelt und insofern durch die Predigt als Evangeliumspredigt die Zeit des Menschen als des Verheißungsempfängers wieder eindeutig vom Evangelium her, in Absage an alle überlagernden Menschengesetze und ihre dem Glauben feindliche Verführung, bestimmt. So gehört die Abendmahlsverkündigung in die viva vox Evangelii, wie BAYER formuliert. Nur darf man kein Zeitmoment in Luthers Beschreibung des Testaments Christi und seiner Wirkung auslassen, um die Qualität des in der Aussage Gemeinten zu erfassen und angemessen wiederzugeben.

Wird dieses nicht beachtet, so steht die Interpretation in Gefahr, ins Formelhafte zu geraten und das Wort im Abendmahl ebenfalls als Formel zu deuten. Daß dies ganz und gar nicht den Sinn, den Luther im Sermon vom neuen Testament 1520 den Einsetzungsworten gibt, erfüllen würde, machen alle Einzelzüge dieses Textes deutlich, von denen wir nur einen Teil angeführt haben.

8. Den Aspekt des Endgültigen, die Wahrheit als von Christus, einer ewigen göttlichen Person, zugesagte Gabe des Ablasses der Sünden und des ewigen Lebens, die Gültigkeit des von ihm eingesetzten Testaments als eines neuen, ewigen Testaments gegenüber dem alten, das abgetan ist, mag man, wie BAYER es tut, in rechtlichen Kategorien fassen als Proklamation heiligen, göttlichen Rechts, wie im Bild des Testaments gesprochen, der letzte Wille des Verstorbenen tatsächlich von unwiderruflicher Gültigkeit ist. Dennoch liegt der Sinn der in diesem Testament gemachten Zuwendung im lebendigen Gebrauch, im Dank, im Lob; hier kann Luther die Kategorie des Opfers aufnehmen als Selbstdarbringung, Darbringung aller Not, mit Christus, der unser Pfarrer ist, der für uns eintritt und auf den wir uns legen und alles, was wir haben, vor Gott bringen. Alle aus dem jüdischen Gottesdienst übernommenen Momente des Dankes, des segnenden Hochhebens der Gaben, die von Gott empfangen sind und die an alle Versammelten gemeinschaftlich ausgeteilt werden im festlichen Gottesdienst, die gegenseitige Stärkung und das dem Menschen angenehme Empfinden des gemeinsamen Darbringens im Gebet, ,,da eyns das ander reytzt, bewegt und erhitzt, das es starck zu gott dringt''[533], im Namen

---

[533] WA 6, 368, 14f = Bo A 1, 313, 19.

Christi, in seiner Gemeinschaft, dies alles spricht für ein Verständnis der Worte Christi in Verbindung mit dem Wirken des heiligen Geistes in Worten, in denen jeder in der Gemeinschaft mit Anderen vor Gott tritt. Selbst Stummen, so meint Luther als Antwort auf eine an ihn gestellte Frage zum Schluß des Sermons, soll man auf deutliche Zeichen ihres Wunsches hin das Sakrament reichen und dem heiligen Geist sein Werk lassen und ihm nicht Vorschriften machen, was er fordert. Es mag sein, daß sie inwendig höheren Verstand und Glauben haben als wir; dem soll niemand frevlerisch widerstehen[534]. Daß am Wort mehr liegt als am Zeichen, wie Luther in dieser Schrift immer wieder betont, hat nichts zu tun mit einer Abwertung des Zeichens, mit dem doch, wie es auch der Sermon von 1519 betonte, unser Glaube von Gott gereizt werden soll, denn darum geht es in der Tat aufs höchste. Die Worte Christi selber, wie Luther sie nun auslegt, sind darauf angelegt, so gebraucht zu werden, und das geschieht am besten dort, wo Menschen sich gegenseitig im Gedenken Christi zum Glauben entzünden. Aus diesem Grunde antwortet Luther auf den Hinweis, im Glauben an die Worte, auf die es ankomme, könne jeder wohl auf dem Feld, draußen in der Natur, Messe halten und mit Christus sein Gebet Gott darbringen, daß dies wahr sei, der Glaube sei tatsächlich alles und richte alles aus, aber wo d.h. wie könntest du an solchen Glauben, solches Lob, solches Darbringen, Sakrament und Testament gedenken, wenn es nicht an einzelnen bestimmten Orten und Kirchen leiblich gehandelt würde? Weil Gott das Sakrament so eingesetzt hat, soll man es nicht verachten, sondern mit großen Ehren, Lob und Dank annehmen. Auch der Vorteil ist dabei, daß wir noch im Fleisch leben und nicht alle so vollkommen sind, uns im Geist zu regieren. So ist es gut, daß wir leiblich zusammenkommen, eins das andere mit seinem Beispiel, Gebet, Lob und Dank zu solchem Glauben entzünden und durch leibliches Sehen und Empfangen des Sakraments oder Testaments dazu bewegen, den Glauben mehr und mehr zu bessern[535]. — In dieser Beschreibung des Wesens und Nutzens der gemeinsamen Meß- und Sakramentsfeier sind, wie wir sehen, die im Sakramentsverständnis des Sermons von 1519 wesentlichen Momente wiederzuerkennen. Zu den Gaben der Liebe, der Kollekte, hebt Luther diesmal klagend hervor, daß das, was früher zusammenfloß für die Bedürftigen, später institutionell den Stiften und Klöstern zugeführt wurde, damit sie diese Funktion des Almosens und der Liebeswerke für die

---

[534] WA 6, 377, 25-28 = Bo A 1, 321, 26-29.

[535] WA 6, 372, 15-373, 5 = Bo A 1, 317, 2-27. Vgl. die o. Anm. 490 angeführte Formulierung aus § 22: ,,...er hebt es nit gott, sondern uns empor, uns des testaments zuerynnern und reytzen zu dem glauben an das selb''.

Anderen mit wahrnehmen; das so zusammengekommene Gut der Kirchen und Klöster wird gegenwärtig aber oft zu weltlicher Pracht mißbraucht und dient nicht den Armen[536]. Luther fordert in diesem Sermon allerdings, wie im Sinne BAYERS hervorzuheben ist, dazu auf, alle diese guten Werke, in wahrhaftem Sinne guten Werke der Liebe und des Gebets, des Lobens und Dankens vom Testament und Sakrament in den Worten Christi zu unterscheiden, ja, was die von den Vätern zu Christi Testament hinzugefügten Gebete und Gebärden betrifft, beides weiter voneinander zu scheiden als Himmel und Erde, so daß die Messe eigentlich nichts anderes bleibe als das Testament und Sakrament, das in den Worten Christi enthalten jst[537]. Dieser Hinweis richtet sich jedoch an der Stelle, an der er steht, gegen die in ihrer vorgefundenen Ganzheit als gutes Werk, als vom Priester dargebrachtes Opfer und dem Laien nicht einsichtiges Ritual verstandene Messe, in der auf Kosten des lebendigen mündlichen Wortes Christi die Handlungen und Gebete das Wichtigste geworden sind. Was Luther demgegenüber anschließend ausführt im Gedanken an die zum Glauben eingesetzten Worte des Testaments und das gemeinschaftliche Sich-selbst-Darbringen, in dem auch jeder Christ Pfarrer und Pfarrerin ist, also zum Opfern der Messe entzündet und befähigt, steht dem opus operatum des vorgefundenen Rituals entgegen. Die Worte des Testaments Christi rufen solche Gemeinschaft und solches Lob im Glauben aufs neue hervor, als lebendige Worte, zu denen Glaube des Einzelnen und neue Gemeinschaft im Glauben gehört. Auch die Zeichen des Sakraments haben hierin ihre lebendige Funktion, wie Luther betreffs des leiblich an einem Ort gehandelten Sakraments hervorhebt. Dazu sind sie eingesetzt. Die Polemik gegen die an den Handlungen, Gebeten und Zeichen orientierte Lehre und Praxis der Messe betrifft, so müssen wir zusammenfassend auch im Blick auf dieses Sakrament formulieren, den gesetzlichen Mißbrauch der vom lebendigen Wort, ihrem eigentlichen ,,Subjekt'', getrennten Zeichen und der auf Kosten des lebendigen Wortes thematisierten d.h. so zur toten, inhaltsleeren Form gewordenen, ja, abergläubisch mißdeuteten Zeichenhandlung. Die Abtrennung der Worte des Testaments Christi von diesem gesetzlich verstandenen, traditionell als ein Ganzes im Kanon der Messe überlieferten Meßcorpus und die Auf-

---

[536] WA 6, 366, 29-367, 12 = Bo A 1, 311, 37-312, 17.

[537] WA 6, 367, 19-23 = Bo A 1, 312, 24-28: ,,Drumb müssen wir die meß bloß und lauter absondern von den gepeetten und geperden, die datzu than seyn von den heyligen vettern, und diselben beyde ßo weyt von eynander scheyden, als hymel und erden, das die meß eygentlich nit anders bleybe, denn das testament und sacrament in den worten Christi begriffen''.

forderung, zwischen beidem zu unterscheiden wie zwischen Himmel und Erde, ist in diesem Fall einem dem Leben dienenden Operationsschnitt vergleichbar, der dem lebendigen Wort Christi wieder Gehör verschafft. Dieser Prozeß begann im Sermon von 1519 damit, daß die gesamte Erscheinung Jesu unter dem Gleichnis der Wandlung und Anverwandlung der Elemente im Zeichen der sich hingebenden Liebe gesehen und aufgenommen wurde, zur Stärkung des Glaubens auf Gottes Wort und Zusage hin. In den lebendigen Worten Jesu selbst, in ihrem Gedenken in der Gemeinschaft der Glaubenden hat dieses alles, wie wir gegen und mit BAYER sagen möchten, einen *neuen* Ausdruck gefunden. Zur Lebendigkeit, zum Anreiz des Wortes, das keine tote Formel ist, gehört dabei, wie wir sahen, nach dem Willen der Einsetzung Gottes, das lebendige Zeichen im leiblichen Sakrament.

9. Ein Blick auf das Abendmahlskapitel der Schrift De captivitate kann Gelegenheit geben, eine weitere Frage zu klären, die im Gespräch mit O. BAYERS Interpretation des Wortes im Sakrament in Luthers Schriften 1520 sich stellt: hat ein bestimmtes Schriftwort, in diesem Fall ein erst noch exegetisch namhaft zu machendes Formular der Einsetzungsworte, den Charakter im besonderen Sinne autoritativen Wortes, demgegenüber eine andere Komposition, wie sie etwa in der Zuordnung des Abschiedsmahls Jesu zur paulinischen Paränese Gal 6,2 im Zeichen der Gemeinschaft der Liebe und zum Leibgedanken von 1 Kor 10 und 12 den Sermon von 1519 charakterisiert, als biblisch weniger verbindlich, wenn nicht gar als Umdeutung der Abendmahlsworte Jesu erscheint? Die Variationen der Abendmahlsüberlieferung im Neuen Testament sollten u.E. davon zurückhalten, in diesem Sinne von ,,Sätzen heiligen Rechts'' zu sprechen; dies dürfte aber wohl auch nicht in BAYERS Intention liegen, da es ihm um die mündliche Predigt geht, wie ja auch die Verkündigung ,,heiligen Rechts'', soweit wir historisch ein Bild dieser urchristlichen Form der Rede haben, Sache prophetischer Inspiration, Rede im Namen des erhöhten Christus war. Jesu Abschiedsworte an seine Jünger, wie Luthers Schriften des Jahres 1520 sie deuten, sind demgegenüber eher im Gegensatz zu Mt 25,31-46, als reiner Zuspruch Jesu, sein ganzes Erdenleben und Sterben zusammenfassend in persönlichem Wort des Testaments, und insofern als fröhlichmachende Verkündigung des lauteren Evangeliums gehört, als Worte, ,,die man fürwahr mit Gold und lauter Edelsteinen fassen sollte und nichts Anderes fleißiger vor den Augen des Herzens haben, um den Glauben dran zu üben''[538]. Doch wenden wir uns mit dieser Frage

---

[538] WA 6, 360, 30-32 = Bo A 1, 306, 24-27. s.o. Anm. 480.

nach dem Verständnis der biblischen Schriftabschnitte De captivitate babylonica zu.

Daß Luther die exegetische Auseinandersetzung nicht von sich aus aufnimmt, sondern durch die seiner Meinung nach willkürliche Auslegung Alvelds sich in die Arena gefordert sieht, ist bezeichnend für sein Verhältnis zur Schrift in den herangezogenen Abschnitten. Es geht ihm im Blick auf die von Alveld angeführten Textstellen Joh 6 und 1 Kor 11, wie später in den seiner eigenen Auslegung des Abendmahls und der Messe positiv zugrundeliegenden Abschnitten 1 Kor 11,23 ff und der Scriptura Euangelica in caena domini bei Matthäus, Markus und Lukas darum, in dieser aktuellen Frage der beiden species, die Alveld aufgebracht und nach Luthers Auffassung in Joh 6 und 1 Kor 11 fälschlich hineingetragen hat, den klaren Sinn der biblischen Textstellen (Joh 6 gehört gar nicht zu den vom Abendmahl sprechenden Texten) festzuhalten. Nicht, als werde hier ein Gesetz gegeben; diese Bemerkung Luthers, die ihn bisher auch von der hussitischen Forderung beider Gestalten unterschied, scheint sehr bezeichnend. Christus gab das Sakrament als Verheißung für alle Glaubenden. Daß diesen Worten der Schrift, die nach der Einsetzung Christi beide Gestalten für alle voraussetzen und keine Unterscheidung von Priestern und Laien kennen, gewaltsam ein Sinn beigelegt wird, nach dem sie unausdrücklich von einer Annahme der una species für die Laien im Normalfall ausgehen (Paulus mache den Korinthern gegenüber hiervon eine Ausnahme, laut Alveld, für diese Partikularkirche, der er beide Gestalten für die Laien mit diesem Text erlaube, nicht aber für die Gesamtkirche gelte dies), dieser Behauptung begegnet Luthers Widerspruch. Die Freiheit und das Recht der Laien, um beide Gestalten zu bitten, muß solcher Vergewaltigung der Schrift gegenüber festgehalten werden, im äußeren Ertragen der Tyrannei, die die Gewissen dann jedoch wird freilassen müssen. Sinngemäßes Festhalten der Schrift in dem von ihr vorausgesetzten Wortsinn und Verteidigung ihrer Freiheit, nicht Erhebung eines Gesetzes aus der Schrift, ist also das exegetische Anliegen Luthers an dieser Stelle. Ebenso verhält es sich im zweiten Punkt gegenüber der Transsubstantiationslehre. Den natürlichen, sprachlich am meisten einleuchtenden Sinn der Einsetzungsworte gegen eine bestimmte dogmatische Schablone, die von der ecclesia thomistica Aristotelica den Glaubenden zur Auflage gemacht worden ist, und gegenüber der Verwechslung aller möglichen anderen, älteren und neueren Hypothesen, die man getrost erproben soll, mit einem notwendigen Glaubensartikel zu bewahren, damit nicht Menschenlehren den Glauben zensieren, das ist Aufgabe des Theologen in diesem zweiten Punkt. Maior est Spiritus sanctus quam Aristoteles: das heißt in diesem Fall, den Sprachgebrauch der Schrift und die Regeln grammatischer Auslegung festzuhalten. Häretisch sind nicht die, die gegen kirchlich approbiertes Dogma von der Transsubstantiation am Wortsinn der Schrift festhalten, sondern der, der mit seinen allegorischen Wendungen den Wortsinn der Schrift dem Blick entzieht, so daß man nicht mehr gegen die Ketzer Klarheit in den Worten der Schrift festhalten und geltendmachen kann. Freiheit der Schrift selbst und Bewegungsfreiheit des christlichen Verstehens gegenüber der Auslegungsgeschichte und ihren noch so sehr mit kirchlicher Autorität installierten Traditionen, — die letzten dreihundert Jahre sind in dieser Hinsicht dem Sinn der in der Schrift bezeugten Einsetzung Christi und dem Anliegen der paulinischen Briefe gegenüber immer noch eine revidierbare Zeit — das ist die theologische Perspektive des zweiten Teilabschnitts, in der sich die Betonung der Freiheit der Schrift und kritisches historisches Denken verbinden. Auch in diesem Abschnitt wird die Schrift nicht wie ein historisches Gesetz objektiviert, sondern in ihrem lebendigen Sprachgebrauch vorgetragen. Von hieraus wird bestimmt, was Luther intendiert im dritten Abschnitt, der die Aussagen des deutschen Meßsermons in dem Lateinischen entsprechender, intellektualisierter Form aufnimmt und gegen die Sentenzentheologie und ihre *nicht* am Glauben orientierte Zeichen- und daher Werklehre im kunstgerechten Gefecht die biblische Bedeutung der Einsetzungsworte Christi verteidigt als die Hauptsache in der Messe, der das Zeichen als Siegel nur angehängt ist. Die Promissio, Inhalt der Inkarnation und des gesamten irdischen Lebens Christi, des Gottessohnes, in seinem Sterben vollbracht und zur Wirksamkeit gebracht, hat den Glauben, zu dem sie ermutigt und den sie fordert als wahrhaftige Zusage eines, der wahrhaftig geredet hat und so gehört werden will, bei sich als vita et usus, als ,,Bereich'' ihrer eigenen Lebendigkeit (oder in der Umgangssprache: als ,,Saft'', vgl.: da ist kein Saft drin). Ohne Glauben kann man nicht vor Gott treten, und Gott spricht nur durch die Verheißung zum Menschen; dieses Korrelativ, das Luther in der ganzen Schrift De captivitate in der Behandlung aller einzelnen Sakramente gewinnt und den Lesern einprägt, bringt nach dem Vorangegangenen zusammen mit dem Sprachgebrauch der Schrift und dem natürlichen Sprachverständnis (sensus communis) die im 'Glauben' an die Verheißungszusage, das Ja Gottes zum Menschen, bestehende Sprachfreiheit und Atemfreiheit, beides ist dasselbe, wieder zum Zuge, d.h. läßt sie in ihrer eigenen Gegenwart für sich sprechen. Maior est spiritus sanctus quam Aristoteles. In solchen Sätzen wird das Geheimnis dieser als Lebenseröffnung sich erweisenden Lebendigkeit des Wortes und der ihm zugehörigen Sprache mit dem Namen des heiligen Geistes benannt. An Formeln liegt aber auch hier nichts, sondern an der Gegenwart.

10. So glauben wir mit guten Gründen, in der Sache mit Oswald
BAYERS Formulierung, das Gedenken Christi sei von Luther 1520 verstanden als ,,die aktuelle Vergewisserung des heilsamen Kommens Gottes zu
uns und seiner Geltung fordernden und zugleich Mut schaffenden Gegenwart'', ganz einig zu sein. Es kommt nur darauf an, deutlich zu machen,
was solche Sätze als Erfahrung, ja, genauer: als historische Erfahrung,
gegenwärtig erfahrbar ansagen und zum Ausdruck bringen. Ja, darauf
kam es schon in der Entstehung der Schriften des Neuen Testaments
selbst an, wem und wessen Vermächtnis z.B. die Komposition sog. Evangelien gegenwärtig dienen wollte: als 'Passionsgeschichten mit ausführlicher Einleitung' waren sie zugleich zur ,,Mitte'', zu Jesus selbst hinfüh-
render *Rahmen* urchristlichen Überlieferungsstoffes, u.a. der Logien, darunter auch der Sätze heiligen Rechts, im Namen des Erhöhten gesprochener Herrenworte, sowie des Erzählungsstoffes, u.a. der Wunder- und
Heilungsgeschichten, kurzgefaßter Einzelperikopen des ,,ganzen Evangeliums''. Letzteren ordnet Luther, wie wir sahen, seit seiner sola fide —
Sakramentsverteidigung in den Acta Augustana die Einsetzung der Absolution im Bußsakrament durch Jesus Christus selbst (Mt 16,19 und 18,18)
zu und liest damit die Evangelien in diesem Teil als
,,Glaubensgeschichte'', die fide speciali de effectu quodam singulari praesente noch uns im Sakrament d.h. in unserer Welt berührt[539].

So scheint es uns durchaus sachgemäß, mit O. BAYER das reformationsgeschichtliche Fragen nach dem Weg Luthers im Sakramentsverständnis
von 1518 über die Sermone von 1519 zu den Schriften des Jahres 1520 in

---

[539] Zur 'fides specialis' s.o. Anm. 126, darüberhinaus zum Glaubensverständnis der Sermone Anm. 144, 313, 429, 445. — Zu einem u.E. parallelen Ergebnis für die Gegenwärtigkeit der promissio, die als gegenwärtige Anrede Gottes in Luthers Verständnis ,,enthistori-
siert'' werde, gelangt B. HAMM, Promissio, pactum etc., 389, gegenüber dem mittelalterlichen Verständnis des Bundesgedankens: ,,Die Externität der barmherzigen promissio wird
nicht durchgehalten; statt dessen erhält die Verheißung den Charakter eines mehr oder weniger wichtigen heilsgeschichtlichen Datums, dessen man sich als eines Ereignisses vergan-
gener Kontingenz erinnert, während sich die gegenwärtige Kontingenzerfahrung auf das liberum arbitrium das handelnden Menschen angesichts der belohnenden und bestrafenden
Gerechtigkeit Gottes bezieht. Luther hingegen macht mit dem externen und zugleich exklusiven Charakter der Extra-Dimension radikal ernst, indem er die Verheißung der Sündenvergebung als immer gegenwärtige Anrede Gottes, die dem bleibenden Sündersein des
Menschen entspricht, in die Geschichte einbrechen läßt, sie enthistorisiert. Der Externitätscharakter der Verheißung ist nun Ausdruck dessen, daß durch sie dem Sünder die Gerechtigkeit als externe Gerechtigkeit extra nos immer neu zugesagt und damit der Blick auf das
eigene Leistungsvermögen, auch auf subtile Formen eines disponierenden facere quod in se
est und das von der rechtfertigenden Gnade formierte Leistungsvermögen, grundsätzlich
verwehrt ist. Darin erweist die promissio ihre unüberholbare Exklusivität. So kommt Luther
zu einem Umsturz des mittelalterlichen Verdienst- und Lohnsystems, das durch den traditionellen Selbstbindungsgedanken gerade gestützt wurde''.

biblisch-exegetisches Fragen hinein durchzuziehen; nur geht es dabei um Mehr als um das Sich-Durchsetzen eines formalen ,,Schriftprinzips'' gegenüber einer zunächst noch bestehenden (vor-reformatorischen) ,,Traditions''-Bindung mit deren ,,Systemzwang'': im Glauben des Sakraments entdeckt Luther vielmehr in der Schrift und in der gegenwärtigen Praxis der Kirche den die ganze Schrift durchziehenden Grundcharakter des *Evangeliums* in seinen Einzelfällen der fides singularis qualitativ als das Wesen des ,,reinen, lauteren Evangeliums'', der Sakraments*zusage*, die allem Bemühen um eigene Würdigkeit befreiend *ein Ende macht*.

Der Weg, den Luther im Verständnis des Abendmahls in den Schriften des Jahres 1519 und 1520 beschritten hat, kann u.E. mit diesem gemeinsamen biblischen Bezugsrahmen für alle verschiedenen Schriften beschrieben werden als ein Weg innerhalb, *im* Verständnis des biblischen Evangeliums selbst.

Die Bedeutung des Abendmahlssermons von 1519 gegenüber und im Verhältnis zu den Testamentsworten und ihrer Deutung in den Schriften von 1520 besteht darin, daß Jesu Wille Gal 6,2 u.ö. nach dem Zeugnis dieses Sakraments 1519 mit dem Verstehen und Willen echter und wachsamer menschlicher Liebe (Mt 25,31-46) eins ist. Die Sprache der Zeichen und der Zusage dieses Sakraments kennt alle Wahrnehmungen und Bedeutungen von Weltsituationen bis hin zum Sterben. In allem, was der Mensch zu deuten und zu bestehen hat, ist in der Zusage dieses Sakraments eine Ganzheit ihm zugesagt, die, wenn er im Glauben an diesem Wort hängt, nicht zerstört wird, nicht durch seine eigene Sünde, Schwäche und seine gegenteiligen Empfindungen. In der Identifikation Christi, der alle Erfahrungen auf sich nahm und mit allen Feinden kämpfte, die die von ihm Geliebten bedrohen, ist der Kampf dessen, der mit der Welt recht, d.h. verständig, liebevoll, dankbar umgehen will, ein Kampf mit Christi und der Seinen Hilfe. In der Welt, in die diese Wanderschaft des Menschen ihn führt, gibt es keine entfremdeten Zonen mehr, in der Berufung auf die von Gott zugesagte Ganzheit auch nicht im Sterben. — So ist es in den Testamentsworten 1520 Jesus, der Menschgewordene, der das Leben in der Welt um der Liebe willen annahm, ganz besonders sein Sterben, in der Einheit mit dem Willen Gottes, und der so in das Leben der Menschen einen unvergänglichen Schatz als Erbe hineinbrachte und jedem Einzelnen im Glauben hinterließ. Damit hinterließ er den Menschen das Leben, wie er es lebte, d.h. wahres unter der Verheißung Gottes stehendes Leben in der Heilung aller ,,Krankheit''. Wer im Glauben an das von Gott verheißene Leben sein Leben in der Welt zu leben beginnt, der gibt ihm in seinem Testament die Ehre. Im Lobpreis dieses Glaubens ist er, der moriturus promissor, victurus testator, und der victurus testator ist der moriturus promissor. — Wie die alttestamentlichen Frommen und Verheißungsempfänger, von denen die Schriften 1520 reden, durchwandert der Glaube, wie Luther ihn in den Sermonen von 1519 versteht, von neuem die Welt, unter den begleitenden Zeichen der Taufe und des Abendmahls. Die Schriften von 1520, in denen Luther einerseits mehr christologisch, andererseits mehr polemisch auf ein bestimmtes Gegenüber bezogen, das Wesen des Abendmahls beschreibt, enthalten so zugleich mit neuen Formulierungen die Summe bisheriger Erfahrung (Sich-auf-die Fahrt-Machen).

Gleichzeitig wird deutlich, wie dieses im Zeichen des Sakraments nach Luthers Auffassung 1519 dem Menschen aufgehende Verständnis von Wahrheit, die *ihm*, dem Einzelnen, als Gottes Wahrheit sich verheißt in dieser Begegnung, ebenso Luthers Verhältnis zu den Aussagen der Schrift bestimmt. Den Worten der Schrift Gewalt anzutun, wie Luther es in der dreifachen Unterdrückung dieses Sakraments 1520 feststellen und leidenschaftlich zurückweisen muß, das ist von Menschen angemaßte Gewaltherrschaft gegen die Erfahrung der Wahrheit der Worte der Schrift selber, für die das Zeugnis der Grammatik, des Gebrauchs der menschlichen Sprache allgemein und des Sprachgebrauchs der Schrift im Besonderen jedermann vernehmbar sprechen. Der sensus literalis, dem, wer glaubt, in den Einsetzungsworten Christi zu gehorchen hat, ist der ganz unspekulative Sinn des leiblich begegnenden Wortes 'Dieses Brot ist mein Leib' usw., nach menschlicher Erfahrung, in der zugleich Gott gegenwärtig wird. Luther hat hier, durch den dem Menschen heilsamen Engpaß der persönlichen Bedeutsamkeit, den er mit Staupitz' Verständnis der Beziehung von Sakrament und Anfechtung im Einklang 1519 (und früher, seit der betonten Herausstellung des Glaubens beim Sakramentsempfang) erarbeitet hatte, Erfahrung der Wahrheit von Worten in ihrem Wesen begriffen als persönlich und das heißt: leiblich begegnende Wahrheit. Ihr nicht zu gehorchen, ist so schlechterdings widersinnig, angesichts von Leben und Erfahrung, der jedermann mitteilbaren Erfahrung des Sinnes von Schriftworten, daß nur ein Tyrann, der sich in Widerspruch setzt zum Leben, zur Wahrheit und zur Erfahrung, zu spiritus, vita et usus der Worte Christi, solches Unrecht tun kann, über das Luther in der Schrift De captivitate folglich die christlichen Leser aufklärt, angesichts der *erfahrbaren* Wahrheit der Schrift. Auf sie zu pochen und darauf zu insistieren, gegen die in der Kirchengeschichte nicht neuen Entfremdungsversuche: origenistische Allegorese stand am Anfang, und heute sind es figmenta der römischen Sakramentstheologen; das macht die Wahrheit kirchlicher

Lehre aus, die der Professor der Schriftauslegung hier mit aller persönlichen Leidenschaft und in der Verantwortung seines kirchlichen Amtes verteidigt. Die Wahrheit persönlicher Begegnung und die kirchliche Wahrheit des Glaubens in der christlichen Kirche sind eins. Darin ist die Lehre des christlichen Glaubens Verkündigung und Zeugnis der Begegnung des Auferstandenen. 'Christus meus vivit', so beschließt Luther in seinen brieflichen Berichten über Angriffe der Gegner, Konstellationen gegen ihn und Tageserlebnisse in der Auseinandersetzung um die Lehre im akademisch-theologischen Wahrheitsdisput häufig seine Darstellung einer Situation. ,,Allein durch sich selbst wird sich die Wahrheit behaupten'', ohne Zutun eines Menschen und menschlicher Macht, so lautete der letzte Schluß, wie wir sahen, gerade in den zugespitztesten Augenblicken der empfindlich nahen hora mortis, in der der Zeuge und Jünger von allen verlassen nur noch der Wahrheit selbst alles anheimgibt. *Dieses* erweist sie als Wahrheit, die aus Gott und nicht von Menschen gemacht ist[540].

---

[540] Br 1, 351, 17-23, s.o. Kap. II, Anm. 113.

KAPITEL IV

ZUSAMMENFASSUNG: DIE SAKRAMENTSSERMONE VON 1519 UND DIE FRAGE NACH GRUNDMERKMALEN DER THEOLOGIE LUTHERS

Es entspricht der auf den historischen Skopus der Sakramentsschriften Luthers von 1519 gerichteten Fragestellung und Anlage unserer Darstellung, daß wir das Ergebnis unserer Beschäftigung mit Luthers Schriften zu den einzelnen Sakramenten auch im Folgenden nicht in Gestalt systematisch-theologischer Umrißlinien eines für sich genommenen ,,Sakramentsverständnisses Luthers'' nach diesen Schriften zusammenfassen; wir fragten vielmehr nach Grundmerkmalen der Theologie Luthers in diesen den Sakramenten gewidmeten Schriften von 1519 und versuchen auch im Folgenden, das literarische praktisch-theologische genus dieser Schriften thematisch mit den Sakramenten zusammen in den Blick zu nehmen.

Die Theologie des seit der ersten deutschen Schrift Luthers, den sieben Bußpsalmen, sich ausprägenden Typus der den Laien gewidmeten theologischen Erbauungsschriften der Wittenberger Reformationsofficina, unter dem Scheurlschen buchhändlerischen Blickwinkel betrachtet, erweist sich dem Leser dieser Schriften als sehr eigenständige Art einer Theologie, die überall, wohin man sieht, bei der Behandlung jedes einzelnen Sakraments, *zugleich* Erfahrungstheologie und Worttheologie ist. Die letztere Bestimmung der Theologie Luthers als Wort-Theologie, durch vorangegangene Interpretationsrichtungen der Lutherforschung betont, ist nach dem Ausweis dieser Schriften *kein* Gegensatz zur Erfahrungstheologie[1]. Erfahrung ist dabei jedoch — hier liegt der spezifische Beitrag der auf das externe Wort gerichteten Sakramentsschriften — in untrennbarer Einheit der inneren von der äußeren Erfahrung verstanden, nicht als spiritualistisch von einer sog. Außenwelt abzutrennendes inneres Leben des Geistes. Worttheologie ist diese Theologie der Erfahrung gerade im Blick auf die Einheit des Externen und des Internen: das Wort der Ver-

---

[1] Während unter der Fragestellung der dialektischen Theologie Wort und Erfahrung oder ,,Wirklichkeit des Lebens'' und ,,Wirklichkeit des Wortes'' einander im Sinne von ,,gegen die Erfahrung glauben'' entgegengestellt wurden (W. Link, Das Ringen Luthers, VI; ähnlich Walther v. Loewenich, Luthers theologia crucis. FGLP II, 2. München 1929, 226f.), geht es hier um das Bestehen von Erfahrung und das Ernährtwerden des Glaubens in der Erfahrung z.B. durch das Sakrament der Eucharistie. Zum Fragenkreis ,,experientia'' s.o. Kap. III, Anm. 470 und 75.

heißungszusage Gottes in den Sakramenten berührt überall den Externho-
rizont menschlicher Welterfahrung, in einer nicht mehr durch Einteilung
in die ,,Bereiche'' des Natürlichen und Übernatürlichen überformten
Welt- und Erfahrungssituation des Menschen der frühen Neuzeit[2]. So
werden in diesen Sermonen Luthers von 1519 Wort und Sakramente nicht
auf einen dogmatisch zu fixierenden ,,Bereich'', etwa den des ,,kirchli-
chen Handelns'' eingeschränkt, sondern das Thema dieser Schriften ist
umgekehrt die Öffnung des gesamten Erfahrungsbereichs irdisch-
menschlicher Existenz in einer an Abrahams Wanderung erinnernden
Weltperspektive der frühen Neuzeit, einer Zeit erhöhter Mobilität zwischen Stadt und Land und ausgedehnter Handelsreisen und Entdeckungen. Der Glaube versteht diesen gesamten Erfahrungsbereich als geöffnet
für das Mitgehen des Wortes, das selbst im Tod den Glaubenden trägt
und geleitet. Die Ubiquität des Wortes, wenn man so will, später von
Luther Erasmus gegenüber verdeutlicht mit der Formulierung von der
Allgegenwart des Deus absconditus, der kein anderer als der im Wort des
Evangeliums sich offenbarende Gott ist, wird in diesen Sermonen des Jahres 1519 mit Berufung auf die den Menschen in alle und in allen Lebenssituationen begleitenden Sakramente ausgesagt.

Hierin liegt historisch, wie wir besonders aus den Zeugnissen des täglichen Lebens und der beruflichen Tätigkeiten des vir 'occupatissimus,
simul tentationibus obrutissimus' im Briefwechsel mit Spalatin sahen, für
die Theologie des Wittenberger Predigers, Klostervorstehers, Seelsorgers
und Lehrers der Schriftauslegung im kritisch zugespitzten Engpaß der
Zeit seit Beginn des römischen Prozesses eine neue Form seiner gerade in
der Verfolgungssituation erwachsenden, von vielen als äußerst fruchtbar
empfundenen, praktischen, d.h. dem Leben und dem geistlichen Verstehen auch der Laien dienenden Theologie.

Was ,,Mitgehen des Wortes'' bedeutet, soll entsprechend diesem den
Freunden und der Gemeinde dienenden Charakter der dargestellten
Schriften abschließend noch einmal im Gespräch mit Christoph Scheurl,
Georg Spalatin und Otto Beckmann, den wichtigsten Begleitern, Lesern
und Anregern Luthers auf dem in diesen Schriften beschrittenen Weg,
beleuchtet werden.

1) Heidnisches Schicksalsdenken und christliches Weltverständnis unter dem Zeichen der Taufe

Christoph Scheurl, der seit seiner italienischen Studienzeit und später
durch Leben und Tätigkeit in Nürnberg, dem weltoffenen emporium

---

[2] s.u. Anm. 6.

Europae, den Wittenberger Freunden an Weltkenntnis und Horizontweite des gegenwärtigen Lebens manches voraushaben mochte, soll hier an erster Stelle stehen. Daß der innere Horizont seines Denkens mit der äußeren Weite auf merkwürdige Weise nicht Schritt hielt, sondern unserem Eindruck nach Zeichen von Engigkeit und — vielleicht freiwilliger — Begrenzung zeigte, sei dabei am besten gleich zu Anfang freimütig eingestanden. Doch uns bewegt, was diesem manchmal so unverstellt menschlich sich zeigenden Christoph Scheurl widerfuhr. Warum blieben seine von solcher Wärme und Begeisterung erfüllten Freundschaftsbriefe und literarischen Erwartungen an den Wittenberger Augustinerbruder und Freund Martin Luther im tieferen Sinne so seltsam unerfüllt, trotz des zeitweise intensiven Austausches von Nachrichten und Anregungen?

Die historische Darstellung vermag hier nur Grenzlinien einer jeweils andersgearteten geistigen Zentrierung anzudeuten, die ein tieferes Verstehen zwischen beiden Freunden, anders als z.B. zwischen Luther und Spalatin, vermutlich ausschlossen.

Bei der Weite seines Bildungs- und Welthorizonts erscheint Christoph Scheurl dabei, das ist das Überraschende, eigenartig regional begrenzt und festgelegt in einer bürgerlich-patrizischen Weltanschauung, die wie ein fester Panzer sein verletzliches persönliches Wesen schirmt; gegen Enttäuschungen in Bezug auf mitbürgerliche Anerkennung und Rangbestätigung, die schon seinem Vater nicht in dem von ihm gewünschten Maß zuteilgeworden war; gegen die ihn selbst seit der Jugend begleitende Gefahr, das geistlich-moralisch und gesellschaftlich durch Sixtus Tucher und die Familie seiner Mutter hochgesteckte Lebens- und Karriereziel zu verfehlen; gegen die Schwierigkeit, humanistisch-wissenschaftlichen Lebenshabitus des homo humanus mit den Unterwerfungen und Frustrationen der Beamtenlaufbahn im Dienst einer Kaufmannsstadt ohne innere Resignation verbinden zu können. Scheurls von seinem Studium her ihm naheliegende geistige Antwort auf diese Schwierigkeit eines Überschusses an 'humanistischer' oder einfach humaner Lebensdynamik gegenüber einem in seiner Sicht unbeweglichen Lebensablauf einer ständisch festgelegten Gesellschaft, in der z.B. ein Akademiker nicht Ratsmitglied werden konnte, war der Gedanke der Ausbildung des *inneren* geistigen Wesens unter der von außen gesetzten Einschränkung der fortuna. Dieser Zug klug und uns stellenweise kalt berührender berechneter Beschränkung und des Sich-Abschirmens vor unmittelbaren Begegnungen, die natürlicherweise starke Gefühlsäußerungen mit sich bringen, tritt z.B. in seinen Randbemerkungen zum Kondolenzbrief Sixt Tuchers anläßlich des Todes des Vaters der Caritas Pirkheimer hervor. Sterben ist Los aller lebenden

Wesen, communis lex mortalium; man muß seine Gefühle darauf einstellen und schon jetzt alles das innerlich abtöten, was zu sehr an den Reizen (Scheurl würde vermutlich, mit Hinzufügung des Hieronymus als christlicher Autorität zu seinen antiken Gewährsleuten, formulieren: an den Begierden und sinnlichen Genüssen) dieses Leben hängt, und den Sinn richten auf die überzeitlichen Güter eines tugendhaften Lebens und der Forschung des Geistes an den Quellen der antiken und patristischen Bildung und Weisheit. Hier liegen die Chancen des Menschen, Unsterblichkeit zu gewinnen. In den Umkreis dieses Zieles gehören auch die Freundschaften mit literarisch Tätigen, das Anteilnehmen am ingenium Anderer, großer unsterblicher Geister, von denen für den umso mehr zu erwarten ist, der selber in einem ihm etwas grau erscheinenden d.h. unter dem Gestirn stillverborgener Resignation stehenden Berufsleben seine Tage verbringen muß (O daß ich noch einmal in Italien studieren könnte...!). Mit großem Interesse verfolgt Scheurl, nun Ratgeber zum Studium ausziehender jugendlicher Nürnberger, die Zeichen eines in der Wittenberger Universitätsluft zu ahnenden neuen Zeitalters des wissenschaftlichen Lernens, das den Menschen ,,gebessert'' an Sitten und Kenntnis eines Tages wieder in die Heimat zurücksenden wird. Daß der Weg wie für ihn selbst, so auch für Andere, eines Tages dorthin zurückführt, steht für ihn als selbstverständlich fest.

Verglichen mit dieser letzten und all den dargestellten Voraussetzungen wird der Unterschied in Luthers Verhältnis zur Zeit deutlich, die allein von den Erfordernissen der Wahrheit Christi und der biblischen Sicht und Erfahrung der Geschichte bestimmt ist: ,,nicht zum Ruhm, sondern zum Risiko wird für dich die Freundschaft mit mir sich auswirken''. Daß Gott der einzige Freund sein will oder überhaupt nicht Freund sein, und daß er so den Weg des Glaubens und der Verheißung Abrahams, der alles, auch Heimat und Familie, hinter sich ließ, mitgehen und vorangehen will, bedeutet, zusammen mit diesem Glauben der Erfahrung ausgesetzt zu sein. Zugleich bedeutet es, unter den kritischen Auswirkungen des Kreuzes Christi auch die Werte des gebildeten bürgerlichen Lebens sehen zu müssen, in denen Scheurl als den für ihn gültigen und feststehenden ethischen und sozialen Vorentscheidungen Stütze und Abschirmung seines patrizischen Daseins fand. Christus hielt sich nicht zu den Größten, sondern zu den Geringsten seiner Brüder; in dieser Erinnerung Luthers liegt das ganz andere Verständnis seiner literarischen Absichten wie seiner auf das Ganze der Wahrheits- und Erfahrungsbeziehung gehenden Freundschaft. Bereits die gewöhnliche (,,normale'') geordnete Berufsausübung des Schriftauslegers enthielt von Anfang an diese Voraussetzung, daß dem

Wort des Autors der Schrift in der die menschliche Existenz verändernden Begegnung mit ihm, in der ,,Passivität'' des Betroffenen und Hörenden, diese Existenz des Dienenden ganz ausgesetzt war[3]. So war es auch etwas ganz ,,Normales'', daß sich dieser Dienende in der ,,zweiten Phase'' einer mehr in die Öffentlichkeit wider Willen gedrängten Berufstätigkeit, in die irdische Kreuzeswirklichkeit des den Menschen dienenden Christus mithineingezogen sah.

[3] Diesen Aspekt in Luthers Theologieverständnis akzentuiert zutreffend Leif GRANE, Modus loquendi theologicus, 140f im Anschluß an Luthers Abgrenzung von der Art des Erasmus. Br 1, 133f (Luthers Antwort auf Spalatins Bitte um Einführung in das Schriftstudium vom 18. Januar 1518). ,,Christus und Gottes Gnade zu kennen, das ist keine wissenschaftliche Frage in dem Sinn, daß man darüber unabhängig von seinem eigenen Verhältnis dazu reden könnte. Tut man das, ist man im eigentlichsten Sinne unsachlich. Für Luther ist es gerade eine Eigentümlichkeit der Theologie, daß man in ihr Person und Sache gar nicht trennen *kann*. Sie sind insofern eines, als Erkenntnis hier Selbsterkenntnis impliziert. Sonst gibt es überhaupt keine Erkenntnis''. — Das hiermit verbundene theologische Verständnis des Menschen unter dem Gesichtspunkt der ,,Passivität'' wurde von G. EBELING vielfach dargelegt, z.B. Das Wesen des christlichen Glaubens. Tübingen 1959, 101; ZTKh 72 (1975), 332f. — Weniger wurde in der theologischen Diskussion bisher zur Kenntnis genommen, daß auch die psychoanalytisch-historische Lutherdeutung Erik H. ERIKSONS eine den *Beruf* des Schriftauslegers Luther, also gerade sein aktives ,,Werk'', sehr zutreffend unter dieser Kategorie der ,,Passivität'' fassende Beschreibung der spezifischen von Luther gefundenen ,,Berufsidentität'' als Professor der Schriftauslegung, verbunden mit Gebet und Predigt, gegeben hat. Vgl. Der junge Mann Luther, 228f im Anschluß an WA 3; 651, 2f zu Ps 83, 7 (Vg) 'in loco, quem posuit': ,,'fides est *locus* animae', der Glaube ist der Ort, das Instrument der Seele. Das war gewiß auch schon vorher gesagt worden. Aber Luther legte das Gewicht nicht auf 'Eingießung' im Sinne Augustins oder auf den 'Gehorsam' des Nominalismus, sondern in echter Annäherung an die Renaissance auf die Selbstverwirklichung durch ein gottgegebenes inneres Instrument. Dieses Instrument hat seine eigene Weise des Suchens und Forschens, und sein Erfolg wird durch das Maß bestimmt, in dem es seine eigene *Passivität* entwickelt. Es klingt widersinnig, aber oft kommt ein junger Mann (Sohn eines unnachgiebigen Vaters) in seinem eigenen Bereich zur Größe erst durch jene tiefe Passivität, die ihm erlaubt, auf seine Befähigung zu lauschen... diese Verhaltensweise ist Geburtsrecht jedes Lebewesens, und unser Wirken beruht im einzelnen wie im ganzen auf dem Wechsel von Passivität und Aktivität...Theologisch wie psychologisch ist Luthers Passivität die des Menschen im *Zustand des Gebets*, ein Zustand, in dem es ihm tiefernst ist mit etwas, das er nur zu Gott sagen kann: 'Tibi soli peccavi' — ich habe gesündigt, nicht einem Menschen oder einer Institution gegenüber, sondern allein gegen Gott, gegen *meinen* Gott''. Der Zusammenhang mit dem Hören auf die Heilige Schrift wird dabei so formuliert: ,,Die Neugeburt durch das Gebet ist in zweifacher Art passiv: Sie bedeutet Hingabe an Gott den Vater, aber auch Wiedergeburt aus dem Muttergrund der Heiligen Schrift... Für Luther, den Predigenden und Betenden, war die Antwort mit voller emotionaler Ergriffenheit, die keinen Zweifel daran läßt, daß man 'es ernst meint', das Tiefenlot für die erfahrene Gegenwart des Wortes'' (229f). — Zur Verdeutlichung der Bedeutung des ,,Instrumentseins'' — hier kommt das aktiv geistig-wissenschaftliche Moment als künstlerisches *in* der affektiven Passivität des Beanspruchtseins am besten zum Ausdruck — sei verwiesen auf das einfühlsame und historisch eingehende Referat über die verschiedenen Auslegungen Luthers zu Ps 6,1 'super octavam' bei Hans Christian KNUTH, Zur Auslegungsgeschichte von Psalm 6. Beiträge zur Geschichte der biblischen Exegese 11. Tübingen 1971, 157f. 209-226.

Doch wird der Glaubende in solchem Gehorsam grundsätzlich des jedem Menschen notwendigen Schutzes in einem geordneten Verhältnis zu
bürgerlicher Umgebung und Umwelt in Beruf und Reisen oder was er
sonst auszuführen hat, beraubt? Keineswegs. Luthers Sermone mit ihrem, wie wir sahen, geradezu mitbürgerlichen Charakter der eindringlich
darlegenden und häufig ermahnenden Anrede zeigen im Gegenteil eine
eigenständige, u.U. sogar klarere Sicht mitbürgerlich-sozialer Lebensver-
hältnisse, als wir sie z.B. bei Christoph Scheurl finden. Sie steht, wie vor
allem der Taufsermon deutlich macht, im Gegensatz zum Lebensverständnis Scheurls nicht unter dem Zeichen des steinern unbeweglichen fa-
tums als dessen, was dem Menschen die Zukunftsaussicht verstellt, sondern unter dem warm-menschlichen Zuspruch des in die Zukunft weisen-
den göttlichen Verheißungswortes. Unter dem biblischen Verständnis der
Taufe gedeutet gewinnen auch das Sterben als Sterben des alten Adam so
wie andere dem Menschen begegnende Einschränkungen und vor allem
Reibungen seines Daseins an inneren und äußeren Widerständen eine positive Beziehung zur Erfüllung seines Lebens, die ihm in der Taufe, im
Bund der Geduld Gottes, zugesagt ist und die ihm nichts und niemand
nehmen kann. So steht die Welt der Wanderung des Glaubenden offen,
und sein Leben ist, persönlich veränderbar, zu gestalten nach dem Geheiß
des Glaubens und dem, was nicht Normen und Mustern nachjagend,
sondern in eigener Erfahrung und Prüfung als Lebensform für diesen
Menschen aus seiner Taufe folgen wird.

Scheurls Schicksalsglaube in einer letzten Endes durch das Gesetz des
Todes tragisch „festgestellten" Weltuhr der fortuna und Weltordnung
der bestehenden Gesellschaftsverhältnisse wird so abgelöst in einer neuen
christlichen von der Last des Todesgesetzes befreiten Lebens-Erfahrung.
Diese Lebens-Erfahrung ist überall da, wo das Wort ist, auch im Tod: das
ist der biblische Inhalt des Begriffs „Verheißung" im Sinne der Sakramentsschriften Luthers von 1519/20. Gräber sind also kein Einwand mehr
gegen Gestaltung neuen menschlicheren Lebens unter den Lebenden.
Gleichzeitig fällt mit dem biblischen Verheißungsglauben die pseudoreli-
giöse Verehrung lokaler Gottheiten und Größen von Privileg, Stand und
Tradition dahin unter dem für den Glauben entscheidenden Verständnis
des dem Menschen gegebenen „ersten Gebotes", sich für die Ganzheit
seines Daseins allein auf die ihm zugesagte Treue Jahwes in seinem Wort
zu verlassen. Das Verständnis irdischer bürgerlicher und sozialer Gegebenheiten wird so, wie in der biblischen Umdeutung und Einbeziehung
lokaler Traditionen in den Glauben Israels, von der geschichtsbezogenen
Weltaufgeschlossenheit dieses christlichen Verheißungsglaubens mitbe-

troffen, und sie werden integriert als wandelbare, durchaus menschliche, dem Leben dienende Institutionen. Diesen Schritt zu vollziehen, vielleicht weil ihm neben dem antik-religiösen das spezifisch biblische Denken besonders des Alten Testaments fremder blieb, gelang Scheurl nicht. So hielt er sich zur Deutung seiner Gespaltenheit zwischen Brotberuf und humanistischen Möglichkeiten an gleichfalls aus heidnischer Religiosität stammende Elemente eines Schicksalsglaubens, dem die Kategorien ,,Opfer'' und als ,,Pflicht'' verstandene Arbeit beigesellt sind. 'Ad laborem nati sumus', eine Maxime, die seiner auf Festigkeit gegenüber dem Walten der fortuna bedachten und so mit ihrem 'aequam mentem servare' menschlich etwas ehern und unbeweglich anmutenden Weltanschauung entsprach.

Die Kritik der Abendmahlsschriften Luthers von 1519/20 an den mit der Messe als opus operatum verbundenen Erwartungen betrifft diese im Grunde traurige Opfer- und Leistungsreligion, die das Denken des angepaßten und zugleich ,,nach oben strebenden'' Kaufmannssohnes bestimmt, in ihrem Mittelpunkt. Gottes Barmherzigkeit allein ist es, die dem Menschen sein Leben ganz schenkt, und nichts anderes als der Glaube an diese Zusage Gottes im Gebrauch seiner Gaben ist es, was Gott dem Menschen gebietet. Das seine Jugend und Studienzeit tief bestimmende Ereignis der Familiengeschichte, im Zusammenhang dessen sein Vater in der Auseinandersetzung mit dem Nürnberger Rat unterlag und die Familie verarmte, mag als ungeheilte Verwundung das geringe Maß ihm möglicher Erwartung ein wenig verständlich machen und zugleich die Notwendigkeit, sich durch eine Weltanschauung der dargestellten Art abzuschirmen. Nicht zufällig, so scheint es uns, gelang Scheurl während der menschlich warmen und lösenden Wirkung der Predigten Staupitzens auf die ganze Nürnberger Gesellschaft und Gemeinde seine unbefangenste und nicht nur im zeremoniellen Latein, sondern in der deutschen Sprache glänzendste Arbeit, die Übersetzung und Ausgabe der Prädestinationspredigten Staupitzens[4]. Wäre Christoph Scheurl, dem Rat seines Vaters

---

[4] Hierin liegt eine gewisse Abwandlung des von Maria GROSSMANN anhand des bibliographischen Ausweises formulierten Eindrucks, daß Scheurls schöpferische Begabung, die ihren Höhepunkt in der Wittenberger Zeit hatte, im Alltag erlahmt sei. Dabei soll der Berechtigung dieses Urteils nicht widersprochen werden; indem wir nach den möglichen Gründen im Zusammenhang mit Scheurls Verhältnis zu Nürnberg und mit seiner spezifischen Weltanschauung und Deutung dieses ,,Alltags'' zu fragen versuchten, gewinnt zugleich die im Verhältnis zu Staupitz offenbarwerdende Gegenmöglichkeit erhöhtes Interesse. Zum o. S. 227 und 278 Anm. 465 dargelegten sprachlichen Aspekt, Latein und Muttersprache, vgl. noch E. H. ERIKSON, 257: ,,Die Pflege der nationalen Mundarten war eine Erscheinung des wachsenden Nationalismus, aber auch der Sprach-renaissance, zu deren Grundsätzen

folgend, in kaiserliche Dienste getreten oder auf das Angebot der Fürsten hin in der kursächsischen Region geblieben, so wäre ihm vielleicht eine größere weltaufgeschlossene Entfaltung seiner in der Wittenberger Zeit zum Ausdruck gekommenen Gaben möglich gewesen. Finanzielle Status-erwartungen und damit die Bindung an das von seiten der Familie seiner Mutter ihm, wie er es sah, Zustehende und Aufgegebene ließen ihn zu-gunsten Nürnbergs und für ein Lebensziel in diesem für ihn schicksalhaft gewordenen Rahmen entscheiden. So stand vielleicht schon durch seinen ,,zyklisch'' verlaufenden Lebensgang einem tieferen Verstehen der am bi-blischen Gesichtsverständnis der Verheißung orientierten Theologie der Wittenberger Freunde einiges entgegen, das den späteren Verfall der Freundschaft, verursacht durch Scheurls Weigerung, sich auf alternative Zuspitzungen einzulassen, mit verständlich macht.

2) Zugespitzte Situation und schöpferische Verantwortung in der Gemeinschaft der christlichen Liebe, im ,,Leib'' der Christenheit

Daß das tägliche Leben des Glaubenden, unter dem Evangelium unab-geschirmt durch Weltanschauung und realitätsoffen gesehen als Ort großen Exponiertseins für Anfechtungen und zugleich besonderer Chan-cen mitmenschlicher Zuwendung, d.h. als Ort höchstpersönlichen Gottes-dienstes, Verheißungsqualität gewinnen kann, wurde besonders in Luthers Briefen an Spalatin deutlich. Was in vorbehaltlos vertrauensvol-lem freundschaftlichem Austausch zwischen beiden gelebt und gleichzeitig im höchst eigenständigen, verantwortlichen politischen Planen und Han-deln des kurfürstlichen Sekretärs für den in der Kompetenz des Landes-herren zu schützenden Freund und kursächsisch-wittenbergischen Uni-versitätslehrer als christliche Verantwortung des einen für den anderen wahrgenommen wurde, fand seinen theologischen Ausdruck auch in Luthers Abendmahlssermon von 1519, im Gedanken des Eintretens der Glieder des Leibes Christi füreinander und in der ganzen, auf den prakti-schen Kontext dieses Sakraments der Liebe gerichteten Sicht.

Die *Zeichen* im vertrauenden Glauben zu deuten: entsprach dem nicht im wandlungsvollen politisch-historischen Augenblick voller überraschen-der Änderungen im Gefüge der Machtkonstellationen in aller Verhalten-heit und Verborgenheit der Hintergründe das Handeln der kurfürstlichen

---

es gehörte, daß man, um seine Identität auf Erden zu bestätigen, gewichtige Dinge in seiner Muttersprache sagen müsse''. Zum theologischen Verständnis des Wortes und der Sprache der Schrift in Abhebung von diesem Hintergrund s.o. Anm. 3.

Kanzlei? Ihre Aufgabe war es, in dieser Konstellation die rechtlichen Aspekte aufs genaueste zu formulieren, in eigener Einschätzung der Lage, in coram Deo getragener Verantwortung, die Situation zu deuten und im Wechselspiel von Initiative und Warten das dem Augenblick Gemäße zu tun. Diese Selbständigkeit seiner Politik als christlicher Landesherr ließ Friedrich der Weise sich weder von kurialen Instanzen oder Höflingen noch von kaiserlicher Gewalt eines ,,höchsten Herren'' nehmen (mit diesem heidnisch-göttlichen Prädikat des 'terrenus deus' pflegte im Gegensatz hierzu Scheurl von Maximilian und seinem Nachfolger zu sprechen).

In Luthers Abendmahlssermon von 1519 fällt im Unterschied zu früheren und späteren Schriften die besondere Sensibilität und hermeneutische Bedeutung des ,,Zeichen''-Begriffes auf. Auch die scheinbar wortlosen Zeichen und Gebärden zu hören, das Elend der Christenheit, das zum Himmel Schreien der unschuldig Leidenden, der Witwe Landmann und der unter geistlichen Abgaben seufzenden Gemeinde Kemberg und ihres Rates und was Luther sonst in seinen Briefen Spalatin und dem Kurfürsten vorträgt, gehört zum Leben der christlichen Liebe und Gemeinschaft. Für alle diese Bitten und laut redenden oder still verborgenen Leiden ist Spalatin das geöffnete Ohr am Hofe des Kurfürsten und die federführende Hand der caritas Christi, die durch alle diese Mittelspersonen handelt. In diesem Zusammenhang ist es zu sehen, daß Luther in diesem Sermon nicht die später scheinbar fest installierte Unterscheidung zweier Reiche oder Kompetenzen kennt, sondern vom irdisch-verborgen gegenwärtigen Christus spricht. Auch das Verhältnis von Glaube und Tun der Liebe wird nicht in einem Schema, etwa dem kausalen von Ursache und Folge oder Person und Tat, für sich thematisiert, ohne daß die im Gleichnishaften liegende Eindringlichkeit der Beschreibung und der Zuspruch für den Glauben darunter litte; dogmatisch an einem ,,effektiven'' Sakramentsverständnis interessierten Interpreten wie O. BAYER wenig brauchbar, ja, gescheitert, und für J. LORTZ gleichfalls sprachlich holperig und begrifflich unscharf, der Frömmigkeit aber zugänglich und sogar besonders wertvoll. In Wahrheit handelt es sich jedoch u.E. weder um eine theologisch traditionsverhaftete oder unklare noch um eine nur der Frömmigkeit zugekehrte, sondern um eine ihrem Anliegen nach praktische, Wirklichkeit und experientia nachspürende Theologie, und damit auch für eine ebenso fragende, erfahrungsorientierte Forschung beider Konfessionen um eine echte hermeneutische Chance. Die Wände überlieferter kirchlicher Institutionen sind in dieser vorsichtig nach dem ,,rechten Brauch'', dem usus communis der christlichen Kirchen, zurückfragenden Sicht gleichsam durchlässig für anklopfendes Fragen, Bitten und Erfüllen über alles Verstehen hinaus, so wie es auch in der irdischen Christenheit, wenn einer den anderen unterstützt, geschehen kann und geschieht.

Die Unterscheidung der Kompetenzen liegt nach der Metapher dieses Sermons im Verbundensein einzelner Glieder mit unterschiedlicher Funktion und unterschiedlicher Art und jeweils persönlicher Erfahrungssituation in dem im Verborgenen einen ,,Leib der Christenheit'', für den das Sozialgefüge einer Bürgergemeinde zum Gleichnis dienen kann. Die geistigen Linien der Beziehung von Glaube und Liebe verlaufen hier in der Erfahrung selber, so daß der Einzelne zum Beispiel in der Begegnung auf Grund des Sakraments und der in ihm zugesagten Erfahrung zum Ergreifen einer Hand oder eines Wortes ermutigt wird. Liebe zur persönlichen Gestalt des Menschen — unter dieser Zusage der Gemeinschaft Christi in himmlischen und irdischen Dingen wird Realität des einmaligen Daseins, auch in ihren Defizienzen, nicht mehr negiert, sondern aufbauend in Gedanken akzeptiert. So macht Luther dem Freund, der allzu sehr an allgemeinen Vorschriften für alles, z.B. für gottesdienstliche Formen der Fürbitte, interessiert ist, Mut, den Schwingen des eigenen Geistes etwas mehr sich anzuvertrauen, mit dem paulinischen humorvoll gewendeten Zuspruch: Du willst doch nicht den Geist der Freiheit von neuem in Fesseln schlagen? Ähnliches gilt für Spalatins Wunsch nach Auskunft über Lebensregeln des priesterlichen Standes. In Luthers Antwort: Auf den Ort kommt es an, an den Du berufen bist, wird wieder ein Moment besonderer, leiblich-persönlicher Erfahrung mit dem Lokalen, das nur der Betroffene selber kennt, angesprochen und Mut zu seiner Wahrnehmung entbunden. So werden die Lasten einer dem Priesterstand auferlegten Tradition ein wenig abgebaut, Hand in Hand mit Einsichten der in Luthers theologischer Arbeit sich entwickelnden historischen Kritik, daß diese Lasten nur durch die ecclesia Romanorum entstandene Auflagen, ceremoniae et humana statuta, seien, die diesen Stand im Unterschied zu anderen Ständen der Christenheit belasten. Gerade an diesem Ort mit seinen besonderen Möglichkeiten kann Spalatin den Menschen in seiner Umgebung im kursächsischen Bereich mit ihren konkreten Nöten und Anliegen auf besondere Weise dienen, und das ist für ihn selbst seine propriissima religio. Dieser qualitative Superlativ — wir erinnern uns z.B. an das Lob des Autors der Deutschen Theologie und seiner Schrift als theologicissimus; oder an Luthers eingangs angeführte Beschreibung seiner eigenen Lage in Arbeiten und Anfechtungen als occupatissimus, tentationibus obrutissimus — bezeichnet das Zeitgefühl der dem biblischen Verheißungsglauben entsprechenden besonderen Zeit, die nicht formal als zu messende Verlaufszeit, sondern von ihrem Inhalt her qualitativ als gefüllte Zeit verstanden ist[5], auch in äußerster Engführung unter der Verheißung der Gegenwart Christi, auf die es allein ankommt und die auch im Annehmen der Gestalt des Anderen für sich spricht.

Unter dieser Gegenwartszuwendung werden auch Bereiche relevant für einen rechten Gebrauch des Abendmahls, die für eine sakramental im engen Sinne orientierte Meßfrömmigkeit mit diesem Sakrament, verstanden als Opfer an die Adresse Gottes gerichtet, nichts zu tun zu haben schienen, wie z.B. das, was in der städtischen Sozialarbeit geschieht oder geschehen könnte und sollte. Ist der Mensch entlastet vom Zwang, auf den Weg der verdienstlichen Werke sich begeben zu müssen, so wird zugleich der Blick auf die Umgebung freier und weniger verstellt.

So hat die Bedeutung des Sakraments, gegen die Annahme BAYERS, hier liege ein gesetzliches Verständnis vor, unter anderem Züge der Inspiration zu einmaligem, dem Einzelnen oder einer Gruppe in der Christenheit möglichem Handeln in schöpferischer Verantwortung. Nicht zuletzt in diesem Bezug weltlicher Verantwortung wird deutlich, daß es sich in diesem Sermon Luthers um das externe, in der Gleichnissprache weltlicher Erfahrung den Menschen ansprechende Wort Gottes vom in der Bibel bezeugten Jesus her handelt, der als der lebendige Christus gegenwärtig ist, nicht, wie die Kritik dieses Sermons als spiritualismusverdächtig oder spiritualistisch interpretierbar meinte, um ein Abtrennen der inneren Erfahrung vom äußeren Wort oder ein gesetzliches Überformen der weltlichen Erfahrung. Das Gemeindeverständnis dieses Sermons ist im Unterschied zu täuferischem Denken nicht latent leibfeindlich und daher von der Möglichkeit einer moralischen Diktatur unter geistlichem Anspruch nicht betroffen. Im Gegenteil ist die Befreiung von Lasten und

---

[5] Vgl. G. EBELING, Zeit und Wort. In: E. DINKLER (Hrsg.), Zeit und Geschichte. Dankesgabe an Rudolf BULTMANN zum 80. Geburtstag. Tübingen 1964, 345ff zum biblischen Zeitverständnis u.a. im Anschluß an Th. BOMAN, Das hebräische Denken im Vergleich mit dem Griechischen. Göttingen (1952) 1954[2], 104ff. Für unseren Zusammenhang der qualitativ gesteigerten Beschreibung kann die bei EBELING mehr systematisch auf das Verhältnis von Zeit und Sprache bezogene Formulierung angeführt werden: ,,Deshalb wird Zeit *erfahren* überhaupt nur als *problematisch*. Und zwar als die Problematik des Menschen in seiner Welt, als die Frage nach der rechten Unterscheidung der Zeiten und nach der Gewinnung der wahren Gleichzeitigkeit mit sich selbst''. (354), Die S. 338 und o. Kap. II, Anm. 127f und 125 angeführten Beispiele, wie Luther den um peinliche Befolgung geistlicher Vorschriften besorgten Spalatin zum wahren geistlichen d.h. persönlichen Gottesdienst, zur ,,Antwort mit sich selbst'' (GOGARTEN) freizumachen sich bemüht, — Obsecro, non te istae minutiae rerum perturbent! — machen dabei deutlich, wie zusammen mit dem Sich-Durchsetzen des im Evangelium gegebenen personalen Zeitverständnisses eine innere Befreiung von den gesetzlichen Auflagen der römischen Kirche und des von ihr für den Priesterstand verordneten Berufsbildes erfolgt, mit distanzierender historischer Kritik Hand in Hand gehend. Die Predigt des Evangeliums ist in diesem Sinne von emanzipatorischer Wirkung.

von Menschen gemachten geistlichen Auflagen, wie Luthers ermutigender Zuspruch für Spalatin zeigte, das Zeichen für Nähe und wärmenden
Anhauch des Geistes im ,,äußeren Wort''. Gleichzeitig hiermit gewinnt
das Leibliche und der Leib seine biblisch bezeugte Würde als Gleichnis
des Ganzseins und der Verheißung des Getragen-, Akzeptiert- und Ganzwerdens und seinerseits leiblich zum Ganzwerden Anderer im Leib Christi Beitragens zurück. Die christliche Alternative zur stoischen Sicht des *im
Prinzip* auf das Innere sich Zurücknehmens und der damit verbundenen
Betrachtung des tugendhaften, ,,disziplinierten'' Einzelnen für sich
selbst, in Kommunikation mit Anderen durch das Allgemeine der sittlich-
geistigen Natur des Menschen, nicht durch das Irdisch-Spezifische der
leib-seelischen persönlichen Existenz auch in ihrer Wort-Bedürftigkeit,
kündet sich u.E. auch hier in der zum Kontext dieses Sakraments gehörenden biblischen Anthropologie deutlich an.

Glaube ist demgegenüber, im Gegensatz zur stoischen Innerlichkeit, in
Kommunikation mit dem verborgenen, der spekulierenden ratio nicht zugänglichen Zusammenhang und Zusammenhalt von Welt und
Geschichte[6] bezogen auf konkrete Punkte in der Umgebung des menschlichen Daseins, die unter dem Wort der Verheißung Bedeutung und Aussagekraft gewinnen, wie z.B. der Ton in der Hand des Töpfers, die Speise
in der häuslichen Vorratskammer oder auf dem Tisch, das Leben am Hof
eines Mächtigen usw., auch die bürgerliche Sozialerfahrung im Leben
einer Stadt, die Gefahren des Reisenden, Fahrstraßen und Fußwege: dies
alles offenbart ein Mehr an Bedeutsamkeit für eine verborgene, nichtpositivistische Wahrheitserfüllung, die in der Zusage des Sakraments allein als

---

[6] Grundtendenzen des Welt- und Daseinsverständnisses der Renaissance stellt sehr übersichtlich W. J. BOUWSMA dar in seinem Artikel Renaissance and Reformation. An Essay in
Their Affinities and Connections. In: Luther and the dawn of the modern era, 127-149.
Zum Zurücktreten allgemeiner Strukturen und systematischer Philosophie und zur Freisetzung kreativer Impulse menschlichen Handelns s. S. 130f. Zur Bedeutung lokaler Nöte und
lokaler Selbstbestimmung s. S. 133. Die neue Sicht der menschlichen Person als einer Ganzheit mit einer Reduktion der Verdächtigung der Affekte und des Leibes, Hauptursache der
Sünde zu sein, s. S. 133; auf die weitere Ausführung dieses besonderen Gesichtspunkts unter dem Gedanken der Identität gegenüber hypocrisis in W. J. BOUWSMAs Artikel 'The two
faces of humanism': Itinerarium Italicum, 39 sei noch einmal besonders hingewiesen; s.o.
Kap. II Anm. 179; vgl. dazu Kap. III Anm. 211 und 242 zur positiven Bedeutung der persönlichen psycho-physischen Konstitution als eines zusätzlichen Erfahrungs- und Differenzierungsaspekts individual- und sozialethischer Art. Die Einziehung biographischer und
besonders bildungsgeschichtlicher Aspekte im 2. und 4. Kapitel unserer Untersuchung kann
u.a. als Material eines solchen Versuchs, die Profilierung der Wittenberger Theologie 1518ff
im Kontext der Zeit genauer zu erfassen, verstanden werden. — Zur Bedeutung des Gliedseins in einer sozialen Gemeinschaft mit konkreter persönlicher Verantwortung s.
W. J. BOUWSMA, Renaissance and reformation, 134.

zugesagte Treue Gottes zu seinem Wort prädizierbar geworden ist. In der Anrufung dieses Namens des Barmherzigen und Treuen, im Rühmen und Großmachen seines Werkes, für die Vernunft verborgen und wunderbar, findet Erfahrung eine nach oben getragene Sprache, die einstimmt in das biblische Lob der Glaubenden, aus dem Munde der Unweisen und Unmündigen, die im weltlichen Dasein wie Maria von der begegnenden Zusage des Tuns Gottes betroffen bekennen: 'Mir geschehe nach deinen Worten und Zeichen'.

3) Wort und Glaube im Zusammenhang von Absolutionsvollmacht und gegenwärtiger Erfahrung

In Luthers neuer Auslegung des Bußsakraments 1519 läßt sich u. E. besonders deutlich beobachten, wie ein Staunen über die wunderbare Größe des Werkes Gottes und der Gegenwart seiner Gnade mitten in der Alltagswelt — ,,Nun ist die Welt voll Christen... und niemand des achtet noch Gott dankt''! — Hand in Hand geht mit einem sehr realistischen Ernstnehmen der Maße und Größenordnungen im täglichen Zusammenleben der Menschen, unter dem Gedanken, daß jedes konkrete persönliche Sein seine Realität hat. Daß im Bußsakrament neben dem einfachen Priester jeder Christenmensch, sogar eine Frau oder ein Kind, gegenüber einem angefochtenen Mitmenschen die Vollmacht besitzt, ihn zu trösten und im Namen Christi und seines Absolutionsbefehls Mt 18,18 und 16,19 ihm die Vergebung der Sünden zuzusprechen, während im Gegensatz hierzu die allgemeine Erwartung mehr darauf eingestellt war, beim hierarchisch Höherstehenden auch ein Mehr an geistlicher Bevollmächtigung zu suchen, zeigt in bestimmtem Sinne ein Umdenken an, ein Zurückkehren der Orientierung auf die in den Umständen des täglichen Lebens sehr fühlbare Erde[7]. Hier geschehen die Begegnungen, die entscheidend sind für das

---

[7] W. J. Bouwsma, Renaissance and reformation, 130 sieht das Fraglichwerden eines hierarchischen Denkens im Zusammenhang mit dem u.a. durch Ausweitung des Handels und neuer menschlicher Initiativen verbundenen Erwachen des Sinnes für Geschichte: ,,the obvious rule of change in the empirical world encouraged efforts at its comprehension and eventually stimulated the awareness of history, that peculiarly Hebraic and Christian — as opposed to Hellenic or Hellenistic — contribution to the western consciousness. Meanwhile new political realities and the claims of laymen undermined the hierarchical conceptions that had defined the internal structure of the old unified order of the cosmos, within which the affairs of this world had been assigned their proper place''. In der Anthropologie tritt einem an der Entgegensetzung von ratio und Körper und an der Herrschaft der ratio über die Sinne des Körpers orientierten Denkmodell ein anderes, am Herzen und den Gefühlen als Ort, von dem aus Handeln und Verhalten des Menschen bestimmt wird, orientiertes gegenüber und in diesem Zusammenhang die Bedeutung der Rhetorik, S. 139: ,,'It is one thing to know', he [sc. Petrarca] declared, 'another to love; one thing to understand, another to

Wahrhaftigwerden, Wahrhaftigbleiben und von neuem Wahrhaftigwerden des Lebens des einzelnen Menschen, für die Aufrichtigkeit in seinen
sozialen Bindungen und in seiner Beziehung zum Ganzen des Lebens.
Dies alles hat jedoch in unserem Sermon ganz den Charakter des Wunder-

---

will'. What was required was a transformation not merely of the intellect but of the whole
personality, so that Christian conversion would find appropriate expression in a life of love
and active responsibility for the welfare of others. And, as in the world, the essential means
for such a transformation was not rational appeal to the intellect but rhetorical appeal to
those deeper levels in man that alone could move the will''. Die Erinnerung an franziskani-
sche und nominalistische Theologie in diesem Denken schützt zugleich davor, das Bild des
der Renaissance vorangegangenen Zeitalters zu sehr als weltanschauliche Einheit zu sehen,
vgl. die Kap. III, Anm. 237 genannte Arbeit von B. Hamm. Die bewußte und pointierte
Neuartikulierung eines rational begründeten monarchisch-hierarchischen Denkmodells
gehört gleichfalls zu den bereits im Rückschlag befindlichen Möglichkeiten der späteren
Renaissance, worauf Bouwsma S. 141 hinweist. — Die Argumentation Ecks während der
Leipziger Disputation für die Notwendigkeit des päpstlichen Primats aus Ordnungsgründen
gegenüber drohendem Chaos kann im Rahmen unserer Arbeit hierfür angeführt werden,
s.o. Kap. II, Anm. 65 und die Anm. 17 genannten Arbeiten von K. V. Selge. Als Zeichen
für die Wirkungen des Neuplatonismus der späteren Florentiner Renaissance, die ebenfalls
einen Rückstrom entweltlichender Tendenzen bedeuten können, müssen die frühen Universitätsreden O. Beckmanns u.E. angesehen werden.
      Wie es mit den historischen Auswirkungen der in unseren Sermonen von 1519 hervortre-
tenden Momente einer weltlichen Sozialethik der Verantwortung im Glauben, der Bedeutung des Gliedseins in einem Gemeinwesen der Bürger, damit des Laienelements, und in allem der Bedeutung des mündlichen Wortes der Umgangssprache im lutherischen Tradi-
tionsbereich selber steht, ist eine andere Frage. In den 50er Jahren dieses Jh. nach 1945 her-
vortretende Tendenzen im Anschluß an Person und ethische Ansätze Dietrich Bonhoeffers
z.B. in der Arbeit der Deutschen Ev. Kirchentage weisen in diese Richtung. Auch der Gesichtspunkt der Mündigkeit des Einzelnen in der z.T. an skandinavischen Vorbildern sich
orientierenden ev. Erwachsenenbildung ländlicher Heimvolkshochschulen mit der Pflege eigener demokratischer Traditionen, die zugleich stilbildend wirken und dem Austausch mit
anderen europäischen Ländern aufgeschlossen sind, kann hier erwähnt werden. — Eine
Verbindung zu dem im Denken der Neuzeit zu beobachtenden Ringen um das Verständnis
dessen, was ,,Aufklärung'' beinhaltet, und unterschiedliche Profillinien einer mehr ethisch-
rationalen mit humanistischer Dogmenkritik sich leichter verbindenden Aufklärung und einer vom affectus her anthropologisch nach der Ganzheit des menschlichen Daseins fragen-
den und in diesem Zusammenhang an der *Sprache* des weltlichen Daseins in all seinen Erfah-
rungshinsichten hermeneutisch orientierten humanwissenschaftlichen Forschung sei hier
nur angedeutet. Vgl. Das Gutachten des dt. Ausschusses zur Erwachsenenbildung, 1960
und K. E. Nipkow, Zum Verständnis von ,,Aufklärung''. In: Die deutsche Schule 60
(1968), 149-162. Theologiegeschichtlich sieht sich diese Arbeit durch ihre historischen und
praktisch-theologischen Einzelergebnisse und durch ihre daraus folgende weitergehende
Fragestellung zurückverwiesen auf die Spuren der theologischen Arbeit Friedrich
Gogartens nach 1945: auf die theologische Bestimmung des Menschen als Person und auf
die Abgrenzung der im Glauben erschlossenen Säkularisierung der Welt, wie sie zu Beginn
der Neuzeit durch die Reformation Martin Luthers zur Wirkung gebracht wurde, von einem ebenfalls in der Neuzeit aufgekommenen Säkularismus, der das Sein des Menschen,
wie immer, abhängig macht von arbiträren Mächten, weil er es nicht mehr versteht als im
Glauben erschlossenes Sein des Menschen als Geschöpf, als von Gott gewährtes Sein des
Menschen als Person, vor allem Tun.

baren, nicht Natürlichen oder zu Verdienenden: durch seine Mittelspersonen wird hier Christus selbst gegenwärtig, wie in den Wunder- und Heilungsgeschichten der Evangelien, in der Ganzheit einer Situation, die Vertrauen erweckt und den Glauben zuspricht. Neues Verstehen in der Welt wird als dankbares Bekenntnis aus dieser menschlichen Begegnung Christi wachsen.

Glaube an das externe Wort wird so zum neuartigen ,,Sich-Verlassen auf das Verläßliche''[8], in einer extern-gemeinschaftlichen Beziehung. Die der ganzen Gemeinde gegebene Vollmacht der Vergebung unter Christen läßt Welt örtlich und im Gedanken an die Christenheit als geschützten Ort des Vertrauens zum Wort coram Deo erfahren. Die kerygmatischen Züge der Begegnung des Wortes selber, das zum Staunen herausrufende Neue der Erfahrung, zusammen mit neuen Einsichten des Bibelstudiums und der Entdeckungen kirchengeschichtlicher Wandlungen im Blick auf die Stellung des römischen Papsttums in der Geschichte der Gesamtchristenheit, dies alles bildet die *Erfahrungssituation*, im Zusammenhang derer es für Luther keine leichtfertig einem profanen Volk hingeworfenen Sätze zur Gefährdung von Ordnung und Zusammenhalt waren, in denen er in seinen Predigten von der Vergebungsvollmacht des Christen und der ganzen Gemeinde sprach, (so sah Otto Beckmann die Dinge), sondern Predigt von dem, was sich im Glauben stets als das Neue, Wunderbare und wahrhaft Verläßliche zu erweisen beginnt.

Die Spärlichkeit der über O. Beckmann vorliegenden Quellen aus dieser Zeit im Vergleich mit dem reichen Briefwechsel zwischen Scheurl, Spalatin und Luther bringt Zurückhaltung in unserem abschließenden Versuch, sein Verhalten und seine Mitwirkung im Zusammenhang der Entstehung der Sakramentssermone Luthers von 1519 zu würdigen, mit sich[9]. Der an Spalatin und nur indirekt, über Spalatin und Amsdorf als weiterer Vermittler, an Luther gerichtete Brief vom Februar 1519, der die Besorgnisse Beckmanns zu Luthers Art ausdrückt, so heikle Themen wie die Kritik des römischen Klerus und des päpstlichen Primats in der Vergebungsvollmacht erstens in der Öffentlichkeit und zweitens in so aktiv die Dinge ,,angehender'' Weise darzustellen (in ,,petulanter'' klingt 'petere' = 'bittend angehen', an, in den Augen des ängstlichen Kritikers eher ein Tadel für nicht eingehaltene Grenzen geziemender Bescheidenheit, in der Sache eine nicht unglücklich gewählte Beschreibung der für Luthers

---

[8] G. EBELING, Was heißt Glauben? Sammlung gemeinverständlicher Vorträge aus d. Gebiet der Theologie und Religionsgeschichte 216. Tübingen 1958, 10 als Übersetzung des hebräischen הֶאֱמִין Jes 7, 9; Gen 15, 6 u.ö.

[9] s.o. S. 78-86.

Sakramentsauffassung bezeichnenden Art des ,,freien und freudigen Herzugehens'', die ihm auch in der öffentlichen und schriftlichen Rede den
Hörern und Lesern gegenüber eigen war), mag jedoch auch als einzelnes
Zeugnis für sich sprechen[10]. Beckmann stellt sich mit ihm trotz seines von
Scheurl gerühmten inneren Reichtums in der Bildung der neuen Zeit[11] an
die Seite der älteren Universitätslehrer Luthers, Trutfetter und Usingen
in Erfurt[12], die zur Begegnung mit der neuen Weise des Wittenberger
biblisch-theologischen Studiums nicht mehr fähig waren. Luther vermißte
bei Trutfetter seit Beginn des Ablaßstreits auch ein Hören und Bereitsein,
zu den Leiden des armen, elenden Volkes Christi in dessen Unwissenheit
über die Ablässe, die nicht verwechselt werden durften mit der umsonst
geschenkten göttlichen Gnade und Barmherzigkeit, das Wort zu nehmen,
Fragen, die die Verantwortung des theologischen Lehrers angingen und
zu denen er nach der Auffassung Luthers[13] nicht schweigen durfte. Für
Trutfetter dagegen war gerade der deutsch für die Laien verfaßte Sermon
von Ablaß und Gnade das allerschlimmste Zeugnis der Arbeiten eines,
den er für einen Ignoranten nicht nur in der Logik, sondern auch in der
Theologie hält[14]. Luthers Äußerung vom Ende des Jahres 1519, daß gerade seine praktischen Schriften als ,,id genus scriptionis, quod Christum
sapit'', den Sophisten am allermeisten verhaßt seien[15], entspricht auch in
dieser Hinsicht der Erfahrung. Beckmanns humanistisch geprägte Frömmigkeit, eine im Sinne der italienischen Renaissance für den Funken des
Schönen empfängliche Seele und ein zur hingebungsvollen Lobrede fähi-
ges Sprachtalent, blieb Bereicherung im Rahmen einer ,,alten Ordnung'',
die für ihn aus massiver und zugleich taktischer ,,Realitäts''- im Sinne
von Macht-Einschätzung wie der Gipfel eines Berges feststand. Deutsches
Kaisertum und römisches Papsttum waren ihm auch später die Mächte,
die über Krieg und Frieden und damit über das, was konfessionell zu sagen klug war, entscheiden würden[16]. Nichts verdeutlicht mehr die Eigen-

---

[10] s.o. S. 84f.

[11] s. den o. Kap. II, Anm. 202 am Schluß erwähnten Brief Scheurls an Beckmann vom
23.12.1536 Briefb II 253, 178.

[12] Vgl. L. Grane, Modus loquendi theologicus, 127-130.

[13] An Trutfetter, 9. Mai 1518, Br 1, 170, 46-58.

[14] Br 1, 170, 41-45: De aliis autem Positionibus indulgentiarum prius tibi scripsi, mihi
non placere earum tam vastam invulgationem... alioqui clarius eas posuissem, sicut feci in
sermone vulgari, qui tibi plus iis omnibus displicet. Vgl. vorher Z. 38-40 zu den Thesen contra scholasticam theologiam zu Trutfetters Sicht: Tibi videor non esse logicus, forte neque
sum; id autem scio, quod nullius logicam timeo in defendenda ista sententia. Vgl. Br 1, 173,
30-32.

[15] Br 1, 568, 17f s.o. Kap. III, Anm. 8 am Schluß.

[16] Vgl. im Brief an Spalatin vom 24.2.1519 (o. Kap. II, Anm. 207): ...quantum videlicet

art eines 'berge-versetzenden' Glaubens, als dieser Haltung Beckmanns gegenüber, der letzten Endes auch die Scheurls nahekam, Luthers unbefangene Art, öffentlich zu predigen und zu schreiben, die allein dem Wort der Wahrheit und seiner Wirkung alles zutraut[17]. Diesem Glauben an die im Sakrament gegebene Zusage der Verheißung Gottes wurde in den Sermonen des Jahres 1519 gerade in Zeiten höchster Bedrängnis durch das polemische „Gegenwort", das in der Konstellation seiner Gegner seit der Leipziger Disputation Leben und Sicherheit Luthers besonders außerhalb des kursächsischen Gebiets bedrohte, eine ruhige neue Zuwendung zu Fragen des Glaubens und des weltlichen Lebens seiner Zeit geschenkt: im Druck stärkster äußerer und innerer Anfechtung entfalteten die Sakramente als äußere Zeichen, an denen Gott den Menschen führt, die ihnen eigene biblische Sprache in neuer Weise[18]. Mit dieser Beschreibung neh-

---

attinet ad Potestatem summi Pontificis, quae nec convelli nec minui potest nostris latratibus. Zu Beckmanns Friedensmahnungen gegenüber Melanchthon in Augsburg 1530 vgl. den o. Kap. II, Anm. 3 genannten Beitrag von Kl. HONSELMANN, Otto Beckmanns Vermittlungsversuch etc. Reformata Reformanda 1, 428ff, der dem Bild des unter dem Blickwinkel des Fortgangs von Wittenberg gesehenen „halben Menschen und liebenswürdigen Allerweltsfreundes" (N. MÜLLER, s. Kap. II, Anm. 192) die Darstellung des „klugen westfälischen Gelehrten aus der Zeit der Glaubensspaltung" im Dienst des Erzbischofs von Paderborn in Augsburg 1530 und in seiner übrigen späteren Tätigkeit gegenüberstellt.

[17] Luthers Ermutigung an Spalatin, die Möglichkeiten seiner vocatio am kurfürstlichen Hof als allerpersönlichsten Gottesdienst wahrzunehmen (s.o. Anm. 5), läßt deutlich werden, wie das Entdecken der „eigenen Provinz" an einem neuen noch unbekannten Ort „weltlicher" Verantwortung Züge des alttestamentlichen, Zukunft gebenden Verheißungs- und persönlichen Erwählungsglaubens enthält. Der Ort des Berufs, an dem Spalatin frei ist von gesetzlich verstandenen formalen leges sacrae des Priesterstandes, enthält die persönliche Erfüllung des Dienens im Glauben, während Scheurl und Beckmann in die Heimat zurückkehren, vielleicht nicht nur in einem äußerlichen, sondern auch im religiösen Sinne. Auch ihr Humanismus, z.B. die ihnen gemeinsame Verehrung des Kaisers, enthält bestimmte Züge, die man aus heutigem Empfinden als Züge einer nationalen Romantik beschreiben möchte. — Zur „Ethik des Arbeitsplatzes" in Luthers Sicht für Spalatin, im Gegensatz zur menschlichen Gefahr, sich auch in geistiger Hinsicht „den Brotkorb näher sein zu lassen", gehört das biblische Wissen (an Hester verdeutlicht), daß es gefährlich ist, am Hof eines Fürsten zu dienen. Die Verheißung (vocatio) des Glaubens besteht hier im Zuspruch an den Menschen, in der Distanz des indirekten Verhältnisses zu diesem „Ort" zugleich praktisch die Chance persönlichster Verantwortung wahrzunehmen.

[18] Die These von der Neugestaltung der Sakramentslehre Luthers etwa seit 1518 unter dem Eindruck des biblischen „Zeichen"-Begriffs, der durch unverhoffte Begegnung und vom Externen her dem Menschen sich erschließendes Verstehen bestimmt ist, wie sie für die frühe Sakramentslehre Luthers von H. BORNKAMM, (s.o. Kap. I, Anm. 12) W. JETTER, E. BIZER, K.-H. zur MÜHLEN und für De captivitate babylonica von O. BAYER herausgearbeitet wurde, hat sich in unserer Untersuchung damit von der praktischen Seite bestätigt. Die Frage des „noch augustinischen" Sakramentsbegriffs, die die Forschung, zuletzt O. BAYER, H. HILGENFELD, K.-H. zur MÜHLEN, zu den Sermonen von 1519 beschäftigte, ist u.E. nicht im Sinne des Anschlusses Luthers an den scholastischen Sakramentsbegriff „scholastisch" aufzuschlüsseln, sondern im Sinne der praktischen Ausformung eines spezifischen, in der

men wir die bei H. Böhmer[19] begegnende Redeweise von der ,,Geburt''
neuer Schriften in der für das literarische Schaffen Luthers besonders reichen Zeit nach der Leipziger Disputation 1519/20 auf. Otto Beckmanns
,,frommer Wunsch'', das sich ankündigende ,,monstrum'' möge doch
nicht in Wittenberg zur Welt kommen, macht noch einmal deutlich, wie
hier Sprach-Welten miteinander im Kampf standen, die in dieser Zeit
noch in der Wittenberger Universität miteinander in mancher Berührung
standen, ja, in den einzelnen Menschen selbst im Freundeskreis Luthers
miteinander noch rangen[20]. Im Ganzen war die Entstehungssituation der
Sakramentssermone Luthers von 1519, so scheint es, für die Beteiligten,

---

Wittenberger Theologie gegen das liberum arbitrium aufgenommenen Augustinismus der
Rechtfertigungslehre und der Staupitzschen Auslegung der Barmherzigkeit Gottes zu deuten. So verstanden bringen die Sakramente in dieser vom ,,Sehen'' (R. Seeberg) bestimmten Frühphase der Sakramentslehre Luthers als zum Menschen ,,redende'' Zeichen der
Gott dem Menschen angenehm machenden Gnade und Barmherzigkeit (s.o. Kap. III, Anm.
48) diesen Gott und seine *wahre* Ehre, daß er barmherziger Vater sein will, im Gegensatz zum beherrschend gewordenen schreckenden und drohenden Bild dessen, der allein
Richter ist, dem man also seine Güte abkaufen und bezahlen müsse, den vom Schrecken
verstörten Menschen wieder nahe. Vgl. die, wie W. Jetter besonders deutlich herausarbeitete, schon in der Hebräerbriefvorlesung sich anbahnende Darstellung Christi als des einen
,,signum'', das im Neuen Testament dem Menschen in Christi das Erdendasein des Menschen teilender, hilfreicher Inkarnation gegeben ist. Durch dieses Zeichen redet Gott nicht
mehr in der Sprache der Schrecken des Gesetzeszwanges, sondern in neuer neutestamentli-
cher Sprache der Menschlichkeit zum Glauben. Jetter, Die Taufe beim jungen Luther,
307f. Zustimmend zu H. Bornkamms These, Luthers Sakramentsverständnis habe sich zwischen Hebräerbriefkolleg und den Sakramentssermonen von 1519 gewandelt, S. 308f A. 4:
Jetter möchte jedoch eher von einer schon in der Hebr-Vorlesung beginnenden Entwicklung als von einer Wandlung sprechen. — Die Kritik E. Bizers und O. Bayers an den Sermonen von 1519 scheint demgegenüber mehr am scholastischen Sakramentsverständnis und
seinen Variationen entlanggehend das ,,Zeichen'' und seine ,,Bedeutung'' in diesen Sermonen verständlich machen zu wollen, kann jedoch den Texten Luthers damit kein praktisch
einleuchtendes Verstehen abgewinnen. Hiermit verbindet sich eine extrem zugespitzte
Kritik des Verhältnisses Luthers zur Mystik, auch zur deutschen Mystik Taulers, der dt.
Theologie und der Schriften Johanns v. Staupitz. Im Gegensatz hierzu hat sich in der vorangegangenen Untersuchung u.E. eine Möglichkeit gezeigt, die ,,Bedeutung'' der Sakramente
im Sinn existentieller Erfahrung auf den Wanderungen des Daseins und den Begegnungen
des Anrufs durch das Wort Gottes in einem schlichten biblisch-hermeneutischen Sinn zu
verstehen. Hierin ist auch eingegangen, was die deutsche Theologie unter der Frage nach
dem wahren höchsten Gut u.E. nicht als spekulative, sondern als echte existentielle Lebens-
frage des Menschen verdeutlichte; hier muß die Interpretation Holls, der diesen Aspekt unter dem Gedanken einer strengen Pflichtenlehre — und damit den augustinischen Aspekt
der Ethik — vollständig verwarf, unter dem Gesichtspunkt einer von Gottes Barmherzigkeit
her sich dem Menschen auch in weltlichen Dingen erschließenden Erfahrung korrigiert
werden.

[19] Der junge Luther, 244f, s.o. Kap. II, Anm. 6.

[20] Hier wäre die von W. J. Bouwsma herausgearbeitete Frage nach den beiden Profilen
des Humanismus in der Renaissance wieder aufzunehmen, s.o. Anm. 6.

die wir hier kennenlernten, eine in aller Angstbedrängnis hoffnungsvolle Situation. Dieses zu ergreifen, ist damals wie heute Sache des Glaubens.

4) Zusammenfassung: Die Bedeutung der Sakramente in Luthers Sermonen von 1519

Wenden wir uns zum Schluß noch einmal dem Verständnis der Sakramente selbst in diesen Schriften Luthers zu, nachdem wir Fragen und Aspekte ihres Gebrauchs am Weg dreier Begleiter Luthers zu verdeutlichen versuchten.

Es handelt sich unserem Eindruck nach in diesen der Öffentlichkeit vorgelegten Schriften von 1519 durchaus um eine Neuentdeckung der institutionellen christlichen Sakramente. Es geht nicht nur um theologische Grundzüge eines Verständnisses der Wirklichkeit, das sich im Vollzug einer als existentielles Widerfahrnis verstandenen Schriftauslegung einstellt, in einem Sinne, als handele es sich dabei um von der Schrift gegebene geistige Normen und Urteilsmaßstäbe, die sich in einem nur inneren geistigen Raum des Ringens unterschiedlicher Traditionen und Weltanschauungen von anderen Normen, z.B. denen der aristotelischen Philosophie, abheben und so, in Schärfe vor das geistige Auge gebracht, der Wirklichkeit entgegenzuhalten sind. Als sei ihre Wahrheit letzten Endes eine Sache des geistig klaren Blickes, mithin des Wissens vom ,,Gültigen'', dessen es nur eingedenk zu sein, das es geltendzumachen gilt. Im Gegensatz zu solcher Geschlossenheit einer inneren geistigen Welt ist der Angefochtene im Sinne von Luthers Glaubensverständnis in der täglichen Erfahrung selbst der Wahrheit der theologischen Redeweise der Schrift in dem Sinne ausgesetzt, daß ihm in äußeren Begegnungen von Gottes Wort und anderen menschlichen Worten, im Ringen um Deutung, Verstehen und Annehmen leibhaftiger äußerer und innerer Erfahrung, im eigenen Betroffensein in der Wirklichkeit des gelebten Lebens selbst erst aufgeht, was das Wort sagt. Darin ist die Wahrheit des christlichen Glaubens im Unterschied zur Philosophie die Wahrheit des *externen* Wortes. In diesem Zusammenhang wird das in den Sakramenten begegnende Wort für die Hand zum Halt, *weil* innerlich der Glaube das Wort in der Bedeutung aller von Gott gegebenen Zeichen hört und vernimmt und es zu fassen und festzuhalten gerufen ist durch das Sakrament und dessen Zusage. Diese ,,Entdeckung des Sakraments'', eines vom Wort her verstandenen Sakraments, ist jedoch und braucht nicht so verstanden zu werden, als ließe Luther hier die tropologisch-hermeneutische Theologie seiner Frühzeit hinter sich und als habe es sich in dieser trotz aller existentiellen Refle-

xionsdichte nur um eine Philosophie des demütig vollzogenen Buß-
gerichts, modern gesprochen: der Selbstanalyse als Erfahrungsanalyse,
nicht aber um die reformatorisch verstandene Theologie des Wortes
gehandelt. Das im Inneren wirkende Wort des Glaubens, im Gegensatz
zum äußeren verbum legis ad nos das verbum fidei Evangelii in nos, ist
vielmehr dasselbe in Christus gesprochene Wort Gottes, das sich im
Äußeren, in der Erfahrung, *erweist* als wahr, als zugesagtes Wort, das
wahr wird im Glauben. Nicht so, als sei dies nur ein Geschehen im Inneren, von dem die äußeren Institutionen des kirchlichen Lebens unberührt
bleiben; vielmehr setzt sich in Luthers Auseinandersetzung um das Verständnis der kirchlichen Sakramente durch, daß sie, gegen ihren
Mißbrauch im Unglauben, nichts anderes sind und schon immer waren
als durch Gottes Gnade von seinem Wort eingerichtete Zeichen und Institutionen, in der ,,äußeren Realität'' dem Glauben zur Hilfe, als Anhalt,
gegeben.

Damit ist bereits angedeutet, daß es in diesem Vorgang zugleich um
mehr geht, als die Formulierung von der Entdeckung des institutionellen
kirchlichen Sakraments u.E. ausdrücken kann, besonders, wenn sie in
dem von E. BIZER und O. BAYER angenommenen Sinne mit einem
Abrücken von Luthers früher tropologisch-existentieller Daseinsaus-
legung verbunden zu denken wäre. Luthers Entdeckung der Gegenwart
und des Zuspruchs des äußeren Wortes für den Glauben des angefochtenen Menschen in den Sakramenten ist nicht die Entdeckung oder neue
Wertschätzung ,,funktionierender'' kirchlicher Gemeindeinstitutionen im
Sinne eines kirchlichen oder eines besonderen biblischen, vom Evangelium geschaffenen ,,heiligen Rechts'', eine Linie der biblischen Exegese, in
die besonders O. BAYERS Lutherinterpretation einmündet. Wenn Luther
die Gegenwart des äußeren Wortes Gottes in der Welt entdeckt, in den
vom Evangelium geschaffenen und in ihm gegründeten Sakramenten und
darüberhinaus überall da, wo Gottes Güte in der Welt für den Glauben
des Menschen am Werk ist, so geht es darin in der Lehre vom *rechten Gebrauch* der Sakramente gerade um eine Befreiung zum Vertrauen in das
von Gott in den Sakramenten Geschenkte und gnädig Gewährte, eine
Befreiung von jeder menschlichen und kirchlichen Gesetzlichkeit. Nicht
umsonst steht im Mittelpunkt des Bußsermons das Ringen Luthers um die
Eingrenzung der von Menschen auferlegten Gesetzlichkeiten der Reue,
Beichte und Genugtuung, zugunsten des Glaubens, der sich allein auf das
Wort stellt; für die Taufe seine Warnung, sie sakramentalistisch
mißzuverstehen, als sei die Sünde und damit der Anlaß, die Taufe zu
gebrauchen, schon ein für allemal aus der Welt geschafft; oder die umge-

kehrte Warnung, ihr angesichts neuer Verfehlungen keine Wirkung mehr
beizulegen und statt des Glaubens, der von ihr fröhlich Gebrauch macht,
den angstvollen Weg neuer Bußwerke zu lehren; für das Abendmahl die
Warnung vor den vielen Messen.

Das doxologische Element, Liebe und Lob in den Sermonen, in dem
Luther mit Staupitz in dessen Predigten und Erbauungsschriften einig ist,
hat hier seinen Ursprung. Das Genus dieser Erbauungsschriften Luthers,
die, wie wir sahen, einem spezifischen in der Wittenberger Theologie, im
Gespräch mit Tauler, Augustin und Staupitz und der Theologia deutsch
entwickelten Verständnis einer „theologischen'' Schrift entsprechen,
bestimmt auch den Ton und den Erfahrungsbezug der neuen Sakramentslehre Luthers. Das „Gott allein die Ehre'' als höchste Gehorsamsbindung
des Glaubens, wie es der Buß- und Taufsermon lehrten, im Zweifel und in
der Anfechtung auch gegen das eigene Noch-Verunsicherbar-Sein durch
den alten Vollkommenheitsanspruch in Werken zu stellen und so das Innere abzudichten gegen die verführerischen Vorstellungen des Teufels in
Verbindung mit vorgespiegelten Möglichkeiten sakramentaler Werkgerechtigkeit von unten her, dies ist die eine Seite solcher Theologie des
rechten Gebrauchs der Sakramente. Dem entspricht im äußeren Hinsehen
auf die wirkliche, ursprünglich im Evangelium eingesetzte Form und Gestalt der Sakramente und das Ausmaß ihrer mißbräuchlichen Überlage-
rung durch Menschenlehre, ein wachsendes Sich-Zurechtfinden im *äußeren*
Umgang mit diesen Institutionen und ein Hinhören-Können auf das, was
ihre Zeichensprache mitteilt, zusammen mit den im Evangelium gegebenen Worten ihrer Einsetzung. Vertrauen zu Gottes Wort in der
Erfahrung— so mag der Inhalt dieser „Bundes''-Theologie des sich als
senden Versprechens Gottes für die Sermone von 1519 umschrieben-
werden[21].

---

[21] Im Sinne dieser in der Auseinandersetzung mit den Problemen der Anfechtung und
des Sakramentsgebrauchs „vor Ort'' entwickelten Lehre Luthers von den Sakramenten
wird eine verantwortlich den Problemen der Praxis zugewandte theologische Reflexion z.B.
im Bereich der Religionspädagogik nie formal von einem „Bereich kirchlichen Handelns''
oder von einem „Handeln der Kirche am jungen Menschen'' sprechen dürfen. Der Nerv
der Dinge und der spezifische Problemdruck des Gebrauchs der Sakramente als kirchlicher
Institutionen, wie ihn Luther empfand, kommt nur in der kritisch-theologischen Herausarbeitung der 'particula exclusiva' des 'soli Deo gloria' und 'sola fide' im *Gebrauch* dieser und
anderer Institutionen befreiend zur Geltung. Die Kritik des formalen Sprachgebrauchs der
aristotelischen Philosophie und ihrer Herrschaft in der Schultheologie zeigt in diesen Schriften Luthers zur Sakramentslehre, deren Höhepunkt die Schrift De captivitate babylonica
von 1520 darstellen wird, ihre unmittelbar für die Praxis christlichen Lebens und Verstehens befreiende Wirkung. In diesem Sinne und aus demselben Grunde wird protestantische
Theologie auch nicht mit J. LORTZ und dem II. Vaticanum sagen, daß „die Kirche'' es ist,

Verdeutlichen die Sakramentssermone von 1519 so im Zusammenhang
von Luthers Entdeckung des verbum externum Gottes in den Sakramenten die für seine Theologie in einzigartiger Weise charakteristische Bedeutung der Erfahrung, auch im Verständnis des wahr-werdenden Wortes
selbst, so wird von hieraus rückblickend besonders auf die bewegte
Geschichte der Deutungsversuche zum Abendmahlssermon eine Abgrenzung von einer Sehweise nötig, die als bezeichnendes protestantisches
Vorurteil gegenüber dem Sakrament beschrieben werden muß: es handelt
sich um die noch in W. JETTERS Darstellung mit der These vom ,,Vorrang
des Wortes'' vor dem Sakrament in der frühen Theologie Luthers sich
auswirkende Unterscheidung verschiedener ,,Religionsstufen'',.nach der
die genuin reformatorische Theologie und Frömmigkeit als eine ,,Reli-
gion des Wortes'' sich dem Wesen nach abhebt von der niederen Stufe
einer ,,katholisch-mystischen'' Frömmigkeit, die nach Fr. GRAEBKE noch
in Luthers Abendmahlssermon von 1519 anzutreffen ist. Das Sakrament,
besonders Sakramentsmagie (A. v. HARNACK) und entsprechend eine als
sakramentale Heilsanstalt verstandene Priesterkirche gehören zur niederen katholischen Religionsstufe, ebenso das ,,Mysterium'' im Unterschied zur Sphäre des ,,klaren 'Wortes' '' (GRAEBKE). Daß die Sakramente dem Glauben in der Anfechtung des irdischen Lebens als äußerer Anhalt im gewissen Wort Christi gegeben sind, um die Anfechtungen vielfäl-
tiger Art zu bestehen, einschließlich der letzten Todesanfechtung, die dem
Menschen schon mitten im gefährdeten Leben nahekommt, wie Luther
aus seiner Erfahrung des Jahres 1519 heraus formuliert; daß in der Anfechtung der Teufel ihm auch sein Inneres, seine in Werken oder in der
sittlichen Verfaßtheit des Charakters gegründete Sicherheit und Selbstsi-
cherheit umstoßen wird; dies holt als vollständig ,,externe'' Beschreibung
der Existenz den Menschen und Theologen, der in der Welt lebt, d.h. in
der Erfahrung, die von Wort und Sakrament her gedeutet wird, auch aus
einem Denken in ,,Sphären'' und ,,Stufen'' geistiger Identität und Bestimmungen des geistigen ,,Wesens'', so auch eines zur höheren ,,Stufe''
gewordenen Wesensbildes des Protestantismus als der eigenen geistigen
Herkunft, ja, der eigenen Religion, selbst einer ,,Religion des Wortes'',
zu seinem Heil wieder heraus.

Der Nachteil der genannten Formulierungen besteht dabei anscheinend
nur darin, daß sie zu sehr von der Wirklichkeit der Erfahrung abgehoben

---

die vom Tisch des göttlichen Wortes und des Leibes des Herrn das Brot des Lebens nimmt
und ,,den Gläubigen austeilt''. Alle Zwischengrößen verschwinden hier, wenn Gott nicht
anders mit uns umgehen kann als durch das Wort seiner Verheißung und wir nicht anders-
mit ihm umgehen können als im Glauben an dieses Wort seiner Verheißung.

sind, und nach theoretischen Werturteilen klingen, als handele es sich um
eine Stufenordnung: hier wird die Verzeichnung besonders deutlich, da es
in Luthers Kampf um den rechten Gebrauch der Sakramente nicht um
Religionsstufen, sondern um das Entweder-Oder von Mißbräuchen im
Unglauben und rechtem Brauch im Glauben geht. In der Erfahrung gibt
es nur die Alternative von rechtem Gottesdienst, Vertrauen zum Wort
Gottes in der Erfahrung oder Abfall, Mißtrauen und Abhilfe durch eigene
Werke. Indem das Wort im Sinne von Luthers Verständnis des Wortes als
verbum externum das Sakrament für Gott besetzt hält, in der Lehre vom
rechten Gebrauch und vom rechten Gottesdienst, wird deutlich, daß die
Welt zum Menschen gehört, und damit Kämpfe, Leiden, Auseinandersetzungen und Anfechtungen ihm bevorstehen. Dieses Feld ist nicht dem
Mißbrauch und Unglauben zu überlassen. Ein Sich-Zurückziehen in die
innere Arbeit des Charakters und der christlichen Gesinnung, wie Erasmus den Geist Christi verstand, ist nicht möglich unter diesem Verständnis des Wortes.

Von hieraus ist nun die vielerörterte Frage des Übergangs von ,,katho-
lischem'', traditionellem, ,,augustinischem'' Abendmahlsverständnis
zum reformatorischen im Abendmahlssermon von 1519 bzw. schon kurz
vorher (JETTER im Anschluß an H. BORNKAMM: in der Hebräerbriefvorlesung vorbereitet) oder erst in den Schriften von 1520 (GRAEBKE, v.
LOEWENICH, BIZER, BAYER) aufzunehmen, mit dem Blick auf das dargestellte, für Luthers Erbauungsschriften dieser Zeit und für seine Theologie
überhaupt charakteristische Verständnis der Erfahrung und des Verhältnisses von verbum externum, Glaube und Erfahrung.

a) Zu GRAEBKES Gegenüberstellung der ,,Sphäre des Mysteriums'', in
der sich der Sermon halte, und der 1520 erreichten ,,Sphäre des klaren
'Wortes' '' ist im Sinne der vorangegangenen Abgrenzungen als erstes zu
sagen: Luther erkennt kein Mysterium im sakramentalistischen Sinne an,
das wäre Mißbrauch des Sakraments. Gerade der rechte Brauch im Glauben unter eindrücklicher Warnung vor gelehrter Kunst und Subtiligkeit
im vorstellenden Denken geschieht jedoch umgekehrt selber in der praktischen Erfahrung, und Luthers Auslegung des Sakraments nimmt die Erfahrung und ihre Sprache mit in die Entfaltung der Bedeutung des Sakraments hinein. Geht es im rechten Gebrauch des Sakraments für den in der
Welt lebenden angefochtenen Menschen aber um Vertrauen zu Gottes
Wort im Blick auf das, was ihm *begegnet*, so ist im Sinne dieses Verständnisses des Glaubens in der Erfahrung bekennend zu sagen, daß
Erfahrung selber den Charakter des ,,Mysteriums'' hat. Luthers Anliegen
angesichts des Abendmahls ist es auch in der späteren antischwärmeri-

schen Theologie, gegen zum Himmel aufsteigende vorwitzige Spekulationen der menschlichen ratio mit der ins Wort gebundenen Gegenwart des Leibes und Blutes Christi zugleich das Gebundensein des Glaubens in dieses Wort und in das dem Wort und den Ordnungen Gottes hier auf Erden gehorsame Leben hochzuhalten und großzumachen als der Vernunft unfaßbare Wundertat der Güte Gottes. Dieses Anliegen kommt in unserem der Frühzeit zugehörenden Sermon in der besonderen Weise zum Ausdruck, in der Luther die schon hier hervorgehobene Gegenwart der Gabe des wahrhaftigen natürlichen Fleisches und Blutes Christi, für uns gegeben, dahin auslegt, daß die dieses Sakrament Empfangenden durch den Willen Christi zugleich ganz in die irdische Erfahrung des Geschehens der Liebe Christi hier auf Erden hineingebunden sind, in die Gestalt des Nächsten ,,verwandelt'' werden. Das Wort der Zusage des Abendmahls, wie es in diesem Sermon verstanden wird, wie es den Menschen in den Anfechtungen, Begegnungen und Widerfahrnissen des täglichen Lebens antrifft, ihn, den gemeinschaftshungrigen, trostbedürftigen und -empfänglichen labt, speist und fröhlich macht, so ist es auch seinem eigenen Wesen nach Glaubensvergewisserung unter den Bedingungen der condition humaine, irdisch leib-seelischer Erfahrung, in die Gott sich mit der Zusage seiner eigenen Begleitung für den Glauben bis ins andere Leben hineinbegibt. Dies blickt in Christi Hingabe seines eigenen Leibes und Blutes den Menschen an und spricht zu ihm aus allen Zeichen des Abendmahls, als die der göttlichen Gnadentat eigene Sprache in der Sprache wahrhaftiger irdisch-menschlicher Liebe. Ein ,,katholisch-mystisches'' Verständnis des Abendmahls wird man dies bei vorurteilsfreier Sicht schwerlich nennen dürfen, wohl aber, im Sinne der eigenen Formulierung Luthers aus dem Jahre 1520 vom usus communis eucharistiae, über den er in diesem Sermon geschrieben habe, ein gemeinchristliches Verständnis dieses Sakraments. Auf die erneute Veränderung der Perspektive, die mit dem Jahr 1520 und seiner polemischen Frontstellung gegen die Ansprüche der päpstlichen Theologen eingetreten ist, und damit auf die von GRAEBKE und anderen empfundene Differenzierung im Abendmahlsverständnis zwischen 1519 und 1520 wird abschließend noch einzugehen sein.

b) Von hieraus ist auch den Stimmen zu antworten, die wie z.B. R. SEEBERG in diesem Sermon, verglichen mit der späteren am Hören des Wortes und am Essen des Leibes und Blutes Christi orientierten voll entfalteten Abendmahlslehre Luthers, trotz der am Rande bereits hier erwähnten Realpräsenz (SEEBERG, GRASS, HILGENFELD), die Dominanz eines ,,nur'' geistlichen gleichnishaften Verständnisses der Wandlung der

Abendmahlselemente hervorheben, z.B. unter Verwendung des Bildes
vom ,,Verdauungsprozeß'' (SEEBERG) in einem ,,natürlich nur übertragenen'' Sinne als Gleichnis für das Einswerden in der geistlichen Gemeinschaft Christi und seiner Gemeinde. Auch das Bild vom ,,Essen des Nächsten'' wird seiner realen Unmöglichkeit wegen zum Beweis des nur geistig
im übertragenen Sinne aufzufassenden Charakters der Gemeinschaft mit
dem zugleich mit seiner himmlischen Gemeinde im Abendmahl gegenwärtigen Christus. BARTH sah hier wie überhaupt das ,,soziale'' Verständnis des Abendmahls in diesem Sermon betreffend klarer und sprach immerhin von dem ,,mehr kräftigen als schönen Bild'' vom Einander-Essen;
seine Kritik betraf demgegenüber bereits hier ein ,,Zuviel'' an Gleichsetzung von Zeichen und Sache, so daß das Gleichnis zur Gleichung werde.
Diese Kritik bezog sich jedoch als ,,reformierte'' Kritik nur auf das Moment der realen Präsenz des Leibes und Blutes Christi. Das vorher erwähnte Bild vom Einander-Essen blieb demgegenüber mehr als Kuriosum
unausgewertet stehen, da das Interesse, wie auch in der traditionell-
lutherischen Betrachtung, dem Punkt der Realpräsenz des Leibes und
Blutes Christi galt. Doch bleiben wir zunächst bei R. SEEBERG. Die hier
bekundete hermeneutische Auffassung und der ihr entsprechende Zugriff,
einem Bild, das verstanden wird als bloß einen leiblichen Vorgang des Es-
sens betreffend, eine Bedeutung gleichsam auf der höheren Ebene des geistigen Vorstellens zu geben, steht im Gegensatz zu Luthers Verwendung
der Kategorie der ,,Bedeutung des Sakraments'', die den Menschen nicht
voraussetzt und anspricht als philosophisch in den Schichten von leiblichen und höheren geistigen Vermögen vorfindliches Individuum, Substanz, sondern extern als in der Welt lebendes Geschöpf und gerade im
Verlieren der eigenen ,,Gestalt'' zum Glied des Christus-Leibes und
Glied des Nächsten Gewandelten unter dem Gedanken des ,,Ganzwer-
dens'' der Gemeinschaft. M.a.W. das geistliche *und zugleich leibliche* Erfahrungsmoment in der Kategorie der ,,Bedeutung des Sakraments'' wurde
hier übersehen und im Zusammenhang damit die *nicht*-spiritualistische
Auffassung der augustinischen Wendung von der ,,betrübten, hungrigen
Seele'', die dieses Sakrament recht empfange, im Kontext dieses Sermons. Es verrät ein Entfremdetsein von der Wirklichkeit der Erfahrung
und von Luthers Verständnis der Anfechtung, daß der Sermon in dieser
Weise im Zeichen der konfessionellen Debatte um ,,Realpräsenz'' zerglie-
dert und so die eigentümliche Aussagekraft seiner Sprache überdeckt wurde und damit auch ein ganzheitlicheres Verständnis der Liebe im Zeugnis
dieses Sakraments verlorenging. Das ,,ganze Sakrament'', nicht ein
,,stückliches'', um zu ihm gehörige Teile (z.B. indem den Laien der

Kelch entzogen wurde) beraubtes Sakrament, als Zeichen der „ganzen" und „ganzwerdenden Gemeinschaft" ist die spezifische Weise, wie in diesem Sermon Gegenwart Christi durch das Sakrament auf Erden und in irdischer Erfahrung der Liebe und Gemeinschaft unter Menschen zur Sprache kommt, in allen Gleichnismomenten des Abendmahls und irdischer Gemeinschaft (Bürger einer Stadt).

c) Karl BARTHS kritische Stellungnahme zu Ansatz und Absicht Luthers in diesem Sermon wird ihm darin gerecht, daß nach seinem Glaubens- und Anfechtungsverständnis die Unverfügbarkeit der Gnadengegenwart Gottes unter uns Menschen in Glauben *und* Liebe (hier entsteht kein Anstoß für BARTH, im Unterschied zur lutherischen Kritik bei GRAEBKE und später bei BIZER und BAYER) gesehen wird. Getreu dem Wortlaut des Textes auch darin, daß Luther bereits hier, 1519, die Realpräsenz von Leib und Blut Christi und damit den Zentralpunkt seiner späteren Abendmahlslehre auch in diesem vom Zeichengedanken bestimmten Sakramentsverständnis lehrt als das untrennbare Verhältnis von Zeichen und Bezeichnetem, Zeichen und Sache, sieht BARTH sich hier jedoch aus theologischen Gründen zu einer Sachkritik veranlaßt, die nicht eine historisch-genetische Kritik an dieser Frühform der erst später voll entwickelten Abendmahlslehre Luthers ist, sondern aufs Ganze geht: Luther hat mit seiner Ineinssetzung von Gleichnis und Gleichung in Wahrheit zeitlebens einen Typus der Abendmahlslehre vertreten, der dem katholischen Typus der Transsubstantiationslehre nahe geblieben ist. Der Sermon von 1519 bildet hierin, im Unterschied zur Hochschätzung dieser Schrift in der frühen Zürcher Theologie eben um dieses betonten Zeichenverständnisses willen, *keine* Ausnahme, da bei Luther das Gleichnis der Absicht nach immer zur Gleichung wird. Gegen diese „Absicht" glaubt BARTH als reformierter Auffassung verpflichteter Theologe von den beiden Voraussetzungen Altes Testament und Humanismus aus protestieren zu müssen: „Ja. Aber...!" Luther war überhaupt nie ganz reformatorisch in der Abendmahlslehre — hierin klingt etwas von der Position A. v. HARNACKS und von seinem Verständnis des Protestantischen an —, erst Calvin gelang die rechte Verhältnisbestimmung von sakramentaler Gegenwart Christi und „Geist" als Wahrung der unaufhebbaren Grenze, der Unverfügbarkeit der Gegenwart des heiligen Gottes in der theologischen Rede von dieser Gegenwart durch den sündigen Menschen.

Nehmen wir die Herausforderung, ebenso aufs Ganze gehend, an, so ist, mit Luthers Text von 1519, BARTH zu antworten: 1) was BARTH in Glaube und Liebe als den Ort der Rechtfertigung des Sünders in der *Begegnung* mit dem gnädigen Gott in der Wirklichkeit richtig beschrieben hat, ist im Sinne des Sermons der Standort der praktischen Erfahrung im täglichen Leben. Diese Sphäre, in der Christus selbst die Gemeinschaft mit den Sündern gesucht und sich dem sündigen Menschen ganz gegeben hat, ist vom wissenschaftlich reflektierenden Theologen nicht mehr zu verlassen, mit Rücksicht auf, sei es auch im Alten Testament selbst gegebene Grenzvorschriften des ,,Heiligen'' und gleichzeitig des ,,Geistigen'' im Sinne der Abgrenzung humanistischer eruditio vom Profan-Niederen der Trieb- und Sinneswelt: der ,,Absicht'' des Theologen, in seinen wissenschaftlichen Aussagen diese Grenze einzuhalten oder nicht, Letzteres macht BARTH Luther zum Vorwurf, kam im Sinne des Sermons Christus selbst mit seiner ,,Absicht'' zuvor, daß das Sakrament seines wahren Leibes und Blutes als Gedächtnis seines wirklichen Leidens und Sterbens für uns, die Sünder und Unheiligen, in einer ganzwerdenden Gemeinschaft und Liebe, d.h. in seinem geistlichen Leib *praktisch* recht gebraucht und in den Anfechtungen des wirklichen Lebens *oft* und *immer wieder neu* gebraucht werde, bis zum Eingang ins ewige Leben. 2) Daß das Gleichnis zur Gleichung wird, bedeutet darum aber keineswegs, daß es aufhörte, Gleichnis zu sein und als Gleichnis in all seinen vielfältigen Beziehungen zum Menschen zu *sprechen*. Aus BARTHs Abwehr solcher Verleiblichung, in der das Gleichnis zur Gleichung wird, spricht die Furcht vor dem ,,brötern Gott'', den Luther aus schlichtem Schriftgehorsam oder aus einer ,,wahrhaft dämonischen Vitalität'' heraus proklamiert habe. Keine Distanz des ,,Geistes'' mehr gegenüber einer solchen Realpräsenz? Das kann und darf nicht zugestanden werden. — Eigenart und vielleicht einzigartige Aussagemöglichkeit des Abendmahlssermons von 1519 unter den übrigen Sakramentsschriften Luthers ist es, gerade diese Alternative von Vergeistigung und Verleiblichung zu widerlegen. Christus wollte nicht, daß sein ,,natürlicher Leib'' gegenwärtig angebetet werde, reduziert auf positivistische Vorhandenheit und seiner ,,Bedeutung'', seines Worumwillen beraubt. Gerade das Gleichnis dieses Sich-Hingebens im Annehmen der Gestalt des Anderen zeigt die Richtung seines Willens an: das Ganzwerden der *noch nicht* ganzgewordenen Gestalt seines Leibes(daher des ,,geistlichen Leibes'') in diesem oder jenem Nächsten, der durch mein oder dein Annehmen seiner Gestalt die leibliche und zugleich geistliche Gemeinschaft des Leibes Christi im Sinne des Mittragens aller Not und des mitteilenden Anteilgebens am eigenen Sein und Vermögen erfahren soll, ebenso stärkend, tröstend und erbauend leib-seelisch und geistlich, wie wir sie erfuhren. Das Gleichnis ist größer als die Gleichung: es umfaßt das Sichtbare und das darüberhinaus dem persönlichen Glauben jeweils erst sichtbar Werdende der leiblich noch verborgenen Gegenwart des er-

höhten Christus *in der Welt*, in den Geringsten (Mt 25,40). Diese Gemeinschaft fragt nicht einmal nach Christen oder Nichtchristen. Sie gilt in der
Bruderliebe jedermann, wie Luther besonders den Mitgliedern der sog.
Bruderschaften deutlich macht. So ,,übersetzt''' das Gleichnis des Sakraments die Sakramentsempfänger durch seine gesagten und seine nur zei-
chenhaft bleibenden ungesagten Worte aus regressiver Introversion, am
,,natürlichen Leib'' klebender Frömmigkeitsenge in eine andere, neue
Gestalt, die Gestalt Christi und der Seinen in einem der Zukunft zugewandten Sinne, und damit in unsere eigene Welt-und Zukunftsgestalt.
Das ist Luthers Art der ,,Wandlungslehre'' 1519 *einschließlich* der Realpräsenz, deren ,,Wie und Wo'' Luther dem Glauben Geheimnis und Sache
Christi bleiben zu lassen empfiehlt. Es gibt jedoch im sozialen Kontext des
Abendmahls so etwas wie eine manducatio des Unglaubens zum Schlimmen: der Mißbrauch des um seinen Kontext gebrachten Sakraments hat
zum Schaden der Christenheit geführt. Vertraue *dich selbst* dem Geschehen an — Vertrauen zu Gottes Wort, zu Christi Wort und Gegenwart in
der Erfahrung, darauf läuft es hinaus.

d) E. BIZERS Urteil, Luther habe im Abendmahlssermon seine neue
reformatorische Einsicht noch nicht durchzuführen gewußt, da er nicht
von den Worten im Sakrament ausgehe, sondern von der Handlung und
ihrer Bedeutung, daß er also im Rahmen eines geistlichen d.h. allegorischen Verständnisses des Sakraments als Andachtsmittel bleibe — Trost
und Verpflichtung zur Liebe —, es aber nicht als im Wort gegebene Gabe
verstehe, bei der es nichts, keine ,,Bedeutung'' mehr zu ,,realisieren'' gebe, sondern nur noch das Wort zu hören und anzunehmen sei, nimmt die
Kritik GRAEBKES und SEEBERGS trotz der Gegenüberlegungen BARTHS wieder auf und vergleicht den Sermon darüberhinaus nicht nur mit dem
,,noch katholischen'' Stadium Luthers, sondern auch mit der späteren
,,Bedeutungstheologie'' Zwinglis und Bullingers, in der Luther sich noch
einmal mit einer von ihm selbst früher ebenfalls vertretenen, aber nach
vielen Mühen schließlich überwundenen Theologie konfrontiert sah. Daß
hier eine Sicht des Geistlichen und Tropologischen, damit auch der
,,Andacht'' vorliegt, die Luthers Verständnis nicht gemäß ist, als sei die
,,Bedeutung'' des Sakraments eine allegorische, im Geist vorhandene
,,Norm'' — Vorstellung, die erst noch ,,realisiert'' werden müsse, sei es
durch Gott selbst oder durch ein vom Menschen zu vollziehendes Selbst-
gericht bzw. wie im Fall unseres Sermons durch die Erfüllung einer ,,Ver-
pflichtung zur Liebe'', haben wir schon mehrfach nachgewiesen. Luthers
Ausführungen zur Bedeutung des Sakraments haben ihren Ort nicht in
einer innerlich in Distanz zur Erfahrung nur theoretisch eingenommenen

Position, zu der „Realität" erst hinzukommen müßte, sondern im Glauben als Vertrauen zu Gottes Wort in der Erfahrung und in einer dieser Erfahrungs-Perspektive entsprechenden Auslegung der Sakramente. M.a.W. BIZER liest die idealistisch-neuzeitlichen Prämissen, um deren theologische Überwindung in einer Wort-Theologie es ihm geht, historisch in die Theologie des frühen Luther erst hinein; vielleicht sogar, sofern diese Theologie der Frühzeit Luthers viele gemeinsame Züge mit einer spätmittelalterlichen, biblisch orientierten Frömmigkeit aufweist, auch in diese letztere.

Auf die große Nähe Luthers zu Staupitz in den Sakramentssermonen von 1519 wiesen wir mehrfach hin. Dennoch hat Luther in der Anknüpfung an die Sprache Augustins und spätmittelalterlicher Erbauungstheologie eine eigenständige Deutung des Sakraments der Liebe und Gemeinschaft Christi aus der ihm eigenen theologischen Erfahrungsperspektive gegeben. In diesen Zusammenhang gehört die Kategorie der „Bedeutung des Sakraments". Damit entfällt auch der zweite theologische Einwand BIZERS, Christus erscheine in diesem Sermon wesentlich als Exemplum unserer „Verpflichtung zur Liebe", als gehe dies ebenfalls auf Kosten eines Verständnisses des Sakraments als wirkliches Sakrament, d.h. als Gabe, als werde stattdessen eine zu „realisierende" Norm bildlich dem Menschen vor Augen gestellt. Vom Verhältnis von Glaube und Liebe, von Gleichung und Gleichnis, von natürlichem und geistlichem Leib Christi, von sichtbarer Gabe und noch verborgener unsichtbarer Gegenwart, besser: Nähe Christi im Nächsten, war schon die Rede. Hiermit wird die Liebe und die „Bedeutung des Sakraments" unter das eschatologische Vorzeichen der „Nähe" gestellt und enthält selber unter dem Gesichtspunkt des „ganzen Sakraments" und des Ganzwerdens der Gemeinschaft die spezifische *Verheißung dieses* Sakraments, das als ganzes ein Sakrament der Liebe ist. Der Vorwurf der Gesetzlichkeit dürfte damit hinreichend widerlegt sein. Hier sah bereits BARTH klarer als die dogmengeschichtlichen Untersuchungen des Sermons unter konfessionellem Aspekt.

e) Damit dürften auch die wichtigsten Einwände O. BAYERS gegen Luthers Vorgehen im Abendmahlssermon 1519 der Sache nach beantwortet sein. Sie lauteten dahin, das ekklesiologische und das ethische Interesse „überwiege" eindeutig das christologische und die Gabe werde von vornherein als Aufgabe und Forderung verstanden, somit das Soteriologische sofort durch das Ethische „verdrängt" bzw. beides werde als ununterschieden ineinander bestehend angesehen. Die Beobachtungen BAYERS sind richtig, soweit sie die Einzelzüge des Sermons betreffen; die ihnen von BAYER gegebene Wertung „Überwiegen", „Verdrängen" usw. zeigt jedoch, daß das von B. zugrundegelegte Schema, in das er die Einzelmomente einzuordnen versucht, auf die in Luthers Text angesprochene *Erfahrungsperspektive* nicht zutrifft und ihr nicht gerecht wird, sofern BAYER zu einer Beurteilung des Sermons als ,,gescheitert'' gelangt. Es ist die *Weise* der Christuserfahrung Luthers in der Zeit vor und um die Leipziger Disputation, die sich hier ausspricht; wir lernten sie besonders in seinen Briefen an Staupitz und Spalatin als einem Zeugnis gelebter Gemeinschaft in bedrängter Zeit kennen. Daß die im Glauben entdeckte lokale Möglichkeit persönlichen Dienens am eigenen Ort Verheißung sein kann, wurde für Luther an Spalatins vocatio am kurfürstlichen Hof deutlich. Der Glaube wird, sicher nicht zuletzt, *darin* zu der fides specialis, die zu Luthers auf das Wort Christi bezogenem und darin in vollem Sinne ,,evangelischem'' Sakramentsverständnis gehört: fides specialis *de effectu praesente*, wie es in den Acta Augustana heißt. Die verborgene eschatologische Gegenwart der Gemeinde Christi beleuchtet das tägliche weltliche Leben des einzelnen Christen in lebendigster Gemeinschaft stellvertretenden Bittens und Einander-Gebens hier auf Erden. Doch bleibt BAYERS Kritik des Sermons, die sich an Luthers in De captivitate babylonica 1520 vorliegender Abendmahlslehre orientiert, obgleich historisch gegenüber dem Jahr 1519 unberechtigt, Anlaß zu der Frage, ob sich der Verheißungsgedanke und der ,,Gabe''-Charakter des Sakraments in der veränderten Situation und in der Theologie der Schriften des nächstfolgenden Halbjahres 1520 ein weiteresmal in neuer Sprache und in einem um neue Aspekte vermehrten Verständnis findet. Wir werden diese Frage am Schluß wieder aufnehmen.

f) Das Verhältnis des Abendmahlssermons 1519 zur Tradition und ihrem Verständnis des sacramentum eucharistiae kann nach den eingehenden Einzelvergleichen HILGENFELDS, wenn man aus den über das umfangreiche Werk verstreuten Einzelheiten ein Gesamtbild zu erschließen versucht, als ein Hinauswachsen über die Tradition unter dem Gesichtspunkt der *Christuserfahrung* beschrieben werden. Dies zeigt sich in Luthers Akzentuierung und häufig verändernden Umformung und Bereicherung der von ihm aufgenommenen überlieferten Gleichnismomente; dazu in der Reduzierung des in der scholastischen Tradition dreiteiligen Schemas im Sakramentsbegriff auf die beiden Stücke Zeichen (in das hier auch die Realpräsenz gehört) und Bedeutung, beides ist in den Sermonen, wie die Gliederung des Abendmahlssermons zeigt, nicht streng voneinander abgrenzbar, da die Sprache und Zeichenhaftigkeit in allem überschießt und auf die Erfüllung der ganzwerdenden Gemeinschaft übergreift; schließlich darin, daß als drittes Stück der Glaube hinzugefügt wird. Hier finden sich

überall die Züge der Kreuzestheologie des frühen Luther in einem lebendig auf die Christusgemeinschaft bezogenen Sinne, durch den die schat-
tenhaft darin sichtbaren Schemata der Tradition gleichsam eschatologi-
siert, gleichzeitig erfüllt und aufgehoben werden: das Annehmen einer
neuen Gestalt des ,,Aus Vielen Eines'' ist für den Einzelnen ein wirkliches
Sterben und Verlieren der eigenen Gestalt in der Gemeinschaft mit Christus und den Seinen; die ganze menschliche Existenz ist gleichsam ein Begehren nach dem Sakrament, keine dispositio und Vorbereitung ist sonst
nötig; Christus selbst, der Erhöhte, ist mit seiner himmlischen communio
in der communio der Seinen auf Erden gegenwärtig und trägt das Leiden
der elenden und leidenden Glieder, der geringsten Brüder, mit; kein Platz
für ein sakramentales Für-sich-Sein einer religiösen Gemeinschaft und
verdienstliche Meßfeiern haltenden Kirche, wenn das Haupt in diesem
Sich-selbst-Hingeben vorangegangen ist und noch heute in dieser
himmlisch-irdischen Gemeinschaft des Austauschs der Güter und Gaben
mitleidet. Doch bleibt der Glaube, wie HILGENFELD annimmt, im Rahmen
dieses eschatologischen Verständnisses der Eucharistie wie im traditionellen viaticum Wegzehrung und Wandersakrament, ein reiner Jen-
seitsbezug, dem die spezifisch evangelischen Züge des persönlich
gewißmachenden Heilsglaubens in der Sündenvergebung als *der* entscheidenden Gabe des Sakraments noch fehlen. Mit dieser Beurteilung schließt
sich auch HILGENFELD den traditionellen protestantischen Relativierungen
des Sermons von 1519 seit GRAEBKE und anderen an, ebenso wie mit der
am Formalen haftenden und daher nur scheinbar richtigen Formel von
einer ,,Randstellung'' der Einsetzungsworte bzw. der Realpräsenz in dieser frühen Sakramentsschrift Luthers, verglichen mit den Schriften von
1520 (Bedeutung der Einsetzungstexte) und des Abendmahlsstreits (Zen-
tralstellung der Realpräsenz gegen Karlstadt, Zwingli und Ökolampad, s.
H. GRASS).

In Wahrheit ist der ganze Sermon im Sinne des dargestellten biblischen
Erfahrungsaspekts nichts anderes als eine *Auslegung* der Einsetzungsworte
und der Realpräsenz des von Christus in das Sakrament gegebenen wirklichen Leibes und Blutes in der für ihn charakteristischen Art der
überfließenden und gleichzeitig übersetzenden Rede: ,,Als spräch er: Ich
bin das Haupt, ich will der erste sein, der sich für euch gibt...'' usw. Die
Mitteilung des Sakraments, die Mitteilung der Liebe *in Worten*, die aus
den überall gegebenen Zeichen, wenn man deren ,,Reiz'' verstanden hat,
fließen, ist die Gabe des Sakraments in diesem Sermon und nach seiner
Deutung der biblischen Einsetzungsworte Jesu. Luther liest und befragt
auch diese im Zusammenhang eines biblischen vor allem aus den paulini-

schen Briefen erschlossenen Erfahrungskontextes der Gemeinschaft im Einander-Tragen (Gal 6,2; 1 Kor 10,17; 12,26 f) und nimmt vor diesem Hintergrund die Abendmahlsworte Christi, des Hauptes dieser Gemeinschaft, als ,,Gebrauchsanweisung'' für das, was sie in der von ihm begründeten und eingesetzten Gemeinschaft ,,bedeuten'': sie sprechen den Empfänger des Sakraments in direkter und indirekter Mitteilung an auf eine noch verborgene *Gebrauchsmöglichkeit in der Welt*, die dem einzelnen Empfänger persönlich im Glauben aufgeht, nachdem er selbst in allen inneren und äußeren Bedrängnissen verstehendes Mittragen erfahren hat.

Von hieraus möchte man auf die von HILGENFELD aufgeworfene Frage, ob das Glaubensverständnis dieses Sermons schon das spezifisch evangelische sei, wie es in der fides promissionis 1520 vorliegt — Relation von verheißendem Wort und vertrauendem Glauben — oder, ob es sich, so HILGENFELD, um eine durchaus traditionelle Relation von Glaube und unsichtbaren Gütern handele, antworten: gerade dieses Hängen an den unsichtbaren Gütern, an das sich der Mensch im Blick auf Situationen letzter Gefahr und Not gewöhnen soll, ist für unseren Sermon ein Hängen allein am Wort der Zusage Gottes, die ihm im Zeichen gegeben ist. Desgleichen gehört zu *diesem* Verständnis des Glaubens *als* Glaube (,,Sich-Erwegen'') im Kontext des Sermons die polemische Zuspitzung gegen allerlei Gefährdungen des Glaubens, das Insistieren auf dem Glauben und rechten Brauch des Sakraments gegen das Vertrauen auf andere Formen der Heilsvergewisserung, gegen die Lehre vom verdienstlichen Werk der Messe. Bedenkt man, daß der Konflikt mit Cajetan an Luthers Forderung persönlicher Gewißheit des Glaubens auf das Wort Christi hin entstand als Entweder — Oder von Rechtfertigung und Seligkeit oder ewiger Verdammnis und Schaden, und sieht man unter diesem Gesichtspunkt den Ernst der Polemik Luthers gegen die das Sakrament und seinen rechten Brauch überlagernden Mißbräuche im Unglauben, so wird man angesichts dieser Zuspitzung das Glaubensverständnis dieses Sermons kaum mehr ,,traditionell'' nennen können. Ein Glaube als Kirchengehorsam im Vertrauen auf die im allgemeinen in den Sakramenten hinreichend gegebene Sicherheit, im Gnadenstand zu sein und so behütet an die Grenze des zeitlichen Lebens zu gelangen, mit der Hoffnung, Gott werde die mit dieser Gnadenausrüstung gebrachten guten Werke ansehen, kommt nach dem auf das 'sola fide' und 'solus Christus' eingestellten und im Ton der Freude eschatologisch gestimmten Glaubensverständnis dieses Sermons nicht mehr in Frage. Es entspricht jedoch dem biblischen Ruf zur Nachfolge Christi, wie Luther aus seiner eigenen gegenwärtigen Lage zu Ende des Jahres 1519 heraus formuliert: der Jünger Christi und Prediger des

Evangeliums muß bereit sein, auch in Verfolgung mit Leib und Leben und allem Vermögen für die Wahrheit und das Evangelium einzutreten und die Leiden der Christenheit mitzutragen. Das hieß in Luthers Situation: er muß als Einzelner bereit sein, auch gegen Verfolgung durch die römische Kirche dem Willen Christi allein Gehör zu geben, auch wenn ihn das aller Geborgenheit in einer kirchlichen Tradition scheinbar beraubt. Luthers Bemühungen um den usus communis dieses Sakraments in der Christenheit nach biblischen Zeugnissen und frühchristlichem Brauch haben ihn jedoch schon zu einem tieferen geschichtlichen Verständnis der in diesem Sakrament gegebenen und in der Christenheit gelebten Gemeinschaft geführt. Christus in der als Gemeinschaft der Liebe verstandenen communio der Seinen im Himmel und auf Erden ist das Haupt des Glaubens, und er ist mit den Seinen in der Kraft seiner Auferstehung im Leiden der Welt tröstlich gegenwärtig, ebenso wie die Grenze, die humanistisch Gebildete wie Cajetan gemäß dem common sense von der communis lex mortalium erst am Ende des Lebens vor sich zu haben meinen, uns als Gefahr und Realität schon täglich umgibt.

g) Bevor wir nun auf die Frage eingehen, wie sich die Abendmahlsauffassung dieses Sermons zu der in den Schriften des Jahres 1520 vorgetragenen verhält, muß als bisheriges Ergebnis unserer Untersuchung des Sermons festgehalten werden: im Vergleich zu der großen Zahl der über ihn vorliegenden Deutungen und wertenden Stellungnahmen ist der Luther dieses Abendmahlssermons immer noch ein weithin unbekannter und in seiner in die Tiefe gehenden, welthaften und darin auch sozialen Erfahrungsperspektive des Sakraments der Liebe ein neuartiger Luther. Besonders Paul ALTHAUS vertrat die Auffassung, daß Luther in früheren wie in seinen eigenen späteren Schriften diese Aussagen so nicht wiederholt habe, und sah auch gegenüber der lutherischen kirchlichen Tradition in diesem Sermon ein noch unausgewertetes Erbe. Das Scheitern seines eigenen, an HOLL anschließenden Interpretationsversuchs in der Situation der bereits auf die ,,Volksgemeinschaft'' zugehenden späten 20er Jahre scheint freilich eher die Skeptiker und Kritiker auch des Luthersermons selbst zu bestärken. Befand sich Luther hier noch auf gefährlichen Wegen? Bedurfte das am Zeichen orientierte, die geistliche Bedeutung betonende Sakramentsverständnis von 1519 einer 1520 sehr rasch folgenden Korrektur durch ihn selbst? Haben wir somit erst in den Schriften dieses Jahres 1520 das genuin reformatorische Verständnis des Abendmahls vor uns? Hierauf ist noch einmal zu wiederholen, was wir schon als Antwort auf BIZERS und BAYERS Einwände ausführten. Es gilt unter umgekehrtem Vorzeichen auch für P. ALTHAUS in seinem den Sermon positiv beurteilenden Interpretationsversuch. Auch er verkennt, in seinem Anschluß an das neuzeitliche, vor allem in der Kantschen Ethik formulierte Problem der prinzipiellen Begründung einer Ethik aus der Absage an den Eudämonismus, positiv aus dem sittlichen Bewußtsein eines Sollens und der Pflicht, daß Luther nicht in vergleichbarer Weise aus einer reflektierenden Distanz zur Erfahrung heraus theoretisch-konstruktiv im Sinne eines „Neubaus" oder der „Grundlegung" eines Systems der Sittlichkeit eine Antwort gibt auf die Frage, was das Wesen der Kirche sei, nämlich Gemeinschaft; daß Luther auf die Gemeinschaft vom Sakrament her zu sprechen kommt, in der Auseinandersetzung um seinen rechten *Gebrauch*, zeigt vielmehr die Erfahrungsperspektive an, unter der alle Erörterungen des Sermons stehen. Sie bewegen sich nicht im Raum weltabgewandter, nach innen gekehrter Frömmigkeit, sind andererseits auch keine einer nationalen Ideologie entstammenden Entwürfe zur Umgestaltung der bestehenden Verhältnisse ohne Rücksicht auf historische Erfahrung und Gewissen. Sie zeigen vielmehr seelsorgerlich beschwörend die Linien des rechten Gebrauchs *in* der auch die gegenwärtige Erfahrung einbeziehenden historischen Erfahrung selbst auf, sowohl vom biblischen Sakrament her als unter dem Eindruck der gegenwärtigen praktischen Mißbräuche des Sakraments. Auch Zukunftslinien sind darunter: Luthers Ausführungen bleiben beim Appell an die Bruderschaften ganz im Nahbereich konkreter Reformvorschläge und sehen doch das Gegenwärtige unter dem Glauben an das Mitleiden Christi mit den Leidenden und an die brüderliche Gemeinschaft im „Leib Christi". Auch das, was der Einzelne vielleicht erstmalig sieht und erfährt, mit dem im Sermon verwandten Gleichnis gesprochen: was der Bürger einer Stadt draußen vor ihren Toren gesehen hat, was ihm dort widerfahren ist, teilt er bei seiner Rückkehr der ganzen Gemeinde mit. Es handelt sich also nicht um eine u.U. „schwärmerisch" als autonom verstandene Innerlichkeit. Das Verlieren der eigenen Gestalt und Annehmen der Gestalt des „gemeinen Leibes" wurde als die beherrschende Metapher des Sermons von Luther hier ernstgenommen. So ist auch der Einwand K.-H. zur MÜHLENS, Luther lasse in den Sermonen von 1519 die Beziehung zum verbum externum noch in der Schwebe, angesichts des Textes der Sermone in ihrer Ganzheit nicht aufrechtzuerhalten. Es ist das *mündliche Woort* der *Mitteilung*, in dem das Wortverständnis der Sermone lebt[22]. Doch wie verhalten sie sich zur Sakramentslehre des Jahres 1520? Dies versuchen wir abschließend zu skizzieren und können dabei auf früher in Kap. III Gesagtes zurückgreifen.

---

[22] Vgl. Ernst FUCHS, Hermeneutik. Bad Cannstatt 1954, § 8, 140ff: Die Mitteilung als Zwischenbestimmung der existentiellen Wahrheit.

h) Vertrauen zu Gottes Wort in der Erfahrung, so lautete unsere Zusammenfassung der Theologie, des Glaubens-, Wort- und Sakramentsverständnisses der Sakramentssermone von 1519. Der Akzent liegt dabei darauf, daß es sich, wie wir an der Wittenberger Berufssphäre Luthers und seiner Freunde sahen, um die täglich zu bestehende praktische Erfahrung handelt. Das Leben im Beruf ist die persönlich gewählte und zu verantwortende Weise, mit der der Christ Nachfolge gegenüber seiner Taufe übt. Als Hilfe ist ihm das Sakrament der Liebe und Gemeinschaft gegeben. ,,Dan die tauff ist eyn anheben und eyngang eyns newen leben, In wilchem ubir die maß vill widderwertickeit unß anstossen mit sunden, mit leyden, fremden und eygen. Da ist der teuffell, welt, eygen fleysch und gewissen, wie gesagt, Die hŏren nit auff an unterlaß unß zu jagen und treyben. Derhalben wir bedurffen sterck, beystand und hulff Christi und seyner heyligen... Und gottis rad und will auch ist, das er unß mit ßo vill hunden jagt und treybt und allenthalben bitter lactucken bereydt, das wir nach dißer stercke sollen unß sehnen und des heyligen sacraments fro werden, auff das wir seyn wirdig (das ist begirig) seyn''[23].

Die Beiträge des Jahres 1520 können von diesem Hintergrund her so verstanden werden, daß sich in ihnen im Sinne der reformatorischen Rechtfertigungslehre Luthers in diesem Erfahrungsmoment selbst, sofern es darin um die sich erweisende Wahrheit des Wortes Gottes ging, für den Menschen ein im tieferen Sinne befreiendes Element offenbarte[24]. Das gilt zunächst für die historische und biblisch-exegetische Dimension, die in der Antwort auf die inzwischen erfolgten neuen Angriffe durch Alveld und Isolani in breiteren Begründungen von Luthers eigener Sicht zutagetritt, zunächst bezüglich der beiden Gestalten. Er weiß die Wahrheit der Schrift und früherer Zeiten der Kirchengeschichte hier auf seiner Seite. Es war nichts als *Gewaltanwendung*, daß den Laien durch die römische Kirche die eine von beiden Gestalten geraubt wurde. Man soll dies nur wissen, in keiner Weise durch Gegengewalt beantworten. Ebenso ist es im zweiten Punkt bezüglich der captivitas des Sakraments der Eucharistie durch die Transsubstantiationslehre erst ein *in den letzten dreihundert Jahren*, so weiß der Historiker gegen den Machtdruck der gegenwärtigen kirchlich sanktionierten Lehre geltend zu machen, aufgekommener *unberechtigter Lehrzwang*, die Transsubstantiationslehre des Thomas neben anderen möglichen Meinungen zum notwendigen Glaubensartikel in der Kirche zu

---

[23] WA 2, 746, 8-12. 38-747, 3 = Bo A 1, 200, 19-24; 201, 10-15.
[24] WA 6, 502, 2-6 = Bo A 1, 432, 2-7 nimmt Luther selbst kurz zu der Art seines ,,Fortschreitens'' seit dem Abendmahlssermon 1519 Stellung. s.o. Kap. III, Anm. 301.

erheben. Auch das ist eine Form von Gewalt, diesmal von Luther beschrieben als eine *der Sprache der Schrift* zugefügte gewaltsame Verwandlung ihres ursprünglichen einfachen Sinnes in eine philosophisch neue ,,Substanz'' auf allegorisch-spekulativer Ebene. Die Erfahrung mit den Fehlern des Origenes sollte die christliche Kirche bereits hiervor gewarnt haben. Die Entdeckung des Sakraments ist also, wie sich in wachsendem Maße offenbart, eine *Wiederentdeckung* seiner geschichtlich-biblischen Gestalt, die unter der gegenwärtig noch herrschenden gewaltsamen Verbergung wieder lesbar in der Schrift hervortritt. Daß diesem zarten Pflänzchen der Wahrheit der Sprache biblischer Texte in den Gewissen der Menschen keine Gewalt in irgendeinem Sinne angetan werde — verbis divinis non est ulla facienda vis, neque per hominem, neque per angelum — ist die ratio magna der geistlichen Fürsorge des Seelsorgers und Professors in seinem öffentlichen Amt.

Der dritte Punkt, der Mißbrauch der Messe als gutes Werk und Opfer, ist die am schwersten zu fassende, geistliche Gewaltverführung, die den Seelen angetan wurde, als sie mit Gewalt *vom Wort* der Verheißung *und vom Glauben weggeraubt* und auf das gesetzlich als *Aufforderung zu Werken* verstandene Zeichen *fixiert* wurden. Hier wurden die Menschen durch diese sublime geistliche Gewalt dem Wort *entfremdet*, sie begannen sich zu fürchten vor den Worten der Messe, wo doch keine Furcht *ist*. Dieser Angriff betrifft das Vertrauen zum Wort selbst, das Innerste des Sakraments und des Glaubens. Hier entfaltet Luther 1520 seine eigenen praktisch-liturgischen Vorschläge und Mahnungen an seine Brüder im Pfarramt, daß in diesem entscheidenden Punkt des Messehaltens die in den Worten Christi gegebene *Gabe und nichts sonst* als Sinn des Sakraments wieder tröstlich gegenwärtig werde. Einem empfangenen Testament braucht der Empfänger nichts hinzuzufügen. Er kann seine Erwartung, sein Vertrauen allein darauf bauen. Dies vergewissernd mitzuteilen, ist der Sinn des angehängten Zeichens, kein anderer. Es ist nicht mehr Gegenstand philosophischer Spekulationen und menschlicher opfernder Erhebungen. Es ist wieder ganz in das Innere des Vertrauen stiftenden Wortes hineingenommen, als sichtbares Pfand dieses Vertrauens, der wahren Meinung des Gebers und Stifters. Wie sollte der Mensch in seinem Inneren durch diese Worte reiner Zuwendung seines Erlösers Christus, auf die er sich selbst ganz hingab, nicht bewegt und fröhlich werden? Vertrauen und reine Zuwendung gehören im Sakrament zusammen. So lautet das ,,Umgangsprinzip'' von fides und verbum promissionis 1520. Gewiß kein theoretisches ,,Prinzip''. Alles andere waren schreckliche Mißverständnisse. Luther hatte jedoch, so müssen wir auf Grund unserer Untersuchung der Sermone von 1519 urteilen, keinen Anlaß, seine eigene Sakramentslehre des vorangegangenen Jahres zu korrigieren; sie war ja eine Einführung, nach allen entfremdenden Mißbräuchen der Theorie und der Praxis, in die *Erfahrung*des Umgangs mit dem Sakrament, in dessen eigener ,,Umgangssprache''.

Ein letztes Zeugnis befreiender Vertiefung der Einsichten Luthers in der Sakramentslehre 1520 innerhalb dieses ,,Praeludiums'' über die derzeitige Gefangenschaft der Kirche darf darin gesehen werden, daß im Namen und in der Tonart dieser aufs höchste polemischen Schrift unter dem noch herrschenden Druck der Tyrannei doch ein Klang der im Taufkapitel angesprochenen Freiheit der in der Taufe geborenen Kinder Gottes im ,,Spiel'' der wiedergewonnenen Sakramentslehre beglückend und belebend anklingt.

Zusammenfassend läßt sich sagen:

Liest man die Sakramentssermone Luthers von 1519 im Kontext ihrer eigenen historischen Situation unabhängig von dem luther-biographischen Thema eines Datums der reformatorischen Wende im engeren Sinne, nimmt jedoch diese durch E. BIZER und O. BAYER erneut geltend gemachte und mit Recht am Sakramentsverständnis als theologischer Zuspitzung des Nos extra nos festgemachte Frage als einen weiteren Hinweis, im Sinne der für Luthers Theologie seit ihren Anfängen bezeichnenden Art Theologie mit Hinsicht auf die eigene Existenz zu treiben (G. EBELING), so erschließen sich in diesen Sermonen und dem sie begleitenden Briefwechsel der zweiten Jahreshälfte 1519 Zeugnisse einer Zuspitzung, die in der *Berufssituation* des widerwillig in die Öffentlichkeit gedrängten Predigers und Schriftauslegers Luther selbst ihren Ort hat. Die ,,Bedeutung'' der Sakramente als sakramentstheologischer terminus und zugleich als jedermann zugängliche Erfahrung, darauf legt Luther in diesen für Laien geschriebenen Schriften größten Wert, ist historisch und theologisch an diesem Ort lokalisiert.

Die personale Komponente als Grundzug der Theologie Luthers, die ihn in bestimmter Hinsicht schon mit Staupitz verband, macht sich in dieser Kategorie der ,,Bedeutung'' der Sakramente als deren Anrede und Zuspruch aufs stärkste geltend. Am Ort der Berufserfahrung Luthers bedeutet dieses personale Sakramentsverständnis, das in den Kategorien des Bundes und der sich als wahr und wahrhaftig erweisenden Wortzusage Gottes seinen Ausdruck findet, eine Realität, die im Sakrament dem Menschen entzogen und in der er sich selbst extern (institutionell) entzogen und dennoch zugleich mit äußerster Zusagekraft intern im Glauben

zugeeignet ist. Dies gegen alle Anfechtungen festzuhalten, d.h. gegen zunächst übermächtige Erfahrungssituationen ergreifen zu lernen, nicht zu-
letzt gegen den Druck scheinbar selbst zur Institution gewordener Defor-
mationen, Mißbräuche des Sakraments, und der mit ihnen verbundenen
Wertauffassungen und -entscheidungen, bringt als ,,Bedeutung des
Sakraments'' zugleich ein Höchstmaß an kritischer Aufklärung mit sich.
Als Kernpunkt solcher theologischer Aufklärung kann gelten, daß der
Mensch nicht auf sich selbst, auf seinen Verdiensten oder seiner Reinheit,
zu stehen vermag. Daß er es auch nicht braucht und nicht soll, daß Christi
Wort allein als Felsengrund da ist und sich erweisen will, bestimmt den
fröhlichen Grundton der Sakramentssermone von 1519. Mit diesem Sakramentsverständnis konnte Luther mit Recht glauben, dem usus communis der christlichen Kirche verbunden zu sein und ihn wieder ans Licht
zu bringen. Er sah sich jedoch selbst im eigenen Wittenberger Freundes-
und Kollegenkreis wegen seiner offen und freimütig vorgetragenen Kritik
an hierarchischen Prärogativen der römischen Kirche und des Papstes der
Besorgnis umstürzlerischer Umtriebe und wegen der Empfehlung beider
Gestalten des Abendmahls bald auch dem Verdacht der Begünstigung
böhmischer Häresie — mit Gefahr für Leib und Leben — ausgesetzt.
    Auch diese Extremsituation der ,,Stunde'' gehört für ihn zu den Berufs-
erwartungen und möglichen Berufserfahrungen des Nachfolgers Christi.
    Im Sinne verinnerlichender, die Augen vor der Realität verschließender
,,Existenzmetaphysik'' kann die Kategorie der ,,Bedeutung'' des Sakraments nicht länger mißverstanden werden. Ihre existentiale Komponente
schärft vielmehr den Sinn und die Sinne für die Erwartungen, die der
Glaubende auf Grund und nach der Mitteilung des Sakraments unter
Berufung auf Jesus selbst von der geschenkten Sündenvergebung her für
das Leben in der Welt haben kann, und für die neuartigen, ungewohnten
Erfahrungen, die er dabei machen wird.
    In allem kann die ,,Bedeutung'' des Sakraments als eine kommunika-
tive Kategorie bezeichnet werden. Hierin ist Luther mit Staupitz (und
anderen Vorgängern) dankbar einig.

LITERATURVERZEICHNIS

A. QUELLEN

D. Martin Luthers Werke. Kritische Gesamtausgabe. Weimar 1883 ff (Nachdruck: Graz 1966 ff).

Luthers Werke in Auswahl, Hrsg. O. CLEMEN. Bde 1-8. (Bonn 1912 ff) Berlin 1966 ff[5].

Luther, Martin, Unbekannte Fragmente aus Luthers zweiter Psalmenvorlesung 1518, Hrsg. E. VOGELSANG. AKG 27. Berlin 1940.

D. Martin Luthers Briefwechsel, Hrsg. E. L. ENDERS. Frankfurt a.M. 1884 ff.

SEITZ, Otto (Hrsg.), Der authentische Text der Leipziger Disputation 1519. Berlin 1903.

KOLDE, Theodor (Hrsg.), Analecta Lutherana. Briefe und Actenstücke zur Geschichte Luthers. Zugleich ein Supplement zu den bisherigen Sammlungen seines Briefwechsels. Gotha 1883.

LÖSCHER, Valentin Ernst, Vollständige Reformations-Acta und Documenta oder umständliche Vorstellung des Evangelischen Reformations-Werks. Der Dritte Tomus auf das Jahr 1519. Leipzig 1729.

Beckmann, Otto, Oratio Othonis Beckman Vartbergii artium ac philosophiae doctoris in laudem philosophiae ac humaniorum litterarum ad patres conscriptos et pubem famigeratissimae Academiae Wittenbergensis habita. Anno 1510. Wittenberg (Grunenberg) 1510. (vorh. UB Göttingen).

——, Oratio Magistri Othonis Beckman Uuartbergii ad patres conscriptos et pubem Academiae Uuittenbergensis in laudes sanctissimae Parthenices Catharine tocius rei litterarie dee Tutelaris. Habita 24. Nov. Anno 1510. Wittenberg (Gruneberg) (1510) 1515[2]. (vorh. UB Göttingen).

Die Chroniken der niedersächsischen Städte 35,1: Braunschweig. Bd 3, 1. Stuttgart-Gotha 1928.

Eck, Johannes, Chrysopassus praedestinationis. Augsburg (Miller) 1514.

Enchiridion symbolorum, definitionum et declarationum de rebus fidei et morum, Hrsg. DENZINGER, Heinrich, SCHÖNMETZER, Adolf. (Würzburg 1854). Freiburg i.Br. 1976[36].

Erasmus, Desiderius von Rotterdam, Ausgewählte Schriften. Bde 1-8. lat. und deutsch, Hrsg. W. WELZIG. Bd. 1. Darmstadt 1968.

——, Opus Epistolarum Des. Erasmi Roterodami, Hrsg. P. S. ALLEN. Bde 1-12. Oxford 1906-1958.

Scheurl, Christoph, Franz Frhr. v. SODEN und J. K. F. KNAAKE (Hrsg.), Christoph Scheurls Briefbuch. Ein Beitrag zur Geschichte der Reformation und ihrer Zeit. Bde 1-2. Potsdam 1867-1872.

——, Viertzig sendbriefe aus dem Latein in das Teutsch gezogen durch etlich gelert gotsforchtig und gaistlich personen zueinander geschrieben und mit vil hailsamen Christenlichen leren vermengt. Nürnberg (Peypus) 1515. (vorh. UB Göttingen. s. M. GROSSMANN, Bibliogr. Nr. 38).

——, Vita reverendi patris Dn. Anthonii Kressen, I.U.D. et praepositi sancti Laurentii Nurenbergensis per Christophorum Scheurl iuris utriusque doctorem condita. Nürnberg (Peypus) 1515. (vorh. UB Göttingen. s. M. GROSSMANN, Bibliogr. Nr. 39).

——, Ein epistel oder zugesandte schrift zweier hochgelarten eherwirdigen herrn, einer der heiligen schrift und provintial des ordens sant Augustins, der ander beder rechten doctorn: von polliceischer ordnung und gutem regiment der loblichen stat Nurmberg, gethailt in 26 capitel. Abgedruckt in: C. HEGEL (Hrsg.), Die Chroniken der fränkischen Städte: Nürnberg. Bd. 5. Leipzig 1874, 781-804. (Anhang).

Staupitz, Johann von, Bruderschaftsbrief anläßlich der Aufnahme der Scheurlschen Familie in die confraternitas der Augustiner. Mitgeteilt durch Th. KOLDE, ZKG 6 (1883), 296.

——, Johann von Staupitzens sämmtliche Werke. Hrsg. J. K. F. KNAAKE. Bd. I Deutsche Schriften. Potsdam 1867.

——, Ein buchlein von der nachfolgung des willigen sterbens Christi, geschriben durch den wolwirdigen vater Joannem von Staupitz, der heilgen schrifft Doctorem der bruder einsidler ordens sancti Augustini Vicarium (Leipzig 1515). In: Joh. von Staupitzens sämmtliche Werke, Hrsg. J. K. F. KNAAKE. I, 50-88.

——, Ein nutzbarliches büchlein von der entlichen volziehung ewiger fürsehung, Wie das der wirdig vatter Joannes von Staupitz, Doctor und der reformirten Augustiner Vicarius, Das heilig Advent das 1516 Jars zu Nurmberg got zu lob und gemeiner wolphart gepredigt hat. Nürnberg (Peypus) 1517. In: J. K. F. KNAAKE (Hrsg.), Johann von Staupitzens sämmtliche Werke. I, 136-184.

Tauler, Johannes, Predigten. Hrsg. Ferdinand VETTER. Deutsche Texte des Mittelalters XI. (Berlin 1910) Dublin-Zürich 1968².

Theologia deutsch. Hrsg. Hermann MANDEL. Quellenschriften zur Geschichte des Protestantismus 7. Leipzig 1908.

Zweites Vatikanisches Konzil, Konstitution und Dekrete der dritten Session. Constitutio dogmatica De Ecclesia. Lat.-deutsche Ausgabe. Deutsche Übers. besorgt im Auftrag der deutschen Bischöfe. Freiburg i.Br.-Basel-Rom-Wien 1965, 8-117.

B. WÖRTERBÜCHER, NACHSCHLAGEWERKE

ALAND, Kurt, Hilfsbuch zum Lutherstudium. Witten (1956) 1970³.

Germania Sacra. Historisch-statistische Darstellung der Deutschen Bistümer, Domkapitel, Kollegiat- und Pfarrkirchen, Klöster und der sonstigen kirchlichen Institute. Hrsg. vom K.-W.-Institut für Deutsche Geschichte. Abt. I: Die Bistümer der Kirchenprovinz Magdeburg. Serie B, Bd. 3: Das Bistum Brandenburg, 2. Teil. Bearb. v. Fritz BÜNGER und Gottfried WENTZ. Berlin 1941, 135 f (Otto Beckmann).

GÖTZE, Alfred, Frühneuhochdeutsches Glossar. Berlin (1912) 1960⁶.

GRIMM, Jacob und Wilhelm, Deutsches Wörterbuch. Leipzig 1854 ff. Neubearb. Leipzig 1965 ff.

v. ISENBURG, Wilhelm Karl Prinz, Stammtafeln zur Geschichte der Europäischen Staaten Bd. I. Berlin 1936. Berichtiger u. erg. Abdruck der 2. verb. Aufl. von 1953, Hrsg. Frank Baron Freytag von LORINGHOVEN. Marburg (1956) 1960.

DIE RELIGION IN GESCHICHTE UND GEGENWART. Handwörterbuch für Theologie und Religionswissenschaft. Dritte, völlig neu bearb. Aufl. Hrsg. Kurt GALLING. Tübingen 1957-1965.

THEOLOGISCHE REALENZYKLOPÄDIE. Hrsg. Gerhard KRAUSE und Gerhard MÜLLER. Berlin-New York 1976 ff.

C. SONSTIGE LITERATUR

ALTHAUS, Paul, Communio sanctorum. In: Zeitwende 4 (1928), 289-300.

——, Communio sanctorum. Die Gemeinde im lutherischen Kirchengedanken. Forschungen zur Geschichte und Lehre des Protestantismus I, 1. München 1929.

APPEL, Helmut, Anfechtung und Trost im Spätmittelalter und bei Luther. Schriften des Vereins für Reformationsgeschichte 165. Leipzig 1938.

BARON, Hans, Cicero and the Roman Civic Spirit in the Middle Ages and the Early Renaissance. BJRL XXII (1938), 72-97.

BARTH, Karl, Ansatz und Absicht in Luthers Abendmahlslehre. Zwischen den Zeiten 1 (1923/24), H. 4, 17-51.

——, Die Lehre von den Sakramenten. Zwischen den Zeiten 7 (1929), 427-460.

BAUER, Karl, Die Wittenberger Universitätstheologie und die Anfänge der deutschen Reformation. Tübingen 1928.

BAYER, Oswald, Die reformatorische Wende in Luthers Theologie. ZThK 66 (1969), 115-150.

——, Promissio. Geschichte der reformatorischen Wende in Luthers Theologie. Forschungen zur Kirchen- und Dogmengeschichte 24. Göttingen 1971.

BEINTKER, Horst, Die Überwindung der Anfechtung bei Luther. Theol. Arbeiten 1. Berlin 1954.

BETHGE, Eberhard, Dietrich Bonhoeffer. Eine Biographie. München (1967) 1970³.

BETTELHEIM, Bruno, Aufstand gegen die Masse. Die Chance des Individuums in der modernen Gesellschaft. Übers. von H. SCHRÖDER und P. HORSTRUP. München (1964) 1965². (The informed heart. Autonomy in a mass age. Illinois 1960).

BIZER, Ernst, Die Entdeckung des Sakraments durch Luther. EvTh 17 (1957), 64-90.

——, Fides ex auditu. Eine Untersuchung über die Entdeckung der Gerechtigkeit Gottes durch Martin Luther. Neukirchen (1958) 3. erw. Aufl. 1966.

BÖHMER, Heinrich, Der junge Luther. Leipzig (1925) 1951 4. Aufl. mit einem Nachwort von H. BORNKAMM.

BOMAN, Thorleif, Das hebräische Denken im Vergleich mit dem Griechischen. Göttingen (1952) 1954².

BONHOEFFER, Dietrich, Widerstand und Ergebung. Briefe und Aufzeichnungen aus der Haft. Hrsg. Eberhard BETHGE. München 1952.

BORNKAMM, Heinrich, Luther und das Alte Testament. Tübingen 1948.

——, Luther als Schriftsteller. Sitzungsberichte d. Heidelberger Akademie d. Wissenschaften, phil.-hist. Kl. 1965, 1. Heidelberg 1965.

——, Art. ,,Luther'' I. Leben und Schriften. RGG³ IV, 480-495.

——, Kurfürst Friedrich der Weise (1463-1525). ARG 64 (1973), 79-85.

BORTH, Wilhelm, Die Luthersache (Causa Lutheri). 1517-1524. Die Anfänge der Reformation als Frage von Politik und Recht. Historische Studien 414. Lübeck 1970.

BOUWSMA, William J., Renaissance and Reformation. An Essay in Their Affinities and Connections. In: Luther and the dawn of the modern era. Papers for the fourth international congress for Luther research. Ed. H. A. OBERMAN. Studies in the History of Christian Thought 8. Leiden 1974, 127-149.

——, The two faces of humanism. Stoicism and Augustinianism in Renaissance thought. In: Itinerarium Italicum. The profile of the Italian Renaissance in the mirror of its European transformations. Dedicated to Paul Oskar KRISTELLER on the occasion of his 70th birthday. Ed. H. A. OBERMAN with Th. A. BRADY. Studies in Medieval and Reformation thought 14. Leiden 1975, 3-60.

BRECHT, Martin, Herkunft und Eigenart der Taufanschauung der Züricher Täufer. ARG 64 (1973), 147-165.

BUBENHEIMER, Ulrich, Consonantia Theologiae et Iurisprudentiae. Andreas Bodenstein von Karlstadt als Theologe und Jurist zwischen Scholastik und Reformation. Tübingen 1977. Ius ecclesiasticum 24.

BULTMANN, Rudolf, Theologie des Neuen Testaments. Tübingen 1953.

DEUTSCHER AUSSCHUSS für das Erziehungs- und Bildungswesen, Empfehlungen und Gutachten. Folge 4: Zur Situation und Aufgabe der deutschen Erwachsenenbildung. Stuttgart 1960.

DOERNE, Martin, Predigtamt und Prediger bei Luther. In: Wort und Gemeinde. Festschrift für Erdmann SCHOTT. Berlin o.J., 43-55.

DUCHROW, Ulrich, Christenheit und Weltverantwortung. Traditionsgeschichte und systematische Struktur der Zweireichelehre. Forschungen und Berichte der ev. Studiengemeinschaft 25. Stuttgart 1970.

EBELING, Gerhard, Evangelische Evangelienauslegung. Eine Untersuchung zu Luthers Hermeneutik. Forschungen zur Geschichte und Lehre des Protestantismus X, 1. München 1942. Nachdruck Darmstadt 1962.

——, Die Anfänge von Luthers Hermeneutik. ZThK 48 (1951), 172-230. Abgedr.: Lutherstudien I. Tübingen 1971, 1-68.

——, Luthers Psalterdruck vom Jahre 1513. ZThK 50 (1953), 43-99. Abgedr.: Lutherstudien I, 69-131.

——, Luthers Auslegung des 14. (15.) Psalms in der ersten Psalmenvorlesung im Vergleich mit der exegetischen Tradition. ZThK 50 (1953), 280-339. Abgedr.: Lutherstudien I, 132-195.

——, Lutherstudien. Band I. Tübingen 1971.

——, Wort und Glaube, Tübingen (1960) 1967³.

——, Was heißt Glauben? Sammlung gemeinverständlicher Vorträge aus d. Gebiet d. Theologie und Religionsgeschichte 216. Tübingen 1958.

——, Art. „Luther" II. Theologie. RGG³ IV, 495-520.

——, Das Wesen des christlichen Glaubens. Tübingen 1959.

——, Theologie und Verkündigung. Ein Gespräch mit Rudolf BULTMANN. Tübingen 1962.

——, Zeit und Wort. In: Erich DINKLER (Hrsg.), Zeit und Geschichte. Dankesgabe an Rudolf BULTMANN zum 80. Geburtstag. Tübingen 1964, 341-356.

——, Erwägungen zum evangelischen Sakramentsverständnis. In: Wort Gottes und Tradition. Kirche und Konfession 7. Göttingen 1964, 217-226.

——, Luther. Einführung in sein Denken. Tübingen 1964.

——, Einführung in theologische Sprachlehre. Tübingen 1971.

——, Das Leben — Fragment und Vollendung. Luthers Auffassung vom Menschen im Verhältnis zu Scholastik und Reformation. ZThK 72 (1975), 310-336.

ELZE, Martin, Das Verständnis der Passion Jesu im ausgehenden Mittelalter und bei Luther. In: H. LIEBING, K. SCHOLDER (Hrsg.), Geist und Geschichte der Reformation. Festgabe für Hanns RÜCKERT zu s. 65. Geburtstag. Arbeiten zur Kirchengeschichte 38. Berlin 1966, 127-151.

ENDRISS, Albrecht, Nachfolgung des willigen Sterbens Christi. Interpretation des Staupitztraktates von 1515 und Versuch einer Einordnung in den frömmigkeitsgeschichtlichen Kontext. Kolloquium des Sonderforschungsbereichs Spätmittelalter und Reformation Tübingen. 31.5.-2.6.1975.

EPPLER, Erhard, Ende oder Wende. Von der Machbarkeit des Notwendigen. Stuttgart 1975³.

ERIKSON, Erik H., Der junge Mann Luther. Eine psychoanalytische und historische Studie. München 1958. (Young Man Luther. A Study in psychoanalysis and history. New York 1958). Deutsche Übers. v. Johanna SCHICHE.

——, Einsicht und Verantwortung. Die Rolle des Ethischen in der Psychoanalyse. FischerTB 6089. Frankfurt a.M. 1971. (Insight and responsibility. Lectures on the ethical implications of psychoanalytic insight. New York 1964).

FAST, Heinold, Bemerkungen zur Taufanschauung der Täufer. ARG 57 (1966), 131-151.

FAUSEL, Heinrich, D. Martin Luther. Leben und Werk. 1483-1521. Calwer Lutherausgabe Bd. 11 als Siebenstern-TB 63. München-Hamburg 1966.

FICKER, Johannes, Luther als Professor. Hallische Universitätsreden 34. Halle 1928.

FISCHER, Robert H., Paltz und Luther. Luther-Jahrb 37 (1970), 9-36.

FRIEDENSBURG, Walter, Geschichte der Universität Wittenberg. Halle a.S. 1917.

FUCHS, Ernst, Das Sakrament im Licht der neueren Exegese. Schriftenreihe d. Kirchlichtheol. Sozietät in Württemberg 1. Bad Cannstatt 1953.

——, Hermeneutik. Bad Cannstatt 1954.

GERKE, Friedrich, Die satanische Anfechtung in der Ars moriendi und bei Luther. Theol. Blätter 11 (1932), 321-331.

——, Anfechtung und Sakrament in Martin Luthers Sermon vom Sterben. Theol. Blätter 13 (1934), 193-204.

GOGARTEN, Friedrich, Der Mensch zwischen Gott und Welt. Heidelberg 1952.

——, Die Wirklichkeit des Glaubens. Zum Problem des Subjektivismus in der Theologie. Stuttgart 1957.

——, Luthers Theologie. Tübingen 1967.

——, Sittlichkeit und Glaube in Luthers Schrift De servo arbitrio. ZThK 47 (1950), 227-275.

GOLLWITZER, H., Coena Domini. Die altlutherische Abendmahlslehre in ihrer Auseinandersetzung mit dem Calvinismus, dargestellt an der lutherischen Frühorthodoxie. München 1937.

GRAEBKE, Friedrich, Die Konstruktion der Abendmahlslehre Luthers in ihrer Entwicklung dargestellt. Eine dogmengeschichtliche Studie. Leipzig 1908.

GRAF, Wilhelm, Doktor Christoph Scheurl von Nürnberg. Beiträge zur Kulturgeschichte des Mittelalters und der Renaissance 43. (Leipzig-Berlin 1930). Hildesheim 1972.

GRANE, Leif, Modus loquendi theologicus. Luthers Kampf um die Erneuerung der Theologie (1515-1518). Acta theologica Danica 12. Leiden 1975.

GRASS, Hans, Die Abendmahlslehre bei Luther und Calvin. Eine kritische Untersuchung. Beiträge zur Förderung christl. Theologie II, 47. Gütersloh (1940) 1954².

GRESCHAT, Martin. Der Bundesgedanke in der Theologie des späten Mittelalters. ZKG 81 (1970), 44-63.

GREVING, Johannes, Johann Eck als junger Gelehrter. Eine literatur- und dogmengeschichtliche Untersuchung über seinen Chrysopassus praedestinationis aus dem Jahre 1514. Reformationsgeschichtliche Studien und Texte 1. Münster 1906.

GROSSMANN, Maria, Bibliographie der Werke Christoph Scheurls. Archiv f. Geschichte d. Buchwesens 70 (1969), 658-670.

HÄGGLUND, Bengt, Luther und die Mystik. In: Ivar ASHEIM (Hrsg.), Kirche, Mystik, Heiligung und das Natürliche bei Luther. Vorträge des Dritten Internationalen Kongresses für Lutherforschung Järvenpää, Finnland. Göttingen 1967, 84-94.

HAMM, Berndt, Promissio, Pactum, Ordinatio. Freiheit und Selbstbindung Gottes in der scholastischen Gnadenlehre. Beiträge zur historischen Theologie 54. Tübingen 1977.

HARNACK, Adolf v., Lehrbuch der Dogmengeschichte. Bd III. Tübingen (1890) 1910⁴. 1922⁶. Nachgedruckt 1964.

HEIDEGGER, Martin, Sein und Zeit. (Halle a.S. 1926) Tübingen 1977¹⁴.

HEINEMANN, Otto v., Geschichte von Braunschweig und Hannover. Bd. 2. Gotha 1886.

HEINTZE, Gerhard, Luthers Predigt von Gesetz und Evangelium. Forschungen zur Geschichte und Lehre des Protestantismus X, 11. München 1958.

HENNIG, Gerhard, Cajetan und Luther. Ein historischer Beitrag zur Begegnung von Thomismus und Reformation. Arbeiten zur Theologie II, 7. Stuttgart 1966.

v. HENTIG, Hartmut, Systemzwang und Selbstbestimmung. Über die Bedingungen der Gesamtschule in der Industriegesellschaft. Stuttgart (1968) 1969².

HILGENFELD, Hartmut, Mittelalterlich-traditionelle Elemente in Luthers Abendmahlsschriften. Studien zur Dogmengeschichte und systematischen Theologie 29. Zürich 1971.

HIRSCH, Emanuel, Luthers Predigtweise. Luther 25 (1954), 1-23.

——, Lutherstudien. Band I. Gütersloh 1954.

HÖSS, Irmgard, Georg Spalatin. 1484-1545. Ein Leben in der Zeit des Humanismus und der Reformation. Weimar 1956.

HOLL, Karl, Gesammelte Aufsätze zur Kirchengeschichte. Bd I. Luther. Tübingen (1921) 1932⁶. Nachgedr. 1948⁷.

——, Die Kulturbedeutung der Reformation (1911). In: Ges. Aufs. I. Tübingen (1921) 1932⁶, 468-543.

——, Die Entstehung von Luthers Kirchenbegriff (1915). In: Ges. Aufs. I. Tübingen (1921) 1932⁶, 288-325.

——, Der Neubau der Sittlichkeit (1919). In: Ges. Aufs. I. Tübingen (1921) 1932⁶, 155-287.

HONSELMANN, Klemens, Otto Beckmann und sein Sammelband von Reformationsschriften. Westfäl. Zeitschrift 114 (1964), 243-268.

——, Otto Beckmanns Vermittlungsversuch beim Reichstag zu Augsburg 1530. In: Erwin

ISERLOH, Konrad REPGEN (Hrsg.), Reformata reformanda. Festgabe für H. JEDIN zum 17. Juni 1965. Bd 1. Münster 1965, 428-444.

ISERLOH, Erwin, Sacramentum et exemplum. Ein augustinisches Thema lutherischer Theologie. Reformata reformanda. Festgabe für H. JEDIN. Hrsg. E. ISERLOH, K. REPGEN. Bd. 1. Münster 1965, 247-264.

——, Luther und die Mystik. In: Ivar ASHEIM (Hrsg.), Kirche, Mystik, Heiligung und das Natürliche bei Luther. Vorträge des Dritten Intern. Kongresses für Lutherforschung. Järvenpää, Finnland 1966. Göttingen 1967, 60-83.

JACOB, Günther, Der Gewissensbegriff in der Theologie Luthers. Beiträge zur historischen Theologie 4. Tübingen 1929.

JETTER, Werner, Die Taufe beim jungen Luther. Eine Untersuchung über das Werden der reformatorischen Sakraments- und Taufanschauung. Beiträge zur historischen Theologie 18. Tübingen 1954.

JOACHIMSEN, Paul, Der Humanismus und die Entwicklung des deutschen Geistes. (1930). In: Gesammelte Aufsätze. Beiträge zu Renaissance, Humanismus und Reformation. Aalen 1970, 325-386.

JOEST, Wilfried, Ontologie der Person bei Luther. Göttingen 1967.

JÜNGEL, Eberhard, Paulus und Jesus. Eine Untersuchung zur Präzisierung der Frage nach dem Ursprung der Christologie. Hermeneutische Untersuchungen zur Theologie 2. Tübingen (1962). 1967³. 1972.

——, Das Sakrament — was ist das? EvTh 26 (1966), 320-336. Abgedr. in: Eberhard JÜNGEL-Karl RAHNER, Was ist ein Sakrament? Vorstöße zur Verständigung. Kleine ökumenische Schriften 6. Freiburg i. Br. 1971, 11-40, im Rahmen des Beitrags von E. JÜNGEL, ib. 9-61.

JUNGHANS, Helmar, Der Einfluß des Humanismus auf Luthers Entwicklung bis 1518. Luther-Jahrb. 37 (1970), 37-101.

KÄHLER, Ernst, Beobachtungen zum Problem von Schrift und Tradition in der Leipziger Disputation von 1519. In: Hören und Handeln. Festschrift für Ernst WOLF zum 60. Geburtstag. Hrsg. Helmut GOLLWITZER und Hellmut TRAUB. München 1962, 214-229.

KANDLER, Karl-Hermann, Rezension zu H. HILGENFELD, Mittelalterlich-traditionelle Elemente in Luthers Abendmahlsschriften. 1971. ThLZ 97 (1972), 682-685.

KLEIN, Luise, Die Bereitung zum Sterben. Studien zu den frühen reformatorischen Sterbe-büchern. Theol. Diss. Göttingen 1959. s. ThLZ 86 (1961), 785 f.

KIERKEGAARD, Sören, Furcht und Zittern. 1843. Übers. von E. HIRSCH: Sören KIERKE-GAARD, Gesammelte Werke IV. Düsseldorf 1956².

KNUTH, Hans Christian, Zur Auslegungsgeschichte von Psalm 6. Beiträge zur Geschichte der biblischen Exegese 11. Tübingen 1971.

KÖHLER, Walter, Zwingli und Luther. Ihr Streit über das Abendmahl nach seinen politi-schen und religiösen Beziehungen. Quellen und Forschungen zur Reformationsge-schichte 6. Bd 1. Leipzig 1924: Die religiöse und politische Entwicklung bis zum Marburger Religionsgespräch 1529.

KOESTLIN, Julius, Luthers Theologie in ihrer geschichtlichen Entwicklung. Bd 1. Stutt-gart (1863) 1901².

——, Martin Luther. Sein Leben und seine Schriften. (1863) 5. neubearb Aufl. (G. KAWERAU) Bd. 1. Berlin 1903.

KOLDE, Theodor, Luthers Stellung zu Concil und Kirche bis zum Wormser Reichstag 1521. Gütersloh 1876.

——, Die deutsche Augustiner-Congregation und Johann von Staupitz. Gotha 1879.

LIEBING, Heinz, Die Ausgänge des Europäischen Humanismus. In: Geist und Geschichte der Reformation. Festgabe für Hanns RÜCKERT zu seinem 65. Geburtstag. Hrsg. H. LIEBING und K. SCHOLDER. AKG 38. Berlin 1966, 357-376.

LINK, Wilhelm, Das Ringen Luthers um die Freiheit der Theologie von der Philosophie. Hrsg. Ernst WOLF und Manfred MEZGER. Forschungen zur Geschichte und Lehre des Protestantismus IX, 3. München (1940) 1955².

Linnemann, Eta, Gleichnisse Jesu. Einführung und Auslegung. Göttingen (1961) 1964³.

v. Loewenich, Walther, Luthers theologia crucis. Forschungen zur Geschichte und Lehre des Protestantismus II, 2. München 1929.

——, Vom Abendmahl Christi. Eine historisch-systematische Untersuchung zum Abendmahlsproblem der Gegenwart. Furche-Studien 18. Berlin 1938.

Løgstrup, Knud Eiler, Die ethische Forderung. Tübingen 1959.

——, Ethik und Ontologie. ZThK 57 (1960), 357-391.

Lohse, Bernhard (Hrsg.), Der Durchbruch der reformatorischen Erkenntnis bei Luther. Wege der Forschung 123. Darmstadt 1968.

Lortz, Joseph, Die Reformation in Deutschland. Bd. 1: Voraussetzungen, Aufbruch, erste Entscheidung. Freiburg i. Br.-Basel-Wien (1939) 1962⁴.

——, Sakramentales Denken beim jungen Luther. Luther-Jahrbuch 36 (1969), 9-40.

Maurer, Wilhelm, Von der Freiheit eines Christenmenschen. Zwei Untersuchungen zu Luthers Reformationsschriften 1520/21. Göttingen 1949.

Metzger, Günther, Gelebter Glaube. Die Formierung reformatorischen Denkens in Luthers 1. Psalmenvorlesung, dargestellt am Begriff des Affekts. Forschungen zur Kirchen- und Dogmengeschichte 14. Göttingen 1964.

Metzke, Erwin, Sakrament und Metaphysik. Eine Luther-Studie über das Verhältnis des christlichen Denkens zum Leiblich-Materiellen. Lebendige Wissenschaft 9. Stuttgart 1948.

Mitscherlich, Alexander und Margarete, Die Unfähigkeit zu trauern. Grundlagen kollektiven Verhaltens. München 1967.

zur Mühlen, Karl-Heinz, Nos extra nos. Luthers Theologie zwischen Mystik und Scholastik. Beiträge zur historischen Theologie 46. Tübingen 1972.

——, Zur Rezeption der Augustinischen Sakramentsformel 'Accedit verbum ad elementum et fit sacramentum' in der Theologie Luthers. ZThK 70 (1973), 50-76.

Müller, Nikolaus, Die Wittenberger Bewegung 1521 und 1522. Die Vorgänge in und um Wittenberg während Luthers Wartburgaufenthalt. Briefe. Akten. ARG 6-8 (1908-1911). Leipzig 1911².

Neuser, Wilhelm H., Die reformatorische Wende bei Zwingli. Neukirchen 1977.

Nipkow, Karl Ernst, Der aufklärerische Charakter moderner Pädagogik. Die deutsche Schule 60 (1968), 149-162. Abgedr. in: Schule und Religionsunterricht im Wandel. Ausgewählte Studien zur Pädagogik und Religionspädagogik. Heidelberg-Düsseldorf 1971.

Nygren, Anders, Eros und Agape. Gestaltwandlungen der christlichen Liebe. Gütersloh (I. 1930. II. 1937) 1954².

Oberman, Heiko Augustinus, „Iustitia Christi" und „Iustitia Dei". Luther und die scholastischen Lehren von der Rechtfertigung. In: B. Lohse (Hrsg.), Der Durchbruch der reformatorischen Erkenntnis bei Luther. Wege der Forschung 123. Darmstadt 1968, 413-444. (Zuerst HThR 59 (1966), 1-26: „Iustitia Christi" and „Iustitia Dei", Luther and the Scholastic Doctrines of Justification.).

——, Theologie des späten Mittelalters. Stand und Aufgaben der Forschung. ThLZ 91 (1966), 401-416.

——, Simul gemitus et raptus. Luther und die Mystik. In: Kirche, Mystik, Heiligung und das Natürliche bei Luther. Vorträge des Dritten Internationalen Kongresses für Lutherforschung. Järvenpää, Finnland 1966. Hrsg. Ivar Asheim. Göttingen 1967, 20-59.

——, Wir sein pettler. Hoc est verum. Bund und Gnade in der Theologie des Mittelalters und der Reformation. ZKG 78 (1967), 232-252.

——, Wittenbergs Zweifrontenkrieg gegen Prierias und Eck. Hintergrund und Entscheidungen des Jahres 1518. ZKG 80 (1969), 331-358.

——, Contra vanam curiositatem. Ein Kapitel der Theologie zwischen Seelenwinkel und Weltall. Theologische Studien 113. Zürich 1974.

——, The shape of late medieval thought. The birthpangs of the modern era. In: The pursuit of holiness in late medieval and renaissance religion. Ed. Ch. TRINKAUS with H. A. OBERMAN. Studies in Medieval and Reformation Thought 10. Leiden 1974, 3-25.

——, Headwaters of the reformation. Initia Lutheri-initia reformationis. In: Luther and the dawn of the modern era. Papers for the fourth international congress for Luther research. Ed. H. A. OBERMAN. Studies in the History of Christian Thought 8. Leiden 1974, 40-88.

——, 'Et tibi dabo claves regni coelorum'. Kirche und Konzil von Augustin bis Luther. Tendenzen und Ergebnisse II. Nederlands Theologisch Tijdschrift 29 (1975), 97-118.

——, ,,Tuus sum, salvum me fac.'' Augustinréveil zwischen Renaissance und Reformation. In: Scientia Augustiniana. Festschrift Adolar ZUMKELLER OSA zum 60. Geburtstag. Hrsg. Cornelius Petrus MAYER und Willigis ECKERMANN. Würzburg 1975, 349-394.

——, Quoscumque tulit foecunda vetustas. Ad Lectorem. In: Itinerarium Italicum. The profile of the Italian Renaissance in the mirror of its European transformations. Dedicated to Paul Oskar KRISTELLER on the occasion of his 70th birthday. Ed. H. A. OBERMAN with Th. A. BRADY. Studies in Medieval and Reformation Thought 14. Leiden 1975, IX-XXVIII.

PESCH, Otto H., Zur Frage nach Luthers reformatorischer Wende. Ergebnisse und Probleme der Diskussion um Ernst BIZER, Fides ex auditu. Catholica 20 (1966), 216-243. 264-280. In: B. LOHSE (Hrsg.), Der Durchbruch der reformatorischen Erkenntnis bei Luther. Wege der Forschung 123. Darmstadt 1968, 445-505.

PETERS, Albrecht, Sakrament und Ethos nach Luther. Luther-Jahrbuch 36 (1969), 41-79.

——, Art. ,,Abendmahl'' III/4: Von 1577 bis zum Beginn des 20. Jahrhunderts. TRE I, 1, 131-145. (1976).

PREUS, James Samuel, From Shadow to Promise. Old Testament Interpretation from Augustine to the Young Luther. Cambridge Mass. 1969.

REHM, Walter, Der Todesgedanke in der deutschen Dichtung vom Mittelalter bis zur Romantik. Halle 1928.

REUTER, Fritz, Ut mine Stromtid. 1862. Hrsg. K. Th. GAEDERTZ. Teil I. Reclams Universalbibliothek. Leipzig o.J.

ROTH, Erich, Sakrament nach Luther. Theol. Bibliothek Töpelmann 3. Berlin 1952.

RÜCKERT, Hanns, Die geistesgeschichtliche Einordnung der Reformation. ZThK 52 (1955), 43-64. In: Vorträge und Aufsätze zur historischen Theologie. Tübingen 1972, 52-70.

SCHÄFER, Rolf, Zur Datierung von Luthers reformatorischer Erkenntnis. ZThK 66 (1969), 151-170.

SCHEEL, Otto, Martin Luther. Vom Katholizismus zur Reformation. Tübingen (1916 f). Bd. I 1921³. Bd. II 1930³·⁴.

SCHILLER, Friedrich, Briefe über die aesthetische Erziehung des Menschen. In: SCHILLERS Werke. Nationalausgabe 20. Hrsg. Benno v. WIESE unter Mitwirkung von Helmut KOOPMANN. Weimar 1962.

SCHNEIDER, Theodor, Die neuere katholische Diskussion über die Eucharistie. EvTh 35 (1975), 497-524.

SCHULZ, Walter, Philosophie in der veränderten Welt. Pfullingen (1972) 1974².

SCHWARZ, Reinhard, Fides, spes und caritas beim jungen Luther unter besonderer Berücksichtigung der mittelalterlichen Tradition. Arbeiten zur Kirchengeschichte 34. Berlin 1962.

SEEBERG, Reinhold, Lehrbuch der Dogmengeschichte. IV, 1: Die Entstehung des protestantischen Lehrbegriffs. Leipzig (1917) 1933⁴. Nachdruck: Darmstadt 1959⁶.

SEIDEMANN, J. Konrad, Die Leipziger Disputation im Jahre 1519. Dresden und Leipzig 1843.

SELGE, Kurt-Victor, Der Weg zur Leipziger Disputation zwischen Luther und Eck im Jahr 1519. In: Bleibendes im Wandel der Kirchengeschichte. Kirchenhistorische Studien. Hrsg. Bernd MOELLER und Gerhard RUHBACH. Tübingen 1973, 169-210.

——, Die Leipziger Disputation zwischen Luther und Eck. ZKG 86 (1975), 26-40.

v. Soden, Franz Frhr., Beiträge zur Geschichte der Reformation und der Sitten jener Zeit mit besonderem Hinblick auf Christoph Scheurl II. Nürnberg 1855.

Sommerlath, Ernst, Der Sinn des Abendmahls nach Luthers Gedanken über das Abendmahl 1527-1529. Leipzig 1930.

——, Rechtfertigung und Taufe. Gedanken zu Luthers Taufsermon von 1519. In: Vierhundertfünfzig Jahre lutherische Reformation. Festschrift für Franz Lau zu s. 60. Geburtstag. Hrsg. H. Junghans. Berlin-Göttingen 1967, 352-366.

Stange, Carl, Die Lehre von den Sakramenten. Studien des apologetischen Seminars Wernigerode 3. Gütersloh 1920.

——, Der Todesgedanke in Luthers Tauflehre. Zsyst Th 5 (1928), 758-844.

——, Studien zur Theologie Luthers. Gütersloh 1928.

Steinmetz, David Curtis, Misericordia Dei. The theology of Johannes von Staupitz in its late medieval setting. Studies in Medieval and Reformation Thought 6. Leiden 1968.

Vogelsang, Erich, Die Anfänge von Luthers Christologie nach der ersten Psalmenvorlesung, insbesondere in ihren exegetischen und systematischen Zusammenhängen mit Augustin und der Scholastik dargestellt. Arbeiten zur Kirchengeschichte 15. Berlin 1929.

——, Zur Datierung der frühesten Lutherpredigten. ZKG 50 (1931), 112-145.

——, Der angefochtene Christus bei Luther. Arbeiten zur Kirchengeschichte 21. Berlin-Leipzig 1932.

Volz, Hans, Art. ,,Lutherausgaben''. RGG³ IV, 520-523.

Weijenborg, Reynold, La charité dans la première théologie de Luther (1509-1515). Revue d'Histoire Ecclésiastique 45 (1950), 617-669.

Wendelborn, Gert, Zu Luthers deutschen Sermonen aus dem Jahre 1519. Ev. Pfarrerbl. 9 (1967), 179-181.

Werbeck, Wilfrid, Valor et applicatio missae. Wert und Zuwendung der Messe im Anschluß an Johannes Duns Scotus. ZThK 69 (1972), 163-184.

Werdermann, Hermann, Luthers Wittenberger Gemeinde, wiederhergestellt aus seinen Predigten. Gütersloh 1929.

Wicks, Jared, Man yearning for grace. Luther's early spiritual teaching. Veröffentlichungen des Instituts für europäische Geschichte Mainz 56. Wiesbaden 1969.

Wiedemann, Theodor, Dr. Johann Eck, Professor der Theologie an der Universität Ingolstadt. Regensburg 1865.

Windhorst, Christof, Täuferisches Taufverständnis. Balthasar Hubmaiers Lehre zwischen traditioneller und reformatorischer Theologie. Studies in Medieval and Reformation Thought 16. Leiden 1976.

Wolf, Ernst, Staupitz und Luther. Ein Beitrag zur Theologie des Johannes von Staupitz und deren Bedeutung für Luthers theologischen Werdegang. Quellen und Forschungen zur Reformationsgeschichte IX. Leipzig 1927.

——, Über neuere Luther-Literatur und den Gang der Lutherforschung. Christentum und Wissenschaft 9 (1933), 201-226; 10 (1934), 6-21.203-219.259-273.437-457.

BIBELSTELLENREGISTER

NAMENS- UND ORTSREGISTER

SACHREGISTER